Terapia focada nas emoções

FBTC
Federação Brasileira de Terapias Cognitivas

artmed

A Artmed é a editora oficial da FBTC

G798t   Greenberg, Leslie S.
          Terapia focada nas emoções : auxiliando clientes a trabalhar com seus sentimentos / Leslie S. Greenberg ; tradução: Patricia Voeux ; revisão técnica: Marco Aurélio Mendes. – 2. ed. – Porto Alegre : Artmed, 2025.
          xii, 388 p. ; 25 cm.

          ISBN 978-65-5882-280-6

          1. Emoções. 2. Psicoterapia. I. Título.

                                                    CDU 159.942

Catalogação na publicação: Karin Lorien Menoncin – CRB 10/2147

Leslie S. **Greenberg**

Terapia focada nas emoções

auxiliando clientes a trabalhar com seus sentimentos

2ª edição

Tradução
Patricia Voeux

Revisão técnica
Marco Aurélio Mendes
Psicólogo. Diretor do Instituto Brasileiro de Terapia Focada nas Emoções e Psicoterapias Integrativas (TFE Brasil), centro de treinamento da International Society for Emotion Focused Therapy no Brasil.

artmed

Porto Alegre
2025

Obra originalmente publicada sob o título *Emotion-Focused Therapy: Coaching Clients to Work Through Their Feelings*, 2nd Edition
ISBN 9781433840975

Copyright © 2015 by the American Psychological Association (APA). The Work has been translated and republished in the Portuguese language by permission of the APA.
This translation cannot be republished or reproduced by any third party in any form without express written permission of the APA. No part of this publication may be reproduced or distributed in any form or by any means or stored in any database or retrieval system without prior permission of the APA.

Gerente editorial
Alberto Schwanke

Coordenadora editorial
Cláudia Bittencourt

Editor
Lucas Reis Gonçalves

Capa
Paola Manica | Brand&Book

Preparação de original
Gabriela Dal Bosco Sitta

Leitura final
Fernanda Luzia Anflor Ferreira

Editoração
AGE – Assessoria Gráfica Editorial Ltda.

Reservados todos os direitos de publicação, em língua portuguesa, ao
GA EDUCAÇÃO LTDA.
(Artmed é um selo editorial do GA EDUCAÇÃO LTDA.)
Rua Ernesto Alves, 150 – Bairro Floresta
90220-190 – Porto Alegre – RS
Fone: (51) 3027-7000

SAC 0800 703 3444 – www.grupoa.com.br

É proibida a duplicação ou reprodução deste volume, no todo ou em parte, sob quaisquer formas ou por quaisquer meios (eletrônico, mecânico, gravação, fotocópia, distribuição na Web e outros), sem permissão expressa da Editora.

IMPRESSO NO BRASIL
PRINTED IN BRAZIL

Autor

Leslie S. Greenberg, PhD, é Professor Emérito distinto de Pesquisa em Psicologia pela York University, em Toronto, Ontário, Canadá. É autor dos principais textos sobre terapia focada nas emoções para o tratamento de indivíduos e casais. Entre eles, estão os textos originais *Emotion in Psychotherapy* (1986), *Emotionally Focused Therapy for Couples* (1988) e *Facilitating Emotional Change* (1993), além de, mais recentemente, *Emotion-Focused Couples Therapy: The Dynamics of Emotion, Love, and Power* (2008); *Emotion-Focused Therapy: Theory and Practice* (2010); *Working With Narrative in Emotion-Focused Therapy: Changing Stories, Healing Lives* (2011) e *Therapeutic Presence* (2012). Publicou extensivamente sobre o processo de mudança e recebeu o Distinguished Research Career Award da International Society for Psychotherapy Research, bem como o Carl Rogers Award e o Award for Distinguished Professional Contributions to Applied Research da American Psychological Association. Recebeu também o Canadian Psychological Association Professional Award for Distinguished Contribution to Psychology as a Profession. Realiza atendimentos particulares para indivíduos e casais e treina pessoas internacionalmente em terapia focada nas emoções.

Apresentação à edição brasileira

Não há mais dúvidas de que as emoções ocupam um lugar central na nossa vida. Se algo foi ou é significativo em nossa existência, é porque ficou marcado pelas nossas emoções. Durante muito tempo, as emoções ficaram relegadas a segundo plano ou foram tomadas como algo a ser dominado pela razão. Particularmente no campo da psicoterapia, as emoções se tornaram reféns das cognições ou passíveis de serem modificadas a partir de novos pensamentos ou interpretações. Porém, uma vez que a emoção intensamente ativada está presente, ela sequestra a capacidade racional e é impenetrável aos processos reflexivos/cognitivos. O motivo central da busca das pessoas pelos consultórios são justamente as emoções, sobretudo aquelas que a reflexão lógica e racional não consegue mudar. É por isso que utilizar as emoções como o elemento mais essencial da transformação humana se torna cada vez mais imprescindível para o psicoterapeuta.

Creio que o meu exemplo pessoal auxilia a exemplificar isso. Nestes mais de 20 anos de prática com a psicologia clínica, dos quais 12 têm sido dedicados à terapia focada nas emoções (TFE), me deparei com diversas dificuldades. De todas, tenho certeza de que a maior foi justamente a que me fez abandonar as abordagens de psicoterapia às quais eu me dedicava e reiniciar todo o meu processo de formação com a TFE. Vários pacientes com os quais eu tinha dificuldades apresentavam aquilo que chamo nos treinamentos da TFE de "síndrome do paciente esclarecido". Eles conheciam as razões de suas emoções e comportamentos, sabiam que estavam distorcendo a realidade ou exagerando, sabiam também o que precisavam fazer, tinham o conhecimento dos passos a seguir, compreendiam como resolver problemas (dos outros), mas mesmo assim não conseguiam realizar a mudança necessária em sua vida. Quando questionados sobre evidências de que eram fracassados ou falhos, reconheciam que haviam conseguido conquistar ou alcançar coisas que um fracassado jamais conseguiria, mas isso não era o suficiente para mudar a sensação sentida de si mesmos como pessoas sem valor ou defeituosas.

Observei na TFE a possibilidade de auxiliar os pacientes a atravessarem justamente essa incongruência entre a sensação sentida das coisas e a análise lógica e racional. Encontrei uma produção acadêmica, prática e teórica robusta com a integração de tudo aquilo de que mais gostava no mundo da psicoterapia: a abordagem humanista de Carl Rogers; a terapia da Gestalt, de Fritz Perls; e o conhecimento oriundo das neurociências afetivas. Mas, no início, eu ainda não havia capturado a essência da abordagem humanista. Em muitos países do mundo, devido talvez a uma mistura de meros interesses comerciais com o estranhamento de observar uma prática humanista realizar tantas pesquisas minuciosas e ser uma abordagem baseada em evidências, a TFE foi considerada uma terapia cognitiva de terceira onda, o que é radicalmente distante da realidade.

Para as abordagens cognitivas/contextuais, o funcionamento humano é primariamente baseado na noção de aprendizagem. Já nas abordagens humanistas, o foco é o desenvolvimento. Nas abordagens cognitivas/contextuais, temos uma relação na qual o terapeuta sabe aquilo que é melhor para o outro e atua como instrutor, enquanto nas abordagens humanistas o terapeuta é apenas um facilitador do processo de transformação que vem da própria pessoa. Apenas esses dois pontos já mostram uma diferença radical entre essas visões, e isso tem implicações profundas para a psicoterapia.

A TFE utiliza as emoções como variáveis transdiagnósticas. Mais do que intervir com protocolos, o terapeuta focado nas emoções procura atuar para facilitar a transformação do medo, da raiva, da vergonha, da tristeza, da ansiedade — tudo dentro de uma relação humanista na qual o foco não é mudar o outro, e sim, mais uma vez, facilitar o processo de mudança, dando suporte ao processo individual de cada pessoa e respeitando o ritmo, as decisões e a capacidade de escolha de cada sujeito. E isso não é um mero trocadilho. Apesar dessas diferenças, este livro procura abordar os pontos compatíveis de integração não apenas com as terapias cognitivas/contextuais, mas também com as demais abordagens, e faz isso focando nas emoções como um sistema de informação e conhecimento. Capítulo a capítulo, o brilhante criador da TFE, Dr. Leslie S. Greenberg, tenta realçar as possibilidades dessa integração respeitando a essência da abordagem.

Ser o único treinador da International Society for Emotion Focused Therapy no Brasil me trouxe inúmeros desafios, mas também muitos aprendizados. O maior deles, sem dúvida, é contar, como diretor do Instituto TFE Brasil, com a atenção do próprio Leslie para o desenvolvimento da TFE em nosso país, levando em conta a nossa cultura e as características próprias do cenário latino, em desenvolvimento e com uma população predominantemente negra. Mais do que importar modelos de terapia que foram originados a partir de intervenções com populações norte-americanas e europeias, existe a necessidade de construir conhecimento aqui, com a nossa população, realizando uma adaptação transcultural da abordagem. Essa proximidade — que me faz ser seu aluno há mais de 12 anos e ter mais de cem horas de supervisão diretamente com ele — me trouxe a intimidade necessária para fazer a seguinte pergunta: Les, qual foi o seu objetivo com este livro?

A resposta é bem simples e aborda dois aspectos distintos. O primeiro se relaciona à importância do conhecimento emocional para a sociedade como um todo, passando pela orientação de pais e famílias, pelo mundo do trabalho e das empresas e também pelo sistema educacional. Alguns capítulos são dedicados exclusivamente a essas temáticas.

O segundo é atrair os terapeutas para conhecerem a TFE e, assim, destacar mais os pontos passíveis de integração do que as diferenças em relação a outras abordagens. Terapeutas focados nas emoções podem estranhar, portanto, alguns pontos deste livro por entenderem que ele pode ser muito diretivo. Mas esta foi realmente a intenção do próprio Les: descrever aos clínicos as possibilidades de integração para que aqueles que percebem a importância das emoções possam conhecer mais a fundo a abordagem nos treinamentos em TFE. Neste ponto, algumas considerações são importantes para que o leitor possa aproveitar ainda mais a leitura.

Todas as terapias atualmente dizem trabalhar com emoções, mas elas não estão falando exatamente da mesma coisa. Em todo o livro, o autor destaca as emoções como algo a ser acessado no corpo e escutado como um sistema de informações que abarca um conhecimento sobre a realidade interna e externa. As reações emocionais acontecem antes de qualquer pensamento entrar em cena, fazendo com que a emoção seja o elemento central da experiência humana. As emoções não são passíveis de serem transformadas pela razão ou pela reestruturação das cognições, na maioria dos casos. Quando elas perdem a capacidade de nos auxiliar, só podem ser transformadas por novas emoções.

A importância da TFE na psicoterapia contemporânea é inegável. Desde os anos 1970, Leslie Greenberg vem pavimentando a pesquisa com as emoções, sendo a TFE a abordagem com mais estudos processuais sobre a emoção em todo o mundo. Diversas outras abordagens vêm buscando integrar princípios da TFE, a exemplo da terapia cognitivo-comportamental (TCC), como observado no trabalho de Hofmann; da terapia comportamental dialética (DBT), como destacado no trabalho da própria Linehan, que utiliza a classificação original das emoções proposta pela TFE; e da terapia do esquema (TE). Jeffrey Young, criador da TE, talvez tenha sido o autor que mais capturou as diferenças entre a TFE e as abordagens cognitivas/contextuais. Ao mencionar a influência da TFE para a criação do seu trabalho, Young, Klosko e Weishaar (2008, p. 68) destacam:

> Apesar de semelhanças consideráveis, várias diferenças teóricas e práticas distinguem a terapia focada na emoção do modelo do esquema. Uma diferença está na primazia que a primeira dá ao afeto dentro dos esquemas emocionais em comparação com a visão mais igualitária da segunda sobre os papéis cumpridos por afeto, cognição e comportamento [...] a terapia focada na emoção atribui uma carga considerável ao terapeuta na análise das emoções de forma precisa e na intervenção nessas de maneiras muito específicas.*

Para obter essa análise precisa das emoções, o terapeuta focado nas emoções se dedica, em seus treinamentos, à sua própria experiência emocional. É nesse sentido que é impossível aprender a praticar a TFE com aulas gravadas ou simplesmente estudando em livros, pois a maior parte das dificuldades dos terapeutas em trabalhar com as emoções vem das suas dificuldades pessoais. Assim como na vida, é necessário primeiro transfor-

---

* Young, J. E., Klosko, J. S., & Weishaar, M. E. (2008). *Terapia do esquema: Guia de técnicas cognitivo-comportamentais inovadoras.* Porto Alegre: Artmed.

mar as emoções que nos atrapalham para então criar significados ao trazer as cognições para a reflexão sobre essa mesma experiência. E é assim com todos os seres humanos, inclusive os terapeutas.

Marco Aurélio Mendes
Psicólogo. Diretor do TFE Brasil, centro de treinamento da International Society for Emotion Focused Therapy no Brasil.

Sumário

Apresentação à edição brasileira vii
Marco Aurélio Mendes

Introdução 1

PARTE I Fundamentos

1. Inteligência emocional e o propósito das emoções 11
2. A natureza das emoções 35
3. Distinção entre variedades da expressão emocional 67
4. Relação terapêutica, etapas da orientação ao desenvolvimento emocional e consciência emocional do terapeuta 89
5. Formulação de caso e intervenções guiadas por marcadores 115

PARTE II As fases de chegada e de partida

6. Chegar a uma emoção primária 137
7. Como avaliar se uma emoção primária dolorosa é saudável 163
8. Trabalhando com emoções primárias 185
9. Como acessar novas emoções curativas e criar novas narrativas 199

PARTE III Como trabalhar com emoções específicas

10. Lições sobre raiva e tristeza na orientação ao desenvolvimento emocional 223
11. Como transformar medo e vergonha na terapia 237
12. Como trabalhar com feridas emocionais: deixar ir embora e perdoar 249

PARTE IV Inteligência emocional em contextos específicos

13 Orientação para o desenvolvimento emocional para casais — 271

14 Orientação para o desenvolvimento emocional na parentalidade — 295

15 Orientação para o desenvolvimento emocional na liderança — 315

Epílogo — 333

Apêndice — 337

Referências — 359

Índice — 371

Introdução

Robert está sentado lendo tranquilamente. Uma brisa agradável, que entra pela janela, ameniza o calor do sol em seu rosto. Um estrondo alto do lado de fora da janela o assusta. Sua cabeça se levanta bruscamente. Ele percebe que, ao mesmo tempo, se abaixou e se afastou na cadeira. Sua respiração e sua frequência cardíaca aumentaram. Ele pensa: "Foi um tiro? Hoje em dia, não há como ter certeza!". Levanta-se rapidamente, mas então olha com cautela pela janela. Ouve o som de um carro acelerando ao longe. Pensa: "Foi o escapamento estourando!". Mais alerta, ele relaxa e continua lendo.

O sistema emocional de Robert detectou o perigo. Seu medo rapidamente o organizou para a fuga e o informou de uma possível ameaça. Isso aconteceu muito antes que ele pudesse avaliar conscientemente a situação. Ouviu o estrondo, ficou assustado e sua cabeça automaticamente se orientou para o som, enquanto seu corpo recuava com medo, preparando-se para fugir. Seu sistema emocional automaticamente lhe disse que sua segurança tranquila estava em risco. A razão, então, avaliou a situação mais detalhadamente quanto ao perigo e atribuiu sentido ao que estava acontecendo. Decidir levantar-se e investigar a situação em busca de um possível perigo pareceu sensato. Fugir do estrondo para um lugar seguro o faria parecer muito tolo. No entanto, ter alguma expressão ou ação para lidar com o estado de alerta foi bom. Verificar cuidadosamente a janela foi uma boa ideia. Analisando o problema do possível perigo representado pelo medo, Robert identificou racionalmente a fonte do som e concluiu que não representava uma ameaça.

Essa breve história ilustra a complexa interação entre emoção, pensamento consciente e ação. Ela mostra como a emoção nos informa sobre uma situação e nos motiva a prestar atenção nela. Para agir de forma inteligente no mundo social, é necessário prestar atenção às emoções tanto quanto ao pensamento e à ação. É a integração da emoção automática com a razão deliberada que resulta em um todo que é maior do que a soma de suas partes. A experiência da emoção por si só não leva as pessoas a uma ação sábia; em vez disso, as pessoas devem dar sentido à sua experiência emocional e usá-la de forma inteligente. A tomada de consciência da emoção e a capacidade de permitir que a emoção informe a ação racional são os elementos necessários para a inteligência emocional (Mayer e Salovey, 1997).

Terapia focada nas emoções

Este livro explica como aplicar a terapia focada nas emoções (TFE), uma abordagem neo-humanista projetada para ajudar os clientes em psicoterapia a se tornarem conscientes de suas emoções e a utilizá-las de forma produtiva. Considera-se que as emoções estabelecem um modo básico de processamento em ação (Greenberg, 2002, 2011). Por exemplo, o medo coloca o processamento do medo em movimento e nos organiza para procurar o perigo, enquanto a raiva coloca o processamento da raiva em movimento, concentrando-nos na violação. Os clientes são ajudados a identificar, experienciar, aceitar, explorar, dar sentido, transformar e gerenciar suas emoções de forma flexível. Como resultado, eles se tornam mais habilidosos em acessar as informações e significados importantes sobre si mesmos e sobre o seu mundo contido pelas emoções, bem como mais competentes no uso dessas informações para viver com vitalidade e capacidade adaptativa. Os clientes na terapia também são encorajados a enfrentar emoções temidas para processá-las e transformá-las. Uma premissa importante que orienta a intervenção na TFE é que, se você não se aceitar como é, não poderá se dispor à transformação. Além disso, a mudança emocional é vista como a chave para mudanças cognitivas e comportamentais duradouras.

A TFE baseia-se em dois princípios centrais de tratamento: o *fornecimento* de uma relação terapêutica empática e a *facilitação* do trabalho terapêutico sobre a emoção (Greenberg, Rice, & Elliott, 1993). O relacionamento empático é visto como um fator curativo por si só e como um ambiente facilitador para o trabalho terapêutico com tarefas terapêuticas específicas focadas nas emoções, que ocorrem repetidamente entre as pessoas e na terapia. Isso compõe uma abordagem na qual o acompanhamento empático, com altos graus de presença do terapeuta, e a orientação diretiva do processo, na qual o terapeuta auxilia o cliente a se envolver em distintas formas de processamento emocional em diferentes momentos, combinam-se sinergicamente em um fluxo. A terapia é vista como um processo coconstrutivo no qual tanto o cliente quanto o terapeuta influenciam um ao outro de maneiras não impositivas para alcançar o aprofundamento da experiência e da exploração do cliente e a promoção do processamento emocional. Os terapeutas da TFE não são especialistas no que os clientes estão experienciando ou no significado de seu comportamento, e sim especialistas em métodos para ajudá-los a acessar e a se tornar conscientes de suas emoções e necessidades.

Uma característica central da TFE é que ela faz uma distinção entre conhecimento conceitual/reflexivo e experiencial, e as pessoas são vistas como mais sábias do que seus intelectos isoladamente. Em vez de se fundamentar na noção "Penso, logo existo", a TFE baseia-se na ideia "Sinto, logo existo"; e ela pressupõe que, em qualquer experiência pessoal significativa, pensamos na medida em que sentimos. Experimentos de consciência direcionada são usados para ajudar a concentrar a atenção em experiências emocionais ainda não formuladas, de modo a intensificar sua vivacidade e simbolizá-las na consciência. Na TFE, a emoção é focada como uma experiência visceral, e é aceita, bem como trabalhada diretamente, de modo a promover a mudança emocional. Por fim, é a articulação da emoção em *narrativas* sobre formas de estar consigo mesmo e com os outros que fornece a história de nossas vidas (Angus & Greenberg, 2011).

No centro da abordagem, está a importância de ajudar as pessoas a discernir quando precisam usar a emoção como guia e ser transformadas por seus impulsos, quando devem mudar as emoções e quando estas precisam ser reguladas. Um princípio fundamental da TFE é que a pessoa deve experienciar a emoção para ser informada e movida por ela e para torná-la acessível à mudança. As pessoas não mudam suas emoções simplesmente falando sobre elas, entendendo suas origens ou modificando crenças. Em vez disso, elas mudam as emoções ao aceitá-las e experienciá-las, ao justapô-las com emoções diferentes para transformá-las e ao refletir sobre elas para criar novos significados narrativos.

A mudança das emoções é considerada central na origem e no tratamento dos problemas humanos, mas isso não significa que trabalhar com as emoções seja o único foco da TFE. A maioria dos problemas tem fontes biológicas, emocionais, cognitivas, motivacionais, comportamentais, fisiológicas, sociais e culturais, e muitas delas precisam de atenção. A TFE adota um foco que integra motivação, cognição, comportamento e interação, mas a emoção é vista como o principal caminho para a mudança.

A TFE é aplicável, em diferentes formas, a uma ampla gama de populações de clientes. Dada a sua base empática e o seu foco na validação e na aceitação, e o fato de incluir tanto a ativação quanto a regulação emocional, ela pode ser útil para clientes com problemas que variam desde transtornos afetivos a traumas, transtornos alimentares e diferentes transtornos de personalidade, variando a ênfase no processo relacional e na ativação e na regulação emocionais (para um resumo da pesquisa clínica sobre TFE, ver o Capítulo 2). Contudo, a TFE não é aplicável como uma forma de intervenção inicial para pessoas que enfrentam sérios comprometimentos funcionais; nesses casos, o comprometimento precisa ser enfrentado e regulado de maneira comportamental ou neuroquímica antes que as emoções subjacentes sejam trabalhadas.

Como a TFE difere de outras terapias?

Houve uma mudança radical na década que se passou desde a 1ª edição deste livro. Todas as abordagens de psicoterapia agora reconhecem a importância da emoção, e muitas se concentram nela. Conheço muitos terapeutas que dizem: "Trabalhamos com emoções". Fico entusiasmado que todos estejam reconhecendo a centralidade da emoção. No entanto, precisamos ser criteriosos e entender que ainda há uma diferença considerável em como os terapeutas trabalham com as emoções. Cada abordagem tem aspectos úteis a oferecer, mas a complexidade e as diferenças no que se faz com a emoção precisam ser identificadas. Alguns terapeutas trabalham com o controle das emoções, outros com o entendimento das emoções, outros ainda com a permissão para sentir as emoções e outros com a mudança das emoções.

A Terapia Focada nas Emoções é apropriadamente nomeada, pois o que é fundamental nela é o foco do terapeuta — antes de tudo — na emoção. Quando uma lágrima surge no olho do cliente, o terapeuta pergunta: "O que suas lágrimas estão dizendo?", implicando que as emoções fornecem informações. Em seguida, o terapeuta concentra-se nas necessidades, atendidas ou não, e na tendência à ação, explorando com o cliente o que a emoção "lhe diz sobre o que você precisa ou o que a emoção o impele a fazer". Por fim, o terapeuta ajuda o cliente a seguir aquelas emoções que são adaptativas e a mudar aquelas que são desadaptativas, ativando outras mais adequadas.

Em contrapartida, quando uma lágrima surge no olho do cliente, alguns terapeutas farão perguntas como: "O que essa emoção significa?", "De onde ela vem?" ou "Que padrão ela reflete?". Outros terapeutas podem se concentrar mais nos pensamentos que produziram a emoção e educar a pessoa sobre como regulá-la, ou se concentrar em expor a pessoa a situações ou emoções para promover a dessensibilização ou a habituação. Essas formas de intervenção não focarão diretamente a experiência visceral da emoção como algo a ser explorado por si só para revelar informações, necessidades e tendências de ação. A TFE começa com: "O que você sente no seu corpo?". O terapeuta da TFE oferece palavras para ajudar a simbolizar de forma empática o que pode estar acontecendo internamente, e há uma orientação consistente e gentil da atenção para a experiência interna, em vez da busca de padrões, do desafio a pensamentos relacionados às emoções ou da regulação de emoções sintomáticas. Após chegar à emoção, permanecer nela por um tempo e extrair o que ela tem a comunicar, o terapeuta da TFE pergunta "Do que você precisa?" e valida as necessidades e os sentimentos emergentes.

Um estudante de doutorado recém-formado em um programa de psicologia clínica, após concluir um treinamento extenso em TFE, compartilhou comigo sua experiência e seus pensamentos:

> Agora vejo como as emoções são centrais para toda a experiência humana. É surpreendente, mas, durante todo o meu treinamento clínico e estágio, nunca fui incentivado a olhar para as emoções das pessoas como algo central, seja na terapia ou em mim mesmo. Entretanto, é tão claro o quão importante é olhar para as emoções das pessoas como o motor da experiência humana.

No treinamento, assistimos a muitas gravações de sessões de terapia, acompanhamos o processo emocional momento a momento e nos envolvemos em um trabalho pessoal sobre a autoexperiência emocional em pequenos grupos. O estudante continuou, dizendo: "Ninguém nunca falou sobre olhar para o processo real nas sessões como vocês fizeram, e fica muito claro como a emoção é fundamental quando você realmente olha para o processo momento a momento". Eu só consegui responder: "Sim, é surpreendente, sendo que para mim parece muito claro que você precisa olhar para o processo terapêutico para entendê-lo, e que, quando faz isso com a lente certa, não tem como não enxergar que a emoção é muito central para o que as pessoas dizem e fazem e para o modo como elas mudam".

É um enigma para mim que um "fato" tão óbvio tenha escapado por tanto tempo à psicologia e até mesmo às teorias da psicoterapia. Recentemente, um terapeuta que não foi treinado nas academias perguntou: "Mas o que a terapia focada na emoção está dizendo de novo? Toda terapia não gira em torno da emoção?". Respondi um pouco sem graça: "Bem, sim, mas isso não é reconhecido como o paradigma dominante ou mesmo como uma abordagem viável".

Fui treinado na tradição humanista, que trabalhava com as emoções, mas essa abordagem caiu em desuso na academia por não ser considerada científica. A terapia centrada no cliente e a terapia da Gestalt foram minha base, e, embora essas abordagens se concentrassem na emoção, elas não envolviam uma teoria das emoções nem uma forma sistemática de intervir nas emoções. A emoção sempre foi tratada de forma intuitiva, e as pessoas não conseguem realmente dizer o que estão fazendo. Muitos terapeutas orientados ao processo vieram até mim depois de um *workshop* e disseram: "Você está descrevendo o que eu faço, só que eu não conseguia fazê-lo, e você me deu palavras para explicar o que eu faço". Isto é o que a TFE procura fazer: dar palavras ao processo de trabalhar com as emoções momento a momento. Ao estudar o processo de mudança gradualmente, analisando gravações que mostram como as pessoas mudam na terapia, tentamos descrever e desenvolver modelos de como a mudança emocional ocorre.

Terminologia e público

Quando a 1ª edição deste livro foi publicada, a abordagem de psicoterapia que apresentei era relativamente nova, e a chamei de "Orientação emocional". Posteriormente, a pergunta que muitas vezes surgia era se o treinamento se diferenciava da terapia. Usei o termo "orientação" a fim de ampliar a aplicação da abordagem para além da terapia, e não para diferenciá-la dela. Vejo a terapia como algo que envolve orientação emocional, em que o terapeuta tanto acompanha quanto guia (faz orientações e direcionamentos), mas também vejo que muitas outras práticas de facilitação e desenvolvimento humano podem se beneficiar ao encarar o que fazem como um tipo de orientação ao desenvolvimento emocional. Considero a orientação emocional aplicável para ajudar pais, professores, casais, gerentes, profissionais da saúde e muitos outros a serem mais eficazes. Portanto, a orientação ao desenvolvimento emocional refere-se a uma maneira de abordar o trabalho com as emoções, seja na terapia ou em outras formas de trabalhar com pessoas. Este livro é, então, destinado a terapeutas, treinadores, profissionais de relações humanas e desenvolvimento, educadores e estudantes dessas e de outras profissões de assistência.

Nesta 2ª edição de *Terapia focada nas emoções: auxiliando clientes a trabalhar com seus sentimentos,* uso os termos "TFE", "orientação ao desenvolvimento emocional", "orientação" e "terapia" de forma intercambiável. Alternadamente, refiro-me ao prestador de serviços como "orientador" ou "terapeuta", e refiro-me ao destinatário como "cliente".

O que há de novo nesta edição?

A TFE cresceu durante a década que se passou desde a 1ª edição deste livro. A abordagem foi aplicada e avaliada em mais populações clínicas — incluindo pessoas com transtornos de ansiedade, traumas e transtornos alimentares —, com resultados iniciais promissores (Dolhanty & Greenberg, 2008; Elliott,

2013; Paivio e Pascual-Leone, 2010; Shahar, 2014; Wnuk, Greenberg, & Dolhanty, no prelo). Foi também demonstrado que ela ajuda pessoas que sofrem de feridas emocionais tanto em terapia individual quanto em terapia de casais (Greenberg, Warwar, & Malcolm, 2008, 2010), além de líderes organizacionais (Greenberg & Auszra, 2010), sendo aplicável a diferentes culturas. As aplicações da TFE, tanto na terapia individual quanto na de casal, continuaram a crescer e a ser refinadas teórica e clinicamente. Também houve avanços teóricos e empíricos significativos na compreensão de como a mudança ocorre. A importância de mudar uma emoção com outra emoção (Herrmann, Greenberg, & Auszra, no prelo), de acessar as necessidades para ativar novas emoções adaptativas e, assim, mudar emoções desadaptativas antigas (A. Pascual-Leone & Greenberg, 2007), bem como do modo como ocorre o processamento emocional produtivo (Auszra, Greenberg, & Herrmann, 2013), foi demonstrada empiricamente. Foram publicados livros sobre narrativa e TFE (Angus & Greenberg, 2011), presença terapêutica (Geller & Greenberg, 2012) e formulação de casos em TFE (Goldman & Greenberg, 2015). Vários DVDs com demonstrações da TFE tanto para indivíduos quanto para casais foram produzidos na série de DVDs da American Psychological Association, e eles servem como excelente material didático (American Psychological Association, 2007a, 2007b, 2007c, 2012a, 2012b). Todos esses desenvolvimentos influenciaram esta nova edição.

Além de atualizar a teoria e a pesquisa, esta edição amplia as etapas do treinamento para enfatizar a importância de acessar a necessidade genuína subjacente à emoção dolorosa. O volume também inclui um novo capítulo sobre intervenções guiadas por marcadores específicos e formulação de casos, bem como capítulos sobre perdão e emoção na liderança. Parte do material também foi reorganizado para maior usabilidade.

Organização do volume

O livro começa com os fundamentos da TFE. Como o objetivo da TFE é ajudar os clientes a aprimorar sua inteligência emocional, o Capítulo 1 explica como é a inteligência emocional. O Capítulo 2 explora a natureza das emoções — como elas se formam, como se relacionam com os pensamentos e o corpo físico, e o que a pesquisa mostrou sobre como elas podem mudar. O Capítulo 3 delineia vários tipos diferentes de emoção, incluindo primária, secundária, instrumental, adaptativa, desadaptativa e assim por diante. Os terapeutas focados na emoção devem ser capazes de identificar esses tipos de emoção ao trabalhar com os clientes.

O Capítulo 4 explica como deve ser uma relação terapêutica eficaz entre o terapeuta e o cliente, e apresenta uma visão geral do processo de orientação ao desenvolvimento emocional. Esse processo envolve duas fases básicas — chegar a uma emoção e sair dela. Cada fase contém diferentes passos. O capítulo também enfatiza a importância de os terapeutas estarem conscientes de suas próprias emoções. O Capítulo 5 explica como conduzir uma formulação de caso (ou seja, uma hipótese de trabalho sobre qual é a emoção desadaptativa central do cliente), além de descrever intervenções específicas que podem ser usadas ao longo do processo terapêutico com base nos marcadores emocionais presentes.

Os Capítulos 6 a 9 elaboram as duas fases da orientação ao desenvolvimento emocional que foram introduzidas no Capítulo 4. Os Capítulos 10 e 11 aplicam todo o processo a quatro emoções problemáticas comuns: raiva, tristeza (Capítulo 10), medo e vergonha (Capítulo 11). O Capítulo 12 aplica o processo a situações nas quais o cliente foi emocionalmente ferido, ressaltando o deixar ir embora e o perdão.

Conforme indicado anteriormente, a inteligência emocional é importante em todos os contextos. Assim, os Capítulos 13 a 15 mostram como a inteligência emocional se manifesta em casais (Capítulo 13), pais (Capítulo 14) e líderes organizacionais (Capítulo 15). O livro conclui com um apêndice contendo exercícios para aumentar a inteligência emocional.

Espero que este livro ajude você a entender como a emoção funciona na mudança terapêutica, forneça palavras para descrever o que está acontecendo e ajude você, como terapeuta, a facilitar esse processo. Espero mostrar que trabalhar com a emoção não significa essencialmente eliminá-la ou reduzi-la, e sim utilizá-la, dar-lhe sentido e, quando necessário, transformá-la.

PARTE I
Fundamentos

1

Inteligência emocional e o propósito das emoções

A emoção é muitas vezes aquilo em que confiamos para nos transportar através do insondável vazio em nossa inteligência.
— **Bryant H. McGill**

Não há ser humano que não tenha sentimentos. Do primeiro choro de um bebê ao último suspiro consciente de uma pessoa, o sentimento permeia a experiência humana. Para que as pessoas possam atuar de forma inteligente no mundo social, precisam prestar atenção às suas emoções e atribuir a elas o mesmo *status* do pensamento e da ação. A inteligência emocional envolve estar consciente das emoções e ter a capacidade de permitir que a emoção forneça informações para uma ação racional (Mayer & Salovey, 1997). Ela é definida pelos quatro componentes seguintes: a capacidade de perceber emoções em si mesmo e nos outros (consciência emocional), a capacidade de acessar e/ou gerar sentimentos para facilitar os pensamentos (utilização da emoção), a capacidade de compreender as emoções (conhecimento da emoção) e a capacidade de regular as emoções de modo a promover o crescimento (gerenciamento da emoção). O objetivo da terapia focada nas emoções (TFE) é aumentar a inteligência emocional dos pacientes — isto é, melhorar a sua capacidade de perceber, acessar, compreender, regular e (quando necessário) transformar as emoções. Este capítulo explora em profundidade a inteligência emocional, enfatizando as habilidades anteriormente mencionadas. Mas, antes de investigar essas habilidades e mostrar como elas orientam a ação racional, precisamos examinar como as emoções podem nos ajudar (ou seja, qual é o propósito das emoções) e como elas podem nos prejudicar.

O propósito das emoções

Por que as pessoas têm emoções e o que devem fazer com elas? Elas as têm porque são cruciais para a sobrevivência, a comunicação e a solução de problemas (veja o Quadro 1.1; Frijda, 1986; Izard, 1991; Tomkins, 1963, 1983). As emoções não são algo incômodo de que devemos nos livrar ou ignorar; pelo contrário, elas representam um aspecto essencial do ser humano. As emoções são sinais que vale a pena ouvir. Fornecem mensagens de que estamos em perigo, de que nossos limites estão sendo ultrapassados, de que nos sentimos próximos de alguém seguro e familiar, ou de que essa pessoa confiável e familiar está ausente. As emoções também informam às pessoas se as coisas estão indo bem e como organizá-las de modo a responder rapidamente às situações para tentar garantir que tudo siga o seu caminho. As emoções são mais perceptíveis como alterações na prontidão para agir; elas preparam as pessoas de maneira que estas possam responder às mudanças ocorridas nas situações. Com o medo, as pessoas recuam; com a raiva, elas se expandem; na tristeza, elas se retraem; e, quando sentem interesse, elas se abrem. As pessoas estão em um processo contínuo de mudança na sua relação com o ambiente, transformando a si mesmas.

QUADRO 1.1 Funções da emoção

- A emoção sinaliza para a pessoa o estado de sua relação com outra pessoa ou com o ambiente.
- A emoção sinaliza aos outros o estado da relação de uma pessoa com alguém ou com o ambiente.
- A emoção organiza a pessoa para a ação.
- A emoção monitora o estado dos relacionamentos.
- A emoção avalia se as coisas estão indo do jeito que queremos.
- A emoção melhora a aprendizagem.

Como juncos ao vento, as pessoas mudam a sua inclinação e orientação de acordo com o que surge. As emoções comunicam às pessoas de forma precisa sobre a natureza de seus vínculos relacionais. Informam a elas se seus relacionamentos estão sendo aprimorados ou interrompidos, ou se precisam de reparação. Por comunicarem rapidamente aos outros o estado atual, as necessidades, os objetivos e as inclinações de alguém, as emoções acabam por regular também o comportamento de outras pessoas. Não há sinal externo que possa dizer às pessoas o que os outros estão pensando. Por outro lado, as emoções são visíveis no rosto e na voz de alguém e, assim, regulam a própria pessoa e o outro. As emoções também configuram temas relacionais que se tornam organizadores centrais dos relacionamentos. A tristeza fala da perda, a raiva tem a ver com a frustração ou a injustiça, o medo está relacionado com a ameaça, e o ciúme fala sobre o afastamento ou a traição percebida. Cada emoção define a relação entre uma pessoa e outra ou entre uma pessoa e o ambiente (Oatley, 1992).

As emoções melhoram claramente a inteligência (Mayer & Salovey, 1997). O medo diz às pessoas que elas estão em perigo, a tristeza revela que algo importante foi perdido, e a alegria, que uma meta desejada foi alcançada. As emoções dão às pessoas informações relacionadas com o seu bem-estar; informando quando suas necessidades ou objetivos estão sendo alcançados ou frustrados. Sentimentos viscerais guiam as decisões, reduzindo rapidamente as alternativas a serem consideradas. Por exemplo, no momento de decidir onde passar as férias, as emoções de uma pessoa podem lhe dizer que ela prefere ir à praia em vez de ir para a montanha. As preferências emocionais reduzem as opções que as pessoas precisam considerar e evitam que fiquem sobrecarregadas com muita informação.

Uma série de descobertas levou ao reconhecimento da importância da emoção no florescimento do indivíduo. Uma grande descoberta relacionada com a inteligência das emoções foi a de que pessoas com dano cerebral que perderam a capacidade de responder emocionalmente são incapazes de tomar decisões e resolver problemas. Elas perderam a "visceralidade" que orienta esses processos. Damásio (1994) contou a história de um paciente altamente racional com dano cerebral que, por ter perdido a capacidade de sentir, não tinha medo de dirigir em uma tempestade de neve e, em um dia gelado, foi a uma consulta médica quando todos os outros pacientes tinham cancelado as consultas marcadas para aquele dia. Quando esse paciente, que não apresentava nenhuma deficiência intelectual, foi questionado se desejava que sua consulta fosse remarcada para a terça ou a quinta-feira seguinte, ele teve dificuldade em decidir o dia. Não tinha um sistema de preferências de base emocional para orientar sua decisão. O cérebro emocional aprimora a tomada de decisões, reduzindo rapidamente as opções que podem ser consideradas. O cérebro emocional destaca certas alternativas com um sentimento de acerto e elimina outras com uma sensação de "não siga esse caminho".

Outra função importante e ligeiramente diferente é que as emoções melhoram a aprendizagem. A emoção aumenta a rapidez da aprendizagem porque atribui a certas coisas o selo "não deve ser esquecido". Isso promove a aprendizagem em uma única tentativa. Uma vez que uma pessoa toca um fogão quente, ela aprende a nunca fazê-lo novamente. As pessoas aprendem coisas dessa maneira porque têm reações emocionais tão intensas que seus cérebros armazenam a experiência na memória emocional, para nunca ser esquecida. Já foi dito que o cérebro é como o velcro para o afeto negativo e como o *teflon* para o afeto positivo. Os sentimentos negativos "grudam". Lembramos deles e de suas causas porque isso nos ajuda a sobreviver. Sentimentos positivos saltam para fora e evaporam. É melhor usá-los enquanto sentimos que eles ampliam nossos horizontes e nos enriquecem.

Deixe-me descrever uma experiência de aprendizagem recente que tive enquanto escrevia a primeira edição deste livro, uma experiência que foi quase tão dolorosa quanto me queimar em um forno. Certa manhã, depois de escrever algumas seções do livro, ouvi o telefone tocar e atendi. Voltei para o computador e digitei mais algumas linhas. De repente, o computador congelou. As palavras estavam na tela, mas nada se movia, e eu não tinha salvado nada durante toda a manhã (isso foi nos primeiros dias de uso dos computadores, por volta de 1997). Tive premonições de que um desastre poderia ter acontecido. Em pânico, comecei ansiosamente a bater nas teclas. Tentei tudo que sabia para fazer o computador voltar a funcionar e não perder meu precioso texto. Nada funcionava. Não vou fazer um relato detalhado de minha fisiologia, sentimentos, tendências à ação ou palavras — direi apenas que não eram bonitos. Liguei freneticamente para um serviço de assistência informática. A verdade doeu terrivelmente: não havia como salvar o trabalho realizado pela manhã. Com o consultor do outro lado da linha, cometi *haraquiri* do meu computador reiniciando a máquina, "matando" a tela na minha frente e perdendo todo o trabalho da manhã. Bem, eu aprendi. Graças à minha resposta emocional, a situação definitivamente chamou a minha atenção. Desde então, salvo meu trabalho regularmente.

Esse tipo de aprendizado emocional ensina muitas coisas às pessoas. Ajuda, por exemplo, a evitar que elas percam coisas. Você alguma vez já perdeu sua carteira, seu passaporte ou sua bolsa? Reaver esses itens não é apenas um aborrecimento e uma possível fonte de perda financeira: também há o impacto emocional imediato — o pavor, a ansiedade, a dor —, que é tão intenso que você se torna altamente motivado a não ser tão tolo novamente.

As pessoas definitivamente são mais sábias do que o seu intelecto apenas. Quando apreendemos padrões do mundo com uma velocidade muito maior do que a ideal para analisar conscientemente a informação, as emoções guiam o raciocínio. As emoções não são simplesmente interrupções da vida em seu curso que precisam ser controladas; pelo contrário, tratam-se de processos organizadores que precisam ser atendidos. Combinadas com a razão, elas ajudam a tornar as pessoas mais efetivas em seus ambientes em constante mudança, auxiliando-as a se adaptar rapidamente ao mundo e facilitando a resolução adaptativa de problemas. Muitas emoções resultam de avaliações automáticas de situações em relação às necessidades do organismo. As emoções fornecem um sinal sobre quais necessidades estão operando no momento. Envolvem tanto a cognição, na forma de avaliações, quanto a motivação, na forma de necessidades; portanto, são experiências mais abrangentes do que a cognição ou a motivação por si só. São ricamente infundidas com tudo o que é importante para nós: nossos significados, nossas necessidades e nossos valores. Sem emoções, as pessoas não poderiam viver vidas satisfatórias.

Emocionalidade desadaptativa

Além de serem adaptativas, as emoções também podem dar errado (Flack, Laird & Cavallaro, 1999). Embora as emoções tenham evoluído para melhorar a capacidade adaptativa dos organismos, existem várias maneiras pelas quais esse sistema pode se tornar desadaptativo. Todos nós sabemos que, às vezes, e de encontro às nossas melhores intenções, nos preocupamos demais, explodimos em resposta a provocações, sentimos que odiamos nossos filhos e nos enfurecemos com aqueles de quem somos próximos. Algumas vezes, temos medo paranoico de autoridades, invejamos os nossos amigos, sentimo-nos intensamente vulneráveis ou com ciúmes das pessoas que amamos, ou sentimos desgosto ou raiva diante da menor provocação. Com frequência, nos arrependemos da emoção que experimentamos, da intensidade com que a vivenciamos ou da forma como a expressamos.

As emoções desadaptativas desenvolvem-se por uma variedade de motivos. Com mais frequência, são aprendidas em situações que evocam uma reação emocional inata, como raiva diante da violação, medo perante ameaças ou tristeza por perdas. O grau com que as emoções desadaptativas tornam-se desorganizadoras e resistentes à mudança depende de quão cedo foram experienciadas, bem como do nível de intensidade e da frequência com que elas e as situações que as ativam ocorreram. Outros fatores orgânicos e de temperamento também influenciam o humor das pessoas, e este, por sua vez, influencia os limiares de ativação de diferentes emoções. Quando alguém está cansado ou irritado, a raiva tem mais probabilidade de ser ativada, e, se alguém tiver um histórico de aprendizagem que leve à raiva desadaptativa, é mais provável que reaja exageradamente com raiva. Além disso, o grau com que os esquemas ou programas nucleares se aplicam a situações com temas semelhantes influencia a ativação da raiva desadaptativa. Assim, sentimentos intensos e frequentes de abandono, rejeição ou dominação no passado podem ser ativados por situações atuais com temas ou histórias semelhantes. A falta de atenção do cônjuge pode ativar sentimentos intensos de negligência de uma infância sem amor. Esses sentimentos tornam-se então respostas desadaptativas à situação atual.

Uma vez aprendidas e organizadas em um esquema ou um programa afetivo, as respostas emocionais recém-adquiridas tornam-se automáticas — tão automáticas quanto as respostas biologicamente adaptativas com as quais se integram. Hoje, as pessoas não apenas fogem de predadores e ficam com raiva diante das violações dos limites, mas também temem as críticas de seu chefe e ficam irritadas com os obstáculos ao aprimoramento de sua estima. As respostas emocionais inatas e as aprendidas tornam-se rapidamente integradas e podem ser ativadas por estímulos aprendidos (Griffiths, 1997). As respostas emocionais estão claramente abertas ao *input* e à aprendizagem; isso as torna não apenas um sistema adaptativo flexível, mas também um sistema aberto à possibilidade de se tornar desadaptativo. Assim, as respostas desadaptativas adquiridas podem ocorrer frequentemente quando não queremos. Elas não são úteis e são difíceis de mudar.

As emoções, portanto, não são guias simples nem infalíveis, tampouco são provedoras de pura felicidade. Produzem muito desconforto e sofrimento na vida, bem como alegria, amor e interesse. Evidentemente, precisam ser gerenciadas de forma inteligente para que as pessoas se beneficiem de sua própria inteligência. O imediatismo da emoção e a capacidade da pessoa de integrar as emoções com a razão tornaram os humanos seres mais complexos e adaptáveis. A oposição algumas vezes aparente entre as tendências para ações rápidas e automáticas presentes nas emoções e as ações deliberadas mais lentas e reflexivas é importante para aumentar a eficácia das pessoas. Um sistema de emoções inatas e rápidas que apenas proporcionasse padrões de ação fixos e linhas de ação preestabelecidas teria feito com que os primeiros humanos corressem como gansos, seguindo qualquer estímulo que acontecesse no momento certo. Isso não teria ajudado muito as pessoas. Simplesmente atacar quando estivéssemos com raiva e fugir quando estivéssemos com medo teria nos transformado em autômatos, altamente previsíveis e manipuláveis. Em vez disso, os humanos estão envolvidos na resolução de problemas complexos, e as emoções dizem às pessoas qual é o problema, mantendo-as motivadas a fazer algo relacionado a ele e à situação que o está produzindo. As pessoas não apenas têm emoções; elas também precisam gerenciá-las. O desenvolvimento de habilidades de regulação das emoções constitui, portanto, uma parte importante da inteligência emocional.

Habilidades da inteligência emocional

Momentos emocionais sucedem-se ao longo do dia: em casa, no trabalho, na hora de brincar, na criação dos filhos no casamento, com amigos e quando estamos sozinhos, contando-nos algo a respeito do estado motivacional. Assim que as pessoas acordam, sentem emoções e tornam-se orientadas para o mundo com algum tipo de intenção. Podem se sentir acordadas e começar a antecipar ansiosamente o seu dia, ou podem temer apreensivamente uma próxima reunião. Cada dia é um processo de sentimentos contínuos. Se tudo está bem, as pessoas simplesmente sentem bem-estar e interesse. Quando algo não está bem e quando se deparam com circunstâncias incomuns, elas tomam consciência de tipos específicos de excitação emocional e experienciam sentimentos diferentes.

As pessoas precisam compreender o que suas emoções lhes indicam sobre a maneira como estão conduzindo suas vidas. Quando experienciam emoções desagradáveis, isso significa que há algo errado a que precisam dar atenção. A mera expressão da emoção frequentemente não corrige a situação, embora às vezes ajude. Em vez disso, as pessoas precisam ler as mensagens de suas próprias reações e, então, começar a agir de maneira sensata para corrigir a situação. As seções a seguir delineiam algumas das habilidades da inteligência emocional. O Quadro 1.2 fornece um resumo dessas habilidades.

Compreender as emoções

As pessoas não são apenas informadas e movidas pelas suas emoções, mas também precisam entendê-las e decidir a melhor forma de expressá-las e de se comportar em qualquer situação que provoque emoções. Os sentimentos, por exemplo, dizem quando algo é doloroso e dói. As emoções são uma forma muito direta de experimentar o que está acontecendo; enviam mensagens e apresentam problemas que precisam ser resolvidos por meio da razão. A cognição, portanto, muitas vezes nos ajuda a atingir metas afetivas; em seguida, decisões precisam ser tomadas em relação à expressão e à ação. O pensamento também explica a dor, coloca-a em perspectiva, lhe dá sentido, a justifica ou racionaliza, e ajuda a definir uma solução.

As emoções percorrem o corpo das pessoas, quer elas queiram ou não. No início da história da humanidade, as emoções eram conhecidas como "paixões", porque as pessoas as recebiam de forma passiva. Só nos séculos mais recentes o termo "emoção" — *e-moção*, mover para fora, enfatizando o aspecto da tendência para a ação — começou a ser utilizado. Entretanto, como os nossos antepassados sabiam, é uma insensatez tentar resistir às emoções; em vez disso, é preciso coordenar esforços conscientes com o estímulo automático das emoções. Os seres

QUADRO 1.2 Habilidades da inteligência emocional

- Compreender as emoções
- Expressar as emoções
- Regular as emoções
- Compreender e validar as emoções dos outros (empatia)
- Compreender o presente, o passado e o futuro
- Refletir, criar narrativas e criar significados das emoções

humanos exercem a sua ação na maneira como trabalham com as emoções e no que fazem com elas, e não ao despender esforços para tentar refreá-las.

Em vez de tentar controlar, interromper, modificar ou evitar a experiência das emoções, as pessoas precisam aprender a viver em harmonia com elas. A raiva ou a tristeza excessivamente controlada esgotam a energia. A expressão das necessidades e a revelação das nossas dores frequentemente trazem melhores resultados. Para conseguir isso, as pessoas precisam aprender a integrar a razão com a emoção, sem serem nem completamente tomadas e nem desligadas dela. Para viver com paixão e reflexão, as pessoas precisam integrar a cabeça ao coração.

Expressar as emoções

A expressão da emoção de forma apropriada ao contexto é uma habilidade altamente complexa da inteligência emocional, que envolve a integração de estímulos tanto da biologia quanto da cultura. As pessoas aprendem formas apropriadas de expressão. Até o choro em funerais é uma forma de expressão aprendida. Os sons agudos e explosivos de choro em um funeral da tribo Makonde da Tanzânia dificilmente seriam reconhecidos como choro por pessoas de outra cultura, e vice-versa (Kottler, 1996). Para os Makonde, enxugar as lágrimas com um lenço na mão é um estranho hábito cultural ocidental. A expressão é, portanto, um processo socialmente mediado, e a consciência da emoção não é sinônimo de sua expressão. Aprender quando e como expressar uma emoção, e quando isso não ajuda, faz parte do desenvolvimento da inteligência emocional.

Regular as emoções

Para atuar com inteligência emocional, as pessoas precisam aprender a regular tanto a sua experiência emocional quanto a sua expressão (Frijda, 1986; Gross, 1999). Regulação significa ser capaz de ter emoções quando quiser tê-las e não as ter quando não desejar. Ser capaz de adiar as próprias respostas, saber o que são e refletir sobre elas são habilidades essencialmente humanas. A regulação do afeto é uma importante tarefa do desenvolvimento. Desde a infância, os bebês aprendem a chupar o dedo para se acalmar, e as crianças pequenas aprendem a assobiar no escuro para aliviar seus medos. Quando adultos, podemos aprender técnicas de relaxamento e meditação para regular a ansiedade. As pessoas aprendem a regular a raiva contando até 10 e até aprendem a regular a alegria e a expressá-la adequadamente, dependendo da situação. Parte da inteligência emocional é a capacidade de regular a emotividade de modo que sejamos guiados, mas não tomados por ela.

Algumas vezes, é a intensidade da emoção que precisa ser regulada. Tendo em vista a relação não linear e há muito tempo aceita entre a excitação geral e o desempenho (Yerkes & Dodson, 1908), a relação entre a intensidade emocional e o valor adaptativo pode ser considerada curvilínea. Por exemplo, em resposta a um tratamento injusto, um nível muito baixo de raiva deixa a pessoa vulnerável a ser explorada, enquanto uma raiva excessiva a leva a ser mordaz. Uma quantidade moderada de raiva em caso de violação promove assertividade. De forma semelhante, um medo insuficiente em resposta ao perigo leva a pessoa a ser descuidada, enquanto um medo excessivo pode ser desadaptativo, oprimindo a pessoa e atrapalhando os esforços para a fuga. Assim, o valor adaptativo e a intensidade estão relacionados por uma curva em U invertida. O valor adaptativo aumenta até certo ponto à medida que a intensidade aumenta e, em seguida, começa a diminuir à medida que a intensidade diminui.

As pessoas precisam ser capazes de controlar o que escolhem expressar e o que escolhem suprimir. Devem ser capazes de interromper a ansiedade descontrolada. Em última análise, é a integração da emoção e da cognição que leva à saúde. As pessoas precisam ser movidas por suas emoções e também ser capazes de acalmá-las e de refletir sobre elas. O primeiro nível de regulação emocional envolve a capacidade de simbolizar na consciência as emoções sentidas no corpo e as tendências para ação que levam à produção de sentimentos complexos. As pessoas precisam ser capazes de dizer que se sentem tristes por saírem de casa pela primeira vez, em vez de se limitarem a chorar. Precisam ensinar seus filhos a serem capazes de dizer que estão com raiva, em vez de agirem com raiva. Se uma criança tenta pegar o brinquedo de outra, então a segunda criança precisa aprender a estabelecer limites verbais e a proteger verbalmente seus limites, em vez de bater na primeira criança.

A inteligência emocional envolve, portanto, não apenas ter emoções, mas também lidar com elas. As emoções são reguladas em todos os níveis do processo emocional, desde os níveis neuroquímico e fisiológico até os níveis psicológico e social. As pessoas podem exercer algum controle procurando ou evitando situações e outras pessoas, dependendo de como essas situações e pessoas as fazem se sentir. Uma vez despertadas as emoções de uma pessoa, ela as regula trabalhando intensamente para lhes dar sentido. Ela analisa as situações e muda o significado de seus sentimentos para transformar ou regular suas reações. Se as pessoas se sentem tristes porque alguém querido vai embora, começam a lidar com isso imaginando que ele vai regressar. Distraem-se dando atenção a outros interesses. Podem dizer que a separação é boa porque a ausência torna o coração mais afetuoso, e podem usar muitos outros recursos engenhosos para mudar a sua visão da perda.

Os impulsos emocionais de uma pessoa também podem ser suprimidos, de modo a desaparecer da consciência, bem como do comportamento, ou podem ser intensificados. As pessoas podem suprimir um impulso para agir ou anular a própria ação. Embora as emoções organizem as pessoas no sentido de agir, as decisões executam a ação e determinam a sua forma. Assim, as pessoas podem ficar zangadas e controlar a sua raiva, ou podem suprimir a emoção e nem sequer sentir raiva. Uma vez que as emoções ganham vida, elas podem ser acalmadas. Podem ser mantidas dentro de certos limites por meio de muitos procedimentos — alguns voluntários e outros involuntários. As pessoas podem regular as suas emoções (a) gerenciando as situações às quais se expõem, (b) transformando suas respostas por meio da análise da situação ou (c) suprimindo ou intensificando as suas respostas. A regulação de uma resposta pela análise da situação geralmente é muito superior à supressão.

No primeiro nível, as pessoas podem regular os *inputs* — os estímulos que ativam as suas emoções. O entorpecimento é uma das dádivas da natureza aos seres humanos; ele ocorre automaticamente para amortecer a dor. Trata-se de um mecanismo de proteção que concede tempo à pessoa para assimilar a perda. Em estados de entorpecimento emocional, as pessoas conhecem os fatos relacionados com a perda ou o trauma, mas não sentem nada porque o seu significado ainda não foi reconhecido. Outros processos mais voluntários de lidar com as emoções, como mencionado anteriormente, incluem evitar situações que as evocam. O medo de altura geralmente pode ser evitado controlando os lugares para onde se vai, enquanto o ciúme ou a rejeição podem ser evitados deixando de ter contato com um parceiro suspeito ou que nos rejeita. Procurar distrações ou concentrar-se em algo diferente ajuda a afastar a mente da pessoa de possíveis perigos ou problemas sobre os quais não pode fazer nada. Isso pode melhorar o desempenho: o fato de se concentrar na tarefa em questão evita a intrusão de pensamentos de perda ou de perigo.

Além de ser ativada por acontecimentos externos, a emoção é produzida por sequências internas e autogeradas de sentimentos do passado, memórias, imagens e pensamentos. As pessoas podem regulá-la de maneira vantajosa ou desvantajosa. Podem negar a realidade, negar seus sentimentos ou permitir e aceitar a sua experiência e, em seguida, construir novos significados para ajudá-las a gerenciar e a transformar seus sentimentos. A construção de significados não é um processo realizado em um único nível e, portanto, pode-se interrompê-lo em muitos pontos ao longo do caminho e, assim, regular as emoções. A interrupção defensiva em geral não é muito útil. Embora negar os horrores da realidade e não se concentrar nos detalhes sórdidos ajude as pessoas a evitarem sentir medo e desgosto, os processos de tentar não ver o que está à sua frente, ou de mudar internamente o significado, podem ser problemáticos, em particular quando são feitos automaticamente, sem consciência. Assim, negar que está aborrecida com algo ou furiosa priva a pessoa de certas informações relevantes para a resolução de problemas. Portanto, regular a experiência interrompendo os processos de construção de significado, em diferentes níveis desse processo, pode ter efeitos positivos ou negativos.

Uma vez que a emoção é suscitada e reconhecida, os esforços de enfrentamento que envolvem reavaliar a situação, criar novos significados e colocar as coisas em uma perspectiva mais ampla são aspectos importantes da inteligência emocional. Essas estratégias descritas são importantes aspectos para a regulação emocional. Embora os pensamentos conscientes não produzam a maioria das emoções, ajudam certamente a regulá-las ou a mantê-las. Assim, tentar mudar os pensamentos ajuda a regular as emoções — não porque os pensamentos negativos provocam um sentimento ruim, mas porque eles tendem a mantê-lo e a intensificá-lo. Quando as pessoas sentem uma emoção, especialmente no caso de ser desagradável, elas geralmente têm um problema para resolver. Em vez de se concentrar em atenuar ou suprimir as emoções, as pessoas devem orientá-las para a execução de uma ação construtiva ou transformá-las em emoções mais favoráveis e mais úteis para a resolução de problemas. Elas podem transformar as emoções enfatizando diferentes aspectos do que está ocorrendo; podem fornecer diversas razões para explicar o que aconteceu, projetar consequências distintas, concentrar-se no acesso a diferentes recursos internos e externos, e conceber variadas estratégias de enfrentamento. Assim, a decepção pode ser orientada para uma nova tentativa, ou pode ser transformada em aceitação da perda. Todas essas estratégias cognitivas transformam enormemente a experiência emocional. A razão é mais bem integrada com a emoção para ajudar a guiá-la uma vez que é despertada. Desse modo, as pessoas não estão trabalhando contra suas emoções, tentando refreá-las; em vez disso, estão trabalhando junto com suas emoções, procurando guiá-las por meio de uma integração de seu conhecimento social e cultural e de seus valores e objetivos pessoais com seu conhecimento emocional baseado no corpo.

Uma das questões importantes aqui é que as pessoas podem transformar cognitivamente suas emoções de forma construtiva ou reavaliar situações de maneira defensiva. Podem tentar bloquear certos elementos indesejáveis da consciência, ou podem permitir a experiência indesejável e, em seguida, trabalhar furiosamente para lidar com ela. Podem fazer algo cognitivamente/mentalmente ou agir para transformar a emoção em algo diferente. O primeiro método geralmente é muito menos eficaz do que o segundo.

Um dos paradoxos da defesa é o seguinte: como é possível interromper ou impedir que uma experiência chegue à consciência sem primeiro saber o que ela é? Como as pessoas podem se entorpecer com notícias devastadoras sem antes saberem que uma notícia é devastadora? Como podem impedir a consciência de sentir raiva ou tristeza sem antes inteirar-se de que estão tendo um sentimento inaceitável? O processo ocorre porque as pessoas processam a informação em muitos níveis, porém apenas alguns deles são plenamente conscientes. Assim, em um coquetel, as conversas que estão acontecendo, algumas pelas costas da pessoa, aparentemente não são ouvidas nem compreendidas conscientemente por ela até que um assunto importante seja abordado, como o seu próprio nome ou algo sobre sexo. Essas mensagens desconsideradas estão, portanto, sendo processadas em algum nível, mas apenas até certo ponto. Só se tornam conscientes quando são ainda mais processadas. Isso envolve dedicar-lhes uma atenção antes que se desintegrem do armazenamento de muito curto prazo e desapareçam frustrantemente sem deixar vestígios do que foi de certo modo ouvido, mas não simbolizado de forma consciente.

O processamento de informações das pessoas pode, portanto, ser interrompido em muitos níveis. Pode ser interrompido na fase de processamento que determina o significado das palavras que são ouvidas ou das coisas que são vistas, ou pode ser interrompido na fase de associação a outros significados. Assim, ouvir a frase "Ela morreu" pode não estar ligado ao fato de ela nunca mais voltar ou ao que isso pode significar para alguém. O entorpecimento é a interrupção muito precoce que interfere na assimilação de algo novo; a falta de consciência pode envolver atenção seletiva. O desligamento, uma interrupção de nível superior, significa não processar a relevância pessoal de algo, enquanto a evitação pode envolver estratégias de distração.

Algumas pessoas podem redirecionar o processamento em diferentes estágios. Sentir dor ou raiva e, em seguida, ver humor nas coisas, enxergar alternativas, se sentir agente na construção da realidade e nas suas respostas a ela dá aos indivíduos a sensação de serem eficazes, em vez de serem vítimas das circunstâncias. Escolher como responder proporciona uma sensação de autodeterminação. Ver as coisas como um desafio mobiliza o enfrentamento, e ver as coisas como naturais, necessárias ou inevitáveis promove o enfrentamento sem culpa. Todos os meios de utilizar a maravilhosa capacidade das pessoas de construir significados constituem a melhor forma de orientar e transformar suas reações emocionais angustiantes.

Existem duas visões diferentes da regulação emocional: uma delas toma a regulação como o controle de muitas emoções perturbadoras ou do tipo errado de emoção, e a segunda, como a obtenção da emoção desejada em níveis adaptativos no momento certo. Na primeira visão, existem dois fatores: primeiro, a geração da emoção e, em seguida, a sua regulação (Gross, 2002). Na visão de um fator, a regulação emocional é vista como intrínseca à experiência de gerar emoção. A regulação emocional, mais do que o autocontrole, é considerada um aspecto integrante da geração de emoções e coincidente com ela (Campos, Frankel & Camras, 2004). Assim, os sistemas emocionais podem ser transformados ou regulados por outros processos diferentes dos cognitivos mais conscientes, como por outras emoções e pela segurança das relações de apego (Greenberg, 2002). Os processos essenciais de autorregulação afetiva estão envolvidos na automanutenção, mais do que no autocontrole, e ocorrem, em grande parte, de maneira automática.

A perspectiva da neurociência afetiva parece apoiar a teoria de um fator da regulação emocional, integrada à geração de emoções, em detrimento de uma visão de dois fatores de controle consciente (Cozolino, 2002). Dada a complexidade do funcionamento cerebral envolvido no afeto, a regulação da emoção é mais bem compreendida como incorporada em uma rápida cascata de efeitos que se movem para cima e para baixo nas diferentes áreas subcorticais e corticais. Em vez do controle cognitivo da emoção, temos enormes alças de retroalimentação (*feedback*) nas quais diferentes partes do cérebro interagem entre si, levando à sincronização, o que resulta na auto-organização de todo o cérebro.

Os problemas nas personalidades frágeis surgem, em sua maior parte, de déficits nas formas mais implícitas de regulação da emoção e da intensidade emocional, embora formas deliberadas de regulação comportamental e cognitiva — um processo mais do hemisfério esquerdo — sejam úteis para as pessoas, como habilidades de enfrentamento quando se sentem fora de controle. Entretanto, com o tempo, é a construção de capacidades de regulação emocional implícita ou automática que é importante para clientes altamente frágeis e com transtornos de personalidade. As formas implícitas de regulação geralmente não podem ser treinadas ou aprendidas como uma habilidade volitiva. A experiência direta de acalmar um afeto despertado por meios relacionais ou não verbais — um processo mais do hemisfério direito — é uma das melhores maneiras de construir a capacidade implícita de autoapaziguamento. A capacidade de apaziguar a si mesmo desenvolve-se inicialmente pela internalização das funções de apaziguamento de outra figura protetora (Stern, 1985). Com o passar do tempo, a empatia do outro é internalizada e torna-se empatia por si mesmo (Bohart & Greenberg, 1997).

Compreender e validar as emoções dos outros (empatia)

Finalmente, a inteligência emocional, a capacidade de integrar a cabeça ao coração, envolve empatia pelos sentimentos dos outros. A empatia é a melhor resposta aos sentimentos. É necessária não apenas em resposta aos sentimentos dos outros, mas também em resposta aos nossos próprios sentimentos. A empatia das pessoas as torna mais humanas. Ela ajuda a regular os sentimentos e ajuda as pessoas a refletirem sobre eles. Para reconhecer os sentimentos dos outros, é necessário primeiro ser sensível aos próprios sentimentos. Depois que as pessoas reconhecem e confirmam os sentimentos dos outros, elas também precisam ajudá-los a permitir que seus sentimentos os informem e orientem. Dar conselhos aos outros em momentos emocionais sobre os méritos de soluções mais racionais ou mais realistas serve apenas para invalidar a sua experiência. Conselhos como "Recomponha-se", "Acalme-se" ou "Faça um passeio" não são úteis. Até uma conversa orientada para soluções, como "Você poderia ligar para ele ou fazer isso ou aquilo", não é muito útil. As pessoas precisam validar os sentimentos dos outros. Devem lhes dizer que compreendem os seus sentimentos e que eles fazem sentido para elas. A invalidação dos seus sentimentos mais básicos é uma das coisas mais psicologicamente prejudiciais que uma pessoa pode fazer a outra. Constitui uma importante causa de disfunção emocional. Os sentimentos exigem reconhecimento; caso contrário, eles escalam ou passam à clandestinidade, e tudo começa a tornar-se muito complexo. Uma criança com sede que ouve "Você não está com sede, acabou de beber", uma criança que chora a quem se diz "Deixe de ser um bebê chorão" e um adulto chorando a quem é dito "Você não tem motivo para chorar" estão todos tendo as suas experiências invalidadas. A melhor maneira de validar a experiência emocional de uma pessoa é comunicar que suas respostas emocionais são compreensíveis e fazem sentido no contexto de sua ocorrência ou de sua vida em geral. Recentemente, uma mãe me contou que, ao ouvir sua filha adulta queixar-se de que os relacionamentos em sua vida não estavam dando certo, em vez de lhe dar conselhos, começou pela primeira vez a ouvi-la e a compreender seus sentimentos, o que produziu um efeito calmante sobre a filha.

Os sentimentos, uma vez reconhecidos pelos outros e por nós próprios, ainda precisam ser guiados, mas não controlados. Uma reflexão sobre os sentimentos, e não uma ação impulsiva, é importante na integração da cabeça e do coração. As emoções, como já discuti, tanto movem quanto informam. As pessoas precisam experienciar seus sentimentos e nomeá-los, e não apenas agir de acordo com eles. Ter empatia pelos sentimentos dos outros é útil, entre outros motivos, para promover esse tipo de reflexão. Isso ajuda a outra pessoa a simbolizar o que está sentindo e levar a emoção do domínio da sensação e da ação para o domínio mental. É na tomada de consciência dos sentimentos, simbolizando-os em palavras, que começa a integração da cabeça com o coração. A pessoa precisa sentir o que seu corpo está lhe dizendo, em vez de deixar que os impulsos determinem cegamente suas ações. À medida que as pessoas se desenvolvem da infância até a idade adulta, elas têm reações emocionais a novas situações, que são relevantes para necessidades importantes. A sintonia empática de seus cuidadores as ajudou a prestar atenção e a simbolizar seus próprios sentimentos. A sintonia do cuidador e o espelhamento da excitação ou da tristeza de uma criança ajudam a fortalecer e a confirmar a sua experiência. O *self* do indivíduo desenvolve-se a partir dessa interação, em um processo construtivo em que cada parte acrescenta um ingrediente, e a mistura fornece a receita para o sentido do *self* ainda não formulado. Na idade adulta, novos sentimentos que ainda não estão totalmente formados ou claros — como sentimentos sobre uma mudança recente de emprego, uma decepção recente ou uma realização significativa — também são profundamente confirmados e tornam-se mais claros e mais intensos pelas respostas empáticas daqueles que ajudam o adulto a simbolizar a sua experiência. O indivíduo é então capaz de constituir um sentido mais forte do *self*, confirmar a sua experiência e sentir-se mais comprometido com o que sente e com quem é. A empatia é uma habilidade crucial da inteligência emocional.

Entender o presente, o passado e o futuro

As emoções, por sua natureza, concentram-se no presente. Elas dão cor ao momento e orientam as ações em direção a objetivos imediatos. Defensores de tradições como Zen e a terapia da Gestalt (Perls, 1969; Polster & Polster, 1973) apontaram para a importância de viver no presente. Alguns críticos discordam e não acreditam que viver no presente seja saudável (Cushman, 1995; Lasch, 1979, 1984). São da opinião de que isso levará a uma vida impulsiva e argumentam que usar os sentimentos como guias pode levar as pessoas a ignorarem as consequências futuras de suas ações. Esses críticos não conseguem distinguir entre viver no presente e viver para o presente.

Vivendo no presente

Viver no presente é saudável e, muitas vezes, envolve uma maior tomada de consciência. As pessoas que vivem no presente estão conscientes do ambiente e de suas reações emocionais imediatas a ele. Por exemplo, estão conscientes do sentimento de alegria quando um ente querido sorri para elas. Ou, em momentos mais meditativos, podem perceber a sua respiração e dizer para si mesmas: "Inspirando, estou calmo. Expirando, sinto alegria" (Kabat-Zinn, 1993). As pessoas sentem-se em paz quando vivem no momento presente. Viver para o momento, no entanto, equivale a demonstrar uma impulsividade irresponsável; o indivíduo que vive para o momento busca algo que o faz se sentir bem sem considerar as consequências. Para os críticos, viver no presente (visto como viver para o presente) parece antagônico à ética do trabalho. Essa ética levou muitas pessoas a verem a emoção como inimiga da realização e da autoaplicação, e levou à crença de que a emoção precisa ser controlada. Viver no presente, porém, traz orientação e energia.

As pessoas experienciam o mundo no presente em seus corpos (Damasio, 1999). Transbordam de sentimentos e sensações antes que quaisquer palavras forneçam formas de expressar seus sentimentos.

Para exercitar a inteligência emocional, a pessoa deve reconhecer a onda de adrenalina presente em seu corpo diante de uma ameaça e, por exemplo, precisa estar consciente das alterações hormonais que afetam o seu corpo quando alguém sexualmente atraente entra no seu campo de visão. É necessário que as pessoas reconheçam a forma violenta como sofrem por amor, desejo e dor emocional. Devem iniciar esse processo de reconhecimento cuidando de seus corpos e, em seguida, ser capazes de simbolizar (isto é, rotular) o que sentem, primeiro para si mesmas e depois, quando apropriado, para os outros. Precisam ser capazes de dizer a si mesmas: "Eu sinto". Tendo reconhecido a sua experiência emocional, devem então começar a compreender esses sentimentos. A fim de fazer isso, devem "usar a cabeça" para dar sentido à sua experiência. A mente precisa simbolizar a experiência corporal sentida em palavras, sintetizar as cascatas neuroquímicas que se transformam em experiência consciente e simbolizá-las em significados pessoais. Dito de maneira mais simples, para viver de forma inteligente, o indivíduo precisa integrar a cabeça ao coração. É a esta tarefa — ajudar os clientes a darem sentido a seus sentimentos — que este livro é dedicado.

Sendo informado pelo passado

As emoções são baseadas no presente, mas são influenciadas pelo passado. O passado sobrevive no presente na medida em que influencia a experiência dos eventos atuais da vida de uma pessoa. As reações atuais do indivíduo às circunstâncias e aos relacionamentos muitas vezes são forjadas a partir de sua história emocional (Luborsky & Crits-Christoph, 1990).

As lembranças frequentemente geram emoções. As lições que as pessoas aprenderam desde a infância até a idade adulta são armazenadas na memória emocional (Singer & Salovey, 1993). Muitas emoções desagradáveis surgem como uma intrusão do passado. Um sentimento de tristeza pode surgir, por exemplo, quando uma pessoa vê uma fotografia que lembra um parente falecido. As experiências atuais das pessoas podem ser permeadas por cenas emocionais do passado, por memórias que se intrometem rudemente no presente. Essas intrusões frequentemente ocorrem de forma incontrolável. Os sentimentos atuais, portanto, muitas vezes são sobre experiências passadas. As emoções associadas a situações do passado diferem das respostas emocionais vitais ao presente. As emoções do passado recordado são, muitas vezes, a origem de problemas emocionais. Ao guiar pessoas para usar as emoções como um mapa, a primeira distinção importante a ser feita é que as emoções não resolvidas sobre eventos passados precisam ser tratadas de forma diferente das respostas emocionais a situações atuais.

Imaginando o futuro

A antecipação de eventos futuros também pode produzir emoções, especialmente preocupação (Borkovec, 1994). Muitas vezes, é difícil lidar com as emoções quando dizem respeito a eventos que podem acontecer. O passado vive nas memórias, e emoções experienciadas no passado foram ao menos causadas por respostas a circunstâncias reais. Há algo de real nas emoções sentidas em resposta a experiências passadas. Entretanto, no que diz respeito ao futuro, a emoção é secundária em relação ao pensamento, proporcionando às pessoas apenas reações a ensaios de cenas futuras representadas no teatro interno da mente.

Imaginar e pensar em eventos futuros, no entanto, são capacidades importantes, porque nos ajudam a antecipar como responder a acontecimentos vindouros. O uso dessas capacidades nos permite gerar experiências emocionais de "ensaio" no presente. Se alguém imagina como seria a vida sem o seu cônjuge ou parceiro, pode perceber o quão sozinho se sentiria. Isso pode alimentar a decisão de permanecer fiel a essa pessoa. Somente quando a mente evoca futuros antecipados e os trata como reais é que as emoções relacionadas ao futuro são problemáticas. Essas emoções podem ser quase consideradas "virtuais", uma vez que são reações a realidades virtuais. Assim, surgem problemas quando as pessoas confundem as suas fantasias sobre o futuro com a realidade e reagem como se o futuro estivesse acontecendo agora. É assim que as pessoas se envolvem em verdadeiras complicações. Preocupam-se, fogem de tigres de papel, enfurecem-se com insultos ainda não proferidos e choram pela perda de uma pessoa importante enquanto ela ainda está presente. Na medida em que as fantasias sobre o futuro motivam o planejamento e a ação, imaginar reações emocionais a eventos futuros é saudável. Quando as pessoas se preocupam com acontecimentos que ainda não ocorreram como se estivessem acontecendo agora, elas estragam os breves momentos que têm no presente.

Há um segundo problema com a emoção relativa ao futuro. Embora as emoções sejam respostas úteis ao presente, elas não levam em conta as consequências futuras das ações. Por exemplo, o medo de uma cirurgia não leva em conta as consequências de não ter nenhum tratamento. A emoção nos diz que existe um problema ou preocupação atual e sugere uma resposta presente útil e imediata. No entanto, a emoção não pode perscrutar o futuro e nos dizer quais serão as consequências futuras das ações que pode estar sugerindo. É necessário pensar e imaginar para antecipar os efeitos futuros.

A capacidade das pessoas de imaginar cenários futuros, de avaliar possíveis cursos de ação, de pensar e raciocinar contribui imensamente para a sua capacidade de sobreviver e prosperar. Para agir de maneira saudável, as pessoas precisam não apenas ser motivadas pela emoção, mas também refletir sobre as possíveis consequências futuras de suas ações. Por exemplo, sempre que as pessoas decidem usar um dispositivo contraceptivo durante o ato sexual, a razão e a emoção estão agindo em conjunto para garantir uma vida fisicamente saudável. Se as pessoas respondessem apenas à emoção, poderiam ter relações sexuais desprotegidas sem pensar nas consequências. A capacidade de projetar as consequências futuras de suas ações e integrá-las com a experiência atual leva a ações mais saudáveis. As pessoas continuarão preocupadas com a sua satisfação presente, mas agora poderão levar em consideração as consequências futuras. Portanto, é necessário distinguir entre emoção em resposta às circunstâncias presentes e emoção em resposta a cenários previstos, porque cada uma serve a um propósito diferente na vida.

Integrando passado, presente e futuro

As pessoas precisam reconhecer o quão profundamente a emoção governa o presente e as orienta em seus mundos. Os sentimentos lhes proporcionam uma constante leitura de suas reações atuais aos eventos em andamento. Seus sentimentos declaram quem elas são no início de cada momento. Antes que as pessoas transformem o seu *self* mais imediato no *self* mais complexo no qual sempre se tornam, os sentimentos lhes informam os efeitos de sua primeira resposta às coisas. Essas primeiras emoções lhes dizem como estão reagindo — não como deveriam ou gostariam de reagir, mas como o *self* que realmente são está reagindo. As emoções, repletas da sabedoria da biologia, são forjadas no cadinho da experiência vivida no *self* atual (Stern, 1985). Se formos bem tratados à medida que crescemos, perceberemos o mundo como um lugar seguro e nos sentiremos bem. Se formos maltratados, começaremos então a construir um sentido de um mundo perigoso, a enxergar o outro como indiferente, e teremos um sentido receoso do *self*. O nosso *self* reage com esse conhecimento incorporado sentindo coisas. Assim, o indivíduo sente medo ao interpretar os olhares no rosto dos outros como indício de perigo ou ao compreender uma tensão no ar como sinal de conflito iminente. Ou sente-se satisfeito com uma inclinação praticamente imperceptível de seu par para a frente, indicando um interesse ainda não declarado. Sem essa orientação percebida para o mundo, a pessoa tropeçaria pela vida, encontrando desajeitadamente as circunstâncias devido à falta de orientação intuitiva. Essa sabedoria das emoções sentidas corporalmente serve como um giroscópio para manter o indivíduo em equilíbrio.

Se, no entanto, as pessoas vivem apenas de acordo com a emoção presente, simplesmente surfando nas correntes da próxima emoção que surge, elas roubam de si mesmas tudo o que os humanos aprenderam por meio da linguagem e da cultura sobre uma vida adaptativa. O conhecimento baseado na linguagem, além da biologia e da experiência, tornou-se crucial na transmissão de tudo o que os humanos aprenderam (Gergen, 1985; Neimeyer & Mahoney, 1995). Assim, as pessoas precisam sempre integrar seu conhecimento biológico de base emocional com seu conhecimento pessoal mais aprendido e cultural. Como sabemos, fazer algo porque parece ser bom nem sempre é o melhor guia para a ação. É necessário levar em conta o contexto social e o futuro antes de agir. Muitos comportamentos aceitáveis e eficazes em qualquer contexto específico são aprendidos e precisam ser integrados com a experiência emocional primária de base biológica da pessoa. Um indivíduo que grita imediatamente para os outros porque o incomodaram, ou que imediatamente faz amor com alguém que considera atraente, não leva em consideração informações relevantes suficientes. Por outro lado, ignorar o sentimento de que está irritado ou atraído rouba do indivíduo uma fonte profunda de conhecimento, prazer e vitalidade. Contudo, confiar apenas nele não produzirá uma ação sensata. Assim, o sentimento presente deve ser integrado com a consciência das consequências futuras e informado pela aprendizagem passada. Viver apenas para o presente e ignorar as consequências não é sensato: o que se fez hoje afetará o que acontecerá amanhã.

Refletir, criar narrativas e significados das emoções sentidas

Depois da tomada de consciência das emoções, vem a capacidade de dar sentido à experiência e, ao fazê-lo, receber ajuda dos outros. É aqui que a maravilhosa capacidade humana de criar significado consciente e de simbolizar a emoção em palavras, bem como a capacidade de pensar racionalmente, refletir, planejar e imaginar o futuro, torna-se tão importante. A aplicação prematura desses talentos é prejudicialmente mal orientada, e a falta de aplicação é potencialmente desastrosa. Assim como as pessoas não podem viver apenas de pão, também não podem viver só de emoções ou só de razão. A concepção do cérebro emocional das pessoas significa que, com muita frequência, elas têm pouco controle sobre quando sentirão o quê. No entanto, podem estar conscientes e controlar o curso subsequente dos acontecimentos. Podem regular por quanto tempo sentirão a emoção e o que fazer com o sentimento, e podem dar sentido à sequência sempre importante de sentimentos e pensamentos que sucedem a primeira onda de emoção. Isso é demonstrado no exemplo a seguir.

Erin vê um homem que deseja conhecer aproximar-se dela na rua. Ela o encontrou em uma ocasião anterior e, por alguma razão desconhecida, sente-se intensamente atraída por ele. Ao ver o objeto de sua paixão em seu caminho, seu coração dispara e ela fica nervosa. Aproxima-se dele com a mente acelerada enquanto planeja o que dizer. "Como vou começar e o que posso fazer para ser interessante?", pergunta a si mesma. Então, o seu fantasiado parceiro perfeito passa por ela. Será que ele não a reconheceu ou estava tão perdido em seus pensamentos que estava alheio à sua presença e à de qualquer outra pessoa na rua? Erin não sabe. Sente-se arrasada. Vergonha, saudade, dor e solidão insinuam-se furtivamente pelo seu corpo. Ela continua seu caminho, quase curvada pelo choque de toda a experiência. "O que aconteceu?", pensa. "Estava apenas andando e, de repente, surge essa tempestade de sentimentos. Tenho que me acalmar. Mal nos conhecemos. Não faço a mínima ideia se nos daríamos bem ou se temos algo em comum. Nem sequer sei se ele me viu ou não." A reflexão agora tem vez e a ajuda a entender essa torrente de sentimentos. Erin começa a pensar: "Esses sentimentos são reações a um fantasma. Acho que há algo nesse tipo de homem que realmente me deixa com o coração palpitante. É algo na sua autocontenção, combinada com a sensibilidade, uma espécie de orgulho sensível, que me agrada tanto. E o que dentro de mim me leva a reagir dessa maneira?". E assim começa uma reflexão sobre ela própria e a situação.

Além de suas emoções, as pessoas necessitam de todas as suas capacidades conscientes, assim como dos aprendizados culturais de seu tempo, para viver de forma adaptativa. Precisam de emoções para lhes dizer, sem pensar, que algo importante para seu bem-estar está ocorrendo, e precisam de suas capacidades de pensamento para trabalhar os problemas que as emoções assinalam e que a razão deve resolver. O indivíduo reconhece o que está sentindo e considera se aceita essa resposta como apropriada. Desenvolver e aplicar essa capacidade é um aspecto importante da inteligência emocional.

Assim, a simbolização e a reflexão sobre os sentimentos são importantes. Cada uma coloca a mente posicionada entre a situação e a ação. Qualquer resposta emocional, em última análise, envolve excitação e inibição. O que é sentido ou expresso depende de uma mudança de equilíbrio entre conter algo ou deixá-lo ir embora. Como é bastante comum nos sistemas de base biológica, a emoção envolve um duplo controle. Assim, a emoção envolve um sistema regulador, e a razão e a reflexão são partes importantes desse sistema. Uma das características mais importantes da civilização é que, por meio dela, as pessoas se tornaram mais conscientes e capazes de responder às suas emoções. Isso aconteceu em relação às respostas emocionais e suas razões. Práticas aprimoradas de regulação emocional saudável por meio da reflexão são uma marca de nossa civilização. As pessoas hoje em dia pensam muito mais sobre o que sentem e por que sentem isso do que qualquer geração anterior. É aqui que reside a esperança para o futuro: uma maior integração entre a cabeça e o coração. Essa integração da reflexão e da excitação emocional não necessariamente amortece ou destrói a espontaneidade; em vez disso, pode aumentá-la ao reconhecer quando a expressão livre é apropriada e adaptativa, e ao criar momentos especiais para isso e oportunidades ainda maiores para desenvolver a capacidade de ser espontâneo.

Escrever um diário das emoções tem-se revelado útil para superar memórias dolorosas e promover o funcionamento do sistema imunológico e a saúde (Pennebaker, 1990). Essa prática também ajuda a simbolizar e a reorganizar a experiência, e auxilia a pessoa a refletir e a entender melhor sua experiência e, assim, assimilá-la nas estruturas de significado existentes. Por exemplo, uma menina de 10 anos tinha sido impedida, sem qualquer explicação, de ficar com seus queridos avós paternos durante as férias de verão devido a um amargo acordo de divórcio. Ela sentiu-se confusa, rejeitada e magoada porque presumiu que os avós não a amavam. Quando jovem adulta, escrever sobre a sua experiência emocional em um diário a ajudou a dar sentido ao episódio e a perceber mais claramente que seus avós gostavam dela, mas todos eles tinham sido vítimas do divórcio. Isso ajudou a jovem a perdoá-los, a aceitar o amor que tinha recebido deles e a tentar, na idade adulta, restabelecer a sua ligação.

Como Angus e eu argumentamos (Angus & Greenberg, 2011; Greenberg & Angus, 2004), tornar-se humano envolve criar significado e usar a linguagem para moldar as experiências pessoais em histórias ou *narrativas*. Muitas vezes, é diante de perdas e feridas emocionais traumáticas, nas quais houve uma quebra significativa de confiança, que os clientes se veem incapazes de fornecer um relato organizado do que aconteceu — e de dar sentido a essas experiências emocionais dolorosas —, pois fazê-lo desafia crenças profundamente arraigadas sobre os sentimentos, as preocupações, as próprias intenções e as dos outros. Por exemplo, quando uma mulher de meia-idade que orgulhosamente se definia como esposa amorosa e companheira de repente se descobre divorciada ("despejada") depois de 25 anos de casamento, não fica apenas de coração partido, mas todo o seu senso de identidade pessoal — e a compreensão de como o mundo funciona — é profundamente abalado. Tais acontecimentos devem ser descritos, revividos emocionalmente e restaurados antes que o trauma ou o relacionamento deteriorado possam ser curados. Devem surgir novos significados que expliquem de forma coerente as circunstâncias do que aconteceu e como o evento foi experienciado pelo narrador, de modo que possa surgir um relato plausível dos papéis e das intenções que guiaram as ações do *self* e dos outros.

Ao dar forma a experiências e memórias desconexas, a narrativa oferece um espaço para autorreflexão e autoconstrução, exigindo que interpretemos e demos sentido à nossa experiência. De fato, o sentido de ter uma identidade pessoal origina-se do ato de contar nossas experiências no mundo, de modo que possam ser compartilhadas com os outros e refletidas para uma nova autocompreensão (Bruner, 1986). Nosso senso de segurança desenvolve-se quando conseguimos, com a ajuda dos outros, regular nosso afeto e tecer um relato coerente da nossa experiência emocional com os outros. Quando nos tornamos narradores de nossas próprias histórias, produzimos uma individualidade que nos une aos outros e nos permite olhar seletivamente para o nosso passado e nos moldarmos às possibilidades de um futuro imaginado.

As narrativas servem para organizar temporalmente os acontecimentos; para coordenar ações, objetos e pessoas em nossas vidas; e para dar perspectiva e significado às nossas experiências (Angus & McLeod, 2004). Elas estabelecem um senso de coerência e estabilidade do *self*, simbolizando padrões de experiência em todas as situações. Fornecem também explicações discursivas para os significados e aspectos algumas vezes inconsistentes do *self* que predominam em diferentes situações e relacionamentos (Angus & McLeod, 2004). Todos esses esforços contribuem para o projeto de vida contínuo de alcançar um senso de autocompreensão e identidade, em que são abordadas questões como "Quem sou eu?" e "O que eu represento?". Dado que o *self* é um conjunto de auto-organizações complexas em constante fluxo, a criação da narrativa é crucial para o estabelecimento de uma identidade estável.

Todas as histórias são moldadas por temas emocionais. As histórias nos ajudam a dar sentido às nossas emoções. Quando contamos uma história sobre uma experiência romântica, usamos nossas emoções para avaliar o que "realmente está acontecendo" nos corações e mentes de nossos parceiros — seu mundo interior de intenções, propósitos, objetivos, esperanças e desejos. Se encontrarmos um parceiro não confiável, poderemos atribuir motivos sinistros às suas ações bondosas. É importante notar que a organização narrativa da experiência emocional nos permite compreender reflexivamente o que uma experiência significa para nós e diz sobre nós. Ao mesmo tempo, todas as emoções são moldadas por histórias (Sarbin, 1986). Sentimo-nos felizes ou gratos quando criamos uma narrativa de uma situação em que vemos que alguém foi gentil conosco. Sentimos raiva ou medo quando vemos que os outros têm a intenção de nos magoar.

A narrativa interage com a intrincada rede de subsistemas corporais, sensório-motores e afetivos, cujas informações são organizadas e sintetizadas em estados do *self* experiencialmente disponíveis. Essa interação é fundamental para a experiência humana incorporada e o nosso senso de continuidade.

Vinheta: inteligência emocional em ação

Vejamos agora um exemplo de como as emoções funcionam para tornar as pessoas mais sábias e aumentar a sua inteligência. Trevor está longe de sua esposa pela primeira vez em uma viagem de negócios de um mês. Enquanto os dois estão falando ao telefone, ela começa a lhe contar como está se sentindo com ele longe de casa. Diz que se sente muito satisfeita por poder ser mais independente e que se sente bem consigo mesma. Prossegue contando que conseguiu definir mais facilmente sua própria identidade e não se sentir tão dependente dele para ajudá-la a se definir. Trevor escuta com interesse e percebe o entusiasmo na voz dela. A esposa continua explicando que está gostando de poder fazer as coisas livremente, no seu próprio horário, sem ter que acolhê-lo e perder seu próprio ritmo. Assegura ao marido que sente saudades dele e que gosta da sua companhia, mas afirma que primeiro teve que experimentar sua capacidade de ser autônoma para que sentisse falta dele. Ela está animada e não parece estar criticando-o, mas algo acontece no corpo de Trevor. A esposa continua a conversa dizendo que sempre foi uma luta para ela ser independente, conhecer suas próprias preferências e sentir-se confiante em sua própria identidade. A agitação dentro dele está crescendo. A sensação começa a percorrer seu peito e seu estômago. É como se tivesse engolido um líquido oleoso e de gosto ruim que ele quer cuspir, mas não consegue porque já invadiu suas entranhas. À medida que sente isso, sua concentração torna-se difícil. Sente-se menos capaz de prestar atenção ao que sua esposa está falando. Consegue ouvi-la comentar em tom de brincadeira: "Como você sabe, às vezes é bastante difícil cuidar de suas necessidades, e é bom, por um tempo, estar livre dos inevitáveis compromissos que um relacionamento acarreta".

Trevor agora se vê praticamente incapaz de escutar a sua esposa. Ouve as palavras dela, até as compreende, mas começa a se sentir um pouco confuso, e as palavras parecem vir de muito longe. Parecem atravessá-lo em vez de pousar no lugar habitual que lhes dá o seu significado. Percebe que está cada vez mais retraído, apesar de seus esforços para manter contato. Sua respiração agora está superficial, e ele está ligeiramente tenso no estômago, nos ombros e na mandíbula.

Sua esposa ainda continua falando, aberta e com entusiasmo, e Trevor pode perceber que ela não é hostil nem crítica. Na verdade, a voz dela é suave e calorosa, mas, mesmo assim, ele se sente ameaçado e rejeitado. Consegue acessar um lugar bem profundo onde pode se sentir magoado, porém protegido. Sente-se triste e sozinho. Esse não é um sentimento novo; ele o conhece bem. Mas agora, sentado com o telefone no ouvido, tem dificuldade em falar desse lugar retirado. É diferente de outras vezes em que se sentiu rejeitado; algo no fato de estar ao telefone fez com que fosse mais capaz de tomar consciência de sua ansiedade e da ameaça. Em vez de recorrer a seus estilos habituais de lidar com a situação, respondendo solicitamente, afirmando a sua opinião, ficando com raiva ou analisando o que está acontecendo, Trevor permanece calado e sente-se distante. Há um silêncio tenso ao telefone. Ele quer dizer algo, mas simplesmente não consegue sair de sua confusão para entrar em contato com a esposa.

Finalmente, de alguma forma, Trevor consegue utilizar seus recursos internos para se recompor e ativar a sua voz, e isso se fortalece à medida que ganha coragem. Expressa o que sente: "É difícil ouvir isso e sinto-me magoado" ou algo parecido. Sua esposa responde de forma tranquilizadora, não com a sua postura às vezes defensiva, mas mesmo assim ele se sente distante e pode ouvir o eco de sua própria voz, que lhe chega de uma caverna dentro de si mesmo. Ele pensa: "Sei que ela tem boas intenções, mas me sinto tão rejeitado". Isso ajuda um pouco, mas ele ainda tem que se esforçar para usar algum recurso interno que o ajude a sair daquele lugar isolado e dizer: "Entendo o que você está dizendo, porque tenho um pouco a mesma sensação de liberdade e menos necessidade de acolhimento, mas você parece estar tão entusiasmada por me ver longe e foi tão enfática sobre a sua necessidade de ser independente. Está sempre tão envolvida em sua luta para ser você que me sinto afastado. Às vezes, gostaria de ouvir mais sobre sua necessidade de estar conectada". E acrescenta: "Sei que algumas vezes sou emocionalmente exigente, mas é muito difícil ouvir que você me considera um fardo". Ela responde com carinho, dizendo que essa sempre foi a luta no relacionamento deles, mas que estava sentindo claramente que o valorizava, assim como valorizava o próprio relacionamento, e que não gostaria que ele entendesse o que estava dizendo como uma ameaça. Ele começa a relaxar e sente que está saindo do esconderijo e voltando a ter contato. É tanto o tom carinhoso de sua esposa quanto suas palavras que o atingem. Respira mais livremente, a sensação de vertigem em sua cabeça começa a abandoná-lo, e ele repara nas cores brilhantes da tigela para a qual está olhando em cima da mesa. Ela pergunta se ele está bem, e ele percebe a preocupação dela pelo telefone. Concordam em encerrar a conversa por enquanto e continuá-la quando ele regressar. Ele comenta sobre alguns outros pormenores e eles se despedem. Dez minutos mais tarde, ela liga para dizer que ficou muito triste ao constatar que ele ficou sem palavras, tão silenciosamente magoado, quando geralmente é tão capaz de conversar sobre as coisas, e que ela espera que esteja bem. Ele se sente bem, especialmente agora que ela telefonou, e diz que agradece por ela ter ligado de volta.

Por mais contundente que essa conversa possa ter sido, levou Trevor e sua esposa a um sentimento mais profundo de confiança baseado na honestidade emocional e na preocupação um com o outro. A necessidade de conexão e autonomia de cada um dos parceiros foi reconhecida. Como casal, lidaram com essa interação de maneira hábil e com sensibilidade, e saíram dela sentindo-se mais próximos. Outros poderiam ter perdido o controle. A conversa poderia ter-se transformado em ciclos de ataque e retirada, ou de ataque e contra-ataque, e em inevitáveis esforços de defesa. Isso teria feito com que ambos se sentissem agredidos e diminuídos, e, durante algum tempo, a conexão teria sido danificada. Felizmente, Trevor foi capaz de sair de seu retraimento, embora não tenha sido fácil. Os dois conseguiram ultrapassar o problema. Ele expressou a sua mágoa e sua esposa ouviu e validou seus sentimentos.

As seguintes funções da inteligência emocional foram cumpridas:

- *A emoção lhe forneceu um sinal sobre o estado de seu relacionamento com a esposa.*

As emoções de Trevor o informaram sobre sentimentos de ameaça e rejeição, apesar de seu julgamento racional de segurança. Essas emoções assinalaram a possibilidade de que algo com que ele se preocupava muito — a sua necessidade de conexão, baseada em quem ele era e na sua história — estava correndo risco.

- *A emoção o organizou para a ação.* Sentir-se ameaçado organizou o seu processo complexo de se retrair e ir para um local seguro. De lá, ele monitorou o progresso de forma vigilante, verificando sinais de rejeição e abandono, e contemplando o que deveria fazer a seguir.
- *A emoção monitorou o estado de seu relacionamento.* Suas emoções, sempre vigilantes quanto ao grau de aceitação e rejeição e de proximidade e distância na sua ligação íntima, reagiram a uma potencial rejeição, deixando-o quase congelado com medo de alguma forma de abandono.
- *A emoção avaliou se as coisas estavam indo do jeito que ele queria.* Trevor foi alertado de que sua necessidade de segurança estava ameaçada muito antes de determinar isso conscientemente.
- *A emoção sinalizou à sua esposa o estado de seu relacionamento.* No telefone, a maior parte da sinalização estava na qualidade vocal. Esse é um canal rico em sinais, perdendo apenas para a expressão do rosto. Trevor ouviu o carinho e a segurança de sua esposa, e foi isso que finalmente salvou o dia. Ela entendeu que o silêncio, as pausas e a hesitação dele indicavam que ele estava com medo ou desconfiado, e ela ajustou seu comportamento em conformidade. Sem essa sinalização não verbal, eles teriam que estar constantemente conversando. Por mais importante que seja a comunicação verbal, confiar apenas nela e esperar que um parceiro leia sempre o que o outro está sentindo pode causar inúmeros problemas aos casais.
- *A emoção o ajudou a aprender.* Querendo ou não, Trevor se sentia vulnerável a ser abandonado e teve que prestar atenção e aprender a lidar com isso. Se ignorasse essas emoções, correria o risco de ficar inexplicavelmente retraído e desorientado. A situação poderia ter terminado de forma diferente se Trevor não tivesse usado as habilidades de inteligência emocional a seguir.
- *Ele deu sentido às emoções.* Trevor reconheceu e prestou atenção aos sentimentos de agitação em seu peito e seu estômago, e determinou que a sensação desconfortável em seu corpo significava uma percepção de ameaça. Ele nem sempre gostava do que sentia e nem sempre era adaptativo, mas as emoções estavam lá, organizando-o, e ele precisava ter consciência delas, dar-lhes sentido e encontrar maneiras de lidar construtivamente com o modo como elas o estavam guiando. O conhecimento que Trevor tinha de si mesmo e de sua esposa foi importante para ajudá-lo a manter as coisas em perspectiva. A terapia anterior e o trabalho com seus sentimentos de abandono tinham ajudado. Rapidamente, conseguiu dar sentido ao que estava sentindo, avaliar que a ameaça de rejeição não era realmente um perigo e mobilizar sua visão sobre o que estava lhe causando dificuldade. Ele também foi capaz de expressar isso em palavras e de recorrer a um sentimento interior

de segurança que o ajudou a não perder de vista todas as ocasiões passadas de carinho da esposa e projetá-las como possibilidades para o futuro. Isso envolveu uma mente trabalhando de forma ativa.

- *Ele expressou a sua emoção à esposa de uma forma apropriada.* Trevor não expressou tudo. Suas expressões foram informadas por anos de aprendizagem interpessoal em sua cultura e por seu passado de psicoterapia, em que aprendeu a exprimir o que sentia em vez de culpar. Ignorar seus sentimentos ou fingir que não era afetado o teria deixado alienado e confuso. A decisão de contar à esposa o que o magoou foi importante para ajudá-lo a se recuperar.

Assim, a emoção informou a Trevor que se sentia ameaçado e rejeitado, e ele sinalizou isso à sua esposa muito antes de se expressar por meio de palavras. A sua resposta automática no início foi desorganizada, e ele se esforçou para entendê-la de modo a conseguir comunicá-la. Sua esposa respondeu a seus sentimentos comunicando-se de forma verbal e não verbal de maneira confirmativa e compreensiva. Esse tipo de resposta é muito importante para tornar as interações emocionais construtivas.

Conclusão

A inteligência emocional envolve a integração entre a cabeça e o coração. Isso implica a tomada de consciência da atual experiência emocional incorporada, a expressão apropriada e a reflexão e a regulação das emoções. As emoções ocorrem no corpo no presente, influenciando e sendo influenciadas pelo passado e pelo futuro. No fundo, somos todos emocionalmente muito parecidos. A experiência e a reflexão são ambas importantes na transformação das emoções desadaptativas e na criação de novos significados. A empatia em relação às emoções dos outros é um aspecto crucial da inteligência emocional.

2

A natureza das emoções

Poesia é quando uma emoção encontra o seu pensamento e o pensamento encontra as palavras.
— *Robert Frost*

Antes de explorarmos como ajudar os clientes a melhorar a sua inteligência emocional, devemos compreender como funcionam as emoções. Este capítulo resume o que sabemos sobre a natureza das emoções — como elas se formam; como interagem com o corpo psíquico, a cultura e os pensamentos; e como as emoções desadaptativas podem ser modificadas. Começaremos com uma breve conceituação da emoção e explicaremos como essa visão evoluiu ao longo do tempo.

O que é emoção?

A emoção é um fenômeno cerebral muito diferente do pensamento. Ela tem a sua própria base neuroquímica e fisiológica. A emoção é uma linguagem única em que o cérebro fala por meio do corpo. Conforme discutido no Capítulo 1, as emoções são vitais para a sobrevivência e desempenham diversas funções necessárias.

Porém, os filósofos nem sempre defenderam essa concepção das emoções. Na Grécia antiga, os estoicos tratavam as paixões como doenças da alma e propunham o que podemos chamar de um tipo de terapia cognitiva para se manterem livres delas a partir da razão. Mais tarde, os primeiros filósofos cristãos, Agostinho e Tomás de Aquino, reagiram à perspectiva estoica e concordaram que as paixões eram uma força violenta que poderia entrar em conflito com a razão, mas que as pessoas que não sofriam mais de medo e de tristeza não teriam conquistado a verdadeira paz, e sim perdido toda a humanidade (Agostinho, 2006). O pensador iluminista Spinoza (1677/1967) distanciou-se ainda mais do ponto de vista de que as emoções são ruins e devem ser controladas, propondo que elas, em vez disso, desempenham uma importante função na vida: o postulado 19 afirma que "a mente humana só sabe que o corpo existe por meio de ideias das afecções pelos quais o corpo é afetado, e que precisamos trazer a mente para as paixões de modo a criar afetos" (p. 47). A distinção entre as paixões dos sentidos e apetites, por um lado, e as ideias das afecções (mais uma experiência aparentemente mental), por outro lado, moldou grande parte da visão subsequente das emoções até o início do século XIX, que culminou com a visão evolucionista das emoções de Darwin e, em seguida, com a visão de emoção baseada na ação de James.

Em 1884, William James, numa tentativa de formalizar a emoção como uma categoria psicológica, fez a famosa pergunta: o que é emoção? Sua resposta foi a de que as emoções eram experiências mentais vívidas de mudanças viscerais provocadas pela percepção de um objeto no mundo. James baseou o seu ponto de vista em alguns antecessores dos séculos imediatamente anteriores, mas antes disso não existia nenhuma categoria única denominada "emoção". Em vez disso, havia mais de um termo e, tanto na psicologia popular quanto nos escritos religiosos filosóficos, existia uma distinção clara entre as paixões e as ideias sobre o que afeta o corpo.

Nossa visão atual da emoção parece, cada vez mais, concordar em parte com a proposição de James de que a emoção é uma forma mental de compreender o que o corpo nos diz, de que a emoção é importante para o florescimento e de que ela é mais do que um processo singular. Em 2010, Izard tentou fornecer uma definição de emoção pesquisando cientistas da emoção. Ele resumiu as características mais comuns das emoções como circuitos neurais, sistemas de resposta e um estado/processo de sentimentos que motivam e organizam a cognição e a ação.

Pesquisa sobre a universalidade das emoções

Nossa compreensão atual das emoções resulta de pesquisas consideráveis. Na psicologia científica, o primeiro grande avanço no estudo das emoções ocorreu quando foi desenvolvida uma forma confiável de medir as emoções (Ekman & Friesen, 1975). Na década de 1970, pelo menos seis emoções inatas básicas foram estabelecidas, principalmente por meio da demonstração de que a expressão facial dessas emoções era inata. Quer se trate de um estudante do segundo ano de uma faculdade nos Estados Unidos, de um estudante japonês ou de um membro da tribo de Bornéu, as pessoas exibirão as mesmas expressões faciais em situações que evocam raiva, medo, tristeza, nojo, surpresa ou alegria. As pessoas podem usar palavras ou conceitos diferentes para descrever a emoção, mas a expressão é a mesma. O que se chama "nojo" em um *campus* universitário da América do Norte é identificado como "o cheiro de um porco podre" na floresta de Bornéu, porém ambas as culturas usam e reconhecem as mesmas expressões faciais. Essa linguagem universal de emoção une os seres humanos, independentemente do local onde nasceram.

Além disso, estados fisiológicos diferenciais foram associados a essas seis emoções (Ekman, Levenson & Friesen, 1983), e emoções distintas foram localizadas em sistemas neurais específicos (Harmon-Jones, Vaugh-Scott, Mohr, Sigelman & Harmon-Jones, 2004). A aceleração da frequência cardíaca foi maior para a raiva e o medo do que para a felicidade. O aumento da condutância da pele foi maior para o medo e o nojo do que para a felicidade. Isso sugere que as emoções com afetos agradáveis/positivos podem ser fisiologicamente distinguidas das emoções negativas. Houve também distinções fisiológicas entre diferentes emoções com afetos desagradáveis/negativos. A raiva, o medo e a tristeza implicaram maior aceleração da frequência cardíaca do que o nojo. O aumento da temperatura dos dedos das mãos foi maior para a raiva do que para o medo. A surpresa gera menor aceleração da frequência cardíaca do que a felicidade. As emoções têm, portanto, suas próprias assinaturas fisiológicas.

Além dessa universalidade de expressão, outras linhas de evidências sobre o caráter inato da emoção vieram da presença das mesmas expressões faciais em pessoas com cegueira congênita, da semelhança entre espécies na linguagem expressiva e da capacidade de estimular essas expressões neuroquímica e eletricamente. Assim, embora as crianças cegas possam nunca ver uma expressão de raiva ou de tristeza, seus rosnados ferozes e beicinhos tristes assemelham-se aos das crianças que enxergam, bem como aos dos macacos. A estimulação elétrica dos cérebros de felinos e macacos produz rosnados faciais notavelmente semelhantes aos dos humanos. Darwin notou pela primeira vez essa semelhança de formas expressivas entre espécies em 1872, em seu livro *A expressão das emoções no homem e nos animais*. Embora tenha levado quase um século para transformar essa observação no estudo rigoroso da expressão emocional, a capacidade de finalmente basear as emoções em algo tão concreto como a expressão facial possibilitou o desenvolvimento de medidas de emoção. A medição confiável, a condição *sine qua non* da ciência, deu início ao estudo da emoção na psicologia.

Essa teoria básica da emoção foi recentemente questionada a partir de uma perspectiva construcionista que sustenta que as emoções, em vez de serem formas naturais, são construídas a partir de processos psicológicos gerais, e que não existem programas motores psicoafetivos básicos (Barrett & Russell, 2015). Para os construcionistas psicológicos, a conceituação é central na emoção. Eles consideram que afetos básicos como medo, raiva e tristeza são constituídos por variações no afeto central (caracterizado por estados de valência fisiológica e ativação) e que essas emoções chegam à consciência pela conceituação desses estados centrais preexistentes (Russell, 2015), ou que a existência dessas emoções exige que surja a conceituação (Barrett, 2014). LeDoux (2012), ponderando sobre a questão da natureza das emoções, sugere que, no lugar do termo "emoção", pensemos em circuitos integrativos de sobrevivência sensório-motores que servem a propósitos adaptativos específicos. Esses circuitos permitem que os organismos sobrevivam e prosperem, detectando e respondendo a desafios e a oportunidades, e, no mínimo, incluem circuitos envolvidos em elementos como defesa, manutenção de energia, equilíbrio hídrico, termorregulação e reprodução. De um ponto de vista mais aplicado e relevante para a psicoterapia, sugerimos uma visão construtivista dialética integrativa, que propõe que as emoções complexas tratadas na terapia e na vida, em geral, envolvem uma complexa integração de um programa afetivo básico e da construção de significado.

Todas as pessoas, independentemente de onde e quando nasceram, vêm ao mundo com o mesmo sistema emocional, que serve de base a uma humanidade comum. É verdade que a experiência idiossincrática deixará uma marca indelével na emotividade das pessoas, algumas vezes distorcendo-a até mesmo em algo que já não se reconhece. A cultura treina as pessoas para ocultar as emoções ou expressá-las de maneiras únicas. Dependendo do que as diferentes culturas consideram natural ou aceitável, os indivíduos podem expressar-se, por exemplo, enlouquecendo com fervor emocional ou dançando alegremente nas ruas durante o Carnaval. Entretanto, apesar da experiência e do treinamento variados, as pessoas são todas muito parecidas. Por trás da humildade modesta de uma cultura e da assertividade impetuosa de outra, existe um núcleo comum de humanidade emocional que serve como base humana para a compreensão dos outros.

Em um nível mais clínico, já formei terapeutas em muitos países, e a minha experiência confirmou que, no fundo, somos todos muito semelhantes tanto no tipo de problemas emocionais que temos quanto na forma como os resolvemos emocionalmente. Quer as pessoas venham de cidades da China, do Japão, de Singapura, da América do Norte ou do Sul, da Escandinávia, da Espanha, da Eslováquia ou de qualquer lugar da Europa, da Índia, da África ou da Austrália, todas sofrem em consequência de raiva e de tristeza decorrentes de problemas pendentes com seus cuidadores, de vergonha produzida pela autocrítica e da evitação de sentimentos dolorosos, independentemente da cultura. E todas as pessoas passam pelos mesmos processos para resolver essas dificuldades. É bastante notável constatar que, quer você tenha sido criado como filho único na China comunista ou como um dos muitos filhos de uma família na América capitalista, quer você viva nos Alpes ou perto do Oceano Índico, seus processos emocionais são bastante semelhantes aos dos outros. O que deixa alguém envergonhado ou o que causa dor pode ser diferente, mas o que alguém sente quando está envergonhado, magoado ou com raiva tem uma notável semelhança. As culturas têm regras de expressão diferentes, mas a experiência emocional básica parece bastante imune a essas influências, pelo menos nos ambientes urbanos modernos. Entretanto, ainda não descobri se pessoas em diferentes aldeias tribais têm o mesmo tipo de problemas emocionais e processos de resolução que as pessoas na aldeia global.

A ligação entre a emoção e o corpo

O estudo científico da emoção mostrou que as emoções e o corpo estão intrinsecamente ligados. Em particular, sabemos agora que o sistema límbico (a parte do cérebro que todos os mamíferos possuem) é responsável por processos emocionais básicos, como o medo (LeDoux, 1996). O sistema límbico governa muitos dos processos fisiológicos do corpo e, portanto, influencia a saúde física, o sistema imunológico e a maioria dos principais órgãos do corpo. LeDoux (1996) descobriu que existem duas vias para produzir a emoção: (a) a via rápida ou direta, em que a amígdala detecta o perigo e transmite um sinal de socorro emergencial para o cérebro e o corpo, e (b) a via longa e mais lenta em que a mesma informação é transportada por meio do tálamo até o neocórtex, onde pensamos. Como a via mais curta da amígdala transmite sinais duas vezes mais rápido do que a via do neocórtex, somos rapidamente orientados para o mundo e automaticamente inclinados para ações voltadas à sobrevivência. Tudo isso ocorre antes de pensarmos, e o cérebro pensante frequentemente não consegue intervir a tempo de interromper essas respostas emocionais. Assim, a resposta emocional automática ocorre antes que se possa interrompê-la, quer a pessoa esteja a salvo ao fugir de uma cobra ou ameaçada por reagir de modo impensado a um cônjuge insensível. Em algumas situações, é claramente adaptativo responder rapidamente, ao passo que, em outras situações, um melhor funcionamento resulta da orientação da emoção por meio da reflexão, o que envolve a integração da cognição nas respostas emocionais.

A anatomia do cérebro humano parece resultar em três importantes processos emocionais, nos quais nos concentraremos neste livro: (a) a capacidade de ter emoções, (b) a capacidade de extrair significado da emoção e (c) a capacidade de regular a emoção. Cada um desses processos torna-se um campo de trabalho terapêutico. Para intervir efetivamente com a emoção, os terapeutas precisam ajudar as pessoas a tomar consciência e a experienciar as emoções em vez de evitá-las, ajudar a criar narrativas coerentes e úteis para organizar e compreender os sentimentos, e ajudar a regular as emoções.

As emoções estão entre os principais dados da existência — elas proporcionam uma experiência proprioceptiva, uma sensação interior de nós mesmos. Assim como os sentidos do tato e do olfato, as emoções percorrem o corpo das pessoas. Fornecem informações internas e íntimas que permeiam a consciência, proporcionando informações muito subjetivas. Dizem a uma pessoa que ela está se sentindo orgulhosa, humilhada, aborrecida ou esgotada. As emoções muitas vezes simplesmente acontecem — elas apenas nos conduzem à ação no processo contínuo de viver momento a momento. As pessoas agem constantemente sem pensar, levantam-se, movimentam-se, abraçam, sorriem e coçam-se sem muito esforço consciente. No próximo nível de consciência, o reconhecimento dos sentimentos dá cor, significado e valor à vida. Se uma pessoa for incapaz de atingir esse nível de experiência, não terá orientação no mundo e perderá a noção do que é pessoalmente significativo.

Não só os processos biológicos facilitam as emoções, como também as emoções influenciam os processos biológicos. Por exemplo, "estresse" passou a ser reconhecido predominantemente como um termo indiferenciado para designar o efeito da emoção nos nossos corpos em decorrência de emoções não resolvidas de raiva, medo, tristeza e vergonha. A emoção também foi claramente ligada ao sistema imunológico e à fisiologia (Pennebaker, 1995).

A emoção também provoca respostas fisiológicas distintas a várias situações que os nossos antepassados enfrentavam, mesmo antes do desenvolvimento da linguagem. O coração está predisposto a acelerar (juntamente com várias outras respostas fisiológicas) quando vemos objetos ameaçadores, cobras, insetos rastejantes ou grandes sombras em movimento à noite, ou quando ouvimos ruídos altos ou gritos de membros da mesma espécie, ou ainda quando sentimos o cheiro de um predador. O coração acelerado e outras alterações fisiológicas que ocorrem nessas condições servem coletivamente como detectores de perigo. Isso acontece nessas situações, e parte dessa rede é inata e parte, aprendida. Quando a emoção é ativada, produz as alterações fisiológicas apropriadas.

A ligação entre a emoção e o pensamento consciente

O cérebro emocional (sistema límbico) não é capaz de pensar ou raciocinar de forma analítica, e as suas avaliações rápidas são imprecisas; portanto, é necessário prestar atenção e refletir sobre a emoção para usar suas informações. Por exemplo, quando alguém ouve um barulho no motor do carro enquanto dirige, precisa integrar a resposta emocional de surpresa e, talvez, de medo com alguma compreensão de como os motores funcionam. Em seguida, deve decidir se vai parar imediatamente, dirigir até uma oficina ou deixar o carro até o dia seguinte. A integração das instruções do cérebro emocional com a orientação da razão leva a uma maior flexibilidade adaptativa. Confiar em uma síntese entre o sistema emocional e o sistema de raciocínio também aumenta a complexidade das respostas.

O que vem primeiro?

A maioria dos teóricos da emoção concorda com o fato de que a emoção humana envolve alguma forma de avaliação de estímulos, além de ativação fisiológica, comportamentos expressivos e impulsos para comportamentos instrumentais, bem como algum tipo de sentimento subjetivo. Durante muitos anos, a sequência desses elementos tem sido debatida com fervor. Esse debate foi estimulado pela afirmação inicial de William James (1890-1950) de que uma pessoa tem medo de um urso porque foge, o que se opõe à visão mais convencional de que uma pessoa foge de um urso porque tem medo. Entretanto, toda essa argumentação baseou-se no pressuposto de que os elementos são entidades em si mesmas que podem ser ligadas em sequências causais lineares. Todavia, as interpretações, os sentimentos subjetivos e as respostas viscerais e motoras não são elementos primários indivisíveis; pelo contrário, são processos que se desenrolam ao longo do tempo. Não há razão para acreditar que todo o *feedback* corporal deva chegar ao cérebro antes da ocorrência de qualquer sentimento subjetivo, ou que a interpretação da situação deva ser concluída antes que o corpo possa começar a responder, ou ainda que uma experiência emocional complexa deva ocorrer antes que a interpretação possa começar. Em vez disso, a interpretação desenvolve-se ao longo do tempo, tal como o sentimento, em uma sequência continuamente interativa, frequentemente muito rápida. O processo, portanto, é aquele em que muitos elementos são constantemente sintetizados para construir o que se sente.

Consideremos a cadeia de eventos que leva a uma emoção como o medo. Algo perigoso ocorre, e o cérebro percebe automaticamente a ameaça. Essa neurocepção (Porges, 2011) desencadeia uma constelação de mudanças corporais ao ativar uma rede ou esquema emocional. Essas mudanças são registradas por um estado adicional: uma percepção corporal. A percepção corporal é causada diretamente por alterações corporais, mas é provocada indiretamente pelo perigo que iniciou toda a cadeia de eventos. Ela transporta a informação sobre o perigo, respondendo às alterações do corpo. Esse estado adicional é o medo. Dessa forma, as emoções podem representar temas relacionais centrais sem descrevê-los explicitamente. As emoções representam estados corporais que ocorrem de forma simultânea e confiável em relação às relações significativas entre o organismo e o ambiente. Deste modo, as emoções ocorrem de maneira segura e confiável em conjunto com as relações organismo-ambiente. Cada emoção é, ao mesmo tempo, um monitor interno do corpo e um detector de perigos, ameaças, perdas ou outros assuntos de interesse. As emoções são reações instintivas que utilizam o nosso corpo para nos dizer como estamos nos saindo no mundo.

A atenção que fornece pistas ou avaliações perceptivas automáticas muito simples frequentemente atua como ponto de entrada no domínio das emoções (Ellsworth, 1994; Frijda, 1986; Scherer, 1984b), particularmente no contexto das interações com o ambiente. Uma sensação de atenção à novidade, de atração ou aversão ou de incerteza inicia um processo. No entanto, em vez de evocar emoções completas, cada pista fornecida ou avaliação pode corresponder a mudanças no cérebro, no corpo e no sentimento subjetivo. Assim que a atenção do organismo é despertada por alguma mudança no ambiente ou no fluxo de consciência do organismo, os circuitos neurais no cérebro são ativados (LeDoux, 1993, 1996). A frequência cardíaca da pessoa pode acelerar, a cabeça pode virar ou a respiração pode se alterar. A pessoa pode começar a se sentir diferente. Quando o organismo percebe que o estímulo é atrativo ou aversivo, outras redes são ativadas, e o sentimento e as respostas corporais mudam novamente. À medida que cada avaliação sucessiva é efetuada, a mente, o corpo e os sentimentos mudam. Quando todas as avaliações necessárias tiverem sido feitas, rápida ou lentamente, a pessoa poderá relatar estar em um estado correspondente a uma das emoções distintas conhecidas, como raiva ou tristeza. Assim, os debates sobre a primazia da cognição, das respostas corporais ou do afeto fazem pouco sentido quando a experiência é considerada um processo de construção. O que é necessário, em vez disso, é uma visão integradora em que os seres humanos são vistos como construtores ativos de seu senso de realidade, atuando como sistemas dinâmicos que sintetizam de forma auto-organizada muitos níveis de informação para criar a sua experiência (Greenberg & van Balen, 1998; Guidano, 1991; Mahoney, 1991; Thelen & Smith, 1994).

Como já argumentamos, as avaliações ativam respostas de emoção-ação, tanto de uma maneira altamente automática, sem qualquer pensamento consciente (por exemplo, quando alguém se desvia para evitar outro carro que cruza repentinamente o seu caminho), quanto por meio de avaliações mais conscientes (por exemplo, quando alguém pensa conscientemente que foi traído por um amigo). Por fim, o humor, um estado emocional em si, que perdura por um período mais longo do que as reações emocionais, é um importante determinante emocional tanto da emoção quanto do pensamento (Forgas, 2000). O humor influencia fortemente a maneira como alguém vê e sente as coisas. Assim, existem diferentes graus de pensamento na emoção em distintas conjunturas e diferentes quantidades de emoção no pensamento; porém, o pensamento não é claramente o principal determinante da emoção.

Para simplificar e facilitar a reflexão sobre o processo de emoção e pensamento para fins terapêuticos, a sequência mostrada na Figura 2.1 pode ajudar os leitores a imaginarem o processo que proponho neste livro. Uma forma mais complexa desse processo construtivo pode ser encontrada em Greenberg e Pascual-Leone (2001).

Na Figura 2.1, podemos ver que a atenção pré-consciente a um estímulo ativa um esquema emocional. Este, por sua vez, dá origem a emoções e necessidades conscientes, a pensamentos e a uma tendência para ação. Todos interagem para se influenciar mutuamente e são traduzidos no comportamento final. Aqui, o esquema emocional é um modo fundamental de processamento de informações em relação a certos roteiros baseados em emoções que avaliam a importância do estímulo para o bem-estar do indivíduo. Os esquemas emocionais desempenham um papel tão importante no processo que dedico a próxima seção ao tema.

Observe que essa figura é uma ferramenta para refletir: o processo não é assim tão linear, e há muito mais interações e sínteses entre os elementos do que é possível mostrar. Além disso, tenho certeza de que a tendência para ação, a emoção, a necessidade e o pensamento não são simultâneos. O importante é que não é o pensamento que produz emoção.

À medida que o século XXI avança, a questão de saber se as reações emocionais precedem ou seguem a sua avaliação consciente foi essencialmente posta de lado (LeDoux, 1996). Somente se a definição de cognição for arbitrariamente restrita ao pensamento racional consciente é que poderá ser colocada em oposição à emoção — e, mesmo assim, apenas de modo limitado. A expressão emocional é, em si mesma, claramente uma tarefa elaborada de processamento cognitivo em que os dados são integrados a partir de muitas fontes no cérebro (frequentemente em milissegundos), e isso ocorre, em grande medida, fora da consciência. O fluxo narrativo consciente de avaliações, interpretações e explicações da experiência — a história relatada da emoção — muitas vezes surge apenas depois de a emoção ser experienciada. O relato narrativo é significativo como um registro na memória da experiência, porém muitas vezes está apenas perifericamente relacionado com o processo de geração da emoção em curso.

Na psicoterapia, pensar sobre como os sistemas cognitivo e afetivo funcionam em conjunto e como cada um se mistura com o outro parece muito mais proveitoso do que determinar qual deles vem primeiro. O que está claro, entretanto, é que a sequência

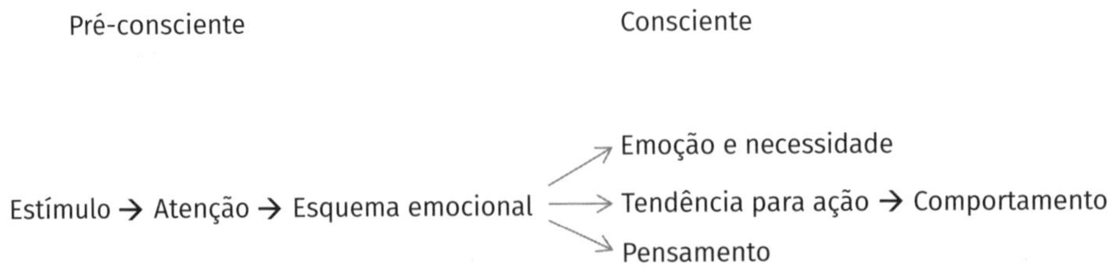

Pré-consciente   Consciente

Estímulo → Atenção → Esquema emocional →
→ Emoção e necessidade
→ Tendência para ação → Comportamento
→ Pensamento

FIGURA 2.1 Sequência do processo emocional

linear simples — a cognição leva à emoção, um dos pilares da visão clássica da emoção da terapia cognitiva (Beck, 1976) — cobre apenas os meios mais simples pelos quais a emoção é gerada. Essa simplificação excessiva pode ser enganosa quando se tenta compreender as complexas interações entre emoção, cognição, motivação e comportamento, visto que as pessoas muitas vezes não são testemunhas dos processos internos pelos quais se tornam emocionais (Bargh & Chartrand, 1999).

As emoções são essencialmente concebidas para facilitar a adaptação, razão pela qual são muito rápidas e não exigem um processamento cognitivo demorado para uma ampla e variada gama de ameaças e sinais de segurança e conforto. Enquanto a raiva promove a superação de obstáculos, o estabelecimento de limites e a agressividade, muitas emoções têm como objetivo reduzir a agressividade. Emoções como tristeza, vergonha e arrependimento contribuem para um funcionamento social harmonioso, enquanto as lágrimas — que surgem da dor e do desamparo — evocam apoio e conforto (Vingerhoets, 2013). Além disso, emoções como gratidão, admiração, euforia e repulsa contribuem para os valores e a moralidade (Haidt, 2007). As emoções são úteis para uma pessoa quando ela enfrenta grandes ameaças, mas também promovem o funcionamento social num contexto social complexo. Como Forgas (2000) mostrou, quanto mais profundo for o processamento de informação necessário, mais a emoção influencia a cognição. Assim, os juízos sociais complexos, como com quem namorar ou casar, são muito mais influenciados pela emoção do que os julgamentos sobre a exatidão do total de uma conta de restaurante.

A emoção não só demonstra ser claramente pré-cognitiva, como também inclui a cognição de várias maneiras importantes. As emoções, por exemplo, incluem processos automáticos, atencionais e avaliativos, e, portanto, envolvem a cognição no sentido amplo; porém, esses processos abrangem mais do que formas computacionais ou proposicionais de cognição. As emoções, além de serem sentidas no corpo, também carregam significados pessoais, na medida em que avaliam o que é significativo para o nosso bem-estar. Em última análise, a emoção e a cognição formam estruturas afetivo-cognitivas complexas, que foram denominadas "esquemas emocionais" (ver a próxima seção; Greenberg, Rice, & Elliott, 1993; Oatley, 1992). Esses esquemas, que carregam nosso aprendizado e nossas memórias emocionais, são responsáveis pela maior parte da nossa experiência emocional. Por fim, a emoção e o pensamento consciente interagem constantemente na linguagem para criar significados narrativos (Angus & Greenberg, 2011; Greenberg & Angus, 2004). A emoção, portanto, não é isenta de cognição, e, em última análise, raramente temos emoção sem pensamento. No entanto, a emoção simplesmente não é pós-cognitiva.

Outra maneira de pensar sobre a interação entre o pensamento consciente e o pensamento pré-consciente é imaginar que duas correntes de pensamento estão constantemente sendo integradas para produzir um sentido final de quem somos. Nesse processo, um fluxo, o fluxo de pensamento mais consciente, avalia de forma autorreflexiva o primeiro fluxo mais experiencial (Angus & Greenberg, 2011; Greenberg & Pascual-Leone, 1995; Guidano, 1995; Rennie, 2001; Watson &

Greenberg, 1996). As emoções fornecem avaliações de primeira ordem sobre se algo é bom ou ruim para uma pessoa e fornecem tendências para ação que expressam os desejos ou as necessidades associadas. A característica distintiva do ser humano, no entanto, é a capacidade de avaliar os próprios desejos, sentimentos e necessidades (Taylor, 1989). Assim, ao determinar o *self* que deseja ser, a pessoa tem a capacidade de desejar ou não desejar um sentimento e um desejo de primeira ordem. Nessa segunda avaliação, de ordem superior, o valor do desejo é avaliado em relação a algum padrão ideal ou aspirado. Ser um *self*, portanto, envolve ser autoavaliativo e reflexivo e desenvolver desejos de ordem superior. Essencialmente, isso significa desenvolver sentimentos e desejos sobre sentimentos e desejos. Para o sistema de emoções, a avaliação é simplesmente: "Isso é bom ou ruim para mim!", ao passo que na avaliação autorreflexiva mais consistente há também um julgamento do valor da emoção e do desejo que a acompanha. As pessoas avaliam se suas emoções e desejos são bons ou ruins, corajosos ou covardes, úteis ou destrutivos. Assim, formam juízos subjetivos sobre o valor dos seus próprios estados e dos cursos de ação desejados (Rennie, 2001; Taylor, 1989). A reflexão cuidadosa sobre os estímulos emocionais é, portanto, uma parte crucial da inteligência emocional. É aqui que o pensamento consciente desempenha o seu papel crucial. O pensamento deve ser usado para julgar se o estímulo emocional é coerente com o que a pessoa considera valioso para si e para os outros.

Além do papel do pensamento de nível superior na reflexão sobre a emoção, a própria emoção, como se pode verificar ao prestar atenção à emoção seguinte, geralmente não é isenta de pensamento. Uma experiência emocional é uma combinação de sensações corporais e pensamentos. Além das sensações corporais, a emoção nos adultos quase sempre inclui o pensamento mental. Sempre que as pessoas experimentam uma emoção, ficam inundadas de sensações e de pensamentos relacionados. A raiva algumas vezes envolve uma sensação de queimação que irrompe por um eixo central através do estômago e se espalha pelo centro do peito. É acompanhada por pensamentos de tratamento injusto e protestos, como "Não aguento mais isso!" ou "Como ele(a) se atreve?". Nessas ocasiões, imagens do outro como indivíduo frio e sem coração — indiferente e crítico — podem passar com vividez pela mente da pessoa.

Às vezes, a tristeza surge como um ardor atrás dos olhos que se espalha pelo corpo, especialmente pelo estômago. Faz com que a pessoa queira se enrolar como uma bola e é acompanhada de pensamentos como "Desisto" ou "Sinto-me tão sozinho". Esses pensamentos são algumas vezes acompanhados de imagens de estar sozinho e sentir-se pequeno em um vasto universo. Essa sinfonia de sensações corporais, pensamentos mentais e imagens é emoção. É nessa sinfonia que as pessoas devem aprender a concentrar-se, a compreender as suas agitações internas e a aproveitar a sua mensagem.

Esquemas emocionais: a base da experiência humana

Juntamente com outros pesquisadores (por exemplo, Oatley, 1992), meus colegas e eu desenvolvemos a noção de *processamento esquemático das emoções* como um modo básico de processamento mais fundamental do que se pensava para explicar o tipo de processamento integrado discutido na seção anterior (Greenberg & Paivio, 1997; Greenberg, Rice & Elliott, 1993). Basicamente, a emoção, a motivação, a cognição e a ação ocorrem como um pacote de respostas integradas. Existe um tipo de programa ou roteiro que é ativado automaticamente e que, em seguida, executa um conjunto de operações pré-programadas. Assim, as pessoas sentem, desejam, pensam e agem, tudo em um todo sintetizado que se desdobra. A sequência do pensamento é gerada não simplesmente por associação, como já foi proposto pelos primeiros associacionistas (Titchener, 1909; Wundt, 1912), mas também por diferentes níveis de emoção e desejo. O pensamento, ao contrário, é motivado e altamente dependente do humor ou da rápida orientação emocional para o que é apresentado na consciência. O resultado é que a emoção e o pensamento estão altamente integrados na experiência consciente.

Quando um objeto externo provoca uma emoção em nós, não existe nenhuma ligação causal direta entre esse objeto e as mudanças no corpo. Uma cobra que rasteja não pode fazer com que a pele de uma pessoa se arrepie sem que haja um elo mediador entre elas. Algum mecanismo de processamento interno, o que chamaremos de "esquema emocional", detecta a cobra e então provoca a mudança fisiológica. As emoções, portanto, têm causas internas. A experiência interna de geração de emoções, como no caso do medo de cobras, não é um juízo consciente, e sim um estado perceptivo/experiencial. Por exemplo, alguém pode sentir prazer ao ver o rosto de um ente querido, ou raiva ao ver o rosto de um inimigo sem qualquer julgamento. Em cada caso, uma experiência visual que coincidiu frequentemente com uma emoção do passado serve para reativar essa emoção. A capacidade de associar um estado perceptivo (por exemplo, ver um alimento) com uma resposta afetiva que ocorreu em conjunto com esse estado experiencial (por exemplo, nojo) é tudo o que é necessário para começar a estabelecer um esquema emocional. A memória estabelece ligações entre emoções e representações dos objetos específicos que as provocaram.

Damásio (1999) sugeriu que a consciência humana surgiu na forma de sentimento. O sentimento é a primeira representação de que um objeto mudou o estado de ser de um indivíduo. Observando o modo pelo qual o cérebro representa o sentimento, Damásio concluiu que o conhecimento ganha vida na história dos efeitos dos objetos nos estados corporais (cf. Spinoza, 1677/1967). As representações desses efeitos são os sentimentos. O cérebro mapeia o que acontece ao longo do tempo dentro do organismo e em relação a ele, e, ao fazê-lo, tece naturalmente histórias sem palavras sobre a experiência que o organismo tem do seu ambiente. Assim, o conhecimento surge primeiro como uma sensação do que acontece ao corpo em relação ao processamento de um objeto. Essencialmente, o cérebro codifica "Isto aconteceu comigo quando aquele objeto afetou o meu estado corporal desta maneira" e forma um esquema emocional. Essas são as primeiras histórias que nos ajudam a dar sentido às nossas experiências de vida. As pessoas agrupam os efeitos que os objetos e os acontecimentos têm sobre elas em sequências ordenadas no tempo que implicam causalidade.

A memória de um episódio emocional pode ser vista como uma rede de informação com unidades que representam estímulos emocionais, respostas somáticas ou viscerais e conhecimento semântico (interpretativo) relacionado (Lang, 1994). A memória é ativada por *inputs* que correspondem a algumas de suas representações, e os elementos da rede que estão conectados também são automaticamente ativados. Como o circuito é associativo, qualquer uma das unidades pode iniciar ou contribuir posteriormente para o processo de ativação. Assim, a experiência emocional é formada em organizações internas pela experiência. Essas organizações internas são esquemas emocionais, as unidades fundamentais de processamento emocional que influenciam a nossa experiência futura dessa emoção. As experiências vividas estão associadas a representações dos estados corporais que criaram e, portanto, recebem significado afetivo. Dessa maneira, um estado somático, uma experiência visceral, torna-se marcador de uma experiência específica e fica armazenado na memória (Damasio, 1999). Esses marcadores somáticos podem então ser acessados por pistas presentes que evocam o esquema emocional. Qualquer resultado anterior que tenha sido ruim para alguém será vivenciado como um pressentimento desagradável (Damasio, 1994), e o indivíduo tenderá a tomar decisões que não levem a esse tipo de evento negativo. Dessa forma, o corpo é utilizado como um sistema de orientação, e são as emoções que guiam as nossas decisões, ajudando-nos a antecipar resultados futuros com base na experiência anterior armazenada em esquemas emocionais que ativam sentimentos viscerais.

Diferentemente dos esquemas cognitivos, os esquemas emocionais consistem, em grande parte (ou às vezes inteiramente), em elementos pré-verbais e afetivos (por exemplo, sensações corporais, tendências para ação, imagens visuais e até mesmo cheiros). São redes internas representadas como narrativas sem palavras que consistem em começos, meios e fins, agentes, objetos e intenções (Angus & Greenberg, 2011; Greenberg, 2011). São construídas a partir de experiências vividas que, quando ativadas, produzem organizações de experiência de ordem superior que formam a base do *self* (Greenberg, 2011).

A experiência emocional produzida por essas estruturas não apenas fornece nossas respostas emocionais mais básicas, como raiva, medo e tristeza, mas também proporciona sentimentos de ordem superior, como estar no topo do mundo ou no fundo do poço, e nosso sentido das coisas, como sensação de perigo ou de atração (Damasio, 1999; Greenberg & Safran, 1986), em níveis mais elevados do que as respostas emocionais originais de base biológica, como raiva ou tristeza. Essas respostas emocionais foram informadas pela experiência e se beneficiaram da aprendizagem. Grande parte da experiência emocional automática do adulto é dessa ordem superior, gerada por esquemas idiossincráticos aprendidos, que servem para ajudar o indivíduo a antecipar resultados futuros e influenciar a tomada de decisões (Damasio, 1999). Esses esquemas emocionais baseados na memória são desencadeados automaticamente e, quando ativados, sinalizam a amígdala e o cíngulo anterior, o que, por sua vez, leva a alterações nas vísceras, nos músculos esqueléticos e nos sistemas endócrino, neuropeptídico e neurotransmissor — e possivelmente em outras áreas motoras do cérebro. Essas mudanças, juntamente com o significado muitas vezes implícito representado no córtex pré-frontal, geram o senso de *self* complexo, sintetizado e incorporado dos seres humanos no mundo. Esse senso é então simbolizado na consciência e formado em explicações narrativas do *self*, do outro e do mundo.

Um exemplo desse segundo tipo de emoção, de nível superior e cognitivamente mais complexo, seria a sensação de borboletas no estômago quando alguém encontra inesperadamente um ex--cônjuge. O gatilho é claramente adquirido, porém o processo ainda é automático. Independentemente de a experiência poder ser subsequentemente articulada de forma completa (ou seja, o que exatamente sentimos e por que nos sentimos dessa maneira), ela é gerada tacitamente. Talvez o mais importante seja o fato de que esses esquemas emocionais baseados na memória orientam as avaliações, enviesam decisões e também servem como modelos para a excitação fisiológica e a ação. Eles atuam como guias cruciais, aos quais muitas vezes precisamos recorrer para melhorar a razão e a tomada de decisões. Esses esquemas emocionais afetivos/cognitivos/motivacionais/comportamentais são, portanto, um foco crucial da atenção terapêutica e, quando desadaptativos, constituem alvos importantes da mudança terapêutica (Greenberg & Paivio, 1997).

Necessidades

Penso que a questão sobre a natureza dos impulsos ou motivações básicas está tão arraigada nos nossos preconceitos teóricos que é preciso alguma reflexão para escapar à visão generalizada de que a vida é governada por sistemas motivacionais predeterminados. Na minha opinião, as necessidades, em vez de serem um dado adquirido, como os instintos ou os reflexos, são fenômenos emergentes, construídos em um complexo processo de desenvolvimento. As necessidades psicológicas não são simplesmente inatas e não são iguais aos impulsos de base biológica, como a fome ou a sede, ou a motivação fundamental para sobreviver e prosperar. Em vez disso, as necessidades humanas emergem e são co-construídas nas relações. Numa perspectiva focada na emoção, as emoções, mais do que as necessidades, são as unidades mentais básicas que fornecem os valores ou preferências iniciais que influenciam o *self* em uma direção ou outra. As necessidades, nessa visão, emergem de um processo não linear, dinâmico e auto-organizado, envolvendo interações entre preferências e vieses básicos, de um lado, e experiências vividas no ambiente, de outro. Assim, em vez de postular um conjunto de motivações básicas — por exemplo, o apego, a autonomia, a criação de significado ou o controle — como básicas, vemos que as necessidades são construídas a partir de valores afetivos básicos com os quais as crianças nascem e de sua experiência interacional.

Além da motivação para sobreviver e prosperar como ponto de partida, que inclui uma motivação para regular o afeto e criar significado, todas as outras necessidades emergem do que é mais básico, as preferências emocionais somadas à interação. Assim, o bebê é pré-programado por meio do sistema afetivo, por exemplo, para preferir o calor, o cheiro familiar, a suavidade, os rostos sorridentes, as vozes agudas e o olhar compartilhado. Tudo isso produz afetos agradáveis e, logo, é procurado. As necessidades, portanto, não derivam de impulsos, mas de afetos.

Dessa maneira, como as necessidades se desenvolvem? Como já assinalei, elas se auto-organizam a partir de um conjunto limitado de valores básicos fornecidos pelo sistema afetivo. Guiadas por um conjunto relativamente pequeno de vieses e preferências de base afetiva, experienciados como sentimentos, as ações e experiências dos bebês são categorizadas e mapeadas em organizações internas — em necessidades e esquemas de memória emocional. No início, um gatilho ativa neurônios, predefinidos para reagir ao estímulo desencadeante, pela percepção (consciente ou automática) de um estímulo, e surge então um sentimento. Os mapas neurais de primeira ordem representam então mudanças no estado corporal e resultam em sentimentos (a experiência corporal interna privada), enquanto os mapas de segunda ordem, de ordem superior, que representam a atividade neural, constituem esquemas de emoções completos e necessidades emergentes. O fortalecimento e o enfraquecimento seletivos das populações de sinapses como resultado da experiência criam circuitos que se transformam em necessidades (Damasio, 1999). Os circuitos são organizados com base na experiência vivida. Não existem impulsos universais estritamente fixos, a não ser os de sobreviver e prosperar, sustentados pela regulação dos afetos e pela criação de significado. Necessidades como as de conexão, validação e realização são, pelo contrário, moldadas a partir de preferências e experiências iniciais.

Assim, a necessidade pode ser considerada o desejo pelo objeto ou circunstância que proporcionou uma experiência emocional mais agradável ou adaptativa (Lars Auszra, comunicação pessoal, fevereiro de 2015). Dessa forma, podemos pensar que estamos programados, por exemplo, para preferir o calor ao frio, a liberdade de movimento à restrição, visto que isso ajuda na sobrevivência. Assim, quando a criança tem frio e está sozinha, ela se sente triste e chora, e considera o toque e o calor reconfortantes; ou, quando a criança é reprimida, ela sente raiva e descobre que a mobilização da sua própria ação lhe permite libertar-se da restrição. A criança aprende, portanto, por meio da experiência que o conforto ou o aumento das suas próprias ações proporcionam estados mais positivos e ajudam na sobrevivência. A representação interna da experiência de apaziguar o outro, ou do aumento da ação de mobilização do *self*, está associada pela aprendizagem experiencial à tristeza e à raiva. Assim, quando surge o estado emocional de angústia, esses estados emocionais alternativos associados são procurados como antídotos para os estados desagradáveis, em virtude do motivo básico da regulação dos afetos. As necessidades são, portanto, a busca daqueles estados que levam à redução adaptativa do afeto negativo ou ao aumento do afeto adaptativo mais positivo, os quais estão associados à redução dos estados negativos por meio da aprendizagem.

O meu ponto de vista sobre a noção de motivações universais é, portanto, considerar essencial a motivação para sobreviver e lutar, o que se manifesta em dois sistemas fundamentais: um sistema afetivo pré-simbólico, em que a regulação dos afetos é um motivo central, e um sistema de construção de significado simbólico, em que a busca de sentido é um motivo central. A interação entre os dois sistemas determina a experiência. As emoções são, então, o que nos move, enquanto o significado é aquilo pelo que vivemos.

Dessa perspectiva, os seres humanos são programados para buscar emoções e desejam senti-las, porque a forma como as emoções os levam a se sentir ajuda na sobrevivência. Não se trata de uma simples visão hedonista, em que as pessoas procuram o prazer e evitam a dor. Na verdade, as pessoas procuram atingir/alcançar as necessidades/objetivos/preocupações associadas às suas emoções: objetivos como intimidade e proximidade, cuja falta é sinalizada pela tristeza; segurança, cuja falta é sinalizada pelo medo; agência, cuja falta é sinalizada pela vergonha; e eficácia. Aqueles que tiveram sentimentos como esses saíram-se melhor do que aqueles que não os tiveram, e conseguiram sobreviver e prosperar.

Entretanto, as pessoas nem sempre buscam simplesmente o prazer ou o bem-estar. Por exemplo, um cirurgião trabalha durante horas sob estresse, com ansiedade e exaustão para salvar uma vida — não por prazer, mas pela satisfação de uma vocação, pelo orgulho da realização e, possivelmente, por compaixão. As pessoas mantêm frequentemente a ansiedade para garantir a realização dos objetivos; estudam para testes e preparam-se para apresentações. As pessoas também desenvolvem raiva para superar obstáculos e sentem medo em saltos de *bungee jump*. É claro que também buscam sentimentos positivos para sentir calma, alegria, prazer, orgulho, excitação e interesse, e procuram igualmente não sentir dor, vergonha e medo, mas isso é muito mais complexo e diferenciado do que ver a dor e o prazer como guias da vida. A procura da emoção é, portanto, uma importante força motivadora, e a regulação do afeto (ter e não ter as emoções que ajudam na sobrevivência) é um importante motivador do comportamento.

Sem ansiedade e alívio, não poderia haver apego; sem medo, não haveria prevenção de danos; sem interesse, não haveria envolvimento; sem raiva, não haveria assertividade; sem orgulho e vergonha, não haveria identidade; e sem alegria, não haveria prazer na conexão. Sem emoções, não procuraríamos o outro, não criaríamos vínculos nem nos sentiríamos apoiados, e não perseguiríamos conquistas e objetivos, visto que os afetos ajudam a desenvolver essas motivações e a amplificá-las. Além de a regulação dos afetos ser uma emoção básica que leva ao esforço para ter as emoções que promovem a sobrevivência, a busca de significado também parece ser uma motivação universal. Como Viktor Frankl (1959) esclareceu no livro *Em busca de sentido*, o significado sustenta a vontade de viver, e aqueles que têm uma razão para viver podem suportar quase qualquer situação. Ele sugeriu também que a última das liberdades humanas é a capacidade de escolher a própria atitude em um determinado conjunto de circunstâncias. Nascemos, portanto, para criar diferenciações e significados narrativos e, assim, construir nossas realidades (Bruner, 1986). *Não* podemos deixar de criar significado. A busca de sentido é uma forma de felicidade e, provavelmente, não existe prazer duradouro sem sentido. Nós organizamos e constituímos nossa experiência do mundo por meio de narrativas: histórias, mitos e explicações. A narrativa é a estrutura inescapável da experiência humana. O que predomina ou constitui fundamentalmente a nossa consciência é a compreensão do *self* e do mundo na história. Os indivíduos que perdem a capacidade de construir narrativas perdem o seu *self*. Uma segunda motivação básica parece, portanto, ser a necessidade de criar significado.

Logo, as necessidades que vêm de dentro são construídas e influenciadas pela biologia, pela experiência e pela cultura. As pessoas têm muitas necessidades, e essas necessidades emergem continuamente como respostas ao que acontece ao seu redor. Emergem de forma um tanto automática, assim como os sentimentos. Identificar as necessidades humanas básicas é provavelmente impossível, porque elas não estão totalmente predeterminadas. Entretanto, no trabalho terapêutico, aprendi que as necessidades relacionadas ao apego e à identidade geralmente parecem ser a maior preocupação psicológica da maioria das pessoas. As necessidades de conexão, proteção, eficácia e valorização parecem estar relacionadas com a natureza interpessoal básica das pessoas. Amor, poder, conexão e prestígio são importantes para compreender a experiência humana (Gilbert, 1992). As necessidades de segurança e interesse, curiosidade e domínio também parecem ser básicas para a natureza humana. Portanto, a necessidade de apego seguro e a necessidade de afeto, de pertencer e de ser valorizado pelos outros, bem como a necessidade de novidade e maestria, parecem ter importância crítica (Bowlby, 1969; White, 1959). Nossos ancestrais provavelmente sobreviveriam se pertencessem a um grupo e se fossem curiosos, porque aprendiam as coisas com antecedência, antes que as necessidades de sobrevivência o exigissem, e isso os ajudava a dominar as situações. A curiosidade nos humanos, aliada à razão, promovida por um grupo que pode apoiar os seus inventores, tem sido a fonte mais poderosa de progresso na civilização. Sem apego, interesse e curiosidade, ainda estaríamos na Idade da Pedra ou talvez nem estivéssemos aqui.

As pessoas tornam-se mais empoderadas quando se conectam com a sua necessidade de apego ou maestria e recuperam o interesse e a curiosidade. Sentem-se mais como agentes ativos do que como vítimas passivas. Podem começar a agir por conta própria assim que entram em contato com suas preocupações atuais idiossincráticas, como o desejo de relaxar ou mesmo de se acalmar. Por exemplo, uma pessoa pode ouvir uma música favorita, dar um passeio ou nadar e, assim, começar a mobilizar seus recursos para satisfazer a necessidade de relaxar. Na terapia, o sentimento de que se tem direito a uma necessidade é muito reforçado se a validade dessa necessidade for confirmada por um terapeuta que tenha um foco emocional. Mobilizar-se e reconhecer uma necessidade também leva o indivíduo a começar a sentir alguma nova emoção central em resposta a seus sentimentos anteriores. Assim, depois de se sentirem tristes com uma perda, as pessoas começam a sentir alegria pelo que tiveram. Depois de sentirem raiva por terem sido negligenciadas, ficam tristes com o que perderam. Essa nova alegria ou tristeza é altamente motivadora e, quando integrada com a razão, frequentemente leva a ações corretivas ou de enfrentamento. A alegria leva ao desejo de viver, enquanto a tristeza leva à assimilação da perda e ao luto.

Nesta altura, podemos formular as seguintes perguntas importantes: a preocupação ou necessidade associada a um sentimento primário central sempre será um bom guia? Podemos confiar que ela sempre orientará a pessoa na direção do crescimento e da reorganização positiva? Poderia ser uma necessidade ruim, egoísta, destrutiva e desorganizadora? Pode não ser razoável presumir que todas as necessidades das pessoas são boas e que nada nas pessoas é inerentemente destrutivo. Buber (1958), por exemplo, sugeriu que o bem ou o mal são simplesmente direções possíveis que as pessoas podem tomar, e não entidades. São, portanto, escolhas. Se alguém tem uma propensão tanto para o bem como para o mal, um *coach* ainda poderia recomendar uma tomada de consciência e uma avaliação das necessidades e objetivos dessa pessoa como melhor guia para a vida?

Os seres humanos, no entanto, dependem, para o seu bem-estar, de um sistema biológico altamente evoluído e baseado na genética, bem como de estratégias de sobrevivência socialmente desenvolvidas e transmitidas pela cultura. Estas exigem raciocínio consciente e deliberação para produzir comportamentos. As pessoas não são nem nobres selvagens com uma sabedoria natural, nem feras selvagens sem um pingo de pró-socialidade na sua natureza. Embora ocorram atrocidades humanas, os perpetradores são mais frequentemente motivados pelas suas cabeças do que pelos seus corações. O idealismo político e religioso causou mais estragos do que as atrocidades individuais. Além disso, os atos de violência individual e de ganância são frequentemente cometidos por pessoas que estão sob a influência de substâncias aditivas ou imersas em subculturas muito violentas. A fome, o desejo e a raiva dos seres humanos geralmente não prosseguem sem controle em direção à gula, ao estupro e ao assassinato. Isso é particularmente verdadeiro se a pessoa cresceu em uma sociedade em que as estratégias de sobrevivência pró-sociais foram ativamente transmitidas e valorizadas. Em vez de se concentrarem no potencial de disfunção, os terapeutas que têm o foco nas emoções precisam trabalhar para ajudar as pessoas a escolherem direções saudáveis e a gerar passos mais saudáveis. As pessoas devem tomar medidas que as ajudem a crescer e aprender como facilitar esse processo de crescimento nos outros. O indivíduo não só precisa usar o seu discernimento nesse processo, como também precisa estar muito atento aos seus sentimentos e necessidades, e depois encontrar uma integração criativa deles. Pode haver processos fundamentalmente destrutivos na natureza humana que podem ser desenvolvidos. Os terapeutas que têm o foco nas emoções, no entanto, precisam ajudar as pessoas a se concentrarem nos processos saudáveis e que produzem crescimento, encorajando o seu desenvolvimento.

Como, então, as pessoas sabem qual direção pode ajudá-las a crescer? Às vezes, as orientações que ajudarão as pessoas a crescerem são claras e surgem sem dúvidas. Outras vezes, quando as pessoas estão menos integradas, uma parte do *self* — por vezes apenas uma voz pequena — duvida do mérito de determinada direção, mesmo que o resto da pessoa a deseje apaixonadamente. Os terapeutas devem ajudar as pessoas a perceberem essa voz antes de agir. As pessoas precisam tomar uma decisão sobre quais necessidades devem seguir e como fazê-lo. Devem avaliar que parte de sua experiência central é saudável e que parte não o é. A arte de fazer essa avaliação consiste em ouvir sempre todas as partes do *self* e integrar todos os aspectos em uma ação unificada. Isso resulta em harmonia interna e na tomada de medidas que ajudam o indivíduo a crescer.

Dualidades da emoção

Em vez de tratar a emoção como um fenômeno singular, parece que é necessária pelo menos uma teoria dupla do processamento da emoção para compreender o trabalho com as emoções na terapia. Pelo menos duas dualidades importantes podem ser observadas no trabalho com as emoções em psicoterapia. A primeira dualidade é que as emoções desempenham funções tanto *informativas* quanto *hedônicas* (Stein, 1991). As emoções são ao mesmo tempo portadoras de conhecimento e doadoras de prazer/dor. Uma segunda dualidade reside na diferença já mencionada entre as emoções de via rápida, baseadas na amígdala e ativadas automaticamente, e as emoções de via lenta e reflexiva, que envolvem um processamento mais deliberado do córtex pré-frontal (LeDoux, 1996).

Os sentimentos, no seu aspecto informativo, atuam como uma forma de conhecimento que nos fornece informações imediatas, íntimas e pessoalmente significativas sobre nós mesmos e sobre os outros, de uma maneira não mediada e pessoalmente específica. Eles são um pouco mais parecidos com os afetos de Agostinho mencionados anteriormente. Necessitam de *articulação*, pois isso aguça e esclarece o que se sente e promove autocompreensão. Entretanto, chega um momento em que os sentimentos mudam de função. Dada a dimensão poderosa de sentimentos como dor e prazer, eles podem perder a sua função de dar sentido e transformar-se em experiências avassaladoras ou destrutivas. Estas são mais parecidas com as paixões de que os estoicos queriam nos livrar, embora parecessem mais preocupados em nos libertar das funções apetitivas das paixões do que da própria dor. A dimensão sensorial dos sentimentos carrega sofrimento e dor em intensidades insuportáveis (ou sentimentos de prazer indescritíveis), que podem produzir experiências intoleráveis, podem representar um perigo para a existência psicológica e podem tornar-se uma fonte de ameaça e trauma. Nesses casos, a sua regulação é necessária para preservar um sentido de autocoerência.

A segunda dualidade importante no trabalho com a emoção decorre das diferentes formas pelas quais a emoção é produzida. A emoção produzida pelo processamento da via rápida é automática e holística, e ocorre fora do nosso controle, como as paixões das quais somos receptores passivos. Entretanto, quando funcionam bem, essas emoções são uma fonte de inteligência adaptativa. Podem ser levadas à consciência e ajudar a nos orientar em relação ao meio ambiente. Quando disfuncionais, essas emoções precisam ser acessadas para serem alteradas. As emoções de via rápida e automática, quando disfuncionais, devem ser trabalhadas usando princípios de *mudança emocional* concebidos para lidar com a natureza automática, pré-reflexiva e corporal da emoção.

Por outro lado, a emoção produzida pelo processamento da via reflexiva alta é muito mais derivada cognitivamente e influenciada pela cultura. A razão está envolvida tanto na sua geração como na sua mudança; a disfunção nesse sistema é baseada em erros cognitivos, e a mudança envolve princípios de *mudança cognitiva* concebidos para lidar com erros de raciocínio ou aprendizagem. Esses problemas, baseados em processos deliberados, como pensamentos defeituosos ou déficits de competências, têm mais probabilidade de se beneficiar de métodos psicoeducacionais e racionais eficientes. Essas formas de intervenção visam a mudar as coisas sob um controle mais deliberado, como o pensamento e o comportamento aprendido dos clientes, e promover a prática de novas competências de enfrentamento.

Contudo, onde a razão não consegue penetrar, os métodos cognitivos e psicoeducativos que recorrem a ela e ao processamento deliberado não funcionarão, e serão necessários processos de mudança emocional. A mudança no domínio da emoção baseada na amígdala envolve tanto a tomada de consciência da emoção quanto a sua transformação. A tomada de consciência é facilitada quando se aborda e se dedica atenção à emoção, tolerando-a, simbolizando-a (mais frequentemente por meio de palavras) e tomando consciência das "pistas" que a desencadeiam. A transformação ocorre pela ativação de emoções problemáticas e desadaptativas, com exposição a novas emoções opostas e elaboração de novos significados narrativos para criar coerência e consolidar a mudança sentida em um novo relato.

Com a visão da emoção como um recurso adaptativo e um sistema de significado — e não como algo que precisa ser eliminado catarticamente, modificado ou corrigido pela razão —, a compreensão do papel da emoção nas relações humanas e na psicoterapia mudou. Esse "novo olhar" começou a definir uma nova agenda para a investigação psicológica — para determinar em que condições as emoções desempenham um papel determinante na experiência humana e como isso ocorre.

A questão de saber se a emoção precede a cognição, ou vice-versa, foi substituída pela questão de saber em que condições as emoções influenciam o pensamento, ou vice-versa, e qual é a melhor forma de facilitar a mudança nas emoções. A questão fundamental para os clínicos é saber qual é a melhor forma de promover (a) o acesso à emoção e sua conscientização, (b) a transformação da emoção e (c) a regulação da emoção. A pesquisa produziu resultados relevantes para essa questão.

Principais descobertas relevantes da pesquisa sobre emoções para a psicoterapia com foco nas emoções

Cinco descobertas fundamentais na pesquisa das emoções ajudam a responder questões sobre como lidar com as emoções na terapia: (a) a emoção ocorre fora da consciência; (b) a consciência e a simbolização da experiência emocional sentida corporalmente diminuem a ativação emocional; (c) a emoção tem demonstrado ser regulada pela segurança e pela conexão do apego seguro (d) a emoção tem sido descrita como sendo transformada por outra emoção; e (e) as memórias emocionais são alteradas por novas experiências emocionais corretivas durante o período de reconsolidação das memórias.

A emoção ocorre fora da consciência

Por serem essencialmente respostas visceromotoras e somatomotoras associadas às sensações corporais, as emoções ocorrem fora da consciência (Lane, 2008). Por exemplo, as emoções podem ser ativadas com estímulos subliminares (Whalen et al., 1998), e o conteúdo emocional dos estímulos pode influenciar o comportamento subsequente, como o comportamento de consumo, sem que a pessoa esteja ciente dessas influências no comportamento (Winkielman & Berridge, 2004). Assim, muitas respostas emocionais podem ocorrer sem que a pessoa perceba. As emoções e motivações, entretanto, não residem no inconsciente totalmente formadas, à espera de serem reveladas quando as forças da repressão forem superadas. Em vez disso, elas existem mais comumente de uma forma indiferenciada e consistem em esquemas sensório-motores pré-ideacionais e pré-verbais. A emoção implícita ou as sensações corporais percebidas podem ser transformadas em experiências conscientes distintas de emoções específicas quando colocadas em palavras (Lane, 2008). Por meio desse processo, um indivíduo pode sentir emoções específicas e "saber" o que está sentindo.

A identificação ou rotulação das emoções ajuda na diminuição da ativação

Um número crescente de pesquisas revelou que a criação de um rótulo para a emoção, ou seja, a expressão dos sentimentos em palavras, ajuda a regular o afeto (Lieberman et al., 2007). Assim, quando vemos um rosto zangado e associamos a palavra "zangado" a ele, a resposta da amígdala diminui. Os benefícios da rotulação dos afetos vão, portanto, além de qualquer discernimento real obtido ao saber o que se sente; a rotulação na verdade diminui a ativação. Foi constatado que a pesquisa básica sobre esse fenômeno se sustenta em um contexto clínico do mundo real: indivíduos com medo de aranhas que foram repetidamente expostos a uma aranha viva e rotularam seus afetos durante a exposição apresentaram uma redução da condutância cutânea e um comportamento de aproximação marginalmente maior do que grupos de comparação sem rotulação do afeto. Além disso, o maior uso de palavras sobre ansiedade e medo durante a exposição foi associado a maiores reduções na resposta ao medo. Kircanski, Lieberman e Craske (2012) descobriram que as fobias de cobra foram significativamente reduzidas ao nomear os sentimentos durante a exposição.

Análises de dados de ressonância magnética funcional sugerem que uma via pela qual a expressão dos sentimentos em palavras pode regular o afeto negativo consiste em aumentar a atividade no córtex pré-frontal ventrolateral (CPFVL) direito. Este, por sua vez, amortece a atividade na amígdala por meio de conexões intermediárias através do córtex pré-frontal medial (Lieberman et al., 2007), que demonstrou diminuir a ativação da amígdala em estudos de extinção do medo. Lieberman et al. (2007), em um estudo interessante de um fenômeno inverso, descobriram que as bases cerebrais da dor social são semelhantes às da dor física. Isso demonstrou que as palavras podem doer tanto quanto paus e pedras e que a rejeição e o desgosto podem ter efeitos tão físicos quanto cortes e hematomas.

Além disso, há evidências crescentes de que a integração dos sentimentos percebidos corporalmente na consciência e a capacidade de simbolizar os sentimentos em palavras promovem uma boa saúde. Pennebaker (1990), em uma demonstração notável da importância de simbolizar e organizar os sentimentos, evidenciou que escrever sobre a experiência emocional de eventos traumáticos ou perturbadores apenas quatro vezes, durante 20 minutos de cada vez, tem efeitos significativos na saúde e no bem-estar. Numerosos estudos demonstraram que escrever sobre acontecimentos emocionais estressantes tem um impacto positivo na atividade do sistema nervoso autônomo, no funcionamento imunológico e na saúde física e psicológica, e o processamento emocional foi proposto como o mecanismo subjacente para esses efeitos benéficos (Pennebaker, 1995). Escrever "diários das emoções" ajuda as pessoas a darem sentido à sua experiência e a desenvolver uma narrativa ou história que a torne mais coerente. Simbolizar a emoção na consciência promove a reflexão sobre a experiência para criar um novo significado, o que ajuda os clientes a desenvolverem novas narrativas para explicar a sua experiência. Por meio da linguagem, os indivíduos são capazes de organizar, estruturar e, em última análise, assimilar tanto as suas experiências emocionais quanto os acontecimentos que podem ter provocado as emoções. Uma vez que as emoções são expressas em palavras, as pessoas são capazes de refletir sobre o que estão sentindo, criar novos significados, avaliar a sua própria experiência emocional e compartilhar a sua experiência com outras pessoas.

Além disso, Stanton e colaboradores (2000) demonstraram que as mulheres que lidam com o câncer de mama por meio da expressão das emoções tiveram menos consultas médicas, apresentaram melhor saúde física e vigor e menos sofrimento. Os resultados também sugerem que a expressão emocional é mais benéfica do que apenas o processamento emocional. A primeira é caracterizada por afirmações como "Levo tempo para expressar minhas emoções", enquanto a segunda se caracteriza por "Levo tempo para descobrir o que realmente estou sentindo". Descobriram também que a expressão emocional parece impulsionar a busca eficaz de metas apenas para aqueles que tinham um sentido de se sentirem agentes da sua vida e esperança. Pessoas sábias sempre conseguiram encontrar um equilíbrio entre consciência e expressão. Aristóteles (1941) sabia disso há milênios, porém, essa sabedoria foi muitas vezes esquecida ao longo do tempo. Ele observou que qualquer um pode ficar com raiva — isso é fácil. Mas ficar zangado com a pessoa certa, na medida certa, na hora certa, pelo propósito certo e da maneira certa — isso não é fácil. Isso representa a integração entre a cabeça e o coração. Em uma experiência inteligente, Bohart (1977) mostrou que clientes que realizaram um tratamento que promoveu a expressão de sentimentos de raiva não resolvidos e a reflexão sobre eles resolveram os seus sentimentos de forma mais eficaz do que os clientes em uma condição que promoveu apenas a expressão ou a reflexão. A síntese venceu.

Segurança e conectividade ajudam a regular a emoção

No que diz respeito ao efeito dos relacionamentos sobre a emoção, foi demonstrado que a conexão com uma figura de vinculação reduz a ameaça e a dor (Coan, Schaefer, & Davidson, 2006). Por exemplo, mulheres em relacionamentos românticos de longa duração foram acompanhadas à medida que recebiam estímulos dolorosos enquanto viam fotos de seu parceiro e imagens de controle (Eisenberger et al., 2011). Os resultados revelaram que ver fotos do parceiro enquanto recebiam estímulos dolorosos levou a reduções na classificação de dor autorrelatada, reduções na atividade neural relacionada com dor (córtex cingulado anterior dorsal, ínsula anterior) e aumento da atividade no CPFVL. Isso é consistente com a ideia de que a figura de vinculação pode sinalizar segurança. Além disso, destacando o papel do CPFVL na resposta ao valor de segurança do parceiro, uma maior atividade do CPFVL em resposta a imagens do parceiro foi associada a relacionamentos mais longos e a uma maior percepção de apoio do parceiro. Além disso, a maior atividade no CPFVL durante a visualização de fotos do parceiro foi associada à redução da classificação de dor e à diminuição da atividade neural relacionada com a dor. Os autores concluíram que, assim como os estímulos que historicamente ameaçaram a sobrevivência (por exemplo, cobras, aranhas) são estímulos de medo preparados, as figuras de vinculação que historicamente beneficiaram a sobrevivência podem servir como estímulos de segurança preparados, reduzindo as respostas relacionadas com a ameaça ou com o sofrimento quando presentes.

A investigação atual em neurociência também começa a revelar os fundamentos neurológicos da segurança do cliente viabilizada pela empatia e pela presença do terapeuta. A teoria polivagal explica que, quando os clientes se sentem seguros e protegidos com um terapeuta, o cérebro estabelece um estado de "neurocepção" de segurança (Porges, 1998, 2011). Isso cria uma sensação de segurança nos clientes, o que aumenta o seu sentimento de confiança no terapeuta e a possibilidade de abertura e envolvimento no trabalho terapêutico. De acordo com essa teoria, os sentimentos e emoções corporais podem ser influenciados na presença de outras pessoas. Assim, não existe apenas uma comunicação bidirecional entre o nosso cérebro (isto é, o sistema nervoso central) e o nosso corpo, mas há também uma comunicação bidirecional entre o sistema nervoso do indivíduo e aqueles que constituem o seu ambiente social.

As conceituações anteriores do sistema nervoso autônomo destacaram duas características opostas: o sistema nervoso simpático, que sustenta estados de alta excitação caracterizados por estratégias de mobilização de luta ou fuga, e o sistema nervoso parassimpático, que sustenta estados calmos de imobilização associados à saúde, ao crescimento e à restauração. A teoria polivagal (Porges, 2011), no entanto, propôs que o circuito não mielinizado mais antigo, compartilhado com a maioria dos vertebrados, funciona para promover a saúde, o crescimento e a restauração por meio da regulação neural de órgãos subdiafragmáticos (ou seja, órgãos internos abaixo do diafragma), mas que um circuito mielinizado mais recente, encontrado apenas em mamíferos, regula órgãos supradiafragmáticos (por exemplo, coração e pulmões). O circuito vagal mais recente, quando ativo, gerencia funcionalmente a coordenação entre os circuitos simpático e o circuto vagal "antigo" na manutenção da função homeostática dos órgãos subdiafragmáticos. Por meio de mecanismos do tronco encefálico, o circuito vagal filogeneticamente mais recente está, do ponto de vista neuroanatômico e neurofisiológico, ligado aos nervos cranianos que regulam os músculos estriados da face e da cabeça. Essas são as principais estruturas envolvidas nos comportamentos de engajamento social. Assim, o circuito vagal mielinizado mais recente não apenas é influenciado pelas relações sociais, mas também é um mecanismo facilitador por meio do qual as interações sociais positivas podem otimizar a saúde, atenuar estados fisiológicos relacionados com o estresse e incentivar o crescimento e a restauração.

De acordo com a teoria polivagal, os reguladores das emoções e da fisiologia estão, portanto, incorporados nos relacionamentos. O núcleo do sistema de engajamento social nos mamíferos reflete-se na comunicação neural bidirecional entre a face e o coração (Porges, 2011). Embora a falta de sintonia nos relacionamentos iniciais possa causar desregulação emocional, a sintonia e a conexão nos relacionamentos atuais podem curar ou exercitar os músculos neurais para se sentirem seguros. Nessa perspectiva, a ativação emocional pode ser estabilizada por meio da interação social que inclui expressão facial calorosa, postura corporal aberta, tom vocal e prosódia (ritmo da fala).

Por exemplo, se uma pessoa sente uma ameaça, o sistema nervoso entra em um estado de luta ou fuga, por meio da ativação do sistema nervoso simpático, ou em um estado de imobilização comportamental, muitas vezes com sintomas de dissociação por meio da ativação do ramo mais antigo do nervo vago, criando um estado de colapso. Como alternativa, na presença de alguém com quem o indivíduo se sente seguro, ele experimenta uma neurocepção de segurança, e a inibição da defesa ocorre à medida que a fisiologia da pessoa se acalma e as estratégias defensivas são substituídas por gestos associados ao sentimento de segurança, como intera-

ções pró-sociais espontâneas, que reduzem a distância psicológica e física.

A emoção modifica a emoção

Spinoza (1677/1967), no século XVII, levantou a hipótese de que a emoção é necessária para mudar a emoção. Ele propôs que "uma emoção não pode ser contida nem removida a não ser por uma emoção oposta e mais forte" (p. 195). As evidências que apoiam isso vêm de Fredrickson (2001), que demonstrou que uma emoção com afetos positivos pode afrouxar o domínio que uma emoção com afetos negativos exerce sobre a mente de uma pessoa, ampliando o repertório momentâneo de pensamento-ação do indivíduo. Descobriu-se que a experiência de alegria e contentamento produz uma recuperação cardiovascular mais rápida das emoções negativas do que uma experiência neutra. Fredrickson, Mancuso, Branigan e Tugade (2000) descobriram que indivíduos resilientes recrutam emoções positivas para desfazer experiências emocionais negativas. No luto, foi constatado que o riso é um preditor do tempo de recuperação. Assim, poder relembrar os momentos felizes, vivenciar a alegria, ajuda como antídoto para a tristeza (Bonanno & Keltner, 1997). Na depressão, um senso submisso, de fracasso, repleto de protestos pode ser transformado terapeuticamente, orientando o indivíduo para o desejo que impulsiona o seu protesto — isto é, um desejo de se libertar da sua gaiola e de ter acesso a seus sentimentos de alegria e entusiasmo pela vida. Isen (1999) levantou a hipótese de que pelo menos parte do efeito positivo dos sentimentos de alegria depende dos efeitos dos neurotransmissores envolvidos na emoção da alegria em partes específicas do cérebro que influenciam o pensamento intencional.

Em conjunto, esses estudos indicam que a emoção com afetos positivos pode ser usada para modificar a emoção com afetos negativos. Entretanto, Davidson (2000) também sugeriu que o sistema de afeto negativo relacionado com o retraimento do hemisfério direito pode ser transformado pela ativação do sistema de aproximação no córtex pré-frontal esquerdo. Esse princípio se aplica não apenas às emoções com afetos positivos que mudam as emoções com afetos negativos, mas também à mudança das emoções desadaptativas, ativando emoções adaptativas dialeticamente opostas. Assim, na terapia, o medo ou a vergonha desadaptativos, uma vez despertados, podem ser transformados em segurança pela ativação de emoções mais delimitadoras de raiva ou repulsa adaptativas ou pela evocação dos sentimentos mais suaves de compaixão ou perdão (Harmon-Jones, Vaughn-Scott, Mohr, Sigelman, & Harmon-Jones, 2004). As tendências de retraimento do medo e da vergonha podem ser transformadas pela tendência de seguir em frente na nova emoção da raiva que se apresenta quando ela se sente violada. Uma vez acessada a emoção alternativa, ela transforma ou desfaz o estado original e um novo estado é criado.

É importante notar que o processo de mudança da emoção pela emoção vai além das ideias de catarse ou conclusão e abandono, exposição, extinção ou habituação, na medida em que o sentimento desadaptativo não é eliminado nem atenuado pela pessoa que o sente. Em vez disso, outro sentimento é usado para transformá-lo ou desfazê-lo. Embora a exposição à emoção algumas vezes possa ser útil para superar a fobia afetiva, em muitas situações na terapia, a mudança também ocorre porque uma emoção é transformada por outra emoção, em vez de ser simplesmente atenuada. Nesses casos, a mudança emocional ocorre pela ativação de uma experiência incompatível e mais adaptativa que desfaz ou transforma a resposta antiga. Isso envolve mais do que simplesmente sentir ou enfrentar o sentimento que a leva a diminuir. Em vez disso, a mudança emocional ocorre pela ativação de uma experiência incompatível e mais adaptativa que substitui ou transforma a resposta antiga.

Novas experiências emocionais ajudam a mudar as memórias emocionais

Pesquisas experimentais recentes sobre a memória do medo desenvolvidas na neurociência afetiva revelaram que a mudança das estruturas dos esquemas emocionais ocorre muito provavelmente por meio do processo de reconsolidação da memória (Lane, Ryan, Nadel, & Greenberg, no prelo). A reconsolidação da memória é o processo em que memórias previamente consolidadas são recuperadas e consolidadas ativamente de novo (Nader, Schafe, & LeDoux, 2000). A visão clássica da memória sugere que, imediatamente após a aprendizagem, há um período durante o qual a memória é frágil e lábil, mas que, uma vez decorrido um tempo suficiente, a memória é mais ou menos permanente. De acordo com esse ponto de vista, somente durante esse período de consolidação é que existe a possibilidade de interromper a formação da memória; uma vez ultrapassada essa janela de tempo, a memória pode ser modificada ou inibida, mas não eliminada. Recentemente, entretanto, foi defendida uma visão alternativa da memória; demonstrou-se que, toda vez que uma memória é recuperada, o traço de memória subjacente torna-se novamente lábil e frágil — exigindo outro período de consolidação, denominado "reconsolidação". Esse período de reconsolidação possibilita outra oportunidade de interromper a memória. Tendo em vista que as memórias de esquemas emocionais desadaptativos resultam em emoções como medo, vergonha, raiva e tristeza, a possibilidade de perturbar uma memória de esquema emocional previamente adquirida por meio do bloqueio da reconsolidação tem implicações importantes para a resolução de dificuldades emocionais.

O estudo do bloqueio da reconsolidação da memória emocional progrediu dos animais para os seres humanos (Brunet et al., 2008; Soeter & Kindt, 2010). A possibilidade de perturbar uma memória emocional previamente adquirida tem implicações importantes para a psicoterapia. Como a reconsolidação da memória só ocorre quando uma memória é ativada, as memórias emocionais devem ser ativadas na terapia para que se possa modificá-las.

Pesquisas sobre terapia focada nas emoções

O que nos dizem as pesquisas sobre emoção na psicoterapia? Em primeiro lugar, a abordagem que apresentamos aqui, a terapia focada nas emoções (TFE), baseada na visão anteriormente descrita das emoções, demonstrou ser eficaz tanto na terapia individual quanto na de casal em uma série de ensaios clínicos randomizados (Elliott, Greenberg, & Lietaer, 2004; Johnson, Hunsley, Greenberg, & Schindler, 1999). Uma forma manualizada de TFE para a depressão (terapia experiencial processual), na qual métodos específicos de ativação emocional foram usados no contexto de um relacionamento empático, foi considerada altamente eficaz no tratamento da depressão em três estudos separados (Goldman, Greenberg, & Angus, 2006; Greenberg & Watson, 1998; Watson, Gordon, Stermac, Kalogerakos, & Steckley, 2003). Foi constatado que a TFE é tão ou mais eficaz do que a abordagem centrada na pessoa (ACP) e a terapia cognitivo-comportamental (TCC). Ambas as terapias com as quais foi comparada também foram consideradas altamente eficazes na redução da depressão, porém a TFE revelou-se mais eficaz na redução de problemas interpessoais do que a ACP e a TCC e mais eficaz na promoção de mudanças nos sintomas do que a ACP. A TFE também foi considerada altamente eficaz na prevenção de recaídas (77% sem recaída; Ellison, Greenberg, Goldman, & Angus, 2009).

A TFE para feridas emocionais causados por entes queridos foi desenvolvida a partir de pesquisas programáticas sobre o diálogo com pessoas significativas usando a técnica da cadeira vazia para resolver problemas interpessoais do passado e para abuso (Greenberg & Foerster, 1996; Paivio & Greenberg, 1995; Paivio, Hall, Holowaty, Jellis, & Tran, 2001). Nessas terapias, os confrontos com pessoas significativas são realizados por meio de diálogos nos quais o cliente representa a pessoa em uma cadeira vazia na sua frente. Os tratamentos com a TFE que facilitaram o processo individual das pessoas do luto e do perdão para a superação de lesões emocionais do passado foram considerados superiores aos grupos de psicoeducação em dois estudos (Greenberg, Warwar, & Malcolm, 2008; Paivio & Greenberg, 1995). A TFE para o trauma (Paivio & Pascual-Leone, 2010) voltada a adultos sobreviventes de abuso infantil postula tanto a relação terapêutica quanto o processamento emocional de memórias traumáticas como processos de mudança distintos e sobrepostos, e tem sido considerada eficaz (Paivio & Nieuwenhuis, 2001). Além dos ensaios clínicos mencionados anteriormente, as pesquisas mostram efeitos promissores para transtornos alimentares (Tweed, 2013; Wnuk, Greenberg, & Dolhanty, no prelo), transtorno de ansiedade social (Elliott, 2013; Shahar, 2014) e transtorno de ansiedade generalizada (O'Brien, Timulak, McElvaney e & Greenberg, 2012).

A terapia focada nas emoções para casais (TFE-C; Greenberg & Goldman, 2008; Greenberg & Johnson, 1988; Johnson, 2004), que ajuda os parceiros a acessar e expressar emoções vulneráveis subjacentes, revelou-se eficaz no aumento da satisfação conjugal (Johnson & Greenberg, 1985; Johnson et al., 1999; McKinnon & Greenberg, 2013). Essa abordagem empiricamente validada de terapia de casal é reconhecida como uma das abordagens mais eficazes na resolução de problemas de relacionamento (Alexander, Holtzworth-Munroe & Jameson, 1994; Baucom, Shoham, Mueser, Daiuto, & Stickle, 1998; Johnson et al., 1999). Em uma metanálise de seis estudos, a TFE demonstrou um efeito de 1,3, com taxas de recuperação entre 70 e 73% (Johnson et al., 1999). Em um estudo recente, não incluído na metanálise, uma intervenção de TFE-C para resolução de lesões emocionais (de 10 sessões) demonstrou ser eficaz quando comparada a um período de controle em lista de espera antes da terapia (Greenberg, Warwar, & Malcolm, 2010). No final da terapia, verificou-se que 11 casais perdoaram por completo os seus parceiros, enquanto seis tinham feito progressos no sentido do perdão, em comparação com apenas três que tinham feito progressos no sentido do perdão durante o período da lista de espera. Os resultados sugerem que a TFE é eficaz no alívio do sofrimento conjugal e na promoção do perdão em um curto período, mas que sessões adicionais podem ser necessárias para melhorar a mudança duradoura (Greenberg & Goldman, 2008).

Pesquisas sobre o processo de mudança

A pesquisa empírica sobre o papel independente das emoções na mudança terapêutica na TFE tem demonstrado consistentemente uma relação entre a ativação emocional da sessão e o resultado. Apoiando a hipótese da TFE sobre a importância de prestar atenção e dar sentido às emoções, os resultados das pesquisas da abordagem para a depressão mostrou que a maior ativação emocional na fase intermediária da terapia, em conjunto com a reflexão sobre a emoção ativada (N. Warwar & Greenberg, 2000), e o processamento emocional mais profundo no final da terapia (Pos, Greenberg, Goldman, & Korman, 2003) foram preditores de bons resultados. A ativação emocional elevada e a alta reflexão sobre a emoção despertada diferenciaram casos de resultados bons e ruins, indicando a importância de combinar a ativação e a construção de significado (Missirlian, Toukmanian,

Warwar, & Greenberg, 2005; S. H. Warwar, 2005). Assim, a TFE parece funcionar por meio do aprimoramento do tipo de processamento emocional que envolve ajudar as pessoas a experienciar e aceitar suas emoções e a dar-lhes sentido.

Entretanto, a ativação e a expressão emocional por si sós parecem ser inadequadas para a mudança terapêutica. A evidência empírica disponível sugere que o processamento emocional pode ser mediado pela ativação. Para que ocorra um processamento emocional eficaz, a experiência afetiva angustiante deve ser despertada e experienciada visceralmente pelo cliente, mas, embora a ativação pareça ser necessária, não é necessariamente suficiente para o progresso terapêutico (Greenberg, 2011). O processamento emocional ideal parece envolver a ativação emocional mais alguma forma de processamento cognitivo da experiência emocional ativada. Uma vez viabilizado o contato com a experiência emocional, os clientes também devem orientar-se cognitivamente para essa experiência tomando-a como informação, além de explorá-la, refletir sobre ela e lhe dar sentido (Greenberg, 2011; Greenberg & Pascual-Leone, 1995; J. Pascual-Leone, 1991). Como Greenberg e colaboradores (Angus & Greenberg, 2011; Greenberg, 2011; Greenberg e Angus, 2004; Greenberg & Pascual-Leone, 1997, 2006) assinalaram, simbolizar a emoção na consciência promove a reflexão sobre a experiência para criar um novo significado, o que ajuda os clientes a desenvolverem novas narrativas para explicar a sua experiência. Por meio da linguagem, os indivíduos são capazes de organizar, estruturar e, em última análise, assimilar tanto as suas experiências emocionais como os eventos que podem ter provocado as emoções. Além disso, uma vez que as emoções são expressas em palavras, as pessoas são capazes de refletir sobre o que estão sentindo, criar novos significados, avaliar a sua própria experiência emocional e compartilhar a sua experiência com os outros.

Explorando ainda mais os efeitos combinados da ativação e do processamento emocionais, Missirlian, Toukmanian, Warwar e Greenberg (2005) usaram a ativação emocional expressa e o processamento perceptual do cliente, juntamente com a aliança de trabalho, como preditores do resultado terapêutico na terapia experiencial para a depressão. Os níveis de processamento perceptual do cliente (Toukmanian, 1992) envolvem a classificação de tipos específicos de operação mental com modos de processamento automatizados ou não reflexivos, como reconhecimento e elaboração, em categorias iniciais, e com formas de processamento deliberadas ou controladas e reflexivas, como reavaliação e integração, em categorias posteriores. Eles descobriram que a ativação emocional, em conjunto com o processamento perceptual durante a fase intermediária da terapia, previa reduções na sintomatologia depressiva e geral de forma mais eficaz do que qualquer uma dessas variáveis isoladamente.

Em um projeto semelhante, S. H. Warwar (2005) estudou até que ponto a intensidade da ativação emocional expressa e a profundidade da experiência podem ser utilizadas como preditores, utilizando medidas de pico e modais da excitação emocional expressa. Ela também constatou que a ativação emocional expressa na etapa intermediária da terapia é um preditor significativo das medidas de resultado baseadas em sintomas, com correlações que variaram de 0,48 a 0,61 e fatores combinados (experiência e ativação) que previram 58% da variância nessas medidas (Inventário de Depressão de Beck e Lista de Verificação de Sintomas — 90). Em um estudo recente sobre as relações entre a frequência de expressão emocional excitada e os resultados no tratamento da depressão, Carryer e Greenberg (2010) descobriram que uma frequência de 25% de episódios emocionais codificados com uma expressão emocional moderada a altamente excitada foi capaz de prever o resultado além da aliança de trabalho. Desvios desse nível ideal para frequências mais altas ou mais baixas previram resultados piores. Em uma análise de 74 clientes deprimidos em tratamento, constatou-se que o processamento emocional da fase de trabalho previu diretamente reduções nos sintomas (Pos, Greenberg, & Warwar, 2009). O processamento emocional foi considerado um processo central de mudança, enquanto a aliança demonstrou potencializar o processamento emocional nas fases de trabalho e término da terapia. A teoria de mudança da TFE, de que o relacionamento somado ao processamento emocional produz mudança, foi apoiada, embora os processos de início da terapia dos clientes parecessem restringir o seu sucesso na terapia. Por fim, nessa linha de relacionar o processo com o resultado, Auszra, Greenberg e Herrmann (2013) desenvolveram uma nova medida de processamento emocional produtivo com base na consciência atenta da emoção, da congruência, da regulação e da diferenciação, e descobriram que essa medida era o preditor mais forte do resultado entre todas as medidas de processo emocional na sessão testadas até então.

Herrmann, Greenberg e Auszra (no prelo), testando o processo sequencial de mudança emocional, descobriram que as emoções adaptativas expressas durante a terapia eram os melhores preditores de resultado, e que a emoção adaptativa mediava a relação entre a emoção primária desadaptativa e o resultado, apoiando a hipótese de que a emoção adaptativa muda a emoção desadaptativa. Por fim, A. Pascual-Leone e Greenberg (2007) mostraram que o processamento emocional do sofrimento global envolveu clientes que passaram de um ponto de partida de sofrimento global — por meio do acesso ao medo, à vergonha e à raiva agressiva anteriormente evitados como emoções indiferenciadas e insuficientemente processadas — para a articulação de necessidades e autoavaliações negativas como passo fundamental na mudança e, finalmente, para a raiva assertiva, o autoapaziguamento compassivo, a mágoa e o pesar que resolveram a angústia.

Essa descoberta apoia o ponto de vista defendido na TFE de que a expressão de uma "necessidade sentida" — um desejo de vinculação, validação, agência pessoal ou sobrevivência — na qual a necessidade é incorporada e profundamente sentida constitui a chave para uma experiência emocional adaptativa mais profunda (Greenberg, 2002; Greenberg & Paivio, 1997; Greenberg, Rice, & Elliott, 1993). Um estudo adicional desse modelo, realizado por A. Pascual-Leone (2009), examinou como as mudanças emocionais dinâmicas se acumulavam momento a momento para produzir ganhos no processamento emocional durante as sessões. Ele mostrou que o processamento emocional eficaz estava associado a uma progressão constante ao longo dos passos em direção à resolução, caracterizada por um estilo de "dois passos para a frente, um passo para trás". Também foi demonstrado que os eventos de resolução encurtaram cada vez mais os colapsos emocionais no sentido inverso, enquanto o oposto foi verdadeiro para eventos fracos durante as sessões.

Conclusões das pesquisas

Os excessos da revolução "entre em contato com seus sentimentos" da década de 1960 foram ultrapassados pelo estudo de como as pessoas mudam e pelos desenvolvimentos da prática da psicoterapia. A era "sensível" do treinamento de sensibilidade e dos grupos de encontro, de "deixar tudo acontecer", terminou. Começou a era da TFE baseada em evidências, que mantém a complexidade da arte da psicoterapia, mas a combina com os rigores da investigação científica.

As evidências da pesquisa sobre TFE indicam que certos tipos de consciência e ativação emocional terapeuticamente facilitadas, quando expressos em contextos relacionais de apoio, em conjunto com algum tipo de processamento cognitivo consciente da experiência emocional, são importantes para a mudança terapêutica para certas classes de pessoas e problemas. A emoção também demonstrou ser adaptativa e desadaptativa. Na terapia, as emoções algumas vezes precisam ser acessadas e usadas como guias, e outras vezes tornam-se mais reguladas e/ou modificadas. Descobriu-se que o principal papel do processamento cognitivo da emoção na TFE é duplo: ajudar a dar sentido à emoção ou ajudar a regulá-la.

Visão construtivista dialética para a integração entre a biologia e a cultura

A teoria e as pesquisas anteriormente apresentadas sugerem uma visão dialeticamente construtivista da emoção. Nessa visão, as emoções sentidas corporalmente existem de forma palpável e são refletidas, com frequência, na linguagem, para produzir o que sentimos, de modo que nomear essas emoções nos ajuda a contê-las. Assim, construímos o que sentimos ao atender a uma sensação corporal e simbolizá-la na consciência, e nossa construção é informada e limitada pelo que sentimos em nossos corpos (Angus & Greenberg, 2011; Greenberg & J. Pascual Leone, 1995; Greenberg, Rice e & Elliott, 1993; Pascual-Leone, 1991). A forma como a experiência emocional é simbolizada influencia o que a experiência se tornará no momento seguinte. Portanto, os terapeutas precisam trabalhar tanto com as emoções quanto com a criação de significados, e têm de facilitar as mudanças tanto na experiência emocional quanto nas narrativas em que as emoções estão inseridas (Greenberg & Angus, 2004).

Dois níveis fundamentais de geração de emoções são considerados importantes. Um deles envolve os processos automáticos que produzem respostas primárias após avaliações perceptivas simples que evocam esquemas emocionais. Esses esquemas desenvolvem-se desde o nascimento e são vistos como a fonte geradora de grande parte da nossa experiência emocional inicial, tanto durante o desenvolvimento quanto na idade adulta.

Entretanto, é importante observar que, de acordo com a TFE, a experiência não é gerada por um único esquema emocional ou por um único nível de processamento. Greenberg e colaboradores (Greenberg, 2011; Greenberg & Pascual-Leone, 2001; Greenberg & Watson, 2006) propuseram que a experiência é gerada por uma síntese tácita de vários esquemas e vários níveis de processamento, que são coativados e coaplicados (J. Pascual-Leone, 1991). Essa síntese de diversos esquemas forma a base de nossas atuais auto-organizações em qualquer momento — o *self* que eu considero ser em uma situação — e fornece o referente corporal sentido da experiência (Greenberg, 2011), ao qual preciso estar atento para me experienciar.

A perspectiva da TFE é a de que a experiência consciente e o significado pessoal derivam da atenção, da exploração e da compreensão dessas auto-organizações implícitas sentidas pelo corpo, por meio de um processo de atenção e reflexão. Dada a complexidade interna proveniente da síntese de muitos esquemas e níveis de processamento, a experiência é sempre multideterminada e multifacetada. Assim, estamos sempre em um processo de construção do *self* que nos tornamos no momento, por meio de um processo dialético de simbolizar o nosso sentimento corporalmente sentido na consciência, refletindo sobre ele e construindo narrativas que o explicam. É por meio da reflexão que as pessoas também integram todo o seu conhecimento cultural e social com o seu sentido emocional de ser. Decidir como agir de acordo com os sinais emocionais é, portanto, importante. O pensamento ajuda a colocar as emoções em perspectiva e a lhes dar sentido. Em última análise, é assim que se cria um significado pessoal na vida cotidiana. Dessa maneira, quando as pessoas acordam de manhã com alegria e interesse, o seu sentimento organísmico sinaliza que tudo está bem. Essas emoções as orientam a começar a enfrentar os projetos com entusiasmo e flexibilidade, sendo necessária pouca reflexão. Por outro lado, se uma pessoa acorda com medo ou tristeza, essas emoções sinalizam que algo está errado na forma como ela está conduzindo a sua vida, ou que algo que aconteceu com ela requer atenção. A pessoa então começa a usar todo o seu conhecimento para reorganizar conscientemente o seu mundo. Essa sinalização de um problema promove a reflexão sobre o que está acontecendo para que a pessoa possa criar soluções culturalmente derivadas para os problemas que produziram o sentimento ruim e, assim, agir. As emoções, portanto, apresentam problemas que devem ser resolvidos com o uso da razão. Acima de tudo, a informação que as emoções contêm sobre o que está acontecendo ao organismo no seu ambiente contribui para a inteligência das pessoas, tal como o pensamento e a imaginação. A inteligência emocional envolve o uso hábil das emoções, dos sentimentos e do humor para lidar com a vida.

Nessa perspectiva construtivista dialética, a teoria da TFE considera a emoção o elemento organizador fundamental da experiência humana e reconhece a importância da criação de significado e da coerência narrativa; em última análise, vê a emoção e a cognição como inextricavelmente interligadas (Greenberg, 2011; Greenberg & Pascual-Leone, 2001; Greenberg & Watson, 2006; J. Pascual-Leone, 1991). Em última instância, os sentimentos não são fatos. Pelo contrário, constituem um processo que nos informa sobre o que é significativo para nós no momento e que configura uma disposição para agir, de modo que precisamos sempre viver em um processo de utilização desses sentimentos para nos orientarmos no mundo, construir significado e desenvolver narrativas. Precisamos entender a informação e a tendência para a ação fornecida pela emoção e decidir o que fazer.

Conclusão

A palavra "paixão" compartilha a sua origem com a palavra "passiva". Isso dá a impressão de que as pessoas recebem emoções passivamente em vez de criá-las. Os clientes muitas vezes pensam que são vítimas de suas emoções, devido à sua experiência diária de se sentirem bem ou mal sem motivo aparente. Muitas emoções parecem simplesmente acontecer. Os clientes precisam aprender a usar de forma inteligente esses acontecimentos emocionais como guias e devem aprender a regulá-los para não serem controlados por emoções indesejadas. Para isso, devem avaliar o que suas emoções oferecem. Assim como nem todo pensamento é necessariamente lógico, nem toda emoção é necessariamente inteligente ou perturbadora; e assim como as pessoas precisam aprender a raciocinar logicamente, elas também precisam aprender a distinguir quando suas emoções são saudáveis e adaptativas, ajudando-as a viver uma vida plena, e quando são desadaptativas e prejudiciais.

3

Distinção entre variedades da expressão emocional

Quanto tem que ser explorado e descartado antes de se atingir a carne nua do sentimento.
— **Claude Debussy**

Neste capítulo, analisaremos as diferentes maneiras pelas quais as emoções podem surgir: como experiências instintivas adaptativas primárias (a carne nua do sentimento mencionado na citação acima), como reações sintomáticas secundárias ou defensivas às experiências viscerais, ou como emoções manipuladoras expressas pelo seu efeito sobre os outros. Como ilustra a parábola dos três cegos e do elefante[1], a realidade é aquilo a que prestamos atenção, e a parte em que nos concentramos determina o que acreditamos que existe. A avaliação emocional apresenta-se como uma forma de diagnóstico processual de diferentes estados emocionais para orientar a intervenção diferencial. Discutiremos também o processamento emocional terapeuticamente produtivo e como distingui-lo do processamento improdutivo.

Como as emoções têm sido historicamente contrastadas com a razão, os pesquisadores as têm considerado uma classe única de eventos para efeitos de contraste. Entretanto, as emoções não são todas iguais. Em primeiro lugar, cada uma tem uma forma e uma função distintas. Conforme assinalado anteriormente, na raiva, a tendência para ação leva as pessoas a se expandirem e avançarem. A função da raiva é estabelecer limites, e a própria raiva varia: pode durar apenas alguns minutos ou pode persistir por dias. A tristeza, em contrapartida, leva a clamar por um objeto perdido e, depois de algum tempo, se ninguém aparecer, a retirar-se para preservar os recursos. Em se-

---

[1] N. de E. Um grupo de pessoas cegas é desafiado a descrever um elefante sem nunca ter visto um. Para isso, cada uma das pessoas toca uma parte diferente do animal e, então, o descreve conforme sua própria experiência limitada. O resultado é que cada descrição difere muito da outra, e a experiência subjetiva do outro é ignorada.

gundo lugar, é necessário fazer distinções importantes entre os diferentes tipos e funções das emoções ao treinar as pessoas para usar a sua inteligência emocional. Por exemplo, em determinado momento, a raiva pode ser uma resposta adaptativa fortalecedora a uma violação; em outro momento, pode ser uma reação exagerada e destrutiva a uma situação atual, com base em um histórico de abuso anterior. A raiva pode ser a primeira reação imediata de uma pessoa ou pode surgir apenas no final de uma cadeia de sentimentos e pensamentos anteriores. Os homeens frequentemente expressam esse último tipo de raiva. Na verdade, podem estar sentindo medo, mas, como acreditam que não é viril ter medo, podem reagir com raiva. As pessoas também podem expressar emoções intencionalmente para obter um resultado desejado, como chorar para obter simpatia. Portanto, as pessoas precisam aprender a fazer distinções entre diferentes tipos de emoções.

A tradição de acreditar que a razão é a melhor maneira de guiar a vida tem ignorado a complexidade da experiência humana. Essa visão levou a uma simplificação excessiva da forma como as emoções devem ser tratadas — ou elas devem ser controladas (a visão da mente vencendo o humor), ou devem ser ventiladas para que possamos nos livrar dos sentimentos (a visão catártica). Porém, para lidar eficazmente com as emoções, as pessoas devem ser capazes de identificar, em cada ocasião, o tipo de emoção que está sendo experienciada e determinar a melhor maneira de lidar com ela naquela situação.

Imagine como alguém pode se sentir de forma diferente nas seguintes situações e qual poderia ser a melhor maneira de lidar com esses sentimentos:

- Uma pessoa acabou de ter uma grande discussão com o seu cônjuge, e os dois não estão se falando.
- Uma pessoa acaba de ser informada de que recebeu uma promoção desejada.
- O pai ou a mãe de uma pessoa acaba de morrer.
- Uma pessoa quer impressionar o seu novo chefe.
- A noiva de um homem acaba de lhe dizer que seus sentimentos por ele estão mudando.
- Uma pessoa pensa que as suas perspectivas futuras são sombrias.
- Uma pessoa está tentando convencer alguém sobre o seu ponto de vista.
- Um pai está prestes a sair para trabalhar quando a babá liga para avisar que não poderá vir.
- Uma mãe vê que o seu filho de três anos acaba de sair correndo para a rua e um carro se aproxima.
- Uma pessoa quer se livrar de um vendedor que bateu à porta e interrompeu uma conversa importante.

São situações muito diferentes e experiências emocionais distintas. Apenas controlar as emoções, simplesmente entrar em contato ou livrar-se delas não serão atitudes suficientes. Como as pessoas lidam com essa variedade de sentimentos? Em primeiro lugar, precisam distinguir entre os diferentes tipos de experiências emocionais e, em seguida, devem aprender a lidar adequadamente com cada uma delas. Um terapeuta que tenha as emoções como foco precisa ajudar os clientes a verem que suas emoções diferem em situações distintas. Ele precisa auxiliá-los a ver que algumas emoções podem ser usadas como guias adaptativos para a ação, outras devem ser enfrentadas, outras contornadas ou exploradas e outras transformadas. Os clientes devem ser ajudados a experienciar algumas emoções e a expressar outras em voz alta, mas a controlar outras, refletir sobre outras e aceitar ainda outras, usando-as como guias para decisões e ações.

Facilitar ou conter uma emoção?

Ao trabalhar com a emoção, o terapeuta deve fazer três distinções importantes. A primeira distinção envolve definir se o cliente está experienciando muita ou pouca emoção (Paivio & Greenberg, 2001). Uma pessoa com emoções subreguladas, que explode de raiva, é dominada pelas lágrimas ou encolhe-se no chão de vergonha, apresenta um quadro bem diferente do de uma pessoa cuja emoção é altamente reprimida, que evita sentimentos, intelectualiza, interrompe qualquer expressão emergente ou evita situações passíveis de evocar sentimentos. O tipo de problema e os tipos de intervenções necessárias diferem enormemente.

A segunda distinção implica definir se uma emoção é uma nova expressão que envolve a libertação de uma emoção bloqueada ou se é uma expressão antiga e obsoleta que envolve a repetição de uma emoção expressa muito facilmente. A nova expressão de uma emoção anteriormente bloqueada geralmente é útil, enquanto a ventilação de uma emoção obsoleta e expressa facilmente e que não é bloqueada não é terapêutica e não leva à redução de sua expressão (Bushman, Baumeister, & Stack, 1999).

A terceira distinção que os terapeutas precisam fazer implica definir se a emoção experienciada e expressada é um sinal de sofrimento ou um sinal do processo de resolução do sofrimento (Kennedy-Moore & Watson, 1999). Por exemplo, chorar quando se sente sobrecarregado e incapaz de lidar com a situação é um sinal de sofrimento que deve ser diferenciado do choro como parte de um processo de luto. Medo de pânico ou vergonha diante do fracasso antecipado são sinais de angústia. Entretanto, o medo de arriscar ser assertivo ou o constrangimento de revelar algo novo frequentemente são sinais de enfrentamento de mudanças.

Assim, a emoção claramente não é um fenômeno uniforme. No nível mais geral, as intervenções de treinamento dependerão de: (a) se a emoção está super ou subregulada; (b) se a emoção é recém-expressa ou antiga; e (c) se a emoção é um sinal de sofrimento ou um processo de mudança.

Esses e outros critérios para estabelecer quando facilitar mais emoção e quando conter a emoção são apresentados na Tabela 3.1 e discutidos a seguir (Wiser & Arnow, 2001). O primeiro e mais importante critério para facilitar mais emoção é a existência de (a) um vínculo relacional suficiente para regular a emoção que será facilitada e de (b) concordância e colaboração na tarefa de aprofundar a experiência emocional. Apressar-se para facilitar a experiência e a expressão com pessoas com as quais ainda não se estabeleceu uma base relacional segura não é prudente, e evocar emoções em um cliente relutante é potencialmente prejudicial. Uma vez desenvolvida a aliança terapêutica, quais são as indicações gerais para focar a emoção? Um indicador primário do cliente sobre a necessidade de facilitar mais emoções é, paradoxalmente, a sua evitação. Quando uma pessoa está obviamente sentindo uma emoção e a

TABELA 3.1 Facilitar ou conter?

Fator	Facilitar	Conter
Aliança	Segurança e acordo sobre a tarefa de aumentar a experiência emocional.	O relacionamento ainda não pode suportar a emoção.
Cliente	Evita as emoções. Comporta-se de forma desadaptativa: não há consciência da tendência para a ação.	Está sobrecarregado; a emoção não informa nem promove a ação, ou confunde. Tem histórico de desmoronar ou de ficar agressivo. Envolve-se em enfrentamento destrutivo (por exemplo, drogas, compulsão alimentar, automutilação). Tem um déficit na regulação emocional. Está em crise.
Emoção	Sinaliza um processo de mudança (reprocessamento e reflexão sobre a emoção). Inibe a ação adaptativa. Foi recentemente expressa.	É obsoleta. Promove ações desadaptativas.

interrompe, ou quando evita a emoção intelectualizando, se desviando e se distraindo, ajudá-la a abordar a emoção pode ser terapêutico. Além disso, os clientes que se comportam de forma desadaptativa devido à falta de consciência emocional beneficiam-se do direcionamento para uma maior consciência emocional e um melhor acesso às suas próprias tendências para ação baseadas na emoção. Por exemplo, os clientes que não prestam atenção às informações fornecidas pelas suas emoções tornam-se passivos quando sofrem abusos ou ficam deprimidos quando estão zangados, enquanto os que ficam excessivamente inibidos quando estão felizes ou tristes muitas vezes carecem de vigor. Os terapeutas com foco nas emoções podem ajudar as pessoas que precisam reprocessar experiências traumáticas levando-as a enfrentar os sentimentos armazenados na memória emocional e colocá-los em palavras. Por fim, se o problema existe porque a emoção impede o exercício de competências, então a exploração de medos e outros bloqueios emocionais é útil.

Há uma variedade de contraindicações à facilitação das emoções. Não é aconselhável promover a experiência emocional quando a relação terapêutica ainda não consegue apoiá-la devido à falta de segurança, quando a confiança ainda não foi estabelecida ou quando o terapeuta não tem conhecimento suficiente sobre o cliente ou suas circunstâncias. É bastante contraindicado aumentar a ativação emocional quando um cliente se sente dominado pela emoção. Nesse caso, a emoção não informa nem promove a ação; em vez disso, confunde. Esse é um indicador claro de que é necessário conter as emoções. Quando uma pessoa está em crise, é necessário gerenciar a crise em vez de facilitar a emoção. Uma história anterior de agressividade ou de ficar aos pedaços é uma forte contraindicação para a promoção de raiva ou sentimentos de vulnerabilidade. A ativação emocional também é geralmente contraindicada para pessoas que se envolvem em enfrentamentos destrutivos; se uma pessoa usa substâncias para se automedicar, tem compulsões ou pratica automutilação para lidar com o sofrimento, não é aconselhável ativar o seu sofrimento até que tenha desenvolvido melhores habilidades de enfrentamento (Linehan, 1993). Por fim, se o problema for um déficit na regulação emocional, o treino no desenvolvimento de competências sociais ou de resolução de problemas será preferível à facilitação emocional.

Emoções primárias, secundárias ou instrumentais? Adaptativas ou desadaptativas?

Para ajudar os clientes a darem sentido às suas emoções e a se beneficiar delas, além de fazer as distinções anteriormente discutidas entre facilitar e regular uma emoção, o terapeuta com foco nas emoções deve ajudar os clientes a perceberem que tipo de emoção experienciam e quando a experienciam. Isso ajudará os clientes a determinarem o que é útil no que cada emoção lhes diz. Os clientes precisam ser guiados para fazer as principais distinções descritas a seguir, de modo a aprender a usar habilmente suas emoções. Eles devem ser orientados para saber se uma experiência emocional vivida em qualquer momento é um dos seguintes sentimentos:

- um sentimento central saudável, uma emoção primária adaptativa;
- um sentimento central ferido, uma emoção primária desadaptativa;
- uma emoção reativa ou defensiva que obscurece um sentimento primário, uma emoção secundária;
- uma emoção influenciadora ou por vezes manipuladora que as pessoas usam para conseguir algo que desejam, uma emoção instrumental.

Qualquer emoção específica, como raiva ou tristeza, não pode ser colocada em nenhuma categoria, visto que as emoções que uma pessoa sente em determinado momento podem ser primárias, secundárias ou instrumentais. Portanto, cada vez que o cliente sente algo, seu trabalho é determinar que tipo de emoção está ocorrendo naquele momento. No Capítulo 6, concentro-me em explicar de que modo os terapeutas, como orientadores emocionais, ajudam os clientes a fazerem essas distinções em relação à raiva, à tristeza, ao medo e à vergonha — as emoções que considero mais importantes no treinamento. Descrevo a seguir as principais características das emoções primárias, secundárias e instrumentais como um guia para terapeutas e clientes.

Emoções primárias

As emoções primárias são as respostas instintivas das pessoas às situações. São as nossas primeiras respostas viscerais, fundamentais e mais imediatas, e podem ser adaptativas ou desadaptativas. Essas emoções têm um valor muito claro para a sobrevivência e o bem-estar quando adaptativas e constituem uma fonte de dificuldade quando desadaptativas. São reações a algo que está acontecendo no momento.

Emoções primárias adaptativas

As emoções primárias adaptativas são emoções automáticas nas quais a avaliação implícita, a expressão emocional verbal ou não verbal, a tendência para a ação e o grau de regulação emocional se ajustam à situação/estímulo e são apropriadas para preparar o indivíduo para a ação adaptativa no mundo, ajudando-o a ter suas necessidades atendidas. Exemplos disso são a tristeza pela perda que busca o conforto, o medo diante de uma ameaça, a raiva diante da violação, o luto que renuncia ao que está irrevogavelmente perdido, a repulsa pela intrusão e a desesperança que leva a pessoa a abandonar uma necessidade que não pode ser atendida. São reações presentes aos estímulos atuais, e, quando a situação que as produziu é resolvida ou desaparece, as emoções se dissipam. Chegamos até elas e as abandonamos de forma muito rápida. Podem ser emoções biologicamente básicas, como raiva ou medo, ou podem ser emoções complexas, como ciúme ou apreço, desde que sejam a primeira resposta da pessoa.

Essas emoções são a principal fonte de inteligência emocional. As pessoas precisam ser ajudadas a reconhecer essas emoções e a usá-las como um guia para que possam se beneficiar delas. Esse é um passo crucial para ajudar as pessoas a darem sentido às suas emoções. Isto requer consciência e prática disciplinadas. O terapeuta deve ajudar os clientes a superarem a confusão de suas emoções secundárias defensivas e a abandonar seus sentimentos instrumentais para se tornarem conscientes de suas emoções primárias adaptativas. Esses sentimentos primários dizem às pessoas quem elas realmente são e o que estão sentindo de mais fundamental em determinado momento.

Emoções primárias desadaptativas

As emoções primárias desadaptativas também constituem a primeira resposta emocional automática de uma pessoa a determinada situação, porém são mais um reflexo de questões passadas não resolvidas do que reações à situação presente. Com frequência, baseiam-se na aprendizagem traumática (Greenberg & Paivio, 1997), e muitas vezes se devem a falhas iniciais na regulação diádica do afeto (Schore, 2003; Stern, 1985). Portanto, não preparam o indivíduo para a ação adaptativa no presente. Outrora, representaram uma tentativa de adaptação ótima a circunstâncias aversivas, mas, à medida que as circunstâncias mudaram, deixaram de ser adaptativas. Esses sentimentos continuam sendo os sentimentos "verdadeiros" e mais fundamentais das pessoas, mas não são mais saudáveis; em vez disso, são sentimentos feridos no seu âmago. O medo crescente, a insegurança inconsciente, a tristeza da solidão e do abandono, a vergonha e a humilhação, a raiva destrutiva e o luto não resolvido são os principais candidatos nessa categoria de emoções.

As emoções desadaptativas referem-se àqueles sentimentos antigos e familiares que não ajudam a pessoa a se adaptar às situações atuais. A pessoa sofre muita dor com elas. Essas emoções podem surgir por meio de estímulos externos ou internos. A vergonha de não se sentir amado, de se sentir inútil ou imprestável; a tristeza de se sentir solitário ou privado emocionalmente; a ansiedade de se sentir inadequado ou inseguro; ou a raiva de se sentir injustiçado ou de ser contrariado surgem e assumem o controle. As pessoas sentem-se presas a essas emoções, que podem persistir muito depois da situação que as causou. As emoções podem permanecer com as pessoas durante anos como feridas não curadas. Quando esses estados dolorosos emergem, eles parecem ter vontade própria. Quando são evocados, a pessoa mergulha neles de maneira inexplicável e desamparada. Estes estados podem ser sentimentos antigos e familiares de saudade e privação, de isolamento ansioso, de se sentir envergonhado e inútil ou de culpa e raiva inexplicáveis.

Toda vez que alguém afunda neles, sente-se tão mal quanto da última vez. Esses são os sentimentos ruins que mantêm as pessoas prisioneiras e dos quais elas querem desesperadamente escapar. Tais emoções geralmente são desorganizadoras e não sugerem um sentido claro de direção. Muitas vezes, revelam mais sobre a pessoa do que sobre a situação. As emoções desadaptativas podem ser básicas, como medo e vergonha, ou mais complexas, como isolamento, vazio ou alienação. É útil observar dois tipos de medo desadaptativo. Existe o medo traumático, que vem do medo do perigo e que nos leva a fugir dele, e há o medo do abandono, que nos leva a correr em direção à fonte do medo, como ir de encontro a própria pessoa que nos abandonou. Cada um pode ser uma ferida central.

Sempre que uma pessoa mergulha em um sentimento desadaptativo, ela espera que, daquela vez, ele mude, porém isso nunca acontece. Todas as vezes, a ferida ainda está lá, e a ansiedade profunda emerge. Ao tentar expressar o sentimento em palavras, a pessoa pode dizer: "Sinto que não posso sobreviver sem que você me dê o que preciso. Estou desmoronando". Um sentimento primário familiar de vergonha e inutilidade surge com palavras como: "Sinto vontade de desaparecer. Há algo de errado comigo. Não sirvo para nada"; "Simplesmente não estou à altura — não sou tão bom quanto os outros"; ou "Sou apenas um poço sem fundo de necessidades". Vozes internas negativas e pensamentos destrutivos muitas vezes acompanham esses sentimentos, e a pessoa inexplicavelmente se sente instável e insegura, pequena e insignificante, defeituosa ou inútil. Esse sentimento terrível permeia tudo — as pessoas não conseguem se libertar; ele as segura pela garganta, e elas são consumidas de modo irremediável.

Certas emoções muitas vezes se tornam desadaptativas por meio da *aprendizagem traumática*, em que uma emoção originalmente adaptativa, como o medo apropriado de tiros em uma batalha, pode ficar tão profundamente gravada na psique de alguém que ela se generaliza para situações que não são mais perigosas, disparando alarmes de perigo quando nenhuma ameaça está presente. Por exemplo, uma pessoa pode se esconder e reviver cenas horríveis de guerra toda vez que o motor de um carro emite um som alto. Nesse caso, as emoções do passado estão invadindo o presente. São reconhecíveis pelo seu efeito prejudicial na vida diária da pessoa. Muitas vezes, perturbam relacionamentos íntimos e destroem laços afetivos, em vez de protegê-los.

Emoções secundárias

As emoções secundárias são respostas ou defesas contra um sentimento ou pensamento mais primário. Não estão associadas a uma necessidade primária e são problemáticas porque muitas vezes obscurecem o que as pessoas realmente sentem. Por exemplo, um cliente pode sentir-se sem esperança, mas esse sentimento pode, na verdade, estar encobrindo um sentimento central de raiva. Os clientes podem relatar que estão ressentidos, mas podem estar profundamente magoados e com medo de admiti-lo. Muitas vezes, os homens que cresceram ouvindo que precisam ser fortes têm dificuldade em admitir os seus sentimentos primários de medo ou vergonha e, em vez disso, ficam com raiva. As mulheres que cresceram ouvindo que deveriam ser submissas muitas vezes choram quando, na verdade, estão com raiva. Se as pessoas não estão conscientes dos seus sentimentos primários, é muito fácil que esses sentimentos se transformem em outros. Assim, a raiva muitas vezes obscurece sentimentos originais de tristeza ou ciúme primário, enquanto a frieza pode obscurecer o medo original, e a tristeza pode obscurecer a raiva.

As emoções secundárias são aquelas que os clientes frequentemente consideram problemáticas e das quais desejam se livrar. São sintomas de sentimentos centrais que estão sendo obscurecidos. Os clientes procuram a terapia com o desejo de obter ajuda para que possam parar de se sentir tão desesperados, perturbados, deprimidos, frustrados e desesperados. Esses sentimentos problemáticos muitas vezes não representam a resposta emocional primária da pessoa às situações; são sintomas de emoções com as quais a pessoa não está lidando. As emoções secundárias frequentemente surgem de tentativas de julgar e controlar as respostas primárias. Assim, a ansiedade pode surgir da tentativa de evitar sentir raiva ou excitação sexual, ou pode surgir da culpa por ter sentido essas emoções. Quando o cliente rejeita o que realmente está sentindo, é provável que se sinta mal consigo mesmo. Por exemplo, suprimir a raiva muitas vezes deixa o cliente desesperado ou se queixando. A rejeição da tristeza faz com que se sinta cínico e alienado. Julgar suas próprias necessidades como "ruins" faz com que se sinta culpado. As emoções secundárias podem ser básicas ou complexas. Não é que só determinadas emoções, como a raiva e a tristeza, possam ser categorizadas como primárias, secundárias ou instrumentais; na verdade, todas as emoções, básicas ou complexas, podem ser primárias, secundárias ou instrumentais.

Os clientes também relatam sentir medo da sua raiva, vergonha do seu medo e raiva da sua fraqueza. Esses sentimentos são secundários em relação aos sentimentos mais primários e centrais. Uma sequência frequentemente observada na terapia é a de culpa secundária ou ansiedade sentida em relação à raiva primária. Nesse caso, a pessoa teme a raiva ou tem medo de perturbar um vínculo relacional, e esse medo impede o reconhecimento do sentimento primário. Sentir ou expressar uma emoção para mascarar a emoção primária é um processo metaemocional. As emoções sobre as emoções precisam ser reconhecidas e, em seguida, exploradas para se chegar à emoção primária subjacente.

Os sentimentos secundários também podem surgir do pensamento. Esses são os sentimentos tratados principalmente em algumas formas de terapia cognitiva que trabalham com pensamentos automáticos. Tais sentimentos podem assumir vida própria, reaparecendo frequentemente em ciclos intermináveis, sem qualquer causa evidente. Por exemplo, sentimentos de ansiedade e preocupação podem dar voltas e mais voltas, porque, toda vez que a pessoa pensa sobre a situação angustiante, o sentimento ruim volta a surgir. Nesse caso, o sentimento é secundário ao pensamento. Além disso, quando as pessoas têm pensamentos negativos sobre si mesmas, como "Sou imperfeito", geralmente sentem-se mal e, quando catastrofizam o futuro, ficam ansiosas. Esses são casos em que o sentimento é claramente produzido pelo pensamento consciente, e é útil chegar aos pensamentos negativos que produzem o sentimento. A tomada de consciência do papel desses pensamentos automáticos proporciona uma compreensão da fonte imediata de muitos sentimentos ruins. É importante explorar todos os sentimentos ruins para determinar o que está por trás deles. Com frequência, há uma cadeia complexa de pensamento-sentimento--pensamento-sentimento que precisa ser rastreada até as suas origens. Este é o significado da exploração terapêutica: voltar ao passado ao longo dessa cadeia complexa. O que é mais valioso na verdade é chegar até a emoção primária que é a fonte a partir da qual se organiza o sentimento secundário defensivo. Na visão de funcionamento da terapia focada nas emoções (TFE) proposta aqui, é o esquema emocional central que gera a experiência primária.

Organizando as emoções primárias e secundárias na terapia

Os clientes têm dificuldade em separar seus sentimentos primários e centrais dos sentimentos secundários e negativos sobre si mesmos. No entanto, precisam aprender a organizar seus sentimentos para que possam identificar suas emoções primárias. Os terapeutas, como pessoas que orientam os pacientes em relação às emoções, precisam ajudá-los nessa tarefa. Isso significa percorrer a cadeia de todas as reações secundárias, o que pode se tornar bastante complicado. À medida que os clientes contam aos terapeutas o que estão sentindo ou sentiram, começam a ter outros sentimentos em reação ao que estão descrevendo. Assim, por exemplo, sentem-se muitas vezes frustrados consigo mesmos por se sentirem fracos ou irritados. Essa frustração secundária serve para obscurecer seus sentimentos anteriores. Ajudar os clientes a descobrirem o que sentem envolve organizar todas essas camadas. Eles necessitam de tempo e espaço para fazer isso, como mostra o exemplo a seguir.

Joe relatou sentir-se distante de sua parceira e não saber o porquê. Com a ajuda do terapeuta, começou a explorar esse sentimento, que surgiu no dia anterior, durante a volta para casa depois do cinema. A volta de carro ocorreu em silêncio, durante o qual Joe lembrou-se de ter se sentido bastante confuso (sentimento secundário). Ele contou que, depois de assistir ao filme, sua esposa disse: "Estou muito cansada para dar uma volta. Quero ir para casa". Ele comentou que estava querendo dar um passeio, mas pensou que, se sua esposa estava cansada, deveriam voltar para casa. À primeira vista, sua resposta parecia inócua. Algo, entretanto, não parecia certo para ele. Descreveu como os dois caminharam até o carro, alguns centímetros distantes um do outro, e, ao se concentrar no que sentia, percebeu que estava vagamente zangado (outra emoção secundária). Naquele momento, pensou que sentia raiva porque não estava conseguindo dar um passeio (tentativa de dar sentido à sua experiência). Entretanto, Joe lembrou-se de que decidiu que sua reação de raiva era egoísta e, desejando ser mais atencioso, expressou preocupação (emoção instrumental) com o cansaço da esposa. Sua preocupação foi contida devido às suas intenções e sentimentos confusos. Com a ajuda do terapeuta, Joe buscou na memória e começou a lembrar que algo tinha acontecido antes, no início do filme, enquanto estavam sentados um ao lado do outro. Pediu à esposa que lhe contasse algo que lhe tinha escapado durante o filme, e ela respondeu que não podia. Joe teve o pensamento automático de que ela não se importava o suficiente com ele para ajudá-lo a entender. Naquele momento, expressou alguma irritação, principalmente no tom de sua voz, e sentiu-se irritado (mascarando a sua mágoa) com a resposta aparentemente indiferente da esposa ao seu pedido. As coisas estavam bem antes do filme, mas durante o relato Joe se lembrou que houvera alguns momentos difíceis entre eles no dia anterior. Sua esposa parecia tensa e distante nos últimos dias. Joe lembrou-se de ter sentido então o velho e familiar medo e ansiedade de ser rejeitado por ela (emoção primária desadaptativa). Esse era o seu sentimento central, e o levou a pensar que ela não se importava com ele. Joe teve que analisar uma série de reações com o terapeuta para chegar a seus sentimentos primários de tristeza e mágoa por se sentir rejeitado. Embora suas reações secundárias de sentimentos negativos aos sentimentos primários não fossem muito agradáveis, ainda sinalizavam que algo estava errado e exigiam que ele prestasse atenção ao que estava ocorrendo internamente.

Em outro exemplo, no início de uma sessão de terapia, Desh declarou que se sentia aborrecido com suas interações com o filho. O terapeuta pediu-lhe que prestasse atenção ao seu sentimento. A princípio, Desh expressou frustração com o quão irresponsável seu filho parecia ser, porém isso logo se transformou em medo de que seu filho fracassasse e ficasse terrivelmente magoado. Desh sentiu tristeza por não ter conseguido proteger seu filho da dor que havia experimentado na vida. Nesse caso, o sentimento de aborrecimento de Desh sinalizava preocupações mais primárias.

Sentimentos vagos de tristeza ou ansiedade são frequentemente reações a sentimentos subjacentes que necessitam de atenção para serem decifrados. Considere o seguinte exemplo: Bill se levanta de madrugada, meio acordado, e sente-se perturbado. Sua calma habitual está claramente alterada. No seu interior, as coisas parecem difíceis e ele tem imagens vagas de um terreno interno irregular e espinhoso. Isso é muito diferente da calma que ele costuma sentir ao acordar. Normalmente, pode nem estar ciente da sensação geral de calma quando acorda. Isso só vem à tona em manhãs como essa, quando esse estado não está mais lá. Esses sentimentos irregulares e agitados, diferentes do plano suave em que ele normalmente navega na tomada de consciência, estão lhe dizendo, de uma forma muito desconfortável, que nem tudo está bem. Ele se lembra de uma conversa com sua namorada que não terminou bem na noite anterior. A conversa limitou-se a uma cordialidade educada, o que não era a forma como costumavam terminar a noite.

Ambos se sentiram magoados e distantes, e não sabiam o que fazer, exceto refletir mais sobre o assunto. Já tinham conversado durante a maior parte da noite, e as coisas pioraram em vez de melhorar. Bill está ansioso e perturbado. Esse sentimento lhe diz que "esse relacionamento é difícil; as coisas não estão indo bem".

O "transtorno" emocional do tipo descrito no exemplo de Bill muitas vezes reflete uma desorganização interna. Os terapeutas precisam ajudar os clientes a prestarem atenção a esses estados para que possam explorá-los e compreender as informações que fornecem. A sensação dura e devastadora relacionada à desorganização de Bill representava um desejo de conforto e cuidado. Essas emoções são construtivas e desagradáveis, e dizem às pessoas algo sobre a maneira como conduzem suas vidas.

Sentir-se aborrecido é um sinal geral de que algo está errado. O termo "aborrecido" tem a conotação de transtorno, desordem, confusão e sensação de estar perturbado, agitado e aflito. O estado de perturbação geralmente mascara um sentimento mais primário que ainda não foi reconhecido. Os clientes muitas vezes não sentem as suas emoções centrais de raiva e mágoa; em vez disso, estão conscientes apenas de sua irritabilidade. No entanto, essa irritabilidade é um sinal que aponta para o sentimento original. É uma indicação de que a pessoa precisa buscar internamente o que está causando essa perturbação, reservando um tempo para se concentrar nos sentimentos corporais.

Emoções instrumentais

As emoções instrumentais constituem a terceira categoria que aumenta a complexidade da classificação das emoções. São comportamentos ou experiências expressivas aprendidas, que são utilizados para influenciar ou manipular os outros. Esse processo pode ser consciente ou inconsciente. A emoção pode ser manipuladora e/ou ter um ganho secundário. Exemplos típicos são a expressão de raiva para controlar ou dominar ou as "lágrimas de crocodilo" para evocar simpatia.

As pessoas expressam emoções instrumentais porque aprenderam que outras pessoas irão (é o que esperam) reagir a essas emoções da maneira que elas desejam. Muitas vezes, os clientes podem não estar conscientes de que aprenderam a usar esses sentimentos instrumentais para obter os ganhos que produzem. Por exemplo, uma cliente pode ter aprendido que, quando chorava, as pessoas eram mais gentis com ela. Agora, chora automaticamente para evocar simpatia. As emoções instrumentais são expressas de forma consciente ou automática para atingir um objetivo. Um cliente pode ter aprendido que ficar com raiva provavelmente intimidará as pessoas ou que chorar as tornará mais solidárias. As emoções instrumentais costumam ser mais parecidas com estilos emocionais gerais do que com reações momentâneas. Com o tempo, tornam-se frequentemente parte da personalidade da pessoa, como o comportamento dominador, excessivamente dramático ou timidamente recatado.

As emoções instrumentais que os clientes expressam sem qualquer consciência da sua intenção podem ser bastante problemáticas. A tristeza que um cliente expressou com suspiros e olhos pesados demandava bastante atenção e apoio. Ele tinha medo de solicitar atenção, de modo que, em vez disso, esperava que os suspiros produzissem a resposta desejada. A incerteza e a ansiedade de outra cliente foram expressas por meio de hesitação ou aparência confusa. Isso atraiu pessoas que a ajudaram e a salvaram, assumindo o controle. Quando as pessoas usam essas expressões instrumentais com muita frequência sem ter consciência do que estão fazendo, muitas vezes podem acabar afastando os outros, visto que os que recebem esses sinais acabam se sentindo manipulados. Alguns terapeutas familiares referem-se a pessoas que *demonstram* emoções, em vez de senti-las, para destacar o uso instrumental da emoção. Por exemplo, uma esposa pode demonstrar depressão ou tristeza, enquanto o marido pode demonstrar raiva ou tédio. Essa linguagem ajuda a enfatizar os aspectos comunicativos desse tipo de emoção e a focar a atração interpessoal que algumas emoções podem ter. Uma expressão mais negativa para designar as emoções instrumentais é "sentimentos manipuladores".

As intenções nas expressões instrumentais podem ser mais ou menos conscientes. Ser conscientemente tímido ou sedutor pode ser divertido e excitante, mas ser assim sem consciência pode ser problemático. Expressar raiva conscientemente quando se sente ofendido é bem diferente de expressar raiva automaticamente para intimidar e controlar. Nesse caso, a orientação envolve ajudar as pessoas a se tornarem conscientes dos efeitos e das intenções de suas expressões emocionais. Em seguida, elas precisam encontrar formas mais diretas de se expressar e declarar suas necessidades.

Entretanto, as emoções instrumentais frequentemente envolvem muita inteligência emocional. As pessoas precisam ser bastante habilidosas para serem capazes de usar as emoções com a finalidade de obter determinada resposta ou comunicar-se em uma situação social. Uma pessoa pode fingir estar envergonhada para indicar que conhece as regras sociais e está ciente de que não as está cumprindo. Nesse caso, a pessoa está usando habilmente a emoção para influenciar a opinião dos outros sobre ela. Por exemplo, mesmo que um homem não tivesse intenção de usar gravata em uma reunião, pode fingir estar envergonhado para que os outros pensem que ele cometeu um erro. Da mesma forma, as pessoas podem expressar indignação moral para comunicar aos outros que seus valores estão no lugar certo e que são boas pessoas. Alguém pode abaixar a cabeça e os olhos para mostrar deferência, ou pode olhar fixamente para outra pessoa a fim de mostrar seu poder. A arte da representação de papéis (*role-playing*) sociais reside na expressão instrumental da emoção correta no momento apropriado.

Emoções básicas e complexas

Outras distinções entre as emoções ajudam na identificação das emoções primárias. As pessoas não têm apenas emoções básicas de tristeza, raiva, medo, vergonha e assim por diante, mas também têm muitas emoções mais complexas, como amor, orgulho, culpa, constrangimento, compaixão, inveja e êxtase. Estas também podem constituir uma fonte de grande inteligência emocional, dependendo se são emoções primárias, secundárias ou instrumentais. Nos primeiros tempos da história humana, quando os povos primitivos sentiam perigo ou ameaça, as partes emocionais dos seus cérebros os levavam a sentir uma emoção básica, como raiva ou medo, e eles simplesmente lutavam ou fugiam. Com o desenvolvimento de maiores capacidades cognitivas, surgiram sentimentos mais complexos — como culpa, remorso, ressentimento e constrangimento —, bem como sentimentos sutis de admiração, apreço, compaixão e amor. Essas emoções complexas integram muita informação, misturam emoções entre si e com a cognição, e dão às pessoas uma noção muito sofisticada de si mesmas e do mundo, porém não têm uma tendência para ação tão clara como os sentimentos básicos. Os sentimentos complexos dizem às pessoas se elas estão se sentindo no topo do mundo ou deprimidas. Esses sentimentos representam mais uma fonte de informação do que de tendências para ação. Assim, ao guiar pessoas em relação às emoções primárias, é importante não apenas trabalhar com as emoções básicas de tristeza, raiva, medo e vergonha, mas também reconhecer que o sentimento primário é muitas vezes mais complexo e idiossincrático. Esses sentimentos complexos também precisam ser reconhecidos pelas informações úteis que podem fornecer.

Emoções do "eu" e "disso"

É importante fazer uma distinção final para ajudar a compreender as emoções das pessoas. Algumas emoções são sentidas em resposta a uma situação externa, enquanto outras surgem principalmente por razões internas relacionadas com a forma como as pessoas se veem. Muitas emoções que as pessoas experienciam no presente são respostas a estímulos externos; essas emoções dão sentido às coisas do mundo, oferecendo informações sobre situações relacionadas com o bem-estar. Por exemplo, o medo do escuro alerta as pessoas para a possibilidade de haver algo perigoso escondido nele. Pessoas que têm um medo saudável de ameaças externas, como a aproximação de predadores, devem prestar atenção e agir de acordo. A título indicativo, essas reações saudáveis ao mundo referem-se a ameaças reais, tais como violações reais. São emoções básicas "disso" (Dahl, 1991). Elas precisam ser experienciadas com consciência pelas informações que fornecem sobre como agir e devem ser expressas de maneira adequada. Assim, as pessoas precisam experienciar e expressar sua raiva atual quando são injustiçadas, agir de acordo com seus interesses quando são surpreendidas e agir de acordo com seu medo de serem atropeladas por um carro. Essas são experiências e expressões saudáveis.

Outras emoções são mais internas. Essas são emoções do "eu" e frequentemente envolvem as crenças das pessoas sobre si mesmas. As emoções do "eu" afetam o modo como o indivíduo se sente em relação a si mesmo e influenciam a maneira como lida com suas emoções. Todas as emoções relacionadas com o passado e o futuro são, por definição, internas, porque não são sentidas como reação a uma situação atual do mundo real. Baseiam-se na memória de um acontecimento passado ou na antecipação de um evento futuro. Além disso, determinadas emoções, como a tristeza e a vergonha, tendem a estar mais relacionadas com o "eu", enquanto outras, como a raiva e o medo, estão frequentemente mais relacionadas com "isso". As emoções do "eu", como o constrangimento de se destacar ou a sensação de tristeza e desesperança, frequentemente precisam ser exploradas quanto ao seu significado e ao sentimento que as fundamenta, em vez de serem expressas em voz alta. Contudo, não existe uma fórmula simples para isso. Os clientes, com a ajuda de seus terapeutas com foco nas emoções, sempre precisam descobrir se é melhor expressar e agir de acordo com um sentimento ou explorá-lo e compreendê-lo. Os clientes precisam entender o que cada emoção lhes revela sobre sua vida e decidir por si próprios, em cada caso, qual é o melhor curso de ação. As emoções do "eu" e "disso" podem ser primárias, secundárias ou instrumentais.

Processamento emocional produtivo e improdutivo

Desde a primeira edição deste livro, meus colegas e eu (Auszra, Greenberg, & Herrmann, 2013; Greenberg, Auszra, & Herrmann, 2007) fizemos uma nova e importante distinção baseada em pesquisas para descrever o processamento de emoções na terapia. Em nossa investigação sobre o tratamento da depressão, dos problemas interpessoais e do sofrimento dos casais, constatamos que o aumento da ativação emocional previa o resultado. Embora tenhamos descoberto que uma maior ativação emocional previa o resultado, como clínicos sabíamos que parte da ativação emocional era produtiva e outra parte não, e queríamos encorajar apenas a ativação produtiva. Tínhamos encontrado uma correlação em torno de 0,33 entre o nível da excitação emocional e o resultado, deixando muita variação sem explicação. Sabíamos também que os nossos próprios terapeutas discriminavam entre a ativação que era terapêutica e aquela que era contraterapêutica, e, portanto, o processo improdutivo era reduzido, visto que os terapeutas trabalhavam para facilitar a mudança das formas improdutivas de processamento em formas mais produtivas. Assim, sabíamos clinicamente que nem toda ativação é boa. Em geral, na TFE, os terapeutas precisam decidir se convém facilitar uma maior ativação e quando fazê-lo. No caso em que o terapeuta e o cliente chegam à conclusão de que a ativação atual não é produtiva, ou mesmo é prejudicial, o terapeuta precisa saber como trabalhar com a ativação improdutiva para ajudar o cliente a alcançar um processamento emocional mais produtivo. Ao longo da última década, propusemo-nos, portanto, a desenvolver uma medida para discriminar o processamento emocional produtivo do improdutivo.

Com base na teoria e em pesquisas qualitativas e inquéritos realizados com terapeutas, foi desenvolvida e testada uma escala de *produtividade emocional do cliente*. Um cliente com produtividade emocional foi definido como alguém que experiencia uma emoção primária de tal forma que (a) a informação útil inerente a uma emoção adaptativa pode ser extraída a serviço da resolução do problema (a característica do sinal) ou (b) uma emoção desadaptativa expressa de forma triste mostra o potencial de ser transformada (a característica de transformação; Greenberg, Auszra, & Herrmann, 2007). Em outras palavras, o cliente deve processar a emoção primária de tal maneira que, dependendo da emoção ser adaptativa ou desadaptativa, a utilização ou a transformação da emoção pareça possível.

Embora seja essencial entrar em contato com a emoção primária para facilitar a mudança emocional, o processamento emocional eficaz envolve mais do que simplesmente ativá-la. Para serem produtivas, as emoções primárias exigem uma forma particular de processamento, que chamamos de *consciência do contato ou atenção plena* à emoção (Greenberg et al., 2007). Em nossa avaliação, a consciência do contato é definida pelos sete critérios a seguir, todos os quais devem estar mais presentes do que nunca para que a experiência emocional de um cliente seja qualificada como produtiva: (a) atender, (b) simbolizar, (c) ser congruente, (d) aceitar, (e) regular, (f) ser agente e (g) diferenciar (Auszra, Greenberg, & Herrmann, 2013). Esses critérios, que caracterizam o processo emocional produtivo, não só ajudam os profissionais a distinguirem entre processos emocionais terapeuticamente produtivos e não produtivos, como também os orientam para uma intervenção eficaz, chamando a sua atenção para as dimensões do processamento emocional dos clientes que precisam ser trabalhadas.

Atender

No nível mais básico, o cliente deve estar consciente da emoção primária ativada e atendê-la. Isso envolve prestar atenção à experiência emocional primária, permitir e tolerar o contato direto com ela. Com frequência, os clientes não têm consciência das suas respostas emocionais; por exemplo, podem expressar emoções de forma não verbal sem perceber que estão fazendo isso. Um cliente, enquanto conversava com sua mãe abusiva em um diálogo de cadeira vazia, cerrava o punho e falava com um tom irritado, mas, quando seu terapeuta lhe perguntou o que sentia no momento, ele respondeu que não sentia nada (veja o Capítulo 5 para detalhes sobre o trabalho do diálogo com a cadeira vazia). Embora o cliente expressasse visivelmente alguma forma de raiva, ele não tinha consciência do que estava sentindo. Em casos como esse, o terapeuta pode ajudar o cliente a aumentar a consciência de suas emoções concentrando a atenção em seu comportamento não verbal (por exemplo, "Percebo o que você está fazendo com as mãos; o que está expressando ou sentindo?" ou "Escuto um pouco de raiva em sua voz; você percebe isto?"). A atenção pode ser orientada para a expressão não verbal, para a experiência corporal e para as sensações físicas internas.

Simbolizar

Quando uma reação física ou emocional é sentida na consciência, ela deve ser simbolizada (geralmente em palavras, mas também pode ser por meio da pintura, do movimento etc.), de modo que se possa compreender plenamente o seu significado. Rotular e descrever as respostas emocionais permite que os clientes utilizem o valor informativo inerente à emoção primária. Promove também a reflexão sobre a experiência emocional para criar um novo significado, que, por sua vez, ajuda a pessoa a desenvolver novas narrativas para explicar a sua experiência. Ao avaliar se as expressões emocionais dos clientes são produtivas, é importante observar que eles não precisam ser capazes de rotular precisamente a sua experiência emocional; devem simplesmente estar envolvidos em um processo de tentar simbolizar o que estão vivenciando. A seguir, forneço um exemplo de um processo de simbolização produtivo:

Cliente: Não sei o que sinto. Tudo o que sei é que não estou feliz com o que aconteceu.

Terapeuta: Algo como "Sinto que foi uma espécie de perda, talvez esteja triste ou decepcionado".

Cliente: Sim, acho que é isso. Simplesmente não era o que eu esperava. De alguma forma, isso frustrou algumas das minhas esperanças.

Os terapeutas, por meio de sintonia empática ao afeto, tentam ajudar os clientes a entrarem no domínio altamente subjetivo da sua experiência pessoal não formulada. Os terapeutas atuam como processadores substitutos de informações e estão constantemente empenhados em ajudar seus clientes a expressarem em palavras o que sentem. É importante notar que, na visão construtivista dialética defendida pela TFE, o significado é criado no processo de simbolizar a emoção, e que a experiência emocional oferece um contorno para a forma como pode ser simbolizada, mas não a determina completamente. Assim, a forma como a emoção é simbolizada influencia o que ela se torna.

Ser congruente

Às vezes, há uma discrepância entre a experiência emocional verbalmente simbolizada do cliente e a sua expressão emocional não verbal. Um cliente pode sorrir ao falar que se sente infeliz e sem esperança ou pode falar com voz mansa ao expressar raiva. Essa incongruência pode ser um indicador de que o cliente não está permitindo totalmente a expressão da emoção (por exemplo, por medo de ser dominado por ela ou de ser julgado e avaliado negativamente pelo terapeuta). Além disso, como a expressão emocional na terapia é um processo altamente interpessoal, os clientes não obtêm todo o benefício dos importantes processos relacionais terapêuticos que estão em ação aqui, o mais importante dos quais é a validação e a aceitação de sentimentos anteriormente restritos ou não expressos por um outro empático. Assim, quando percebem incongruências entre o comportamento verbal e não verbal em seus clientes, os terapeutas os ajudam, não os confrontando nem se contrapondo à discrepância, mas auxiliando-os a se tornarem conscientes de seus sentimentos ocultos — por exemplo, direcionando com empatia a sua atenção para o seu comportamento não verbal ou a sua experiência primária.

Regular

Outro aspecto fundamental do processamento emocional produtivo é a regulação das emoções. A experiência emocional ativada deve ser suficientemente regulada para não ser avassaladora. O cliente precisa desenvolver e manter uma distância ótima da emoção (Gendlin, 1996) e orientar-se cognitivamente para ela como informação, permitindo, assim, uma integração de cognição e afeto.

É necessário fazer uma distinção importante entre a intensidade da ativação emocional e a profundidade do processamento. É a profundidade do processamento emocional, e não a pura intensidade da ativação, que é o foco principal da TFE. A regulação da ativação, que de outra forma seria avassaladora e desintegradora, é crucial para facilitar a profundidade necessária do processamento emocional. Embora a ativação completamente irrestrita algumas vezes possa ser uma experiência altamente terapêutica, outras vezes pode ser uma experiência negativa perturbadora na qual o cliente sente que está desmoronando. Por exemplo, quando um cliente revive uma situação traumática na terapia e é inundado pela intensidade emocional, tem dificuldades em manter contato com o terapeuta ou perde esse contato e/ou não consegue responder às intervenções do terapeuta, a experiência emocional torna-se potencialmente retraumatizante e improdutiva. O mesmo se aplica a um cliente que experimenta uma raiva intensa na terapia e deixa o terapeuta com a sensação de que ele próprio é incapaz de controlar sua ativação ou a expressão da raiva. Assim, ao evocar a experiência corporal das emoções primárias do cliente, o terapeuta deve estar atento aos sinais que indicam que ele está dominado pela intensidade da emoção. Se esse for o caso, o terapeuta deve se empenhar para ajudar o cliente a regular a sua emoção angustiante subregulada. Isso envolve estabelecer imediatamente alguma distância dos sentimentos negativos avassaladores (como medos relacionados com traumas), prestar atenção à respiração e desenvolver habilidades autoapaziguadoras para aliviar e amenizar a vergonha e a ansiedade centrais durante o curso da terapia.

Aceitar

Outro aspecto importante de um processamento emocional produtivo é a aceitação da experiência emocional — em particular, a aceitação da experiência emocional desagradável e dolorosa. A aceitação refere-se à postura que um cliente assume em relação às suas respostas emocionais. Para que os clientes realmente experienciem seus sentimentos dolorosos e significados pessoais, precisam ouvir sua própria experiência de maneira aberta e receptiva. Isso requer que os clientes (a) aceitem que estão se sentindo da forma que estão, sem qualquer avaliação negativa ou sem tentarem se livrar da emoção, e (b) aceitem a experiência emocional como informação, reconhecendo-a como uma oportunidade de recolher informações sobre algo que é importante para o seu bem-estar, em vez de avaliar negativamente a emoção ou tentar suprimi-la. Em outras palavras, devem desenvolver uma atitude e um modo exploratórios em relação à sua experiência emocional. O terapeuta deve estar atento aos sinais que podem apontar para a falta de aceitação das experiências emocionais. A falta de aceitação de sentimentos temidos ("Não quero entrar no assunto porque acho que nunca vou conseguir sair dele") pode ser indicada por sinais claros de desconforto quando o cliente é confrontado com sentimentos (por exemplo, ele se mexe nervosamente na cadeira ou segura as lágrimas) ou com uma avaliação negativa de um sentimento ou de si mesmo por ter esse sentimento (por exemplo, "Odeio quando fico tão chorão"). Um cliente do sexo masculino, por exemplo, um carpinteiro de 50 anos, quando confrontado com sentimentos de vergonha e fragilidade depois de perder o emprego, declarou: "Não é assim que quero ser. Sempre fui eu que outras pessoas procuraram para ter ajuda. Não quero ser assim tão covarde". Os terapeutas podem ajudar clientes como esse a aceitar melhor suas emoções, proporcionando-lhes uma relação segura, empática e de validação. Além disso, também pode ser útil explorar empaticamente a cognição subjacente e identificar as "vozes" negativas associadas à não aceitação de certos sentimentos (por exemplo, "Então, para você, sentir-se assim é um sinal de fraqueza, e você não pode ser fraco?").

Ser agente

O processamento emocional produtivo também envolve o cliente como agente ativo, e não como vítima passiva da emoção. Isso significa que o cliente assuma a responsabilidade por sua experiência emocional e a reconheça como sua própria construção pessoal de si mesmo e da realidade. Isso também significa que um cliente não deve responsabilizar as outras pessoas e as suas ações pela forma como se sente (por exemplo, "O meu marido sempre faz com que eu me sinta muito triste"). Em vez disso, o cliente reconhece que suas emoções são baseadas em objetivos, necessidades e preocupações pessoais em situações específicas (por exemplo, "Sinto-me triste e solitário por causa da distância entre nós"). Assim, os clientes devem sentir que estão tendo a emoção, e não que a emoção está se apropriando deles. Ser agente também implica que o cliente assuma um papel ativo no processo de mudança emocional, vendo-se como o principal agente na modificação da forma como se sente, e não encarando o terapeuta como alguém que eliminará os sentimentos negativos ou esperando que a solução se encontre na mudança das circunstâncias ou na mudança de comportamento da outra pessoa. Por exemplo, uma esposa que sofreu abuso emocional precisa, na terapia, acessar a raiva pelos maus-tratos de modo a ganhar um senso de direito (por exemplo, "Não mereço ser tratada assim. Tenho o direito de ser tratada com respeito"), o que lhe permitirá mudar para uma auto-organização mais assertiva e resiliente, em vez de esperar que seus sentimentos de esgotamento desapareçam quando o marido se tornar mais atencioso. O cliente deve demonstrar alguma vontade e motivação para trabalhar ativamente com a emoção, em particular no contexto da vivência da emoção desadaptativa. Isso envolve explorar a emoção, usá-la como informação ou expressá-la ativamente. A falta de vontade de trabalhar ativamente com uma emoção é, por vezes, indicada pela concentração da atenção do cliente em fatores externos (por exemplo, "Depois de encontrar alguém que realmente se importe comigo, vou me sentir melhor"), pela sua resignação diante da emoção (por exemplo, "Não tenho valor, isso é um fato") ou por tratar a emoção como um sintoma do qual deseja se livrar (por exemplo, em uma conversa sobre o sintoma: "Não importa o que eu faça, quando acordo de manhã, tudo fica cinza. Só quero que isso pare. Estou tão cansado disso"). Os terapeutas orientadores emocionais tentam facilitar a capacidade dos clientes de serem agentes da sua experiência fazendo com que falem a partir de uma posição de "eu" (por exemplo, "Estou com raiva" em vez de "Isso me deixa com raiva") para assumir a responsabilidade pela emoção (por exemplo, "Estou triste" ou "Sinto-me magoado ou envergonhado"), relacionando-a com o *self* e explorando as razões ou significados dela (por exemplo, "Sinto essa vergonha porque tenho muita dificuldade em estar errado") e, por fim, conectando-a com aquilo que desejam ou precisam.

Diferenciar

Por fim, para que a utilização e a transformação da emoção ocorram, a expressão emocional primária do cliente deve ser diferenciada ao longo do tempo. Fundamentalmente, o cliente não permanece preso à mesma emoção, mas explora e diferencia novos aspectos da experiência. Isso significa que sua consciência emocional precisa estar em processo de expansão, conforme indicado pelo cliente que diferencia verbalmente uma reação emocional inicial em sentimentos ou significados mais complexos ou em uma sequência de outros sentimentos ou significados, ou no surgimento de novos sentimentos ou aspectos de um sentimento (Lane & Schwarz, 1992). Em outras palavras, o cliente vai além das simbolizações básicas de sentimentos angustiantes, como "sentir-se mal", "não estar bem" ou "ter medo". Por exemplo, um cliente pode declarar: "Quando isso aconteceu, me senti mal... como se algo importante tivesse sido tirado de mim. Mas não foi apenas ruim, também me deixou com raiva, porque não parecia justo". É importante notar, contudo, que a diferenciação não se refere apenas ao lado cognitivo, verbalmente simbolizado, do processo de construção de significado. A diferenciação também pode implicar que uma emoção esteja em processo de mudança, seja mais plenamente permitida, seja expressa mais livremente ou, ainda, que a sua expressão mude. Por exemplo, quando confrontado com o seu pai física e emocionalmente abusivo durante o trabalho com a cadeira vazia, um cliente ficou paralisado de medo. Em seguida, começou a chorar, aceitando plenamente a experiência dolorosa e permitindo que o terapeuta o visse em sua dor. Nesse caso, o processo emocional estava avançando e era fluido, sem que o cliente diferenciasse verbalmente e de forma explícita a sua experiência. Assim, ao avaliar se a expressão emocional de um cliente é terapeuticamente produtiva, o terapeuta com foco nas emoções deve procurar alguns sinais de "movimento", verbais ou não verbais, indicando que o processo de criação de significado do cliente não está preso nem bloqueado. Os terapeutas promovem a diferenciação nos seus clientes adotando uma atitude curiosa e um estilo altamente exploratório, tanto verbal quanto não verbal. Podem conjecturar ("Parece que você não apenas sentiu raiva, mas também mágoa"), fazer uma pergunta exploratória ("Como você se sente por dentro?") ou fornecer uma orientação ("Permaneça com esse sentimento e siga-o aonde ele for").

Como se avalia a emoção?

Discutimos muitos tipos de emoções: primária, secundária, instrumental, adaptativa, desadaptativa, básica, complexa, do "eu", "disso", produtiva e improdutiva. Como reunimos todos esses tipos para fazer uma avaliação? Avaliar as emoções envolve fazer um diagnóstico processual. O terapeuta com foco nas emoções avalia a expressão emocional atual de um cliente, não um estilo ou traço de personalidade. Isso envolve determinar o tipo de emoção expressa durante a sessão. O diagnóstico processual envolve, portanto, a avaliação a cada momento dos estados emocionais da mente com os quais o cliente chega, nos quais fica preso ou com os quais sai, bem como das sequências desses estados. As seguintes fontes de informação são utilizadas na avaliação dos estados emocionais:

- conhecimento da função da emoção adaptativa;
- conhecimento das respostas emocionais universais;
- compreensão do contexto da experiência;

- observação dos efeitos da expressão;
- atenção à expressão não verbal;
- sintonia empática (colocar-se no lugar do outro);
- conhecimento das próprias respostas emocionais às circunstâncias;
- conhecimento do cliente, dos seus problemas e das suas formas de reagir.

Provavelmente, a informação mais crucial utilizada para avaliar o estado atual de uma pessoa é o conhecimento da função da emoção primária adaptativa saudável e da sua expressão. A raiva que empodera, a tristeza que gera lamento, o medo que ajuda a fugir ou a procurar proteção contra o perigo e o nojo que expulsa intrusões nocivas são expressões adaptativas saudáveis. Esse conhecimento da expressão saudável e adaptativa atua como uma base para avaliar quaisquer expressões atuais. Se um cliente está sentindo raiva, pergunta-se se ela o fortalece; se está sentindo tristeza, pergunta-se se ela promove o luto de uma perda. É importante notar que, no treinamento emocional, a função saudável de uma emoção é ajudar a reorganizar e mobilizar o *self*. É organizando e aumentando a capacidade de resposta do *self* (responsabilidade) que uma emoção se torna curativa. É improvável que a experiência e a expressão emocional que estão altamente fora de controle ou focadas no desejo de mudar os outros sejam primárias e adaptativas. A raiva que destrói ou a reclamação que culpa são diferentes da raiva assertiva que empodera. A tristeza que se apega desesperadamente, que procura uma resposta e exige conforto difere da tristeza de digerir uma perda. O medo que leva ao pânico e à procura desesperada de proteção difere de um medo saudável que organiza a fuga ou procura uma proteção adequada.

Além de avaliar se uma emoção desempenha uma função de organização saudável, os terapeutas com foco nas emoções utilizam o seu conhecimento das respostas humanas universais para ajudar a avaliar que tipo de expressão emocional está ocorrendo. Eles também utilizam a sua compreensão do contexto a partir do qual a emoção surge para avaliar se ela parece se adequar à situação e à necessidade da pessoa nessa situação. Assim, se alguém está apenas triste por ter sido violado ou apenas zangado por uma perda, essas provavelmente são emoções secundárias, visto que não se enquadram na situação ou na necessidade, no objetivo ou na preocupação da pessoa naquela situação. Compreender o contexto atual e o passado também é crucial. O contexto imediato na terapia é importante. Saber o que as pessoas acabaram de dizer e onde estão presas ajuda a esclarecer o que é necessário. Se alguém está relatando ter sofrido maus-tratos quando criança e declara que não sente nada ou que se sente resignado ou sem esperança, um terapeuta com foco nas emoções compreende que o medo, a raiva, a vergonha e a tristeza são emoções possíveis que ainda não estão disponíveis para esse cliente. Da mesma forma, uma mulher presa a um papel submisso em um casamento, sem esperança, que apenas chora desamparada, parece não ter acesso à sua raiva. Assim, a avaliação do contexto anterior nos ajuda a ver que emoção pode estar faltando ou em que emoção a pessoa parece estar presa.

O efeito imediato de uma emoção também ajuda a avaliar a sua função. A emoção que informa, abre a pessoa, promove uma exploração mais profunda ou conduz a algo novo é provavelmente adaptativa. A emoção que confunde, oprime ou é repetitiva e travada não é adaptativa. Por consequinte, uma forma de avaliar a adaptabilidade de uma emoção é observar se ela desempenha alguma função adaptativa. Além do uso do conhecimento emocional e da observação dos efeitos, existe a capacidade de sintonização da leitura de expressões não verbais e a compreensão empática da experiência interna da outra pessoa. Esta última é auxiliada pela compreensão da própria experiência interna e pelo uso dessa compreensão para saber como é sentir emoções diferentes. Por fim, à medida que os terapeutas passam a conhecer seus clientes, eles aprendem sobre o estilo emocional particular de cada um e as formas consistentes de reagir, e isso ajuda a informar o diagnóstico processual sobre o que está ocorrendo com um cliente em determinado momento. Aqui, a identificação das sequências emocionais pode ser útil. Aprender que um cliente muitas vezes obscurece a raiva com tristeza, porém se sente culpado quando a raiva é acessada, ajuda o cliente e o terapeuta a compreender que a raiva é a emoção primária, porém temida, enquanto a tristeza e a culpa são emoções secundárias que impedem que a raiva seja reconhecida.

Descobrimos que os terapeutas que direcionam os clientes para as emoções utilizam basicamente pelo menos os seguintes cinco tipos principais de pistas a cada momento para avaliar se uma emoção é primária, secundária ou instrumental: sinais vocais, sinais faciais, sinais gestuais, conteúdo semântico e suas próprias reações emocionais ao que está expressando. Por exemplo, se alguém está chorando, porém a voz revela uma qualidade de reclamação, os gestos são rápidos e nítidos, o rosto demonstra raiva, o conteúdo está relacionado com injustiça e o sentimento do terapeuta não é de compaixão ou conforto, mas sim de afastamento do cliente, as emoções são consideradas como tristeza secundária e raiva primária.

Conclusão

O reconhecimento da importância de distinguir entre sentimento primário e secundário e entre emoção adaptativa e desadaptativa começou com a TFE e se difundiu para a TCC e a terapia comportamental dialética, com paralelos na terapia dinâmica breve. Esse é um conceito integrativo importante que pode ajudar terapeutas e outros orientadores emocionais a se comunicarem entre orientações. No início, as diferentes tradições concentravam-se principalmente em apenas alguns aspectos da emoção. Essencialmente, os humanistas focavam o potencial da emoção adaptativa, os psicanalistas concentravam-se na necessidade de mudar a emoção desadaptativa e os behavioristas cognitivos buscavam lidar principalmente com emoções sintomáticas secundárias e modificar emoções traumáticas desadaptativas. O reconhecimento de diferentes tipos de emoções e a necessidade de tratar diferentes classes de emoções de maneira distinta fazem com que o campo dê um passo à frente no tratamento da complexidade da experiência emocional humana.

Agora que entendemos como as emoções funcionam e as variedades de experiências motivacionais, podemos nos aprofundar no processo de treinamento emocional. O próximo capítulo oferece uma visão geral do processo de desenvolvimento orientado da emoção — ou seja, o processo de ajudar os clientes a aprimorarem sua inteligência emocional.

4

Relação terapêutica, etapas da orientação ao desenvolvimento emocional e consciência emocional do terapeuta[1]

O maior bem que você pode fazer ao outro não é apenas compartilhar suas riquezas, mas revelar-lhe as dele.
— **Benjamin Disraeli**

A lógica nunca mudará a emoção ou a percepção.
— **Edward de Bono**

Os termos "guiar" e "orientar" são usados aqui para ampliar a aplicação da abordagem da terapia focada nas emoções (TFE) para além da terapia, e não para distinguí-lo da terapia. A orientação ao desenvolvimento emocional é uma forma de trabalhar com as emoções na terapia individual, bem como em outras modalidades de trabalho com pessoas, como treinamento executivo, educação parental, terapia de casais e treinamento de habilidades. A orientação emocional baseia-se em dois princípios centrais de tratamento: o *estabelecimento* de uma relação terapêutica e a *facilitação* do trabalho terapêutico (Greenberg, Rice, & Elliott, 1993). A orientação combina acompanhamento com direcionamento. A ênfase está

---

[1] N. de R.T. O termo em inglês usado no original — *coach* — traz diferenças semânticas e culturais importantes entre as culturas norte-americana e brasileira. Optou-se, em acordo com o autor, pelo termo "terapeuta", por entender que ele se aplica melhor às características da cultura brasileira e do campo profissional no brasil.

em acompanhar com sintonia empática a emoção do começo ao fim. O estilo de acompanhamento é centrado na pessoa (Rogers, 1957) e envolve entrar no quadro de referência interno do cliente, acompanhando a sua experiência a cada momento e respondendo a ela com empatia e sem julgamento. Isso é combinado com um estilo de orientação mais processual, extraído da terapia experiencial e da terapia da Gestalt (Gendlin, 1969; Perls, Hefferline, & Goodman, 1951), para aprofundar a experiência. Esses elementos compõem uma abordagem na qual acompanhar e guiar combinam-se de forma sinérgica em uma sensação de fluxo.

Este capítulo discute os dois princípios mencionados, a relação terapêutica e o trabalho terapêutico. O trabalho terapêutico divide-se em duas fases, cada uma das quais com etapas diferentes. Os aspectos específicos dessas etapas são detalhados nos Capítulos 6 a 9. As intervenções guiadas por marcadores utilizadas ao longo das etapas são descritas no Capítulo 5.

Como a inteligência emocional do próprio terapeuta é fundamental para ajudar o cliente a melhorar sua inteligência emocional, o capítulo continua com princípios para manter sua própria consciência emocional. Ele conclui com uma vinheta clínica que ilustra o processo geral da orientação ao desenvolvimento emocional.

A relação terapeuta-cliente

A relação terapeuta-cliente — também conhecida como "relação terapêutica" — é construída com base em um *relacionamento empático*, de valorização genuína e de regulação afetiva, em que o terapeuta está totalmente presente, altamente sintonizado e sensível à experiência do cliente. O terapeuta também é respeitoso, receptivo e congruente em sua comunicação. Nessa perspectiva, a relação com o terapeuta proporciona um poderoso amortecedor para o sofrimento do cliente por meio da corregulação afetiva. Um relacionamento com um terapeuta sintonizado, responsivo e que reflete os sentimentos do cliente proporciona a tranquilização interpessoal e o desenvolvimento da regulação emocional.

Geller e Greenberg (2012) sugeriram que a presença do terapeuta é uma pré-condição para a sintonia e a capacidade de resposta do terapeuta, pois permite sentir, ver e ouvir o outro de uma maneira particular, o que então promove uma resposta que está em sintonia com o momento presente do cliente. A presença terapêutica envolve estar *totalmente imerso no momento presente*, sem julgamento ou expectativa, estando com o cliente e para ele. A *presença terapêutica* é definida como trazer todo o nosso *self* para o encontro com o cliente, estando completamente no momento em uma multiplicidade de níveis — físico, emocional, cognitivo e espiritual.

Estar presente fornece ao terapeuta a capacidade de perceber e estar consciente de diferentes níveis do que é mais pungente no momento presente no mundo interno do cliente, e proporciona o tipo de encontro relacional que imprime significado à experiência de cada momento do cliente. Aquilo que antes era ignorado passa a ser repleto de significado e é atendido. Tendo vivido anteriormente em um deserto experiencial onde a experiência não era relevante, o indivíduo de repente começa a ouvir a si próprio e a considerar a sua experiência válida e importante.

Além de estar presente, o terapeuta responde com diferentes tipos de empatia que ajudam o cliente a acessar e simbolizar suas emoções (Elliott, Watson, Goldman, & Greenberg, 2003; Greenberg & Elliott, 1997). Isso abrange a compreensão e a afirmação empáticas e diferentes formas de empatia exploratória, incluindo respostas evocativas, respostas exploratórias e conjecturas empáticas. A *compreensão empática* transmite uma compreensão das experiências do cliente e uma verificação da compreensão. Essas respostas tentam destilar a essência da comunicação do cliente. Não têm a intenção de forçar a exploração nem de aumentar a sua excitação. Em vez disso, envolvem acompanhar a narrativa do cliente, mantendo-se presente e sensível às suas experiências. Para fazer isso, os terapeutas tentam refletir sobre o que há de mais comovente nas declarações do cliente. As *afirmações empáticas* vão além da compreensão empática para validar a experiência do cliente. As *respostas evocativas* destinam-se a trazer representações vívidas da experiência dos clientes para ajudá-los a acessar os seus sentimentos. Os terapeutas usam uma linguagem sensorial imagética e concreta para tentar dar vida às experiências do cliente, como o uso de metáforas carregadas de emoção.

As respostas de *exploração empática* destinam-se a encorajar o cliente a explorar os limites da sua experiência. A exploração empática é considerada o modo fundamental de intervenção na TFE, e, diferentemente das reflexões simples que se concentram no que foi dito, são tentativas do terapeuta de capturar sentimentos e significados que estão no limite da consciência dos clientes — o que é mais vivo, pungente ou implícito — para ajudá-los a se desenvolver. Quando a resposta do terapeuta é estruturada de tal forma que termina com um foco naquilo que parece mais vívido na declaração do cliente, a atenção do cliente, por sua vez, é focada nesse aspecto de sua experiência, e ele tem mais probabilidade de diferenciar esse limite de sua experiência. Ao atender com sensibilidade, a cada momento, ao que há de mais comovente na narrativa falada e não falada (não verbal) do cliente, a exploração empática verbal do terapeuta pode ajudar a capturar a sua experiência de forma ainda mais rica do que as suas próprias descrições. Isso ajuda o cliente a simbolizar experiências anteriormente implícitas de forma consciente.

As *conjecturas empáticas* envolvem suposições ou palpites sobre o que o cliente está sentindo ou sugestões a serem tentadas pelo cliente. São claramente oferecidas como recursos provenientes do quadro de referência do terapeuta e diferem das respostas exploratórias, que permanecem no quadro de referência do cliente. Por exemplo, uma conjectura pode ser: "Imagino que você esteja sentindo..." ou "Meu palpite é que...". São tentativas de expressar o que o cliente pode estar sentindo, mas ainda não disse.

As respostas empáticas do terapeuta precisam se concentrar nas possibilidades orientadas para o crescimento que emergem ou que estão implícitas na experiência do cliente, mas também devem estar dentro da zona proximal de desenvolvimento das pessoas, concentrando-se nas possibilidades ao seu alcance. Isso significa não estar muito à frente ou muito atrás do cliente. As respostas empáticas podem estar um passo à frente — isto é, próximas o suficiente de onde o cliente está, de modo a fornecer um trampolim que ele possa usar para sair do seu estado doloroso. Dois passos à frente é demais, e estar atrás é potencialmente impeditivo.

Em geral, a relação genuína entre o paciente e o terapeuta, bem como a sua constância, é uma experiência emocional corretiva. Esse tipo de relação também cria um ambiente terapêutico ideal para o envolvimento pleno no processo de autoexploração do processamento das emoções e de novos aprendizados. A relação terapêutica, além de ser curativa, também promove o trabalho terapêutico de transformação emocional e criação de novos significados.

Outro aspecto importante de uma relação de ajuda é estabelecer uma aliança por meio da colaboração nos objetivos e tarefas da terapia. Isso promove a experiência de que *ambos estão trabalhando em conjunto para superar o problema*. Chegar a um acordo sobre metas e tarefas depende da compreensão do cliente e do que pode ser útil para ele; portanto, é uma representação de empatia. O acordo quanto às metas na TFE geralmente é alcançado pela capacidade de capturar a dor cronicamente duradoura com a qual o cliente tem lutado e pelo estabelecimento de um acordo para trabalhar na resolução dessa dor, e não pela definição de uma meta de mudança comportamental.

O trabalho

Além da relação empática, os terapeutas envolvem os clientes no trabalho de processamento de suas emoções. O princípio do trabalho terapêutico consiste em envolver o cliente em diferentes tipos de processos em momentos diferentes, dependendo do estado dele. Nesse processo, o surgimento de diferentes estados problemáticos do cliente durante a sessão é visto como marcadores de oportunidades para intervenções diferenciais mais adequadas para ajudar a facilitar o trabalho produtivo em cada estado problemático (ver Capítulo 5).

O trabalho terapêutico envolve a sugestão de experimentos, o que consiste essencialmente em sugerir "Tente isso" e, em seguida, perguntar: "O que você experiencia?". As experiências na orientação ao desenvolvimento emocional são concebidas para facilitar o acesso a ela por meio da articulação de emoções e necessidades primárias, da aceitação e transformação de emoções dolorosas não resolvidas e da explicação de sentimentos e significados implícitos. A mudança surge como um processo dinâmico de autorreorganização, facilitado em primeiro lugar pela aceitação e, em seguida, pelo avanço, e não por esforços diretos para mudar deliberadamente ou alcançar um objetivo específico.

A orientação envolve, portanto, uma combinação de acompanhamento e direcionamento, mas acompanhar é sempre visto como algo que tem precedência sobre guiar. Pode-se considerar que o treinamento é formado por ilhas de trabalho emocional dentro de um oceano de relacionamento empático. Se a empatia por si só não aprofunda a experiência do cliente, o terapeuta passa a focar e a orientar a atenção para a sensação corporal. Isso é frequentemente seguido por intervenções mais estimulantes, como diálogos na cadeira e trabalho de imaginação, em que o afeto é intensificado para ser trazido vividamente à consciência focal.

Além disso, algumas intervenções funcionam para regular emoções avassaladoras. Os terapeutas ajudam os clientes que se sentem emocionalmente sobrecarregados a desenvolver estratégias adaptativas para conter a emoção utilizando uma série de possibilidades, incluindo observar e simbolizar os sentimentos avassaladores (criando meditativamente uma distância segura, adotando uma postura de observador e descrevendo o medo, por exemplo, como uma bola preta localizada no estômago). Oferecer apoio e compreensão, e encorajar o cliente a procurar o apoio e a compreensão dos outros, também é útil na regulação das emoções, assim como encorajar o cliente a organizar as suas emoções perturbadoras — por exemplo, fazendo ele mesmo uma lista de problemas. Uma estratégia crucial é ajudar o cliente a se autoapaziguar para lidar com a alta ativação emocional. Aqui, o terapeuta incentiva o relaxamento, o autoapaziguamento, o autoapoio e o autocuidado. Ajudar o cliente em situação de grande sofrimento a distrair-se — por exemplo, contando regressivamente ou dirigindo-se, na imaginação, para um local seguro — é outra intervenção útil para promover a regulação. Se o cliente ficar sobrecarregado durante a sessão, pedir-lhe que respire, coloque os pés no chão, atente à sensação de estar sentado na cadeira, olhe para o terapeuta e descreva o que vê ajuda a regular a angústia.

Paradoxalmente, uma das maneiras mais eficazes de ajudar os clientes a conter a emoção pode ser, na verdade, ajudá-los a tomar consciência dela, expressá-la e decidir o que fazer a respeito assim que ela surgir. Isso ocorre porque suprimir uma emoção e não fazer nada a respeito tende a gerar mais intrusões emocionais indesejadas, tornando-a mais opressora ou assustadora. Um dos dilemas, tanto para clientes quanto para terapeutas, é saber quando *facilitar* a tomada de consciência e a experiência da emoção e quando *regulá-la*. Uma orientação prática e útil, especialmente para pessoas que vivenciam emoções destrutivas avassaladoras, é ter consciência da intensidade dos sentimentos e usar isso como um guia para lidar com a situação. A abordagem emocional e a tomada de consciência devem ser usadas quando as emoções estiverem abaixo de um nível controlável de excitação (digamos, 70%), porém a distração e a regulação devem ser aplicadas quando elas excederem esse nível e tornarem-se incontroláveis.

Justificativas para trabalhar com as emoções a partir da presença de marcadores

Antes de começar a trabalhar com clientes que frequentemente têm medo das suas emoções, pode ser útil fornecer justificativas para este objetivo. Isso ajuda a estabelecer uma colaboração para trabalhar em conjunto e também auxilia na criação da aliança terapêutica. É necessário fornecer justificativas gerais sobre por que devemos nos concentrar na emoção, informando como sentir-se mal pode levar alguém a sentir-se bem e abordando o propósito de voltar ao passado. As justificativas devem ser fornecidas em um momento apropriado de aprendizado para viabilizar uma compreensão próxima da experiência sobre por que trabalhar com a emoção.

As justificativas baseadas na teoria das emoções informam aos clientes que é importante prestar atenção às emoções porque elas fornecem informações, auxiliam na sobrevivência, ajudam a identificar necessidades e modificam as memórias.

Assim, um terapeuta poderia explicar: "A raiva lhe diz que seus limites foram violados", "A tristeza lhe diz que você perdeu algo importante" ou "Quando você não está consciente do que sente, também não está consciente do que realmente precisa". Analogias como as seguintes são úteis: "As emoções são como a luzinha vermelha que acende no painel do seu carro para avisar que alguma parte interna do motor precisa de atenção". Exemplos também são úteis, como: "Quando você conhece alguém e tem um pressentimento, esse pressentimento fornece informações importantes — um tipo de informação que o seu cérebro pensante não fornece". Outra justificativa importante para trabalhar as emoções é o fato de que as pessoas frequentemente regulam/evitam/acalmam as suas emoções dolorosas, como a raiva e a vergonha, por meio de uso de substâncias, automutilação e envolvimento em outros comportamentos, de modo que precisamos enfrentar os nossos sentimentos para nos ajudar a interromper o comportamento destrutivo. Além disso, pesquisas mostraram que suprimir as emoções aumenta o estresse, que a raiva não expressa leva à hipertensão, que ficar com raiva aumenta a pressão arterial e que evitar as emoções enfraquece o sistema imunológico das pessoas.

Etapas da orientação ao desenvolvimento emocional

A orientação baseia-se em nove passos principais para melhor ajudar as pessoas a fazerem com que as emoções trabalhem em prol delas na sua vida cotidiana (ver Quadro 4.1). Essas etapas compreendem duas fases: chegada e saída. A primeira fase, chegar às emoções, envolve os quatro

---

QUADRO 4.1 Orientação ao desenvolvimento emocional

> Direcione as pessoas para fazerem o seguinte:
>
> **A. Chegar:**
> 1. Tomando consciência das suas emoções.
> 2. Acolhendo a sua experiência emocional, permitindo, aceitando e regulando quando necessário.
> 3. Descrevendo seus sentimentos em palavras.
> 4. Descobrindo quais são os seus sentimentos primários.
>
> **B. Sair:**
> 5. Avaliando se a emoção primária é uma resposta saudável ou não.
> 6. Identificando a voz negativa associada à emoção não saudável.
> 7. Acessando a necessidade sincera na emoção dolorosa central.
> 8. Acessando respostas emocionais saudáveis alternativas.
> 9. Formulando uma nova narrativa para desafiar suas crenças ou visões destrutivas sobre si mesmo.

passos seguintes, que ajudam as pessoas a tomar consciência dos seus sentimentos e a aceitá-los:

1. Promover a tomada de consciência das emoções.
2. Facilitar o acolhimento e a aceitação da experiência emocional.
3. Promover a expressão das emoções em palavras.
4. Identificar a experiência primária do cliente.

A segunda fase, a de sair do lugar aonde o cliente chegou, envolve as cinco etapas seguintes, voltadas a seguir em frente e transformar os sentimentos centrais quando necessário:

5. Facilitar a avaliação do sentimento primário, verificando se é saudável ou não.
6. Identificar as crenças ou visões destrutivas associadas à emoção desadaptativa.
7. Facilitar o reconhecimento da necessidade.
8. Facilitar o acesso a emoções adaptativas alternativas.
9. Facilitar o desenvolvimento de uma nova narrativa.

Fase 1: Chegada

A primeira fase da orientação emocional envolve ajudar as pessoas a chegar e a aceitar seus sentimentos. Por mais dolorosos que alguns sentimentos possam ser, as pessoas precisam sentir suas emoções antes de poder mudá-las. É importante que o terapeuta ajude o cliente a compreender que não pode sair de um lugar enquanto não tiver chegado lá primeiro.

Passo 1: promover a tomada de consciência das emoções

Em primeiro lugar, é importante ajudar as pessoas a tomarem consciência das suas emoções. A consciência emocional auxilia as pessoas a entenderem o que realmente estão sentindo, e isso as ajuda a resolver problemas. Nesse primeiro passo, a tomada de consciência envolve ajudar o cliente a prestar atenção e entrar em contato com as sensações. Essa é uma forma não verbal de saber o que estamos sentindo. Aqui, o terapeuta precisa direcionar a atenção do cliente para seu corpo, de modo a ajudá-lo a tomar consciência, por exemplo, da excitação presente no estômago ou da tristeza nos olhos e nas bochechas. Esse tipo de consciência dos sentimentos não é uma compreensão intelectual dos sentimentos. O cliente não deve sentir que está do lado de fora olhando para si próprio; em vez disso, o terapeuta deve encorajar uma consciência corporal do que é sentido por dentro — como a sensação do latejar de uma dor de dente. Os clientes são orientados a prestar atenção à qualidade, à intensidade e à forma real das sensações em locais específicos de seu corpo para ajudá-los a se concentrarem em suas sensações. Por exemplo, podem experimentar uma sensação como "uma bola quente e apertada no peito".

Além de ajudar os clientes a prestarem atenção às sensações, os terapeutas precisam ajudá-los a estar conscientes dos pensamentos que as acompanham, visto que a maioria das emoções inclui pensamentos e sentimentos. Quando as pessoas sentem emoções, frequentemente têm um diálogo interno que acompanha o sentimento. Às vezes, elaboram imagens e sempre fazem alguns julgamentos. Por exemplo, se um cliente está triste, pode estar pensando: "Por que estou triste? Não tenho nada do que me queixar" ou "Nunca consigo o que preciso dele". O cliente deve ser orientado a prestar atenção aos pensamentos, às imagens e às avaliações que acompanham as sensações. A consciência emocional envolve, portanto, a consciência dos sentimentos, dos pensamentos e das imagens que compõem a emoção.

Passo 2: facilitar o acolhimento e a aceitação da experiência emocional

Os terapeutas precisam incentivar os clientes a se permitirem sentir suas experiências emocionais. Devem também comunicar aos clientes que eles não precisam necessariamente agir de acordo com todas as suas emoções. Entretanto, os clientes não devem ser encorajados a evitar ou desviar de suas emoções dolorosas, por mais difícil que pareça não fazê-lo. Precisam, em vez disso, acolher as suas emoções, concentrar-se nelas, respirar e deixá-las vir. Devem aceitar seus sentimentos como informações. É necessário que as pessoas reconheçam os seus sentimentos como oportunidades para recolher informações sobre algo importante para o seu bem-estar; suas emoções lhes transmitem uma mensagem sobre o que realmente estão sentindo. Depois de atender a uma emoção, somos mais capazes de deixá-la ir. As emoções seguem um curso natural de ascensão e desaparecimento, de expansão e enfraquecimento. Elas vêm e vão se as pessoas as deixarem e não tentarem bloqueá-las ou evitá-las. É útil guiar as pessoas para que tomem consciência de como elas interferem nas suas emoções ou as interrompem, em vez de se permitir experienciá-las. Perguntar como os clientes estão evitando seus sentimentos ajuda a conseguir isso.

O cliente também precisa ser ensinado que as emoções não são conclusões finais fundamentadas sobre as quais deve agir. Portanto, pode se dar ao luxo de sentir emoções sem medo de consequências terríveis. Se uma pessoa se permite experienciar um sentimento de desesperança, isso não significa que ela não tenha esperança. Isso também não significa que o próximo passo lógico seja desistir. Um sentimento não é um estado permanente no qual uma pessoa permanecerá para sempre; em vez disso, o sentimento faz parte de um processo. A emoção não fala de uma verdade concluída; fornece informações a respeito dos valores e dos julgamentos de uma pessoa sobre a forma como as coisas estão afetando o seu bem-estar. Uma emoção diz mais sobre a pessoa do que sobre a realidade. A raiva diz ao indivíduo que ele se sente violado, em vez de oferecer a verdade de que a outra pessoa é um violador. As pessoas não precisam temer suas emoções por causa do que elas implicam. As emoções informam em vez de determinar. Se uma cliente está zangada com o marido e sente que o odeia "pelo que ele fez", isso não significa necessariamente que o relacionamento esteja destruído; essa emoção informa a cliente do quanto se sente isolada e furiosa. Reconhecer isso leva ao próximo passo em seu próprio processo. Ela precisa então se perguntar: "O que eu preciso ou quero? O que eu faço?".

A emoção não é uma ação e não é uma conclusão. As pessoas podem querer controlar as suas ações, mas não devem tentar controlar a sua experiência interna primária. Raiva não é agressão. As pessoas podem sentir raiva de seus amigos sem bater neles. Podem nem mesmo contar aos amigos que estão com raiva; no entanto, precisam reconhecer a sua raiva e senti-la. Dizer a si mesmo "Não tenho o direito de sentir raiva" muitas vezes leva a mais problemas, visto que a raiva pode crescer dentro da pessoa, em vez de ser reconhecida e tratada.

Por outro lado, a expressão do que sentimos em voz alta precisa ser adequada ao contexto e deve ser regulada. As pessoas aprendem a expressar os seus sentimentos e a se comunicar eficazmente se antes forem capazes de compreender, sentir e acolher os seus sentimentos primários. Em vez de reprimir seus sentimentos até que explodam, ou de desabafar de forma imprudente em qualquer oportunidade, a pessoa precisa entrar em contato com suas experiências emocionais e desenvolvê-las. Quando permitir que o sentimento se desenvolva e lhe der sentido, poderá então decidir se ou quando deve comunicar aos outros como se sente. Só assim conseguirá expressar os seus sentimentos da forma mais adequada ao contexto em que se encontra.

Para as pessoas cujas emoções são avassaladoras, a tarefa não é tanto permitir as emoções e acolhê-las, e sim aprender a regulá-las. Explico isso mais adiante, na descrição do Passo 7.

Passo 3: promover a expressão das emoções em palavras

Depois de ajudar as pessoas a prestarem atenção e a acolher as suas emoções, os terapeutas precisam ajudar os clientes a descrevê-las em palavras. As pessoas nem sempre precisam de palavras para expressar suas emoções, mas isso é útil quando as emoções sinalizam dificuldades que necessitam de atenção ou quando as pessoas querem refletir ou comunicar seus sentimentos. Descrever um sentimento por meio de palavras torna a experiência emocional mais disponível para ser lembrada no futuro. Por exemplo, quando as pessoas sabem que estão se sentindo tristes, podem refletir sobre o motivo de sua tristeza, o que esse sentimento significa para elas e o que devem fazer. Segue uma lista de palavras emocionais simples, categorizadas de acordo com a emoção básica que expressam (Shaver, Schwartz, Kirson, & O'Connor, 1987; veja também os exercícios no apêndice):

- *Tristeza:* sofrimento, negligência, infelicidade, desespero, saudade.
- *Medo:* angústia, pânico, histeria, apreensão, ansiedade.
- *Raiva:* amargura, fúria, ira, desprezo, rancor.
- *Amor:* atração, afeição, paixão, fascínio, anseio.
- *Alegria:* zelo, êxtase, triunfo, ansiedade, euforia, otimismo.
- *Surpresa*: espanto, assombro, maravilhamento, admiração.

As metáforas também são úteis para ajudar as pessoas a simbolizar suas experiências internas. Assim, imagens convencionais, como sentir-se atolado, sentir-se sujo ou nadar contra a corrente, são úteis. Metáforas novas ou idiossincráticas, como "um vulcão em erupção no peito" ou "tudo espinhoso e afiado", são úteis para captar sensações. Imagens mais complexas ajudam a captar o que não pode ser expresso de outra forma; por exemplo, pode-se tentar captar o sentimento de diminuição de um cliente refletindo a imagem de sua perda de substância com "É como se estivesse todo espremido contra a parte posterior do seu corpo, ficando oco por dentro", ou responder à sensação de falta de solidez de outro cliente com "É como se fosse apenas um esboço de giz na rua que poderia ser apagado a qualquer momento".

Dar nome às emoções é o primeiro passo para regulá-las. Com palavras, as pessoas podem expressar suas emoções em vez de atuar. Associar palavras aos sentimentos dá ao cliente a capacidade de reprocessar suas emoções. Ser capaz de descrever suas emoções permite que entenda o que está sentindo e pode ajudá-lo a lidar com seus problemas. Assim, se um cliente consegue descrever um sentimento associado à sua dificuldade em participar de conversas sociais com as palavras "Sinto-me tão excluído", será mais capaz de compreender a experiência de uma nova forma, que poderá expressar dizendo: "Procuro tanto acompanhar a conversa, mas na verdade muitas vezes não estou interessado. É por isso que não tenho nada a dizer. Realmente não acho isso interessante". O cliente está agora em um novo lugar: um lugar onde reconhece que muitas vezes não está interessado em conversas sociais. Surge, assim, um novo significado, e essa nova perspectiva não se concentra mais no sentimento de ser excluído. Aparecem novas possibilidades que não estavam disponíveis no estado designado como "sentir-se excluído". Outra cliente pode descrever certa confusão e dificuldade que está enfrentando ao assumir o cargo de supervisora de uma equipe. Declara: "Sempre que me reúno com minha equipe, sinto como se houvesse um fantasma na sala (a antiga supervisora) e que nunca conseguirei ocupar o lugar dela". Prossegue dizendo: "Não consigo fazer o que ela fez. É uma loucura tentar ser como ela. Sou diferente e usarei meus próprios pontos fortes". Nesses exemplos, a descrição dos sentimentos por meio de palavras promoveu a geração de novos significados. Nem sempre surge um novo significado, porém frequentemente ele ocorre, e os terapeutas precisam promovê-lo, ajudando a captar os sentimentos em palavras e a diferenciar os significados centrais.

Saber o que sentem também dá às pessoas uma sensação de controle sobre suas experiências e fortalece a crença de que têm o poder de fazer algo em relação a seus sentimentos. Ser capaz de rotular os sentimentos por meio de palavras facilita a separação dos sentimentos. Ao expressar a emoção em palavras, a pessoa simultaneamente cria uma nova perspectiva a partir da qual pode ver o sentimento e lhe atribuir um rótulo, identificando assim o que sente. Não sou "eu" que me sinto "inútil", e "inútil" não é tudo o que sou; cria-se, assim, certa distância. Agora, sinto que "inútil" é algo que estou "sentindo", em vez de "ser" eu. Esse ato de nomear permite que o cliente se experiencie como agente, tendo um sentimento nomeável, em vez de ser vítima passiva do sentimento. Em vez de representar a realidade ou a verdade, o sentimento é visto como a reação atual. Esse estabelecimento do *self* como agente em relação a um sentimento ajuda a estabelecer uma sensação de distância do sentimento, e essa distância proporciona força e agência.

Colocar a experiência na forma de linguagem também ajuda a superar traumas. Se o cliente sofreu traumas ou passou por experiências profundamente dolorosas, o terapeuta pode auxiliá-lo a iniciar um processo reconstrutivo com a ajuda da linguagem. Isso lhe permite desenvolver relatos do que ocorreu (Pennebaker, 1995; van der Kolk, 1994). A capacidade de descrever experiências emocionalmente traumáticas permite ao cliente dar sentido a essas experiências. Antes disso, ele ainda não tinha codificado a experiência em linguagem, de modo que ela permanecia na forma de visões, sons e imagens na memória emocional. Agora, em um ambiente seguro, ser capaz de colocar a experiência traumática em palavras permite que pense e descreva as suas memórias traumáticas e, assim, ganhe algum controle sobre a experiência aterrorizante. Ele se torna autor da experiência, e não vítima dela. Esse processo de nomear as emoções ajuda a unir as partes verbais e não verbais do cérebro, e cria uma experiência integrada na qual a pessoa pode simultaneamente sentir e pensar sobre a sua experiência.

Passo 4: identificar a experiência primária do cliente

Tanto o terapeuta quanto o cliente devem averiguar constantemente se as reações emocionais do segundo representam seus sentimentos centrais. Assim, se uma cliente fala sobre sentir raiva quando um colega de trabalho discorda dela, precisa investigar se, em algum nível abaixo dessa raiva, ela basicamente se sente ameaçada. Ou, quando um cliente diz com raiva que sua esposa o acusou de ser desatento, ele precisa analisar se, por trás de sua raiva, se sente desvalorizado. Um terapeuta deverá ajudar uma cliente que está preocupada com a saída de seu filho de casa para a faculdade a reconhecer que, por trás da preocupação, ela se sente triste. A capacidade de identificar emoções primárias constitui uma das principais habilidades que os terapeutas exercitam em seus clientes. Os terapeutas fazem isso focando constantemente a atenção dos clientes em seus sentimentos corporais e demonstrando empatia por esses sentimentos. Com a prática, os clientes tornam-se adeptos da monitorização de seus próprios sentimentos.

Na vida, monitorar se um sentimento é central não significa perder a espontaneidade. Não significa tornar-se altamente autoconsciente ou introspectivo. Pelo contrário, a consciência emocional abarca o desenvolvimento de uma habilidade automática que opera na periferia da consciência. Esse nível tácito de apreensão permite que as pessoas saibam constantemente o que estão sentindo e quando um sentimento não é primário, sem que tenham que pensar de maneira explícita sobre ele. Essa forma de conhecimento tácito envolve um saber semelhante ao que faz com que as pessoas saibam como virar uma esquina de bicicleta sem cair ou como dirigir um carro sem pensar (Polanyi, 1966). Para isso, as pessoas integram muitas pistas de maneira automática e simultânea. Na consciência emocional, essa forma de conhecimento é usada não para impedir que alguém caia de uma bicicleta, mas para detectar quando as emoções estão se desviando do caminho. O cérebro das pessoas monitoriza todo o seu corpo; assim, por exemplo, se estiverem conscientes, saberão quando a caixa que estão levantando é pesada demais para as suas costas. Quando acontece algo que ultrapassa o nível normal de sensação de fundo, o cérebro registra esse fato. Envia uma mensagem de dor para conscientizar a pessoa de que precisa fazer algo a respeito dessa situação angustiante. Diz-lhe que precisa mudar suas ações para que as coisas voltem a estar dentro dos limites aceitáveis. Essa monitorização contínua também acontece com as emoções: o cérebro pode sinalizar às pessoas com um sentimento, sem pensamento explícito, que a emoção que estão experienciando não é a sua emoção primária. É assim que as pessoas simplesmente sabem que estão sentindo algo mais profundo ou apenas sentem que não estão exatamente no cerne da questão.

As emoções primárias baseiam-se na avaliação automática de primeira ordem do mundo e do que está acontecendo com a pessoa e com o seu corpo. "Conhece-te a ti mesmo" significa conhecer as emoções centrais, conhecer a avaliação mais básica e a resposta a qualquer situação em que o indivíduo se encontre. Isso pode exigir muito trabalho; no entanto, só quando tomamos consciência dos nossos sentimentos primários é que podemos estar em posição para escolher se desejamos segui-los ou não. Com prática e honestidade, os sentimentos primários dos clientes começarão a chegar até eles de forma mais espontânea. Sentirão tristeza pela perda, raiva pela violação, compaixão por si próprios e alegria pela conexão com os outros ou pela realização de objetivos. Além disso, discernirão com mais facilidade quando a raiva encobre o medo ou quando o choro obscurece a raiva. O terapeuta saberá que seu cliente atingiu o nível necessário de consciência quando ele tiver mais facilidade para apreender que emoção está sendo encoberta pela sua raiva secundária ou para entender que a emoção que está sentindo no momento não é realmente a que está no fundo do poço. Algumas pessoas que procuram terapeutas já têm essa competência, e a Fase 2 é mais relevante para elas; outras, entretanto, precisam de muita prática para aprender essa habilidade até que ela se torne automática.

Fase 2: Saída

Após chegarem a um determinado local, as pessoas precisam decidir se esse lugar é bom para elas. Se o local aparentemente aumentar o seu bem-estar, então poderão permanecer lá e ser guiadas por aquilo que se encontra no ambiente. Entretanto, se decidirem que estar nesse local não irá aprimorá-las ou melhorar seus laços íntimos com os outros, isso significa que o local não é o ideal para se estabelecer, e elas terão de encontrar meios de sair. Portanto, a Fase 2 envolve ajudar as pessoas a decidirem se podem confiar no sentimento ao qual chegaram como fonte de boas informações ou se esse sentimento não é útil e precisa ser transformado.

Passo 5: facilitar a avaliação do sentimento primário, verificando se é saudável ou não

Esse quinto passo muito importante ocorre quando o cliente identifica um sentimento central. Terapeutas e clientes precisam juntos formular a seguinte pergunta: "Esse sentimento é adaptativo ou trata-se de um sentimento desadaptativo, possivelmente baseado em algum tipo de ferida?". Se os sentimentos nucleares da pessoa forem saudáveis, devem ser usados como guias para a ação. Se não forem saudáveis, precisam ser processados posteriormente para promover mudanças.

Essencialmente, os clientes, em colaboração com os seus terapeutas, devem decidir se as suas emoções são respostas saudáveis em determinadas situações. Isso muitas vezes é feito de forma implícita, porém é fundamental: o terapeuta não pode determinar o que é verdadeiro para o cliente. Em última análise, os indivíduos devem decidir por si próprios se a sua emoção em determinada situação é confiável. Ninguém mais pode ou deve decidir isso por outra pessoa. A emoção que uma pessoa sente em determinado momento é uma avaliação automática da situação em relação ao *seu bem-estar*. Esse é o primeiro nível automático de avaliação proporcionado pela emoção. Em seguida, a pessoa deve considerar conscientemente essa avaliação primária e decidir o que fazer com o sentimento. Essa avaliação de segundo nível, realizada por meio da reflexão consciente mediante o processamento conceitual, também constitui uma parte fundamental do exercício da inteligência emocional. Assim, o cliente precisa refletir e decidir se o seu sentimento fornece boas informações dignas de serem seguidas. Os terapeutas podem treinar os clientes para fazer isso e até mesmo podem ajudá-los a decidir, explorando com eles e fornecendo informações; todavia, em última análise, os clientes devem tomar essa decisão por si próprios. Assim, um cliente pode esclarecer que a sua raiva é uma raiva saudável e adaptativa e declarar: "Sim, confio neste sentimento. Sinto-me injustiçado e exijo reparação". Ou ele pode confirmar que a tristeza é a emoção central, dizendo: "Perdi algo importante e preciso recuperá-lo". O cliente também pode decidir que um sentimento não é útil e que a sua ansiedade não é realista, que a sua vergonha reflete uma história prejudicial, que a sua raiva não é proveitosa para ele ou que a sua tristeza o impede de viver mais plenamente.

A pessoa pode reconhecer que um sentimento não é útil para ela após ter sido totalmente aceito. O paradoxo é que, se o sentimento for julgado como inaceitável, não poderá ser modificado, uma vez que não foi aceito. Somente quando um sentimento for aceito é que poderá ser avaliado e alterado, se necessário. Essa avaliação de segundo nível da adaptabilidade ou da natureza desadaptativa de uma emoção é uma das decisões mais complexas que as pessoas têm de tomar. Reconhecer não apenas que "Estou com raiva", mas também que "Esta não é uma raiva saudável que vai me ajudar" exige equilíbrio e sabedoria. Envolve a tomada de consciência da situação que evoca as emoções e da própria história emocional. Para exercitar a inteligência emocional, o indivíduo não apenas precisa estar consciente de seus sentimentos, mas também deve reconhecer se a sua emoção é uma resposta desadaptativa do passado que ainda o acompanha. Deve também integrar as suas respostas emocionais com toda a sua aprendizagem pessoal e cultural e com os seus valores. Quando as pessoas funcionam com inteligência emocional, tudo isso é integrado em um processo rápido e silencioso de decidir se uma resposta é saudável ou não. Quando percebem que há dificuldades nas suas respostas, precisam parar e refletir. Essa reflexão de segundo nível envolve avaliar não a racionalidade da emoção, e sim a sua adaptabilidade. Se uma emoção for adaptativa, ela deverá ser seguida. Se for desadaptativa, então a sua expressão precisa ser regulada, compreendida e transformada.

Greenberg e Paivio (1997) estudaram as emoções no tratamento de transtornos afetivos e maus-tratos na infância e descobriram que os principais sentimentos desadaptativos das pessoas estavam relacionados principalmente com duas emoções básicas importantes: a vergonha e o medo-ansiedade. Estavam também relacionados com duas visões muito básicas do *self*: (a) sentimentos de inutilidade e uma visão do *self* como um fracasso (uma percepção do *self* como "ruim"); ou (b) sentimentos de fragilidade e insegurança e uma visão do *self* como incapaz de se manter inteiro sem apoio (um senso do *self* como "fraco"). Nesses casos, os sentimentos centrais desadaptativos de vergonha são fundamentais para o sentimento "Eu sou ruim", enquanto o medo é central para o sentimento "Eu sou fraco". Assim, o medo e a vergonha muitas vezes parecem não ser saudáveis, embora, em alguns casos, possam ser respostas saudáveis às situações. Para mudar a vulnerabilidade central que as leva a tanto medo e vergonha, as pessoas primeiro precisam acessá-la. Em seguida, devem identificar a visão negativa básica que têm de si próprias e, por fim, precisam curar a falha básica e começar a construir um sentido mais forte do *self*. A raiva também pode ser um sentimento central desadaptativo, especialmente em pessoas que sofreram violência. Nesse caso, o esquema central contém opiniões negativas dos outros. A raiva está muitas vezes intimamente ligada ao medo como gatilho, mas, além de ser secundária à vulnerabilidade subjacente, pode ser uma resposta primária desadaptativa que precisa ser transformada.

Passo 6: identificar as crenças ou visões destrutivas associadas à emoção desadaptativa

Identificar os sentimentos desadaptativos ajuda as pessoas a chegarem às crenças ou interpretações destrutivas que fazem parte dos sentimentos. Os sentimentos desadaptativos são quase sempre acompanhados de crenças ou pontos de vista hostis ao *self* ou que culpam os outros. As crenças e os processos de pensamento destrutivos precisam ser identificados para serem superados. Essas crenças, como "Não tenho valor" ou "Não consigo sobreviver sozinho", muitas vezes acompanham ou ajudam a articular um estado complexo de sentimentos desadaptativos. Elas nem sempre estão formuladas em linguagem na cabeça das pessoas, e não são elas que causam o problema. Em vez disso, a articulação da crença é uma forma de representar o problema emocional na linguagem. Quando as crenças são conscientes e ocorrem como pensamentos repetidos, ajudam a manter e a intensificar os estados de sentimentos desadaptativos. Assim, acreditar que "Sou um fracasso" ou "Não consigo lidar com a situação" intensifica os estados que produzem esses pensamentos.

Com frequência, as pessoas experienciam as crenças destrutivas como uma voz negativa na sua cabeça, uma voz interna e áspera que foi aprendida, muitas vezes por meio de maus-tratos anteriores por parte de outras pessoas, e que é destrutiva para o *self* saudável. Essa hostilidade interna muitas vezes leva a autoataques cruéis que deixam as pessoas presas em seus sentimentos não saudáveis. Whelton e Greenberg (2000) descobriram que o grau de desprezo com que uma crença negativa era expressa era preditivo de propensão à depressão. Ainda mais preditivo de não depressão foi o grau de resiliência do *self* em resposta às crenças depreciativas. Quanto mais orgulho e assertividade uma pessoa demonstrasse em resposta à autocrítica, menor seria a probabilidade de ficar vulnerável à depressão. Para modificar o desprezo, as crenças destrutivas e a totalidade da experiência que eles representam, a pessoa deve primeiro articular as crenças em palavras. Essa articulação na linguagem dá à pessoa algo em que se agarrar para lidar com esses sentimentos. A orientação envolve a mudança de crenças articuladas, não primariamente pelo confronto com sua racionalidade ou validade, mas pelo acesso a emoções e crenças alternativas que desafiam tanto a utilidade das crenças destrutivas para a pessoa quanto a ideia de que essas crenças são as únicas acessíveis a ela.

Além de articular crenças sobre o *self* (como "Eu sou indigno") na linguagem, os clientes também precisam desenvolver uma percepção das suas interpretações complexas do mundo e das aprendizagens emocionais sobre os padrões de consequências que governam suas visões de mundo. Assim, eles podem perceber que as suas crenças de que "tinham de apaziguar um dos pais por medo de prejudicá-lo" os levaram a considerar-se seres errados ou inúteis, em vez de desafiar o pai ou a mãe. Podem perceber que é a incapacidade de confiar e a expectativa de que as pessoas "os pegarão se não tomarem cuidado com o que dizem" que os levam a desenvolver essa ansiedade interpessoal. Ademais, podem se dar conta de que isso teve a sua origem em uma cultura familiar de hostilidade na qual as pessoas nunca expressavam o que sentiam. Os terapeutas precisam auxiliar as pessoas a desenvolverem uma percepção sobre essas crenças ou interpretações dominantes para ajudá-las a mudar.

Não é apenas o *insight* que leva à mudança. Na verdade, uma vez articuladas, essas visões de si, do mundo e dos outros podem ser modificadas com o acesso a experiências alternativas para desfazê-las. Crenças e interpretações são representações baseadas na linguagem de esquemas emocionais centrais que precisam ser modificados. Expressar a crença ou a interpretação em palavras permite que ela seja discutida, reexaminada e desafiada. Acessar sentimentos desadaptativos e identificar crenças destrutivas paradoxalmente facilita a mudança — em primeiro lugar, pelo acesso ao estado que precisa ser exposto a novas experiências e, em segundo lugar, pelo estímulo à mobilização de um lado mais saudável de si próprio por um tipo de mecanismo de processo oponente. Analisaremos agora como acessar os recursos emocionais internos opostos das pessoas e como esses recursos podem ser usados para desafiar as crenças disfuncionais.

Passo 7: facilitar o reconhecimento da necessidade na dor emocional dolorosa central

Acessar a necessidade e sentir-se merecedor dela ajudará a gerar emoções e auto-organizações novas e mais ativas, as quais irão desestruturar quaisquer crenças negativas sobre o *self*, o mundo ou os outros. Esse passo está no centro da fase de saída e envolve transformar emoções com emoções. A questão-chave é: uma vez que um cliente tenha chegado à dor emocional central, a tenha tolerado e simbolizado, como um terapeuta pode auxiliá-lo a acessar outra resposta emocional mais adaptativa que ajudará a conformar um sentido de *self* mais resiliente para desafiar um estado desadaptativo? Um método fundamental por meio do qual os terapeutas podem ajudar os clientes a terem acesso às suas emoções saudáveis e mais resilientes é concentrando-os nas suas necessidades, objetivos e preocupações. Fazer ao cliente a pergunta fundamental "O que você precisa quando sente isso?" é uma boa maneira de trazer à consciência as suas necessidades e objetivos. Uma vez que as pessoas estejam conscientes das suas necessidades/objetivos, os terapeutas podem ajudá-las a afirmar as suas necessidades e a utilizá-las para desafiar implícita ou explicitamente as suas crenças negativas. Guiar os clientes para se concentrarem nas necessidades, nos desejos ou nos objetivos os ajuda a se mobilizarem para a mudança. Foi também demonstrado que os objetivos das pessoas influenciam a sua interpretação das situações e o seu comportamento. Uma vez que os clientes tenham clareza do que desejam — uma meta esteja claramente definida —, poderão ativar os recursos internos necessários para atingir a meta. Tendo em vista que uma emoção resulta da avaliação do fato de uma necessidade ou objetivo ser atendido ou não, o esclarecimento da necessidade ou do objetivo evoca novas emoções e tendências de ação associadas para facilitar o alcance da meta. Assim, quando uma pessoa se sente só, abandonada ou inútil, os sentimentos associados geralmente são de medo, vergonha, culpa ou tristeza. A necessidade ou objetivo nesse momento geralmente é sentir-se seguro, aceito e valioso. Como o esclarecimento de uma necessidade ou objetivo produz mudança? Em primeiro lugar, quando uma necessidade é apresentada a um sistema auto-organizado e produtor de emoções, e o indivíduo avalia que a necessidade não foi atendida, é muito provável que o sistema emocional gere automaticamente raiva pela frustração da necessidade/objetivo, ou tristeza pela perda do que era necessário, ou ainda compaixão pelo sofrimento da privação da necessidade. Isso leva a um luto saudável para abandonar a necessidade não atendida, dando à raiva o poder de se afirmar ou se autoapaziguar. A análise de gravações de sessões de terapia transformacional revelou que as emoções centrais desadaptativas das pessoas geralmente são emoções de retraimento, como medo e vergonha, ativadas no hemisfério direito. Por outro lado, as emoções centrais saudáveis das pessoas são frequentemente emoções de aproximação, ativadas no hemisfério esquerdo, como raiva por terem sido maltratadas, assertividade para defender limites ou corrigir erros, tristeza pelo que foi perdido, busca de conforto ou autocompaixão pelo sofrimento e autoapaziguamento.

Além disso, os estudos sobre as emoções e o cérebro realizados por Davidson (2000) em ratos ofereceram uma sugestão intrigante que também nos ajuda a compreender como a ativação da necessidade leva a sentimentos alternativos. Parece que a conscientização de uma necessidade/objetivo pode ativar representações de certas contingências de reforço na memória de trabalho, antecipando o alcance do objetivo. Isso produz um afeto positivo que mantém o comportamento relacionado com o reforço. Assim, a conscientização dos objetivos parece ativar um processo automático que pode fornecer uma memória reforçadora do sentimento positivo associado ao alcance das metas. Esse processo é automobilizador e gera o efeito positivo associado à antecipação do alcance dos objetivos. Esse afeto positivo atua para inibir a produção de emergência da amígdala. A conscientização dos objetivos também pode ativar a memória ou conexões de comportamentos associados à concretização da meta. Assim, declarar "Preciso de conforto", particularmente no contexto de uma relação terapêutica de apoio, abre as memórias da pessoa sobre o caminho e a experiência de ocasiões passadas em que recebeu conforto. Essa é a mudança de estado necessária para mobilizar recursos internos. Esse processo cerebral facilita um comportamento mais relacionado com a abordagem (Davidson, 2000). Assim, a pessoa pode usar o seu córtex cerebral — os centros de pensamento e planejamento — para regular emoções automáticas, não por meio de seu controle, mas imaginando possíveis alternativas positivas. As emoções podem ser modificadas não pela razão, mas pela ativação de representações de alternativas associadas a emoções mais positivas.

Por isso, os terapeutas precisam ajudar as pessoas a se concentrarem em suas necessidades saudáveis de proteção, conforto e afeto em resposta aos maus-tratos, bem como em suas necessidades de autonomia e competência, de modo a libertá-las da opressão da sua necessidade desesperada de aprovação. Depois de ajudar um cliente a identificar as suas verdadeiras necessidades, que geralmente estão relacionadas com seus sistemas motivacionais primários (apego, afeto e domínio), o terapeuta deve perguntar a ele o que pode fazer para começar a tentar suprir parte das suas necessidades. Identificar o que a pessoa precisa é uma das melhores maneiras de ajudar a iniciar um processo de sentimento novo e mais saudável. Isso ajuda a pessoa a encontrar maneiras alternativas de sentir, ser e fazer. A identificação de sentimentos e necessidades alternativos e saudáveis permite focar outros objetivos e constitui o principal meio de acesso a recursos internos saudáveis.

Quando as pessoas são capazes de experienciar e nomear seu sentimento central desadaptativo de vergonha (em vez de evitá-lo), começam imediatamente a ganhar algum controle sobre ele e então podem ser ajudadas a examiná-lo. Podem identificar a voz destrutiva associada a ele e reconhecer que o autodesprezo que produz a vergonha provavelmente resulta de uma experiência passada de maus-tratos ou foi aprendido. Quando o terapeuta ajuda os clientes a compreenderem que a sua vergonha é produzida por vozes desdenhosas ou ameaçadoras que adotaram de seu passado, muitas vezes eles conseguem concentrar-se em suas necessidades saudáveis. Com a validação, pelo terapeuta, do seu direito de ter as suas necessidades satisfeitas, é muito mais fácil sentirem que têm esse direito. Esse sentido mais saudável do *self* começa então a se reafirmar.

Na terapia, tenho observado com muita frequência que as emoções mais saudáveis e vivificantes das pessoas são ativadas em resposta à sua própria experiência de sofrimento emocional. As pessoas são extremamente resilientes, sobretudo quando estão em um ambiente de apoio. Todo mundo tem a capacidade de se recuperar. Em última análise, a sua capacidade de autocuidado e de autoapoio lhes permite enfrentar o sofrimento de forma saudável. As pessoas são capazes de recorrer a essa resiliência e utilizá-la como um recurso vital. Quando estão sofrendo ou sentindo dor, geralmente sabem do que precisam. Sabem que necessitam de conforto quando estão magoadas. Sabem que precisam dominar situações nas quais se sentem fora de controle. Sabem que necessitam de segurança quando estão com medo. Saber o que precisam as ajuda a entrar em contato com seus recursos para enfrentar a situação. Treinar as pessoas para que permaneçam com as experiências de seus sentimentos angustiantes as ajuda a conseguir o que precisam, e isso motiva a mudança.

Passo 8: facilitar o acesso a emoções adaptativas alternativas

O terapeuta deve mudar o foco de atenção dos clientes para novos sentimentos emergentes, seja qual for a forma como esses novos sentimentos emergem, e sejam eles sentimentos de fundo que estão atualmente ativados, mas não atendidos, ou novos sentimentos agora na consciência focal que surgiram da identificação de necessidades ou de algum outro meio. Assim, em resposta à emoção central de vergonha ou medo de maus-tratos que leva um cliente a sentir-se inútil, o terapeuta deve orientá-lo para a sua raiva saudável por ter sido maltratado, o que está implícito na sua experiência mais dominante de vergonha. A raiva pode se expressar na voz ou no rosto do cliente, ou em suas palavras. Expressões como "Como ele pôde ter feito isso?" ou "Foi simplesmente horrível!" ditas de uma forma levemente irritada dão acesso à raiva subdominante da pessoa por ter sido injustiçada. Em seguida, o cliente concentra-se e intensifica essa emoção subdominante, porém presente, enquanto declara o quanto está zangado. Ou a tristeza de um cliente pela perda, aparente em seu rosto ou no tom da sua voz, pode ser o foco. Como disse anteriormente, as principais emoções saudáveis parecem fortalecer a raiva, a tristeza do luto e a autocompaixão — todas com tendências de aproximação e que ativam o organismo para agir a fim de obter o que é necessário.

Além disso, é evidente que os sentimentos desagradáveis também podem ser transformados em sentimentos alegres. Isso pode ocorrer, e ocorre de fato, na terapia — não de uma maneira simples (por exemplo, tentando "ver o lado positivo"), mas de uma forma significativamente incorporada. Por exemplo, em casos de luto, descobriu-se que o riso é um preditor de recuperação. Assim, ser capaz de recordar momentos felizes, de sentir alegria, pode ser um antídoto para a tristeza (Bonanno & Keltner, 1997). De forma semelhante, o calor e o afeto frequentemente são antídotos para a ansiedade ou mesmo para sentimentos de rejeição. Um terapeuta pode facilitar a transformação de um sentimento submisso de inutilidade cheio de protestos orientando o cliente a encontrar o desejo que impulsiona seu protesto. O desejo de se libertar da sua prisão e de acessar sentimentos de alegria e entusiasmo pela vida pode desfazer o medo da rejeição ou da vergonha. Foi levantada a hipótese de que pelo menos parte do efeito positivo dos sentimentos de alegria depende dos efeitos dos neurotransmissores envolvidos na emoção da alegria em partes específicas do cérebro que influenciam o pensamento intencional. Constatou-se que um afeto positivo moderado facilita a resolução de problemas (Isen, 1999). Portanto, os terapeutas precisam ajudar as pessoas a se concentrarem e a sentirem emoções adaptativas saudáveis. Devem ajudá-las a expressar essas emoções adaptativas para alguém — às vezes para o terapeuta, para outra pessoa imaginária na cadeira vazia, para outra parte do *self* ou para outra pessoa concreta. Isso ajuda as pessoas a consolidarem sua experiência e sua expressão saudáveis.

Uma classe essencial de sentimentos agradáveis que ajudam a transformar sentimentos com afetos desagradáveis é o que Fosha (2008) chamou de "emoções transformadoras". São emoções receptivas e vitalizantes, como paz, calma, alívio, harmonia, leveza, clareza, mais força, vivacidade, ternura, proximidade e gratidão. Na minha experiência, essas emoções frequentemente ocorrem após os sentimentos dolorosos terem sido processados; após as necessidades terem sido acessadas e validadas; e após acessar a tristeza, a raiva e a autocompaixão saudáveis. Outros meios de acessar emoções alternativas são discutidos no Capítulo 9.

Passo 9: facilitar o desenvolvimento de uma nova narrativa

Após ter acessado as emoções e necessidades adaptativas e desenvolvido uma voz interna mais saudável, os clientes estão em posição de fazer a mudança final. O nono e último passo envolve ajudar as pessoas a desenvolverem uma nova narrativa para mudar as velhas histórias e crenças (Angus & Greenberg, 2011). As pessoas mudam as velhas histórias de sua vida acrescentando emoções a histórias vazias, descrevendo emoções não contadas e usando novas emoções para criar novas histórias. Os terapeutas ajudam os clientes a integrarem todas as partes de sua experiência em um novo sentido do *self* e a sentir maior autoaceitação. Essa transformação incorporada precisa agora de uma nova história para consolidar e conservar a mudança. As histórias do *self*, do outro e do mundo agora são caracterizadas por descobertas e novos resultados. A nova narrativa torna explícita a mudança incorporada.

A consciência emocional do terapeuta

Para facilitar o trabalho emocional dos outros, o terapeuta deve estar envolvido no seu próprio processo de tomada de consciência emocional. Os exercícios no Apêndice oferecem uma oportunidade para terapeutas e clientes praticarem esse processo. Provavelmente, o melhor treinamento no processo de conscientização emocional é experienciá-lo. Somente trabalhando com as próprias emoções é que podemos ajudar os outros a fazê-lo. Só permitindo e aceitando as próprias emoções é que podemos ver que as emoções informam e organizam as pessoas. Somente aprendendo a tolerar as próprias emoções desagradáveis é que podemos experienciar que essas emoções vêm e vão, e é só sofrendo a nossa própria dor e triunfando sobre ela que realmente sabemos que isso é possível para os nossos clientes. Portanto, este é um caso de "Médico, cura-te a ti próprio", reformulado como "Terapeuta, orienta-te a si próprio". Os terapeutas devem orientar-se ou serem orientados para identificar e permanecer com as suas próprias emoções. Devem aprender a simbolizar seus sentimentos em palavras e a avaliar a sua natureza, bem como a identificar suas emoções desadaptativas; e, acima de tudo, devem aprender a acessar seus recursos emocionais positivos para transformar e apaziguar as emoções desadaptativas em si próprios.

Os clientes beneficiam-se da conscientização emocional dos terapeutas no processo de aprender a dominar a sua própria tomada de consciência. Os terapeutas precisam estar autenticamente presentes e congruentes ao trabalhar com as emoções dos clientes. A consciência emocional e a honestidade emocional nos terapeutas promovem a consciência emocional e a honestidade emocional nos clientes. Entretanto, a congruência é um conceito complexo, e ofereço algumas indicações sobre o que quero dizer com a necessidade dos terapeutas estarem em contato consigo próprios e sobre como usar essa congruência (Greenberg & Geller, 2001).

A autenticidade ou a congruência podem, em um nível inicial de análise, ser divididas em dois componentes distintos (Lietaer, 1993): (a) a capacidade de estar consciente da própria experiência interna e (b) a transparência, a vontade de comunicar ao outro o que está acontecendo dentro de si. Assim, a congruência tem, claramente, dois componentes: um componente interno, que envolve a consciência do próprio fluxo de experiência e transparência, e um componente externo, que se refere à comunicação explícita.

A afirmação de que ser transparente é terapêutico requer a especificação do conjunto de condições prévias e crenças, intenções e atitudes que são necessárias para que esse aspecto da congruência seja terapêutico. Ensinar simplesmente aos terapeutas jovens ou em começo de carreira que eles devem ser congruentemente transparentes nem sempre é útil. Isso porque ser transparente pressupõe um certo nível de desenvolvimento pessoal e certos compromissos intelectuais e de valores. A congruência, portanto, não é isolada como ingrediente terapêutico. A congruência terapêutica, além de envolver consciência e transparência, também exige que a experiência interna do terapeuta surja de atitudes, crenças e intenções relacionadas a não causar dano aos clientes e a facilitar o seu desenvolvimento. Esse é o equivalente psicoterapêutico de um juramento de Hipócrates.

Estar ciente do próprio fluxo de experiência interna e conectar-se com a essência do seu sentimento são dois componentes centrais da congruência (Rogers, 1959). O componente de consciência interna é o aspecto do conceito mais fácil de ser endossado como universalmente terapêutico. É sempre útil que os terapeutas estejam conscientes de seus próprios sentimentos e reações, visto que essa consciência os orienta e os ajuda a serem interpessoalmente claros e confiáveis. Essa consciência interna e esse contato envolvem estar receptivamente aberto e sensível à sua própria experiência de mudança a cada instante e estar totalmente imerso no momento. Com esse tipo de presença no momento e essa consciência emocional, há menor probabilidade de discrepância entre o comportamento verbal e o não verbal, e os clientes passam a saber que o que veem é o que conseguem obter. Aprendem que o terapeuta não tem agendas ocultas. Isso os ajuda a se sentirem seguros e reduz a ansiedade interpessoal, o que, por sua vez, permite aos clientes tolerar mais ansiedade intrapessoal e, assim, explorar mais profundamente. Se os terapeutas não estiverem conscientes dos seus sentimentos na interação com seus clientes, é pouco provável que se tornem ajudantes eficazes, visto que não terão acesso à informação vital gerada nas suas relações. Seria como operar no escuro. Os terapeutas sabem que são mais eficazes em ajudar os outros quando têm clareza e consciência do seu próprio fluxo de experiência interna, especialmente da experiência gerada a partir de suas interações a cada momento com os clientes.

O caso da transparência, ou o componente de comunicação da congruência, é muito mais complicado do que o componente de autoconsciência. Ser transparente como forma de facilitar envolve muitas competências interpessoais. Envolve a capacidade não apenas de expressar o que realmente se sente, mas também de expressá-lo de uma forma que seja facilitadora. A transparência, portanto, é um conceito global para um conjunto complexo de habilidades interpessoais incorporadas em um conjunto de atitudes terapêuticas. Essa competência parece depender de três fatores: (a) as atitudes do terapeuta, (b) certos processos e (c) a postura interpessoal do terapeuta.

Em primeiro lugar, e provavelmente o mais importante, as respostas congruentes precisam sempre estar incorporadas nas atitudes do terapeuta Rogeriano e devem ser comunicadas sem juízos de valor. Na vida, é evidente que podemos ser congruentemente destrutivos. Os terapeutas sabem que ser destrutivo não é o que significa o termo "congruência" no que diz respeito à terapia, visto que a congruência é, na verdade, tacitamente qualificada por uma série de outras crenças e pontos de vista sobre como ser congruente. Portanto, considero útil empregar a palavra "facilitador" para qualificar o termo "congruente". A expressão do próprio terapeuta deve ser feita para o benefício do cliente.

Quando os terapeutas se expressam genuinamente, precisam fazê-lo de forma disciplinada. Eles não deixam escapar impulsivamente tudo o que sentem no momento, mas comunicam sentimentos essenciais importantes. Para fazer isso, precisam primeiro estar conscientes de seu nível mais profundo de experiência, o que pode demandar tempo e reflexão. Em seguida, devem ser claros quanto à sua intenção ao compartilhar sua experiência (noção de que esse compartilhamento é para o benefício do cliente ou da relação, e não deles próprios). É também importante que os terapeutas sejam sensíveis ao momento da revelação, sentindo se os clientes estão abertos ao que têm para oferecer ou vulneráveis demais para recebê-lo. Assim, a disciplina envolve a necessidade de o terapeuta (a) não dizer simplesmente o que está sentindo e (b) certificar-se de que o que é expresso é um sentimento central ou primário, e não secundário. Outro conceito de qualificação que considero útil para ajudar a esclarecer o aspecto da transparência da congruência é a abrangência — congruência precisa significar "dizer tudo". O terapeuta expressa não apenas o aspecto central ou focal que está sendo vivenciado, mas também a metaexperiência — o que se sente sobre o que está sendo experienciado e comunicado. Assim, dizer que se sente irritado ou entediado não constitui uma comunicação abrangente. Os terapeutas também precisam comunicar sua preocupação sobre o fato de essa revelação poder prejudicar seus clientes, e precisam expressar que estão comunicando isso com o desejo de esclarecer e melhorar uma conexão, e não de destruí-la. Esse é o significado de "dizer tudo".

Ser congruente pode envolver a declaração do terapeuta sobre o que está sentindo em seu corpo naquele momento. Pode envolver falar de um sentimento que tem persistido ao longo do tempo e que não está sendo sentido de forma visceral no momento. Além disso, ser congruente pode significar que o terapeuta diga algo que capte espontaneamente o sentido do momento. Os sentimentos atuais ou gerais expressos de forma congruente podem variar da compaixão à raiva, da ameaça à alegria. Dependendo da emoção sentida, ela será expressa de uma forma muito específica, com suas próprias intenções expressivas. A raiva, por exemplo, pode ser expressa para estabelecer limites e para ajudar a resolver o sentimento de injustiça; a compaixão pode ser expressa para ser compartilhada e para confortar. O medo provavelmente é expresso com mais frequência para informar a outra pessoa da nossa reação a ela.

Além de revelar o que está sentindo, ser congruente pode envolver dizer o que está pensando, revelar uma imagem, compartilhar uma experiência passada ou ainda comentar sobre a interação entre terapeuta e cliente. As intenções aqui podem ser transmitir a nossa compreensão ou lidar com uma dificuldade relacional. Um terapeuta altamente integrado ou bem treinado, dedicado a ajudar, produzirá respostas congruentes de um tipo e de uma qualidade diferentes daqueles das respostas de um terapeuta indiferenciado ou egocêntrico, ou de um novato. Assim, ser terapeuticamente congruente pode envolver um conjunto complexo de habilidades interpessoais, bem como a habilidade intrapessoal de consciência.

Por fim, é a postura interpessoal do terapeuta que é importante para compreender a transparência facilitadora. Afirmar e revelar posturas é a chave que torna a transparência facilitadora. As respostas afirmativas são as respostas básicas nas terapias de apoio. O que um terapeuta faz quando não se sente afirmativo, porém irritado, crítico e rejeitador e não consegue superar esses sentimentos? Para que uma resposta transparente seja facilitadora, os sentimentos precisam ser expressos como revelações. Não é o conteúdo da comunicação a questão central de ser um facilitador; em vez disso, é a postura interpessoal da revelação que é importante. A revelação implícita ou explícita envolve uma vontade ou um interesse em explorar com a outra pessoa o que se está expressando. Por exemplo, quando são atacados ou sentem raiva, os terapeutas não atacam, mas antes revelam que estão com raiva. Os terapeutas não usam uma linguagem que culpa "você"; em vez disso, assumem a responsabilidade pelos seus sentimentos e usam a linguagem do "eu", que ajuda a revelar o que estão sentindo. Acima de tudo, não assumem uma posição de escalada nessa comunicação, mas antes revelam abertamente seus sentimentos de medo, raiva ou mágoa. Quando o problema é o terapeuta experienciar sentimentos não afiliativos, de rejeição ou de perda de interesse na experiência do cliente, a habilidade interacional necessária envolve ser capaz de revelar isso no contexto, comunicando de forma congruente que ele não deseja ter esse sentimento. Ou o terapeuta pode revelar esses sentimentos como um problema que está atrapalhando e explicar que está tentando reparar a distância para poder se sentir mais compreensivo e mais próximo do cliente. A chave para comunicar de forma congruente e facilitadora o que poderia ser percebido como sentimentos negativos geralmente é ocupar uma posição interacional de revelação que seja não dominante e afiliativa. Assim, no contexto de sentir raiva, o processo facilitador e congruente de um terapeuta envolve primeiro verificar se a raiva é o seu sentimento mais central; se for, então isso precisa ser comunicado sem culpabilização e sem escalada. Se o terapeuta está se sentindo mais magoado, diminuído ou ameaçado do que com raiva, então a congruência envolve estar consciente disso e expressá-lo de maneira eficaz.

Por exemplo, uma cliente muito frágil e explosiva disse-me, certa vez, durante um encontro intenso, que me odiava porque eu era muito falso e que agi de maneira muito presunçosa ao assumir que entendia o que ela sentia. Declarou que me via como uma sanguessuga tentando sugar sua vida emocional e que, embora eu professasse boas intenções, estava realmente decidido a destruí-la. Sob esse ataque crescente e implacável, comecei a sentir raiva defensivamente. Entretanto, consegui superar minha raiva e disse-lhe que sentia medo da raiva dela. Lágrimas vieram-me aos olhos quando lhe disse que me sentia magoado. Isso foi revelado sem culpa ou recriminação e sem uma intenção explícita relacionada com poder ou controle para fazê-la parar — era apenas uma revelação do que sentia por dentro naquele momento. Essa revelação ajudou a cliente a parar o seu ataque e despertou nela alguma preocupação por mim. A habilidade de responder de forma congruente ao lidar com sentimentos difíceis envolve, portanto, identificar a própria resposta interna ao sentimento — essa é a habilidade geral da tomada de consciência — e traduzir essa experiência intrapessoal em respostas interpessoais afirmativas e reveladoras.

Uma vinheta da terapia: colocando em prática

Em uma sessão, um cliente queixou-se de que estava deprimido e se sentindo solitário. Guiei sua atenção para seus sentimentos de solidão com uma resposta empática de como estava "simplesmente se sentindo sozinho". Meu cliente reconheceu isso. Sugeri-lhe que era importante prestar atenção às suas emoções, pois elas eram um caminho para encontrar o que estava na base da sua depressão. Ele concordou. Continuei a demonstrar empatia com seu sentimento de desesperança e, em resposta à minha pergunta "Você sente isso agora em alguma parte do seu corpo?", o cliente apontou para seu peito. Pedi-lhe que colocasse a mão ali e falasse sobre esse sentimento. Ele expressou então o seu profundo sentimento de isolamento. Declarou: "Sinto-me vazio, como se não estivesse aqui, a não ser que fale com alguém ou faça alguma coisa". Sua solidão aumentou e ele começou a chorar. Articulou esse sentimento expressando o quanto desejava apenas ser tocado, ter uma mão colocada em seu ombro ou peito para saber que ele existe e ser tranquilizado e confortado pelo toque. Disse tudo isso enquanto se balançava suavemente para frente e para trás na cadeira. Destaquei o seu movimento expressivo e pedi-lhe que o desenvolvesse em uma atividade explícita de autoapaziguamento. Descreveu então como se sentia isolado em seu casamento anterior. Sentiu isso durante anos antes de o casamento terminar e expressou como se sentia "invisível" e "sem cuidados" por parte da ex-esposa. Continuei ajudando-o a procurar, descrever e expressar seus sentimentos em palavras, refletindo empaticamente tanto seu sentimento de ter sido invisível quanto sua necessidade de ser visto e valorizado apenas por ele próprio. Meu cliente iniciou então o processo inevitável que ocorre em tantos de nós: o de criticar-se por ser tão fraco e precisar tanto dos outros. Trabalhou por algum tempo nesse infeliz processo de autodiminuição, colocando suas críticas em termos de "você" e fingindo que era outra pessoa criticando a si mesmo; entretanto, superou essas críticas concentrando-se em seus aspectos mais saudáveis. Concentrou-se em sua capacidade de ler a mensagem de seus sentimentos de isolamento em um casamento vazio e na legitimidade de suas necessidades de contato. Esses sentimentos funcionaram como uma fonte valiosa de informação sobre o que ele queria e levaram-no a refletir sobre a importância, para ele, de ter um relacionamento afetuoso. Falou sobre como ficou surpreso quando sua nova namorada realmente o desejou e o abordou para contato físico.

Enquanto meu cliente falava sobre a procura ativa de sua namorada por ele, estendia os braços e as mãos, demonstrando por gestos que sua resposta à procura dela era mantê-la a distância de maneira protetora. Prestando atenção aos movimentos de suas mãos, perguntei-lhe o que acontecia quando ela se aproximava dele. Respondeu que, inicialmente, ficava ansioso quando ela se aproximava e se retraía internamente. Ao explorar mais profundamente esse sentimento, encorajei-o primeiro a reconhecer esse medo possivelmente prejudicial, em vez de evitá-lo ou ignorá-lo. Começou a falar de como se sentia indigno e, depois, de como tinha medo de deixar alguém se aproximar por receio de ser conhecido e mais uma vez rejeitado. Isso o levou de volta a seus sentimentos de ter sido abandonado pela ex-mulher — não por causa de outro homem, mas pela arte dela. Compartilhei com ele que podia imaginar como isso devia tê-lo feito sentir uma pessoa sem importância. Sua experiência de se sentir rejeitado foi ainda mais evocada e intensificada quando lhe pedi que imaginasse que sua ex-mulher estava sentada na cadeira à sua frente. Pedi que lhe dissesse como o que aconteceu o fez se sentir odiável. Após ter vivenciado e tolerado essa dolorosa experiência, perguntei-lhe do que ele precisava. Respondeu que precisava se sentir valorizado e querido, e validei então a sua resposta. Isso o ajudou a acessar o sentimento de ter sido maltratado por ela. Um sentimento de raiva surgiu. Sentiu-se mais fortalecido porque foi capaz de sentir raiva diante da ofensa, em vez de se sentir rejeitado e triste. A sessão foi concluída quando o cliente descreveu claramente a sua necessidade de se sentir amado e de se autoafirmar, assim como a sua intenção de continuar buscando a proximidade que desejava com sua namorada. Disse também como se sentiu tranquilizado quando a namorada confessou que se sentia insegura e precisava de sua segurança. Declarou que se viu refletido nela. Perceber que ela se sentia insegura quando ele se sentia tão positivo em relação a ela devia significar que ela o amava, embora sentisse uma insegurança interior semelhante. Assim, refletiu e construiu uma nova narrativa sobre seu relacionamento passado, sobre seu próprio valor e sobre sua capacidade de estar em um novo relacionamento. Embora essa fosse uma perspectiva nova e provisória que necessitava de maior validação, marcou definitivamente uma mudança na sua visão de si mesmo. Esse acontecimento envolveu muitos dos processos sobre os quais falamos:

- prestar atenção à experiência corporal;
- concentrar-se naquilo que é experienciado no presente;
- experienciar sentimentos;
- superar as interrupções autocríticas;
- apropriar-se de emoções não saudáveis (medo e indignidade);
- entrar em contato com necessidades e desejos (a necessidade de ser tratado com justiça e a necessidade de ser amado);
- entrar em contato com emoções saudáveis (raiva);
- criar novos significados narrativos;
- contar com a presença e o compartilhamento do terapeuta.

Quando as pessoas procuram, descrevem e expressam seus sentimentos, precisam acompanhar a sua experiência a cada momento, exatamente como o meu cliente fez no exemplo anterior. Os terapeutas precisam trabalhar como artistas, procurando continuamente destacar e desenvolver aspectos da sua experiência, concentrando-se numa frase aqui, num gesto ali e nas qualidades vocais específicas das vozes dentro da sua cabeça ou na sua voz falada. Sentimentos pungentes indicam uma direção para aprofundar a experiência. Um suspiro indica uma sensação de tristeza; o formato da boca de uma pessoa pode indicar que o choro está próximo. As pessoas precisam prestar atenção e permitir-se sentir todas essas experiências emergentes até que surja um significado central, como quando meu cliente experienciou seu isolamento e seu desejo de contato e conforto. A orientação é, portanto, principalmente um processo de direcionar a atenção para sinais internos, de modo que o cliente possa expressá-los em palavras e então possamos ajudá-lo a entender o que está dizendo. Nesse exemplo de terapia, uma vez despertada a experiência emocional da solidão, ela estava viva e presente; não havia necessidade de procurá-la. A tarefa era prestar atenção a essa experiência, em vez de evitá-la, controlá-la ou cancelá-la. O cliente precisava colocá-la em palavras, permitir que existisse, e era preciso ajudá-lo a dar-lhe sentido. Isso envolveu identificar o que a emoção o impelia a fazer e informá-lo de suas necessidades. Depois disso, as pessoas têm de decidir um curso de ação, levando em consideração todas as informações emocionais importantes, bem como todos os fatores externos. Em seguida, devem integrar todas essas fontes de informação em um curso de ação fundamentado.

5
Formulação de caso e intervenções guiadas por marcadores

A razão é, e deve ser, apenas a escrava das paixões, e nunca pode pretender qualquer outra função senão servi-las e obedecê-las.
— **David Hume**

A formulação de caso e as intervenções guiadas por marcadores são usadas durante todo o processo de terapia. Uma *formulação de caso* é uma hipótese de trabalho sobre a emoção dolorosa central do cliente (o que é essa emoção, o que a causou e que pensamentos e comportamentos a sustentam). Essa hipótese serve como mapa clínico para a intervenção. Embora possa ser revisada ao longo do processo de terapia, como uma conceituação abrangente, costuma ser consistente durante todo o tratamento.

Embora a formulação de caso tenda a permanecer mais ou menos estável ao longo do tratamento, as intervenções específicas são escolhidas com base na experiência de cada momento com o cliente na sessão. Uma vez que o terapeuta tenha criado um ambiente seguro por meio de sua presença, empatia, aceitação e validação, ele deve ouvir o cliente apresentar marcadores das dificuldades de processamento. Em seguida, o terapeuta deve oferecer intervenções que correspondam à dificuldade apresentada. Os estados problemáticos emergentes do cliente durante a sessão são vistos como marcadores de oportunidades para intervenções diferenciais mais adequadas para ajudar a facilitar o trabalho produtivo em cada estado problemático. Essa é uma forma de diagnóstico processual.

O diagnóstico processual é, portanto, privilegiado sobre o diagnóstico da pessoa. Isso é feito principalmente por meio de descrições claras dos marcadores de dificuldades de processamento emocional do cliente, que indicam que ele, em dado momento, encontra-se em um estado problemático específico que é passível de determinado tipo de intervenção. Por exemplo, o marcador de uma divisão crítica do *self* (*self-critical split*), em que uma parte da pessoa (o *self* crítico) critica outra parte (o *self* experiencial) de uma forma emocionalmente envolvida, indica que a pessoa está atualmente lutando para resolver esse problema e que esses processos estão atualmente ativos e, portanto, acessíveis. As intervenções do terapeuta criam um ambiente específico para a tarefa terapêutica, concebido para facilitar um tipo de processo no cliente, que tem demonstrado ser útil para levar à resolução desse tipo de problema, como integração e autoaceitação para o autocriticismo (Greenberg, Rice, & Elliott, 1993).

Neste capítulo, analisaremos como desenvolver uma formulação de caso que forneça uma estrutura para a intervenção e veremos algumas formas específicas de intervenção que podem ser utilizadas ao longo do processo de treinamento emocional com base nos marcadores emocionais presentes.

Formulação de caso

Na Fase 1 da orientação emocional, nos Passos 1 e 2, e mesmo antes deles (quando o terapeuta tem o primeiro contato com um potencial cliente), o terapeuta com foco nas emoções envolve-se em um modo de formulação de caso sensível ao processo. Mantendo o dedo no pulso experiencial do cliente em todos os momentos, o terapeuta ouve qual é a emoção que parece ser fundamental. A formulação do caso é altamente sensível ao processo, seguindo sempre o que é mais doloroso ou mais pungente, em vez de ouvir o conteúdo e depois impô-lo ao processo futuro. A formulação envolve, antes de mais nada, acompanhar a dor dos clientes para guiá-los até os seus problemas centrais.

As etapas da formulação de caso foram descritas detalhadamente em Greenberg e Goldman (2007) e Goldman e Greenberg (2015), e são descritas brevemente a seguir. Na formulação de caso, o processo é privilegiado sobre o conteúdo, e o diagnóstico processual é privilegiado sobre o diagnóstico da pessoa. No centro dessa abordagem de processo para formulação de caso, o terapeuta usa uma "bússola da dor" metafórica. Acompanhar a dor do cliente orienta o processo para a preocupação central dele.

A formulação de caso envolve, inicialmente, a revelação e o desdobramento da narrativa e a observação do estilo de processamento emocional. Ela consiste nos seguintes passos:

- ouvir os problemas apresentados;
- identificar a pungência e a experiência dolorosa;
- prestar atenção e observar o estilo de processamento emocional;
- revelar a narrativa baseada na emoção.

O processo de formulação começa no primeiro encontro ou mesmo no contato telefônico inicial, com uma compreensão dos problemas apresentados. O problema específico só será identificado quando a emoção dolorosa central for acessada no Passo 4 do processo de orientação. Desde o início, o terapeuta escuta a pungência e a dor. À medida que os problemas do cliente e as histórias relacionadas se desenrolam, o terapeuta pergunta-se implicitamente: "O que é mais comovente na história?" e "O que é mais doloroso?". A bússola da dor indica onde o terapeuta deve concentrar a atenção. Essa identificação da dor crônica duradoura (Greenberg & Bolger, 2001; Greenberg & Paivio, 1997) estabelece o objetivo do tratamento, que passa a ser a resolução da questão dolorosa.

À medida que os clientes revelam suas histórias, o terapeuta observa vários elementos de seu estilo de processamento emocional. A partir dessa estrutura, ele observa e avalia a forma de processamento emocional. Desde o início, o terapeuta observa se as emoções estão sobrerreguladas ou subreguladas; se são respostas emocionais primárias, secundárias ou instrumentais (Greenberg & Safran, 1986); e se são produtivas ou improdutivas (Greenberg, Auszra, & Herrmann, 2007). Esses são considerados os elementos-chave da formulação inicial do caso, visto que informam ao terapeuta como intervir. Essas avaliações emocionais são auxiliadas pela observação da expressão não verbal, incluindo a expressão facial, o tom de voz e a forma como as coisas são ditas. Outros fatores, como os estados de significado afetivo dos clientes (Pascual-Leone & Greenberg, 2007), a qualidade vocal do cliente (Rice & Kerr, 1986), a ativação emocional (S.H. Warwar & Greenberg, 1999) e a profundidade da experiência do cliente (Klein, Mathieu-Coughlan, & Kiesler, 1986), são avaliados. A narrativa baseada nas emoções é então revelada de forma mais completa. O terapeuta ouve a história com atenção, ficando particularmente comovido com o tom emocional que a permeia. As histórias dos clientes revelam o que sentem e em relação a quem, juntamente com as suas necessidades ou preocupações implícitas, que podem ou não ter sido abordadas.

A formulação de caso passa para a criação conjunta de um foco com o cliente, identificando a emoção dolorosa central. A formulação da emoção dolorosa central do cliente começa no Passo 4 do processo de orientação, quando o terapeuta com foco nas emoções ajuda o cliente a chegar aos sentimentos primários, e continua no Passo 5, quando ele o auxilia a avaliar se a emoção é saudável ou não. Existem seis aspectos principais na formulação de caso. Para facilitar a memorização, esses elementos do processo de formulação são representados pelo acrônimo MENSIT:

- Marcadores
- Emoção (esquemas centrais)
- Necessidades
- Emoções secundárias (*secondary emotions*)
- Interrupções
- Temas

O processo de MENSIT ajuda o terapeuta e o cliente a construir juntos uma narrativa que liga o problema apresentado (P), os estímulos desencadeantes (E) e as evitações comportamentais e consequências (C) da maneira como o cliente lida com sua emoção dolorosa central.

A formulação do caso continua durante todo o processo de terapia, à medida que o terapeuta com foco nas emoções se concentra a cada momento para identificar os estados atuais do cliente, os marcadores contínuos relacionados com as questões centrais e os micromarcadores dentro das tarefas. Além disso, à medida que surgem novos significados, o terapeuta avalia como a nova narrativa emergente se liga ao problema apresentado e indica o grau de mudança e a prontidão para o término (ver Goldman & Greenberg, 2015, para uma para uma explicação mais detalhada da formulação de caso).

Intervenções guiadas por marcadores

Uma característica definidora da abordagem da terapia focada nas emoções (TFE) é que a intervenção é *guiada por marcadores*. A pesquisa demonstrou que, na terapia, os clientes entram em estados específicos de processamento emocional problemático, identificáveis por declarações e comportamentos durante a sessão que marcam problemas afetivos subjacentes, os quais oferecem oportunidades para tipos específicos de intervenção eficaz (Greenberg, Rice, & Elliott, 1993). Os marcadores do cliente indicam não apenas o seu estado e o tipo de intervenção a utilizar, mas também a *prontidão* atual do cliente para trabalhar com esse problema. Como assinalei anteriormente, os terapeutas com foco nas emoções identificam marcadores de diferentes tipos de problemas de processamento emocional problemático e intervêm de formas específicas que melhor se adaptem a esses problemas. Cada uma das tarefas foi estudada de maneira intensiva e extensiva, e os componentes-chave de um caminho para a resolução, assim como a forma específica que a resolução assume, foram especificados (Greenberg, Rice, & Elliott, 1993). Desse modo, os modelos do processo real de mudança funcionam como mapas para orientar a intervenção.

Intervenções como as descritas a seguir e resumidas na Tabela 5.1 ajudam as pessoas a acessarem as suas emoções centrais desadaptativas. Essas intervenções começam a ser mais aplicáveis no Passo 4 para chegar aos sentimentos primários e são importantes no segundo estágio de abandono de deixar uma emoção. No Passo 6, ajudam a identificar a voz negativa associada a emoções desadaptativas; no Passo 7, a acessar a necessidade na emoção dolorosa central; e, no Passo 8, a gerar respostas emocionais novas e saudáveis. As seções a seguir identificam qual intervenção é mais adequada para cada marcador.

Afirmação empática para o marcador da vulnerabilidade

A *afirmação empática* é a intervenção de escolha quando os clientes apresentam um *marcador de vulnerabilidade*. Esse marcador indica o surgimento de um sentido profundo de esgotamento, fraqueza, vergonha relacionada consigo próprio ou desamparo. Esse é um estado de esgotamento primário. Nesse estado, o cliente pode revelar relutantemente ao terapeuta, muitas vezes pela primeira vez, que está enfrentando sentimentos poderosos, vulnerabilidade, desespero ou desesperança, ou vergonha pessoal. A sensação é de que o cliente está experienciando um sentimento generalizado de cansaço e de esgotamento de recursos emocionais. A tarefa do terapeuta é oferecer presença empática, aceitando e validando a experiência, independentemente do que o cliente esteja experienciando, e permitir-lhe mergulhar em seu sentimento de esgotamento, desesperança, desespero ou humilhação. Na afirmação empática, o terapeuta valida a experiência do cliente e não incentiva explicitamente a exploração interna para diferenciar a experiência. O terapeuta está sintonizado com a vulnerabilidade do cliente, transmite compreensão e aceitação e não tenta "fazer" nada para guiá-lo, mas simplesmente o acompanha e compreende. Quando o terapeuta acompanha e afirma a experiência do cliente dessa

TABELA 5.1 Marcadores, intervenções e estados finais

Marcador de tarefas baseado em empatia	Classificação da tarefa terapêutica	Tarefa Terapêutica	Resolução
Vulnerabilidade (emoção dolorosa relacionada ao esgotamento)	Tarefa baseada na empatia	Afirmações empáticas	Autoafirmação do *self* (se sente compreendido, esperançoso e fortalecido)
Sentimento não muito claro, difuso (vago, externo ou abstrato)	Tarefa de experienciação	Focalização experiencial	Sentir uma mudança corporal; sentir prontidão para aplicar a mudança fora da terapia (seguir adiante)
Reação problemática (reação inexplicável em relação a uma situação específica)	Tarefa de reprocessamento	Revelação evocativa sistemática	Nova visão do *self* em funcionamento no mundo
Autocriticismo (autoavaliação crítica do *self*)	Tarefa de dramatização	Diálogo em duas cadeiras	Autoaceitação, integração
Interrupção do *self*	Diálogo em duas cadeiras	Descoberta de como a pessoa interrompe a emoção e perceber-se como agente do processo	Expressão, empoderamento
Questões inacabadas (não resolvidas)	Diálogo na cadeira-vazia	Libertação dos ressentimentos e das necessidades não atendidas	Afirmação do *self*; compreensão, perdão ou responsabilização de outras pessoas
Angústia devastadora (sofrimento emocional muito intenso)	Autoapaziguamento compassivo	Processo de luto pela necessidade não atendida e sentimento de autocompaixão	Calma, alívio corporal, segurança

forma, ajuda-o a entrar na experiência e a atingir o fundo do poço antes de começar espontaneamente a se voltar para cima em direção à esperança. No processo de resolução da vulnerabilidade, o cliente revela um aspecto do *self* que antes era mantido oculto.

Daniel Stern (1985), ao descrever a sintonia do cuidador ao afeto do bebê, mostrou como a criança constrói um forte senso do *self* a partir do espelhamento do afeto. Ele explica que, se um cuidador, por meio da voz e do rosto, espelhar com entusiasmo a excitação do bebê ao derrubar um conjunto de blocos, a criança, experienciando a excitação tanto de dentro como de fora, construirá uma sensação forte e clara de si mesma como excitada. Essa interação proporciona à criança uma sensação de vitalidade que fortalece o *self*. Entretanto, se o cuidador estiver deprimido, responder sem entusiasmo e não espelhar o afeto da criança, esta, referindo-se tanto à sua própria excitação interna crescente quanto a uma diminuição contraditória ou resposta não espelhada do exterior, ficará confusa sobre o que está sendo vivenciado e, portanto, será incapaz de desenvolver uma noção clara de que ela está excitada. A experiência da criança não se confirma e a sua vitalidade diminui. O mesmo acontece com os clientes quando expressam, por exemplo, sentimentos de desesperança e esgotamento. A resposta do terapeuta que espelha a experiência do cliente, tanto no tom e no ritmo quanto no conteúdo — por exemplo, "Você está se sentindo como se não houvesse mais energia, nada mais para aproveitar" —, confirma a experiência do cliente, e isso o leva a construir uma ideia clara de um *self* sem esperança. Essa confirmação, em que há uma correspondência entre a experiência interna e a externa, ajuda o cliente a sentir-se visto e validado. Isso rompe a sensação de isolamento do cliente e fornece vitalidade para ele começar a se mover novamente, levando a uma resposta enérgica como: "Sim, é exatamente assim que me sinto". O *self* é fortalecido pela validação.

Nesse processo, é muito importante que o terapeuta mantenha uma postura afirmativa e não insistir demais na mudança. Isso pode ser difícil se o terapeuta não tiver confiança incondicional na resiliência inata do cliente e na capacidade de recuperação. A resolução dessa tarefa viabiliza maior vitalidade, juntamente com diminuição da sensação de isolamento e maior autodireção. É importante assinalar que, quando a vulnerabilidade surge no decurso do trabalho em alguma outra tarefa, ela tem prioridade, visto que, sem o sentimento de esperança e possibilidade que ressurge ao trabalhar com esse sentido de *self* altamente vulnerável, não há energia para trabalhar com mais nada.

Focalização experiencial para uma sensação sentida vaga ou pouco clara

A *focalização experiencial (experiential focusing)*, que deriva do trabalho de Gendlin (1996), é a intervenção de escolha para uma sensação sentida ausente, vaga ou pouco clara. Uma *sensação sentida vaga* é um estado em que a pessoa está na superfície de sua experiência ou sente-se confusa e incapaz de ter uma noção clara da experiência: "Eu só tenho esse sentimento, mas não sei o que é". O terapeuta então orienta o cliente a abordar os aspectos incorporados de sua experiência com atenção, curiosidade e vontade, para experienciá-los e colocar em palavras o seu sentido corporal. Uma resolução envolve uma mudança da sensação corporal e a criação de um novo significado.

Um cliente, por exemplo, pode se expressar de maneira intelectual ou externa, falando em círculos sem chegar ao que é importante. Há uma sensação de incerteza ou de estar fora de contato ou distante da experiência interna. Nesses momentos, o terapeuta sugere que o cliente se concentre no sentimento pouco claro. O terapeuta sugere gentilmente a ele que diminua o ritmo e olhe para dentro, que preste atenção ao local do corpo onde sente seu sentimento e perceba o que experiencia nesse local, para então perguntar "O que está acontecendo comigo neste exato momento?" e ver o que surge. Depois de o cliente nomear os aspectos passageiros de seu estado subjetivo, o terapeuta pede a ele que identifique um dos sentimentos ou questões nos quais deseja se concentrar e que atribua desejos ao sentimento. Quando surge uma ou mais palavras ou imagens, pede-se ao cliente que verifique internamente se o que aparece se encaixa ou não. Se o rótulo não se adequar, pede-se a ele que procure um rótulo que reflita melhor o que está experienciando.

À medida que a focalização experiencial progride, pede-se repetidamente ao cliente que ajuste palavras aos seus sentimentos até captar o sentimento de "Sim, é isto que sinto". Isso leva a uma mudança na sensação corporal percebida. A resolução envolve o desenvolvimento de uma sensação sentida rotulada com precisão, acompanhada por uma sensação experienciada de relaxamento ou alívio e uma indicação para levar essa "mudança sentida" para a vida fora da sessão de terapia. Os muitos microprocessos de focalização em uma sensação corporal envolvida na passagem para uma experiência mais profunda também podem ser integrados em outras intervenções terapêuticas.

Revelação evocativa (*evocative unfolding*) sistemática para reações problemáticas

A revelação evocativa sistemática é a intervenção de escolha quando acontece uma reação problemática. São casos em que o cliente fica intrigado com uma reação que teve a uma situação específica (Greenberg, Rice, & Elliott, 1993) — por exemplo, quando um cliente relata: "No caminho para a terapia, vi um cachorrinho com orelhas compridas e caídas, e de repente me senti muito triste, mas não sei por quê". As reações problemáticas são oportunidades para um processo de revelação evocativa sistemática. Essa forma de intervenção envolve a evocação vívida da experiência para promover a reexperienciação da situação e da reação, de modo a estabelecer as conexões entre a situação, os pensamentos e as reações emocionais, para finalmente chegar ao significado implícito da situação que dá sentido à reação. A resolução envolve uma nova visão do autofuncionamento.

As tarefas de revelação evocativa envolvem ajudar o cliente a elaborar narrativas previamente condensadas com imediatismo e vivacidade; elas expandem o momento de modo a desenrolar pequenos elementos de experiência que estavam codificados na memória, mas não eram apresentados na narrativa condensada inicial. Sabemos sempre mais do que dizemos e, assim, ao reevocar a situação, ganhamos acesso aos momentos de experiência que foram registrados e ficam disponíveis na memória quando a situação é revivida na sessão de terapia de forma mais lenta e explorada com curiosidade.

O objetivo da resposta evocativa é acessar as memórias dos clientes sobre o que ocorreu a cada momento de determinado evento, de modo a reconstruir o evento e evocar os sentimentos e interpretações subjetivas do que aconteceu. Primeiro, o cliente é solicitado a descrever o evento ou a cena em detalhes. O objetivo é reproduzir um "filme" do que aconteceu para que tanto o terapeuta quanto o cliente tenham uma noção viva de como a experiência foi para o cliente. O terapeuta pode ajudar na construção. À medida que o cliente fornece uma descrição concreta e detalhada do evento, o terapeuta o ajuda a rastrear suas reações afetivas com a intenção de reconhecer o momento em que a reação mudou, de modo que possa identificar o gatilho ou estímulo e a maneira como ele foi interpretado.

Quando o cliente apresenta um ponto de reação problemático, o terapeuta o orienta a relatar o episódio intrigante, incluindo o que o levou a isso e exatamente a que ele reagiu. O terapeuta ajuda o cliente a explorar alternadamente tanto a situação percebida quanto a sua reação emocional interna à situação. Ele evoca uma imagem da cena, dizendo algo como: "Então, lá está você, parado ao pé da escada, de terno e gravata, com sua pasta na mão, pronto para sair para o trabalho. Sua esposa está parada no topo da escada, ainda de roupão, olhando para você". Uma vez pintado um quadro da cena a partir dos elementos mencionados pelo cliente, o terapeuta agora coloca o cliente no centro da imagem, guiando a atenção dele para a resposta corporal sentida na situação. À medida que o cliente, em sua imaginação, entra novamente na situação, ele reexperiencia a sua reação. O terapeuta o incentiva a buscar experiencialmente o instante exato de sua reação problemática e seu gatilho. O cliente e o terapeuta procuram o que foi saliente na situação de estímulo e como isso foi construído — por exemplo, a maneira como a sua esposa o olhava com desprezo, o que ele percebeu como desprezo e que desencadeou seu sentimento de vergonha. Isso leva então a uma exploração da vergonha sentida pelo cliente e das suas origens em experiências passadas de ter sido humilhado pelo seu pai. No mínimo, a resolução dessa tarefa envolve compreender a razão da reação desconcertante. No entanto, esse ponto normalmente representa apenas o começo de um processo de autorreflexão no qual o cliente acessa esquemas emocionais centrais e visões relacionadas do *self* — por exemplo, a visão desse homem cujos sentimentos de vergonha e incompetência em seu relacionamento com seu pai foram ativados pelo olhar de sua mulher, que ele interpretou como desdenhoso. A resolução completa envolve uma mudança clara na visão do *self*, juntamente com uma sensação de empoderamento para promover mudanças na vida consistentes com a nova visão.

Diálogo em duas cadeiras para conflitos do *self*

O *diálogo em duas cadeiras* é utilizado quando o cliente apresenta um marcador de *conflito* (Greenberg, 1979; Greenberg & Clarke, 1979). Neste, um aspecto do *self* está em oposição a outro aspecto. A forma mais comum de conflito trabalhada é o autocriticismo. Nesse tipo, uma parte do cliente critica a outra parte, designada como *self* experiencial. Por exemplo, uma mulher fica rapidamente desesperada e derrotada, mas também irritada diante de um contratempo: "Falhei e não sou tão boa quanto meus colegas". Conflitos de autocriticismo como esse oferecem uma oportunidade para o trabalho em duas cadeiras. Nesse caso, duas partes do *self* são colocadas em contato direto uma com a outra e levadas a dialogar a partir de cadeiras diferentes. Nesse diálogo, o terapeuta, tendo identificado a voz autocrítica, incentiva o cliente a começar a se criticar a partir de uma cadeira. Ele então orienta o cliente a se mover entre as duas cadeiras a fim de encenar a conversa interna entre a parte crítica e a reação emocional à crítica.

No diálogo inicial, o cliente toma consciência da presença constante de uma voz autocrítica e do seu impacto indutor de desamparo ou vergonha. Assim, ele pode dizer para si mesmo com uma voz dura: "Você é um covarde. Você é desprezível, inútil, intocável". A parte crítica é treinada para ser tão específica quanto possível ao expressar suas críticas, por exemplo: "Ontem você estragou tudo ao falar com a sua namorada". O objetivo é evocar a reação emocional do *self* da maneira mais específica e concreta possível. O cliente é então solicitado a passar para a cadeira do *self*, onde é questionada sua reação afetiva à crítica, não apenas uma reação secundária global de mal-estar geral, como "Sinto-me mal", mas uma sensação diferenciada que realmente se torna viva no corpo naquele momento — um sentimento primário, por exemplo, de estar paralisado ou de querer se encolher no chão. Quanto mais o crítico puder ser ajudado a atingir situações específicas de experiências concretas, por exemplo, de fraqueza ou fracasso na reunião de ontem, mais memórias episódicas, situacionais e emocionais serão evocadas. Depois de identificar as vozes hostis, é muito mais fácil para o terapeuta ajudar o cliente a desenvolver uma visão mais saudável e de autocuidado. Uma vez identificada a qualidade cruel e desdenhosa da voz interna, o cliente muitas vezes reconhece que a voz está agindo de forma desproporcional ao que ocorreu. Isso o ajuda a superar a situação.

Por vezes, essa voz interna pode ser superprotetora e sufocar a espontaneidade. Ela pode dizer coisas como "Tenha cuidado, você pode se machucar", ou pode até parecer um professor prestativo que diz: "Você deveria se esforçar mais". Infelizmente, à medida que essa voz se desenvolve, muitas vezes torna-se altamente ofensiva, maliciosa e autodepreciativa. O trabalho do terapeuta é ajudar o cliente a tomar consciência dessa voz e a compreender o sofrimento que esses pensamentos destrutivos estão lhe causando. Com frequência, essas atitudes hostis em relação ao *self* soam muito semelhantes ao que os cuidadores da pessoa poderiam ter dito a ela, e agora a pessoa adotou todas as críticas e as repete para si mesma. É como se um pai negativo ou outra pessoa importante vivesse agora dentro da cabeça da pessoa. Se quisermos superar esses pensamentos destrutivos, então é necessário articular as críticas centrais e reconhecê-las como ataques que vieram originalmente de outra pessoa. Assim, as pessoas serão mais capazes de combatê-las com outra voz dentro de si.

Nos primeiros diálogos, o objetivo é ajudar o cliente a tomar consciência da presença constante de uma voz autocrítica e do seu impacto. É o desprezo pelo *self* que acompanha essas críticas que evoca os piores sentimentos, muitas vezes de impotência, desamparo e desesperança — e, em última análise, de vergonha central mais primária (Whelton & Greenberg, 2005). A resposta inicial do *self* experiencial é geralmente caracterizada por um colapso em um estado não resiliente de desesperança em resposta ao autocriticismo. O passo crucial no diálogo é evocar o sentimento desadaptativo central, que muitas vezes consiste em vergonha das falhas do *self* ou ansiedade/medo em relação à capacidade do *self* de sobreviver sozinho. O terapeuta então facilita o acesso à necessidade ativada quando em contato com a emoção desadaptativa e à nova experiência que a acompanha, e promove sua expressão à voz crítica. Isso leva a uma afirmação do *self* e ao combate da voz crítica (Greenberg, 1984). Esse é o início do surgimento do *self* resiliente. As necessidades adaptativas estão no cerne da tendência do *self* resiliente de sobreviver e prosperar. As necessidades estão associadas a tendências para ação e direcionam os clientes para a concretização de metas que são altamente relevantes para o seu bem-estar e que ajudam a mobilizar novas emoções para alcançar a satisfação das necessidades. Por fim, os conflitos autocríticos são resolvidos pelo abrandamento da voz crítica por uma voz mais compassiva, pela qual as necessidades são reconhecidas e integradas, resultando em maior autoaceitação (ver Elliott, Watson, Goldman, & Greenberg, 2003; Greenberg, Rice & Elliott, 1993).

Uma variedade de outros conflitos foi delineada. Um conflito decisional envolve ficar dividido entre dois cursos de ação alternativos (por exemplo, terminar ou não um relacionamento). Na forma atributiva de um conflito de autocrítica, o cliente é hipersensível às críticas percebidas ou ao controle de outra pessoa. Os clientes dizem: "Eles pensam que sou estúpido, muito egoísta, sensível" e assim por diante; isso é entendido como a crítica do próprio cliente projetada na outra pessoa ou situação. No caso de um conflito atributivo, o cliente é solicitado a encenar o outro ou a situação externa. Os conflitos de autocrítica também evoluem frequentemente para um diálogo com o crítico introjetado, geralmente a voz de um pai crítico que foi internalizada; porém, agora o cliente diz a si mesmo coisas como: "Você não é organizado o suficiente, você não é responsável". Aqui, o cliente é convidado a encenar a "mãe na sua cabeça" e a criticar o *self* como se fosse a mãe, a partir da cadeira crítica. Além disso, conflitos de ansiedade e de depressão são formas comuns de conflitos encontradas em clientes ansiosos ou deprimidos. Na depressão, o crítico é altamente desdenhoso, enquanto na ansiedade ele é catastrófico e superprotetor. Por fim, é útil reconhecer os conflitos de terapia, nos quais é melhor não se envolver. Nesses casos, uma parte orienta ou incentiva o *self* a fazer ou a sentir algo diferente, por exemplo: "Você deveria se sentir mais confiante, menos deprimido, mexer-se", etc. O conflito do crítico treinador é um processo de segundo nível no qual a pessoa tenta se enquadrar em determinada forma, com exigências de como deveria ser. Nesse caso, não é muito proveitoso trabalhar com esses aspectos. Em vez disso, é útil identificar a verdadeira dificuldade que a pessoa está enfrentando e trabalhar o conflito envolvido nessa dificuldade. A dificuldade real é o fato de que a pessoa não se sente confiante, sente-se deprimida ou procrastina. Aqui, é bom chegar ao processo de autocrítica que leva à baixa confiança, à depressão ou à procrastinação. Em vez de dizer "Você deveria ser mais confiante, menos deprimido, ou você é inútil porque nunca consegue fazer nada", o criticismo real é o processo crítico que produz a dificuldade, por exemplo: "Você é estúpido, feio, chato ou não é perfeito o suficiente, vai falhar se tentar" e assim por diante.

Os conflitos relacionados ao autocriticismo envolvem avaliação negativa e geralmente são depressogênicos. Por sua vez, nos conflitos relacionados à ansiedade, a cadeira crítica catastrofiza o futuro, em vez de criticar o *self*. A motivação subjacente à ansiedade, é geralmente proteger o *self* de algum desastre potencial, de se magoar ou falhar. Esse diálogo em duas cadeiras segue um caminho ligeiramente distinto e os componentes são um pouco diferentes, embora o processo global seja o mesmo. Na outra cadeira, encontramos um catastrofizador (em vez de um crítico) que se preocupa com as possibilidades do futuro próximo ou projeta juízos sobre outros que são experienciados como olhares para o *self*. À medida que o diálogo se encaminha para a resolução, o *self* afirma-se e o catastrofizador "amolece" com o medo, e, com frequência, precisa da garantia do *self* cada vez mais assertivo de que não será ferido e de que o *self* não será demasiado imprudente nem correrá riscos. No processo de resolução, é tanto o *self* que precisa ouvir as preocupações do *self* preocupador quanto a parte que amedronta e catastrofiza que precisa abrir um pouco mão do controle.

É útil notar que a mesma lógica do trabalho em duas cadeiras pode ser feita sem cadeira alguma. Quando o crítico é muito severo ou a pessoa sente muita dificuldade em participar de uma dramatização, o trabalho do autocriticismo pode ser feito de forma puramente conversacional, com perguntas e reflexões sobre os sentimentos. Trabalha-se então com as diferentes partes do *self* ou vozes, uma de cada vez, em sequência. O uso da dramatização, entretanto, anima o conflito e tem a vantagem adicional de tornar acessíveis os elementos não verbais do diálogo interno.

Dramatização em duas cadeiras para a interrupção do *self*

As dramatizações em *duas cadeiras para os marcadores da interrupção do self* abordam episódios imediatos, dentro da sessão, de evitação emocional ou distanciamento da emoção (Greenberg, Rice, & Elliott, 1993). Os clientes muitas vezes bloqueiam ou suprimem ativamente os sentimentos, e um marcador de interrupção surge quando uma parte do *self* interrompe ou restringe a experiência e a expressão emocional: "Posso sentir as lágrimas vindo à tona, mas não as deixo chegar e as reprimo, pois não vou chorar de jeito nenhum". Uma intervenção particularmente útil para trabalhar com esses bloqueios emocionais é aquela em que o cliente encena o seu processo de interrupção em um diálogo imaginário entre dois âmbitos: o agente e o objeto da interrupção (Greenberg, Rice, & Elliott, 1993). A dramatização da interrupção da emoção envolve um uso diferente do diálogo em duas cadeiras (em relação àquele voltado à autocrítica discutido anteriormente). Em comparação com os conflitos do autocriticismo, os marcadores de conflitos relacionados à interrupção envolvem ações contra o *self*, em vez de avaliações desse *self*; eles normalmente têm um aspecto corporal não verbal mais proeminente e, às vezes, são expressos de forma puramente não verbal, como por meio de dor de cabeça ou aperto no peito. Os objetivos do terapeuta no trabalho com a interrupção são aumentar a consciência do processo interruptivo e ajudar o cliente a acessar e permitir experiências internas bloqueadas ou rejeitadas.

Na dramatização em duas cadeiras, a parte do *self* que interrompe é explicitada por meio de sua encenação. Os clientes tomam consciência de como interrompem e são orientados a dramatizar a forma como o fazem, seja fisicamente (sufocar ou calar a voz), metaforicamente (enjaular) ou verbalmente ("Cale a boca, não sinta, fique quieto, você não consegue sobreviver a isso"), para que possam experienciar a si mesmos como agentes no processo de calar a experiência e, então, possam reagir e desafiar a parte interruptiva do *self*. A resolução envolve a expressão da experiência anteriormente bloqueada.

Os indicadores mais comuns de interrupção do *self* são a resignação, a sensação de bloqueio ou armadilha ou uma incapacidade geral de sentir. Esses indicadores são frequentemente acompanhados de sintomas físicos, como sentir-se oprimido, sobrecarregado ou bloqueado, ter aperto no peito ou dor no pescoço. Nesses casos, os sentimentos ou necessidades primárias foram interrompidos de forma tão eficiente que não estão conscientes. No trauma, processos como o desligamento, o entorpecimento e a dissociação, que eram possivelmente adaptativos no momento do evento traumático, agora interferem na integração da experiência traumática. Esses bloqueios também precisam ser superados. As interrupções do *self* também costumam ser altamente autoprotetoras e, em última análise, motivadas pelo medo, como quando alguém evita o risco de se expressar por medo de ser magoado novamente.

Quando atendemos ao marcador da interrupção do *self* com a dramatização em duas cadeiras, encorajamos a representar como se impedem de sentir, a verbalizar as injunções específicas utilizadas, a exagerar as contrações musculares envolvidas na interrupção ou a se envolver em ações autoprotetoras (Greenberg, Rice, & Elliott, 1993). Eventualmente, isso provoca uma resposta, muitas vezes um protesto indicando desejo de viver ou uma rebelião contra a repressão. O *self experiencial* desafia então as ordens, os pensamentos restritivos ou os bloqueios musculares, e a emoção reprimida irrompe ultrapassando as constrições. Assim, a terapia ajuda a desautomatizar a atividade bloqueadora. Uma vez desautomatizado o processo de interrupção, trazendo-o à consciência e procedendo à sua dramatização, e tendo identificado o aspecto protetor da interrupção e experienciado uma sensação de controle, o cliente agora está pronto para experienciar aquilo que foi interrompido. Por fim, o terapeuta o orienta a expressar alguns dos sentimentos reprimidos em relação à pessoa com quem está zangado.

Quando as pessoas expressam uma emoção, a sua musculatura participa da emoção como aspecto fisiológico desse evento. Quando bloqueiam a emoção, fazem-no com a cumplicidade dos seus músculos. A pessoa está "pronta" para expressar essa emoção, mas mantém a expressão sob controle. O "tudo pronto" implica um desejo contínuo de completar. Músculos constantemente enrijecidos, entretanto, impedem a pessoa de sentir tristeza, raiva, desespero ou depressão. Os objetivos do trabalho de autointerrupção são aumentar a consciência do processo interruptivo e ajudar o cliente a acessar e permitir experiências internas bloqueadas ou negadas. Interrupções ou evitação de emoções, ou defesas contra elas, são vistas como esforços de autoproteção. Perls (1969) sugeriu que, ao se identificar com as resistências, a pessoa as transforma em assistências. Ao reconhecer o que está fazendo, a pessoa recupera a parte de si própria que está interrompendo, bem como, eventualmente, o que está sendo suprimido. Esse diálogo envolve a aceitação do que é. O esforço consiste em tomar consciência da forma como se interrompe. Uma vez feito isso, o processo fica sob controle consciente. Em vez de sermos vítimas, tornamo-nos agentes. E é importante reconhecer as funções positivas e protetoras dos processos interruptivos, trazer à consciência o processo de bloqueio e fazer com que o cliente se identifique com esse processo como parte do *self*.

Diálogo com a cadeira vazia para questões inacabadas

O *trabalho com a cadeira* vazia tem por objetivo ajudar os clientes a resolverem sentimentos ruins persistentes (geralmente tristeza e raiva) em relação a outras pessoas significativas (mais comumente os pais). O marcador, designado como "questões inacabadas", envolve sentimentos ruins persistentes em relação a uma pessoa importante. Isso geralmente aparece na forma de mágoa, culpa ou reclamação. Por exemplo, no início da terapia, uma cliente relata: "Meu pai esqueceu de vir me buscar no meu aniversário de cinco anos. Fiquei sentada na escada do lado de fora de nossa casa esperando por ele e ele nunca apareceu, nem sequer foi ao meu casamento". Esse tipo de questão inacabada em relação a uma pessoa querida exige uma intervenção com a cadeira vazia. Os marcadores de questão inacabada geralmente envolvem sentimentos de apego relacionados ao abandono e à insegurança e/ou sentimentos de invalidação e diminuição relacionados à identidade. Quando os clientes começam a expressar que se sentiram sozinhos e abandonados, não amados, negligenciados ou rejeitados, ou magoados e zangados com outra pessoa que foi significativa no seu desenvolvimento ao longo da vida, essa é uma oportunidade para iniciar um diálogo da cadeira vazia com o outro. É muito comum que marcadores de questões inacabadas envolvam a expressão de emoções reativas secundárias, especialmente culpa ou reclamação. Por exemplo, uma cliente, na primeira sessão, expressou culpa e resignação em relação à sua mãe dizendo: "Era uma mãe terrível. Continua igual, fechada dentro de si própria. Desisti de tentar ter um relacionamento com ela; ela é tão egoísta".

Usando o diálogo da cadeira vazia, o cliente ativa sua visão interna de uma pessoa significativa, experiencia e explora suas reações emocionais ao outro e lhes dá sentido. O diálogo com a cadeira vazia, no qual o cliente expressa sentimentos não resolvidos a um outro imaginado em uma cadeira vazia, tem sido considerado muito útil na resolução de questões inacabadas (Greenberg & Malcolm, 2002; Paivio & Greenberg, 1995). O cliente, em seu processo de resolução, acessa necessidades anteriormente não atendidas e muda sua visão tanto do outro quanto de si próprio. A resolução envolve responsabilizar o outro, compreendê-lo ou perdoá-lo.

A intervenção baseia-se na ideia de que as emoções adaptativas primárias (por exemplo, tristeza pela perda, raiva pela violação) precisam ser plenamente expressas; isso permite ao cliente acessar suas necessidades não atendidas e identificar ações úteis associadas à emoção. A raiva e a tristeza muitas vezes são duas faces da mesma moeda e, nesse diálogo, ambas precisam ser expressas independentemente da sequência em que emergem. Para as pessoas que adotaram uma barreira protetora de força, é a dor e o abandono solitário que precisam ser expressos; para outras que são mais dependentes, é frequentemente a raiva que precisa ser expressa.

Nessa tarefa, o terapeuta sugere que o cliente imagine o outro na cadeira vazia e expresse sentimentos não expressos ou não resolvidos em relação a essa pessoa. Quando apropriado, o terapeuta orienta o cliente a assumir o papel do outro e a falar para o *self* sobre a maneira negativa como o outro tratou o *self*. O terapeuta convidou a cliente mencionada anteriormente a imaginar o seu pai em uma cadeira vazia; após uma série de sessões nas quais expressou sua mágoa e raiva e depois lamentou a perda do pai que desejava ter tido, ela começou a vê-lo de uma nova forma. Reconheceu as dificuldades que ele tinha em amar, visto que nunca havia recebido amor, e, no diálogo da cadeira vazia, suavizou seus sentimentos em relação a ele e começou a se sentir mais compreensiva e indulgente. Passou a ter um relacionamento mais cordial com ele na vida. A resolução envolve a reestruturação do esquema de relacionamento entre o *self* e o outro, resultando em uma mudança para uma visão mais positiva do *self* e uma visão diferente e mais diferenciada do outro.

No início desse diálogo, o terapeuta deve assegurar-se de que o cliente esteja fazendo contato com o outro imaginado. Evocar a presença sentida do outro, certificando-se de que a pessoa esteja atualmente experienciando a presença real ou imaginada do outro de forma direta e imediata, é importante para evocar a memória do esquema emocional problemático. A encenação com a outra pessoa realizando o comportamento ofensivo também é importante para evocar a reação emocional a esse outro. A razão para interpretar o papel do outro é estimular o comportamento do outro para, por sua vez, evocar a reação afetiva da pessoa a esse comportamento. Uma vez que o outro tenha retratado suas ações e atitudes negativas, o próximo passo envolve acessar a reação afetiva do cliente a isso. Com o acompanhamento cuidadoso e sintonizado e a reflexão do terapeuta, os sentimentos relevantes do cliente em relação ao outro emergem.

Ao longo do diálogo, o terapeuta concentra-se em encorajar a expressão das emoções do cliente em relação ao outro. O principal objetivo do diálogo é ultrapassar essas reações para diferenciar os significados e sentimentos subjacentes e encorajar a expressão de estados emocionais primários. A queixa secundária deve ser sempre diferenciada em seus componentes mais fundamentais — raiva e tristeza. Outras emoções secundárias típicas expressas no trabalho com a cadeira vazia incluem desesperança, resignação, depressão e ansiedade. São frequentemente expressas de forma externa direcionada em um tom de culpabilização. O terapeuta reconhece e ajuda o cliente a trabalhar essas emoções secundárias, porém mantém o objetivo de encorajar a expressão "pura" da emoção primária: "Estou ressentido com você" ou "Senti falta de ter você por perto" em vez de "Você foi um sacana" ou "Por que você me negligenciou?". As emoções secundárias e primárias são frequentemente experienciadas e expressas de forma confusa e misturada. Por exemplo, a queixa, que consiste em uma fusão da raiva e da tristeza, surge muitas vezes na forma de perguntas: "Por que você não pôde ser mais...?" ou "Por que você...? Eu só quero saber o porquê". É importante ajudar os clientes a irem além da expressão de queixa e das reações secundárias para expressar as suas emoções primárias em relação ao outro imaginado — sentimentos como tristeza, raiva, medo e vergonha. A raiva e a tristeza são frequentemente experienciadas em conjunto, e é útil garantir que esses dois estados emocionais primários sejam experienciados, simbolizados e expressos separadamente. Em casos de abuso, as combinações de medo, vergonha e repulsa desadaptativos precisam primeiro ser acessadas, validadas e reprocessadas até o ponto em que o cliente esteja pronto para acessar a raiva e a tristeza primárias (Greenberg, 2002). Nessa intervenção, as interrupções na expressão de emoções primárias geralmente precisam ser trabalhadas para que se possa acessar a emoção central e permitir sua expressão completa.

Uma vez que as emoções tenham sido diferenciadas e as interrupções, dissolvidas, surge a ativação emocional, que é uma condição prévia necessária para a resolução desse tipo de problema. A ativação emocional tem sido considerada um importante precursor do próximo passo, uma mudança na visão do outro. Sem ativação, esse passo é muito menos provável (Greenberg & Malcolm, 2002). Ao trabalhar com as emoções nessa fase, o terapeuta precisa saber que, uma vez que as emoções primárias são plena e livremente expressas, elas se movem rapidamente. A raiva e a tristeza tendem a seguir uma à outra em sequência. Assim, quando a tristeza primária é totalmente expressa, a raiva adaptativa primária emerge rapidamente, e ocorre a criação de limites. Por outro lado, a expressão plena da raiva adaptativa permite que o cliente reconheça a dor das perdas e da traição e lamente o que perdeu.

Um próximo passo crucial envolve facilitar a expressão e validar as necessidades interpessoais básicas não atendidas de apego, separação ou validação dos clientes. Essas são necessidades que as pessoas nunca expressaram no relacionamento original, visto que sentiam que não tinham o direito de fazê-lo e que as necessidades não seriam satisfeitas. Para serem produtivas, as necessidades devem ser expressas como pertencentes e provenientes do *self* e com um sentido de direito, em vez de como privações ou acusações em relação ao outro. Assim, isso se torna uma afirmação de que as necessidades mereciam ter sido atendidas, e não a expressão de uma carência desesperada. Esse passo é crucial para ajudar as pessoas a estabelecerem um sentido do *self* como um agente, separado do outro. Nessa fase, o terapeuta simplesmente acompanha o cliente e encoraja a expressão de emoções e necessidades. Além disso, ele orienta o cliente a simbolizar e a afirmar limites, a dizer "não" à intrusão, por exemplo, ou a reafirmar seus direitos. Os terapeutas estão cientes de que, na experiência inicial, as pessoas muitas vezes consideram necessário negar suas necessidades básicas e, em consequência, não as satisfazem nem as expressam automaticamente. Assim, os terapeutas escutam as necessidades que se formam e, quando isso ocorre, validam-nas rapidamente e encorajam os clientes a expressá-las. A exploração completa dos sentimentos normalmente é seguida por uma declaração das necessidades relacionadas.

Após a necessidade e a nova expressão terem sido expressas, o terapeuta pede ao cliente para passar para a cadeira do outro, de modo a ver se esse outro se transforma em uma pessoa mais responsiva. Se o outro se torna mais brando e reconhece a dor e o dano causados, começa logo um novo diálogo afiliativo. Existem várias maneiras de mudar a visão do outro para encará-lo como uma pessoa mais responsiva ou menos poderosa — idealmente por meio do acesso a memórias positivas de ligação e da validação da identidade da outra pessoa importante, ou fazendo com que o outro esteja em sintonia com o *self*. Se isso não ocorrer, podem ser acessadas imagens de outra pessoa acolhedora que tenha satisfeito a necessidade, ou de uma fonte espiritual reconfortante. Além disso, o *self* pode compreender empaticamente o mundo interior do outro e, assim, mudar a visão que tem desse outro.

Em situações nas quais a necessidade não pode ser ou não será satisfeita pelo outro, o cliente ainda deve reconhecer seu direito de ter suas necessidades atendidas por ele. Isso permite, muitas vezes, o importante processo de libertar-se da necessidade não satisfeita. Nesse momento do diálogo, o terapeuta apoia e promove o abandono das esperanças e expectativas não satisfeitas. Quando o desprendimento não flui naturalmente da expressão de emoções primárias, o terapeuta pode ajudar o cliente a explorar e a avaliar se as expectativas não atendidas podem ser e serão satisfeitas pelo outro, e, se isso não acontecer, pode ajudar o cliente a explorar os efeitos de se apegar às expectativas. Nessa situação, o terapeuta pode considerar pedir ao cliente que expresse ao outro significativo: "Não vou deixar você ir" ou "Não vou deixar de ter a esperança de que você mude". Abrir mão frequentemente leva a outro ciclo de trabalho de luto, em que o cliente trabalha o luto pela perda da possibilidade de obter a necessidade atendida pela figura de vinculação. Essa é, com frequência, a parte mais pungente e dolorosa do processo. Quando as pessoas realmente conseguem lamentar o progenitor que nunca tiveram, são capazes de deixá-lo ir e seguir em frente.

É por meio da ativação e da expressão direta das emoções, e de um forte sentido de legitimidade das suas necessidades, que o cliente começa a se libertar da raiva e da mágoa e a expandir sua visão do outro. Por fim, a resolução ocorre quando o cliente chega a um sentimento de que ele vale a pena e é capaz de deixar de lado os sentimentos ruins anteriormente não resolvidos. Este processo de deixar de lado os sentimentos é realizado de três maneiras principais: responsabilizando o outro pela violação sofrida e afirmando o *self*; abrindo mão da necessidade não atendida; ou tendo uma maior compreensão do outro e, possivelmente, perdoando-o pelos erros passados. Em casos que não envolvem abuso, o cliente é capaz de compreender melhor o outro, vendo-o com empatia, compaixão e, por vezes, perdão. Em situações de abuso ou relacionadas a traumas, o desprendimento muitas vezes envolve responsabilizar o outro e seguir em frente, mas também pode ocorrer empatia e perdão. As questões inacabadas podem ser solucionadas por meio do diálogo em cadeiras ou do uso de imagens, sem que a pessoa efetivamente fale para uma cadeira vazia. Algumas vezes, isso pode ser aconselhável se o confronto direto com o outro que praticou abuso na cadeira for muito difícil para o cliente.

Para clientes que sofreram trauma, as dificuldades atuais frequentemente evocam memórias indesejadas, dor emocional e fragilidade. As emoções traumáticas precisam ser reguladas, porém uma mudança duradoura exige mais do que lidar com os sintomas do trauma. Além disso, o *self* precisa ser reorganizado e fortalecido (Paivio & Pascual Leone, 2010). As pessoas frequentemente são ambivalentes quanto a voltar a enfrentar a fonte do trauma ou a envolver-se em um diálogo na cadeira vazia. Por um lado, apresentam o problema na tentativa de se livrar das memórias intrusivas; entretanto, por outro lado, há uma dor significativa que ameaça retraumatizar a pessoa. Como resultado, o trabalho com a cadeira vazia só deve ser sugerido depois de uma relação terapêutica sólida ser garantida e quando o cliente se sentir pronto para enfrentar as pessoas que abusaram dele (Paivio & Pascual-Leone, 2010).

O diálogo com a cadeira vazia é altamente evocativo e emocionalmente excitante. Se o cliente já estiver em um estado altamente emocional, é provável que se sinta sobrecarregado até mesmo com a sugestão de falar com o outro na cadeira vazia. Quando a ativação emocional é alta no início, é preferível que o cliente não desempenhe o papel do outro, mas permaneça na cadeira do *self* e expresse os sentimentos não resolvidos para o outro significativo ou para o terapeuta. Em geral, no trabalho com a cadeira vazia, o terapeuta precisa manter uma sintonia empática constante com o nível de ativação emocional do cliente e com o fato de ele se sentir seguro o suficiente com o terapeuta para empreender ou continuar essa tarefa.

Autoapaziguamento compassivo para sofrimento emocional e angústia

O marcador para o autoapaziguamento é a angústia devastadora ou o sofrimento emocional excessivo. Normalmente, a angústia ocorre diante de necessidades interpessoais poderosas (por exemplo, amor ou validação) que não foram satisfeitas pelos outros. A intervenção envolve imaginar a reentrada na cena de privação ou de invalidação e proporcionar algum alívio onde antes não havia nenhum disponível. Isso é realizado imaginando o *self* como um adulto que reentra na cena evocada e fornece uma resposta reparadora, ou um diálogo no qual o cliente é questionado se, como adulto, poderia acalmar a sua criança ferida. O objetivo é evocar compaixão pelo *self*. A autocompaixão e a autoempatia podem emergir da internalização dessas qualidades por um terapeuta empático sintonizado. Essa internalização pode levar anos de terapia. Isso pode ser feito de forma mais direta sugerindo ao cliente, enquanto adulto, que ofereça compaixão ao *self* sofredor.

Isso é mais bem aplicado quando uma pessoa que está expressando muita autocondenação ou autodesprezo sente-se terrivelmente sozinha e sem apoio, sofre emocionalmente e parece incapaz de acessar qualquer capacidade de autoapaziguamento. Esse é frequentemente o caso de pessoas que cometem automutilação ou que recorrem à automedicação para regular suas emoções. Nessa intervenção, o terapeuta pede ao cliente que imagine uma criança sentada em uma cadeira à sua frente, uma criança que tenha sofrido o que o cliente sofreu na vida. Para evocar a situação da criança, o terapeuta descreve os detalhes mais pungentes da história da pessoa e pergunta: "O que você diria a essa criança? O que sente em relação a ela?". Isso normalmente evoca uma resposta compassiva em relação à criança e às suas circunstâncias, bem como o reconhecimento do que ela precisava. Por exemplo, um terapeuta pode introduzir esse diálogo com uma cliente que está demonstrando desprezo e dizendo: "Queria que essa parte chorona de mim simplesmente superasse isso. Então minha mãe me ignorou e meu pai me manipulou emocionalmente. E daí? Eu deveria parar de choramingar". O terapeuta pode dizer: "Imagine uma criança de oito anos sentada aqui. Sua mãe mal olha para ela, muito menos fala com ela. O pai recorre emocionalmente a ela para obter todo o amor que não consegue receber de sua esposa e, então, a rejeita quando não precisa dela. Como você imagina que seja para ela?". O terapeuta também poderia perguntar: "O que você diria a essa criança se ela fosse sua filha?". A cliente pode responder: "Sei que ela se sentiria muito sozinha e sem ninguém. Ela merece mais". Então o terapeuta pode perguntar: "Você pode lhe dar um pouco do que ela precisa?". Depois que a cliente reconhece a necessidade da criança e responde de forma apaziguadora a ela, o terapeuta pergunta se ela poderia responder da mesma forma à criança dentro dela. Nessa intervenção, parece importante começar com um estranho ou com uma criança anônima, e não com a parte do *self* que precisa ser apaziguada ou com a própria criança interior da pessoa. Mesmo que a pessoa compreenda a implicação do que é solicitado, parece ser mais capaz de acalmar uma criança anônima. Uma vez que o abrandamento tenha ocorrido em relação a uma criança necessitada, é mais fácil transferir esse sentimento para o *self*. Com o passar do tempo, fazer isso, em conjunto com o alívio empático fornecido pela sintonia afetiva do terapeuta, ajuda a pessoa a desenvolver sua capacidade de autoapaziguamento.

Nos relacionamentos, a incapacidade de se autoapaziguar em resposta a rupturas momentâneas nas ligações ou a pequenos conflitos com outras pessoas resulta em muitos sentimentos angustiantes. Por exemplo, um marido pode ficar muito ansioso quando a esposa está zangada com ele porque se atrasou ou não lavou a louça, e ele simplesmente não consegue tolerar a desaprovação. Então, enquanto a esposa ainda está irritada, ele a pressiona para que ela lhe assegure que ainda o ama. Em vez de garantias, ele recebe mais irritação. Isso produz o afastamento que estava tão ansiosamente tentando evitar. Se esse marido ansioso tivesse conseguido acalmar sua própria ansiedade, ou se o seu autoapaziguamento emocional tivesse sido automático a ponto de não sentir ansiedade, essas pequenas quebras nas ligações seriam toleradas com mais facilidade. É importante que os terapeutas auxiliem as pessoas a aprenderem as habilidades de autocuidado para ajudá-las a melhorar seus relacionamentos. Discuto esse assunto com mais detalhes no Capítulo 13.

Os terapeutas, portanto, precisam ajudar os parceiros de relacionamentos a aprenderem habilidades de regulação emocional para lidar com estados desregulados que surgem (geralmente de forma mais intensa nos relacionamentos íntimos). Embora as pessoas sejam realmente adultas e não tenham um bebê dentro de si, a metáfora de cuidar de sua "criança interior" pode ajudá-las a acessar respostas autoapaziguantes. Para ajudar a resolver conflitos entre casais, as pessoas precisam aprender a sentir compaixão por si mesmas e serem capazes de se confortar quando seu parceiro está zangado ou indisponível. Essa é uma habilidade interna complexa que pode ser aprendida ao longo do tempo, em conjunto com a aprendizagem de respirar regularmente quando se está angustiado. Conforme já discutido, comportamentos como dedicar-se a uma atividade favorita, ouvir música, relaxar, tomar um banho quente, dar um passeio ou ligar para alguém para estabelecer contato e obter apoio são comportamentos de autoapaziguamento, que também podem ser úteis quando nos sentimos mal devido a rupturas em relacionamentos. A compaixão é o oposto da autocrítica; expressar compaixão por si mesmo é uma maneira de mudar as emoções dolorosas (por exemplo, vergonha, medo, tristeza) confrontando internamente os sentimentos dolorosos com uma emoção diferente. Nessa tarefa, o terapeuta primeiro ajuda o cliente a aprofundar seu sentimento de angústia para que possa acessar sua dor central e a necessidade não atendida associada a ela. Em seguida, ele oferece ao cliente o processo de duas cadeiras, descrito anteriormente, e lhe pede que faça a dramatização sobre o que é necessário (por exemplo, validação, apoio, proteção) para si mesmo. Muitas vezes, é melhor não pedir às pessoas que se vejam como crianças na outra cadeira, já que isso evoca sentimentos negativos ou condenação do *self* infantil; é mais adequado simbolizar a angústia como a de uma criança universal ou de um amigo próximo que esteja passando pelas mesmas questões que o cliente experienciou e que constituem a fonte da angústia. A agência reconfortante é representada como um aspecto forte e nutritivo do *self* ou como uma figura parental idealizada ou alguma outra força positiva. A resolução dessa tarefa envolve não apenas sentir compaixão pelo *self*, mas também acessar a necessidade não atendida, lamentar que ela nunca tenha sido atendida e sentir compaixão pelo que foi perdido.

A visualização também pode ser usada de várias outras maneiras para evocar emoções. O sistema visual está altamente relacionado com a emoção, de modo que a imaginação pode ser usada para evocar uma emoção não resolvida, para encenar diálogos na imaginação e para experienciar uma nova emoção ou imaginar adicionar pessoas ou recursos a situações ou cenas, de modo a ajudar a experienciar a cena de uma nova maneira. Assim, pode-se pedir ao cliente que imagine novamente uma cena ou um momento da sua vida para acessar a emoção central e facilitar a transformação da emoção dolorosa, expressando o que era necessário ou trazendo um protetor para uma cena da infância. O protetor pode oferecer a proteção que estava faltando ou trazer auxílios que fortaleçam ou protejam, como uma fechadura e uma chave para proteger seu quarto ou uma jaula para prender a pessoa temida. Isso ajuda a gerar uma nova emoção para mudar a emoção antiga.

Nesse tipo de transformação imaginária, o terapeuta pode dizer: "Tente fechar os olhos e lembrar-se da experiência de si próprio em uma situação. Obtenha uma imagem concreta, se for possível. Entre nela. Seja sua criança nessa cena. Por favor, diga-me o que está acontecendo. O que você vê, cheira, ouve na situação? O que sente em seu corpo e o que está passando pela sua cabeça?". Depois de algum tempo, o terapeuta pede ao cliente para mudar de perspectiva e diz: "Agora, gostaria que você visse a cena como um adulto. O que você vê, sente e pensa? Você vê a expressão no rosto da criança? O que você quer fazer? Faça. Como você pode intervir? Tente agora na imaginação". Mudando de perspectiva novamente, o terapeuta pede ao cliente para se tornar a criança: "Como criança, o que você sente e pensa? O que você precisa do adulto? Peça o que precisa ou deseja. O que o adulto faz? Do que mais você precisa? Peça. Há mais alguém que você gostaria que viesse ajudar? Receba os cuidados e a proteção oferecidos". Essa intervenção termina com a seguinte fala do terapeuta: "Verifique como você se sente agora. O que tudo isso significa para você sobre si mesmo e sobre o que precisava? Volte ao presente, para si mesmo como adulto agora. Como se sente? Você vai se despedir da criança por enquanto?".

Marcadores e intervenções adicionais

Foram descritos vários marcadores e intervenções adicionais — como recontando o trauma, ruptura e reparação da aliança terapêutica e abrindo um espaço, entre outros (ver Elliott, Watson, Goldman & Greenberg, 2003; Greenberg & Watson, 2006). Além disso, foi especificado um conjunto de marcadores narrativos e intervenções que combinam o trabalho com a emoção e a narrativa (Angus & Greenberg, 2011). Esses marcadores, que são um tanto autoexplicativos, incluem: marcadores da *mesma velha história*, uma descrição repetitiva de dificuldades em que a pessoa está presa, a qual é mais bem tratada promovendo a reexperimentação de memórias de eventos específicos; o marcador de uma *história não contada*, em que a história emergente é acessada por exploração empática; o marcador de uma *história vazia*, desprovida de emoção e mais bem enriquecida por meio de conjecturas empáticas sobre os sentimentos implícitos; e o marcador de uma *história despedaçada*, em que os resultados imprevistos desafiam a segurança da pessoa e são mais bem tratados promovendo a construção de uma narrativa coerente.

Conclusão

Os terapeutas com o foco nas emoções procuram marcadores específicos que apontem para problemas mais profundos do cliente. O terapeuta ajuda o cliente a aprofundar sua experiência, intervindo da forma mais adequada ao marcador, o que auxilia o cliente a acessar as emoções primárias subjacentes associadas ao problema. Em seguida, o terapeuta ajuda o cliente a apreciar e a apropriar-se de sua emoção primária relacionada com o problema. Por fim, ele ajuda o cliente a experienciar o empoderamento ao se relacionar com o problema de uma forma emocionalmente adaptativa.

A intervenção na orientação ao desenvolvimento emocional é concebida para acessar os esquemas emocionais centrais, e isso é conseguido por meio de uma intervenção guiada por marcadores no contexto de uma relação empática. Embora as intervenções envolvam diferentes ações do terapeuta e diferentes desempenhos do cliente, o processo de transformação que promovem é marcado por um processo emocional central. Esse processo de mudança envolve que o cliente passe do sofrimento emocional secundário para a ativação de suas emoções dolorosas centrais desadaptativas. A necessidade não atendida nessas emoções é então acessada e validada. O sentimento de merecimento de ter a necessidade satisfeita mobiliza automaticamente novas emoções adaptativas, que transformam as antigas respostas emocionais (A. Pascual-Leone & Greenberg, 2007). Todas as intervenções promovem o acesso a novas experiências de emoções adaptativas para transformar antigas emoções desadaptativas.

PARTE II

As fases de chegada e de partida

6
Chegar a uma emoção primária

São puros todos os sentimentos que o senhor acumula e eleva; impuro é o sentimento que abrange apenas um lado de seu ser e assim o desfigura.
— *Rainer Maria Rilke*[1]

A Fase 1 do processo de terapia emocional culmina na chegada à emoção primária. Uma vez acessado um sentimento, o terapeuta e o cliente precisam verificar se chegaram ao seu destino (a emoção primária) ou se se trata simplesmente de uma estação de passagem, que em breve será deixada para trás (uma emoção secundária ou instrumental). Mas como saber se fizeram isso? Que pistas ajudam a indicar se um estado é primário, um estado com o qual uma pessoa deve permanecer? Este capítulo explora a Fase 1 em profundidade, com ênfase na avaliação que verifica se um sentimento é primário, secundário ou instrumental.

Como superar a interrupção da emoção

Chegar aos sentimentos primários, sejam eles vívidos ou vagos, frequentemente envolve a superação de bloqueios ao sentimento. Algumas pessoas restringem habitualmente a sua experiência e a sua expressão emocional e ficam isoladas de seus sentimentos ou de classes específicas de sentimentos. Os processos de interrupção da emoção variam. Auxiliar as pessoas a tomar consciência de que evitam a sua experiência e de como a evitam ou interrompem as ajuda a perceber que são agentes nesse processo e que podem

---

[1] Tradução de Pedro Süssekind no livro *Cartas a um jovem poeta* (L&PM, 2009).

desfazer o que fizeram. Essas etapas de tomada de consciência do "que" e do "como" da interrupção são precursores importantes do processo de terapia pois ajuda as pessoas a chegar ao "que" evitam. As pessoas podem usar estratégias de evitação ou defesas extremas, como entorpecimento ou dissociação; podem usar processos de evitação mais moderados, como ignorar ou distrair-se; ou podem utilizar processos mais suaves, como sufocar as lágrimas. Ajudar as pessoas a experienciar a forma como reprimem suas emoções, as contêm ou se apertam em um nó para não sentir sua raiva, tristeza, vergonha, medo e dor é uma tarefa importante. Superar esses processos de interrupção está correlacionado com o Passo 1 do processo de terapia (ajudar o cliente a tomar consciência da emoção). Enfrentar sentimentos temidos pode ser ameaçador, de modo que a segurança e a colaboração são necessárias para promover a conscientização dos processos interruptivos. A colaboração proporciona segurança e minimiza o desenvolvimento de oposição, desentendimentos ou impasses.

Os terapeutas, portanto, precisam primeiro aumentar a tomada de consciência das pessoas sobre seus processos interruptivos. O objetivo é que os clientes experienciem e compreendam como eles se impedem de vivenciar emoções potencialmente adaptativas. Parte da justificativa fornecida pelos terapeutas para auxiliar as pessoas a não ficarem na defensiva quando estão sendo ajudadas a ver esses processos é observar que as interrupções ocorrem de forma tão automática que não se tem controle sobre elas, e que o objetivo é recuperar esse controle. É importante ajudar as pessoas a compreenderem como elas reprimem suas emoções, de modo que a interrupção deixe de ser tão automática e que possam recuperar algum controle ou escolha em relação a seus sentimentos. Depois de aumentar a consciência do cliente sobre a interrupção, o terapeuta pode fazer com que esse cliente pratique e dramatize na sessão como faz consigo mesmo. Ou o terapeuta pode fazer com que o cliente se identifique com o processo de interrupção e faça isso com ele próprio, ou ainda pode pedir-lhe para parar de ficar com raiva, conter as lágrimas ou desviar o olhar toda vez que começar a se sentir triste. Isso ajuda a devolver o controle da interrupção. O terapeuta deve ajudar o cliente a tomar consciência de como está fazendo o que faz e, finalmente, o que está sendo interrompido começa a ser experienciado.

Em um estudo sobre interrupção da emoção em clientes de terapia, uma análise das gravações das sessões de terapia revelou uma variedade de processos afetivos, cognitivos e fisiológicos rápidos e automáticos por meio dos quais os clientes inibiam a sua experiência emocional (Weston & Greenberg, 2000). O modelo construído a partir do desempenho dos clientes tanto na terapia quanto na subsequente recordação, ao ouvir novamente as fitas de sua experiência durante esses momentos da sessão, revelou que, com frequência, eles claramente estavam conscientes de que estavam envolvidos em atos de autoproteção e autocontrole. Seus relatos indicaram que as interrupções eram motivadas por um medo da emoção que levava ao desejo de evitá-la. Isso culminava em atos de evitação ou de controle, que resultavam em alívio e sentimentos de controle ou, com mais frequência, em desconforto, sensação de vazio, perplexidade, desconexão e desesperança.

Alguns dos relatos dos clientes após analisar momentos de seu próprio processo de terapia mostram como estão ativos e conscientes quando falam com seus terapeutas. Os clientes relataram sentir oposição aos sentimentos emergentes, medo das emoções e de perder o controle, e desejo de evitar as emoções. Disseram algo como: "Estava tentando me impedir de sentir-me triste. Aqui, algo está borbulhando na superfície... a velha reação a antigas mágoas... as reações físicas... No tórax, algumas vezes no estômago... É uma questão de começar a perder o controle, de modo que a minha reação natural é reprimir com mais força".

Em relação ao medo, um cliente relatou: "Estava apenas com medo, não sabia o que havia ali ou onde isso levaria... Sabia que era importante, mas tinha medo de que fosse avassalador". Outro cliente declarou: "Fico assustado quando ele [o terapeuta] diz 'magoado', porque é como se eu não quisesse ir lá... Há uma espécie de impulso que diz 'Mantenha isso longe de mim. Não quero mais me envolver com isso'".

Em relação ao desejo de evitar emoções, um cliente disse: "Queria sair daquela sala... Fisicamente, queria ter ido embora, porque não achava que estava melhorando". Outro relatou: "Está ficando cada vez mais apertado aqui [peito]... causando constrição, então relaxo e respiro, liberando a tensão física que estava sentindo... Está controlando... O sentimento consegue se dissipar com o suspiro e ele vai embora".

A partir desses relatos, percebemos como a interrupção da emoção pode ser um fenômeno vívido. Os clientes geralmente estão bem conscientes de que estão fazendo isso. Embora tenham identificado essas experiências como difíceis e tenham relatado que desejavam evitar as emoções, todos também disseram que era útil quando o terapeuta se concentrava nas suas interrupções ou emoções. Um terapeuta precisa ajudar a trazer a consciência dos clientes para seus processos de interrupção e evitação durante a conversa, perguntando-lhes do que têm medo, o que estão fazendo internamente e como estão fazendo isso. Quando a interrupção ainda não está na consciência do cliente, o terapeuta precisa investigar a experiência subjetiva dele para ajudá-lo a se tornar mais consciente de que está interrompendo a sua experiência. Em geral, as pessoas podem facilmente tomar consciência do que estão fazendo, como olhar para o chão, bater com o pé ou encolher a barriga. Este é o primeiro nível de consciência: a consciência de que estão fazendo algo. À medida que prestam mais atenção a isso, tornam-se lentamente conscientes de que estão evitando ou interrompendo algum sentimento. Por fim, tornam-se conscientes do que estão interrompendo.

Isso frequentemente os leva a conceder permissão à emoção (Passo 2 do processo de terapia). Por exemplo, uma cliente relatou o seguinte sobre permitir um sentimento de tristeza após desfazer a sua interrupção:

- "Uma onda surgiu da minha barriga."
- "Lágrimas se formaram."
- "Fiquei surpresa com o fato de o sentimento ter sido libertado depois de ficar totalmente bloqueado."
- "Senti um alívio no meu pescoço."
- "Fiquei internamente com raiva das pessoas que não me validaram na infância."
- "Senti-me internamente triste por não ter conseguido reparar a invalidação."

- "Foi um sentimento incomum, muito suave e vulnerável."
- "Aceitei e dei permissão a mim mesma para sentir a minha tristeza."

Depois de ajudar os clientes a tomar consciência de suas emoções (Passo 1) e a permitir, acolher e aceitar essas emoções (Passo 2), o terapeuta os auxilia a descrever e a expressar suas emoções (Passo 3).

Como descrever e expressar emoções

Existem duas maneiras pelas quais as emoções emergem e duas maneiras pelas quais o terapeuta pode ajudar a pessoa a se tornar consciente do que ela sente fundamentalmente. O primeiro tipo de emoção é aquele que é vívido, claramente disponível e intenso. Em geral, é uma emoção categórica, como raiva, tristeza, medo ou vergonha. O segundo tipo de emoção ocorre quando as pessoas conseguem sentir algo em seus corpos, porém o sentimento ainda não está claro. Trata-se mais de um significado sentido, ainda não nítido. Algo como um pressentimento ou um sentimento de "ter tido o suficiente" que ainda não está articulado como tal. A terapia com qualquer tipo de emoção envolve ajudar as pessoas a receberem mensagens cerebrais por meio de seus corpos. Em relação ao primeiro tipo de emoção, o terapeuta ajuda a pessoa a entender o que a sua emoção está lhe dizendo; no caso do segundo tipo de emoção, o terapeuta deve primeiro ajudar a pessoa a deixar uma sensação sentida (*felt sense*) se formar em seu corpo e, então, ajudá-la a simbolizar e a dar sentido a esse sentimento.

O primeiro tipo de emoção é uma experiência poderosa que invade a pessoa. Surge nela e pode assumir o controle. Não há necessidade de procurar essa emoção: ela aparece muito claramente. Depois que as pessoas aprendem palavras para referir-se às emoções, podem facilmente descrever a emoção em palavras, dizendo, por exemplo: "Sinto-me zangado, triste ou com medo". Ser capaz de nomear o sentimento nos permite refletir sobre ele. A pessoa pode então dizer: "Sinto-me irritada com as constantes interrupções e quero que ela pare" ou "Estou triste com a partida dele". Quando as emoções estão prontamente disponíveis, podem ser intensamente sentidas, porém ainda não são expressas facilmente em palavras. À medida que o terapeuta ajuda a pessoa a concentrar a sua atenção nessas emoções claramente sentidas e começa a falar a partir delas e a descrevê-las, o significado dessas emoções emerge. As pessoas começam então a falar do sentimento intenso e declaram "Sinto-me magoado com o que você disse" ou "Estou ansioso com a reunião de amanhã". Chamo esse processo de "descrever e expressar" a emoção (Passo 3 da orientação emocional).

Na segunda forma mais complexa de tomada de consciência emocional, o sentimento não surge tão prontamente quanto no primeiro caso; em vez disso, está implicitamente presente no corpo da pessoa. Promover a conscientização desses sentimentos que se apresentam corporalmente implica envolver as pessoas em uma busca interna do que estão sentindo. Chamo esse processo de "busca experiencial dos sentimentos", e ele frequentemente envolve o uso da focalização (Gendlin, 1996; Weiser Cornell, 1996). Nesses casos, no início, o sentimento muitas vezes não é claro ou até mesmo pode estar ausente. Quando não é claro, existe um significado sentido que as pessoas podem experienciar fisicamente. Sabem que há algo ali, porém ainda não sabem o que é. É como ter uma palavra na ponta da língua, porém é um sentimento que é experienciado em algum lugar do corpo. Quando as pessoas finalmente conseguem expressá-lo em palavras, muitas vezes não se trata de uma emoção básica, como raiva ou tristeza, e sim de um significado complexo e sentido, cheio de implicações, como sentir-se "antiquado", "exausto", "realizado", ou sentir-se magoado, desiludido, pequeno, sem apoio ou preso. A seguir, discuto a forma de trabalhar com cada um desses processos de conscientização das emoções.

Descrevendo e expressando as emoções claramente

Quando as pessoas estão claramente sentindo uma emoção — digamos, sentindo-se tristes —, elas precisam ter seus sentimentos reconhecidos e nomeados. É importante que os terapeutas validem e ofereçam palavras empáticas aos clientes que não conseguem nomear seus sentimentos para ajudá-los a capturar essas emoções. Algumas pessoas precisam primeiro que seus sentimentos sejam reconhecidos por outra pessoa antes que possam simbolizá-los. No início, podem não ter a capacidade de nomeá-los. É aqui que a validação e a compreensão empática ajudam. Assim como um pai ajuda primeiro uma criança a reconhecer seu sentimento, validando-o e tendo empatia por ele, também um terapeuta ajuda a pessoa a encontrar palavras para as emoções.

A descrição da emoção pode ser incentivada em conversas ou escrita em um diário. Algumas vezes, é útil valer-se de meios não verbais, como pedir às pessoas que pintem o que sentem, que façam uma escultura a partir da emoção ou que toquem música para expressá-la. Em seguida, pode-se tentar ajudá-las a colocar a emoção em palavras. Quando as pessoas têm palavras para descrever suas emoções, podem trabalhar com elas. O objetivo de descrever sentimentos é transformar emoções despertadas em palavras. Em vez de levar os clientes simplesmente a agir de acordo com suas emoções, os terapeutas querem ajudá-los a desenvolver a capacidade de expressá-las. Um pai treina o seu filho primeiro associando palavras à sua experiência, dizendo "Johnny está zangado" quando Johnny grita e pega seu brinquedo de outra criança, e então prossegue: "Não bata na criança com o seu carro, Johnny. Diga 'Estou zangado'". Da mesma forma, os terapeutas guiam seus clientes para colocar em palavras seus sentimentos e, em seguida, fazem sugestões processuais de como lidar com eles.

É importante reconhecer que o que as pessoas sentem depende, em parte, de como o descrevem. Dar nome a uma emoção não é simplesmente descobrir as palavras certas que correspondem ao sentimento, como encontrar a chave certa para uma fechadura. Não existe apenas uma palavra correta. Os sentimentos não estão a postos dentro de uma pessoa, totalmente formados e articulados, à espera de serem nomeados. As pessoas são muito ativas na criação do que sentem pela maneira como descrevem o sentimento. Ajudar uma pessoa a articular o que sente é mais parecido com o processo de olhar para as nuvens e "ver" um coelho nelas do que com o processo envolvido em ver um coelho real escondido atrás de uma árvore. Nomear emoções envolve tanto criação quanto descoberta.

Mesmo as emoções explícitas não surgem simplesmente com uma voz clara, dizendo à pessoa o que sente e o que deve fazer; em vez disso, o *self* reflexivo começa imediatamente a interagir com os sentimentos emergentes, de modo que, quando a pessoa articular a emoção, esta seja tanto criada quanto descoberta. O que as pessoas sentem envolve sempre a forma como explicam a sua experiência a si mesmas. Por exemplo, a raiva ou a tristeza clara e conscientemente sentidas começam como uma agitação corporal que pode envolver uma expressão facial ou uma mudança no ritmo da respiração. Quanto mais a pessoa está consciente dos elementos iniciais, mais ela começa a juntar esses sinais para entender a emoção. As inúmeras pistas ou componentes são um potencial de emoção que, quando misturado com memórias relacionadas, experiência de vida, imagens, pensamentos e crenças, torna-se uma emoção consciente. O cérebro da pessoa reúne pré-conscientemente todos os elementos para formar um sentimento com um significado pessoal complexo. A experiência consciente de uma emoção envolve um processo automático semelhante ao do cérebro quando ele sintetiza um conjunto de letras em uma palavra. As pessoas criam a sua experiência emocional final colocando em palavras o seu *felt sense*, ele próprio uma síntese dos elementos mais básicos. Elas acrescentam algo ao que já existe pela maneira como o rotulam de modo único. Assim, os sentimentos dependem, em última análise, dos significados criados pela forma como são descritos em palavras e da história criada para explicar uma resposta emocional (Greenberg & Pascual-Leone, 1995, 1997, 2001; Whelton & Greenberg, 2000). O terapeuta precisa estar ciente do processo construtivo envolvido na experiência emocional e também estar ciente de que a sua presença e a sua contribuição influenciam esse processo.

Em primeiro lugar, um ambiente seguro e facilitador influencia o quanto o cliente participará. Em segundo lugar, as atitudes empáticas do terapeuta ajudarão a moldar a experiência do cliente. Ele está sentindo algo, porém esse sentimento não está claramente formado. O terapeuta empático não pode influenciar uma emoção para torná-la algo completamente diferente, como transformar a tristeza em felicidade. Entretanto, uma sensação corporal pode ser chamada de "cansaço" ou pode ser diferenciada de um sentimento de decepção ou até mesmo de desamparo. O uso diferenciado da linguagem por um terapeuta geralmente ajuda a pessoa a construir uma experiência mais significativa. Um terapeuta pode ajudar a pessoa atuando como processador substituto de informações e oferecer-lhe empaticamente símbolos para tentar captar o que sente, ou pode sugerir o processo de focalização, descrito pela primeira vez por Gendlin (1962, 1996) há alguns anos como *resposta experiencial*.

Determinado sentimento pode ser descrito como tristeza, decepção, desânimo ou até mesmo exaustão com uma luta. A felicidade não se enquadra nessa experiência interna, porém a raiva poderia captar um pouco da emoção. Assim, o sentimento não está apenas ali, totalmente formado, com apenas um nome correto. Certas palavras não se encaixam de forma alguma, porém uma variedade de outras captará e ajudará a articular parte da complexidade do que a pessoa está sentindo. Cada método de nomeação tem implicações ligeiramente diferentes. Assim, as pessoas estão sempre combinando muitos elementos de sensação, percepção e pensamento para formar um sentimento. O sentimento pode ser articulado de várias maneiras, porém apenas determinado conjunto de descrições ajuda a captar o que a pessoa está sentindo. Os sentimentos, mesmo quando são muito claros, também são complexos. Há sempre mais em um sentimento do que qualquer descrição pode captar. Uma pessoa pode estar com raiva, mas também pode se sentir arrependida por estar com raiva. O lugar de onde provém a raiva de uma pessoa pode envolver medo de retaliação ou uma determinação firme e sem medo. No geral, as pessoas também nunca sentem apenas uma coisa. Ao descrever um sentimento, é útil prestar atenção a tudo o que está presente.

Como focalizar, descrever e expressar emoções vagas

O segundo processo básico de tomada de consciência das emoções envolve ajudar a pessoa a se concentrar em um sentimento vago, que pode ser mais do que uma emoção. Com frequência, a pessoa pode sentir algo apenas vagamente, em vez de ser dominada pela emoção. Em outras ocasiões, pode saber racionalmente que algo — por exemplo, uma perda recente — é importante, mas simplesmente não sentir nada, ou pode estar em um carrossel de alternativas e não saber o que realmente sente ou quer. Para ajudar o indivíduo em qualquer um desses estados, o terapeuta precisa orientá-lo em uma busca interna para obter uma noção mais clara do que sente. Esse processo é descrito a seguir.

Imagine um cliente que está experienciando um sentimento vago sobre algo, como não conseguir uma promoção desejada, uma aceitação para uma pós-graduação, uma proposta para um contrato, um desejo satisfeito em um relacionamento íntimo ou até mesmo a aceitação de um pedido de encontro. O terapeuta pode sugerir a esse cliente que pode ser útil concentrar-se no sentimento, dando em seguida algumas orientações voltadas à focalização, descrita no Exercício 5 do Apêndice (Gendlin, 1996; Weiser Cornell, 1996). O terapeuta pode simplesmente guiá-lo: "Feche os olhos e vá para o lugar onde você está sentindo esse sentimento. Apenas permaneça com ele e veja o que sente agora em seu corpo, e receba tudo o que vier". O cliente precisa então ficar suavemente com o sentimento, e o terapeuta deve encorajá-lo a acolhê-lo em vez de tentar não senti-lo, deixando-o vir da maneira que vier. Pode ser útil dizer ao cliente para prestar atenção a quaisquer imagens que possam surgir, mesmo antes das palavras. Aqui está um exemplo mais específico. Jonathan está chateado por não ter recebido uma bolsa de estudo que havia solicitado. Descobriu isso esta manhã e, desde então, tem estado muito ocupado. Sentiu-se tenso e chateado durante todo o dia, porém esta é a primeira vez que está falando sobre isso. Diz ao seu terapeuta que está chocado, que tinha certeza de que conseguiria a bolsa. Depois de falar sobre isso por um tempo e dizer o quão chateado está, Jonathan declara que não sabe realmente o que sente. O terapeuta sugere que ele se concentre. O processo de chegar a seu sentimento é mais ou menos assim: depois de concentrar a sua atenção na sensação desagradável no centro do peito, Jonathan descreve:

"Parece muito pesado". O terapeuta reflete: "Pesado". O cliente continua dizendo: "Sinto-me muito decepcionado". Enquanto continua a se concentrar na sensação em seu peito, ele imagina o comitê de análise sentado em uma mesa criticando a sua proposta. Então, o que lhe vem à mente é: "Sinto-me um fracasso; também estou um pouco envergonhado". Sua sensação corporal muda. Novas palavras surgem desse sentido: "Não tenho certeza sobre o que isso significa para os próximos passos da minha vida. Talvez eu esteja no caminho errado". Seu sentimento desenvolve-se um pouco à medida que permanece com a sua sensação corporal. O que vem a seguir é: "Estou me sentindo realmente decepcionado. Estou um pouco envergonhado, mas acima de tudo estou cansado e desanimado. Não quero continuar tentando e, mais uma vez, não ter meus esforços recompensados. Sinto-me impotente. É isso! Sinto-me tão impotente. É isso que é tão perturbador".

A tensão no corpo de Jonathan agora se alivia um pouco. Ele sente algo mudar. O terapeuta o encoraja a aceitar qualquer coisa nova ou fresca que venha do sentimento. Em seguida, o que emerge de outro lugar em seu corpo é: "Sinto-me irritado com a injustiça. Muito disso é política e gestão de imagem". Sua raiva parece melhor do que a impotência. Então, o que vem é: "Talvez eu estivesse mirando muito alto. Realmente não queria fazer isso; não é realmente onde meu coração está. Talvez precise reorganizar minhas prioridades". Observe como esse processo é não linear; acessar a sua raiva permite que deixe de lado o problema ou se reorganize em torno do objetivo que foi frustrado. Nesse ponto, esse sentimento emergente — de que não ganhar a bolsa não é tão importante para ele — ou parece certo para ele, ou não. A sensação corporal de Jonathan, se realmente a ouvir, lhe dirá se esse significado se encaixa. Se esse for o caso, sentirá novamente uma mudança em seu corpo. A sensação ruim continuará a se abrir e a se aliviar. Não será mais uma bola preta apertada. Começará a se mover e a tornar-se mais fluida, uma espiral de padrão diferente, deixando entrar mais ar e leveza. Algo terá mudado.

Essa mudança é bem diferente do que ocorre quando o significado criado é uma desculpa, um tipo de autoengano para salvar a face ou enganar a si mesmo. No exemplo de Jonathan, a sua declaração de que "Realmente não queria isso" poderia ser uma desculpa se, no fundo de seu coração, ainda estivesse determinado a fazer esse tipo de trabalho e estivesse tentando se convencer de que não se importava mais. Então, sua sensação corporal interna poderia mudar, porém de uma forma bem diferente. Ficaria mais contraído. Seus ombros poderiam ficar tensos, e a sua voz poderia ficar aflita, mesmo que fosse apenas a voz em sua cabeça. Tensionaria alguma parte de seu corpo em seus esforços para se distanciar da decepção, para apoiar a ilusão e para se proteger de algum sentimento que lhe parece que simplesmente não consegue suportar.

É importante notar que todo o processo no qual o terapeuta encorajou Jonathan a se envolver não consiste em pensar sobre o problema em qualquer sentido de esforço. Em vez de ter ideias que giram em sua cabeça, Jonathan está prestando atenção em seu corpo. Palavras e imagens vêm do *felt sense*, da sensação sentida no corpo. Isso é bem diferente de um processo de raciocínio; é mais como ver do que como fazer. Trata-se de um processo no qual ele é mais um receptor de impressões do que um solucionador ativo de problemas. Esse processo tem mais em comum com a associação livre do que com o raciocínio, porém é altamente focalizado no corpo. A seguir, veja o que ocorre na experiência de Jonathan.

Ele continua articulando a mudança sentida desta forma: "Queria reconhecimento, aceitação, ganho material. Era isso que eu queria, e ainda sinto que mereço tudo isso, mesmo que o comitê não queira". Agora, um sentimento central de raiva ainda mais claro emerge: "Sinto raiva por meus esforços serem frustrados". Essa combinação de sentimento legítimo e de raiva coloca Jonathan em um estado novo e mais fortalecido. Essa grande mudança ocorre ao consolidar seu objetivo, suas necessidades e sua preocupação. Uma resolução alternativa poderia ter sido a de Jonathan ver o seu objetivo como irracional. O seguinte poderia ter surgido: "Sinto raiva pelo erro", "Sinto-me triste com a perda" ou até mesmo "Sinto-me aliviado por não ter que levar adiante o que propus. Teria exigido muito. Tinha uma meta alta demais". Então, seria capaz de abrir mão de seu objetivo anterior e construir um novo. Diria: "Estou aliviado por isso ter acabado. Vou voltar minha atenção para outra coisa". Jonathan agora sentiria que a maneira de encarar o problema era fazer algo ativo. Seria mobilizado, porque não se sentiria mais sem esperança. Poderia agir para obter *feedback*, alterar sua abordagem, tentar novamente ou mudar de direção. Seja qual for a maneira como resolverá isso, seu sentimento de algo novo levou a uma mudança. Sentir-se zangado e fortalecido o ajudou a superar a sua desesperança e a esclarecer seu objetivo. Como alternativa, a tristeza da perda teria ajudado Jonathan a lamentar, a aceitar a perda e a desistir do objetivo. Abandonaria então seus esforços e se recuperaria. Mais tarde, decidiria se concentrar em um novo objetivo. Poderia começar a esclarecer: "Realmente, não quero continuar trabalhando tanto. Atingi meu teto. Talvez eu me aposente. Sempre quis viajar e ler mais. Talvez esta seja uma oportunidade disfarçada". Ou poderia dizer: "Vou mudar meu foco. Realmente não estava indo com meus pontos fortes naquela proposta. Preciso me reorientar". Qualquer solução que surgisse viria por meio de um processo de sentimento baseado no corpo que levaria à criação de um novo significado.

Pode-se considerar que o que Jonathan fez se encaixa nas duas fases delineadas anteriormente: a chegada e a partida. Concentro-me aqui em descrever a parte da chegada desse processo e discutirei a parte da partida no Capítulo 7.

Nesse processo, os terapeutas precisam ser capazes de se concentrar nos sentimentos de seus clientes, de poder sentar-se com eles e deixá-los apenas permanecerem onde quer que estejam. Em geral, isso é difícil para muitos terapeutas, particularmente nas culturas ocidentais de "consertar", nas quais a atitude de fazer algo para modificar o problema é privilegiada. No momento delicado em que a outra pessoa está experienciando emoções difíceis, como sentir-se um fracasso ou impotente, o terapeuta pode ser mais útil ouvindo com empatia. Ele pode então ajudar na criação de um novo significado — não dando conselhos, mas ajudando o cliente a prestar atenção às alternativas internas que estão no limite de sua consciência.

Quando os terapeutas não seguem essa abordagem de foco empático, eles afastam os clientes da simbolização de sua experiência em direção a uma forma mais conceitual de resolução de problemas e, com frequência, a sentimentos secundários de frustração, como podemos observar no seguinte diálogo:

Cliente: Estou chateado, como se houvesse algo subjacente, mas não sei realmente o que é. É vago.

Terapeuta: OK. Vamos tentar identificar o que causa isso. Vamos tentar ser um pouco mais claros. Se pudéssemos realmente ajudá-lo a identificar a causa disso ou o que causa isso, você seria mais capaz de lidar com a situação. Agora, porém, você diz que não sabe o que é.

Cliente: Sim, é muito frustrante, como se eu não conseguisse descobrir o que é, então me sinto fora de controle. Deve ser a minha falta de autoestima que causa tudo isso.

Os terapeutas, em vez de promover uma compreensão prematura, podem ser mais úteis se estiverem altamente sintonizados com os sentimentos dos clientes e os ajudarem a manter o foco em suas pistas internas. Lembre-se de que os sinais emocionais internos das pessoas podem ser tão fracos que detectá-los pode ser difícil. Elas podem precisar estar muito atentas e ter seu terapeuta, como um tipo de experienciador substituto, executando a experiência através delas, tentando encontrar palavras para descrever a experiência, ajudando-as a ter mais atenção disponível para se concentrar nesses sinais sutis. Os terapeutas ajudam os clientes a terem mais atenção primeiramente fornecendo segurança. A segurança os ajuda a aumentar a quantidade de atenção que têm disponível, reduzindo sua ansiedade. Em segundo lugar, ao dar apoio e ao confirmar o que quer que surja em seus clientes, os terapeutas os ajudam a concentrar internamente seu foco de atenção para capturar e solidificar alternativas emergentes e recém-percebidas. Qualquer tentativa de descoberta, reformulação, novas visões ou soluções propostas pelos próprios clientes ou oferecidas pelos terapeutas sempre precisa estar dentro das zonas imediatas de desenvolvimento proximal dos clientes e em sua escala de prontidão. Os terapeutas não devem tentar concentrar o cliente em objetivos que ele não seja capaz de alcançar imediatamente; isso apenas aumenta seus sentimentos de fracasso ou de inadequação. Assim, quando alguém está se sentindo sem esperança ou desamparado, focar suas possibilidades de enfrentamento antes do reconhecimento do desamparo ou da desesperança, e antes que a pessoa esteja pronta para se concentrar em lidar com o problema, só irá piorar a situação.

No exemplo anterior de focalização, o terapeuta ajudou Jonathan a permanecer tranquilamente com o sentimento, a acolhê-lo e a deixá-lo vivo da maneira que viesse. Nesse caso, o sentimento que surgiu foi: "Sinto-me realmente decepcionado". Em seguida, o terapeuta encorajou Jonathan a se concentrar no sentimento, a ser capaz de permanecer com ele, deixando-o apenas ser o que quer que fosse. Como já mencionei, essa é frequentemente a parte difícil para muitas pessoas, particularmente em culturas de "conserto". Em vez de tentar consertar o que sentia, Jonathan articulou o sentimento e o descreveu em palavras. O que surgiu mais claramente foi: "Sinto-me um fracasso; estou um pouco envergonhado. O que direi aos outros? Não tenho certeza do que isso significa para os próximos passos da minha vida. Talvez esteja no caminho errado". Jonathan recebeu plenamente o sentimento. Depois de fazer isso, conseguiu separar as diferentes mensagens que o sentimento estava lhe enviando. O sentimento evoluiu para: "Estou me sentindo realmente decepcionado. Estou um pouco envergonhado, mas acima de tudo estou cansado e desanimado. Não quero continuar tentando e, mais uma vez, não ter meus esforços recompensados. Sinto-me impotente. É isso! Sinto-me tão impotente. É isso que é tão perturbador". Se Jonathan tivesse tentado mudar o sentimento antes de realmente reconhecê-lo e aceitá-lo, ele provavelmente teria enterrado o sentimento. Então, a confusão teria se instalado. Ele teria dito: "Apenas me sinto confuso; não sei o que estou sentindo. Não sinto nada". Ao se concentrar em seus sentimentos, ao descrevê-los e expressá-los, Jonathan foi capaz de atingir seus sentimentos primários ou centrais (Passo 4 da orientação ao desenvolvimento emocional). Entretanto, algumas vezes, para alguns clientes, não fica claro, a princípio, quais sentimentos são primários e quais são secundários ou instrumentais. Por conseguinte, o terapeuta precisa ajudar o cliente a avaliar se uma emoção é primária, secundária ou instrumental.

Como avaliar se uma emoção é primária

As pessoas reconhecem uma emoção como central porque é fresca e nova. Surge no momento, em resposta a circunstâncias variáveis, que podem ser internas ou externas. Não é um sentimento antigo e estagnado, que permanece e não se move. Não é o velho ressentimento seguido de resignação ao lembrar de ter sido ignorado para uma promoção há dois anos, nem o sentimento de reclamação que vem da mágoa não resolvida. Em vez disso, é um sentimento vital que frequentemente deixa o cliente se sentindo muito aberto e, talvez, vulnerável. Pode ser a raiva que o cliente sente por terem se aproveitado dele, a tristeza por perder um amigo querido devido a uma doença ou até mesmo o constrangimento ou a vergonha de uma camisa ou de um zíper abertos em público. Na terapia, muitas vezes um sentimento não reconhecido anteriormente é o mais primário.

Quando um cliente está sentindo algo, ele e o terapeuta, ou o processo que se desenrola entre eles, precisam primeiro responder às seguintes perguntas: esse sentimento é um sentimento secundário que está obscurecendo um mais primário? Por exemplo, esta raiva está encobrindo a tristeza? Esta tristeza está encobrindo a raiva? Há vergonha ou medo por trás da indignação? Há dor espreitando por trás do vazio? Há lágrimas ainda mais profundas no desespero? Essa emoção é uma resposta a outro sentimento mais fundamental? Esse cliente está ansioso quanto à sua tristeza, com medo de sua raiva, envergonhado de sua vulnerabilidade, receoso quanto ao seu medo ou triste em relação à sua vergonha?

Para identificar sentimentos primários, o terapeuta tem que promover um processo de exploração, ajudando o cliente a avançar no emaranhado de sentimentos secundários e pensamentos para verificar se há algo mais. Quando os clientes chegam às emoções primárias, um tipo de campainha interna geralmente toca e lhes diz: "Sim, é isso. É o que eu mais sinto de fato". Sem prática, discernir os verdadeiros sentimentos de alguém é difícil, de modo que tanto o terapeuta quanto o cliente realmente precisam se concentrar. Ter um terapeuta como coexplorador que empresta sua escuta e também se concentra ajuda o cliente a prestar atenção em sua busca por sentimentos primários. Ajuda também quando o terapeuta sabe algo sobre o terreno emocional do cliente em geral. Por exemplo, é útil quando o terapeuta sabe que a queixa na voz do cliente geralmente sinaliza uma fusão de tristeza e raiva não expressas, e que ter cada emoção expressa separadamente ajuda o cliente a diferenciar o sentimento.

Para ajudar a pessoa a chegar a uma emoção primária, o terapeuta pode lhe perguntar o que sente em resposta a algo importante para ela ou o que sente no presente enquanto está falando. Pode pedir-lhe que preste atenção à sensação corporal de seu sentimento e ajudá-la a nomeá-lo e, em seguida, se perguntar: "Este é meu sentimento primário? É claramente sentido e fluido?". Se for o caso, o cliente provavelmente está experienciando um sentimento primário. Ou ele pode se perguntar: "Este é um sentimento travado, ruim, amarrado e tenso?". O terapeuta pode perguntar se é um sentimento de que deseja se livrar, um sentimento que parece errado. Está repleto de queixas, culpa ou passividade impotente? Se a resposta é sim, é muito provável que se trate de um sentimento secundário que está obscurecendo um sentimento primário mais profundo que precisa ser desenterrado para uma exploração mais detalhada.

Reconhecer sentimentos primários é, em parte, uma arte e, em parte, uma habilidade que pode ser aprendida. Sentimentos primários são bons. Parecem corretos, mesmo que sejam dolorosos. Mesmo que não sejam saudáveis, ajudam a pessoa a se sentir mais sólida. São claramente o que a pessoa sente. Assim, um cliente pode declarar: "Sinto que fracassei" ou "Sinto-me fragilizado ou com medo de ficar sozinho". Isso é expresso sem pânico. Em vez de deixar a pessoa confusa ou ansiosa, isso lhe fornece um suporte. A pessoa será capaz de admitir: "Sim, é isso. É isso que eu sinto".

As pessoas não podem determinar se um sentimento é primário antes de experienciá-lo e explorá-lo; é o *feedback* da experiência e da exploração que revela se a emoção é primária. Na medida em que há algo mais na emoção do que aparece à primeira vista, ela não é primária. Se a pessoa for capaz de descobrir um sentimento mais profundo sendo disciplinada, focada e concentrada em sua emoção, então o sentimento original não é uma emoção primária. Somente a pessoa pode de fato dizer. Embora um terapeuta possa, algumas vezes, ver se o cliente está mostrando sinais de raiva, tristeza, medo ou vergonha, e possa ajudá-lo a se concentrar no que parece ser mais central, ele não pode avaliar facilmente qual é a reação mais primária do cliente.

Por exemplo, na terapia, os terapeutas podem ver se alguém está envolvido em um processo exploratório produtivo. Podem ouvir se a qualidade vocal das pessoas tem um caráter de busca e de exploração, e se seus olhos estão voltados para dentro e estão se concentrando de forma focada no que é novo e fresco no limite de sua tomada de consciência. Os terapeutas podem ver se os clientes estão tentando trazer algo do fundo obscuro para o primeiro plano iluminado e podem ouvir quando eles demonstram clareza e certeza em sua expressão, quando há liberação de tensão seguida por sentimentos de alívio e confiança. Os terapeutas podem ver quando os olhos de seus clientes brilham, quando se iluminam com a clareza e quando há segurança em suas vozes. Uma das melhores maneiras de avaliar se uma emoção é primária é observar o efeito que ela tem no processo subsequente do cliente. Se a emoção ajuda o cliente a se abrir e leva a mais passos produtivos, isso significa que o cliente entrou em contato com uma emoção que é funcionalmente produtiva e auxilia na exploração e na resolução de problemas. Portanto, é uma emoção primária e adaptativa. O terapeuta precisa ser treinado para perceber todas as evidências — tanto as pistas expressivas quanto as de processos subsequentes — que ajudam a determinar se uma emoção é primária.

Quando um terapeuta está ajudando uma pessoa a esclarecer seus sentimentos primários, será útil para ele observar se a emoção do cliente é sentida em resposta a algo interno ou externo. As emoções que vêm de pistas externas geralmente são mais específicas e fáceis de identificar. Podem ser sentimentos de raiva do cliente por um motorista que cruzou o seu caminho, o medo de alguém andando atrás dele por estar sozinho em uma rua escura ou a alegria de tomar café da manhã na cama no Dia das Mães ou no Dia dos Pais. Essas respostas a sinais externos têm um sentido de imediatismo: o sentimento se intensifica no momento e fornece evidências incontestáveis do que a pessoa sente. Não há confusão quanto ao fato de ser um sentimento primário; é espontâneo, fresco e vivo. O sentimento irá se dissipar à medida que as circunstâncias forem mudando, embora o gosto dele possa persistir por um tempo.

As respostas emocionais primárias a processos mais internos têm uma qualidade ligeiramente diferente. É mais provável que invadam lentamente a pessoa, e não que a movam rapidamente. Por exemplo, essas respostas podem incluir lembrar-se do primeiro aniversário do filho ou relembrar a época em que ele saiu de casa, ou ainda pensar em ver um ente querido após uma longa ausência. Esses sentimentos ainda são primários, porém são menos rápidos e menos orientados para a ação. Assim, a tristeza gerada internamente em decorrência de notícias de uma perda recebidas mais cedo naquele dia pode transbordar quando alguém está no fogão cozinhando o jantar ou no jardim cortando a grama, atividades que, por si sós, não deixam ninguém triste. Essas emoções geradas internamente são pungentes e plenas. São sentidas em algum lugar dentro ou por toda parte. Podem parecer sedosas e aveludadas quando são emoções suaves e prazerosas. Poetas e escritores, que são especialistas em capturar emoções em palavras depois que a turbulência ou o êxtase passaram, podem descrever esses sentimentos com versos como "Não entre gentilmente naquela boa noite", ou podem descrever "enfurecer-se com o apagar da luz" em resposta a uma morte, ou combinar palavras para descrever a "doce tristeza" de um adeus. Como citado no Capítulo 2, Robert Frost disse certa vez: "Poesia é quando uma emoção encontra o seu pensamento e o pensamento encontra as palavras". As metáforas capturam essas emoções, e os bons atores as transmitem.

Entretanto, os sentimentos provavelmente não são primários quando a pessoa é facilmente capaz de identificar os pensamentos que os geraram. Esses tipos de pensamentos podem incluir "Eu parecia um idiota na reunião. Não fiz sentido algum" ou uma voz interna negativa que diz "Sou ruim porque não enviei um cartão de condolências a meu amigo". Aqui, é claramente um pensamento consciente que precede o sentimento. Essa amostra de conversa interna negativa dá apenas uma ideia do tipo de conversa que pode permear a consciência da pessoa e produzir o tipo de sentimento secundário ruim que pode mascarar uma tristeza, uma vergonha ou uma raiva mais primária. A tarefa do terapeuta nessa situação é ajudar a pessoa a identificar o que produz esses sentimentos negativos. Os clientes podem ter que trabalhar duro para tentar realmente farejar o que está por trás de seus pensamentos. Terão que descobrir o que estão sentindo em seu âmago que leva às vozes autocríticas em sua cabeça. O terapeuta pode ter que ajudá-los a voltar à situação original e lembrar com toda a nitidez o momento da reunião em que tentaram falar, porém as palavras não saíram claramente. Eles precisam acessar memórias de eventos reais, em vez de memórias gerais do significado das experiências. O cliente que pensa que será repreendido ou considerado deficiente se falar precisa voltar à experiência desadaptativa que é a fonte desses pensamentos. Por exemplo, precisa lembrar de estar deitado no chão de seu quarto quando tinha sete anos de idade ouvindo o rangido das escadas quando um dos pais subia. Isso o ajudará a acessar seus sentimentos reais. Começará então a perceber o quão assustado realmente estava naquele momento. Terá que cavar em busca do que sentiu naquele momento, que hoje está enterrado. Seu sentimento primário pode ser um medo de abandono ou uma insegurança básica, ou pode ser vergonha e um sentimento de fracasso, ou pode até mesmo ser raiva. Seja o que for, será muito diferente do sentimento secundário ruim que ele tem em relação ao seu discurso interno negativo. Uma emoção primária é muito mais um sentimento central sobre o *self*, e identificá-la é como chegar a um destino. A pessoa deve então concentrar a atenção nesse sentimento primário crucial e nas memórias associadas a ele.

O que o cliente desenterra inicialmente pode ser uma fruta amarga. Pode lembrar-se de se sentir desvalorizado pelos pais ou amigos de infância ou de ter sido rudemente abandonado por um primeiro amor. Pode se lembrar de um sentimento de fracasso relacionado a uma situação de trabalho ocorrida há muitos anos. Seja qual for essa ferida, no entanto, ela pode revelar uma parte mais delicada do *self* se o cliente lidar com ela com inteligência emocional. Com cuidado, essa parte da pessoa pode se transformar de uma experiência amarga em uma parte sutil e delicada do *self*, uma essência que dá força. Ao entrar na parte ferida do *self*, a pessoa pode encontrar a joia de seu *self* adaptativo e essencial. Essa essência saudável é uma parte vital que se esforça para se conectar aos outros e ser eficaz. Essa parte, uma vez desperta, se exercitará de forma resiliente se tiver uma mínima chance. Entretanto, o *self* essencial precisa de segurança e encorajamento, tanto de dentro quanto de fora, para ajudá-lo a emergir.

Como avaliar se uma emoção é secundária

Sentimentos secundários e instrumentais têm uma qualidade diferente em comparação com os sentimentos primários. Eles obscurecem o acesso aos sentimentos primários. Sentimentos secundários são demasiado estridentes, muito desequilibrados e excessivamente tensos. Deixam uma pessoa em pedaços, sentindo-se desequilibrada e abalada. Ela se sente desorganizada por dentro, incompleta e agitada, e não claramente centrada. Um sentimento secundário não deixa a pessoa respirar mais livremente. Sentimentos secundários são reconhecíveis primeiro porque fazem a pessoa se sentir mal. No entanto, diferem dos sentimentos centrais não saudáveis, que também fazem a pessoa se sentir mal, visto que os sentimentos secundários são muitas vezes globais ou inespecíficos. Em geral, a pessoa procura terapia porque se sente chateada, desconfortável, sem esperança ou apenas vagamente irritada. Esses sentimentos diferem das emoções primárias desadaptativas porque são globais e difusos, e, com mais frequência, são sentidos em resposta a situações, em vez de serem sobre o *self*. Sentimentos secundários sinalizam que algo está errado, porém a pessoa ainda não sabe o que é. Sente-se apenas confusa, inexplicavelmente zangada ou desanimada, e pergunta-se por que reagiu dessa maneira. Esses sentimentos ruins e intrigantes precisam ser explorados e compreendidos.

As reações secundárias, como já discuti, são reações a experiências mais primárias. Não são tão profundas e não definem um senso de identidade. Com frequência, fazem parte dos sintomas de depressão, como se sentir triste, deprimido, derrotado, abatido ou sombrio. Podem fazer parte dos sintomas de ansiedade, como se sentir agitado, inquieto, tenso, apreensivo, ou de uma sensação de medo. Podem também fazer parte de problemas relacionados com a raiva, como se sentir constantemente hostil, amargo, desdenhoso, rancoroso, agitado ou mal-humorado. Esses também não são os sentimentos primários centrais desadaptativos de vergonha, medo, raiva ou tristeza que podem fazer parte da identidade de uma pessoa. Naturalmente, qualquer sentimento ruim pode ser primário ou secundário: essa é a infeliz complexidade de tudo. Cada pessoa tem que aprender a ser o seu próprio juiz e avaliar o tipo de sentimento que está experienciando.

Se o sentimento de uma pessoa é um sentimento secundário ruim, um terapeuta precisa ajudá-la a explorá-lo para chegar ao sentimento primário. Em primeiro lugar, o terapeuta deve ajudar a pessoa a tomar consciência e a nomear o sentimento secundário; em seguida, precisa desacelerar as coisas e tentar chegar ao que está gerando as emoções reativas ou defensivas do cliente. A causa geradora pode ser pensamentos negativos ou a noção de que "deveria" ter feito algo em relação a um comportamento ou evento específico, como "Você deveria ter se esforçado mais no relatório; vocês eram pessoas chatas e não eram muito articuladas ou responsáveis". Em seguida, o terapeuta precisa ajudar a pessoa a ir além desse discurso interno para entrar em contato com seus sentimentos mais básicos. Por exemplo, um homem pode dizer a si mesmo: "Você deveria ter mais coragem e ser mais confiante". Isso tende a deixá-lo ansioso. Pode até dizer a si mesmo: "Não seja tão tímido — fale!". Esse comando o faz se sentir pior, e ele se sente mal por ser tão inseguro de si mesmo. Essa ansiedade e esse desespero são secundários — esses sentimentos podem ser dolorosos e reais, mas não são primários. Sentimentos secundários como esses geralmente vêm de pessoas que dizem a si mesmas que o que estão fazendo não é bom. Esses são os sentimentos de inadequação que resultam de pessoas tendo conversas "estimulantes" consigo mesmas, como "Você deveria se esforçar mais para ser confiante" ou "Você não deveria se sentir deprimido, ansioso ou inseguro".

Por outro lado, as emoções primárias das pessoas são aquelas ainda não descobertas que estão no cerne dos sentimentos de depressão, insegurança ou falta de confiança. Os terapeutas precisam ajudar as pessoas a descobrirem quais são suas emoções primárias. Algumas vezes, uma emoção primária é um sentimento adaptativo de raiva ou tristeza, ou pode ser uma emoção primária não saudável que contém crenças destrutivas sobre todo o *self* da pessoa. A emoção primária desadaptativa pode ser um medo ou uma ansiedade central de ser rejeitado ou de não ser amado, um sentimento de insegurança básica de que não se pode sobreviver sem apoio, ou um sentimento de vergonha por ser inútil ou ruim. A tomada de consciência dos sentimentos primários é o primeiro passo no caminho para uma vida inteligente. Identificar os sentimentos primários não é fácil sem muita prática.

Como avaliar se uma emoção é instrumental

Ajudar os clientes a reconhecerem seus sentimentos instrumentais é, algumas vezes, ainda mais complicado. Esses sentimentos fazem parte de sua maneira habitual de se comunicar a tal ponto que parecem naturais. Por exemplo, um cliente pode ter um sentimento recorrente de raiva ou frequentemente se sentir ofendido. Outro pode sempre se queixar ou se comunicar de forma sofrida, dizendo que o mundo é injusto ou que há coisas demais para lidar. As pessoas usam sua voz e suas expressões faciais para transmitir que ninguém se importa com elas, ou dão sinais de "coitadinho de mim". Outras podem parecer sempre frias e distantes, devido a um sentimento de desconfiança ou de que ninguém realmente se importa com elas. Essas expressões emocionais instrumentais de alguma forma se mostraram úteis para elas em sua vida, ajudando-as a obter simpatia ou a se desculpar ou se proteger. Uma maneira, para clientes e terapeutas, de reconhecer que essas emoções não são sentimentos primários é a constatação de que, em vez de serem reações a situações específicas, são uma parte da maneira de ser de uma pessoa e ocorrem em todas as situações. Representam um estilo de interação com os outros para obter o que é desejado ou necessário.

Como as emoções instrumentais são tão familiares e regulares a ponto de ocorrerem sem que sejam percebidas na consciência, a pessoa frequentemente necessita de *feedback* dos outros para reconhecê-las. Nesses casos, o trabalho do terapeuta é fornecer *feedback* observacional de forma não crítica sobre como ele experiencia as expressões do cliente. Em geral, provavelmente a melhor maneira de a pessoa aprender sobre suas emoções instrumentais é prestar atenção em como os outros as percebem. Os clientes podem ser encorajados a pedir *feedback* a outras pessoas apropriadas sobre qual emoção eles expressam com mais frequência e que tipo de impacto isso tem sobre elas. Ainda mais difícil é para um cliente perguntar às pessoas mais próximas se elas se sentem manipuladas por alguma de suas expressões emocionais. A mágoa ou a expressão triste de alguém sempre fazem outras pessoas se sentirem culpadas ou as forçam a ser cuidadoras? A raiva e a voz alta de alguém silenciam os outros ou os deixam com medo? Se for o caso, a pessoa precisa se perguntar onde aprendeu essa forma de expressão instrumental. Deve então encontrar uma maneira mais direta de pedir que suas necessidades sejam atendidas. Outra maneira de reconhecer que uma emoção é instrumental é pela capacidade de uma pessoa de colocar o sentimento em segundo plano sem muita dificuldade em determinado momento de alerta. Assim, se o objetivo da raiva de alguém é dominar, ou se o propósito das lágrimas é evocar simpatia, então, "quando o telefone tocar", a pessoa poderá "desligar" seus sentimentos sem dificuldade. Isso não acontece com os sentimentos primários.

Como encontrar a emoção primária subjacente a uma emoção secundária

Agora, analiso alguns exemplos específicos de diferentes emoções secundárias e procuro identificar o sentimento central.

Tristeza secundária

Uma cliente diz: "Sinto-me tão triste, desanimada e sem esperança. Ele nunca escuta. Nada vai mudar. Os relacionamentos simplesmente não funcionam. Nunca consigo ser ouvida ou obter o que preciso. É sempre 'Sim, mas...' ou 'Minhas necessidades são maiores do que as suas'. Desisto".

Esse é o tipo de tristeza depressiva, sem esperança e resignada que vem de uma pessoa que sente que sua raiva não será ouvida, que não é validada ou que não causará impacto. A tristeza é sentida em resposta a um sentimento de raiva impotente. Aqui, a tristeza é uma reação que mascara o sentimento central subjacente de raiva. Um terapeuta, ao mesmo tempo que reconheceria o sentimento de desesperança e mágoa do cliente, desviaria a atenção dele para qualquer som de aborrecimento na sua voz e para a necessidade não atendida, ou para o que o cliente quer. Isso começaria a mobilizar a raiva assertiva do cliente.

Os terapeutas precisam ser capazes de distinguir entre lágrimas de tristeza e dor centrais, de um lado, e lágrimas de tristeza que são reações à frustração ou à raiva, de outro. As lágrimas de desamparo em geral ocorrem quando as pessoas cronicamente colapsam em mágoa, vitimização e tristeza sempre que sentem raiva, porém são impotentes para fazer com que sua raiva seja ouvida. Em geral, a depressão persistente surge quando a pessoa nega seus sentimentos centrais de tristeza pela perda. Essa tristeza secundária frequentemente envolve um tipo de desesperança generalizada, em vez da aceitação genuína da perda que acompanha a tristeza central. As pessoas podem se sentir resignadas com a perda e dizer para si mesmas: "De que adianta? Não tem sentido tentar". Podem também sentir desesperança e tristeza quando começam a se criticar ou a pensar em termos de "deveria". Parte da pessoa pode repreender outra parte por não estar à altura. Uma pessoa pode pensar: "Eu não deveria estar com raiva. Não tenho o direito de me queixar", e então começar a se sentir triste e sem esperança. Essa autocrítica muitas vezes piora a situação e, então, fica difícil para a pessoa expressar o que realmente a deixa com raiva. O exercício a seguir pode ser usado para identificar sentimentos primários subjacentes à tristeza secundária:

- Identifique uma situação em que você não sofreu uma perda, porém sua reação foi uma tristeza de algum tipo.

- Identifique o sentimento do qual você tem mais consciência. Talvez você se sinta apenas triste, esteja sentindo pena de si mesmo ou esteja magoado.
- Em seguida, pergunte-se a si mesmo: "Há algo mais básico que estou sentindo? Há raiva ou ressentimento por trás da minha tristeza?". Encontre o seu sentimento mais básico. Coloque-o em palavras.

Raiva secundária

O namorado de Júlia a critica por não ser sensível aos sentimentos dele. Ele afirma que é sempre muito atencioso, mas hoje, quando lhe contou que quase foi agredido por um vizinho adolescente perturbado, ela rapidamente mudou de assunto e passou a falar de sua ansiedade em relação a um exame. Ressentido, pede que Júlia cuide dele e diz que precisa mais de um abraço do que de falar com ela sobre suas ansiedades. Ela pede desculpa, mas sente-se zangada com ele por ser tão crítico e exigente. Torna-se distante. Nesse caso, um terapeuta auxiliaria Júlia e seu namorado a acessar seus sentimentos subjacentes de dor e sua necessidade de apoio, e os ajudaria a comunicar isso de uma maneira reveladora, não acusatória.

A maioria das reações de raiva esconde sentimentos subjacentes de dor, mágoa ou de impotência. No exemplo anterior, ambos os membros do casal sentem-se magoados: o namorado de Júlia sente que precisa de conforto e que ele não é importante para ela, e Júlia sente-se assustada e rejeitada. No entanto, ambos expressam raiva, que é secundária aos sentimentos mais centrais de mágoa. Uma das questões confusas ao lidar com a raiva é que, muitas vezes, ela é uma emoção defensiva, e não uma resposta central. Nesses casos, outras emoções ou estresses alimentam a raiva. Uma vez evocada a raiva, ela, por sua vez, produz mais pensamentos de raiva. Quando as pessoas estão zangadas, muitas vezes podem ter pensamentos raivosos, que produzem mais raiva. As pessoas que se encolerizam rapidamente precisam desenvolver maneiras de lidar com a sua raiva, e, quando a raiva não está fora de controle, certas técnicas podem ajudar, como pausas e contagem até 10. Outra habilidade importante para regular a raiva é aprender a tomar consciência e a expressar a raiva central crescente cedo, antes que ela se intensifique. Essa é uma maneira importante de evitar uma sequência crescente de raiva.

As pessoas também podem usar a raiva como uma forma de bloquear o estresse e a dor que vêm de outros sentimentos. Sentir raiva elimina a consciência de outros sentimentos, como medo ou mágoa, que podem ser mais desconfortáveis do que a raiva. Expressar raiva pode ajudar a liberar tensões musculares e a reduzir os elevados níveis de excitação associados a esses outros sentimentos. Assim, um pai assustado pode reagir com raiva a uma criança que corre para a rua. Essa raiva secundária deve-se a uma sequência rápida na qual o pai percebe o perigo, sente medo, culpa a criança, fica com raiva e, em seguida, atua para se livrar de seu sentimento de medo. De forma semelhante, uma pessoa que se sente magoada quando criticada ou rejeitada pode decidir que a situação é injusta e concluir que o que a outra pessoa fez foi errado. Do mesmo modo, a raiva apaga momentaneamente a culpa, a depressão e os sentimentos de não ser digno de algo; em vez de se sentir culpado ou inútil, o sujeito pode culpar ou criticar a outra pessoa. Isso acontece frequentemente em brigas de casais e em discussões entre pais e filhos. Em vez de se sentirem tristes ou decepcionadas, as pessoas ficam com raiva de algo ou de alguém para eliminar as sensações e os pensamentos dolorosos.

A raiva frequentemente ocorre em referência à vergonha da perda de autoestima ou ao medo de um *self* frágil, e os mascara. As pessoas frequentemente sentem vergonha quando são rejeitadas ou humilhadas, visto que essas são emoções extremamente dolorosas, e a raiva as encobre. Grande parte da violência conjugal decorre de um ciclo de vergonha-raiva em que o agressor, que na maioria das vezes na cultura ocidental é um homem, é incapaz de lidar com sua dependência impotente. Quando se sente impotente, fica envergonhado e explode em raiva para mascarar seu sentimento central de vergonha. É também importante compreender como uma reação inicial saudável de raiva pode escalar para uma raiva secundária por uma sequência não saudável de sentimentos e pensamentos que intensificam progressivamente a raiva. Nessa sequência, cada provocação sucessiva — seja um pensamento, uma percepção ou uma interação — torna-se um novo gatilho para novos surtos de raiva, e cada um deles se baseia no momento anterior. A raiva que não é controlada pela razão irrompe facilmente em violência. Assim, além de ser capaz de entrar em contato com a dependência impotente ou a vergonha que leva à raiva e de transformá-las, também pode ser útil desvendar os pensamentos que contribuem para a raiva. Muitas vezes, é difícil distinguir entre a raiva central desadaptativa e a raiva secundária à vergonha. Com frequência, a primeira é desencadeada repentinamente e se assemelha mais a um *flash* pós-traumático e a uma resposta à violência passada, enquanto a raiva secundária se segue à vergonha ou ao medo. Contanto que os terapeutas sigam os processos de seus clientes e os ajudem a tomar consciência de tudo o que sentem, não é tão essencial distinguir entre esses dois tipos de raiva. Em ambos os casos, a ativação da raiva da pessoa precisa ser regulada, e outro sentimento mais saudável precisa ser acessado.

Outro tipo comum de raiva secundária surge quando as pessoas ficam zangadas consigo mesmas por algo que fizeram ou pela maneira como se sentiram. Esse tipo de raiva secundária geralmente assume a forma de autocrítica hostil. Ficar com raiva de si mesmo geralmente leva a mais sentimentos de vergonha, fracasso, culpa ou depressão. As pessoas podem ficar com raiva de si mesmas por se sentirem deprimidas, carentes ou com medo. Nessas situações, precisam ignorar essa raiva e prestar atenção ao seu sentimento central.

Uma cliente em terapia castigava-se por ser pouco assertiva. Sentia-se "infantil" e "covarde" porque era incapaz de dizer não às demandas ou solicitações de outras pessoas. O terapeuta percebeu que essa raiva, na verdade, mascarava um sentimento central de insegurança. Em vez de se concentrar na raiva da cliente, o terapeuta respondeu: "É como se você se sentisse como uma criança pequena, e há algo muito assustador, muito terrível na desaprovação dos outros". Isso ajudou a cliente a se concentrar em sua insegurança e em sua necessidade saudável de ser amada. Em vez de se concentrar em sua raiva, começou a sessão com a exploração do seu medo de desaprovação e da sua necessidade de se sentir conectada a outras pessoas.

O exercício a seguir ajudará as pessoas a identificarem o sentimento primário subjacente à raiva secundária:

- Identifique uma situação em que você expressou raiva porque se sentiu rejeitado, em oposição a uma situação em que se sentiu tratado injustamente.
- Identifique a qualidade da emoção de raiva que você sentiu quando foi rejeitado.
- Em seguida, pergunte-se: "Há algo mais básico do que isto que estou sentindo? Qual é meu sentimento central?". Há medo ou tristeza por trás de sua raiva?

Medo e ansiedade secundários

Alessandra está com medo de falar com seu colega. Ela sente que ele não foi honesto com o chefe sobre uma situação que ocorreu no escritório e que a fez ficar malvista. Ela conta ao terapeuta que, agora, tem medo desse colega e que o cumprimenta no corredor com um sorriso falso. Enquanto fala, fica claro que ela está com raiva dele, mas tem medo de confrontá-lo por receio de perder o seu apoio e amizade. O terapeuta ajuda a cliente a se concentrar em seus sentimentos centrais de ter sido tratada injustamente e na sua necessidade de corrigir a situação. Com a validação do terapeuta e o reconhecimento de que seu medo de rejeição a está impedindo de afirmar seus direitos, a cliente decide falar com o colega.

Quando o medo e a ansiedade são sentimentos secundários, eles não vêm de um perigo externo iminente. Tampouco vêm de uma emoção central que leva a pessoa a se sentir como uma criança perdida e insegura em um mundo imenso; em vez disso, os sentimentos secundários de medo ou de ansiedade frequentemente surgem quando as pessoas estão inseguras ou ansiosas com a possibilidade de que seus sentimentos centrais de raiva, tristeza ou fraqueza prejudiquem seus relacionamentos com outras pessoas. Isso faz com que elas tentem evitar experienciar seus sentimentos centrais. Proteger-se contra sua raiva e sua tristeza frequentemente faz com que se sintam ansiosas ou vulneráveis. Nesses casos, o terapeuta pode orientá-las no sentido de reconhecer a emoção primária.

Com frequência, as pessoas tentam evitar sentimentos centrais de fraqueza, e podem temer ser muito dependentes de outras pessoas. Em vez de reconhecer seus sentimentos de dependência e admitir que sentem medo desses sentimentos, elas podem ficar muito ansiosas quando são separadas de outras pessoas e não compreender a sua ansiedade. Outra forma importante de gerar ansiedade secundária é ter expectativas catastróficas sobre o futuro. Nesses casos, os pensamentos das pessoas são os principais geradores de ansiedade. Elas podem imaginar que a reunião de amanhã será um desastre ou que serão rejeitadas no seu primeiro encontro. Preocupam-se e sentem-se ansiosas hoje, e isso frequentemente interfere nos preparativos para o dia seguinte. O exercício a seguir pode ajudar o cliente a descobrir o sentimento primário subjacente à ansiedade secundária:

- Identifique uma ansiedade que você sente em relação a outra de suas emoções, por exemplo: "Preocupo-me por ser dependente demais do meu parceiro" ou "Tenho medo de dizer ao meu parceiro que estou com raiva".
- Coloque o sentimento central que está evitando em palavras, por exemplo:

"No fundo, tenho medo de ficar sozinho" ou "Estou com raiva".
- Permita-se sentir o que está em seu âmago. Aceite isso de forma acolhedora. Identifique a necessidade, o objetivo ou a preocupação em seu sentimento primário.

Vergonha e embaraço secundários

Bill não conseguiu a promoção que estava esperando receber. Tem que ir ao escritório amanhã, e as pessoas vão perguntar o que aconteceu. Ele quer fugir em vez de encarar seus colegas. Na terapia, precisa trabalhar em seu processo de indução de vergonha.

As visões negativas do *self* e os sentimentos de desprezo por si próprio geram essa forma de vergonha. As pessoas podem dizer a si mesmas: "Fui muito incompetente" ou "Fui estúpido demais", e isso resulta em vergonha secundária. Em seguida, sentem que os outros as veem dessa forma e as menosprezam. As pessoas podem sentir vergonha secundária quando se veem como covardes por não defenderem suas ideias em uma reunião. Seus julgamentos negativos e a projeção desses julgamentos nos outros constituem os principais problemas ao lidar com a vergonha secundária. Se a pessoa for capaz de lidar com a autocrítica, a vergonha desaparece. O mesmo não acontece com a vergonha central, que se agarra ao *self* com muito mais tenacidade. Na vergonha central, as pessoas sentem que elas são um erro, e não que cometeram um erro. Ao trabalhar com a vergonha secundária, o terapeuta ajuda o cliente a identificar a voz da vergonha interior e, em seguida, trabalha para mobilizar sentimentos de orgulho, raiva assertiva e autoestima que possam estar presentes no processo do cliente, a fim de combater a voz da vergonha.

Uma grande fonte de vergonha secundária ou embaraço envolve imaginar que outros nos julgam de forma negativa. As experiências sociais nas quais a pessoa se sente tola ou exposta geralmente envolvem imaginar o que os outros estão pensando sobre ela: trata os outros como espelhos, projetando neles a sua própria visão de si mesma. Em seguida, ela experiencia os outros como pessoas que acreditam nesses pensamentos negativos sobre ela própria. Assim, a pessoa frequentemente sofre constrangimento devido às suas próprias crenças. São esses pensamentos negativos que a fazem se sentir envergonhada e tola. Por exemplo, Sue pode se sentir envergonhada por ter cometido um erro social em um jantar chique: usar a faca errada para a manteiga. Ninguém mais estava realmente prestando atenção em quais talheres estava usando, porém ela sentiu que tinha se destacado.

A vergonha também pode ser uma reação a outras experiências emocionais centrais, e um modo de disfarçá-las. A vergonha pode mascarar emoções centrais de mágoa, fraqueza, carência, aborrecimento ou medo. Trata-se de vergonha em relação às experiências e aos desejos internos e de vergonha em relação a se expor e se revelar. Quando a pessoa tem vergonha do que está sentindo, isto frequentemente está relacionado com a incapacidade de aceitar a fraqueza e a vulnerabilidade. Trata-se de uma situação problemática importante com que a maioria das pessoas se depara. Difere de um sentimento de vergonha central, visto que, nessa vergonha mascarada, a pessoa sente vergonha de como se sente. Em geral, há uma diferença porque a pessoa tende a ter alguma separação daquilo que é vergonhoso. Ela existe independentemente da vergonha, que se refere a algo que sente ou que fez, em vez de se referir ao *self* em sua totalidade. Assim, a pessoa pode ter vergonha de suas fantasias sexuais ou de sua fraqueza em resposta a críticas. Essas pessoas precisam aprender a tolerar a sua vergonha, a assumir suas fantasias e a enfrentar sua fraqueza. O exercício a seguir ajuda o cliente a acessar o sentimento primário subjacente à vergonha secundária:

- Identifique uma situação embaraçosa.
- Permaneça com seu sentimento de constrangimento, em vez de se esconder dele. Qual foi a perda de prestígio que você sofreu? Existe uma voz dentro de você que está criticando-o?
- Enfrente essa voz. Responda-lhe com um sentimento de autoestima.

Desesperança secundária

As pessoas frequentemente expressam desesperança ao trabalhar com suas emoções. Podem dizer que sentem vontade de desistir e podem entrar em desespero. Nesse estado, o cliente sente uma sensação de futilidade ou ruína em relação ao futuro ou a alguns aspectos dele, e a derrota ou a resignação dominam. A desesperança está relacionada com a tristeza secundária, porém é tão generalizada em clientes quando eles estão lutando que é importante discuti-la por si só. Muitas vezes, associada à desesperança, há uma sensação de desamparo e falta de confiança em si mesmo para lidar com a situação. As declarações de desesperança incluem expressões de futilidade, derrota, sensação de estar vencido, desistência, incapacidade de lutar, ruína, sentimento de que não se pode ter ou alcançar o que se deseja, resignação, submissão e ideação suicida. As afirmações que refletem desamparo e impotência referem-se aos sentimentos de falta de recursos internos para lidar com a situação, falta de autoconfiança ou habilidade e falta de força ou poder para controlar ou mudar a situação. Além disso, pode haver declarações sobre sentir-se pequeno, sufocado, entorpecido, imobilizado ou encurralado; sentir-se indefeso, cansado, exausto, destruído, esmagado e sobrecarregado; ou sentir-se inadequado ou inútil. Há também um estado adaptativo de desesperança que nos informa quando o esforço não é mais útil e nos diz que devemos desistir. Assim como outros sentimentos adaptativos, esse estado informa a ação adaptativa e, uma vez concluída a ação, a pessoa segue em frente. Em contrapartida, os estados de desesperança secundários e desadaptativos deixam a pessoa presa e necessitando de uma mudança para que possa seguir em frente.

Ajudar as pessoas a lidarem com essa sensação de desesperança ou desânimo é uma importante tarefa terapêutica. Embora pareça muito central, a desesperança frequentemente é um estado secundário que mascara outras experiências mais centrais, como medo, vergonha ou raiva e tristeza. O terapeuta precisa ajudar o cliente a chegar aos sentimentos subjacentes. A orientação ao desenvolvimento emocional nessa área é particularmente importante, visto que, com frequência, as pessoas ficam muito desanimadas e travadas, necessitando de suporte para ajudá-las a sair desse estado. Em um estudo sobre como as pessoas resolvem a desesperança em uma terapia focada nas emoções, constatamos que elas passam por etapas com a ajuda de seus terapeutas (Sicoli & Greenberg, 2000).

O primeiro passo envolve trabalhar com o cliente para identificar pensamentos e crenças negativos que induzem desesperança a partir da experiência e ajudá-lo a perceber o seu papel de agente na produção da desesperança. O diálogo em duas cadeiras entre duas partes do *self* geralmente é útil. Essa intervenção foi discutida mais detalhadamente no Capítulo 5. Na intervenção com uma cadeira, o cliente dramatiza uma parte do *self* produtora da desesperança, dizendo, por exemplo: "Qual é a utilidade disso?", "Você nunca terá sucesso" ou "Você está condenado ao vazio". O cliente também pode dizer: "Você é inútil", "Você é covarde", "Ninguém nunca vai querer você" ou "Você sempre atrapalha". Por conseguinte, o passo inicial envolve ajudar o cliente a reconhecer e a explorar seus próprios processos internos de geração de desesperança. Em seguida, o cliente começa a compreender que ele contribui para manter seu estado de desesperança pelas suas atribuições e pela maneira como pensa, e que sua desesperança não é meramente resultado de uma situação externa. No início, o cliente frequentemente não tem certeza de como gera sua desesperança e pode passar por períodos de confusão. Entretanto, com uma boa aliança, há geralmente uma disposição para examinar a confusão e tentar entender o processo. Em última análise, o cliente aprende que está envolvido em processos internos que contribuem para "fazer" com que se sinta desesperado, e entende que mantém esse estado por meio das coisas que diz a si mesmo. O conteúdo da cognição negativa é frequentemente centrado em temas de desamparo, falta de crença na capacidade de enfrentamento, declarações autodepreciativas, crenças negativas sobre o futuro, os valores e os padrões, e autocondenação. A exploração de si mesmo como agente também pode envolver a observação da forma como a inatividade e a evitação — por exemplo, não falar com o cônjuge, retrair-se ou procrastinar — contribuem para o sentimento de desesperança.

Após ativar o estado de desesperança, o passo seguinte para viabilizar a mudança é acessar novas experiências emocionais mais centrais (tristeza, dor, raiva). O terapeuta ajuda o cliente a buscar um sentimento mais primário. Com frequência, o cliente identifica novos sentimentos em resposta à identificação da agência e da cognição negativa envolvidas na produção da desesperança. Assim, o cliente pode sentir dor ou tristeza em resposta à informação de que ele não presta ou está condenado ao fracasso. O trabalho do terapeuta é conduzi-lo para além dos acordos com os pensamentos negativos e a desesperança, em direção a como realmente se sente em resposta às declarações catastróficas da voz interior que induz a desesperança. O cliente experiencia a emoção, porém, a princípio, pode não experienciá-la por completo. O sentimento é indiferenciado e o cliente pode expressar alguma confusão dizendo: "Não sei o que sinto".

O terapeuta trabalha com o cliente para sentir a dor, a tristeza ou a raiva subjacente de forma mais completa. É importante que o terapeuta ajude o cliente a passar de uma descrição distanciada da experiência para uma vivência corporal mais focada. No caso das pessoas que têm alguma resiliência, ajudá-las a permanecer com a desesperança, em vez de evitá-la, algumas vezes constitui a melhor maneira de fazê-las se recuperar. Chegar ao fundo do poço, juntamente com a validação e a empatia do terapeuta, leva a uma recuperação. Em outros casos, com pessoas em estados mais desesperados, esse método de "permanecer com" não leva à resiliência. É melhor acessar emoções alternativas direcionando a atenção para outros sentimentos ou acessando necessidades. As necessidades que são acessadas nesse estágio inicial provavelmente serão necessidades globais e vagas, porém a mera menção delas pelo terapeuta frequentemente ajuda o cliente a passar para um estado mais avançado. A falta de esperança é uma reação à incapacidade de satisfazer as necessidades. Quando o cliente começa realmente a sentir e a aceitar quaisquer necessidades emergentes e as emoções adaptativas associadas, sendo capaz de expressar essas emoções tanto verbal quanto não verbalmente, a desesperança global começa a ser desestruturada. Por meio desse contato mais focado com a experiência emocional atual, o cliente começa a explorar seu significado com mais profundidade e mais especificidade. A aceitação do sentimento, bem como senti-lo, é importante.

Em alguns casos, o cliente entra em contato com um medo primário que está subjacente à desesperança — medo de que não consiga sobreviver: "Tenho muito medo, sinto que não tenho forças" ou "Tenho medo de que isso continue indefinidamente e de que eu não consiga lidar com a situação". O medo desadaptativo pode se manifestar tanto em nível *intrapessoal* (por exemplo, medos relacionados com a incapacidade de enfrentar uma situação, medo de entrar em colapso, medo do fracasso ou de um futuro condenado) quanto em nível *interpessoal* (por exemplo, medo de ser magoado ou maltratado pelos outros). Ambos os tipos de medo impedem a pessoa de acessar uma força interior para superar a desesperança. No fundo, mesmo no medo interpessoal, há o medo de que o *self* não consiga lidar com a situação; por exemplo: "Vão me magoar e não vou ser capaz de lidar com isso". Isso precisa ser experienciado e, em seguida, combatido com a emoção mais adaptativa.

O exercício a seguir ajuda os clientes a acessarem o sentimento primário subjacente à desesperança secundária:

- Identifique pensamentos e crenças negativos que induzem desesperança.
- Acesse novas experiências emocionais mais centrais por trás da desesperança.
- Pergunte a si mesmo: "Há algo mais básico que eu esteja sentindo? Há raiva ou ressentimento por trás da minha tristeza?". Encontre o seu sentimento mais básico. Coloque-o em palavras.
- Identifique a sua necessidade não satisfeita e reconheça-a.
- Lamente a sua perda ou reivindique o seu direito de tê-la considerada em novas situações.

Como identificar a emoção primária subjacente a uma emoção instrumental

Agora, concentro-me na identificação de expressões instrumentais das diferentes emoções.

Tristeza instrumental

Sally não está tendo seus desejos atendidos. Fica frustrada e chora desesperadamente na terapia. O terapeuta sente uma demanda em seu choro, uma exigência de que ele, de alguma forma, solucione o problema para fazê-la se sentir melhor. Em vez de responder com base nessa demanda, ele comenta com Sally que está tendo a sensação de que precisa resgatá-la e se pergunta se ela sente que está apelando para ele fazer isso.

Um bom exemplo de uma expressão instrumental comum de tristeza é quando alguém chora como forma de se queixar. Isso é pejorativamente denominado "choramingar". Ocorre quando as lágrimas são uma forma de protesto, expressando o quanto alguém se sente maltratado, na esperança de evocar simpatia, apoio ou compreensão. A pessoa pode ou não estar consciente da função instrumental das lágrimas, e pode estar se sentindo genuinamente carente. O terapeuta precisa fazer a pessoa concentrar-se no objetivo de suas lágrimas, perguntando: "O que você quer?" ou "Que tipo de resposta às suas lágrimas você espera obter?".

Uma aluna vai até sua professora para contestar sua nota em um projeto de aula. A nota foi 69; se conseguisse 70 sua nota geral do curso seria elevada para B+. A professora responde que não tem motivos para alterar a nota. A aluna implora exigentemente, e seus olhos enchem-se de lágrimas. Por um momento, essa jovem transforma-se em um bebê zangado e indefeso que chora para que alguém lhe proporcione satisfação. A professora recusa o pedido indireto da aluna para gratificá-la, alegando que isso seria injusto com os outros estudantes.

Essa tristeza não resulta principalmente de uma experiência de perda nuclear, mas de um sentimento de frustração e de impotência. Esse tipo de choro muitas vezes não suscita o apoio desejado, em particular fora da família de origem, contexto em que provavelmente foi aprendido. Na terapia, o cliente precisa aprender a enfrentar suas próprias decepções e seu sentimento de incapacidade de assumir a responsabilidade por si mesmo. Também deve tomar consciência de que, muitas vezes, mantém seu sentimento de impotência ao fazer com que os outros cuidem dele.

Raiva instrumental

Os valentões do pátio da escola, que muitas vezes são eles próprios intimidados ou maltratados, aprendem que podem controlar os outros com demonstrações ameaçadoras de intenção hostil. Isso se estende até a vida adulta nos escritórios e em casa. Ao levantar a voz ou as sobrancelhas, os trabalhadores intimidam seus colegas, os maridos ameaçam suas esposas e os pais intimidam seus filhos. Trata-se de uma forma de controle aprendida.

Um cliente do sexo masculino, sorrindo timidamente, fala durante a sessão de terapia que deu um soco em uma parede no trabalho. Explica que estava expressando seu descontentamento com sua parceira de vendas imobiliárias, que tinha se queixado dele ao gerente em vez de falar diretamente com ele. Está fazendo terapia devido à solidão e ao isolamento que sentiu depois que sua esposa o deixou porque era muito autoritário e verbalmente agressivo. Não conseguia perceber por que ela se sentia assim. O terapeuta precisa ajudá-lo a se concentrar em seus sentimentos primários de mágoa e na sua necessidade de ser amado. O terapeuta também deve ajudar esse cliente a entender como ele usa a raiva para obter conformidade, e que isso faz com que as pessoas não gostem dele, ainda que ele deseje profundamente ser amado.

A raiva instrumental é o uso aprendido da raiva como meio de controlar outras pessoas para o seu próprio ganho. Ficar com raiva é uma maneira eficaz de controlar alguém, mas geralmente faz com que a outra pessoa se torne amarga, ressentida e distante. A melhor maneira de lidar com esse tipo de raiva é compreender a motivação e os objetivos subjacentes da pessoa e ajudá-la a desenvolver formas alternativas de alcançar esses objetivos.

Naturalmente, muitas pessoas não estão conscientes da função instrumental de sua raiva e, muitas vezes, sua manipulação não é deliberada. Por exemplo, uma cliente ficou magoada e zangada com a falta de apoio de seus pais e reagiu "castigando-os", "dando-lhes uma lição" e "tratando-os da maneira como me tratam". Esses são exemplos de raiva instrumental misturada com raiva central causada por necessidades não atendidas. A terapia ajudou essa cliente a reconhecer e a validar a sua raiva pelas suas necessidades de apoio não atendidas. Ela percebeu também que suas tentativas de forçar seus pais a lhe darem o que ela queria não estavam ajudando-a a obter o que tão desesperadamente desejava e precisava. Isso a ajudou a abandonar esforços inúteis para controlar os pais e, ao mesmo tempo, reforçou seu desejo central e saudável de ter as suas necessidades satisfeitas no mundo. Procurou então encontrar comportamentos mais saudáveis para atingir esses objetivos.

Medo e vergonha instrumentais

Demonstrar medo e vergonha para alcançar um objetivo é incomum e não se apresenta tão frequentemente como um problema. O medo instrumental é concebido para evitar assumir a responsabilidade por si mesmo e para que os outros o protejam. Fingir estar com medo ou se sentir desamparado tem por objetivo evocar os cuidados dos outros. As pessoas também podem demonstrar medo como forma de tentar evitar que outra pessoa fique com raiva delas ou as culpe, ou para indicar subserviência. A vergonha instrumental ocorre quando, por exemplo, a pessoa finge estar envergonhada para parecer socialmente apropriada. Isso é gerenciamento de imagem e papel. O exercício a seguir ajuda os clientes a acessarem o sentimento primário subjacente ao medo e à vergonha instrumentais:

- Identifique sua expressão instrumental preferida e mais frequente.
- Você faz beicinho ou grita para conseguir o que quer? Age como se estivesse desamparado e precisando de ajuda? O que pensa que os outros diriam sobre a maneira de manipulá-los emocionalmente para conseguir o que quer? Tente ser rigorosamente honesto consigo mesmo. Você precisa reconhecer seu próprio estilo instrumental de expressão emocional.
- Qual é o custo?

Depois de chegar à emoção primária (Fase 1), os clientes devem processá-la e decidir como agir com base nessa emoção. O objetivo final é atingir uma emoção primária adaptativa, e, se a emoção primária inicial for desadaptativa, os clientes precisarão então processá-la para atingir uma emoção alternativa adaptativa. Os exercícios para chegar às emoções primárias podem ser encontrados no Apêndice. O próximo capítulo ajuda os terapeutas a trabalharem com os clientes para determinar se uma emoção primária é adaptativa ou desadaptativa.

7

Como avaliar se uma emoção primária dolorosa é saudável

Não esqueçamos que as pequenas emoções são os grandes comandantes da nossa vida e que lhes obedecemos sem saber.
— Vincent van Gogh (1889)

O Passo 5 da orientação ao desenvolvimento emocional envolve avaliar se a emoção primária é adaptativa ou desadaptativa. Os terapeutas precisam ajudar os clientes a discernir se a sua sensação visceral é uma emoção saudável a ser seguida ou uma emoção que não é saudável que precisa ser mudada. A observação intensiva das emoções que eram mais prevalentes na biblioteca de fitas da clínica de pesquisa em psicologia da Universidade de York, com mais de cem terapias, levou ao desenvolvimento de uma lista de 16 categorias de emoções, que são apresentadas no Quadro 7.1 para ajudar na classificação da ativação emocional (N. Warwar & Greenberg, 2000). Dessas 16, a tristeza, a raiva, o medo e a vergonha, além da emoção mais complexa da dor, parecem ser as cinco emoções fundamentais mais importantes na mudança psicoterapêutica (Bolger, 1999; Greenberg & Bolger, 2001; Greenberg & Paivio, 1997). Neste capítulo, analiso como avaliar se as primeiras quatro emoções que ocorrem frequentemente são saudáveis. Analiso também a dor, a quinta emoção, que, por sua natureza, é saudável porque alerta sobre a ocorrência de lesão. O Quadro 7.2 resume alguns critérios básicos para avaliar se uma emoção primária é saudável.

Como avaliar se a tristeza é uma tristeza primária saudável

As pessoas ficam tristes quando deixam ou perdem aqueles que amam. A tristeza lhes diz que sentirão falta dos entes queridos quando se separarem. Sem essa tristeza, as pessoas estariam muito menos conectadas e mais propensas a andar de um lugar para outro sem propósito. A saudade saudável atrai as pessoas de volta à sua segurança e à familiaridade. Elas precisam

QUADRO 7.1 Categorias de emoções

As seguintes categorias de emoções são mais relevantes para sessões de psicoterapia:

1. Tristeza
2. Dor/mágoa
3. Desesperança/desamparo
4. Solidão
5. Raiva/ressentimento
6. Desprezo/desgosto
7. Medo/ansiedade
8. Amor
9. Alegria/excitação
10. Contentamento/calma/alívio
11. Compaixão
12. Vergonha/culpa
13. Orgulho/autoconfiança
14. Raiva e tristeza (ambas presentes simultaneamente)
15. Orgulho (autoafirmação) e raiva (ambos presentes simultaneamente)
16. Surpresa/choque

ser ajudadas a sentir uma tristeza primária saudável, sem vergonha ou ansiedade. A tristeza saudável organiza a pessoa para buscar conforto ou para se retirar quando a esperança é perdida. Segue-se um exemplo de tristeza adaptativa.

David imigrou recentemente. Está falando com seu terapeuta sobre sua experiência no aeroporto quando deixou sua terra natal para escapar da injustiça e da tirania que prevaleciam lá. Ele tem 22 anos e está ansioso para enfrentar o seu futuro no exterior. Menciona como chorou quando se despediu de sua família no aeroporto e, durante o relato, começa novamente a chorar. Essas lágrimas são lágrimas saudáveis. Sugerem que David regressará à sua terra natal de poucos em poucos anos, quando puder e quando a sua necessidade de reencontrar a família e os amigos superar seu ódio pelos horrores do lugar. É uma tristeza saudável e adaptativa. Se David reprimir esses sentimentos, é provável que mais tarde tenha dificuldade em se adaptar à sua nova vida. Um terapeuta focado nas emoções precisa ajudar David a se permitir sentir a sua tristeza e lamentar a sua perda se suas lágrimas persistirem.

A tristeza pelo fracasso e pela perda de um relacionamento é outra grande fonte

QUADRO 7.2 Sentimentos primários adaptativos *versus* desadaptativos

Sentimentos primários adaptativos	Sentimentos primários desadaptativos
• São frescos e novos (organizadores). • São sentidos no momento, em resposta a circunstâncias variáveis. • Mudam quando as circunstâncias mudam. • Se sinalizados externamente, são rápidos e orientados para a ação. • Se gerados internamente, são mais lentos. • Permitem que um cliente sinta: "Sim, é isto mesmo!". • Promovem vínculos de apego e autocoerência.	• São familiares e antigos (desorganizadores). • São avassaladores (o cliente sente-se preso neles). • A cada ocorrência, são tão ruins quanto da última vez. • Não mudam em decorrência de alterações nas circunstâncias. • São difíceis, profundos e angustiantes. • Com frequência, estão relacionados ao *self*. • Fazem parte da identidade de uma pessoa. • São acompanhados por uma voz destrutiva. • Destroem vínculos de apego e autocoerência.

de sofrimento. As pessoas ficam tristes com a dificuldade das suas lutas. Ficam tristes por causa da dor da vida e ficam tristes por não amar ou não se sentir amadas. Sentem-se tristes quando são incompreendidas, quando se isolam, quando alguém que amam se afasta e quando perdem uma pessoa para sempre ou mesmo por algum tempo. A tristeza da solidão é profunda e abrangente.

Dennis e Sharon vieram até mim fazer terapia de casal. A questão deles é se Dennis vai se comprometer com o casamento. Dennis é um advogado de 40 anos que nunca foi casado. Sharon é uma professora de 36 anos que já foi casada por alguns anos, no início de seus 20 anos. Seu relógio biológico está correndo; ela quer um compromisso e um filho. Depois de várias sessões, eles terminam o relacionamento no meu consultório com dor. Sharon chora e Dennis sente-se aliviado, culpado e triste. Eu, como terapeuta, sinto-me triste.

A tristeza primária saudável é um estado que muitas vezes pode aparecer como um breve momento integrado no complexo processo contínuo da vida. Ela se caracteriza por uma espécie de sentimento momentâneo de perda ou mágoa, ou pelo fato de o sujeito se sentir tocado por um adeus ou um fim. Por vezes, podemos sentir a tristeza passageira da renúncia ou a tristeza por desistir de uma luta e aceitar o inevitável. Em outras ocasiões, a tristeza pode ser sentida de forma profunda e plena. As pessoas choram pela perda e compartilham a sua dor ou decepção. Essa tristeza saudável é livre de culpa. A tristeza geralmente é uma das emoções mais duradouras.

Myriam, uma publicitária, acaba de receber a notícia de que a proposta que tanto se esforçou para realizar e na qual depositava suas esperanças foi rejeitada. Está desiludida e devastada. Seu parceiro na terapia de casal estende-lhe a mão para confortá-la. Ela chora. As lágrimas correm enquanto sente a tristeza saudável que a ajudará a esquecer e a seguir em frente.

A tristeza muitas vezes envolve choro. A função biológica do choro é sinalizar para si próprio e para os outros que algo é angustiante. Ele motiva a pessoa que chora e os outros a fazerem algo em relação à circunstância angustiante. O choro é uma das primeiras coisas que os bebês fazem quando vêm ao mundo; ele é motivado pela vontade de sobreviver. Diz à pessoa e aos outros que ela está sofrendo. Quando o choro realmente para, isso sinaliza que o sofrimento terminou. Chorar dentro dos limites é saudável. Ser capaz de chorar e de expressar o que se está sentindo por dentro ajuda a promover a intimidade. Os efeitos positivos do choro saudável precisam ser comunicados aos clientes que lutam contra as suas lágrimas. Quando eles estão lutando, os terapeutas devem lhes dizer com uma voz suave: "Está tudo bem. Deixe as lágrimas virem. Há muita coisa aí que precisa sair". O choro é um meio de comunicação que está além do uso das palavras. Ele acrescenta significado. Com frequência, as lágrimas correm quando as palavras falham. As lágrimas podem estar dizendo uma variedade de coisas, como "Estou farto", "Estou preocupado" ou "Estou magoado". Além disso, o choro pode expressar outras emoções, como alegria ou felicidade, medo ou até mesmo raiva. No entanto, chorar excessivamente a ponto de não conseguir se comunicar pode não ser saudável. Os terapeutas podem pedir aos clientes que façam o seguinte exercício para ajudá-los a identificar a sua tristeza primária adaptativa:

- Identifique uma situação em que tenha sofrido uma perda. Pode ser a perda de uma pessoa ou de um relacionamento, ou uma decepção.
- Identifique o seu sentimento. Encontre uma palavra ou palavras que se encaixem no sentimento. Você sente isso em seu corpo? Descreva em palavras a sensação em seu corpo.
- Se você normalmente sente vontade de movimentar o corpo de certa maneira quando está triste, encontre um modo de expressar isso. Deixe o seu corpo falar. Suspire, curve-se, enrole-se ou deixe o seu rosto expressar a sua tristeza.

A tristeza e a raiva geralmente andam juntas. No luto e na separação de um bebê de sua mãe, é frequente haver raiva pela separação, seguida de tristeza pela perda ou vice-versa. Com frequência, as pessoas sentem raiva do responsável por uma perda e sentem tristeza ou dor pela perda em si. O trabalho terapêutico frequentemente envolve separar essas duas emoções dos nós em que se fundiram para que a pessoa possa identificar claramente a fonte e a necessidade de cada uma delas e possa expressar cada emoção até o fim.

Como avaliar se a raiva é uma raiva primária saudável

A raiva é uma das emoções mais poderosas e urgentes. Tem um impacto profundo nos relacionamentos com os outros, bem como em nosso próprio funcionamento. A raiva pode sustentar a vida ou pode ser destrutiva. Ela não deve ser confundida com a agressividade, que compreende um comportamento de ataque ou de agressão. Sentir raiva não significa se comportar de forma agressiva, e as pessoas podem ser agressivas sem sentir raiva alguma. Um estudo com pessoas em quatro continentes mostrou que a raiva é mais frequentemente direcionada aos entes queridos, porque as pessoas sentem que eles fizeram algo errado ou as frustraram (Scherer, 1984a). A expressão típica de raiva raramente envolve agressão, mas é antes direcionada para corrigir a situação ou evitar a sua recorrência. A raiva diz a uma pessoa que algo precisa mudar. Esse tipo de raiva fortalecedora é o que os clientes precisam ser ajudados a sentir. As pessoas precisam conhecer a fonte de sua raiva se quiserem produzir mudanças.

Felicity está sentada no carro conversando com o seu marido, Jim, pela primeira vez no dia sobre algo assustador que lhe aconteceu de manhã. Estava passando por um canteiro de obras e quase foi atingida por uma viga que caiu. Felicity e Jim chegam em casa enquanto ela ainda está descrevendo a sua experiência. Jim estaciona o carro, abre a porta e sai enquanto Felicity está no meio de uma frase, dizendo como ficou assustada. Ela se sente zangada e ofendida por ele parecer não se importar o suficiente para ouvir o quanto ela se sentiu assustada. Se essa raiva não for expressa ou usada para informá-la de que se sente injustiçada, se tornará um tijolo de ressentimento em uma parede que separará o casal. Um terapeuta com foco nas emoções ajudaria Felicity a simbolizar o que sente, a identificar a origem da raiva, a reconhecer a sua necessidade não satisfeita e a promover a reflexão sobre a melhor forma de comunicar essa necessidade.

Aristóteles acreditava que a raiva era decorrente da crença de que nós ou nossos amigos fomos injustamente prejudicados e afirmava que as pessoas ficam com raiva de outras pessoas que são insolentes e que as ferem pela sua insolência. A raiva é provocada de forma mais eficaz em uma criança ao segurar seus braços de forma que ela não possa soltá-los. A raiva é provocada pela interferência em algo que se deseja fazer. Uma ofensa ou interferência contra os entes queridos ou contra si próprio provoca raiva primária adaptativa. Na raiva, alguém responsabiliza o outro por uma ação que o feriu. Isso é acompanhado pela crença de que a outra pessoa poderia ter agido de forma diferente porque tinha controle sobre a ação ofensiva.

Há mais de 200 anos, Immanuel Kant (1953), o grande defensor do poder da mente para definir categorias que moldam as nossas visões do mundo, reconheceu a importância da raiva na prevenção da estagnação e agradeceu ao destino por essa "capacidade de mau humor". Ele afirmou que os seres humanos desejam a concórdia, porém a natureza sabe melhor o que é bom para a espécie. Quando as pessoas estão claramente ofendidas e zangadas, a sua raiva ajuda a proteger os seus limites pessoais da violação. Muitas vezes, especialmente nas culturas anglo-saxônicas, as pessoas experienciam muita ansiedade e desaprovação quando ouvem outras pessoas zangadas. Elas foram ensinadas a reprimir a sua raiva. Por exemplo, um mecânico de automóveis excessivamente agressivo que explora a dependência de Joan e a mantém refém quando conserta o seu carro a ofende. Joan sabe que está sendo manipulada e enganada e sente-se com raiva; entretanto, como foi socializada para ser educada, ela não diz nada. Depois disso, sente-se deprimida e cínica. Teria sido muito melhor para Joan permitir que a sua raiva a levasse a se expressar de forma assertiva do que se sentir desanimada. Com a energia e o poder que a raiva lhe proporcionou, ela pode mostrar que tem garras e pode se proteger de ser enganada. Não aponto a raiva como a primeira linha de defesa e acredito na importância dos métodos conciliatórios, mas, em última análise, a raiva é uma parte indispensável da nossa constituição, e as pessoas não devem ter muito medo de receber a sua mensagem.

A raiva primária adaptativa frequentemente é ativada sem que se saiba realmente o porquê. As pessoas não têm necessariamente pensamentos conscientes como "Você está me ofendendo"; elas simplesmente se sentem ofendidas. Começam então a ter pensamentos de raiva. A raiva pode ser ativada por pensamentos conscientes, porém, na maioria das vezes, ela é evocada sem pensamentos. O primeiro grito de raiva de uma criança não depende de um pensamento consciente sobre o ambiente. As pessoas também ficam mais rapidamente com raiva quando estão cansadas, com calor ou estressadas. A irritabilidade flutuante livre não decorre de nenhum pensamento consciente, e a raiva sentida quando alguém está com um humor irritável dura mais tempo e é mais difícil de controlar, devido ao efeito do estado de humor sobre a emoção e o pensamento. De fato, a raiva pode ser induzida por certos medicamentos e doenças, e até mesmo por estimulação elétrica, sem estar ligada a nenhum pensamento ou encontro em particular. A raiva é facilmente acessível ao longo da vida das pessoas. Evidentemente, trata-se de um recurso essencial. O exercício a seguir pode ajudar os clientes a acessar esse recurso:

- Identifique uma situação em que se sentiu prejudicado ou tratado injustamente, ou na qual seus direitos foram violados.
- Identifique o seu sentimento. Encontre uma ou mais palavras que correspondam a ele. O que você sente em seu corpo? Escolha algumas palavras para referir-se a essa sensação.
- Se o sentimento faz você querer movimentar o seu corpo, então faça-o. Encontre uma forma de expressá-lo.
- Identifique o alvo de sua raiva. Na sua imaginação ou em voz alta, diga: "Estou com raiva de...", "Estou chateado porque...", ou "Estou ressentido por...". Encontre uma forma de expressão que combine com você.
- O que acontece depois que você expressa a sua raiva dessa forma? Sente-se fortalecido?

Treinar pessoas para lidar com a raiva e com outros sentimentos hostis na vida diária exige atenção especial. Surge sempre a questão de saber se alguém pode simplesmente expressar raiva. E quanto a atacar, gritar ou criticar os outros? Essas atividades são saudáveis ou sensatas?

É importante ajudar as pessoas a reconhecer que os sentimentos de raiva podem ser saudáveis e fazem parte do ser humano. Sentir-se zangado ou irritado é tão humano quanto sentir tristeza ou medo. É importante, no entanto, equilibrar a raiva com a gentileza. Ser gentil não significa nunca ficar com raiva. Tornar-se cada vez mais gentil não leva à supressão da raiva; pelo contrário, ajuda a pessoa a aceitar seus sentimentos de raiva como inegavelmente humanos. A gentileza é difícil de manter quando a raiva não resolvida se esconde dentro de nós. A raiva que é enterrada acaba explodindo de forma incontrolável e destrutiva. A raiva deve, portanto, ser deixada à vista desde o início e ser expressa de maneira sensata e moderada. Isso pode envolver, por exemplo, ser direto com um amigo. Podemos dizer a ele como nos sentimos: "Estou zangado porque você não apareceu para o nosso jantar". Dizer isso a um amigo é informativo e pode esclarecer as coisas entre os dois. Ajuda a esclarecer o relacionamento e pode evitar futuras mágoas ou mal-entendidos. Encarcerar a raiva; tornar-se frio e mal-humorado; extravasar a raiva dando pontapés nos móveis, esmagando coisas ou atacando; guardar a raiva; ou desenvolver ou embelezar a forma como alguém foi injustiçado não promoverá o aumento da gentileza. As explosões podem aliviar a raiva reprimida, mas também podem aumentar a tendência a desabafar e a se tornar mais furioso e explosivo. Em vez de se envolver em explosões ou fúria, a melhor maneira de lidar com a raiva é falar sobre os sentimentos com os outros. O objetivo é comunicar os sentimentos pelo seu valor informativo e não ser verbalmente agressivo. Existem apenas duas circunstâncias em que uma demonstração de raiva é justificada: para proteger os próprios limites e para evitar ser violado.

Como avaliar se o medo e a ansiedade são emoções primárias saudáveis

Os seres humanos estão entre as criaturas mais curiosas e mais ansiosas da Terra. Os gatos provavelmente são mais medrosos do que os seres humanos, porém o medo tem servido bem aos seres humanos em sua luta pela sobrevivência, moderando a sua curiosidade. Imagine que você está andando por uma rua escura, sozinho, à noite, em uma parte desconhecida da cidade, e então ouve passos atrás de você. Você atravessa para o outro lado da rua, mas os passos parecem segui-lo. Seu coração bate mais rápido, você está transpirando e aumenta o ritmo de seus passos, sente vontade de correr. Esse é um medo saudável e adaptativo.

O medo é extremamente desagradável e fornece às pessoas um sinal convincente de sobrevivência para escapar do perigo ou buscar proteção. Em geral, trata-se de uma resposta transitória a uma ameaça específica, que diminui depois que alguém escapa do perigo. Por outro lado, a ansiedade é uma resposta a "ameaças" sentidas na mente — situações simbólicas, psicológicas ou sociais —, e não um perigo físico imediatamente presente. É uma resposta à incerteza que surge quando nos sentimos ameaçados. A capacidade das pessoas de antecipar permite que sintam ansiedade. É uma dádiva e uma maldição ao mesmo tempo. Assim, as pessoas dizem que têm "medo" do escuro, mas que estão "ansiosas" em relação a um exame futuro.

Para os clientes, é adaptativo que reconheçam tanto os seus medos primários quanto a sua ansiedade. Reconhecer a fraqueza e a vulnerabilidade, em vez de ter que apresentar uma fachada de força, ajuda a pessoa a ser mais humana e mais forte. Ignorar o medo real ou a insegurança leva a correr muitos riscos e perigos desnecessários. Reconhecer o medo primário adaptativo nos permite saber que algo é ameaçador e nos ajuda a manter conexões seguras com os outros como proteção. O medo organiza as pessoas para fugir muito antes de estarem conscientemente cientes do que é a ameaça específica. A ansiedade primária adaptativa, como a ansiedade antes de um grande jogo ou as borboletas no estômago antes de subir ao palco, não é muito diferente da excitação. A qualidade positiva da ansiedade é captada quando, por exemplo, alguém diz que está ansioso para ver uma pessoa. Esse lado positivo da ansiedade tem a ver com estar preparado para o que se está antecipando.

O medo e a ansiedade operam de maneira tácita e automática. No entanto, com frequência, o medo e a ansiedade primários são desadaptativos, e não saudáveis. Certas experiências da infância ou relacionais caracterizadas por sua imprevisibilidade e sua falta de controle interpessoal podem, por exemplo, produzir muita ansiedade desadaptativa nos relacionamentos com os outros, incluindo o medo da intimidade, o medo de perder o controle e o medo do abandono. É mais comum que os clientes em terapia tenham medo e ansiedade primários desadaptativos do que medo e ansiedade adaptativos. No entanto, é importante distinguir entre dois tipos de medo: o primeiro, o medo do perigo, que leva a pessoa a fugir dele, e o outro, o medo da separação, que leva a pessoa a correr em direção à proteção. Ambos podem ou não ser saudáveis. O medo que alerta para o perigo é altamente adaptativo e envolve uma necessidade de segurança ou de proteção, porém o medo envolvido no estresse pós-traumático é desadaptativo, visto que há medo, mas não existe nenhum perigo presente. O medo da separação é adaptativo e envolve uma necessidade de conexão; entretanto, quando se torna hiperativo, leva à dependência e ao apego.

Os terapeutas podem ajudar as pessoas a identificar o medo adaptativo pedindo-lhes que indiquem alguma ameaça em sua vida, naquele momento, que represente incerteza ou perigo, real ou imaginário. O terapeuta pode dizer:

> Identifique seu sentimento. Encontre uma ou mais palavras que se encaixem no sentimento. O que você sente no corpo? Nomeie esse sentimento com algumas palavras. Se esse sentimento faz você querer mobilizar o seu corpo, então faça-o. Encontre uma maneira de expressá-lo. Deixe o seu corpo refletir o sentimento. Verifique a sua respiração. Respire e diga: "Estou com medo ou ansioso", ou o que for adequado. Identifique a ameaça. Agora encontre uma maneira de se acalmar e de lidar com ela. Que recursos internos ou externos você pode usar para obter apoio?

Como avaliar se a vergonha é uma vergonha primária saudável

A vergonha adaptativa ajuda as pessoas a não se alienarem do seu grupo. Essa é a vergonha adaptativa que, se for negada, provoca impetuosidade. Em geral, a vergonha atinge profundamente o coração humano. Tem a ver com o sentido de valor de uma pessoa; faz com que ela queira se esconder, ao contrário da culpa, que a leva a pedir desculpas ou a fazer reparações. As pessoas sentem vergonha quando perdem o controle, quando se sentem superexpostas, como ao aparecer nuas em público, ou quando sentem que os outros as consideram inúteis ou indignas. Na vergonha, as pessoas muitas vezes querem baixar a cabeça e afundar-se no chão para não serem vistas. A vergonha pode surgir quando alguém revela suas emoções a outra pessoa e não recebe apoio. Por exemplo, uma pessoa pode estar contando uma história em um grupo e, de repente, percebe que ninguém está ouvindo, então ela se encolhe dentro de si.

Sue contou ao seu terapeuta que ela acordou e lembrou-se do que tinha acontecido na noite anterior. Tinha perdido o controle. Havia bebido muito álcool e estava agindo de forma infantil. Isso já é embaraçoso o suficiente, mas foi a lembrança de correr para o banheiro e passar mal que a fez se sentir envergonhada. Alguém teve que ajudá-la a se limpar. Foi horrível. Como é que ela vai voltar a encarar essas pessoas? O terapeuta percebeu que auxiliar Sue a enfrentar essa vergonha provavelmente a ajudará a tomar a decisão de não agir desse modo novamente.

As crianças sentem vergonha quando ninguém presta atenção aos seus esforços para exibir suas proezas ou à sua excitação emocional com o seu sucesso. Quando gritam com entusiasmo "Mamãe! Papai! Olhem para mim!" enquanto se preparam para pular na piscina, e os pais as ignoram, elas podem se encolher de vergonha. A vergonha pode ser uma emoção adaptativa se for sentida em resposta a violações de padrões e valores pessoais implícitos ou explícitos, como a vergonha de se envolver em um comportamento desviante, a vergonha de perder o controle em público ou a vergonha de ser um pai negligente ou abusivo. Nesses casos, os sentimentos de vergonha precisam ser reconhecidos, visto que estão fornecendo informações valiosas sobre o comportamento socialmente aceitável que alguém pode escolher usar para orientar a sua conduta.

A vergonha pode ser adaptativa porque simultaneamente protege a privacidade de alguém e mantém a pessoa conectada à sua comunidade. Ela faz isso impedindo que alguém erre demasiado em público ou quebre as regras que compõem o tecido social. A vergonha adaptativa nos informa que estamos muito expostos e que as outras pessoas não apoiarão as nossas ações, que quebramos uma norma social muito básica ou que violamos padrões ou valores que reconhecemos como profundamente importantes. O exercício a seguir ajuda os clientes a identificar experiências de vergonha:

- Identifique uma situação recente em que você sofreu uma perda súbita de autoestima ou lembre-se de uma situação em que se sentiu envergonhado. Você alguma vez já acenou de volta a uma pessoa na rua e percebeu que ela estava acenando para alguém atrás de você? Isso foi embaraçoso? Por quê? Veja se consegue recapturar o sentimento agora.
- Identifique o seu sentimento. Encontre uma palavra ou palavras que se encaixem nele.
- O que você sente em seu corpo? Escolha algumas palavras para expressar essa sensação.
- Se esse sentimento faz você querer se mover ou agir de alguma forma, faça isso. Você quer baixar os olhos ou olhar para baixo? Deixe que o sentimento se expresse em seu corpo.

Dor emocional primária saudável

Há um tipo de emoção adaptativa que requer uma atenção especial: a dor emocional. A dor não é prejudicial, e sim uma resposta adaptativa à perda ou ao trauma. À primeira vista, pode parecer que não é saudável, visto que é uma sensação muito devastadora, e as pessoas querem evitá-la; porém, a dor emocional é uma emoção adaptativa. Agora, discutirei como se deve distinguir a dor que precisa ser enfrentada e aceita da emoção que não é saudável e que precisa ser transformada.

A dor é a experiência de trauma para o *self*. Como tal, ela é uma emoção adaptativa que nos diz que ocorreu algum dano, diferindo de outras emoções primárias que organizam as pessoas para agir de modo a evitar danos. A dor não é antecipatória nesse sentido. O medo protege o indivíduo do perigo iminente. A raiva o organiza para o ataque. No entanto, a dor ocorre após o fato, em vez de ser adaptativa de forma antecipatória. Ela diz às pessoas que algo terrível aconteceu e que é melhor não passar por aquilo novamente se não quiserem se sentir destruídas. É uma emoção primária adaptativa única.

A experiência de dor emocional é algo que alguém pode conhecer por familiaridade. No entanto, pouco se sabe sobre ela conceitualmente. A dor até recentemente desafiava a análise racional. Não é tristeza intensa, raiva, vergonha ou medo — é mais do que essas emoções e pode incluir todas ou qualquer uma delas. A dor é uma experiência única de angústia corporal que diz respeito a todo o *self* e à sobrevivência. Ocorre mais frequentemente quando alguém se sente impotente para evitar traumas.

Em um estudo pioneiro sobre a dor, Elizabeth "Liz" Bolger (1999) perguntou às pessoas o que sentiam logo após expressar dor na terapia. Ela descobriu que a experiência primária de dor é o que chamou de "fragmentação": uma sensação de estar em pedaços, dilacerado. As pessoas com dor sempre se referiam ao corpo com atenção focada ao interior. Diziam: "Eu me senti dilacerado"; "Meu coração estava partido"; "É como se um grande pedaço de mim tivesse sido arrancado e eu tivesse ficado sangrando"; ou "Fiquei partido em mil pedaços". As metáforas do corpo dilacerado ajudaram a capturar a experiência dos entrevistados. É assim que alguém se sente quando está com dor: a pessoa sente-se despedaçada.

Atendi clientes que tiveram a coragem e o apoio para enfrentar a sua dor, e eles não apenas sobreviveram, mas também cresceram com a experiência. Eu também experienciei isso. É um fenômeno de transformação e emergência, simbolizado há muito tempo pela imagem da fênix renascendo das cinzas. Pesquisas mostraram como pessoas em terapia lidam com sucesso com as experiências dolorosas (Greenberg & Bolger, 2001). Experienciar os sentimentos dolorosos é o primeiro passo no processo de mudança. Para fazer isso, os sentimentos dolorosos evitados anteriormente devem ser abordados, em seguida permitidos e, então, aceitos pelo sujeito como parte dele mesmo. O trauma original precisa ser experienciado e enfrentado para que a pessoa possa saber experiencialmente que consegue sobreviver à dor. As pessoas devem se permitir sentir a devastação, o desamparo ou a impotência. Aceitar a dor as ajuda a suportá-la, e isso permite a mobilização da necessidade ou objetivo de sobrevivência saudável. Permitir que alguém sinta dor também resulta em uma sensação orgânica de liberação e alívio, e também permite que a pessoa emerja da experiência mais forte. Quando a pessoa lida com os principais aspectos dolorosos e temidos da experiência, aprende que pode sobreviver ao que antes acreditava ser insuportável. As pessoas metaforicamente enfrentam a sua própria morte existencial e renascem.

Por exemplo, uma cliente que tinha perdido seu bebê enfrentou a temida sensação de ruptura e dilaceramento, assim como sua vergonha por ter deixado o hospital antes da morte do filho. Depois de enfrentar sua dor na terapia, perdoou-se por não ter sido capaz de suportar a dor da morte e viu que toda a sua vida desde então tinha sido uma defesa contra a dor. Ao enfrentar finalmente a sua dor, decidiu encarar a vida em vez de se proteger atrás do medo (Bolger, 1999).

Quando as pessoas são capazes de aceitar sentimentos de dor e reconhecer a experiência de querer sobreviver, se sentem menos ameaçadas por qualquer situação que possa lembrar-lhes do sentimento anteriormente evitado. Elas são mais flexíveis e abertas a novas informações. Os sentimentos têm menos poder sobre elas. A oportunidade de ver novas possibilidades e criar novos significados passa a existir. Esse processo de permitir e de aceitar a dor, portanto, exige que ela seja evocada e vivida, não simplesmente abordada por meio da fala. Ao experienciar a dor em sua realidade, as pessoas encontram-se, em essência, em uma situação nova, na qual aprendem que a dor é suportável e não as destruirá.

Uma mudança para um enfrentamento mais positivo após se defrontar com a dor é, em parte, governada pela tendência da pessoa de seguir em frente e buscar estados mais positivos, confortáveis e saudáveis, em vez de se fixar na dor.

O paradoxo é que evitar a dor a perpetua ao interferir na capacidade de se afastar dela. Para conseguir realmente seguir em frente com sua vida, as pessoas precisam reestruturar a sua experiência de dor, de modo que possam abraçá-la e enfrentar os sentimentos de desesperança e desamparo que vêm tentando evitar. Ajudar as pessoas a enfrentar esses sentimentos costuma ser um aspecto fundamental de permitir e de aceitar a dor. Certas formas de desesperança ou desamparo podem ser sentimentos secundários que precisam ser contornados ou explorados para que se possa chegar aos sentimentos mais primários. Isso ocorre, por exemplo, na resignação ou na desesperança depressiva que encobrem a raiva, ou nos sentimentos ansiosos de desamparo associados à noção de não ser capaz de controlar o futuro, que encobrem sentimentos mais profundos de vergonha ou insegurança básica. As pessoas precisam aceitar outras formas de desesperança e desamparo que surgem na vida, a exemplo das que cercam a morte e o trauma, como emoções primárias, e estas também precisam ser encaradas como um primeiro passo crucial no processo de mudança. Desistir de uma luta inútil contra o sentimento de desesperança ou desamparo e permitir-se experienciar e enfrentar a inevitável impotência faz parte de ser um sujeito vulnerável. Enfrentar esse estado de desamparo e desesperança envolve um processo de mudança paradoxal. Parece que a desesperança, por exemplo, geralmente é indesejável, e que é bom sentir esperança. Da mesma forma, a competência é vista como algo bom, e o desamparo, como algo ruim. No entanto, um terapeuta com foco nas emoções que é capaz de ajudar as pessoas a desistir de lutas contra o inevitável e de auxiliá-las a aceitar o sentimento de desesperança ou desamparo as ajudará a abandonar estratégias impraticáveis ou metas inatingíveis. Reconhecer sentimentos de impotência ou de desamparo envolve, portanto, desistir de esforços fúteis e, então, se reorganizar.

A aceitação desses sentimentos também envolve começar a assumir a responsabilidade por novos esforços e novas metas. Enfrentar a desesperança não é acreditar que não se tem esperança, mas entender que um esforço específico não está funcionando e que nossos esforços não produzem resultado. Lidar com o desamparo significa reconhecer que não há nada que se possa fazer para mudar uma situação específica. Entrar em contato e aceitar a experiência da futilidade da luta é, com frequência, um passo crucial no processo de mudança emocional. Isso envolve enfrentar o que foi evitado com medo, abandonar soluções impraticáveis e preparar o cenário para uma reorganização criativa.

Por exemplo, uma cliente, durante a terapia, acessou pela primeira vez uma experiência traumática dolorosa associada a abuso sexual e se permitiu sentir a dor intensa da vergonha, além de uma profunda tristeza pela perda da inocência. Apoiada pelo terapeuta, sentiu empatia por si mesma quando era uma garotinha e rapidamente passou a sentir uma raiva intensa contra o agressor por tê-la violado. O terapeuta respondeu de forma empática à vulnerabilidade da cliente e validou a sua experiência de ter sido violada. No final da sessão, a cliente comentou que, apesar da dor, se sentia esperançosa "de que as coisas vão mudar. Pelo menos sinto que esses sentimentos são meus e que tenho o direito de senti-los".

Como avaliar se uma emoção é uma emoção primária desadaptativa

Emoções desadaptativas tendem a não organizar o *self* para uma ação adaptativa; em vez disso, tendem a se dirigir para fora e a fazer exigências aos outros, ou a se concentrar no *self*. Uma emoção é uma emoção central desadaptativa quando é um sentimento antigo, familiar e desorganizador que se repete ao longo do tempo, em situações e nos relacionamentos. É como um velho amigo que não é bom para uma pessoa. Emoções não saudáveis são sempre difíceis, profundas e angustiantes. Há algo de extremamente familiar nessas emoções difíceis e em sua qualidade repetitiva e inalterável. É essa qualidade inalterável e o sentimento duradouro de ferida que permitem que o terapeuta e seu cliente saibam que esses sentimentos não são respostas emocionais primárias atuais a determinada situação. As emoções não saudáveis não mudam nem se movem com as mudanças das circunstâncias; em vez disso, elas simplesmente se prendem à circunstância atual e modificam a pessoa para se conformar aos ditames não saudáveis da emoção. Emoções não saudáveis acabam determinando as respostas das pessoas à situação, em vez de permitir que a situação determine a resposta. Elas são duradouras e resistentes à mudança. Em contrapartida, os sentimentos secundários ruins, embora também possam ser difíceis, podem se alterar facilmente quando a situação ou os pensamentos mudam.

Sentimentos centrais desadaptativos frequentemente estão relacionados com o *self* de uma pessoa: ela se sente diminuída, desmerecedora ou incapaz. Esses estados podem ser considerados auto-organizações de nível superior formadas a partir de emoções, em vez de simplesmente emoções. Assim, o sentimento de inutilidade é uma auto-organização baseada na vergonha, e a insegurança, uma auto-organização baseada no medo. Os sentimentos centrais desadaptativos não organizam a pessoa para uma ação adaptativa; em vez disso, são desorganizadores. As emoções primárias não saudáveis são mais uma parte do caráter e da identidade da pessoa do que reações a situações. Estão associadas a visões negativas primárias do *self* e a feridas e medos passados não resolvidos. Os sentimentos desadaptativos parecem muito centrais ao *self*; parecem constituir parte da identidade de alguém, mas não uma identidade saudável.

Outro indicador claro de que os sentimentos são desadaptativos é que eles sobrecarregam as pessoas e as sugam para dentro de seu turbilhão. Qualquer sentimento difícil que controla alguém repetidamente, um sentimento do qual a pessoa não consegue escapar, provavelmente não é saudável. Em geral, embora esses sentimentos muitas vezes tomem conta e influenciem por completo as visões das pessoas sobre a realidade, em algum nível elas geralmente sabem que os sentimentos não são úteis nem saudáveis. As pessoas, em seu modo reflexivo, costumam saber bem quais de seus sentimentos são desadaptativos e podem prever o que acontecerá quando sentirem essas emoções. Algumas vezes, elas até nutrem esses sentimentos e parecem gostar da dor de se sentirem extremamente sozinhas, feridas e diferentes.

Exemplos de sentimentos primários centrais desadaptativos que os clientes frequentemente experienciam incluem uma sensação de raiva destrutiva, uma sensação triste e impotente de vitimização ou uma sensação de ser fraco e invisível. Descobrimos que as emoções centrais desadaptativas mais prevalentes são o medo e a vergonha. Existem dois tipos de medo. Um medo relacionado ao apego é o medo da perda e da separação, que geralmente é acompanhado pela tristeza do abandono e nos leva a querer correr em direção à pessoa que o estimula. O segundo é o medo do perigo do trauma, que leva o sujeito a fugir do perigo. Esse medo está envolvido principalmente em situações de trauma e medos profundos de ameaça. A vergonha manifesta-se em uma variedade de formas, entre as quais a vergonha internalizada é a mais prevalente; nesse caso, a pessoa foi tão maltratada que carrega consigo a sensação de inutilidade. Os sentimentos primários centrais desadaptativos envolvem uma profunda sensação de ter sido ferido, um sentimento de vulnerabilidade e medo, um senso básico de insegurança e uma sensação central de vergonha ou inutilidade, ou de não ser amado ou ser indigno de ser amado. Com frequência, esses sentimentos são mascarados por outros sentimentos na superfície: os sentimentos secundários, como se sentir chateado, deprimido, irritado ou frustrado. Além disso, como já discuti, a emoção desadaptativa precisa ser constantemente distinguida da emoção adaptativa e saudável; por exemplo, a raiva destrutiva precisa ser distinguida da raiva saudável e fortalecedora, e a tristeza sem esperança deve ser distinguida de um luto curativo. O medo desadaptativo que consiste em pânico ou que é desesperadamente dependente precisa ser distinguido tanto do medo adaptativo, que busca segurança e proteção, quanto do medo que é uma resposta ao perigo e leva o indivíduo a fugir dele.

A vergonha debilitante precisa ser distinguida da vergonha que informa à pessoa que ela cometeu um erro. Por exemplo, a vergonha primária desadaptativa 1, que faz uma pessoa afirmar "Sou defeituoso até o fundo" e abrange toda a sua identidade, difere da vergonha saudável por ter violado uma norma social, ou da culpa em relação a uma ação sobre a qual a pessoa sente que pode fazer algo. Ao sentir culpa saudável, a pessoa acredita que pode reparar a sua ação; já um sentimento primário desadaptativo de vergonha associado à noção de que todo o *self* é ruim pode fazer a pessoa querer se encolher no chão. O medo desadaptativo toma conta de cada fibra do corpo das pessoas enquanto revivem algo que não está mais presente, ao passo que a ansiedade secundária relacionada à possibilidade de não ter sucesso se dissolve quando param de pensar em um exame que têm de fazer no dia seguinte, por exemplo. Ficar paralisado e tenso em resposta ao toque sexual conscientemente desejado de alguém querido é outro exemplo de medo desadaptativo. Nesse caso, o cérebro da pessoa envia sinais de alarme de perigo que se baseiam em traumas sexuais passados, mesmo que nenhum perigo esteja presente no momento. Isso ocorre porque o medo é muito facilmente ativado por sinais inofensivos, devido ao aprendizado traumático passado.

Os sonhos frequentemente são úteis para identificar as principais experiências desadaptativas das pessoas. Por exemplo, uma das minhas clientes teve um sonho em que foi forçada a comer um sanduíche de fezes pelos pais. No sonho, decidiu que merecia comer fezes em vez de aproveitar a oportunidade para escapar. Ao adentrar o estado emocional desse sonho, ela entrou em contato com o seu profundo sentimento doloroso de ser indigna de viver. Outra mulher, que era infértil, sonhou que estava mordendo um pêssego que era bom por fora porém, podre no miolo. Pedi que ela se descrevesse como se fosse o pêssego, e isso a ajudou a acessar a sua sensação dolorosa de estar podre no âmago. Ambas as clientes inicialmente entraram em contato com o seu sentimento de fracasso e vergonha e, em seguida, mudaram sua visão de si mesmas como ruins, acessando suas necessidades humanas básicas de serem valorizadas pelo que são e seus sentimentos saudáveis de raiva pela violação e de tristeza pela perda. Outro cliente teve um sonho de ser um bebê em uma cesta largada na minha porta, precisando de cuidados. Ele tinha sido emocionalmente negligenciado quando criança. Outra mulher sonhou consigo mesma como uma criança pequena, perdida e sozinha em uma pequena clareira de uma floresta escura, incapaz de se mover. Ambos os clientes, depois de acessar seu medo de abandono e de lamentar suas perdas em um ambiente terapêutico seguro e acolhedor, reconheceram suas necessidades de limites e proteção e sua raiva pelos maus-tratos. Foram então capazes de internalizar minha empatia e de se acalmar e sentir-se mais aptos a ficar sozinhos. Todos os seres humanos têm a necessidade de serem valorizados e de estarem conectados a uma outra pessoa segura, e todos precisam ser validados para ter um senso de autoestima e ser confortados por outra pessoa que forneça segurança.

Até aqui, discuti como avaliar se a tristeza, a raiva, o medo e a vergonha são adaptativos. Agora apresentarei alguns exemplos dessas emoções quando são desadaptativas e parte de uma ferida que não é saudável.

Como avaliar se a tristeza é uma tristeza primária desadaptativa

A tristeza desadaptativa não busca conforto nem lamenta uma perda; em vez disso, volta-se para si mesma e leva a sentimentos de sofrimento e de derrota. O depósito de feridas e perdas da vida de uma pessoa geralmente constitui a fonte de tristeza desadaptativa que pertence ao passado, mas que ainda colore o presente. O estado doloroso de angústia pode ser evocado por uma rejeição percebida no presente ou mesmo pelo fato de a pessoa se sentir impotente para curar a dor de um ente querido. Ser incapaz de curar ou de aliviar a dor de um ente querido pode fazer com que a pessoa experiencie uma profunda sensação de desamparo e desespero. Assim, algo no presente está criando um profundo desespero que parece ser desproporcional à situação. Esse sentimento avassalador é uma tristeza desadaptativa e não ajuda a pessoa a resolver o problema atual.

A tristeza desadaptativa causada pela rejeição ou pela perda pessoal pode evocar uma profunda sensação de desamparo e impotência. A dor e a tristeza parecem envolver todo o corpo da pessoa; é como se uma "loucura" da tristeza assumisse o controle. O sentimento de segurança é instantaneamente transformado em insegurança, o entusiasmo torna-se letargia e tudo fica repentinamente pesado. As cores, as texturas e a sensação do corpo mudam à medida que a tristeza lentamente se apodera da pessoa e permeia seu senso de ser. Uma parte interna da pessoa que contém as memórias armazenadas desse estado emocional agora foi ativada e comanda a experiência.

John se sente desgastado pelo estresse do dia. Precisa recarregar suas baterias. Uma pequena ajuda de sua parceira seria bem-vinda. Gostaria apenas de se entregar aos braços dela e ser transportado por algum tempo para o êxtase sexual. A parceira não demonstra interesse e parece distante e preocupada. John começa a experienciar aquele sentimento familiar de falta de amor e de privação. Abre-se uma ferida, e ele ouve o velho refrão "Ninguém realmente se importa comigo", que ecoa em sua cabeça. Sente-se triste ao lembrar-se de todas as vezes em que se sentiu carente. Pergunta-se por que isso sempre lhe acontece. Seus olhos ficam abatidos, a boca e as bochechas caem, e ele se sente imediatamente derrotado. Um terapeuta ajudaria John a explorar esse estado de espírito, a identificar as vozes negativas nele contidas e, o mais importante, a identificar a necessidade não satisfeita. Em vez de evitar essa necessidade, John seria encorajado a experienciá-la. Ele não pode submergir na emoção sem primeiro entrar nela. Após John senti-la, diferenciar as suas diversas facetas e identificar a que a emoção foi associada no passado, o terapeuta trabalhará para ajudá-lo a fazer a transição para outro estado de sentimento mais salutar, concentrando a atenção do cliente nas possibilidades emergentes.

As pessoas frequentemente são dominadas por esses estados de tristeza desadaptativa e são incapazes de se concentrar no que está acontecendo no presente ou em outras possibilidades. A pessoa não tem necessariamente um pensamento específico que produza essa mudança; apenas a sente acontecer. Uma sensação nova e desconfortável, porém, estranhamente familiar, apodera-se dela. Esse estado não é como ter uma memória emocional de um incidente específico que ocorre em um *flashback*, como a memória de sentir tristeza em um funeral. É mais como experienciar a essência de uma vida inteira de memórias emocionais de tristeza, todas reunidas em um só sentimento. Quanto mais idade a pessoa tem, mais profundo é o poço de tristeza.

O que faz com que esse sentimento de desespero surja em um dia e não no outro em resposta a situações semelhantes? Esse é o verdadeiro mistério da emocionalidade desadaptativa das pessoas. Nunca se sabe exatamente o que ativará esses sentimentos sombrios de tristeza e desespero. Algumas vezes, as pessoas simplesmente são mais vulneráveis, e outras vezes não. Os estados emocionais das pessoas são complexos. Parecem ter vontade própria e estão preparados para serem ativados por tudo o que os precede.

O *self* é um sistema dinâmico (Whelton & Greenberg, 2000). Como qualquer sistema vivo, os reservatórios de memórias emocionais estão, a qualquer momento, mais ou menos acessíveis e mais ou menos ativos. Um estado de espírito emocional é como um jogador de futebol que ainda não está em campo: ou está inativo ao fundo, sem nenhuma possibilidade atual de ser mobilizado para o jogo, ou já está aquecido para a disputa pela circunstância anterior. O estado emocional encontra-se na linha lateral, à espera de ser chamado, pronto para entrar em campo a qualquer momento, ansioso para exercer influência. Uma analogia semelhante é a de que, no parlamento de *selfs* que constituem uma personalidade, a possibilidade emocional pode ser como um parlamentar dormindo na bancada. Dependendo de uma combinação do grau em que já foi despertada e da intensidade do debate atual, uma experiência emocional pode "acordar" subitamente e entrar no debate. Após entrar no debate, poderá influenciar significativamente o resultado da votação.

Assim, a qualquer momento, uma pessoa pode ser subitamente varrida pela sua experiência única de tristeza desadaptativa, e aparecerá então a sua forma única de lidar com ela. Algumas pessoas pintam a sua tela emocional com redemoinhos vermelhos e roxos desesperadamente intensos: uma tristeza de agonia contorcida. Outras utilizarão cores mais profundas e anseio muito mais lento, desenhando curvas de privação. Em outro dia, em outro momento, o mesmo acontecimento que hoje nos fere tão profundamente deixará uma impressão diferente na tela. O mesmo incidente, ao ocorrer em outro dia, pode até deixar a pessoa intocada. As pessoas nunca estão realmente no mesmo lugar duas vezes — o que as afeta um dia pode não fazê-lo no dia seguinte. Esta é a misteriosa imprevisibilidade da experiência emocional: ela simplesmente precisa ser aceita à medida que surge.

A experiência emocional não é o mesmo que o pensamento lógico: não se desenrola de forma linear. Pelo contrário, envolve um processo complexo e não linear de surgimento e conclusão. Entretanto, as emoções não são caóticas nem irracionais. Existe ordem nelas, e os clientes podem ver padrões em sua emocionalidade e dar sentido a seus sentimentos. No entanto, não podem controlar nem prever a ativação de suas emoções; por isso, devem aprender a viver em harmonia com elas e a lidar de forma inteligente com as emoções desadaptativas e angustiantes.

Ajudar o cliente a perceber se a sua tristeza primária é adaptativa ou desadaptativa leva tempo e envolve compreender o contexto e o conteúdo de sua tristeza. Se uma situação envolve perda ou lesão do *self*, o primeiro passo é aprender a descrever e sentir a tristeza, acreditando que, com o tempo, isso levará à resolução da emoção. No entanto, em certos casos, o sentimento não parece mudar, e o cliente parece apenas repetir o mesmo sentimento várias vezes, sem nenhuma alteração perceptível na qualidade ou na intensidade. Esse é um sinal de que a pessoa está presa a um sentimento desadaptativo.

Por outro lado, um cliente pode reconhecer desde o início que a sua tristeza não é saudável. Pode reagir imediatamente a uma situação com um sentimento de medo, desamparo e dependência. Não experiencia nenhum sentimento de poder pessoal que possa ajudá-lo a lidar com a situação. Sua tristeza parece avassaladora, sua angústia é grande, e ele tem uma sensação primária de fraqueza. O terapeuta e o cliente compreendem que essa tristeza não é adaptativa e não vai passar. Está enviando uma mensagem ao cliente, mas não uma mensagem adaptativa. O cliente precisará trabalhar arduamente na terapia para transformar esse sentimento em algo que lhe seja mais útil.

As reações complicadas ao luto são outra forma de tristeza primária desadaptativa. O cliente pode ser incapaz de lidar com uma perda importante e incapaz de seguir em frente. Com frequência, precisa aprender a expressar a raiva e a culpa não resolvidas para poder seguir o seu caminho. Pode também precisar desenvolver um senso mais consistente de si mesmo para acreditar que consegue lidar com a situação sem a outra pessoa. Algumas pessoas sentem-se excessivamente tristes nas separações e evitam situações que envolvam términos. Perdas não resolvidas podem estar envolvidas nessas experiências. Por fim, outro sinal de que o cliente está experienciando uma tristeza desadaptativa é o fato de se sentir triste quando alguém está sendo gentil e carinhoso com ele. Isso pode ser um sinal de perda não resolvida, que precisa ser tratada. É como se a gentileza evocasse profundo desejo, privação e sentimentos de dependência não atendidos — uma necessidade da gentileza que nunca existiu. O cliente precisa então resolver o sentimento de privação antes que consiga voltar a tolerar a gentileza, livre da dor crescente. O exercício a seguir pode ajudar o cliente quando estiver preso à tristeza:

- Escreva sobre três episódios em que você experienciou uma sensação semelhante de tristeza incessante, um sentimento de estar ferido que não desaparece.
- Identifique o sentimento em seu corpo. Como ele parece ser? Aceite-o de uma maneira acolhedora.
- Há outra voz em sua cabeça que o critica por se sentir triste? O que essa voz está dizendo sobre você, sobre os outros ou sobre o futuro? Diga essas coisas em voz alta para si próprio; por exemplo: "Sinto-me sozinho", "Ninguém se importa" ou "Não consigo sobreviver".
- Lembre-se de quando esses sentimentos surgiram pela primeira vez em sua vida (geralmente na infância ou na adolescência).
- Identifique o que você precisava. Diga que merecia ter essa necessidade satisfeita.
- Considerando que merecia essa satisfação, o que sente agora?
- Existe outra voz alternativa disponível que possa responder à sua necessidade?
- Acesse um senso mais resiliente de si mesmo. Lembre-se de uma situação em que se sentiu conectado, afetuoso e amoroso. Sinta essa experiência alternativa.

Como avaliar se a raiva é uma raiva primária desadaptativa

Um adolescente em um lar para fugitivos obtém um passe para o fim de semana e visita a tia, que não tem filhos. Ela o abraça calorosamente quando chega, mostra-se genuinamente feliz em vê-lo e lhe dá de presente uma caixa de ferramentas, que sabe que o agradará muito. Ele ignora o abraço dela. Assim que ela lhe pergunta se gostaria de voltar para a casa dos pais, ele devolve o presente com raiva, dizendo que não quer ser subornado. Aprendeu que a gentileza e a preocupação não são confiáveis. Acredita que elas têm um preço. Um terapeuta precisaria trabalhar com esse jovem para primeiro estabelecer confiança. Com o tempo, a raiva do adolescente se tornaria um foco. Para começar, um terapeuta simplesmente reconheceria essa raiva e teria empatia com a sensação de traição ou violação do adolescente, e, por fim, a dor se tornaria evidente.

A raiva central é desadaptativa quando já não funciona para proteger uma pessoa de danos e violações ou quando é destrutiva. As reações de raiva à gentileza ou à intimidade podem ter origem em violações anteriores dos limites ou em um histórico de crença de que ninguém faz nada de graça. A reação de uma pessoa à gentileza genuína e não exploradora com raiva é desadaptativa. Esse tipo de raiva é semelhante às respostas de medo aprendidas, do tipo que pode ocorrer quando uma criança tem um histórico de abusos repetidos por parte de seus pais.

A raiva e a fúria destrutivas frequentemente vêm de um histórico de violência testemunhada ou sofrida e causam problemas reais nos relacionamentos. Algumas pessoas relatam que ficam furiosas e sem controle com os outros, que são voláteis em muitas situações, que têm um temperamento explosivo e que se irritam com facilidade sem saber o porquê. Esse tipo de excitação intensa muitas vezes está ligado a acontecimentos passados, e, com frequência, as pessoas tentam bloquear essa excitação. Quando pessoas com raiva desadaptativa que sofreram violência no passado ficam zangadas, a raiva pode se tornar um gatilho para uma explosão. Na terapia, elas precisam aprender a prestar atenção ao que experienciam antes de explodir. Os terapeutas precisam primeiro ajudar as pessoas a lidar com a emoção intensa e avassaladora, e depois, na segurança da terapia, o cliente deve aprender a reconhecer todos os sentimentos e crenças associados à raiva e a entrar em contato com outro sentimento, geralmente o medo ou a tristeza, causados por uma necessidade insatisfeita de ser amado. Com frequência, a raiva desadaptativa da pessoa não tem a ver com o que ou quem a deixa zangada; tem a ver com a sua necessidade não atendida. Quando a pessoa compreende esse fato, pode começar a processar essa experiência, prevenindo, assim, a sua raiva.

A raiva desadaptativa também surge em resposta a um sentimento de diminuição da autoestima e causa muitas dificuldades interpessoais. Essa raiva frequentemente parece justificada no momento. A pessoa sente-se injustiçada e perde de vista todas as coisas boas que recebeu do outro. Quanto mais frágil é a estima da pessoa, mais facilmente ela perde o contato com as partes positivas do relacionamento; então, tudo o que é sentido é a diminuição, e tudo o que é visto no outro é ruim. Com frequência, o cliente mais tarde sente-se mal com a sua raiva, mas essa culpa não leva à mudança. Ele precisa aprender a lidar com essa raiva desadaptativa de uma forma melhor. O problema da raiva tem a ver com os comportamentos que ela envolve. São necessárias estratégias distintas para diferentes causas e diferentes tipos de raiva. A raiva por decepção ou rejeição não é igual à raiva por ataque ou à raiva em resposta à raiva de outra pessoa. As tentativas de magoar ou de destruir um ente querido são respostas ineficazes ao fato de ser magoado ou decepcionado por essa pessoa. Assim, a inteligência emocional envolve expressar a raiva de forma correta e no momento certo.

O parceiro de Jane está envolvido em outras coisas e não lhe dá a atenção que ela deseja. Ela já pediu essa atenção e não recebeu a resposta desejada. Começa a se sentir muito zangada. Em sua mente, passa a analisar e a criticar todos os comportamentos do parceiro. Depois, passa a atacá-lo: "Você é tão egocêntrico, tão insensível. Só espera coisas de mim e nunca se preocupa comigo. Estou farta de você!". Esse é um padrão familiar do qual Jane precisa se conscientizar. Ele surge quando ela se sente negligenciada. Então, ela fica zangada e ataca, e, em geral, isso não melhora as coisas; apenas afasta o parceiro. Depois de Jane reconhecer a sua raiva, a terapia a ajudaria a ver que essas ações não a ajudam a obter o que precisa, e, no momento certo, o terapeuta começaria a concentrar a atenção de Jane na sua dor subjacente.

Um terapeuta focado nas emoções também trabalharia com Jane para auxiliá-la a tomar consciência de que seu sentimento central de ser tratada injustamente não só não a ajuda a conseguir o que deseja, mas também destrói relacionamentos. O exercício a seguir pode ser utilizado para ajudar as pessoas a identificar a raiva destrutiva:

- Identifique situações que o irritam repetidamente e nas quais a sua raiva afasta os entes queridos.
- Escreva sobre as situações e sobre a maneira como fazem você se sentir. Certifique-se de que se trata de um sentimento de raiva central e de que não está mascarando a dor.
- Identifique o sentimento em seu corpo.
- Identifique os pensamentos.
- Agora, coloque em palavras a voz negativa em sua cabeça relacionada a esse sentimento. O que você acredita sobre si próprio, sobre os outros ou sobre o futuro quando está nesse estado? Escreva.
- Quando estiver nesse estado, procure dizer essas coisas negativas em voz alta para si mesmo. Veja se acredita na voz negativa. Existe outra voz menos dominante, mas que continua presente? Você pode usá-la para lhe dar uma perspectiva diferente?
- Agora, reflita sobre o oposto da raiva: qualidades de calor, amor e bondade. Existe agora uma maneira de se livrar da raiva?
- Imagine a pessoa com quem está zangado. Você consegue se conectar com o que aprecia nela? Consegue perdoar ou amar? Tente dizer: "Eu te perdoo".

- Deixe a raiva de lado. Deixe a cortina do ressentimento cair e ser substituída por calor e carinho.

Como avaliar se o medo e a ansiedade são emoções primárias desadaptativas

Uma mulher com histórico grave de abuso sexual pelo seu pai fica muito tensa e rígida sempre que seu marido a toca. Ela ama o marido e quer ter intimidade, mas qualquer sugestão de sexo traz de volta imagens horríveis, e ela reage com terror. Um terapeuta com foco nas emoções trabalharia com essa mulher para reelaborar o trauma, para reconhecer a perda de emoções e a sua evitação, e para desenvolver habilidades de autoapaziguamento.

Os clientes frequentemente experienciam sentimentos primários desadaptativos de medo, mesmo que o evento desencadeante não seja perigoso. Podem também ficar com medo simplesmente por lembrar ou pensar sobre um evento passado, particularmente se foi um acontecimento muito traumático. O medo que o cliente sentiu no passado pode ter sido uma reação normal a uma situação assustadora, mas o cliente pode ter problemas agora se continuar a ficar assustado quando não houver nenhum perigo. Quando os clientes têm memórias contínuas ou pesadelos sobre um evento traumático passado, isso é um sinal de que eles têm medos primários ocultos aos quais precisam prestar atenção.

Um homem que cresceu com um pai explosivo sente constantemente que deve ser cauteloso, como se estivesse pisando em ovos. Em reuniões de negócios, fica tenso e cuidadoso. Se alguém mostrar algum sinal de raiva em sua voz, ele começa a se sentir extremamente ansioso. Um terapeuta com foco nas emoções auxiliaria esse homem a reprocessar seu medo e a acessar outros sentimentos mais adaptativos para ajudá-lo a se sentir mais forte.

A ansiedade que não é saudável provém do sentimento básico de que a pessoa é ineficaz, desprotegida ou ambas as coisas. Esse sentimento de insegurança básica, uma vez instilado, continuará surgindo em todos os relacionamentos de uma pessoa com amigos ou entes queridos. Se o cliente tem medo primário desadaptativo, pode frequentemente ter medo de ser julgado, incompreendido ou rejeitado pelos outros. Além disso, pode ter dificuldade em dizer às pessoas como se sente. É muito provável que experiências negativas do passado o tenham feito se sentir abandonado ou rejeitado. O pânico é um excelente exemplo do sistema de medo descontrolado. Não organiza mais a pessoa para uma ação adaptativa, mas, pelo contrário, é desorganizador. A dependência por pânico — o sentimento de ansiedade em adultos associado à ideia de que não é possível sobreviver se a figura de apego os rejeitar ou não estiver disponível — leva a pessoa a se apegar ao parceiro para se proteger de forma inadequada. Essas pessoas devem encontrar fontes internas de força e de autoapaziguamento. O exercício a seguir pode ajudar o cliente que tem medo que não é saudável:

- Identifique um medo primário, um medo que ocorre na maioria de seus relacionamentos com outras pessoas. Esse medo também pode ocorrer em resposta a determinado tipo de situação.
- Descreva as situações que levam a esse medo.
- Identifique o sentimento em seu corpo. É um sentimento central? Certifique-se de que não esteja mascarando outro sentimento.
- Você ouve uma voz negativa em sua cabeça juntamente com o medo? O que essa voz negativa está dizendo? O que você acredita sobre si próprio ou sobre os outros quando está nesse estado? Escreva isso.
- Identifique as suas necessidades. Diga que merecia ter essas necessidades satisfeitas.
- Considerando que você merecia isso, o que sente neste momento?
- Agora, seja compassivo consigo mesmo e acalme/apazigue o seu medo.

Como avaliar se a vergonha é uma vergonha primária desadaptativa

Um homem que sofreu abuso por um padre quando tinha 10 anos de idade fala com seu terapeuta sobre como se sente sujo. Diz que se sente contaminado e que nunca mais será capaz de se sentir aceitável. A sua vergonha precisa ser trabalhada e transformada.

Nessa forma de vergonha, o cliente pode se sentir humilhado, sujo e sem valor. Em geral, esses sentimentos vêm de um histórico de vergonha e fazem parte de um senso primário do *self* como inútil, inferior ou indigno de amor. Com frequência, o cliente pode não admitir que sente essa vergonha desadaptativa e pode encobri-la com outro comportamento. Por exemplo, pode ficar muito zangado e explodir ao menor comentário negativo. Se tiver uma longa história de maus-tratos e raramente receber apoio, pode começar a acreditar que não vale nada. Isso leva a um sentimento primário de vergonha no qual o *self* é percebido como defeituoso. A vergonha de ser tratado como lixo faz com que a pessoa se sinta como tal. Esse sentimento agarra-se ao *self*. A terapia ajudará o cliente do exemplo anterior a enfrentar a sua vergonha e a superá-la, acessando outros sentimentos mais adaptativos. O exercício a seguir pode ajudar em situações nas quais os clientes têm vergonha que não é saudável:

- Pense em uma situação em que você se sentiu inútil ou profundamente envergonhado. O que aconteceu que o levou a se sentir assim?
- Identifique o sentimento em seu corpo.
- Agora, coloque em palavras a voz negativa em sua cabeça relacionada a esse sentimento. O que você acredita sobre si próprio ou o que acredita que os outros sentem ou pensam sobre você? Escreva isso.
- Identifique o que foi feito a você que o levou a se sentir assim.
- Identifique o que você precisa. Diga que você merecia ter essa necessidade atendida.
- Considerando que você merecia isso, o que sente agora?
- Encontre uma parte de si mesmo para lutar contra a vergonha.
- Imagine-se de novo na situação, mas trazendo alguém para defendê-lo. Peça a essa pessoa que lhe dê o que precisava naquela situação: apoio, proteção ou conforto.

Conclusão

Embora as emoções tenham evoluído para viabilizar uma vida saudável, há diversas maneiras pelas quais podem dar errado. As emoções centrais saudáveis baseadas na avaliação automática de situações em relação a necessidades e objetivos são as que fornecem à pessoa um guia saudável sobre como agir e que informam sobre suas reações a situações. Essas emoções dizem à pessoa se algo é bom ou ruim para ela e a ajudam a perceber o que é mais importante para si e como deve reagir. Podem alertar a pessoa sobre o fato de sentir que está em perigo ou de que perdeu algo importante, ou ainda indicar que o seu senso de espaço está sendo invadido. Em contrapartida, as emoções desadaptativas têm um efeito desorganizador e não motivam um comportamento produtivo.

Para exercitar a inteligência emocional, os clientes não podem apenas seguir cegamente os seus sentimentos. Devem seguir somente os sentimentos primários saudáveis. As emoções secundárias devem ser exploradas para identificar suas origens, e a tomada de consciência dos objetivos das emoções instrumentais ajuda a pessoa a ser mais direta na expressão de suas necessidades. Por fim, as emoções centrais não saudáveis precisam ser desvendadas para serem transformadas em respostas mais saudáveis às situações. Os próximos dois capítulos exploram como processar e transformar emoções centrais desadaptativas.

8

Trabalhando com emoções primárias

Transforme suas feridas em sabedoria.
— **Oprah Winfrey**

Você diz que não consegue suportar a dor. Mas você já suportou a dor.
O que você não fez foi ver tudo o que você é além da dor.
— **São Bartolomeu**

Neste capítulo, discuto o que fazer depois que o terapeuta e o cliente acessaram a emoção primária e avaliaram se ela é saudável. Começo enfatizando a importância de identificar a emoção em uma vida saudável. Segue-se uma discussão sobre o que fazer se a emoção primária for adaptativa e saudável (ou seja, como o cliente pode ser informado por emoções adaptativas e usá-las como guia para ações saudáveis). Em seguida, discuto o que fazer se a emoção primária não for adaptativa. Isso inclui ajudar os clientes a reconhecer quando esse é o caso, bem como a identificar a voz negativa associada à emoção desadaptativa (Passo 6 da orientação ao desenvolvimento emocional) e a acessar a necessidade afetiva no cerne da emoção desadaptativa (Passo 7).

Uma vez que as pessoas reconhecem a importância de suas emoções e preocupações primárias, elas podem se reorganizar em função delas. Os seres humanos são muito objetivos: quando tomam consciência de novas metas, começam quase automaticamente a se reorganizar para alcançá-las. Quando alguém se torna consciente de uma dor nas costas causada por uma posição incômoda, se dá conta da necessidade de mais conforto e muda de posição. A tomada de consciência das emoções é o primeiro passo na resolução de problemas — as emoções sinalizam o que é necessário. A tomada de consciência das necessidades mantém as pessoas ativas e as leva a entrar em contato com o ambiente para que suas necessidades sejam atendidas. Por exemplo, quando as pessoas tomam consciência de que se sentem inseguras e de que têm necessidade de mais segurança, seja emocional ou mesmo financeira, desde que tenham apoio interno e externo suficiente para agir e não estejam totalmente desmoralizadas, começam a fazer algo diferente. Procuram obter o que precisam. Este é o processo de uma vida saudável: tomar consciência dos sentimentos e das necessidades neles embutidas e atuar no ambiente a fim de obter o que está disponível para satisfazer as necessidades. É claro que a pessoa sempre se depara com outras pessoas empenhadas no mesmo processo, e é preciso colaborar com elas para alcançar uma satisfação mútua.

Além disso, para que as pessoas tenham uma vida mais feliz e gratificante, suas emoções primárias desadaptativas precisam mudar. No entanto, muitas vezes, essas emoções precisam primeiro ser experienciadas e reconhecidas para que se tornem mais passíveis de transformação. Reconhecer claramente as emoções desadaptativas é o primeiro passo para definir a verdadeira natureza do problema. Os clientes percebem, então, que o problema é "Sinto-me péssimo, impotente ou indigno de amor" ou "Meu coração está partido. Não quero continuar". As pessoas não podem sair de um lugar até que tenham chegado a ele, e o mesmo acontece com esses sentimentos temidos. É a experiência do sentimento que torna inequivocamente claro qual é o problema: esse é um ingrediente fundamental para motivar novas maneiras de lidar com o sentimento.

Ser informado por emoções adaptativas

Quando as pessoas chegam a uma emoção primária e a avaliam como adaptativa, precisam traduzir a emoção em uma orientação para a ação. Algumas emoções são claras e podem ser seguidas de forma bastante natural; por exemplo, uma pessoa sente-se triste e sofre. Entretanto, o fato de sentir algo não implica necessariamente uma ação imediata ou uma expressão imprescindível. Há ainda decisões que precisam ser tomadas para traduzir o sentimento em uma ação adequada ao contexto. Uma vez que as pessoas tenham determinado se o seu sentimento representa a sua emoção mais primária e afetiva, não contaminada por motivos alheios ou mecanismos de autoproteção, o que devem fazer? Não podem simplesmente traduzir seus sentimentos primários em ação ou expressão. Precisam agora se empenhar na avaliação consciente de segunda ordem para saber se a emoção é uma resposta saudável, que vale a pena para orientar a ação, ou uma resposta não saudável, que precisa ser transformada. As pessoas precisam determinar se suas respostas emocionais estão lhes fornecendo boas informações relevantes para suas situações atuais, ou se suas respostas se baseiam em questões inacabadas do passado ou em expectativas catastróficas sobre o futuro.

Quando a avaliação de segunda ordem leva o cliente a confiar que o seu sentimento atual é saudável, essa emoção precisa ser utilizada como informação. Mesmo que o sentimento seja adaptativo, ele não deve ser seguido sem uma reflexão prévia. Em um ambiente social complexo, o contexto e as circunstâncias sempre devem ser levados em consideração ao traduzir o sentimento em ação.

Sentimentos são informações, não conclusões

Um dos aspectos importantes que os terapeutas devem enfatizar ao orientar o cliente a usar as emoções de forma inteligente é que os sentimentos são informações, não conclusões. Sentir-se desamparado não significa realmente estar desamparado, sem habilidades, recursos ou competência. Um sentimento é uma experiência emocional, não uma decisão, uma verdade ou um curso de ação totalmente determinado. O reconhecimento do medo não significa que a pessoa deva fugir, nem significa que seja covarde. O medo simplesmente diz a uma pessoa que o perigo é percebido. Uma vez coletadas as informações pertinentes, segue-se um processo em que elas são utilizadas para gerar um passo seguinte. Assim, sentimento é informação; faz parte de um processo e, como tal, deve ser permitido e assimilado, não interrompido, evitado ou suprimido. O sentimento é transformado à medida que o processo de lidar com a situação se desenrola e as pessoas são capazes de aceitar seus sentimentos.

Em geral, as pessoas sentem-se desamparadas e com medo quando ocorrem traumas ou perdas. Tentar evitar esses sentimentos é contraproducente. Experienciar esses sentimentos é importante, mas não é o mesmo que atuar sobre eles. Não se trata de desistir ou de fugir; pelo contrário, experienciar as emoções permite que elas informem o significado que damos à situação. Isso pode envolver uma adaptação da pessoa ao fato de que alguém morreu, ao fato de não ter sido possível salvar alguém que cometeu suicídio ou ao fato de que não foi possível evitar um ataque criminoso contra si mesma. Enfrentar os sentimentos ajuda a pessoa a processar sua experiência e a seguir em frente. Recentemente, sofri uma perda trágica. Minha esposa, companheira por 45 anos, foi atropelada por uma *van* que cruzava a rua e morreu. Meu mundo ficou despedaçado. O luto foi meu amigo. Foi uma jornada de muitas voltas e reviravoltas. Tenho certeza de que ser um terapeuta focado nas emoções me ajudou a permitir o meu luto e de que, se eu fosse a pessoa que eu era como engenheiro racional de 25 anos, teria me enrijecido contra as ondas avassaladoras de soluços que iam e vinham. Nunca teria permitido que minhas lágrimas chegassem e, portanto, elas nunca teriam sido capazes de me lavar repetidamente da dor das muitas perdas diferentes que sofri. Permitir emoções como essas as deixa ir e vir. Sem a dor devastadora, estou convencido de que não teria sido capaz de descobrir que, após a destruição, me reintegro e continuo existindo. Após a destruição, não me desintegrei, como esperava, mas descobri que ainda estava aqui.

A aceitação das emoções também não inclui uma ação impulsiva. A pessoa pode tomar decisões e agir de acordo com elas como resultado da emoção, mas isso nem sempre é aconselhável. As pessoas cometem muitos erros quando lidam com uma emoção como se ela fosse a única realidade que determina uma conclusão ou uma ação. Por exemplo, se uma pessoa se sente triste, pode ficar calada, sentir-se profundamente envolvida ou chorar. A experiência emocional — a expressão de silêncio ou de choro — não é a causa potencial de qualquer ação. O que pode causar um problema é o que a pessoa pode concluir ou fazer como resultado desse sentimento. Por exemplo, ela pode passar pelo seguinte processo de pensamento: "Estou triste porque a gerência não me deu uma promoção. Eles não me valorizam. Não acham que sou competente. Portanto, não farei mais nenhum esforço [conclusão]. Vou mudar de emprego [ação]". A pessoa pode continuar murmurando em um diálogo interno: "Meu chefe pensa que eu não presto. Mas ele é um idiota, é extremamente rígido". Cada passo afasta a pessoa mais um pouco da emoção de tristeza. Reagir simplesmente à circunstância, decidindo deixar o emprego, não é usar a inteligência emocional. Em primeiro lugar, é preciso permitir a emoção, depois acessar a necessidade não atendida e, por fim, considerar a melhor forma de satisfazer a necessidade ou deixá-la de lado.

Reações imediatas podem ser igualmente desastrosas no amor. Por exemplo, uma pessoa pode se sentir mal porque um ente querido não telefonou. A pessoa pode concluir: "Ele(a) realmente não me ama". Ou pior ainda: "Ninguém nunca vai me amar — nunca mais vou ser feliz". Julgamentos são feitos e realidades absolutas são criadas. É assim que as pessoas usam pensamentos racionais ou não tão racionais contra si próprias. Elas se apressam a chegar a uma conclusão ou entram em ação porque não reservam tempo suficiente para experienciar suas emoções. Muitas vezes, não têm tempo para sentir a emoção de forma suficientemente profunda para obter a sua mensagem completa ou para compreender o que a emoção está tentando lhes dizer sobre suas necessidades não atendidas. A pessoa precisa aprender a se concentrar, a permanecer em seu mundo emocional interno e a descrever a sua experiência em palavras. Isso torna suas emoções mais receptivas à reflexão, ao esclarecimento, à diferenciação e à elaboração, que são importantes para criar um novo significado. Por exemplo, quando a pessoa sabe que está se sentindo triste, pode refletir sobre o motivo da tristeza, sobre a necessidade não satisfeita que está exigindo atenção, sobre o que tudo isso significa para ela e sobre o que deve fazer.

Depois que o cliente toma consciência de seus sentimentos e os coloca em palavras, o terapeuta precisa ajudá-lo a decidir o que pretende fazer. Isso introduz um senso de direção e traduz sentimentos em metas a serem alcançadas. A necessidade e a tendência de ação da emoção devem ser consideradas. Muitas vezes, só depois que as pessoas tomam consciência de seus sentimentos é que conseguem perceber o que precisam e o que querem fazer. A integração entre a cabeça e o coração nesse ponto envolve articular o que a pessoa deseja, precisa ou quer fazer. A consciência da necessidade e do que se quer fazer em relação a ela também deve ser avaliada e integrada com outras metas conscientes, planos, valores e avaliações realistas da situação. A combinação de ambos os fluxos de consciência — objetivos de base emocional, de um lado, e valores e razões conscientes, de outro — origina a intenção final de uma pessoa.

O estabelecimento de intenções constitui a ponte entre a experiência pessoal e a ação no mundo. Por exemplo, quando uma cliente percebe que está triste porque seus entes queridos logo partirão em uma viagem, pode reconhecer que deseja passar mais tempo com eles. Assim, pode decidir tirar uma folga do trabalho para fazer algo com eles. Se um homem está consciente de que tem um sentimento central de medo toda vez que a sua parceira lhe diz, com raiva, que ele é muito egoísta e indiferente por não ter lhe telefonado, pode decidir dizer-lhe que sente medo quando ela se zanga e o repreende. Ele precisa se sentir forte para poder ser genuíno dessa forma. Deve saber o que sente e precisa decidir não reagir defensivamente. Além disso, deve ser capaz de se comunicar de forma genuína e não ameaçadora, e de descrever o que está sentindo, começando as suas frases com "Sinto...", em vez de acusar a parceira dizendo "Você é...". Exercitar a inteligência emocional não é fácil.

O luto é uma das emoções mais paradoxais. Ele leva à aceitação e à compaixão. Ao lamentar a perda de um pai desejado, do filho que gostaria de ter tido ou de um amor perdido, a pessoa sente-se triste, sente dor e até mesmo um pouco de raiva, e o resultado final é que ela sente compaixão pela própria dor e se acalma. Nada que pareça ruim é o último passo (Gendlin, 1996).

Como expressar emoções para os outros

Como os terapeutas devem guiar as pessoas para expressarem o que sentem no mundo? Por exemplo, como a pessoa pode expressar raiva sem magoar, insultar, provocar ou mesmo atacar os outros? Se a pessoa expressar muita alegria ou felicidade, os outros ficarão com ciúmes? Se a pessoa manifestar orgulho ou inveja, o que os outros pensarão dela? A primeira coisa a considerar é que a maneira apropriada de expressar emoções depende da família, dos grupos sociais e da cultura de cada pessoa. A expressão precisa se adequar ao seu contexto social. Portanto, o terapeuta deve sempre levar em consideração os contextos das pessoas e descobrir com elas o que é apropriado. Em seguida, é necessário fazer uma distinção entre experienciar sentimentos e expressá-los. Para se tornar consciente dos sentimentos, a pessoa precisa se dar permissão para sentir as suas emoções: estar nelas, explorá-las, intensificá-las, conduzi-las, afastar-se delas ou agarrar-se a elas até que produzam o seu significado ou a sua sabedoria. A liberdade de sentir primeiro requer a liberdade de sentir sem a obrigação de expressão imediata. Muitas vezes, a pessoa parece estar presa entre dois extremos: reprimir os sentimentos e prejudicar a si mesma ou expressar os sentimentos e ferir os outros.

No entanto, as pessoas não precisam ser vítimas de uma expressão imediata ou vítimas de supressão e, potencialmente, de uma doença subsequente. Em vez disso, podem expressar seus sentimentos sempre que decidirem que é apropriado. Entretanto, a expressão imediata não é necessária. Por conseguinte, a questão não é a expressão ou a supressão. As pessoas têm a opção de expressar suas emoções quando apropriado ou de simplesmente ter consciência de seus sentimentos e escolher não expressá-los. Se a pessoa suprimir as emoções em determinado momento porque não sabe como expressá-las sem causar danos, isso lhe dá tempo para prestar atenção ao que está sentindo na situação. Precisará então encontrar uma maneira mais tarde de expressar seus sentimentos adequadamente ou de lidar com eles internamente.

Além disso, expressar um sentimento na terapia para processar as emoções é diferente de expressar o mesmo sentimento no mundo. Portanto, expressar raiva anteriormente não reconhecida a um pai abusivo na segurança do ambiente de terapia tem os inúmeros benefícios associados a reduzir a ativação emocional e criar um novo significado narrativo. Esse não seria o caso se a raiva fosse expressa diretamente à pessoa na realidade.

A ênfase na expressão de sentimentos tem inibido a liberdade das pessoas de sentir. Imagine se as pessoas se sentissem obrigadas a expressar todos os seus pensamentos: que tipo de mundo teríamos? Na realidade, as pessoas pensam continuamente e expressam apenas alguns de seus pensamentos. Elas podem começar a utilizar a inteligência emocional para acessar a sua experiência interna, concentrando-se no sentimento, sem acrescentar o peso da expressão consciente.

Em suma, o terapeuta precisa guiar os clientes para fazer o seguinte:

- Sentir continuamente e ter consciência de seus sentimentos.
- Sentir sem a necessidade de se expressar verbalmente. Os sentimentos podem ser expressos de diferentes maneiras, como por meio de palavras, arte, expressões faciais, movimentos corporais ou sons. Todos esses meios expressam a mensagem.
- Expressar os seus sentimentos quando considerarem isso apropriado.

Também é importante ajudar a pessoa a reconhecer que nunca é simplesmente uma situação ou um acontecimento que a faz se sentir de determinada maneira. A pessoa precisa levar em conta que o que estava experienciando antes de um acontecimento específico ocorrer teve um papel em suas reações emocionais. Precisa perceber que ela não é simplesmente movida de um estado estacionário e sem emoções para outro por determinada emoção, mas está continuamente no processo de sentir algo, e seus sentimentos atuais sempre influenciam a forma como percebe o que está ocorrendo. Assim, quando a pessoa expressa seus sentimentos, precisa aprender a não culpar a situação ou o outro pela maneira como se sente. Deve aceitar que ela também é responsável pelas suas próprias reações. Nos relacionamentos, nunca se trata de um caso simples de "Você me deixa com raiva". É importante que as pessoas reconheçam que, quando se sentem sobrecarregadas e com raiva, não é apenas porque seus parceiros fazem exigências, mas também porque elas se encontram em determinados estados (por exemplo, tiveram um dia ruim) e sentem-se estressadas; ou, se estão tristes, não é apenas porque seus parceiros não as cumprimentaram calorosamente, mas também porque ficaram sozinhas o dia todo e estão se sentindo isoladas. Antes de darem voz às suas emoções, as pessoas precisam levar em conta os sentimentos iniciais que as induziram a reagir à situação atual da forma como o fizeram.

Como ajudar os clientes a lidar com emoções desadaptativas

Quando as emoções primárias são desadaptativas, o terapeuta precisa trabalhar empaticamente com os clientes para acessar o nível de avaliação de segunda ordem da emoção e trazê-la à tona. Por exemplo, o terapeuta pode dizer: "Por mais que esse sentimento de raiva por se sentir diminuído capture o quanto você se sente injustiçado, parte de você está dizendo que isso vem desse sentimento terrivelmente vulnerável de que você não será mais especial para ela". Com frequência, as respostas emocionais primárias desadaptativas parecem muito intensas e até significativas, mas o que é tão característico delas é que não parecem mudar a situação, nem melhorar ou fazê-la desaparecer. Sua constância é a sua marca registrada. As emoções primárias desadaptativas não melhoram a vida das pessoas, mas geram prejuízos a elas e aos seus relacionamentos. A princípio, a pessoa pode não ver como esses sentimentos causam danos, mas, com o tempo e com reflexão, geralmente aprende, muitas vezes da maneira mais difícil, que suas emoções desadaptativas não lhe fazem bem.

Os terapeutas precisam ajudar os clientes a ver que esses sentimentos não funcionam para eles, o que fazem com uma combinação de liderança e acompanhamento. Eles validam os sentimentos dos clientes, porém concentram-se constantemente em tudo o que as pessoas dizem sobre como o sentimento não funciona para elas ou sobre como ele as prejudica ou prejudica os outros. É importante ajudar os clientes a perceber que não são pessoas ruins ou mesmo erradas por se sentirem dessa forma, mas que o sentimento não é funcional, faz com que se sintam mal e não os ajuda a obter o que precisam. Por exemplo, um cliente pode precisar reconhecer que este é o velho sentimento de raiva no qual fica sempre preso: raiva por nunca conseguir o que precisa. Ou a emoção pode ser a solidão familiar ou a dolorosa sensação de privação da qual o cliente parece nunca conseguir se livrar. Uma emoção desadaptativa também pode ser um sentimento familiar e intenso de humilhação muito desproporcional a uma pequena ofensa ou um sentimento recorrente de devastação diante de críticas, mesmo que a crítica seja sutil ou até mesmo construtiva. Os terapeutas ajudam os clientes a perceber que uma emoção é desadaptativa, em primeiro lugar, validando que o sentimento é muito real e essencial, e, em seguida, destacando como não está funcionando para eles e não leva ao que precisam. Com o tempo, com apoio suficiente e foco no efeito destrutivo da emoção desadaptativa, os clientes reconhecem que esse velho "amigo" precisa ir embora.

Os terapeutas ressaltam as emoções desadaptativas principalmente ao reingressar no estado problemático, ao explorar esse estado e seus significados (Greenberg, Rice & Elliott, 1993) e ao chegar a um acordo com o cliente de que, em vez de ser uma verdade incontestável, esse estado emocional é uma ferida que precisa ser curada. Muitas vezes, identificar a origem da ferida ajuda o cliente a reconhecer que o sentimento é desadaptativo. A exploração empática do estado desadaptativo com frequência leva a uma compreensão mais profunda de sua origem. Outras vezes, a exploração revela que é a intensidade da reação que é problemática. Um terapeuta também pode conjecturar sobre o que deve estar acontecendo nesse estado, e, em certas ocasiões, se um cliente parece realmente incapaz de descobrir quaisquer ligações, o terapeuta pode interpretar as fontes do estado desadaptativo ou as suas consequências negativas. Assim, um terapeuta pode conjecturar: "Meu palpite é que essa ansiedade profunda vem do fato de você se sentir fora de controle"; "Penso que seu medo de ferir os sentimentos do seu colega depois de um desentendimento está relacionado com a forma como sentiu que tinha de cuidar da mágoa de sua mãe sempre que discordava dela";

ou "Entendo como você se sente magoado com todas essas críticas e exigências no seu trabalho, e acho que você está dizendo que o problema é o grau em que se sente tão destruído". Tudo isso é oferecido de forma conjectural, não a partir da posição de um especialista, e sim da posição de um coexplorador, e como coconstrução de uma narrativa de compreensão.

Metade da batalha da mudança é vencida quando as pessoas veem que seus próprios estados são problemáticos, que elas estão em conflito ou que são, em parte, autoras de sua própria angústia, em vez de acreditar que são vítimas dos outros ou do destino. Ajudar a pessoa a reconhecer os estados centrais desadaptativos como problemáticos lhe permite assumir uma forma de responsabilidade pela sua própria experiência. Isso não quer dizer que a pessoa seja culpada por ter uma ferida não cicatrizada ou por reagir de forma exagerada a algo; porém, uma meta importante, e às vezes bastante difícil de alcançar, é ajudá-la a reconhecer que algo que está fazendo nesses estados leva às suas dificuldades e que ela precisa agir para mudar. Por exemplo, considere o caso de um homem que entra em uma auto-organização desadaptativa de desamparo impotente sempre que se depara com críticas, contratempos ou desafios à sua competência. Algumas vezes, ele se sente competente e acredita que tem algo para oferecer; entretanto, quando entra nesse estado central desadaptativo, baseado na vergonha, colapsa e sente-se totalmente desamparado. Entra em pânico e vê as pessoas como ogros que não lhe dão apoio, considerando-se fraco e sem substância. Nesse estado, é sugado por um vórtice de sentimentos de impotência e desamparo, e catastrofiza. Não tem nenhuma solidez e sente-se como uma janela de vidro frágil que se estilhaçará ao toque ou como um edifício mantido unido de forma tão precária que o menor solavanco levará ao colapso. Como um terapeuta pode ajudar esse indivíduo a ter uma perspectiva suficiente sobre esse estado de impotência e de desamparo para que possa ver que, em vez de essa ser a realidade ou uma resposta válida aos maus-tratos dos outros, é uma reação exagerada e desadaptativa?

Não tenho considerado útil, com esse tipo de estado desadaptativo duradouro, tentar demonstrar às pessoas que seus pensamentos ou crenças são falhos. Em vez disso, o que considero útil é ajudá-las a ganhar a perspectiva de que esse é um estado central, desadaptativo e exageradamente reativo para o qual são sugadas às vezes, e que isso não é tudo o que são ou tudo o que são capazes de fazer. Em outras palavras, trabalho em prol da visão de que esse é um *self* parcial entre muitos *selfs* possíveis. Além disso, em vez de ver as crenças, os pensamentos ou as percepções dos clientes como falhos, entendo que são suas reações que são problemáticas e que elas precisam ser reguladas. Assim, trabalho para criar um sentido de outras possibilidades com base na noção de que esse é um dos vários estados disponíveis para os clientes, buscando ajudá-los a regular suas reações. Procuro também construir pontes para outros estados. Muito desse trabalho depende da capacidade de manter a aliança entre terapeuta e cliente e o posicionamento interacional adequado. O cliente tem que sentir o tempo todo que o terapeuta está do seu lado, validando e trabalhando com ele contra esse estado problemático. Portanto, o que eu faço primeiro é ter empatia com o cliente e validar o quão terrível é se sentir tão desamparado, e indico compreender o que ele está sentindo. Para validar verdadeiramente o sentimento de desamparo primário do cliente, essa empatia tem que vir de um lugar em mim de verdadeira aceitação e compreensão de como é para o cliente se sentir do jeito que se sente.

Ao mesmo tempo que valido a forma como o cliente se sente, aproveito o conhecimento de suas outras possibilidades e pergunto-me em voz alta sobre elas. Poderia dizer: "A questão é como encontrar uma saída quando você está se sentindo tão preso" ou "O dilema é como, quando você está nesses estados, você pode se encontrar, e como posso ajudá-lo a fazer isso". Muitas vezes, os clientes insistem que é assim que eles são e que nenhuma outra realidade é verdadeira ou concebível. Nesses casos, posso dizer: "Sei que isso faz parte da sua identidade e que, quando está nesse estado, você realmente acredita que isso é verdade e que todo o resto é uma farsa". Posso também comentar o quão importante parece ser para eles, naquele momento, me convencer de que esse é o caso. Acrescento que eles ficam presos a esse lugar doloroso e perdem todos os seus recursos, que já os vi se sentindo diferentes em relação a si mesmos em outras ocasiões e que sei que, às vezes, lidam com as situações de forma distinta. Reconheço esses momentos como momentos existenciais verdadeiros nos quais ajudo os clientes a enfrentar seus impasses — os lugares onde ficam presos em suas vidas emocionais. Digo-lhes que, se pudesse ajudá-los a resolver o problema, eu o faria, mas que eu sei que, em última análise, quando se sentem assim, são eles que precisam descobrir como se orientar. Posso oferecer apenas apoio ou direcionamento; são os clientes que devem encontrar a vontade de mudar. Se meus clientes ficam zangados e dizem que não estou ajudando, demonstro empatia ao dizer o quão frustrante isso é e os tranquilizo, explicando que estou tentando ajudar. No entanto, volto a enfatizar que sei que, nesse lugar de bloqueio, não posso provocar mudanças, que o que quer que eu faça será uma solução temporária, e que o verdadeiro dilema é saber como os clientes podem encontrar seu caminho para se conectar com seus pontos fortes e recursos com os quais perderam contato. Todo o encontro tem como objetivo ajudar o cliente a descobrir o sentido da possibilidade de mudança e a vontade de mudar. Tudo se baseia no fato de eu conhecer o cliente bem o suficiente, de ter visto que ele tem outras possibilidades e que é capaz de entrar em outros estados, aos quais me refiro algumas vezes durante o encontro. Se um cliente realmente não tem habilidades, então é necessário mais treinamento em regulação emocional deliberada (cf. Linehan, 1993).

Como identificar crenças e construtos destrutivos

Depois de uma experiência ser claramente aceita e reconhecida como desadaptativa, o terapeuta precisa ajudar o cliente a identificar as crenças destrutivas e os padrões de pensamento que articulam seus sentimentos não saudáveis, bem como a acessar a crença negativa central ou o construto incorporado nesses sentimentos (Passo 6 da orientação ao desenvolvimento emocional). É muito mais fácil acessar e colocar em palavras a crença negativa quando a pessoa está experienciando o sentimento desadaptativo. Assim, o terapeuta precisa trabalhar com a cognição quando ela está "quente". Quando uma crença está "fria", ela não é realmente acessível à mudança. As pessoas podem falar sobre todos os tipos de visões negativas de si próprias de forma abstrata e intelectual, e elas não mudarão. Precisam sentir o que estão dizendo para que todo o esquema desadaptativo seja passível de mudança.

Como expliquei anteriormente, as pessoas com frequência experienciam suas crenças negativas na forma de pensamentos ou vozes críticas em sua cabeça. Uma voz interna crítica muitas vezes foi internalizada a partir de interações anteriores ou abstraída da experiência de vida em geral. Após isolar o conteúdo dos pensamentos autocríticos, é útil exteriorizar os pensamentos negativos como se viessem de fora da pessoa. Isso ajuda a separar essas atitudes antagônicas de outras mais realistas e a identificá-las como a fonte do sofrimento da pessoa. Com frequência, os autoataques podem ser exibidos inicialmente de forma racional ou descritiva. Conforme a pessoa verbaliza o conteúdo das críticas, no entanto, ela começa espontaneamente a expressar emoções. Se não o fizer, o trabalho do terapeuta é chegar ao tom do sentimento na crítica. O mais evidente é o desprezo. É esse desprezo por si próprio que perpetua os sentimentos desadaptativos das pessoas (Whelton & Greenberg, 2005). Na maioria das vezes, o desprezo é visto na curva dos lábios da pessoa e no levantar do nariz, ou é ouvido no seu tom de voz. O terapeuta pode facilitar o reconhecimento pelo cliente da desadaptação em sua voz, comentando, por exemplo: "Então esta é a voz que faz você se sentir tão mal. O que sente quando se ouve dizer essas coisas?".

O terapeuta também pode dizer: "Ótimo. Estamos chegando a como você se ataca e se coloca para baixo. Você está ciente da sua boca ou da sua voz quando diz essas coisas?". Também é útil preparar o terreno para colaborar na tarefa de combater esses pensamentos negativos, opondo-se a eles. Assim, o terapeuta pode dizer: "Então precisaremos descobrir como você pode enfrentar essa voz dura".

Muitas vezes, a pessoa acha bastante natural articular suas autoacusações em uma declaração falada do ponto de vista da segunda pessoa, por exemplo, dizendo coisas como "Você é muito estúpido, feio, gordo ou preguiçoso". A tarefa do terapeuta aqui é ajudar a articular a crença central negativa em palavras, de modo a fornecer uma alça com a qual o cliente poderá segurar essa bagagem indesejada e modificá-la. Uma vez que o conteúdo da crença tenha sido articulado, pode ser inspecionado, e o papel que desempenhou em dificultar a vida da pessoa pode ser compreendido.

Conforme observado anteriormente, os esquemas que carregam as crenças negativas podem ser divididos em duas categorias principais: o *self* ruim e o *self* fraco. O esquema do *self* ruim baseia-se na vergonha e na crença de que o indivíduo não é bom o suficiente. As seguintes crenças sobre o *self* operam nesse estado: o *self* pode ser visto como indigno de amor, defeituoso ou indesejável, ou a pessoa pode se sentir inferior e envergonhar-se da inadequação percebida (cf. Young, 1990). A pessoa também pode se sentir culpada e acreditar que é má e que merece ser punida. Além disso, pode acreditar que é incompetente por não ser a melhor ou por não ser tão boa quanto os outros.

Em contrapartida, o esquema do *self* fraco baseia-se no medo e na ansiedade, bem como na crença de que o indivíduo não é capaz de lidar com as situações e de sobreviver sozinho. Aqui, as seguintes crenças sobre o *self* operam. O *self* pode ser visto como dependente e acreditar que precisa dos outros para sobreviver ou que é incapaz de se sustentar. Podem predominar crenças de submissão, como "Devo colocar as necessidades dos outros antes das minhas" ou "Expressar minhas necessidades ou minha raiva levará a algo ruim". Crenças de que o *self* é vulnerável e de que algo de ruim vai acontecer, ou de que a pessoa perderá o controle, também estão associadas a um senso fraco de *self*. Crenças sobre conexão, privação, abandono, falta de confiança e isolamento estão todas associadas a esse senso fraco de *self*. Ser capaz de articular esses sentimentos em palavras — por exemplo, "Nunca vou ter o amor de que preciso", "Vou ficar sozinho para sempre" ou "Ninguém me aceitará" — ajuda tanto o cliente quanto o terapeuta se referir a esses estados complexos.

Outro conjunto de crenças negativas pode estar relacionado com a raiva desadaptativa, com a fúria e com um esquema do "outro ruim". Crenças como "Não me importo", "Eles não se importam", "Eles são maus" ou "Eles merecem aprender uma lição" podem ser usadas para apoiar e justificar a raiva desadaptativa. Além dessas classes de crenças, também são articuladas as interpretações idiossincráticas das pessoas sobre como elas deveriam ser, bem como suas expectativas sobre como os outros reagirão a seus desejos e como elas se sentirão em resposta. Tomar consciência dos temas conflitantes centrais (Luborsky & CritsChristoph, 1990) de uma forma experiencial também fornece *insights* emocionais.

Minha abordagem para trabalhar com crenças e construtos negativos não é didática nem contestatória. Não tento debater, persuadir ou argumentar com os clientes para que vejam que suas crenças ou pontos de vista são irracionais. Nem os ajudo a inspecionar seu raciocínio ou a base racional de suas crenças. Tampouco tento fazê-los reunir provas a favor ou contra suas crenças. A questão não é a verdade ou a validade de suas crenças, mas a utilidade delas. Assumo desde o início a posição de que essas crenças provavelmente não são úteis; pelo contrário, em geral, são claramente destrutivas. Portanto, parto do princípio de que as crenças são desadaptativas se fizerem com que a pessoa se sinta mal, e trabalho para demonstrar isso, ajudando-a a experienciar como as crenças a fazem se sentir. Não há prova tão convincente quanto sentir algo. Assim, trabalho para ajudar meus clientes a descobrir o que estão dizendo a si próprios e como isso faz com que se sintam, e então procuro ajudá-los a se afastar das crenças e injunções negativas que os estão prejudicando.

O processo de trabalhar com crenças negativas envolve, muitas vezes, identificar o conteúdo da crença negativa e dizê-lo na segunda pessoa para si mesmo. Experienciar como a crença faz a pessoa se sentir é o segundo passo. Refletir sobre as fontes e os efeitos destrutivos das crenças e compreender como elas influenciam a vida da pessoa constitui o terceiro passo. Por fim, a pessoa precisa formular uma resposta resiliente à crença para que consiga separar o *self* dos ditames dessas crenças e identificar-se com seus pontos fortes e recursos.

Como acessar a necessidade afetiva na emoção primária dolorosa

No momento em que o cliente é capaz de acessar por completo a emoção desadaptativa e de identificar as crenças ou construtos negativos associados a ela, é hora de acessar a necessidade associada a essa emoção (Passo 7 do treinamento emocional). Para isso, é preciso manter contato com o sentimento e falar a partir dele. Esse é o momento de focar o cliente nos desejos e nas necessidades que começaram a emergir com a expressão de sentimentos dolorosos mais profundos, articulados com mais clareza e mais vigorosamente declarados. Necessidades que antes eram descartadas ou afirmadas de forma hesitante são agora expressas como válidas e legítimas de maneira convincente.

Por exemplo, uma vez acessada a necessidade de não violação e/ou de proteção contra o abuso em uma auto-organização evocada e baseada em esquemas, o sistema emocional reagirá avaliando automaticamente que a necessidade não foi atendida e, por esse mecanismo, se reorganizará de maneira espontânea para sentir raiva pelo não atendimento da necessidade ou tristeza pelo que foi perdido. Isso mobiliza uma nova emoção que desfaz a emoção antiga — nesse caso, vergonha. Validar que o cliente merece ter a necessidade atendida o ajuda a se sentir no direito de tê-la satisfeita. Esse foco e a validação da necessidade não atendida na emoção dolorosa é um meio fundamental de ativar uma nova emoção.

Assim, o terapeuta pode perguntar ao cliente o que ele precisa quando se encontra em seus estados desadaptativos. As pessoas, quando estão com dor e sofrendo, normalmente sabem do que precisam. Quando reconhecem a sua necessidade em uma situação, muitas vezes começam a sentir que têm algum controle sobre ela. A validação da necessidade por parte do terapeuta é um elemento importante para fortalecer o direito de ver satisfeita a necessidade não atendida. Portanto, a necessidade não vem de uma declaração de uma posição excessivamente carente, mas de um senso de merecimento — por exemplo, um senso de "Eu merecia ter minha necessidade de apoio, segurança ou aceitação atendida". Isso gera um senso de agência: "Eu precisava disso". Em vez de se sentir como uma vítima de privação indefesa, a pessoa sente-se mais autoafirmada: "Eu merecia que me respondessem". Surge então um sentimento como: "Posso fazer algo em relação à minha situação ou à forma como me sinto". A pessoa começa a sentir: "Posso sobreviver. Tenho recursos, talentos e habilidades. Valho a pena". Essa é a voz interna saudável e atuante. Uma vez desenvolvido o senso de agência, o cliente começa a se reorganizar e torna-se mais assertivo. A dinâmica fundamental na reorganização aqui é que, uma vez estabelecido o sentido de merecimento da necessidade, o cérebro emocional, que avalia automaticamente as situações em relação às necessidades, analisa se a necessidade foi satisfeita e gera uma nova emoção. Em geral, as novas emoções são a tristeza por não ter tido a necessidade satisfeita, a compaixão por si mesmo pela dor sofrida por não ter a necessidade atendida ou a raiva por não ter tido a necessidade atendida. Essas são as novas emoções saudáveis que promovem o luto saudável, o autoapaziguamento ou a afirmação. As tendências de aproximação na emoção mais adaptativa, buscando e/ou dando conforto na tristeza e afirmação na raiva, anulam as tendências de retirada do medo e da vergonha desadaptativos.

O terapeuta pode facilitar a transformação de respostas assertivas em ações explorando: "Quais coisas de que precisa você poderia obter dos outros ou dar a si próprio? Como você pode afirmar-se, acalmar-se, cuidar de si mesmo ou obter essas coisas dos outros?". A autoempatia e a compaixão por si mesmo são importantes. Ajudar o cliente a fazer algo no mundo por si próprio também é importante. É útil perguntar: "O que você tem de fazer para obter o que precisa?". Entrar em contato com alguém que se importa é fazer algo por si mesmo, assim como fazer algo de que se gosta. Todas são maneiras pelas quais as pessoas podem se ajudar a sair de seus estados negativos, agindo para que suas necessidades sejam satisfeitas.

Se o cliente tiver dificuldade em acessar suas necessidades, isso é um indicador de que precisa de mais apoio empático. Nesse momento, o terapeuta pode expressar a necessidade do cliente. Assim, o terapeuta pode conjecturar: "Acho que você só precisa de algum conforto quando está neste lugar" ou "Minha sensação é de que o seu desgosto está dizendo 'Fique longe de mim, saia do meu espaço'. Isso está correto?". Como alternativa, o terapeuta pode validar a dificuldade que a pessoa tem de formular uma necessidade, esclarecer uma necessidade ou sentir-se no direito de ter uma necessidade; em seguida, ele pode prosseguir para explorar essa dificuldade.

Os novos sentimentos que emergem após acessar a sensação de ter merecido a satisfação de uma necessidade não atendida foram experienciados na situação original, mas não puderam ser expressos no momento ou são sentidos agora como uma resposta adaptativa à situação antiga. Por exemplo, acessar uma raiva adaptativa implícita na violação por um agressor pode ajudar a transformar o medo desadaptativo de uma vítima de abuso infantil. Quando a tendência a fugir com medo é transformada pela tendência da raiva a avançar e a proteger os limites da pessoa, configura-se uma nova posição relacional de responsabilizar o agressor por transgressões.

Na minha opinião, a mudança emocional duradoura de respostas emocionais desadaptativas ocorre pela geração de *uma nova resposta emocional* (Passo 8 da orientação ao desenvolvimento emocional) — não por meio de um processo de *insight* ou de compreensão, mas gerando novas respostas a situações antigas e incorporando-as à memória (Passo 9 da orientação ao desenvolvimento emocional). A expressão envolve gerar uma nova resposta, e isso difere de "falar sobre", visto que a expressão adiciona o *feedback* ao cérebro fornecido pela sensação proprioceptiva envolvida no ato de expressar. Expressar é uma forma de ação, de fazer algo, o que difere da conceituação ou até mesmo da tomada de consciência. Na expressão, o cérebro automaticamente lê o que o corpo faz e codifica isso como uma experiência vivida, em vez de uma abstração de ordem superior sobre a experiência, como na conceituação. No próximo capítulo, discutirei como acessar emoções saudáveis alternativas (Passo 8) e como criar um novo significado saudável que integre experiências anteriores (Passo 9).

9

Como acessar novas emoções curativas e criar novas narrativas

Os sentimentos são como ondas: não podemos impedi-los de vir, mas podemos escolher em qual deles surfar.
— *Jonatan Mårtensson*

Como constatamos, as principais emoções adaptativas que ajudam a modificar as emoções desadaptativas centrais de vergonha, medo e tristeza associada a solidão do abandono são a raiva empoderadora, a tristeza do luto e a compaixão. Parece existir uma relação particularmente importante entre o luto e a compaixão, visto que o luto parece evocar não apenas a compaixão dos outros, mas também a compaixão do *self* pelo seu próprio luto. A compaixão implica profundo cuidado e respeito, além do desejo de reduzir o sofrimento; esse parece ser um estado emocional distinto, que difere dos estados de sofrimento, tristeza e amor. A compaixão envolve uma sensibilidade ao sofrimento do *self* e dos outros, com um profundo desejo e empenho de aliviar o sofrimento.

A compaixão por nós mesmos nos ajuda a lidar com muitos dos nossos sentimentos mais desagradáveis, de modo que a compaixão, a raiva assertiva e a tristeza do luto são as emoções que frequentemente ajudam a modificar as emoções desadaptativas centrais.

Uma vez que o cliente tenha identificado as suas emoções desadaptativas, a voz negativa associada a elas e a necessidade afetiva por trás delas, como o terapeuta o auxilia a acessar emoções saudáveis, que o ajudarão a transformar os sentimentos desadaptativos de medo e vergonha e as crenças associadas? Em primeiro lugar, o terapeuta deve ajudar as pessoas a respirar profundamente enquanto experienciam o sentimento ruim de vergonha, medo, raiva ou tristeza, e deve ter empatia com esses sentimentos. Isso ajuda na regulação das emoções e é especialmente importante quando os sentimentos angustiantes são intensos e avassaladores. Quando o terapeuta consegue ajudar as pessoas a regular a intensidade de seu sofrimento, precisa então auxiliá-las a identificar o que mais estão sentindo além das emoções desadaptativas ou em resposta a elas. É aqui que o terapeuta ajudará o cliente a encontrar respostas emocionais novas e saudáveis para promover a mudança (Passo 8 da orientação ao desenvolvimento emocional). Como um terapeuta pode ajudar a ativar uma emoção nova e mais adaptativa? Ele faz isso primeiro por meio de sintonia empática ao afeto, proporcionando também proteção, conforto e uma sensação de segurança. Essa é a condição básica para a ativação de uma nova emoção. O ambiente empático consistente ajuda continuamente o cliente a experienciar novos sentimentos de conforto e segurança junto com os sentimentos antigos, mas foram desenvolvidos vários métodos adicionais para acessar emoções saudáveis alternativas que são utilizadas para mudar as emoções desadaptativas. Esses métodos estão resumidos na lista a seguir e são discutidos nas seções seguintes:

- Alocar a atenção para outra emoção mais adaptativa.
- Acessar necessidades e objetivos.
- Desenvolver uma imaginação positiva.
- Fazer uma dramatização expressiva de uma emoção adaptativa.
- Lembrar de uma emoção adaptativa.
- Falar sobre uma emoção adaptativa.
- Expressar uma emoção adaptativa em nome do cliente.
- Utilizar outros métodos para expressar emoções adaptativas.

Alocar a atenção

Conforme discutido no Capítulo 3, alocar o foco de atenção do indivíduo para um sentimento de base constitui um método fundamental para ajudá-lo a mudar o seu estado emocional. No limite da consciência, ou em segundo plano, por trás da emoção dominante atual, muitas vezes há outra emoção subdominante, que pode ser identificada se a pessoa prestar atenção ou procurá-la. O sentimento está lá, porém ainda não está situado como foco na consciência. Por trás da raiva pode estar a tristeza, o amor ou o perdão; no limite da tristeza, está a raiva; dentro da mágoa ou do medo, encontra-se a raiva; e, por trás da vergonha, estão o orgulho e a autoestima. O papel crucial do terapeuta é direcionar a atenção do cliente para esse sentimento subdominante, focá-lo e elaborá-lo, e então ensinar o cliente a fazer isso por conta própria. Por exemplo, uma mulher falou sobre como se sentia "defeituosa" e "suja" pelo abuso que tinha sofrido, e, com a ajuda de seu terapeuta, conseguiu concentrar a sua atenção na expressão de nojo em seu rosto e tornar-se mais capacitada. Ela descobriu que o nojo e a raiva por ter sido violada poderiam anular o seu medo e a sua vergonha mais dominantes. Em outro exemplo, o terapeuta ajudou um homem com autoestima frágil a encontrar a mágoa por se sentir desprezado, que estava por trás de sua raiva; para isso, ele direcionou a atenção do cliente para sua experiência corporal sentida no momento do desprezo. Ali, em seu corpo, esse homem sentiu a dor silenciosa da mágoa subjacente à raiva.

Acessar as necessidades

Conforme discutido no último capítulo, o acesso às necessidades é um processo fundamental na mudança. Portanto, é um método essencial para evocar uma nova emoção quando nenhuma outra emoção está presente. Isso exige que o terapeuta se concentre na necessidade não atendida, na emoção dolorosa e desadaptativa e valide o direito da pessoa de ter essa necessidade atendida. O terapeuta pode ajudar os clientes a acessar suas emoções saudáveis e curativas e seus recursos internos — quando o estado desadaptativo tiver sido alcançado, simbolizado e experienciado — perguntando-lhes o que eles precisam e validando o merecimento de ter a necessidade atendida. Esse foco na ativação e na validação da necessidade não satisfeita na emoção dolorosa constitui um meio fundamental de ativar uma emoção nova e mais adaptativa.

Desenvolver a imaginação positiva

Uma segunda maneira de ativar sentimentos alternativos consiste em usar imagens. A imaginação é um meio de produzir uma resposta emocional. As pessoas podem utilizar sua imaginação para criar cenas que sabem que as ajudarão a sentir uma emoção, e podem usar essa emoção como um antídoto para um sentimento desadaptativo que desejam mudar. Assim, podem modificar o que sentem — não ao alterar sentimentos com o auxílio da razão, mas usando a imaginação para evocar novas emoções. As pessoas diferem na sua capacidade de utilizar imagens autogeradas para substituir emoções indesejadas por outras mais desejáveis. Entretanto, essa capacidade pode ser desenvolvida. Por exemplo, ao sentir raiva desadaptativa ou uma espécie de isolamento desanimador, o cliente pode ser encorajado, em um momento apropriado, a se imaginar em situações capazes de gerar sentimentos positivos. Quando o sentimento desadaptativo tiver sido totalmente reconhecido e validado, o terapeuta pode perguntar ao cliente se ele consegue se imaginar em estados de força ou capacidade, nos braços de entes queridos ou sob a proteção de um policial ou do próprio terapeuta. Imaginar entes queridos também pode ser muito eficaz como antídoto para sentimentos de isolamento doloroso ou de ansiedade. Com a prática, as pessoas podem aprender a gerar emoções opostas por meio de imagens e a utilizá-las para neutralizar as emoções negativas. É preciso tempo, relaxamento e atenção à respiração para ajudá-las a relaxar. Para ajudar o cliente a modificar a raiva que sente contra entes queridos, o terapeuta também pode pedir-lhe que imagine atributos mais positivos da pessoa da qual sente raiva, ou que imagine um momento em que se sentiu mais positivo em relação a essa pessoa. O terapeuta pode convidar o cliente a equilibrar o seu ressentimento em relação ao outro com a apreciação para manter a sua conexão. Pedir ao cliente que imagine um momento da sua vida em que se sentiu mais feliz, contrastando com o sentimento atual ruim, e alternar entre esses estados às vezes o ajuda a ver a possibilidade de estar em estados diferentes daquele em que se encontra. O terapeuta pode pedir ao cliente para recordar uma memória terrível e, em seguida, trazer pessoas ou sentimentos de uma memória positiva para essa memória negativa. Isso pode ajudar a aliviar o sentimento ruim. Assim, imagens baseadas em memórias de experiências passadas podem ser evocadas para gerar experiências alternativas e fornecer acesso a auto-organizações alternativas. Esses estados alternativos gerados por imagens são então utilizados para combater os estados negativos do *self*.

A geração de compaixão por si mesmo e pelos outros por meio de imagens pode ser particularmente útil. Assim, um terapeuta pode pedir a um cliente que se imagine como um adulto confortando o seu *self* de cinco anos de idade que está sozinho e magoado em seu quarto, ou pode pedir ao cliente que imagine alguém — o terapeuta ou outra figura de apoio — entrando no quarto da criança e dando-lhe o que ela precisava naquele momento, seja conforto, apoio ou proteção. O objetivo é evocar novos estados emocionais que ofereçam alternativas aos estados desadaptativos nos quais o cliente está preso e, em seguida, usar esses novos estados mais adaptativos como plataformas de lançamento para ajudar a transformar os antigos estados desadaptativos. Para fazer isso, o indivíduo precisa ter internalizado o suporte de outras pessoas e ter um sentido de *self* forte o suficiente para fornecer este suporte para si mesmo. Se ele não conseguir fazer isso, a sintonia empática do terapeuta com suas possibilidades constitui o único recurso disponível.

Fazer a dramatização expressiva de uma nova emoção adaptativa

Uma terceira maneira de acessar emoções alternativas é fazer com que o cliente encene um sentimento que não está sendo experienciado no momento. Conforme assinalado no Capítulo 3, isso remete à ideia de William James (1890-1950) de que as pessoas sentem medo porque estão fugindo de algo. O terapeuta pode pedir ao cliente que adote determinadas posturas emocionais e pode ajudá-lo a assumir deliberadamente a postura expressiva desse sentimento e, então, intensificá-lo. Assim, o terapeuta pode usar encenações psicodramáticas e instruir o cliente a "[...] tentar dizer 'Estou com raiva'. Repita isso; sim, mais alto. Você consegue pôr os pés no chão e sentar-se direito? Sim, faça isso mais uma vez". Aqui, a pessoa está sendo guiada para expressar uma emoção até que esta comece a ser experienciada. Não se trata de incentivar uma expressão falsa, mas de uma tentativa de facilitar o acesso a uma experiência reprimida e não permitida. Da mesma forma, assumir uma postura triste e expressar deliberadamente coisas tristes pode ajudar a acessar a tristeza. Um terapeuta pode sugerir que um cliente fale com outra pessoa imaginária: "Diga-lhe o que você perdeu. Diga-lhe o quão triste você estava". Dar instruções às pessoas para que organizem suas expressões faciais em representações de emoções, embora seja difícil de fazer, pode ser eficaz, visto que a expressão facial parece ter um forte componente de *feedback*. Uma expressão facial de raiva parece produzir uma experiência de raiva, enquanto uma expressão triste parece produzir tristeza

(Flack, Laird & Cavallaro, 1999). Também é útil acompanhar de perto qualquer expressão emergente. Por exemplo, se os olhos de uma pessoa começarem a baixar, o terapeuta segue a direção do olhar e dá instruções à pessoa para que desenvolva esse movimento: "Sim, olhe para baixo e diga isto outra vez: 'Senti a sua falta'". Pedir a um cliente que se enrole formando uma bola pode facilitar a tendência de retraimento da tristeza. Pedir à pessoa que estenda as mãos de forma suplicante pode facilitar a experiência de suplicar ou implorar. As instruções para assumir posturas expressivas devem ser sempre seguidas de perguntas sobre o que a pessoa experienciou depois de fazer determinada expressão. Muitas expressões deliberadas realizadas sem atenção à experiência que elas evocam podem tornar uma encenação artificial, em vez de evocar a experiência.

Lembrar de uma emoção adaptativa

A quarta maneira de acessar outra emoção é lembrar-se de uma situação na qual essa emoção ocorreu e, em seguida, trazer a memória viva para o presente. Isso está relacionado com os processos de formação de imagens descritos anteriormente. Lembrar cenas emocionais passadas claramente produz emoções. As mudanças fisiológicas e expressivas que ocorrem nas respostas emocionais às memórias se assemelham muito às mudanças que ocorrem quando as emoções são ativadas em resposta a estímulos presentes (Ekman & Davidson, 1994). As recordações de acontecimentos emocionais constituem, portanto, um meio importante de acessar outra emoção, que pode ser utilizada para ajudar a modificar um estado mais desadaptativo. A emoção e a memória estão intimamente ligadas. A emoção é evocada pela memória e é importante na reestruturação de memórias emocionais e nas narrativas que são construídas sobre elas.

As emoções reavivam memórias de ocorrências anteriores. Os eventos são armazenados na memória em áreas relacionadas às emoções. Assim, uma decepção atual liga-se a outras decepções, enquanto um sentimento de vergonha está vinculado a outras humilhações. Portanto, as experiências emocionais atuais têm sempre múltiplas camadas, evocando instâncias anteriores da mesma experiência emocional ou de experiências emocionais semelhantes. Se os terapeutas quiserem auxiliar as pessoas a mudar o que sentem, precisam ajudá-las a acessar e a reestruturar suas memórias emocionais. Uma forma importante de modificar as memórias emocionais envolve acessar a memória emocional a ser mudada e, em seguida, transformá-la com outra memória. Quando outra memória emocional é evocada, a nova memória passa a dominar e a antiga fica em segundo plano, tornando-se menos acessível, ou a nova memória finalmente transforma a antiga pelo processo de reconsolidação da memória discutido no Capítulo 2. As emoções são frequentemente inseridas em contextos relacionais. Elas conectam o *self* ao outro na memória. Assim, as pessoas têm memórias de sentimentos de vergonha diante de um pai desdenhoso, de raiva diante de alguém intrusivo ou de medo diante de uma pessoa abusiva. Por isso, acessar visões dos outros ajuda a evocar emoções, e acessar visões diferentes dos outros ajuda a mudar as emoções que sentimos.

Uma cliente tinha encontrado o corpo de sua mãe (que havia cometido suicídio) e, sempre que pensava nela, era aquela imagem horrível que lhe vinha à mente. Essa imagem fazia ela suar frio, com sentimentos terríveis de medo e abandono. Depois de ter trabalhado a sua raiva, a sua vergonha e a sua tristeza, e depois de finalmente sentir empatia e perdoar a sua mãe, a cliente falou sobre a sua capacidade de transformar essa memória terrível em memórias anteriores e felizes de sua mãe. Essas recordações, diferentemente das outras, a fizeram se sentir aquecida e confortável. Mais tarde, relatou que, quando pensava na mãe, era essa memória calorosa e amorosa que ela agora acessava. Por fim, ocorreu uma reconsolidação completa da memória emocional; a cliente passou a pensar em sua mãe como uma pessoa amorosa, e tinha sentimentos bons e calorosos sempre que se lembrava dela.

Outra maneira de trabalhar com a memória emocional para mudar estados emocionais é acessar a memória de uma pessoa da vida do cliente que apoiou ou apoiaria uma emoção e uma experiência diferentes e mais adaptativas do *self*. Assim, o terapeuta pode perguntar ao cliente se há alguém em sua vida que ele considere ou consideraria dotado das qualidades que apoiariam uma emoção e uma experiência mais adaptativas do *self*. Nesse contexto, o terapeuta pode dizer: "Existe alguém em sua vida que acreditou em você ou sentiu orgulho de você?" ou "Existe alguém em sua vida que o amou ou o protegeu?". Isso ajuda o cliente a evocar os sentimentos de orgulho ou amor, bem como o conforto ou a segurança que acompanham esses sentimentos. Um cliente que não conseguia se permitir sentir sua raiva e sua tristeza disse que não tinha nenhum sentimento em relação à esposa ou como reação a ela. Afirmava que não conseguia sentir nada e que não tinha sentimentos, tendo-os trancado quando criança para se proteger de um pai perfeccionista e crítico e de uma mãe fria e ignorante. No entanto, após acessar memórias que evidenciavam como a sua avó se preocupava com ele, esse cliente chorou lágrimas de alegria e tristeza.

Falar sobre uma emoção adaptativa

Os terapeutas podem ajudar as pessoas a acessar novas emoções conversando com elas sobre as emoções mais desejáveis. Falar sobre um episódio emocional ajuda a pessoa a reviver os sentimentos que teve naquele contexto. Iniciar uma conversa sobre determinado tópico geralmente ajuda a gerar uma emoção relevante para esse tópico. A psicoterapia é uma cura pela fala, e a conversa pode evocar novas emoções. Assim, quando alguém se sente um fracasso, falar de experiências de sucesso o ajuda a entrar em contato com sentimentos ou possibilidades de eficácia. As pessoas podem se beneficiar de experienciar novamente sentimentos que tiveram em episódios emocionais passados, e a conversa pode trazer à tona um senso de como elas alcançaram esse sentimento. O uso estratégico de perguntas abertas — por exemplo, "Você poderia me dar um exemplo específico disso?" — ajuda o cliente a mudar o foco, revelar e narrar memórias pessoais específicas, que tem maior probabilidade de ativar emoções recém-experienciadas. A resposta do terapeuta ao cliente também é útil para instalar o novo sentimento; seu apoio, seu encorajamento e sua capacidade de ver essa possibilidade emocional no cliente aumentam as chances de que este se lembre de uma emoção com afetos positivos.

Expressar uma emoção adaptativa em nome do cliente

Em certas situações, os terapeutas podem expressar um sentimento particular que o cliente não consegue transmitir. Nesses casos, o terapeuta está dando voz à emoção alternativa do cliente. Por exemplo, um terapeuta, em nome do cliente, pode expressar indignação por uma violação dizendo: "Como puderam fazer isso com você?", "Sinto-me furioso e indignado por você" ou "Quero chutar as canelas dele". Isso não estimula a violência, mas dá ao cliente o potencial de se expressar em um nível mais profundo do que aquele em que ele se sente no direito de se expressar. A expressão da emoção pelo terapeuta ajuda o cliente a se sentir apoiado e validado, e dá a ele acesso a essa emoção para ajudar a promover a mudança emocional. A tristeza do cliente por uma perda também pode ser expressa dizendo: "Sinto-me muito triste quando ouço como você se sentia sozinho quando era criança" ou "Meus olhos ficam cheios de lágrimas quando você me conta isso". Essas são todas ocasiões em que o terapeuta considera apropriado compartilhar essas respostas genuínas e úteis. O terapeuta deve ter certeza de que essas expressões são úteis para o cliente e de que não estão sendo expressas para o bem-estar dele mesmo, bem como de que não provêm de seus próprios problemas não resolvidos. O terapeuta também deve garantir que esses são sentimentos genuinamente experienciados e que não estão sendo oferecidos como técnica para fazer com que o cliente acesse a emoção.

Outros métodos para expressar emoções saudáveis

O humor é outro método para mudar uma emoção por meio de outra. Rir pode mudar o estado emocional de uma pessoa, e a perspectiva fornecida pelo humor pode reformular a situação. Uma piada que ressignifica a situação do cliente alivia os sentimentos depressivos, muitas vezes colocando as coisas sob uma luz mais universal, e ver-se como alguém que compartilha as neuroses de Woody Allen é, de alguma forma, reconfortante. Muitos métodos de artes expressivas também ajudam a mudar as emoções e, embora nem sempre sejam fáceis de usar na terapia individual, são muito úteis em grupos. A música também constitui um meio poderoso para mudar as emoções. Tocar e compor uma música altera o humor das pessoas. Repetir as palavras de uma canção que carregam ou evocam uma emoção específica, como o amor, pode ajudar a mudar sentimentos, como os de rejeição ou de ressentimento em relação a um parceiro. Pintar, trabalhar com argila e dançar modifica os estados emocionais das pessoas, e essas formas de arte podem ser usadas para acessar emoções anteriormente inacessíveis. Depois que alguém tem a ideia de que a emoção precisa ser mudada com outra emoção, surge uma variedade de métodos.

Como sair de estados emocionais

Além de ajudar as pessoas a acessar novas emoções, o terapeuta algumas vezes precisa ajudá-las a sair de certas emoções e estados mentais emocionais, de modo que possam fazer transições de um estado para outro. Se as pessoas souberem que são capazes de sair de estados emocionais e que podem ter algum controle sobre esses estados, talvez não tenham tanto medo de sentir as suas emoções. Sair de uma emoção representa frequentemente um obstáculo. As pessoas não podem se tornar emocionalmente inteligentes se não têm a habilidade de se concentrar em uma emoção e a capacidade — não menos importante — de se afastar dela. Elas podem facilmente ficar presas nas emoções. A raiva, a tristeza ou a alegria podem sobrecarregar uma pessoa até que sinta que ela e a emoção são uma só. Então, muitas vezes é difícil sair de um estado emocional e passar para outro. A pessoa está tão envolvida com a sua emoção que parece que essa emoção é que determina a única realidade. É muito mais fácil passar de uma coisa para outra quando a pessoa pensa ou imagina, porque isso não a preenche tanto quanto as suas emoções. Como já assinalei, as emoções desadaptativas têm uma dinâmica própria.

Não há necessidade de que a pessoa seja vítima passiva de suas emoções. Os terapeutas podem ajudar as pessoas a aprender a se concentrar em suas emoções e a se afastar delas sempre que isso pareça apropriado ou necessário. Eles podem guiar as pessoas a passar da raiva para a compaixão, da tristeza para a apreciação, da inveja para a aceitação e do pavor interno para o contato com o presente calmante. Com a prática, a pessoa pode aprender a controlar conscientemente o seu cérebro emocional automático. Uma das melhores maneiras de orientar as pessoas para fazer isso é certificar-se de que, em primeiro lugar, elas possam descrever o que sentem no momento em que reconhecem a necessidade de sair de uma emoção. Isso as ajuda a se centrar e lhes dá um suporte que poderão usar quando forem capazes de lidar com o sentimento. Elas precisam praticar a capacidade de colocar certas experiências de lado, com o reconhecimento de que podem voltar a elas mais tarde e processá-las melhor. O terapeuta deve então convidá-las a direcionar a sua atenção para a realidade externa atual e a se concentrar no que está acontecendo fora delas. Isso também é útil para encerrar sessões quando uma pessoa não completou totalmente uma experiência emocional. O terapeuta pode pedir ao cliente que realize o seguinte exercício para ajudá-lo a desenvolver essa competência:

- Quando você estiver em um estado emocional — sentindo raiva, tristeza, medo ou até mesmo vergonha —, experiencie o sentimento e lhe dê um nome. Sinta-o em seu corpo. Identifique os pensamentos. Tenha uma noção clara do que está sentindo antes de mudar. Expresse o sentimento em palavras. Isso lhe fornecerá um suporte para se apoiar novamente mais tarde. Diga a si mesmo: "Voltarei a isso". Respire.
- Agora é hora de mudar. Dirija o seu foco de atenção para o mundo exterior. Estabeleça contato com a realidade externa. Dê nome ao que vê. Respire novamente.
- Agora, escolha outra coisa na qual precise se concentrar durante o dia e dedique a sua atenção a essa nova tarefa.

Para auxiliar as pessoas a sair de uma emoção, o terapeuta também pode ajudá-las a desenvolver a capacidade de considerar outros pontos de vista. As pessoas precisam ser capazes de reconhecer que existem outros significados além dos delas. A prática de se afastar das emoções e de se concentrar em outro estado torna-se mais fácil e mais real quando a pessoa acredita que existem outros pontos de vista e que a sua visão nem sempre é a única e correta. Outros meios menos conceituais de mudança de estado envolvem ouvir música para modificar o humor ou envolver-se em atividades agradáveis e mobilizadoras.

Transformação ao focalizar em sentimentos vagos e difusos

Modificar uma emoção ao acessar emoções e necessidades alternativas, conforme descrito anteriormente, aplica-se a experiências nas quais a emoção inicial a ser mudada é vívida, presente e expressa em voz alta. O princípio de mudar uma emoção com outra emoção também se aplica a experiências nas quais a emoção é originalmente vaga e o processo é mais interno. Considere o exemplo de Jonathan apresentado no Capítulo 6. Ele estava se concentrando em seus sentimentos vagos de desconforto, o que o levou a simbolizar que se sentia um fracasso. Jonathan completou a primeira fase do processo de quando chegou a um sentimento de impotência. Esse reconhecimento foi útil e produziu uma mudança corporal. Ele foi experienciado internamente e não foi necessariamente expresso em voz alta. Por mais útil que esse passo tenha sido, uma mudança completa exige mais do que isso. Algumas vezes, simplesmente reconhecer o problema (por exemplo, identificar um sentimento de impotência ou o fato de ter ultrapassado o seu limite) parece ser uma solução, visto que, dessa maneira, a pessoa sabe o que precisa ser enfrentado e pode começar a se mobilizar para fazê-lo. Entretanto, com frequência, a pessoa ainda precisa sair do sentimento problemático para conseguir uma solução completa para ele. Como a mudança para algo novo entra nesse processo de focalização interna?

Gendlin (1996) descreveu claramente como os passos do método da focalização levam a uma mudança sentida corporalmente, que abre novas possibilidades. No entanto, o modo como essas novas possibilidades se abrem continua sendo um mistério. Ao estudar de perto o processo interno dos clientes, observei que, com frequência, esse processo é semelhante ao da mudança de emoções vívidas: ele ocorre por meio do surgimento de uma nova emoção adaptativa, que transforma o estado da pessoa. No exemplo de Jonathan mostrado no Capítulo 6, a novidade veio do fato de ele ter prestado atenção à sua raiva emergente, que surgiu quando reconheceu o seu sentimento de fracasso. Foi essa nova emoção que o ajudou a criar alternativas internas. Ele entrou em contato com uma voz interna alternativa que estava no limite de sua consciência e que dizia: "Estou zangado com a injustiça do processo de revisão das bolsas de estudo. Muito disso é política e gestão de imagem". Essa é outra parte dele próprio, uma parte baseada em suas emoções centrais saudáveis, e tem a sua própria voz. Esse foi o recurso recém-emergente disponível na experiência de base de Jonathan. Prestando atenção à sua raiva emergente por se sentir injustiçado, ele se organizou para defender o seu ponto de vista com uma nova voz que dizia: "Não vou mais aguentar isso". Entrando em contato com novos recursos para ajudar a lutar contra o seu opressor representado internamente, Jonathan começou a afirmar seus direitos, como faria ao se mobilizar contra um opressor vivo que tentasse torná-lo impotente.

Os sentimentos atuais emergentes de Jonathan podem ter sido emoções subdominantes em segundo plano, que estavam lá o tempo todo, ou podem ter sido emoções emergentes recentes. As pessoas são sempre capazes de criar novas experiências. Ao fazer isto e reinterpretá-las, acabam por criar novas experiências para si próprias. Elas podem fazer isso porque são seres emocionalmente reativos, sempre em processo de avaliar o significado emocional do que está acontecendo e do que estão sentindo. Assim, Jonathan passou a sentir mais do que apenas raiva. Sentiu-se também aliviado por não ter de prosseguir com uma meta exigente. Essas emoções recém-rotuladas também o ajudaram a se reorganizar e a se concentrar em uma nova meta.

A tomada de consciência das necessidades, dos objetivos e das preocupações orienta uma pessoa na direção da mudança e do desenvolvimento. Jonathan, após identificar seu sentimento de decepção e sua sensação de fracasso e impotência, entrou em contato com sua necessidade de reconhecimento, de aceitação ou até mesmo de ganho material, acessando a sua raiva. Era isso que queria, precisava ou desejava; ele tinha de trabalhar esse aspecto para se sentir satisfeito. Saber do que ele precisa, mesmo quando esse conhecimento não satisfaz realmente a necessidade, é o primeiro passo. Ter consciência do que alguém precisa é crucial para a sua orientação no ambiente atual e é importante no processo de resolução de problemas necessário para satisfazer a demanda. Nesse processo interno de focalização, o terapeuta deve levar o foco do cliente para a necessidade, o objetivo ou as preocupações implicadas em suas emoções. Isso ajudará o cliente a tomar consciência de suas necessidades de proximidade, separação, proteção, reconhecimento ou liberdade. A partir desse momento, o cliente pode tomar o processo de mudança em suas próprias mãos, aprendendo a prestar atenção a seus sentimentos de forma disciplinada, de modo a descobrir a sua principal preocupação. O foco explícito na necessidade, no objetivo ou na preocupação leva o indivíduo um passo além de simplesmente se concentrar na sensação que experiencia e esperar passivamente que uma mudança aconteça. Esse passo mais autodirigido é particularmente útil quando a mudança não ocorre de forma espontânea. Assim, a pessoa precisa ser treinada repetidamente para perguntar sobre os seus sentimentos: "O que eu preciso ou o que realmente quero aqui?" ou "Qual é o meu objetivo nisso tudo? O que me preocupa?".

No entanto, quando Jonathan passa a saber o que ele precisa ou quer, não pode simplesmente decidir agir; em vez disso, precisa integrar novamente a sua cabeça ao seu coração e avaliar o valor de satisfazer as suas necessidades. Será que vale a pena fazer o que ele quer? Ele também deve saber como satisfazer as suas necessidades. Isso requer a capacidade de avaliar a viabilidade de satisfazê-las em diferentes situações. As necessidades de uma pessoa definem um objetivo final importante. Os meios pelos quais alguém tem suas necessidades atendidas dependem de muitos fatores, como a aprendizagem, a cultura, a oportunidade e, com frequência, o acaso.

Regulação

Além de transformar emoções com outra emoções, as pessoas algumas vezes também precisam desenvolver as habilidades de regular as emoções. Quando emoções como a vergonha, o medo, a impotência e a raiva são avassaladoras, ajudar as pessoas a regular suas emoções e a se distanciar delas é uma tarefa importante. Em geral, as pessoas procuram regular suas emoções tentando não senti-las. Isso não é muito útil a longo prazo. Algumas pessoas evitam sentir emoções perturbadoras e afastam-se ou evitam as situações que evocam essas emoções. Outras utilizam estratégias de distração, como cantarolar ou ocupar-se, ou transformam seus sentimentos em queixas psicossomáticas, como dores de estômago. Outras ainda evitam emoções perturbadoras não se lembrando das emoções dolorosas associadas a acontecimentos importantes da vida, embora se lembrem dos eventos em si e percebam o impacto total do que ocorreu. As pessoas também se envolvem na busca de estímulos ou de comportamentos impulsivos para apagar seus sentimentos perturbadores. Podem adotar comportamentos de entorpecimento extremos, como automutilação, compulsão alimentar, abuso de substâncias e álcool, masturbação excessiva e promiscuidade, de modo a bloquear ou acalmar sentimentos dolorosos ou avassaladores.

O terapeuta precisa ajudar os clientes a desenvolverem melhores habilidades de regulação emocional. Meios importantes de regulação emocional incluem regular a respiração e a atenção plena — a observação e a descrição sem julgamento dos estados emocionais. As habilidades básicas de regulação emocional também envolvem: nomear a emoção; descrever a experiência no próprio corpo; esclarecer o evento que evocou a emoção; entender a interpretação que se faz da situação; e compreender as ações induzidas pela emoção.

Quando as pessoas são arrastadas pelas torrentes impetuosas de suas almas, precisam ser capazes de se acalmar para que possam ser funcionais. As emoções perturbadoras, especialmente a raiva, a tristeza, o medo ou a vergonha, podem sobrecarregar uma pessoa. Distanciar-se dessas emoções dolorosas frequentemente ajuda. Os terapeutas precisam ensinar seus clientes a estabelecer certa distância entre eles e sua experiência de se sentir perdidos em emoções e pensamentos avassaladores que inundam sua consciência. Ajudar os clientes a terem atenção plena às suas experiências pode facilitar isso. O terapeuta pode oferecer ao cliente métodos meditativos de se concentrar na respiração enquanto o ar entra pelas narinas e de observar o conteúdo da mente no processo de surgimento e desaparecimento. Isso ajuda a pessoa a regular suas emoções quando reconhece que elas não são saudáveis, mas ainda não consegue controlá-las (Kabat-Zinn, 1993; Levine, 1989). Uma abordagem meditativa é uma alternativa à evitação; envolve prestar atenção às emoções de uma maneira particular. Um processo meditativo envolve ensinar o cliente a desenvolver a habilidade de descrever suas experiências a si próprio de forma objetiva, como se fosse um observador de fora falando com outra pessoa. Isso ajuda o cliente a se distanciar do significado de suas experiências e a prestar atenção às qualidades e à forma delas. A pessoa precisa prestar atenção ao fato de a experiência emocional ser sentida em seu corpo como quente ou fria, como uma grande bola ou um pequeno nó. O exercício a seguir pode ajudar o cliente a se distanciar e assumir a postura de um observador:

- Preste atenção à intensificação e ao desvanecimento da sensação e do pensamento em seu sentimento perturbador. Atente à ascensão e à passagem dos seus sentimentos, e não ao significado deles. Isso interrompe o processo de fuga pelo qual seus pensamentos e sentimentos interagem. Assim, se você começar a perceber e a rotular a qualidade e a localização de seu sentimento ("uma sensação quente no meu peito"), a notar a sua intensidade ("moderada") e a descrever a sua forma ("uma bola redonda"), as torrentes de emoção começarão a diminuir.
- Observe se a sensação é global ou específica, se está se expandindo ou se contraindo e se está chegando ou indo embora.
- Faça isso por um período que pode ser de 5 a 40 minutos, e a intensidade da sensação diminuirá.
- Depois de prestar atenção às suas sensações, atente aos seus pensamentos. Não se envolva no significado e no conteúdo deles. Em vez disso, descreva o seu processo de pensamento. Diga a si mesmo: "Agora estou pensando, lembrando, imaginando ou antecipando..." ou "Agora estou criticando, defendendo ou repreendendo...". Descreva o processo mental no qual está envolvido. Agora, você está em contato direto com o processo de sua própria percepção e pensamento, e criou uma nova experiência interna que lhe permite estabelecer uma distância mais adequada dos seus sentimentos.

Quando as pessoas conseguem se distanciar da emoção real, deixam de se sentir sobrecarregadas pela raiva, pela tristeza, pelo medo ou pela vergonha. Os significados de seus pensamentos que continuam abastecendo com combustível seus incêndios emocionais não as absorvem mais. Mudaram o seu foco, passando de vítimas a observadoras do sentimento. Concentram-se em descrever a emoção em vez de procurar evitá-la. Isso ajuda as pessoas a dominar a emoção usando um processo simples de ressignificação, passando da atenção ao conteúdo para a descrição do processo. Agora, as pessoas concentram-se no que estão sendo no momento e em como elas estão sendo, em vez de permanecerem presas ao significado de suas ideias ou às influências de suas sensações. Tornaram-se fascinadas com o fluxo e o refluxo de suas experiências. Respiram mais profundamente e seus músculos estão mais relaxados. Mudaram a sua perspectiva. Agora, é possível que algo de novo surja, e as pessoas podem ser ajudadas a se concentrar em algo que desejam ou que podem fazer para auxiliar a si próprias nessa situação. Elas podem acessar recursos alternativos. Podem se tornar agentes e começar novamente a ser autoras de sua vida, visto que não são mais vítimas de suas emoções difíceis.

Marsha Linehan (1993), que trabalhou com pessoas com muitas emoções desreguladas, desenvolveu uma variedade de técnicas de orientação comportamental para a regulação emocional e a tolerância ao mal-estar; essas técnicas podem ser ensinadas a clientes que ainda não têm essas habilidades. Elas envolvem mudar as emoções agindo de maneira oposta à emoção atual; ou seja, Linehan sugeriu reverter os componentes expressivos e de ação das respostas emocionais a fim de tentar regular as emoções avassaladoras. Sugeriu também que as pessoas, quando se encontram em um estado de medo, devem aproximar-se da emoção em vez de evitá-la. Da mesma forma, nos estados de culpa e de vergonha, a pessoa deve enfrentar o sentimento em vez de se afastar dele. Na depressão e na tristeza, a habilidade consiste em ser ativo em vez de passivo, ao passo que, na raiva, a habilidade é ser simpático ou fazer algo de bom em vez de atacar. Outras habilidades de regulação envolvem ajudar as pessoas a construir experiências mais positivas em sua vida, concentrando-se em acontecimentos positivos e aumentando-os comportamentalmente. Linehan distinguiu as habilidades de tolerância ao mal-estar das habilidades de regulação, indicando que as primeiras são concebidas para ajudar o indivíduo a sobreviver a uma situação na qual é possível fazer mudanças, enquanto as segundas procuram curar os problemas. As habilidades de tolerância ao mal-estar ajudam o indivíduo a sobreviver. Envolvem distrair-se, mantendo-se ocupado com a execução de tarefas, desviar a atenção do *self* para os outros e acalmar-se fazendo coisas boas para si mesmo que proporcionem conforto. Além disso, Linehan sugeriu que as pessoas podem melhorar o momento por meio de imagens positivas, oração e relaxamento, ou tirando uma folga das responsabilidades.

Ajudar as pessoas a criar uma distância das emoções intensas é um método útil para trabalhar com as emoções angustiantes. Nesse caso, em vez de simplesmente lidar com a emoção regulando a sua intensidade, a pessoa coloca ênfase em obter uma distância apropriada da emoção para facilitar o acesso a ela de um modo que ajude no seu processamento. O cliente não deve estar nem muito próximo nem muito distante da emoção; nem sobrecarregado a ponto de ser impossível simbolizá-la em palavras e vê-la como uma experiência de um todo maior, nem distante a ponto de ela ser uma experiência puramente conceitual. O terapeuta pode pedir ao seu cliente que se aproxime ou se afaste de uma experiência e pode passar algum tempo fazendo exatamente isso. Assim, um terapeuta pode dizer: "Respire e procure se afastar um pouco mais do sentimento para que você possa ter uma noção dele como apenas uma parte de você" ou "Vamos colocar esse sentimento aqui, nesta cadeira. Você consegue descrevê-lo?". Para se aproximar do sentimento, um terapeuta pode dizer: "Procure entrar um pouco mais no sentimento. Como ele é?" ou "Fale a partir do sentimento. Você consegue entrar no sentimento, tornar-se o sentimento e descrever como ele é? Algo como: 'Sou a minha tristeza e sou uma dor no meu peito; estou machucado'".

Outro método para melhorar o enfrentamento das emoções desreguladas é convidar o cliente a ir para um lugar seguro. Em geral, essa orientação é feita anteriormente como método de enfrentamento quando o cliente se sente sobrecarregado. Peça ao cliente que encontre um lugar onde se sinta seguro e para onde possa se dirigir na imaginação, sentindo em pensamento o que sente no local físico. Isso ajuda a apaziguar o *self* e o auxilia a modificar os sentimentos ruins.

Como facilitar a transformação de emoções desadaptativas e pensamentos destrutivos

Uso dos sentimentos adaptativos saudáveis para transformar os desadaptativos

A mudança acontece por meio de novas experiências corretivas, que desafiam os sentimentos e as crenças desadaptativas com um novo senso de valor e força. As emoções não saudáveis não podem ser mudadas apenas pela razão ou pela evitação. Isso significa que os terapeutases emocionais precisam ajudar as pessoas a experienciar seus sentimentos desadaptativos para que possam mudá-los. Quando o terapeuta ajuda um cliente a acessar e a regular a sua angústia e a identificar uma voz interna mais adaptativa, é muito mais fácil para o cliente combater a voz negativa dominante dentro dele. O trabalho do terapeuta é ajudar os clientes a encontrar seus sentimentos adaptativos alternativos e a usá-los para transformar os sentimentos desadaptativos. Isso pode ocorrer por meio de uma integração experiencial dos sentimentos opostos. A mudança ocorre ao acessar sentimentos e necessidades adaptativas anteriormente não reconhecidos no contexto da sintonia empática ao afeto e ao receber a confirmação desses recursos internos por outra pessoa empática. Compartilhar sentimentos de medo com outra pessoa rompe o isolamento em que esses sentimentos geralmente são experienciados. Isso ajuda a aliviar a dor terrível e o desespero, e fortalece o *self*. A pessoa ganha então acesso a um senso de *self* mais resiliente e aos recursos internos. Em seguida, o terapeuta coloca isso em contato com os sentimentos e as crenças desadaptativas. Isso significa que ele precisa ajudar seus clientes a estabelecer dois estados em oposição. Por exemplo, um terapeuta pode perguntar "O que você diz para aquela voz que afirma que você é inútil?", ou pode pedir ao cliente que estabeleça um diálogo entre os sentimentos saudáveis e os desadaptativos.

Por exemplo, uma cliente em terapia foi capaz de expressar pela primeira vez o seu sentimento de inutilidade relacionado ao fracasso de seu casamento. O casamento terminou em um divórcio repentino e inesperado. Ela declarou "Sinto-me extremamente inútil" e chorou com a plena constatação do sentimento. Percebeu que esse sentimento vinha da mãe, que a fizera se sentir como se não merecesse ser amada. O terapeuta ajudou essa cliente a se concentrar em sua reação emocional a essa crítica dura. A cliente ficou com raiva por ter sido tratada de forma tão injusta e triste pela perda do apoio de que tanto precisava. Com a ajuda da confirmação encorajadora de seu terapeuta quanto à sua nova experiência emergente, ela percebeu que o seu novo objetivo baseado na sobrevivência era obter o apoio de que precisava. Conseguiu entrar em contato com uma fonte interna de autoestima, e surgiu uma nova voz. Ela disse: "Sou uma pessoa valiosa e mereço ser valorizada" e "Tenho amor para dar e mereço ser amada". Nessa altura, a voz crítica transformou-se em compaixão por ela (cf. Greenberg, Rice & Elliott, 1993).

Quando as pessoas foram gravemente rejeitadas ou abandonadas e são capazes de reconhecer que se sentem despedaçadas, elas podem agora começar a assumir o controle de seus sentimentos. Em primeiro lugar, precisam se apaziguar. Essa é uma importante habilidade que as pessoas devem ser capazes de exercitar se quiserem cuidar de si mesmas. Em segundo lugar, quando as pessoas reconhecem a sua própria dor, em vez de serem vítimas dela, começam a mudar a forma como se veem. Essa postura enfatiza o seu *self* ativo — "Sinto-me destroçado" — em vez de seu *self* passivo e despedaçado — "Aconteceu comigo". Quando adotam essa visão mais ativa, as pessoas passam a ter mais controle de suas reações e são mais capazes de se comprometer com novos objetivos. Como já assinalei, no momento certo, os terapeutas podem ajudar nesse processo fazendo com que os clientes se concentrem em suas capacidades de autoapaziguamento e em suas necessidades e objetivos emergentes. Ao fazer perguntas como "Do que você precisa?" ou "O que está faltando?", os terapeutas ajudam os clientes a prestar atenção em suas ações na direção do autocuidado, e seu acesso a necessidades não atendidas desencadeia uma nova resposta emocional à situação. A raiva, a tristeza e a autocompaixão são geradas pela avaliação automática do cérebro de que a necessidade não foi satisfeita. Essas novas emoções desfazem as emoções antigas. Os objetivos emergentes geralmente já não consistem mais, por exemplo, em obter passivamente a aprovação ou o amor de alguém por quem a pessoa foi rejeitada, de modo a evitar se sentir despedaçada; em vez disso, após uma pessoa ter sofrido e aceito uma perda, ela gera autocompaixão, e o objetivo passa a ser o de se apoiar ativamente e dominar a situação para aliviar o sofrimento. Isso frequentemente é acompanhado por um desejo sustentável de estar perto, de ser amada ou de se sentir segura com os outros.

Ao trabalhar para mudar uma emoção com outra emoção no contexto de um trauma, o terapeuta precisa: (a) reconhecer e validar a experiência inicial de desesperança do cliente; (b) ativar as memórias emocionais e as crenças disfuncionais associadas, despertando, por exemplo, o medo e a vergonha em reação a uma cena imaginada na segurança da situação terapêutica; (c) ativar a necessidade que não foi atendida; e (d) apoiar as novas emoções que emergem de avaliações automáticas das necessidades não atendidas — emoções como a raiva pela violação, a tristeza pela perda ou o autoapaziguamento, encaradas como respostas alternativas para substituir ou ajudar a transformar as respostas desadaptativas do cliente. Isso permite a formulação de respostas novas e mais complexas por meio de uma síntese das respostas emocionais adaptativas e desadaptativas e da transformação de crenças negativas com necessidades recém-acessadas. Assim, as respostas de medo fundem-se com as respostas de raiva, e a tendência a fugir é substituída ou transformada pela tendência de agir assertivamente associada à raiva. Com a ajuda de uma alta alocação de atenção para as novas tendências de respostas mais saudáveis, e com o apoio do terapeuta, o cliente consegue construir uma nova resposta emocional, integrando elementos das respostas anteriormente evocadas. Por exemplo, uma cliente que sofreu abuso físico sente raiva e nojo em vez do medo original despertado pela violência de seu pai cruel. A partir desse estado fortalecido, ela combate a visão negativa anterior de si mesma como pessoa desprovida de valor. Além disso, sente tristeza pela perda da proteção da mãe, o que transforma a vergonha por sua humilhação e a visão de que nada pode ajudar em um desejo de conforto e na crença em sua amabilidade. Isso permite que ela acesse a sua capacidade de se autoapaziguar e de regular mais efetivamente seus estados dolorosos. À medida que essas novas experiências são processadas repetidamente ao longo do tempo, as novas tendências emergentes são traduzidas em ação, e a memória traumática desaparece. A memória também pode ser transformada por uma nova experiência emocional integrada a ela à medida que está sendo reconsolidada. Além disso, as memórias emocionais antigas são muitas vezes desativadas afetivamente, o que permite o aparecimento de outras memórias.

As memórias de esquemas emocionais desadaptativos associados a perdas e traumas na infância precisam ser ativadas na sessão de terapia para serem modificadas pela reconsolidação da memória. Foi demonstrado que a introdução de uma nova experiência presente nas memórias atualmente ativadas de acontecimentos passados leva à transformação da memória por meio da assimilação do novo material presente nas memórias passadas (Nadel & Moscovitch, 1997). Ao serem ativadas no presente, as memórias antigas são reestruturadas tanto pela nova experiência de estar no contexto de uma relação segura quanto pela coativação de respostas emocionais mais adaptativas e de novos recursos e entendimentos adultos para lidar com a situação antiga. As memórias são reconsolidadas de uma nova maneira ao incorporar esses novos elementos. O passado, de fato, não pode ser mudado, mas pelo menos as memórias dele podem ser!

Ao longo desse processo, o terapeuta valida e empatiza com os sentimentos do cliente, fornece aceitação e conforto, e estabelece o significado idiossincrático da experiência. Essas atitudes relacionais fornecem um modelo que é internalizado como autoempatia e autoapaziguamento para ajudar a acalmar os sentimentos de alerta. Ao trabalhar com as emoções desadaptativas centrais dos clientes, promovo a mudança apoiando a possibilidade de alternativas saudáveis. É aqui que minha valorização do núcleo de crescimento da pessoa, de suas possibilidades, entra em ação. Na minha mente está o ponto de vista de Buber (1958) de que é a visão da possibilidade nos outros, em uma relação eu-você, que contribui para o aparecimento das possibilidades. Procuro também me posicionar de forma que eu possa apresentar aos clientes problemas de acesso a seus recursos. Faço alusão e expresso a minha fé de que existem outras possibilidades, mas tento envolver os clientes na tarefa de descobrir como eles podem encontrá-las. Trabalhamos em conjunto para tentar descobrir como eles podem encontrar suas forças e seus recursos quando se sentem muito sobrecarregados pelos seus sentimentos desadaptativos centrais. Ao longo dessas interações, o que é importante é a minha valorização dos núcleos internos de possibilidade dos clientes. Tomo como certo que existe força. O problema não é se existe força, e sim como acessá-la. Não procuro provar aos clientes ou pedir-lhes que provem a si mesmos que existe outra realidade. A questão pertinente é como acessar a outra realidade mais adaptativa, e não avaliar a verdade ou a falsidade das crenças dos clientes. Tomo como certo que determinada crença não é verdadeira, uma vez que se baseia em um estado emocional desadaptativo sendo, portanto, um caso de "Você acredita nisso agora porque está se sentindo dessa maneira". Esse trabalho terapêutico é feito enquanto a pessoa está experienciando o sentimento desadaptativo, de modo que é mais um confronto existencial do que uma discussão conceitual. Nessa altura, a utilização de imagens para entrar em contato com um senso mais poderoso de *self* e evocar realmente um sentimento de competência na experiência corporal da pessoa pode ser útil. Se os clientes conseguirem acessar um senso de si mesmos como alguém que anda de cabeça erguida e tem uma espinha dorsal, então poderão começar a ter ideias de auto-organizações alternativas, que, em seguida, podem ser desenvolvidas como um recurso.

Nós (A. Pascual-Leone & Greenberg, 2007) desenvolvemos um modelo das etapas envolvidas na transformação do distresse global em aceitação e se sentir livre. Foi proposto um modelo de transformação de "sentimentos ruins" baseado na teoria e na prática clínica (Greenberg, 2002; Greenberg & Paivio, 1997). Esse modelo, que consiste em passar de emoções secundárias, por meio de emoções primárias desadaptativas, para a necessidade e para as emoções primárias adaptativas, foi posteriormente validado (A. Pascual-Leone & Greenberg, 2007). As análises de múltiplos casos de resolução de sofrimento global levaram a um modelo mais complexo de base empírica (Herrmann, Greenberg & Auszra, no prelo; A. Pascual-Leone & Greenberg, 2007). O primeiro passo envolve a atenção aos sentimentos ruins despertados ("Sinto-me mal"), sendo seguido pela exploração das sequências afetivo-cognitivas que geram os sentimentos ruins ("Sinto-me sem esperança; de que serve tentar?"). Eventualmente, isso leva à ativação de algumas auto-organizações de esquemas emocionais desadaptativos, que se baseiam, com mais frequência, em sentimentos dolorosos centrais de medo do abandono, acompanhados de tristeza ou de sentimentos de vergonha por ser inútil ("Estou sozinho e não consigo sobreviver sozinho" ou "Não valho nada"). Nessa fase do processo de transformação, é necessário acessar algo novo, uma experiência adaptativa.

Quando os clientes em estado de sofrimento global começam a elaborar e diferenciar seus pensamentos e sentimentos, tendem a se mover em uma de duas direções: rumo a uma auto-organização desadaptativa central ou a alguma forma de expressão secundária, frequentemente de desesperança ou de um tipo de raiva rejeitadora. Os estados desadaptativos baseiam-se, em geral, em esquemas emocionais de medo, tristeza associada a abandono solitário ou vergonha de se sentir inútil. Nesses estados dolorosos centrais, as pessoas sentem-se inadequadas, vazias, solitárias e incapazes. A transformação desses estados desadaptativos centrais ocorre quando eles são diferenciados em necessidades adaptativas. A experiência de que a pessoa merece ter as suas necessidades satisfeitas atua no sentido de refutar as avaliações negativas centrais sobre o *self* que estão embutidas nos esquemas desadaptativos centrais. Assim, declarações a partir de experiências como "Preciso e mereço ou merecia ser amado, valorizado ou protegido" desfazem sentimentos de inutilidade baseados na vergonha; afirmações como "Sinto-me inútil" são transformadas em "Sou digno"; e declarações como "Sinto-me tão sozinho e não amado" são transformadas em "Sou digno de amor". O caminho para a resolução conduz invariavelmente à expressão de luto adaptativo pelo que não foi e/ou a uma raiva fortalecedora, ou ao autoapaziguamento. Esses sentimentos adaptativos emergentes facilitam um senso de autoaceitação e agência. Muitos clientes magoados precisam trabalhar o medo e a tristeza relacionados com o apego desadaptativo ou a vergonha relacionada com a identidade (Greenberg, 2002; Greenberg & Paivio, 1997; Greenberg & Watson, 2006) para superar seu sofrimento secundário. Os clientes que foram bem-sucedidos ao resolver estados de elevado sofrimento emocional com baixos níveis de significado e atingir estados de alto significado e baixo sofrimento o fizeram por meio dos passos descritos anteriormente (A. Pascual-Leone & Greenberg, 2007).

A essência desse processo é que as necessidades relacionadas ao apego e à identidade (estar conectado e ser validado) embutidas no medo, na vergonha e na tristeza desadaptativos, quando mobilizados e validados, atuam para acessar as necessidades centrais e gerar emoções mais adaptativas relacionadas com as necessidades não satisfeitas. Assim, quando alguém valida que merecia ser amado ou valorizado, o sistema emocional que avalia automaticamente que suas necessidades não foram atendidas gera raiva por ter sido tratado de forma injusta ou tristeza por ter perdido a oportunidade de ver as suas necessidades atendidas, e esses novos sentimentos adaptativos dissipam os sentimentos mais desadaptativos. O resultado é uma refutação implícita da noção de que a pessoa não é merecedora de amor, respeito e conexão. A oposição inerente das duas experiências — "Não tenho valor ou não sou digno de ser amado" e "Mereço ser amado ou respeitado" —, apoiada pela raiva ou tristeza adaptativa em resposta à mesma situação evocadora, supera o estado desadaptativo. A nova experiência interna e a criação de um novo significado levam, portanto, ao surgimento de uma avaliação nova e mais positiva do *self*.

No contexto de uma relação terapêutica de validação, o cliente passa então a lamentar, reconhecendo a perda ou lesão sofrida e admitindo: "Não tenho o que preciso e sinto falta do que merecia". Ele também passa a afirmar uma raiva fortalecedora e/ou o autoapaziguamento. Dependendo de a necessidade recém-adquirida envolver o estabelecimento de limites ou de conforto, os clientes direcionam a sua expressão emocional adaptativa para fora, de modo a proteger os limites (por exemplo, com raiva), ou para dentro, em direção ao *self* (como compaixão ou carinho). Isso frequentemente se transforma em luto pelo que foi perdido. Esse estado de luto é caracterizado pela tristeza por uma perda ou pelo reconhecimento da própria mágoa (por exemplo, feridas), ou por ambos. Agora, no entanto, o tom emocional não tem a culpa, a autopiedade ou a resignação que caracterizavam os estados iniciais de sofrimento global. A resolução envolve, então, a integração do sentimento de perda com o senso de possibilidade associado à capacidade recém-descoberta de se afirmar e autoapaziguar.

O movimento descrito nesse processo, das emoções secundárias passando pela emoção primária desadaptativa e pela necessidade até a emoção primária adaptativa, representa uma mudança central na terapia focada das emoções (TFE). Durante todo o processo de transformação, é necessária ativação emocional moderada a alta, mas sempre em um nível que permaneça facilitador para o processo de cura. Por conseguinte, os terapeutas precisam facilitar a ativação emocional ideal (suficiente para que seja sentida e possa ser vista como informação), mas não tanto a ponto de ela ser desreguladora ou desorientadora.

Sequências de emoções

Quando as emoções começam a ser consideradas por si mesmas como aspectos relevantes do processo terapêutico, é importante não apenas avaliar cada emoção, mas também compreender o significado das sequências em que elas ocorrem. Esse último aspecto é crucial. A partir do estudo do processo de mudança emocional, ficou claro que determinadas sequências de certas emoções são importantes para a resolução de problemas específicos. Facilitar as sequências produtivas e mudar as improdutivas torna-se então um objetivo terapêutico importante. Sequências de dois e três passos ocorrem com frequência. Elas são descritas a seguir.

Sequência de emoções em dois passos

Implícitas nos passos da orientação ao desenvolvimento emocional, estão várias sequências importantes de dois passos, que ocorrem quando estamos trabalhando para acessar a emoção primária. A primeira sequência evidencia que a raiva é, com frequência, um sentimento reativo ou, algumas vezes, uma defesa contra um sentimento original ou mais primário de tristeza, mágoa ou vulnerabilidade. Outra sequência importante de dois passos é o inverso da sequência anteriormente citada. É aqui que a tristeza obscurece a raiva original. Quando o cliente aprendeu que não é seguro experienciar e compartilhar sua tristeza, seu sofrimento e sua vulnerabilidade originais e cobri-los com raiva, os terapeutas precisam em primeiro lugar reconhecer a raiva secundária do cliente e, em seguida, promover a experiência da tristeza que está por trás da raiva. Depois de reconhecer a raiva, o terapeuta deve primeiro ajudar a localizar sua fonte e seu alvo, e auxiliar o cliente a encontrar uma maneira adequada de expressá-la. Se, no entanto, o processo parar nesse ponto, o cliente muitas vezes permanecerá preso em sua culpa raivosa, e não ocorrerá nenhuma mudança duradoura. Isso ocorre porque a mágoa original não foi reconhecida, processada ou respondida.

Uma maneira de chegar à mágoa original é convidar o cliente a examinar o que sente imediatamente após expressar a sua raiva. Uma vez expresso o sentimento secundário, abre-se frequentemente uma janela para o sentimento primário original de mágoa ou tristeza. Outra maneira de abordar o sentimento primário é perguntar de forma empática sobre a experiência original que levou à raiva do cliente. Por exemplo, "Algo deve ter ferido você muito profundamente para deixá-lo tão zangado. Como você se sentiu quando isso aconteceu?".

Sequência de emoções em três passos

Um processo mais complexo envolve sequência de três passos. Uma sequência importante em três passos, por exemplo, envolve primeiro reconhecer o desespero secundário, a desesperança ou a raiva (primeiro passo) e, em seguida, acessar os sentimentos primários desadaptativos de vergonha ou medo subjacentes ao primeiro estado (segundo passo). O terceiro passo da sequência envolve, então, acessar emoções mais adaptativas, normalmente raiva, tristeza e compaixão saudáveis, que anteriormente não eram acessíveis. Estados como um sentimento de inutilidade cheio de vergonha, um sentimento ansioso de insegurança básica ou um estado paralisante de medo traumático geralmente são encontrados subjacentes ao desespero, à desesperança ou à raiva que estão mais próximos da superfície. Esses são estados evitados que precisam ser abordados e enfrentados. Entretanto, essa sequência de dois passos ainda não é totalmente terapêutica. O terceiro passo é necessário para que a pessoa possa ultrapassar os estados desadaptativos e acessar outro conjunto de emoções e motivações saudáveis. Assim, a pessoa frequentemente pode acessar a raiva pela violação e a tristeza pela perda, além de suas necessidades adaptativas associadas, como recursos saudáveis. Essas emoções e necessidades adaptativas são usadas para ajudar a superar ou substituir os sentimentos desadaptativos de medo e vergonha. Essas sequências de três passos incorporam o processo básico de mudança envolvido na substituição de uma emoção por outra. Conforme já assinalado, o terceiro passo frequentemente é facilitado pelo acesso a uma necessidade anteriormente não atendida, mas pode surgir por meio de outros processos.

No entanto, uma sequência de três passos frequente e improdutiva geralmente ocorre quando há um conflito em torno de uma emoção adaptativa primária recém-acessada. Assim, os clientes podem apresentar um sentimento triste de desesperança e, por meio da exploração, podem acessar a raiva por violação, porém, em seguida, podem sentir culpa ou ansiedade em relação à sua raiva. Nesse caso, a terceira emoção interrompe e impede a segunda emoção, que é a resposta adaptativa.

Conforme descrito anteriormente na discussão sobre sequências em dois passos, ao trabalhar com a raiva secundária, a tarefa do terapeuta é ajudar o cliente a experienciar a tristeza/sofrimento/vulnerabilidade que está por trás da raiva recorrente. Algumas vezes, no entanto, assim que a mágoa original é ativada, o cliente interrompe esse sentimento e retorna à expressão mais segura da raiva. O terapeuta precisa então explorar a interrupção do afeto doloroso primário por parte do cliente. Embora os clientes interrompam seus sentimentos primários por diferentes razões, muitas vezes isso ocorre porque o efeito original de dor ou tristeza desperta um terceiro sentimento aversivo de vergonha, ansiedade ou culpa.

Por exemplo, se o terapeuta perguntar sobre a interrupção da mágoa ou da dor original pelo cliente, ele frequentemente responderá algo como: "Se eu deixar a dor entrar, é como admitir que ela me magoou" ou "Sou fraco". Assim que o cliente que expressa esse tipo de preocupação experiencia a mágoa subjacente à sua raiva, ele geralmente tem sentimentos dolorosos de vergonha ou humilhação. Portanto, se o terapeuta extrai a tristeza original subjacente à raiva, um terceiro sentimento de vergonha ou humilhação que está associado ao fato de ele ter sido ferido também é despertado. Os clientes então interrompem tanto a tristeza original quanto a vergonha associada a ela, regressando automaticamente à raiva, o que os ajuda a se sentirem mais fortes. Assim, os terapeutas frequentemente observam ciclos repetitivos de raiva-tristeza-vergonha-raiva.

Outros clientes podem sentir ansiedade em resposta ao sentimento de mágoa original. Por exemplo, alguns clientes dirão que, se eles se deixarem sentir tristes ou magoados, "Ninguém estará ao meu lado e ficarei vazio ou sozinho" ou "Minha necessidade afastará os outros". Esses clientes sentem ansiedade dolorosa ao experienciar a sua mágoa ou dor e evitam essa ansiedade regressando automaticamente à raiva. Cada passo da sequência de três passos precisa ser reconhecido pelo que é e trabalhado até que a emoção adaptativa seja permitida e aceita.

Formulando uma nova narrativa

Perto do final do processo de orientação ao desenvolvimento emocional, o terapeuta também precisa facilitar o desenvolvimento de uma nova narrativa que incorpore a nova emoção, bem como as crenças alteradas (Passo 9 orientação ao desenvolvimento emocional). Essa nova narrativa ajuda o cliente a se envolver em novas ações no mundo. O significado de uma emoção é totalmente compreendido por um cliente quando é organizado em uma estrutura narrativa sequencial que identifica o que é sentido, sobre quem e em relação a que necessidade ou questão. As histórias pessoais são fundamentais para a reconstrução de uma nova identidade e para a criação de significado, por isso é importante consolidar as mudanças emocionais em uma nova narrativa.

As novas memórias emocionais, independentemente do modo como são acessadas, ajudam a mudar as narrativas. Nenhuma história importante é significativa sem emoção, e nenhuma emoção acontece fora do contexto de uma história que dá a ela o seu significado. As histórias que as pessoas contam para dar sentido às suas experiências e para construir suas identidades dependem, em grande medida, da variedade de memórias emocionais que têm à sua disposição. Ao mudar suas memórias ou a acessibilidade de diferentes memórias, a pessoa modifica a história de sua vida e sua identidade. Assim, o acesso da cliente às memórias positivas de sua mãe, discutido anteriormente, apoiava uma visão dessa mãe como alguém amoroso e carinhoso, e não como uma pessoa que a abandonara imprudentemente, visão que predominava antes.

Para ajudar o cliente a formular uma nova narrativa que integre os novos sentimentos e crenças saudáveis, o terapeuta faz perguntas que criam significado. Os clientes são solicitados a refletir sobre o significado pessoal de novas compreensões e revelações emocionais. Exercícios para trabalhar com as emoções podem ser encontrados no Apêndice. Perguntas como "O que isso diz sobre você?" ajudam os clientes a refletir, simbolizar e reconhecer valores e propósitos importantes que definem quem eles são e aquilo em que acreditam na vida.

Conclusão

Discuti os vários passos da orientação ao desenvolvimento emocional em profundidade, juntamente com princípios orientadores gerais, como a relação terapêutica e intervenções guiadas por tarefas. Nos próximos três capítulos, aplico o processo de orientação emocional às quatro emoções negativas mais relevantes para a terapia (raiva, tristeza, medo e vergonha) e para a lesão emocional.

PARTE III

Como trabalhar com emoções específicas

10

Lições sobre raiva e tristeza na orientação ao desenvolvimento emocional

Experimentar tristeza e raiva pode fazer você se sentir mais criativo e, ao ser criativo, você pode ultrapassar a sua dor ou negatividade.
—*Yoko Ono*

Quanto mais profunda a tristeza se introduzir em seu ser, mais alegria você poderá conter.
—*Kahlil Gibran*

Neste capítulo, ofereço alguns exemplos de tratamentos reais que utilizam a orientação ao desenvolvimento emocional. Em estudos de fitas de vídeo de mais de 100 sessões de terapia de tratamento individual e de casais, descobri que, de todas as emoções que as pessoas trabalham na terapia, a raiva, a tristeza, o medo e a vergonha são, de longe, as fontes mais frequentes de problemas. Claro que surgem outros sentimentos mais complexos, como ciúme, inveja, culpa, inferioridade e tédio, mas não com tanta frequência. Esses outros sentimentos envolvem frequentemente uma mistura dos quatro sentimentos anteriores, assim como a dor emocional, que parece ser importante na resolução de muitos problemas da vida. A orientação ao desenvolvimento emocional também procura remediar a falta de emoções mais agradáveis, como alegria, excitação, interesse e amor, e aumentar os sentimentos de autocompaixão. Neste capítulo, concentro-me em trabalhar com a raiva e a tristeza na terapia, visto que estas são as emoções adaptativas primárias mais prevalentes que surgem na orientação ao desenvolvimento emocional.

Raiva

Nem toda raiva é igual. Algumas formas de raiva podem mascarar outro sentimento, enquanto outras formas de raiva podem ser dirigidas a alguém ou a alguma coisa, embora seja sentida no momento presente. Algumas formas de raiva são totalmente manipuladoras ou destrutivas. Mesmo que uma pessoa perceba que a sua reação de raiva atual contra alguém por se ter atrasado (por exemplo) é uma raiva central e saudável por se sentir injustiçada, e decida que expressá-la é sensato, ainda precisa descobrir o propósito da raiva, bem como quando, como, com que intensidade e, possivelmente, até mesmo para quem expressar a raiva. Cometer algum erro em um desses aspectos pode causar muitos problemas. Com frequência, também pode ser uma opção sensata decidir não expressar nem mesmo a raiva central, sobretudo imediatamente. No entanto, uma incapacidade crônica de lidar de forma construtiva com a raiva pode tornar-se um grave problema, que leva a sentimentos de ineficácia, desesperança e falta de sentido. Essas incapacidades incluem não reconhecer que se está com raiva; reconhecer, mas nunca conseguir expressar raiva (isso ocorre devido a uma variedade de medos); expressar raiva, mas fazê-lo de forma inadequada, com ativação excessiva ou ainda começando bem, mas acabando por se deixar levar por culpas ou ataques destrutivos; ou estar cronicamente com raiva e ser demasiado reativo.

A raiva é algo que as pessoas sentem por um motivo. As pessoas precisam ouvir a sua raiva e respeitá-la, em vez de procurar evitar o que ela está lhes dizendo. A raiva é uma mensagem de que seus limites estão sendo invadidos, que estão sendo magoados, que seus direitos estão sendo violados, que seus desejos ou necessidades não estão sendo adequadamente satisfeitos ou que o seu progresso em direção a um objetivo está sendo frustrado. A raiva pode sinalizar que a pessoa está fazendo ou dando mais do que quer. A raiva ajuda a pessoa a dizer: "Basta! Não aguento mais!" A raiva ajuda a estabelecer limites e fronteiras e motiva as pessoas a dizerem "não".

É claro que há um outro lado dessa moeda. Por mais que o sentimento de raiva seja um sinal de um problema, desabafar não fornecerá uma solução. Expressar raiva, especialmente raiva intensa, pode ser destrutivo e pode magoar os outros e produzir mal entendidos. A expressão da raiva frequentemente conduz a ciclos crescentes de ataque e contra-ataque, ou à defesa e impede a escuta e a colaboração. A conscientização da raiva e a sua expressão são, portanto, duas tarefas totalmente diferentes e exigem habilidades distintas. A tomada de consciência envolve prestar atenção à forma como o corpo sente e à capacidade de descrever em palavras o que se está sentindo, em vez de agir. O objetivo é estar informado. Por outro lado, expressar raiva geralmente tem como objetivo informar os outros e influenciá-los de alguma forma, o que requer grandes habilidades interpessoais para fazê-lo de maneira efetiva. Mesmo que uma pessoa seja hábil na comunicação da raiva, nunca se pode prever a reação do outro. Por conseguinte, essa habilidade também envolve saber o que fazer depois de ter manifestado a raiva ou de ter se sentido injustiçado. A inteligência emocional envolve ser capaz de lidar com as reações das outras pessoas à expressão de emoções. As pessoas não devem expressar raiva a menos que sejam capazes de lidar com o que vem depois da expressão. Trata-se normalmente de uma interação complexa. Em vez de reagir de forma impulsiva ou de controlar e reprimir a raiva, as pessoas geralmente têm melhores resultados quando seguem um caminho do meio. Isso envolve integrar a sabedoria dos sentimentos corporais com o conhecimento social e cultural sobre como lidar com as emoções. Esse processo é muitas vezes tão complexo, ou até mais, do que resolver qualquer problema de matemática. Só requer um tipo diferente de inteligência: a inteligência emocional.

Outro grande problema relacionado com a raiva que surge frequentemente em psicoterapia é a raiva não resolvida do passado. Trata-se geralmente de questões inacabadas com figuras significativas na vida de uma pessoa. Esse tipo de raiva causa intenso sofrimento psicológico. Todas as pessoas provavelmente se lembram de incidentes que ainda as deixam com raiva. Existe também uma grande diferença entre os acontecimentos que apenas aborrecem ou irritam e os que provocam uma raiva tremenda. As experiências graves de raiva afetam as pessoas de forma muito diferente daquelas que simplesmente vêm e vão. Com o passar do tempo, os incidentes incômodos perdem a sua capacidade de despertar a raiva. Outras experiências, porém, não desaparecem. Muitas vezes, fervem e queimam por dentro. São estas que surgem na terapia.

O episódio ou série de acontecimentos que produziram a raiva podem ter ocorrido há anos — ou mesmo décadas —, mas, apesar de a experiência já ter passado há muito tempo, a raiva permanece. A raiva que persiste é frequentemente dirigida a cônjuges que os traíram ou abandonaram, a pais divorciados, a um pai que abandonou a família ou a uma mãe negligente. Essa raiva persiste no presente e impede que relacionamentos amorosos se desenvolvam. Embora muitos dos detalhes da situação sejam esquecidos, as emoções permanecem, e as pessoas as sentem repetidamente como se o acontecimento estivesse ocorrendo agora. O que faz isso acontecer é que a violação grave foi tão excitante e avassaladora que as pessoas foram incapazes de lidar com a intensidade da dor e da raiva na época. Não foram capazes de lhe dar sentido e de assimilá-la na sua compreensão do mundo. Em vez disso, a mágoa foi armazenada na memória emocional como um sentimento intenso. Muito depois de as pessoas terem esquecido os detalhes em seu sistema de memória semântica, a memória emocional pode ser evocada, e elas podem sentir a raiva da mesma forma intensa e não processada que foi originalmente armazenada. Podem ter sido muito jovens, muito assustadas ou simplesmente demasiado sobrecarregadas para processar e dar sentido à situação na época. Desde então, podem ter encoberto a sua raiva ou tentado se distrair de se sentirem tão impotentes e frustradas, em vez de resolver seus sentimentos de raiva.

Infelizmente, essa forma de lidar com a situação produz o equivalente a uma ferida profunda, que não foi limpa ou exposta ao ar para permitir o processo natural de cicatrização com a formação de crostas e regeneração dos tecidos. Se a pessoa tivesse se permitido curar, o incidente poderia ter deixado apenas uma leve cicatriz. Não lidar com uma ferida emocional deixa as pessoas com o equivalente a uma ferida emocional infectada, da qual o pus da mágoa intensa e do ressentimento ocasionalmente escorre. Por exemplo, uma mulher pode se sentir impotente e zangada 12 anos depois que seu marido abandonou o casamento. "Ele simplesmente foi embora, sem dizer uma palavra", diz ela, enquanto a sua raiva arde, mas ainda permanece firmemente controlada.

Apresento, em seguida, alguns exemplos de clientes em psicoterapia para resolução de problemas relacionados com a raiva.

Raiva não resolvida em terapia

Uma cliente na casa dos 40 anos estava divorciada há quase 20 anos e tinha filhos adultos. Procurou terapia porque estava afastando potenciais relacionamentos, embora desejasse companhia e a intimidade de um relacionamento "antes de ficar muito mais velha". Tinha medo de permitir que alguém se aproximasse o suficiente para magoá-la e destruir a sua vida, como tinha acontecido muitos anos antes, quando o marido abandonou a ela e aos filhos pequenos. Descreveu-se a si própria como estando em estado de choque na época e lutando para sobreviver. Lidou com a situação controlando suas emoções. Não se permitiu sentir a raiva e a dor do abandono, porque tinha medo de desmoronar. O fato de ser "forte" dessa forma foi reforçado por amigos bem-intencionados que alertaram: "Não derrame uma lágrima por causa daquele sacana; ele não vale à pena". A mulher adiou lidar com seus sentimentos durante 20 anos.

Embora tenha se saído bem em sua vida desde então, nunca lidou emocionalmente por completo com a perda do seu casamento. Não lamentou essa perda, nem se permitiu expressar totalmente a sua raiva intensa que sentia pelo ex-marido pela dor e sofrimento que lhe tinha causado. Sentiu raiva não apenas porque ele a deixou, mas também por causa de seu egocentrismo e falta de carinho durante todo o casamento. A terapia lhe proporcionou um lugar seguro para expressar essas coisas e lidar com seus medos de se envolver novamente em um relacionamento íntimo.

O primeiro passo importante na terapia para esta cliente foi reconhecer a sua experiência de raiva há muito reprimida contra o ex-marido. Não se tratava do processo intelectual de dizer "Estou com raiva dele". Isso ela sabia e provavelmente já tinha dito muitas vezes antes. Precisava sentir a raiva de uma forma completa, experienciando a raiva ardente em seu estômago subindo em ondas vulcânicas. Quando se deu permissão para sentir, abriu-se uma comporta de sentimentos reprimidos e demasiado controlados. O terapeuta a ajudou a tomar consciência e a acolher suas emoções.

Durante a sétima sessão, começou a falar sobre como o seu marido a abandonou. Exclamou em um tom surpreso e zangado: "E ele simplesmente foi embora. Eu o odeio por isso! Eu o odeio por isso!". Pedi à cliente que imaginasse que o marido estava na sala e que falasse diretamente com ele. Descrevendo seus sentimentos em palavras, prosseguiu dizendo: "Odeio o que você fez; realmente te odeio! Odeio você; realmente te odeio". Quando lhe perguntei sobre como se sentia, ela respondeu: "Sinto-me melhor.

Sinto-me melhor por odiá-lo". Sentindo-se já fortalecida pela sua raiva, refletiu sobre a sua experiência conjugal, dizendo que ela e os filhos "não merecíamos o que ele nos deu... se tivesse sido uma mãe ruim e uma esposa ruim, eu poderia compreender, mas não fui; eu o amava". Imaginando-o em uma cadeira vazia que eu tinha colocado à sua frente, ela disse: "Eu te amei e você não merecia isso — você não merecia que eu te amasse, e o meu amor se transformou em ódio, e eu te odeio agora, eu te odeio! Eu te odeio por todos esses anos que desperdicei, tentando fazer algo que não existia". Depois de absorver o que ela tinha expressado, começou a elaborar seus sentimentos. Respondi à sua sensação de anos desperdiçados que tinha captado dela, e sentindo-se validada por isso, ela respondeu: "Sim, foi uma grande perda, e a perda é o que me magoa, a perda e os anos desperdiçados, e por alguém que não valia à pena. Ele nem sequer valia à pena; como alguém poderia desperdiçar tanto tempo com uma pessoa que não vale à pena?".

Então, ela começou espontaneamente a sentir sua dor. Começou a chorar profundamente pela devastação e intensa vulnerabilidade que sentiu na época em que ele a abandonou. Reconheci e validei a sua dor e o quão vulnerável ela se sentia e disse-lhe que sabia que sua dor "devia ser quase insuportável". Ela se sentiu validada em sua experiência de ter sido tão terrivelmente injustiçada. Agora, sentindo-se com direito à sua dor e raiva adaptativa, pela primeira vez desde aquela noite terrível em que ele saiu, ela permitiu-se sentir e expressar plenamente seus sentimentos de ter sido injustiçada. Soluçou e disse: "Como é que alguém pode magoar tanto outra pessoa? Como é possível, e depois ir embora sem mesmo sentir qualquer emoção por isso? Minha consciência me diria se estou magoando alguém... é imperdoável... e ele não é nada aos meus olhos, simplesmente nada".

Olhando para a cadeira vazia e cerrando os punhos, gritou: "Eu te odeio. Como é que alguém pode odiar tanto uma pessoa; nunca pensei que tivesse tanto ódio dentro de mim". Eu a encorajei a bater em uma almofada, fingindo que era seu ex-marido, e a se permitir sentir toda a fúria da sua raiva e expressá-la nos limites seguros da sala de terapia.

A mulher expressou sua raiva e fúria e experienciou a plena satisfação que sua raiva desejava. Imaginou-se expô-lo a todos os seus amigos e familiares como o bastardo egoísta que ele realmente era. Expressou seu desprezo, humilhando-o por tudo o que tinha feito e não tinha feito por seus filhos. Sentiu-se orgulhosa por ter tido a coragem, finalmente, de enfrentar sua raiva e de dirigi-la a ele dessa forma.

Depois dessa experiência, a cliente declarou: "Senti a dor; a raiva de novo, como se tudo estivesse acontecendo de novo, só que mais intensamente". Disse que era a sua vulnerabilidade que ela tinha medo de experienciar de novo. Era isso que a impedia de se abrir em novos relacionamentos e que precisava sentir alguma capacidade de regulação. Temia que pudesse voltar a se permitir ficar tão dependente de outra pessoa e que pudesse voltar a ficar tão devastada. Depois de explorar todos esses sentimentos, ela articulou algumas das crenças desadaptativas que a impediam de alcançar a intimidade. Falou sobre a sua raiva secundária contra si própria por ter suportado tanto do ex-marido. A vergonha também surgiu em sua expressão de dor. Disse que devia haver algo de errado com ela: "Como é que alguém consegue suportar isso e continuar voltando para mais?".

A validação de sua raiva intensa, de seu sofrimento e de sua vulnerabilidade; o fato de ter deixado todas essas lágrimas virem; e o reconhecimento de todos esses anos de sofrimento levaram essa cliente a refletir finalmente sobre como deve ter sido muito desesperada quando era jovem e o quanto desejava agora poder se defender. Ela disse: "Acho que me incomoda o fato de eu ter permitido que isso acontecesse — como *permiti* que isso acontecesse? Deve ter havido algo errado comigo". Tendo articulado essa crença desadaptativa, ela explorou e confirmou seus pontos fortes atuais. Reconheceu que agora não era mais uma jovem mãe com filhos pequenos, já não era tão dependente e vulnerável. Fortalecida pela legitimidade de sua raiva, foi capaz de recorrer a seus recursos atuais para desafiar e mudar a crença de que estava desamparada e o medo de que pudesse repetir esse desespero ou falta de afirmação em outro relacionamento. No final da terapia, sentiu-se mais forte e tinha criado uma nova visão de si própria; acreditava agora que poderia manter sua autonomia em um novo relacionamento. Sua decisão de se envolver com alguém seria determinada mais pela sua vontade de fazer concessões do que pelo seu medo.

O que se pode aprender com essa experiência terapêutica? Primeiro, a raiva supercontrolada pode se transformar em memórias emocionais altamente problemáticas. Essa cliente teve dificuldade em sentir raiva e mágoa no momento do acontecimento, porque sentiu que não seria capaz de suportar a dor, o que a levou a se fechar e esconder uma parte de si mesma. Esse estilo de enfrentamento, apoiado por amigos e familiares e por injunções sociais contra a demonstração de fraqueza, teve grandes repercussões negativas na sua vida. Na época, o seu pastor a encorajou a fazer o luto, mas ela não conseguiu. Em longo prazo, essa estratégia de se fechar não se revelou a melhor. Algumas vezes, o controle parece funcionar, mas apenas quando a mágoa e a raiva são menores. Cada vez que as pessoas controlam ou cortam uma experiência significativa de raiva, não apenas se isolam de informações importantes de seu interior, mas também se afastam dos outros. Cada sentimento de raiva não expresso e não resolvida queima dentro de uma pessoa como ressentimento e torna-se uma barreira à intimidade. Esses tijolos de ressentimento, imperceptíveis a princípio, logo se combinam para formar um muro quase impenetrável de raiva e distância. Muitas vezes, vejo casais entre os quais o muro de 20 anos de ressentimento não resolvido é difícil de desmantelar — possível, mas extremamente difícil. Se esses casais ao menos tivessem começado muito mais cedo a lidar com seus sentimentos de ofensa, a acomodar-se menos em nome da paz e afirmado seus limites e necessidades, esses muros não seriam tão difíceis de derrubar. A expressão da raiva perante uma violação é algumas vezes necessária para proteger a saúde e os relacionamentos, tanto os relacionamentos atuais quanto a possibilidade de relacionamentos futuros. Esse exemplo não significa que a raiva deva ser sempre expressa ou que essa forma de expressão terapêutica seja necessária na vida cotidiana. No entanto, aponta para os danos da raiva não expressa e demasiado controlada. Este é o tipo de raiva reprimida que pode causar problemas de saúde física, desde dores de cabeça até problemas digestivos, além de causar problemas emocionais. Paradoxalmente, as pessoas sentem frequentemente que ficar com raiva em situações de mágoa, traição ou abandono é um sinal de fraqueza. É como admitir que foram magoadas e que o que aconteceu as violou de fato. Para conseguir ficar com raiva as pessoas precisam se sentir fortes o suficiente para serem fracas e sentir apoio suficiente de outra pessoa para expressar a sua raiva.

A forma de expressão de raiva em que essa cliente se envolveu não foi feita com o propósito de se livrar da sua raiva, como muitas pessoas pensam erradamente ser o objetivo desse tipo de expressão. A raiva dela não estava apenas parada em um tanque de armazenamento, à espera de ser drenada. Não a teria ajudado muito — uma vez que a sua raiva foi totalmente experienciada e expressa — voltar atrás e expressar repetidamente a sua raiva para drená-la ainda mais. Muitos acadêmicos, que criticam corretamente uma visão catártica desse tipo, não pensam que seja uma boa ideia expressar a raiva. No entanto, não conseguem ver que o verdadeiro propósito terapêutico dessa forma de expressão é validar o sentimento e produzir uma mudança nos significados que as coisas têm (Greenberg & Safran, 1986).

Permitir-se experienciar esse grau de raiva foi uma maneira dessa cliente reconhecer a extensão da violação e colocar em movimento muitos outros processos de mudança importantes que teriam sido difíceis de promover sem que ela primeiro se sentisse no direito de expressar a sua raiva. Esse tipo de conscientização e expressão da raiva, em vez de drená-la, informa e mobiliza. Ajuda também a revelar crenças desadaptativas que acompanham a emoção e as expõe como falsas. Muitas vezes, estas são as mesmas crenças que mantiveram a raiva escondida. Essas crenças podem incluir: "Minha raiva destruirá os outros ou meus relacionamentos com eles", "Não vou sobreviver à minha própria raiva" ou "Não tenho o direito de sentir essa raiva". Expressar a raiva de uma forma saudável na terapia resulta em empoderamento e é um caminho para a mudança de crenças destrutivas. Certamente, leva tempo para se sentir fortalecido e, portanto, pode ser importante revisitar a raiva, mas não com o propósito de drená-la. Criar novos significados que ajudem a resolver raivas passadas exige trabalho contínuo, mas as expressões repetidas de raiva não ajudarão nisso. Pelo contrário, é o reconhecimento inicial e a expressão da raiva — na intensidade com que foi inicialmente sentida — que é altamente fortalecedora. Ajuda a dar permissão à pessoa para sentir o que antes não era permitido e inicia o processo de assimilação da experiência, sendo capaz de acessar novas emoções, como a tristeza do luto, e dar sentido à experiência de uma nova maneira. Isso leva a novas respostas, à compreensão e a mudanças de significado.

É importante ver neste exemplo que tanto a raiva quanto a tristeza estavam presentes nessa cliente. Essas duas emoções frequentemente estão associadas a desilusões e ferimentos na autoestima nas relações de vinculação dos adultos e a decepções não resolvidas com os pais. Um dos objetivos da terapia é diferenciar a raiva e a tristeza nessas situações e fazer com que o cliente experiencie, expresse e trabalhe por completo cada uma delas. Muitas vezes, as pessoas conseguem expressar tristeza depois de a sua raiva ter sido validada e expressa em voz alta. Acompanhar a experiência momento a momento é fundamental no trabalho com a raiva e a tristeza, porque os clientes que trabalham com essas questões na terapia muitas vezes mudam rapidamente entre essas duas emoções. É importante reconhecer que tanto a raiva quanto a tristeza podem ser emoções centrais e que precisam ser validadas e aprofundadas, de modo que os clientes possam acessar componentes saudáveis de cada uma delas. Assim, as pessoas precisam ser treinadas para se permitirem sentir plenamente a sua raiva e tristeza. Não devem ter muito medo delas. Precisam ouvir as duas e discernir o que cada emoção está lhes dizendo. Uma orientação útil a seguir é que a experiência que está mais viva em cada momento é aquela em que a pessoa deve se concentrar. No entanto, as pessoas geralmente precisam se esforçar mais e precisam de mais ajuda para acessar a emoção que é mais difícil de reconhecer e expressar. Algumas pessoas sentem-se mais à vontade com a tristeza do que com a raiva. Eu certamente me sinto assim. Outras sentem-se mais à vontade com a raiva do que com a tristeza. As pessoas devem valorizar as duas e aprender o que essas emoções fazem com elas e o que acontece com elas se tentarem encobri-las. Acessar a experiência emocional central mais profundamente inibida de uma pessoa aumenta geralmente o crescimento e torna acessíveis experiências que estão associadas a informações novas e saudáveis.

Tristeza

Assim como acontece com a raiva secundária, a tristeza e a decepção secundárias passam pelas pessoas e logo são esquecidas. No entanto, as pessoas geralmente são assombradas pela tristeza intensa causada por uma perda importante que foi bloqueada e não expressa. Nos episódios terapêuticos que se seguem, a tristeza e a angústia centrais não reconhecidas ou reprimidas foram as experiências mais salientes dos clientes. Nesses episódios, a tristeza era frequentemente acompanhada de raiva. Os leitores poderão verificar que foi um alívio incrível para os clientes dizerem o que tinham perdido e reconhecerem o que tinha sido perdido. Isso os ajudou a aceitar as perdas e a seguir em frente para satisfazer suas necessidades não atendidas. Permitir-se vivenciar a sua tristeza também os ajudou a articular crenças não saudáveis, tornando-as disponíveis para exploração e mudança na terapia.

A tristeza central/primária devido à privação é frequentemente coberta pela raiva. A importância de distinguir entre tristeza e raiva foi vividamente ilustrada na terapia com um menino de 7 anos de idade. Essa criança tinha sido abandonada pela mãe e andava de um lar adotivo para outro. Foi abandonado, rejeitado, traído e privado de amor durante toda a sua vida e tinha declarado a seu terapeuta que "ninguém me ama". Tinha acessos de raiva toda vez que os pais adotivos lhe diziam "não" em seu lar atual. Parte de sua terapia envolvia a orientação para a tomada de consciência das emoções. Em uma das atividades, perguntaram-lhe o que uma pessoa sente quando diz "eu te odeio" (algo que dizia a seus pais adotivos em seus acessos de raiva). Essa criança respondeu que a pessoa está se sentindo "triste". Não há dúvida de que esse menino está legitimamente zangado por ter sido abandonado, porém a sua experiência central é de tristeza. Se ele crescer e se tornar um homem incapaz de reconhecer a sua mágoa e tristeza centrais e não tiver habilidades para descrever e comunicar com precisão sua experiência emocional, suas necessidades de amor e de ligação nunca serão atendidas. Sua raiva afastará os outros, em vez de atraí-los para o carinho que ele deseja.

Tristeza não expressa na terapia

Uma mulher divorciada de 37 anos de idade veio à terapia com sentimentos crônicos de insegurança e solidão. A partir da décima sessão, aproximadamente, começou a falar sobre a sua experiência de abandono na infância. Concentrou-se na raiva que sentia do pai por tê-la abandonado quando era criança. A mãe morrera quando tinha 7 anos, e o pai a colocara, ela e seu irmão mais novo, em um lar adotivo porque ele não conseguia lidar com os dois filhos. Ela permaneceu no lar adotivo por vários anos, até que o seu pai se casou novamente e os reivindicou. Quando ele e a sua nova esposa tiveram seus próprios filhos, a cliente continuou se sentindo negligenciada e sem importância, como a "enteada". Quando adulta, passou a ter um relacionamento decente com o pai e acreditava que ele a amava, mas, apesar de "compreender" as limitações dele como pai, ela nutria profundos ressentimentos em relação a ele. Sentia que ele a tinha enganado e que nunca deveria tê-la abandonado, por mais difíceis que fossem as coisas. Acreditava que ele nunca tinha estado presente para ela, mesmo depois de sair do lar adotivo, e que deveria ter sido um pai melhor.

Na época da terapia, ele era um homem idoso, doente e frágil, e ela temia a sua morte e tinha medo de ser abandonada por ele pela segunda vez. Esses sentimentos dolorosos evocavam memórias episódicas de si própria, quando era uma criança pequena segurando a mão do irmãozinho como se fosse uma tábua de salvação. Lembrava-se de estar sentada com o irmão nos degraus da casa deles, esperando para ser levada para um lar adotivo e sentindo-se completamente sozinha e esquecida. Queria resolver esses sentimentos de abandono com o pai e não queria que esse "assunto inacabado" a assombrasse depois que ele morresse. Ao mesmo tempo, acreditava que ele era velho e fraco demais para ser confrontado diretamente.

Comecei a sessão seguinte com o reconhecimento e a validação dos sentimentos de abandono da cliente e de sua raiva em relação ao pai, dizendo: "Como isso deve ter sido solitário e assustador — como ser jogada aos leões" e reconhecendo que ela deve ter se sentido "tão zangada com ele", do tipo "como ele pôde ter feito isso conosco!". Juntos, a cliente e eu colaboramos para nos concentrar em suas memórias dolorosas de abandono nessa sessão. Suas memórias cheias de emoção de ter sido abandonada pelo pai foram evocadas na sessão, dentro do contexto da relação empática em curso.

Em seguida, ajudei a cliente a prestar atenção e a explorar seus sentimentos difíceis, seus sentimentos de dor e de medo por ter sido subitamente deixada sozinha no mundo, sem ninguém para cuidar dela. Ela explorou muitos aspectos de sua terrível experiência de abandono e do seu sentimento de grande responsabilidade por cuidar de seu irmão e de si própria. Enquanto falava sobre o abandono, começou a acessar a sua tristeza e a expressar sua raiva central que sentia do pai por não estar lá presente para ela. Era uma raiva que ela tinha sentido na época e muitas vezes depois disso, mas que não conseguia expressar. Neste momento, era importante ajudá-la a não anular novamente a sua raiva, como tinha feito no passado. Tinha feito isso de várias maneiras: sendo demasiado compreensiva em relação à posição do pai, ignorando frequentemente suas próprias necessidades e dor e prestando atenção às necessidades dele. Ajudei-a a tomar consciência das formas pelas quais interrompia a sua raiva e a encorajei a reconhecer a sua raiva emergente em vez de bloquear a sua expressão. Isso envolveu, entre outras coisas, ajudá-la a tomar consciência e a reavaliar a sua crença de que a sua raiva resultaria na perda do amor de seu pai e o prejudicaria. Encorajei-a a dirigir a sua raiva para o homem adulto forte que ele costumava ser, e não para o homem doente e fraco que ele era atualmente. A cliente experienciou e expressou então a sua raiva contra ele por suas escolhas e pela dor que isso lhe causou. Imaginou que era a criança de 7 anos que tinha perdido a mãe. Disse que precisava de conforto e proteção da parte dele e que ele não tinha estado presente lá para ela. Além disso, disse que estava muito zangada por ele também ter sido cego à sua dor como adulta nos anos seguintes.

Quando a cliente foi capaz de expressar por completo a sua raiva e receber validação empática de sua experiência, ela lamentou mais plenamente a perda de sua mãe e do apoio de seu pai. Uma transformação ocorre quando alguém é capaz de lamentar suas perdas. O luto geralmente envolve a expressão de um protesto zangado perante uma perda antes de poder acessar as lágrimas de tristeza.

A cliente foi capaz de mudar suas emoções desadaptativas de se sentir inútil ao reconhecer seus sentimentos simultâneos de tristeza e de excesso de responsabilidade e de se sentir sem direito à sua raiva. A mudança ocorreu pelo reconhecimento de suas emoções adaptativas centrais e pela aceitação de que suas necessidades de apoio e conforto eram legítimas. Percebeu que podia e devia esperar o apoio de outras pessoas na sua vida. Passou a sentir-se com mais direito à sua tristeza e raiva e a ter suas necessidades satisfeitas.

Nesse processo de reformulação dos seus sentimentos, ela também mudou sua opinião sobre a negligência do pai. Passou a acreditar que seu pai não a tinha abandonado tanto quanto pensava, mas sim que ele era, de certa forma, incapaz de cuidar dela e que teria respondido a ela se tivesse tido consciência e soubesse como fazê-lo. Sentiu também que, se ele soubesse como ela se sentia, iria querer ajudá-la e fazer as pazes. Foi capaz de deixar de lado a raiva que sentia por ele, de lamentar completamente suas perdas e de perdoá-lo. Criou uma nova narrativa de seu passado. Sentiu-se muito mais forte, porque, nessa nova versão, ela se afirmou como digna do amor dele. Posteriormente, foi capaz de sentir a dor e a tristeza da perda sem complicações quando ele veio a falecer alguns meses depois.

Nesta sessão, fui guiado pelo que era emocionalmente vivo e pungente para a cliente. Concentrar-me no que estava vivo evocou suas memórias de infância de abandono, e a ajudei a começar a mudar na atmosfera de apoio da terapia, ajudando-a a acessar a sua raiva e tristeza, a sua necessidade de apoio e um sentimento de direito a essas emoções. Isso lhe proporcionou uma nova experiência de si própria e a ajudou a reformar a sua visão de si mesma e a transformar parte de sua história de vida.

A partir desse exemplo de terapia, aprendemos primeiro sobre as muitas formas que as pessoas têm de interromper a sua raiva. As pessoas precisam ser ajudadas a identificar suas próprias maneiras de interromper a sua raiva e tristeza e a tornar esses processos de interrupção conscientes e controlados. Precisam aprender se elas se desviam de sua experiência de raiva, se prestam atenção às necessidades dos outros em vez das suas próprias e se acreditam que a sua raiva é perigosa. É importante ser capaz de regular a raiva e a tristeza — não apenas para que não as expressemos em certos momentos inadequados, mas também para que possamos expressá-las em outros momentos. Caso contrário, as pessoas tornam-se prisioneiras de suas próprias formas automáticas de interromper seus sentimentos.

Outro ponto importante nesse exemplo de terapia é que a experiência dos sentimentos não termina com a expressão. É muito importante chegar às necessidades e interesses associados aos sentimentos. Assim, a experiência e a expressão de raiva dessa cliente a ajudaram a reconhecer sua necessidade de apoio, a reivindicar isso como seu direito e a ter esse direito afirmado pelo terapeuta. Como já assinalei, o terapeuta deve ajudar as pessoas a chegarem à necessidade, ao objetivo ou interesse que a sua emoção está lhes mostrando que é relevante para o seu bem-estar na situação. Quando as pessoas reconhecem a importância de seus interesses, elas se reorganizam em função delas.

Como trabalhar com as duas emoções primárias de raiva e tristeza

A raiva é frequentemente mais bem simbolizada com "diga-lhe que você está ressentido com ele" — a palavra *ressentimento* carrega um sabor do passado de uma forma que a raiva não carrega. Ao trabalhar com a raiva não expressa, começa-se com a raiva que se manifesta para fora (por exemplo, "você é um idiota"), porém mude para raiva assertiva (por exemplo, "Estou com raiva de você por me violar"; "Estou ressentido com você por isso"). A mudança para a necessidade ajuda os clientes a passarem da raiva destrutiva para a raiva fortalecida. É importante notar que a raiva é a emoção que "separa" e que "estabelece limites", e o seu objetivo é fortalecer e sentir-se legítimo. Por outro lado, a tristeza é a emoção de "ligação". Seu objetivo é receber conforto ou retirar-se para se recuperar. Com a tristeza, é melhor dizer "diga-lhe o que você perdeu/como você foi magoado". Você está procurando a emoção primária para mobilizar a necessidade. Valide a mágoa, mesmo quando a raiva estiver presente. Para superar a raiva, é preciso primeiro aceitá-la. Você não pode sair de um lugar até chegar a ele. Reconheça que a resignação é, muitas vezes, a incapacidade de ficar com raiva. A vergonha e o medo também podem surgir. A raiva é um grande antídoto para essas duas emoções. Na tristeza, a atenção frequentemente é dirigida para dentro, ao passo que, na raiva, a expressão é muitas vezes dirigida para fora. A expressão para o outro geralmente é mais bem promovida por meio de experiências graduais (escalando até a expressão de sentimentos intensos por meio de passos progressivos). É também possível aumentar a expressão dizendo "diga outra vez", mais alto; algumas vezes, é possível ultrapassar um bloqueio à expressão por meio de intensificação (por exemplo, "diga-lhe que estou furioso"... "diga-lhe outra vez"). Perguntar o que você precisa também pode ser usado para intensificar o sentimento.

É importante observar, no entanto, que expressar sentimentos de forma especialmente dramática pode, algumas vezes, interferir na experiência do sentimento. Assim, depois de um cliente expressar tristeza, concentre-o para o seu interior (por exemplo, "Como é que se sente ao chorar?"). Depois que o cliente expressa raiva, pergunte: "O que você sente?". Incentivar uma expressão intensa muitas vezes desempenha uma função de validação interpessoal, em vez de catarse. Você não se livra da raiva ou da dor. Você legitima a raiva e a sua intensidade.

A criação de significados é importante no final de uma intervenção. Obtenha a perspectiva do cliente sobre o significado que ele(a) está criando da experiência que teve com o diálogo da cadeira vazia. Isso realmente ajuda a consolidar os ganhos da sessão. No entanto, é importante não começar a criar significado muito cedo; em vez disso, faça isso depois que o cliente tiver experienciado excitação emocional. Essa ênfase na criação de significado a partir da experiência emocional despertada é o que distingue a terapia focada nas emoções (TFE) de abordagens mais puramente interpretativas e cognitivas.

Pode ser também importante falar sobre a relação terapêutica (por exemplo, "Como você está se sentindo comigo — o terapeuta? Não tenho certeza se quando disse isso pareceu diminuir?"). É também importante manter um equilíbrio entre acompanhar e liderar.

É melhor seguir a experiência do cliente e liderar apenas quando necessário. Entretanto, deve se ver como um terapeuta que oferece orientação, não apenas como um mero seguidor. Pode estar meio passo ou um passo à frente do seu cliente, mas nunca demasiado à frente. Mantenha-se na zona de desenvolvimento proximal do cliente. Veja sempre se um cliente pode utilizar o que lhe é oferecido e utilize a resposta do seu cliente como *feedback* para recalibrar a sua próxima resposta. Seja coexplorador — é importante não ser interpretativo ou projetar os próprios sentimentos no cliente. É importante aceitar e não julgar.

Conclusão

Os exemplos de terapia descritos neste capítulo demonstram as seguintes lições:

- Emoções não expressas e seu controle excessivo podem causar problemas.
- Os sentimentos de culpa, queixa e mágoa precisam ser diferenciados em raiva e tristeza centrais.
- Expressão apropriada de emoções sobre violações passadas promove mudanças no seu significado.
- A expressão emocional na terapia pode levar a mudanças na visão que o cliente tem dos outros, ao desprendimento e ao perdão.

- As pessoas precisam tomar consciência das muitas formas pelas quais interrompem a sua expressão e experiência de sentimentos.
- A expressão das emoções ajuda a pessoa a acessar suas crenças não saudáveis sobre ela própria e o mundo e sobre os perigos da expressão emocional.
- A tomada de consciência das necessidades, objetivos e interesses que estão embutidos nas emoções é importante para ajudar na reorganização.
- A raiva legitima o fato de alguém se sentir injustiçado.
- A tristeza e o luto ajudam a se desapegar e seguir em frente.

O próximo capítulo examina duas outras emoções fundamentais na terapia: medo e vergonha.

11

Como transformar medo e vergonha na terapia

A vergonha é a emoção mais poderosa e dominante.
É o medo de não sermos bons o suficiente.
—**Brene Brown**

Uma das coisas que o perigo faz com você depois de algum tempo é, bem, matar as emoções. Penso que nunca mais sentirei nada além de medo.
—**Graham Greene**

O exemplo clínico a seguir ilustra uma variedade de aspectos da orientação ao desenvolvimento emocional discutidos até agora: promover a tomada de consciência das emoções, regular as emoções e mudar a emoção com emoção. Ilustra também como o terapeuta demonstra empatia, valida e promove a exploração e a transformação da experiência emocional. Este exemplo de caso mostra como trabalhar com o medo e a vergonha e como mudá-los com a raiva e a tristeza. Nesse tratamento, o medo desadaptativo da cliente e a sua vergonha relacionada com os maus-tratos na infância foram acessados na terapia e transformados acessando a sua raiva pela violação sofrida e reconhecendo a sua tristeza pela perda e sua dor por ter ficado presa em uma família abusiva.

A cliente era uma mulher de cinquenta e poucos anos, que procurou terapia devido a uma solidão crônica e a sentimentos de alienação. Tinha se casado e se divorciado várias vezes. Apresentava-se como muito atraente e bem-vestida, com um estilo interpessoal dramático. Parecia independente e distante. Relatou uma incapacidade de se conectar com os outros e tinha dificuldade em formar relacionamentos, além daqueles com seus quatro filhos de casamentos diferentes. Na primeira sessão, descreveu sua experiência primária como de solidão excruciante e descreveu-se a si própria como algumas vezes "subindo pelas paredes" por se sentir tão isolada. Quando criança, sentia-se como se estivesse separada do mundo e, muitas vezes, como se estivesse "vivendo em uma redoma de vidro", sentindo-se intocada pela vida, com apenas breves momentos de sentimento de que estava "participando". Tinha sofrido abuso físico e emocional quando criança. A sua experiência tinha sido constantemente invalidada. Disseram-lhe continuamente que era "louca" e "estúpida" e que estava "exagerando" quando estava perturbada. Todos esses maus-tratos na infância resultaram em sentimentos predominantes de medo, ansiedade e vergonha enquanto crescia. Temia os pais, que tinham dominado por completo a sua vida e, frequentemente, ficava confusa com suas próprias percepções e experiências emocionais. Aprendeu a ter medo do contato interpessoal próximo e temia a sua própria experiência de fraqueza e carência. Aprendeu a lidar retirando-se para a autossuficiência e evitando memórias dolorosas, emoções e vulnerabilidade. Isso a deixou alienada e sozinha, bem como desorientada e fora de contato com seus sentimentos e necessidades. Afirmou que o medo e a ansiedade — particularmente um medo contínuo de seus pais — dominaram a sua vida. Um dos principais objetivos da terapia para ela era se libertar da influência dessas emoções desadaptativas. Outros objetivos declarados da terapia eram o desejo de se conectar com os outros e de aprender a conhecer e confiar no que ela estava experienciando.

Como lidar com o medo

Essa terapia concentrou-se em superar o medo desadaptativo central da cliente, acessando sua tristeza pela perda e raiva pela violação e mobilizando suas habilidades atuais para se proteger. Passei as primeiras três sessões estabelecendo um vínculo empático e, em seguida, concentrei-me em seu medo primário dos pais abusivos. Esse medo tinha sido originalmente adaptativo, na medida em que tinha ajudado um pouco a mantê-la fora de perigo. Agora, era desadaptativo, visto que continuava a dominar a sua relação atual com os pais e com os outros. Direcionei minhas intervenções para acessar essa estrutura de medo, falando sobre a sua infância e experienciando e reprocessando o seu medo para ajudar a fortalecer seu sentido do *self*. Aproximadamente na metade desse tratamento de 20 sessões, abordei também o medo de sua dependência, fraqueza e vulnerabilidade. Tinha aprendido, por meio da invalidação e ridicularização dos pais, a desconfiar de sua experiência interna e, em particular, a evitar experiências dolorosas associadas a necessidades de vinculação não satisfeitas. Na terapia, essas experiências dolorosas precisavam ser reconhecidas e aceitas como parte de sua autoestrutura central.

Assim, um importante foco da terapia foi o medo contínuo que a cliente tinha de seus pais, particularmente do pai. Descreveu um incidente recente em que tinha voltado a seu país de origem e tinha visitado os pais para descobrir que ainda estava assustada quando adulta. Seu pai agora usava uma bengala, sentiu-se apavorada com a possibilidade de que ele a batesse com a bengala. Validei o fato de seu medo estar profundamente arraigado e de ser uma resposta automática, e reconheci sua luta para se libertar dele. Em colaboração, concordamos em nos concentrar na superação de seu medo e do autoempoderamento como objetivos da terapia.

A evocação das memórias emocionais que foram fundamentais no desenvolvimento da organização do *self* ansiosa-evitativa dessa cliente foi importante na intervenção. Uma de suas memórias mais antigas foi a de seu pai obrigando-a vê-lo afogar uma ninhada de cachorrinhos. Isso era para "lhe ensinar uma lição sobre a vida", e a cliente acreditava que ele gostava disso. Ela acessou uma auto-organização central, que incluía seu "grito de horror reprimido" dessa experiência, enquanto revivia essa cena na terapia. Tendo identificado claramente que o seu medo primário era desadaptativo à sua vida atual, ajudei a cliente a abandoná-lo, identificando a voz negativa associada a seu medo, acessando a necessidade sentida na emoção dolorosa central e acessando respostas emocionais saudáveis alternativas. Guiei a sua atenção para a expressão de nojo na boca enquanto ela estava sentindo medo. Isso mobilizou essa emoção adaptativa subdominante para ser um recurso para ajudá-la a começar a construir um sentido mais forte do *self*. Ajudei-a a evocar e a explorar outras memórias de violência e de sexualidade ameaçadora do pai. Imaginar-se de volta à casa da família trouxe as cenas traumáticas vívidas para ela, acessando, assim, seus esquemas emocionais centrais e algumas de suas respostas de enfrentamento, como a de "fugir como um cão". A cliente voltou a experienciar como tinha aprendido a se manter calada e a desaparecer. Articulou a sua sensação de que não havia escapatória ou sensação de proteção e como o medo tinha dominado e sobrepujado todas as suas outras experiências. Falou sobre espancamentos; de ter sido largada sozinha sem apoio, sem ninguém a quem recorrer, sem proteção ou segurança; e de ser "incapaz de falar" sobre a sua condição difícil.

A cliente lembrou que, quando era criança, sonhava frequentemente que era deixada sozinha, abandonada e totalmente incapaz de se proteger. Minhas respostas empáticas, como: "Então, a vida era cheia de medo, apenas tentando não ser vista para não provocar um ataque" ou "Você nunca sabia quando ia acontecer, estava com tanto medo e sozinha no seu medo", destacaram o medo primário como uma parte central de sua construção de si própria e do mundo.

Como muitas clientes vítimas de maus-tratos, essa mulher expressou o desejo de se distanciar dos pais, de cortar laços para ganhar o controle de sua vida. Ao mesmo tempo, queria ter a coragem de enfrentá-los sem medo, ou seja, de superar o seu medo. Respondi a esse desejo com: "Então, o melhor seria que eles não tivessem tanto poder sobre você". A cliente respondeu que, embora seus pais tivessem poder real quando ela era criança, agora que era adulta, o poder deles estava em sua mente. Respondi perguntando: "Algo aqui em cima (apontando para a cabeça) mantém você amarrada, vitimizada?" Isso a levou a se concentrar na forma como seus processos internos deram poder aos pais e resultaram em sua experiência atual de medo e desempoderamento. Esse foi um primeiro passo para sentir algum controle.

A cliente também sentiu que deveria confrontar diretamente os pais. Foi o seu desejo de fazer isso, em vez de um confronto comportamental real, que eu reconheci e apoiei nesse momento. Embora os clientes não sejam explicitamente desencorajados desses confrontos, é mais provável que tenham sucesso em fazê-lo depois de terem explorado e esclarecido seus problemas e desenvolvido um sentido mais forte de si mesmos. O desejo de confrontar os pais é uma resposta saudável e adaptativa, e o apoiei incentivando a cliente a "falar a sua verdade" na sessão. Considerou útil escrever uma carta aos pais, mas não a enviou. Na quinta sessão, ajudei a cliente a confrontar o seu pai na sua imaginação. Imaginar o pai sentado à sua frente lhe evocou repugnância e medo. Como acontecia quando era criança, o medo inicialmente dominou todas as outras emoções e tornou muito difícil o diálogo encenado com ele. Eu a ajudei a se manter no processo e a ganhar controle, mantendo uma distância segura, colocando seu pai imaginário do outro lado da sala e dirigindo-lhe apenas afirmações cruciais e de autoempoderamento (raiva). A expressão e a exploração de sua vulnerabilidade (medo e tristeza) ocorreram, não em resposta ao pai imaginado, mas no diálogo afirmativo e seguro comigo.

Esses confrontos imaginários com o pai evocavam o medo da cliente e suas memórias dolorosas de espancamentos na infância, de lhe dizerem que ela era má e de não ter consciência de nada, além de sua necessidade desesperada de fugir. Respondi com apoio ao seu medo e impotência avassaladores na época e perguntei-lhe como ela se sentia agora, ao pensar em si mesma quando criança, passando por essas experiências, e o que ela precisava. Isso dirigiu a atenção para sua experiência interna e a ajudou a acessar o direito de ter merecido estar segura e não ser violada, e esse reconhecimento da sua necessidade levou à sua raiva primária por ter sido tratada de forma tão cruel. O acesso à sua emoção adaptativa primária mobilizou suas respostas de autoproteção, e ela começou a se defender, dizendo-lhe coisas como "Não acho que eu era má, você é que é mau". Eu estava sintonizado e apoiei o surgimento desses desafios de autoempoderamento a seus antigos pontos de vista. Incentivei-a a dirigir essas declarações ao pai que imaginava estar na cadeira vazia: "Vamos dizer isso a ele". As intervenções para intensificar a expressão e a experiência da raiva ("Diga outra vez"), atender à experiência interna ("Sintonize-se e veja como se sente ao dizer isso") e acessar a necessidade de segurança e de proteção ("Do que você precisava?") ajudaram a transformar o seu esquema de medo. A raiva substituiu o medo, e eu apoiei seu novo sentido de poder, aumentando a sua consciência dos seus pontos fortes. Isso motivou uma maior afirmação e autovalidação.

Como lidar com a vergonha

As frequentes expressões de vergonha e constrangimento da cliente na terapia eram frequentemente misturadas com o medo. Seus pais a tinham disciplinado com críticas severas e ridicularização, bem como com abuso físico, e ela afirmou que sua maior dor era que "eles nunca acreditaram em mim". Era chamada de estúpida, louca, prostituta e vagabunda, e cresceu totalmente paralisada em relacionamentos interpessoais. Tinha interiorizado essas crenças sobre si mesma como inferior ou estranha e acreditava que ela não daria em nada. Na terapia, havia indicadores de que a vergonha era uma parte essencial de seu sentido do *self*. Por exemplo, ela se encolhia ao pensar em ser o centro das atenções ou em ter os holofotes sobre ela. Estas eram experiências extremamente embaraçosas. Algumas vezes, sua vergonha interferia em sua capacidade de prestar atenção à sua experiência interna. Sentia uma espécie de ansiedade de desempenho, em que temia ser examinada e julgada. A atenção e o reconhecimento de seus sentimentos de vergonha, bem como a segurança e afirmação empática proporcionadas na terapia, particularmente quando se sentia vulnerável (por exemplo, quando sentia ansiedade ao expor a sua experiência por medo de ser julgada como ridícula ou falsa), a ajudaram a atender e a expressar um material sensível.

Houve outros momentos em que a vergonha se misturou com o medo na terapia. Por exemplo, em uma sessão em que o sentimento de vergonha da cliente foi evocado, ela se sentiu pequena e insignificante diante dos pais imaginários. No início, era completamente incapaz de se imaginar enfrentando-os ou olhando-os nos olhos, e se encolheu para não ser objeto do desprezo deles. A vergonha associada ao pai misturava-se com o medo e o desgosto de relembrar suas insinuações sexuais. Um de seus objetivos ao cortar os laços com seus pais, distanciando-se fisicamente, era libertar-se da influência deles e da voz negativa de que "você não será nada" para ver "o que eu poderia ser ou realizar" se estivesse livre dos constantes insultos, do ridículo e das expectativas negativas.

Em um ambiente inicial tão invalidante, a cliente aprendeu a ter vergonha e a desconfiar de seus sentimentos. Tinha internalizado as injunções parentais contra "choramingar", ser fraca e buscar atenção, o que tornava difícil admitir a carência ou a dor ou de se expor, chorar ou pedir ajuda. Ela via seus sentimentos como "estúpidos" ou "tolos". Tudo isso era evocado na terapia. Era constrangedor para ela imaginar-se demonstrando qualquer sinal de afeto ou ternura emocional para com a sua mãe. A ideia de fazê-lo literalmente a fazia estremecer — "Eca", uma resposta de repulsa ou desgosto frequentemente relacionada com a vergonha. Considerava as experiências de fraqueza emocional, admitindo a dor na terapia constrangedoras: "É constrangedor sofrer tanto". Tendo evocado a vergonha, ajudei-a a acessá-la e validei a sua necessidade de segurança e conforto: "É como se tivesse aprendido que há algo de desagradável ou vergonhoso sobre a sua própria experiência, quem você é. Mas você era uma criança, o que você precisava?". A afirmação empática proporcionou segurança para que ela pudesse acessar e permitir que sua experiência dolorosa para acessar o sentido desadaptativo de si mesma como inútil, formado na época dessas experiências, que se generalizou para a atual falta de confiança e evitação social. Por fim, acessou um sentimento de ter merecido proteção e conforto, em vez dos maus-tratos que recebeu.

A evocação da memória de rejeição da mãe quando a cliente engravidou pela primeira vez evocou memórias dolorosas e um desejo de ter o amor e o apoio de sua mãe. Não era apenas doloroso, mas também embaraçoso admitir que ainda precisava da mãe. No início, não estava disposta a usar a palavra necessidade. Essa relutância veio, em parte, da desconfiança de que a mãe responderia e, em parte, da dor da rejeição, bem como da vergonha de se sentir como uma criança abandonada. Respondi sobre o quão era difícil admitir ser carente com afirmações como "Você está reduzida a se sentir como uma criancinha carente, tão desesperada por afeto e amor" e "É difícil se sentir tão carente como mulher adulta; de alguma forma, você sente que deveria estar mais preparada". *Lesada* ou *destroçada* foram termos usados para evocar e explorar ainda mais a dor da rejeição. Isso ajudou a cliente a acessar e a permitir experienciar suas necessidades legítimas da infância e a articular o quão privada e não amada se sentia. Simbolizou claramente que seu esquema emocional central era de se sentir fundamentalmente imperfeita, defeituosa, não digna de ser amada, e que devia haver algo errado com ela. Enxergar que esta era a visão que tinha de si própria e compreender que isso a afetava lhe deu uma nova perspectiva. Percebeu que estava com medo e envergonhada da intensidade de seu desejo de estar perto dos outros; que sua carência intensa aparecia se sentir de alguma forma inadequada, inaceitável, imatura e desesperada, e que a sua carência precisava ser controlada ou escondida. Refleti que, tendo passado por tanta privação, é evidente que ela se sentia como uma criança faminta. Acessar esse esquema emocional de vergonha o tornou acessível a novas informações e transformações. Sentimentos alternativos de raiva por violações sofridas e outros recursos internos, como a sua capacidade de autoempatia e autoapaziguamento, foram acessados para ajudar a superar a vergonha. Pedi-lhe que imaginasse uma criança em uma cadeira vazia à sua frente, uma criança cuja mãe a tinha tratado de maneira semelhante à mãe dela, e perguntei-lhe o que ela diria à criança. Olhou para mim e respondeu: "Eu apenas colocaria meus braços em volta dela e diria que estava segura comigo".

Em termos de superar a vergonha de sua experiência interna, a cliente distinguiu entre "admitir", de uma forma objetiva e prática, que tinha sido machucada e "admitir" a dor dentro de si própria.

A palavra *admitir* sugere vergonha, como se tivesse de admitir alguma transgressão, falha ou engano. Em uma sessão, a cliente falou sobre ter visto na televisão as linhas telefônicas de crianças que sofreram maus-tratos e como era difícil e humilhante para ela se ver como uma delas. Respondi: "Sim, tão maltratada e mal-amada", e lágrimas brotaram em seus olhos, assim como a raiva pela injustiça das situações dessas crianças. Utilizei a sua capacidade de se identificar com outras crianças indefesas para ajudá-la a reconhecer a sua raiva em relação a seus próprios maus-tratos e recuperar o seu passado. Validei o fato de que a experiência desses sentimentos dolorosos era compreensivelmente muito difícil para ela, comentei sobre a sua coragem de ter feito isso, mesmo que só um pouco, na terapia e expressei meu apreço tanto pela sua fraqueza quanto pela sua força. Mais uma vez, usei a raiva dela para ajudá-la a desafiar suas crenças desadaptativas sobre a sua inutilidade e a transformar seus esquemas emocionais centrais. A validação e a segurança do terapeuta também foram importantes para ajudar essa cliente a superar seu sentimento central de vergonha e anos de invalidação dos pais. A experiência terapêutica também a deixou menos isolada. No final da terapia, relatou que se sentia menor e que seus pais estavam "reduzidos ao tamanho natural" e mais humanos. Isso indicava que ela estava se autovalidando e que se sentia mais fortalecida. Tinha superado seu sentimento de inferioridade e medo e tinha começado a construir uma nova visão de si própria e de seus pais, bem como uma nova história de vida na qual ela agora era mais uma figura heroica do que uma vítima sem esperança.

Como acessar a raiva, a tristeza e a dor adaptativas

Evocar memórias de críticas, ridicularização e espancamentos por parte dos pais também ajudou essa cliente a acessar a sua tristeza primária e a dor de suas necessidades infantis não satisfeitas. Eu estava sintonizado com o surgimento dessas necessidades, e afirmei suas necessidades de segurança, além de demonstrar empatia por seu terrível sentimento de solidão. Para reforçar seu sentido de controle sobre a sua experiência emocional, foi estabelecida uma distância adequada em relação à intensidade da experiência. Sempre que ela se sentia sobrecarregada ou muito tensa, dizia-lhe para respirar, restabelecer o contato com o presente, sentir os pés no chão e olhar para mim. Quando estava mais calma, eu a convidava a regressar à sua dor e a enfrentá-la. Ajudá-la a simbolizar e a explorar a experiência emocional associada ao pai, em vez de simplesmente ser dominada por ela, também ajudou a pôr ordem no seu caos interior. Em uma das sessões, a cliente começou a dizer que estava em contato com a sensação de pavor que tinha quando criança e regressava para casa, e o quanto ela o odiava: "Muitas vezes, desejei a sua morte, desejava-lhe todo o castigo que me dava". Refleti sobre o seu desejo de destruí-lo e pedi que ela verificasse o que se passava dentro dela enquanto proferia essas palavras. Relatou que se sentia tensa e rígida, contendo-se. Precisava de ajuda para superar o medo de sua raiva. Articulou que havia consequências graves em desejar a morte do pai e que, quando criança, esse pensamento aumentava sua ansiedade. Essa exploração lentamente permitiu que superasse o medo de confrontá-lo, em sua imaginação, e de expressar sua raiva diretamente à imagem que fazia dele durante a sessão. Acessou a tendência de ação adaptativa associada à sua raiva e nojo e foi capaz de lhe dizer para ir embora e que o achava "nojento". Mais uma vez, isso fortaleceu seu senso do *self* e ajudou a transformar seu sentido de *self* fraco e ruim e seus esquemas baseados no medo.

No início da terapia, a cliente ficou surpreendida com o fato de eu ter usado a palavra *dor* para simbolizar sua experiência; nunca tinha pensado nisso dessa forma. No início, teve dificuldade em admitir e experienciar o quão verdadeiramente vitimizada tinha sido. Seu estilo confiante e dramático a distanciava dos outros; ela precisava entrar em contato e comunicar a sua necessidade de companhia para superar seu medo de fazê-lo. Aumentar a tomada de consciência de sua experiência interna era um meio de alcançar esses objetivos.

Havia também momentos frequentes em que se sentia envergonhada por estar carente e magoada — "Não quero ficar chorando", "É constrangedor estar magoada". Uma forma de expressão de tristeza ocorreu quando seus olhos se encheram de lágrimas diante das minhas respostas empáticas e carinhosas. Em sintonia com o seu processo, refleti que "algo tocou você agora mesmo", e a cliente respondeu, em um tom de voz de menina enquanto estava sentada sobre as mãos, que não conseguia "tolerar a gentileza dos outros". As intervenções subsequentes a ajudaram a atender e a simbolizar essa experiência: "intolerável... como se doesse", "como se tocasse em um ponto dolorido por dentro", "a gentileza é de alguma forma dolorosa... você acaba se sentindo como uma garotinha desesperadamente carente". Esta última resposta ilustra como o fato de se concentrar na expressão de seu tom de voz de menina, impotente, e de sentar sobre as mãos, suprimindo a sua expressão, levou a uma maior tomada de consciência e experiência. Quando perguntei sobre memórias de bondade quando criança, não havia nenhuma, apenas privação anterior, falta de amor e invalidação. Mais uma vez, dirigi a sua atenção para a sua necessidade primária não satisfeita, para como deve ter ansiado por alguma gentileza quando criança e para como deve ter sido doloroso não recebê-la, e como a gentileza tocou em um profundo desejo e vazio interior.

Isso desencadeou memórias episódicas de acontecimentos com a sua mãe. A cliente estava particularmente angustiada com o que percebia como falta de amor de sua mãe e sua indiferença em relação ao sofrimento da cliente quando criança (por exemplo, sua mãe tinha visto o seu pai bater nela, pediu-lhe para sair de casa quando engravidou na adolescência e invalidou constantemente suas experiências). As memórias de espancamentos e da rejeição de sua mãe evocaram a sua confusão e medo na época, e ela experienciou como esses sentimentos dominavam as suas percepções; ofuscavam tudo; e faziam com que ela se retraísse, incapaz de se comunicar. Percebeu como chegou a acreditar que não podia confiar em seus próprios sentimentos e percepções e que devia haver algo de errado com ela. Isso a deixou incapaz de se comunicar, desligada, isolada e dolorosamente sozinha. Por baixo desse medo e dessa confusão estavam uma dor e tristeza profundas.

Ajudei a cliente a reconhecer e a simbolizar sua tristeza e a lamentar a perda do que poderia ter sido uma amizade e uma relação de apoio mútuo com a sua mãe e também a reconhecer como, na sua vida adulta, ela ansiava por isso, mais ainda sabia que era impossível. Foi uma grande perda para ela o fato de que ela e sua mãe não fossem amigas. Além disso, reconheceu como era doloroso o fato de ter levado tanto tempo para realmente estar no comando de sua vida. Disse que era como se tivesse vivido em uma espécie de nevoeiro, automaticamente, e que tivesse desperdiçado anos de sua vida. Essas percepções também ajudaram a motivá-la a não perder mais tempo em sua vida e a se curar. Conseguia expressar esses sentimentos vulneráveis para mim, mas ainda não era capaz de imaginar expressá-los a seus pais. Sentia que não podia confiar neles para ouvir a sua dor, não podia baixar a guarda e não os tinha perdoado. Sentia muita culpa em relação a eles e, no início, não conseguia sentir nenhuma tristeza que fosse desprovida de culpa. A cliente tinha sido dominada na infância pelo medo e não tinha tido a oportunidade de baixar a guarda, de lamentar ou de chorar por si própria. Além disso, tinha sido travada por mensagens internalizadas, como "Você está exagerando" e "Você está inventando" e pelo escárnio e zombaria da mãe que ela tinha internalizado. Em momentos de vulnerabilidade, respondia com empatia à sua tristeza por ser tão maltratada. Refleti, diante de suas lágrimas, o quanto tinha precisado de uma mãe e como sentir essa necessidade era normal e aceitável. Ajudei-a a tomar consciência de sua relutância em expressar sua tristeza e desejo e de sua recusa em reconhecer que precisava da mãe. Fiz isso compreendendo empaticamente como era doloroso para ela saber que a mãe não respondia à sua necessidade, e simbolizando como ela quase tinha jurado nunca mais precisar, porque doía muito. Nesse ambiente empático, a cliente reconheceu a sua experiência interna de supressão da dor e das necessidades, de luta contra elas e da tentativa de fazê-las desaparecer. A terapia era um processo de validação da sua experiência, e isso a levou a acessar e a aceitar a sua mágoa.

Acessar e aceitar a sua mágoa a ajudaram a mobilizar o seu profundo desejo de ligação com os outros e também a ajudaram a articular como o medo e a confusão tinham interferido na sua consciência e capacidade de expressar isso. O acesso à sua tristeza adaptativa e à tendência para ação de se conectar a motivou a persistir na terapia; a enfrentar suas memórias dolorosas; e a procurar, com a minha ajuda, um grupo de pares com habilidades sociais. Estava determinada a mudar sua vida. Durante todo o processo, validei seus pontos fortes de sobrevivência, apesar de seu sofrimento, e apoiei sua capacidade de autocuidado. Ajudei-a a recorrer à sua experiência como mãe para ajudá-la a identificar suas próprias necessidades não atendidas na infância e sua validade. Ela precisava de muita orientação e apoio, e eu equilibrei o apoio com uma exploração mais ativa. A relação terapêutica foi uma importante fonte de nova aprendizagem interpessoal — aprender que o cliente pode confiar, ser compreendido e confortado.

A transcrição a seguir de uma sessão ilustra a terapia momento a momento para ajudar a lidar com a dificuldade da cliente em reconhecer sua dor:

Cliente (C): Eu costumava acreditar que se eu pensasse na minha dor, eu morreria por causa dela.

Terapeuta (T): Pode falar mais sobre isso? (incentiva a elaboração)

C: Lembro-me de uma vez pensar que, se eu falasse sobre isso, se tentasse fazer algo sobre a tristeza que sinto, morreria por causa dela.

T: É realmente insuportável. (compreensão empática)

C: Quero dizer, sei que não morreria, mas é assim que me sinto.

T: Com tanto medo, como se ficasse completamente dominada pela sua tristeza. (sintonização empática e foco em um tema principal)

C: Sim, dominada, absolutamente transbordando. Pensei que isso iria me destruir de alguma forma. A ideia de eu chorar, lamentar, berrar e coisas do gênero... era tão constrangedora.

T: Ideia de algo sobre chorar e lamentar. Chorar de verdade sobre isso seria muito, muito difícil, constrangedor. (promove a exploração)

C: Sim, constrangedor perder, ter uma tamanha perda de controle.

T: Uma perda total de controle.

C: E a capacidade de me proteger.

T: Sim, por isso é muito importante sentir que você pode se proteger, sentir seus sentimentos e também ter algum controle. Uma maneira de fazer isso é mergulhar um pouco de cada vez. (orientação sobre como lidar com a dor)

Outra sessão produziu o seguinte diálogo:

T: Então você sentiu que ela realmente não se importava com você.

C: Estava muito ocupada na época para prestar muita atenção, mas teria gostado, receber algum tratamento humano.

T: Quais foram algumas das coisas que você teria gostado? Parece importante expressar essas coisas em palavras, o que você sentiu falta. (orientação para simbolizar)

C: Não sei o que sentia falta, qualquer coisa teria servido [chora]; qualquer coisa teria servido.

T: Sim, fique com essas palavras, "Eu realmente precisava que ela se importasse".

C: Esta foi a segunda vez que isso aconteceu, a primeira foi quando estava grávida e não era casada e não sabia o que fazer.

T: Precisava dela também naquela época.

C: Quando telefonei e disse-lhe que estava grávida, ela respondeu que não devia me atrever a entrar no país.

T: Deve ter se sentido muito rejeitada. O que gostaria que ela fizesse, como sua mãe?

C: Poderia pelo menos não ter ficado no meu caminho, ter algum tipo de cuidado e atenção humana. Isso me parece tão — não sei... [senta-se na cadeira e franze a testa avaliativamente]

T: O que acontece quando diz que algo a impediu? (foco nas interrupções)

C: Estou pensando comigo mesma, parece infantil, e tanta autopiedade e coisas assim, parece que estou me queixando.

Continuei a terapia da cliente, dizendo coisas como:

- "Em um mundo ideal, e se pudesse dizer o que está em seu coração para a sua mãe, o que você diria?" (para acessar o sentimento ou a necessidade)
- "O que está acontecendo? Você sente... Como ainda posso estar tão magoada?" (para indagar sobre a experiência e fazer conjecturas)
- "Então, como se precisasse desesperadamente dela, e o fato de ela não estar lá simplesmente feriu profundamente seus sentimentos. [A cliente choraminga.] É quase insuportável. Você precisava desesperadamente de uma mãe." (para refletir o sentimento e a necessidade)
- "Parece que você precisava disso mais do que qualquer outra coisa." (reflexão)
- "Faz sentido o que está dizendo. Faz todo sentido, realmente." (para validar)

Como superar as interrupções

Eu também estava sintonizado com os sinais de ansiedade e desvios durante a sessão — risos, conversas rápidas, distrações — e, depois que uma aliança e segurança foram estabelecidas, comecei a abordar a experiência da cliente de ansiedade interpessoal e interrupção das emoções na sessão de terapia. Dirigi a sua atenção para a sua experiência interna atual, e a cliente descreveu-se como "um coelho no campo, meio que movendo por toda parte". Respondi "meio que completamente nervosa por dentro" e a encorajei a permanecer com sua experiência, se pudesse: "Existe algo ameaçador aqui também". Isso convidou a cliente a prestar atenção, a explorar e a falar de seu atual estado experiencial de nervosismo. A cliente observou que, quando estava nervosa nas sessões, ela falava muito e perguntava-se se estava evitando alguma coisa. Indaguei o que ela pensava que estava evitando. Respondeu que não se sentia insegura na sessão, mas que se sentia chorosa. Lembrou-se da sua dificuldade em escrever a palavra *dor* em seu diário e acreditava que seu nervosismo estava relacionado com a dificuldade de enfrentar a dor emocional associada a seus pais. Disse que sempre teve medo de fazê-lo, medo de que, de algum modo, ficaria desprotegida. Além disso, expressou medo de que eu achasse suas expressões estúpidas ou de que eu pensasse que ela era uma fraude. Assim, a intervenção de focar no que ela poderia estar evitando, quando identificou que poderia estar evitando algo, a ajudou a articular a sua ansiedade sobre a sua experiência emocional. Começou a explorar como evitava experienciar a dor das necessidades não satisfeitas e começou a lidar diretamente com a vergonha e a ansiedade sobre sua experiência interna.

A dor dessa cliente em relação às necessidades não atendidas de amor e de apoio foi consistentemente acessada como parte de suas memórias, mas também era, em geral, rapidamente interrompida. Desviava-se, apertava a mandíbula ou ficava paralisada. A intervenção consistiu em validar como suas memórias eram dolorosas, como era difícil se sentir carente e ter medo de ser rejeitada ou menosprezada e, então, explorar e articular seus processos de autointerrupção. No início, a cliente achou estranho associar palavras como *ganho* e *abuso* à sua própria experiência, distanciar-se da experiência minimizando-a e interromper a experiência emergente com mensagens internalizadas de que ela era estúpida ou exagerada. Comentei que, muitas vezes, ela parecia não levar a sua dor a sério e a conscientizei sobre a voz ridicularizadora em sua cabeça que impedia sua experiência. Por fim, a cliente foi capaz de expressar suas necessidades não atendidas da infância para mim. Nunca estava disposta a expressar a seus pais imaginários que ela "precisava" algo deles. Explicou-me como ela nunca recebia nada deles em troca, e eu a validei, dizendo: "Por que se expressar se você não acredita que o outro ouvirá ou responderá; por que arriscar se abrir?". No entanto, foi capaz de me dizer aquilo que precisava e que sentia falta e de expressar raiva aos pais imaginários. Apoiei o aparecimento dessa postura saudável e de autovalidação.

Perto do final da terapia, a cliente reconheceu que era digna e que merecia mais do que tinha recebido de seus pais. Começou a criar uma nova narrativa de identidade, na qual era digna e tinha sofrido maus-tratos injustamente nas mãos de pais cruéis. Começou também a sentir que seria possível precisar de amor e que agora estava aberta para aprender a amar. No final da terapia, decidiu cortar contato com seus pais por enquanto. Isso era algo que ela sempre quis fazer, mas que não conseguia. Eu a apoiei nessa decisão e a ajudei a aceitar que a decisão era parte de um processo e que não precisava ser permanente se ela mudasse de ideia. Em resposta à minha declaração "Há algo de importante nisso", a cliente disse: "Sim, é uma maneira de exercer controle sobre a minha vida".

Conclusão

Parte da terapia dessa cliente concentrou-se em ajudá-la a lidar com a sua dor e tristeza relacionadas com o abuso e a falta de amor na infância. Trabalhou na resolução de suas necessidades de dependência não atendidas quando criança e na sua dificuldade crônica em formar laços duradouros na vida adulta. Muitas sessões concentraram-se na exploração de suas mensagens internalizadas de inutilidade e seus medos de ser fraca e carente. Conseguiu superar seus medos desadaptativos para acessar o quão profundamente tinha sido magoada, e ela começou a curar essas feridas. No início, teve dificuldade em reconhecer que tinha sido ferida. Disse que nunca deixaria seus pais saberem que precisava de algo deles ou que eles a tinham magoado e também que era difícil se abrir e ser fraca. Eu a ajudei a reconhecer a sua vulnerabilidade por meio de validação repetida, dirigindo a atenção para a sua experiência interna de dor e tristeza e simbolizando essa experiência na consciência.

Um foco importante da terapia foi o fornecimento de segurança interpessoal e uma experiência emocional positiva com o terapeuta. Essa experiência relacional positiva ajudou a cliente a desconstruir suas crenças disfuncionais sobre relacionamentos íntimos. Outro processo de mudança importante envolveu, em primeiro lugar, a permissão e a aceitação de sua experiência emocional anteriormente dolorosa e das memórias relativas às suas necessidades de vinculação não satisfeitas e, em segundo lugar, o acesso a um sentimento de que merecia ter tido segurança e proteção. Isso levou a um luto saudável e a uma raiva fortalecedora, o que ajuda a mudar a memória dos esquemas emocionais. Por meio desse processo, informações adaptativas de suas emoções e necessidades primárias foram integradas em suas construções atuais da realidade. A terapia também teve como objetivo acessar, muitas vezes por meio da evocação de memórias, as estruturas centrais desadaptativas de medo e vergonha relacionadas com maus-tratos na infância, de modo que aquelas respostas emocionais originalmente autoprotetoras — as crenças associadas e os comportamentos evitativos, que agora já não eram adaptativos aos contextos atuais — fossem transformadas.

12

Como trabalhar com feridas emocionais:
deixar ir embora e perdoar

Os fracos nunca conseguem perdoar. O perdão é o atributo dos fortes.
— *Mahatma Gandhi*

Neste capítulo, veremos como ajudar as pessoas a resolver feridas emocionais. As feridas físicas ameaçam a vida ou causam danos à integridade do corpo. Já as feridas emocionais interpessoais ameaçam e provocam danos à integridade do senso de identidade adaptativa de um indivíduo, ou ameaçam ou causam danos à ligação segura com quem as provocou, isto é, o agressor. Processar e deixar para trás as emoções não resolvidas ao longo do tempo é crucial para a resolução das feridas emocionais e, com frequência, leva ao perdão.

O que são o perdão e o deixar ir embora?

O perdão pode, às vezes, parecer muito enigmático, visto que todos nós sabemos do que se trata até que nos peçam para explicá-lo. O perdão tem sido descrito como o ato, praticado por uma pessoa injustamente magoada, de abrir mão deliberadamente do ressentimento sentido por um ofensor, promovendo as qualidades imerecidas de beneficência e compaixão em relação a ele. Nessa definição, a promoção da beneficência e da compaixão é somada a um aspecto central do perdão, que consiste em "abrir mão do ressentimento". Existe um elemento comum nas diferentes definições de perdão — "deixar ir embora", desistir ou cessar a emoção ligada às memórias de um ato doloroso. A vítima sente raiva e ressentimento, enquanto o ofensor sente culpa e, possivelmente, medo das consequências. Perdoar, no sentido utilizado aqui, significa deixar de sentir qualquer uma dessas emoções.

Assim, tanto as pessoas ofendidas quanto os ofensores podem experienciar o perdão de forma semelhante, como a cessação de suas respectivas emoções.

Considerando suas principais características, o perdão interpessoal consiste em:

- um processo interno que não requer mais ninguém;
- a renúncia à hostilidade contra o ofensor;
- a desistência do desejo ou da esperança de que o passado mude;
- a desistência do ressentimento, das avaliações negativas e do desejo de vingança ou punição, bem como do desejo de que o outro sofra;
- a preocupação solidária ou compassiva pelo ofensor e um verdadeiro desejo do melhor para ele.

Além disso, é importante observar que o perdão *não* consiste em:

- consentir (permitir que as ações prejudiciais continuem);
- tolerar (não reconhecer nenhum prejuízo ou injustiça);
- esquecer (as pessoas raramente esquecem) ou reestruturar memórias;
- negar (desculpar o que aconteceu);
- reconciliar (possível, mas não essencial);
- ignorar as consequências ou desistir da justiça;
- conceder anistia ou desculpa;
- resignar-se ao que não pode ser mudado.

A terapia que facilita o processo do perdão envolve ajudar a pessoa a se libertar de muitas emoções. As principais podem ser: mágoa, tristeza e dor pela perda; raiva, vingança e ressentimento pela violação; e vergonha pela humilhação. Os afetos positivos da compaixão, do amor e do carinho também resultam da obtenção do perdão, que é, em si, um sentimento central. Quando alguém sente que perdoa, passa a agir de forma diferente. Com base nos resultados de nossa pesquisa, concluímos que o perdão envolve dois processos emocionais distintos e importantes: o primeiro é o processo de deixar ir embora, e o segundo envolve o desenvolvimento de sentimentos positivos, como a compreensão compassiva, a bondade amorosa e a preocupação empática com o ofensor. As pessoas perdoam as feridas emocionais reduzindo os seus sentimentos ruins e aumentando os sentimentos positivos.

Perdoar *versus* deixar ir embora

Deixar ir embora ou reduzir a imperdoabilidade (*unforgiveness*) não é o mesmo que perdoar (Greenberg, Warwar e & Malcolm, 2008). Embora haja momentos em que deixar ir embora seja uma resposta totalmente adequada até que a pessoa atinja uma atitude emocionalmente neutra em relação ao ofensor, eu diferencio esse processo do perdão. Worthington e Wade (1999) definiram a *imperdoabilidade* como a combinação de um conjunto de sentimentos negativos em relação a um agressor e mostraram que as pessoas podem diminuir a imperdoabilidade *sem* aumentar o perdão. *Deixar ir* embora envolve a liberação e o alívio sustentado de sentimentos e pensamentos negativos angustiantes que foram sentidos em relação ao agressor e ao acontecimento ofensivo. Há uma sensação de deixar algo para trás ou de largar um fardo. Deixar ir embora também envolve o fim da expectativa e do desejo de que o ofensor satisfaça a demanda da pessoa magoada por reconhecimento, aceitação da responsabilidade e/ou arrependimento pelo que aconteceu. Deixar ir embora, portanto, envolve *livrar-se* da mágoa, da raiva e das memórias problemáticas. Quando encontra o outro ou pensa nele, a pessoa ferida sente-se resolvida, calma ou neutra, e não magoada ou com raiva, e a memória não é mais problemática. Deixar ir embora não envolve uma mudança na percepção do outro, e os sentimentos da pessoa em relação a ele são neutros.

O perdão vai além do deixar ir embora, *transformando* os sentimentos de mágoa e de raiva em compaixão e bondade amorosa. Não se trata apenas de largar um fardo, mas também de doar um sentimento de bondade amorosa. As memórias positivas do relacionamento são recuperadas e a percepção da pessoa ferida muda; ela deixa de ver o outro agressor apenas como alguém "totalmente mau" e passa para uma compreensão e uma aceitação mais complexa e compassiva do outro.

Quando uma pessoa consegue deixar ir embora, ela pode, de fato, afastar-se da experiência, que deixa de ter o poder de interferir ou de causar angústia. Há momentos em que essa é uma resposta totalmente adequada a um evento doloroso. Esse é frequentemente o caso quando trabalhamos com clientes que são sobreviventes de maus-tratos infantis ou vítimas adultas de violência doméstica ou de abusos por parte do parceiro, particularmente quando o agressor não se arrepende. Pode até ser imprudente insistir no perdão quando a terapia está ocorrendo sem que o agressor esteja presente para participar do processo de reparação do relacionamento. Esse cuidado é particularmente importante quando a mágoa é contínua ou flagrante e o agressor não se arrepende.

Diálogo com a cadeira vazia para feridas emocionais

O diálogo com a cadeira vazia da terapia da Gestalt, em que o cliente expressa sentimentos não resolvidos a um outro imaginado em uma cadeira vazia, tem sido considerado muito útil na resolução de questões inacabadas e feridas emocionais (Greenberg, Warwar & Malcolm, 2008; Paivio & Greenberg, 1995). Esse tipo de confronto imaginário com o outro em uma cadeira vazia constitui a peça central do tratamento das feridas emocionais. O trabalho com a cadeira vazia foi projetado para ajudar os clientes a processar suas emoções não resolvidas e a encontrar novas maneiras de lidar com as mágoas do passado, em vez de permanecer nelas de forma improdutiva, o que serve apenas para entrincheirar os clientes na imperdoabilidade crônica e desadaptativa. É importante lembrar que o trabalho com a cadeira vazia é uma forma de ajudar os clientes a lidar com mágoas que aconteceram no passado, porém o seu uso não é recomendado quando a mágoa está ocorrendo no presente, no contexto de um relacionamento importante em curso. Nesse último caso, os clientes, quando solicitados a participar de um diálogo com a cadeira vazia, podem erroneamente interpretar a intervenção como uma forma de descobrir como responder ao outro no presente para fazer com que ele deixe de ser ofensivo, ou usá-la como oportunidade para ensaiar os elementos de um confronto, e, ao fazê-lo, podem aumentar o risco de o outro continuar causando mágoa. O trabalho com a cadeira vazia deve ser reservado para a resolução de questões inacabadas do passado.

Uma das premissas da abordagem da terapia focada nas emoções (TFE) para feridas emocionais é que a interrupção ou o bloqueio das emoções primárias biologicamente adaptativas subverte o estabelecimento de limites saudáveis, a raiva empoderadora e o luto necessário para superar os danos emocionais. Portanto, este capítulo ressalta a importância de ajudar os clientes a superar bloqueios a essas emoções e a acessar e expressar a dor e o sofrimento emocionais, bem como os sentimentos primários de dor, raiva e tristeza associados a uma ferida emocional. Em todas as fases do processo de terapia, há ênfase em aumentar a intensidade da experiência emocional primária para acessar esquemas emocionais centrais anteriormente não reconhecidos e relacionados com a ferida para torná-los passíveis de mudança.

Por exemplo, em vez de desencorajar o cliente a expressar suas fantasias de vingança, o terapeuta normaliza o desejo de retaliar como um sinal de que a pessoa ferida se sente prejudicada. Essas expressões de raiva também ensinam o cliente a aceitar e a tolerar sua raiva e a trabalhar com ela, em vez de lutar contra. O ressentimento e o desejo de vingança ou restituição da pessoa com potencial de perdoar têm importância considerável. Isso faz com que o sujeito se veja como alguém de valor que foi tratado de forma injusta e que merece ser tratado de maneira diferente, e também ajuda a formar novos esquemas emocionais adaptativos que contribuem para a transformação da capacidade de resposta do cliente. Embora o ressentimento inicial e a raiva rejeitadora diante de um dano pessoal sejam apropriados e até mesmo sejam respostas positivas que transmitem autorrespeito e autoestima, é necessária uma transformação desses sentimentos para que possa ocorrer o perdão. Essa transformação leva a revisões no autoconceito e na narrativa da identidade. O que precisa ser transformado na terapia não é a animosidade inicial, e sim o ressentimento excessivo, deslocado ou vingativo, que pode se transformar em ressentimento "taciturno".

Pesquisas demonstraram que existem duas formas distintas de resolução de questões inacabadas e de feridas emocionais (Greenberg & Malcolm, 2002). A primeira forma implica o estabelecimento de limites, em vez da empatia pelo ofensor. Isso envolve um processo de autovalidação e autoafirmação do cliente que lhe permite se afastar da ligação de vínculo para encontrar a força para responsabilizar o outro pelo dano causado. Trata-se comumente da forma de resolução procurada por indivíduos que foram vítimas de abuso traumático ou de violência em algum momento do passado, quando eram muito vulneráveis ou excessivamente dependentes do ofensor para conseguir evitar o dano. Também é provável que seja uma forma de resolução mais segura e apropriada para clientes lidando com a dor de estar em um relacionamento atual e contínuo com alguém (como um dos pais ou o cônjuge) que foi agressor no passado e que nega a sua ofensa ou reconhece o que aconteceu, mas insiste que não foi responsável pelo sofrimento do cliente (culpando com frequência o próprio cliente ou alguma característica da situação pelo comportamento ofensor). Isso resulta em deixar ir embora, e não em perdão.

A segunda forma de resolução envolve trabalhar para ver de uma nova maneira o outro que causou mágoa, de modo que o cliente passe a entender o que pode ter motivado o comportamento do outro e, sem minimizar ou descartar a mágoa, também passe possivelmente a vê-lo como uma pessoa perdoável. Isso se torna possível porque, no processo de encenação do *self* e do outro no diálogo da cadeira vazia, o cliente pode imaginar e acreditar que, se o outro ofensivo entendesse e compreendesse por completo a sua dor e o seu sofrimento, ele assumiria a responsabilidade pelo dano causado, sentiria remorso e estaria disposto a participar do processo de reparação do vínculo de apego e a fazer mudanças que tornariam o relacionamento seguro e confiável (para obter mais informações sobre o trabalho com a cadeira vazia, consulte o Capítulo 5). O desejo de encontrar uma maneira de entender e perdoar o outro que causou mágoa geralmente é motivado pelo desejo de chegar a um acordo com a ofensa que não está mais sendo infligida em um relacionamento atual em andamento, ou pelo desejo de recuperar um senso de vínculo psicológico com alguém com quem o cliente se importa, mas de quem foi separado (pela distância do aqui e agora ou pela morte do outro agressor).

O trabalho com feridas emocionais não resolvidas na dinâmica com a cadeira vazia geralmente começa com a expressão de muitas emoções secundárias e reativas do cliente, em particular protesto, culpa ou reclamação. Por exemplo, em sua primeira sessão, uma cliente expressou tanto culpa quanto resignação em relação ao pai, declarando: "Ele era um pai terrível. Ainda é, mas nunca está presente. Desisti de tentar ter um relacionamento com ele. Sempre me disse que eu não seria ninguém. Agora não tenho nada para lhe dizer. Nunca o perdoarei pelo que ele fez". Por sugestão da terapeuta, na terceira sessão, ela o imaginou na cadeira vazia, e o diálogo começou com a expressão de sua culpa e resignação. Após duas sessões desse tipo de diálogo, ela entrou em contato com sua raiva e disse: "Odeio você. Deveriam ter castrado você no campo de concentração. Você não deveria ter tido permissão para ter filhos". Após esse reconhecimento e a expressão de sua raiva, e após lamentar a perda do pai que nunca teve, o seu diálogo começou a se tornar mais suave em relação a ele, reconhecendo as dificuldades dele na vida e suas incapacidades, e ela passou a perdoá-lo e a ter um relacionamento mais próximo com ele pessoalmente.

Independentemente do tipo de resolução alcançada — responsabilizar o outro ou compreendê-lo e perdoá-lo —, ajudar o cliente a imaginar o agressor na cadeira vazia e facilitar um diálogo com esse outro imaginado serve para dar vida à representação que o cliente faz dele. Desse modo, é possível criar oportunidades para que o cliente faça mudanças na forma como experiencia a si próprio e ao outro. As mudanças no modo como o cliente se percebe podem incluir uma transição entre sentir-se fraco e vulnerável e sentir-se suficientemente forte, de modo a cuidar de si mesmo e lidar com o sofrimento derivado da mágoa, ou uma transição entre a impotência enfurecida e uma afirmação assertiva de limites e de respeito a si próprio. Com mudanças como essas, o cliente é auxiliado a se experienciar como pessoa livre para escolher a melhor forma de responder ao outro e como alguém capaz de assumir a responsabilidade por essas escolhas, independentemente do que o outro faça. Ou o cliente pode deixar de se sentir solitário e não amado e passar a se sentir cuidado e confortado.

Antes de passarmos para uma descrição das tarefas do terapeuta e do cliente envolvidas no trabalho bem-sucedido com a cadeira vazia, é importante observar que esse trabalho pode ser imprudente, e possivelmente prejudicial, quando a experiência não resolvida foi gravemente traumatizante e existe risco de retraumatização, ou quando o cliente tem um histórico recente de comportamentos autodestrutivos (por exemplo, automutilação, tentativas de suicídio) e/ou outros danos (por exemplo, comportamentos agressivos e violentos, assunção de riscos impulsivos que colocam outros em perigo). Quando esses comportamentos tornam-se parte da maneira como o cliente responde ao sofrimento ou à ativação emocional intensa, recomenda-se que o terapeuta use intervenções menos evocativas, adiando inicialmente a introdução de intervenções como o diálogo da cadeira vazia até que uma relação terapêutica particularmente forte esteja bem estabelecida, e que um lugar seguro ao qual o cliente possa recorrer internamente tenha sido definido como recurso. É essencial estabelecer um apoio interno e externo suficiente para enfrentar o outro imaginado que causa dor antes de introduzir o diálogo com a cadeira vazia.

O trabalho com a cadeira vazia baseado em trauma normalmente é mais intenso do que as feridas emocionais relacionadas com a negligência ou o abandono parental, ou com a má educação dos pais. Quando há feridas baseadas em traumas, a pessoa é frágil e sofre de memórias indesejadas e de uma dor emocional debilitante. Para promover uma mudança duradoura, é importante lidar com a emoção desregulada. As pessoas com esse tipo de problema muitas vezes são ambivalentes ao definir se querem voltar a enfrentar a fonte do trauma ou se envolver em um diálogo com a cadeira vazia. Por um lado, apresentam o problema em uma tentativa de se livrar das memórias intrusivas, mas, por outro lado, existe uma dor significativa que ameaça voltar a traumatizá-las. Como resultado, o trabalho com a cadeira vazia deve ser sugerido apenas quando a segurança tiver sido estabelecida e quando o cliente se sentir pronto para enfrentar o seu agressor (Paivio & Pascual-Leone, 2010).

Observe também que o processo de resolução da ferida pode ser realizado sem que a pessoa fale efetivamente com uma cadeira vazia. Você pode seguir o processo de resolução acompanhando e orientando de maneira empática o cliente sem qualquer encenação, dizendo coisas como: "O que você diria a ele se estivesse aqui?" e "Que tipo de coisas ele disse?". As imagens também podem ser utilizadas de várias outras formas para evocar a emoção não resolvida. O sistema visual está altamente relacionado com a emoção, de modo que a imaginação pode ser usada para evocar uma emoção não resolvida, para encenar diálogos com o propósito de experienciar uma nova emoção ou para imaginar outras pessoas ou recursos nas situações ou nas cenas a fim de experienciar essas cenas de uma nova maneira. Assim, pode-se pedir ao cliente para reestruturar na imaginação uma cena originalmente prejudicial, imaginando que a criança foi capaz de expressar o que era necessário ou levando o *self* adulto para uma cena da infância. O adulto protetor pode oferecer a proteção que faltava ou pode fornecer uma ajuda que fortaleça ou proteja, como uma fechadura e uma chave para proteger seu quarto ou uma jaula para aprisionar a pessoa temida (Greenberg, 2002).

Tratamento

O que se segue pode ser considerado um roteiro para as etapas do processo focado nas emoções que leva ao perdão. A primeira fase do tratamento sempre envolve a criação de uma relação segura e o desenvolvimento de uma aliança de trabalho. Nessa fase, enquanto se familiariza com o cliente, o terapeuta ouve a narrativa do sofrimento que o conduziu à terapia e entende de forma empática por que ele está procurando ajuda naquele exato momento.

É muito provável que o cliente não tenha contado a história de sua ferida emocional a ninguém, ou, se o fez, pode ter se habituado a que a família e os amigos fizessem uma de duas coisas: afastar-se dele e sinalizar que não querem ouvir novamente a história, ou se aproximar energicamente e oferecer conselhos sobre como superar a mágoa e como deve seguir a sua vida. O cliente vai à terapia na esperança de que as coisas sejam diferentes quando ele contar a sua história a alguém treinado para ouvir e ajudar. Os terapeutas precisam, portanto, ajudar inicialmente os clientes a revelar suas histórias.

Iniciando o diálogo

Quando o cliente mostrar que está pronto para trabalhar suas mágoas passadas não resolvidas (produzindo ou reproduzindo marcadores verbais e expressivos da mágoa), valide esses sentimentos e comece a avançar no processo para estabelecer um diálogo. Peça ao cliente para imaginar o outro na cadeira vazia. No início desse diálogo, certifique-se de que o cliente esteja fazendo contato com o outro imaginado. Evocar a presença sentida do outro, certificando-se de que a pessoa está experienciando a presença imaginada de alguém ou de algo de forma direta e imediata, é importante para evocar a memória dos esquemas emocionais.

Você pode introduzir um diálogo com "Vamos trazê-la aqui e dizer-lhe isso" ou "Ouvi dizer que você tem muitos sentimentos persistentes em relação a ela. Vamos tentar algo... Você pode colocá-la na cadeira e dizer-lhe o que sente?". Se o cliente tiver uma resposta inicial positiva ou não excitada ao outro que se encontra na cadeira vazia, peça-lhe primeiro para expressar esse sentimento atual e, em seguida, concentre-se nos sentimentos não resolvidos, dizendo: "Então diga-lhe agora como ela o prejudicou". Se o cliente estiver com dificuldade em sentir o outro, você pode dizer: "Você consegue ver a pessoa aqui ou senti-la de alguma forma?". Ou pode sugerir: "Talvez seja melhor fechar os olhos durante o trabalho com imagens". Se o cliente não conseguir imaginar o outro de uma forma emocionalmente provocativa, então você pode dizer: "Você consegue pensar em um momento em que ele ou ela o magoou mais?".

Encenar a outra pessoa desempenhando o comportamento prejudicial também é importante para evocar a reação emocional a essa pessoa. O objetivo de desempenhar o papel do outro é aumentar o valor do estímulo do comportamento do outro para, por sua vez, evocar a reação afetiva do cliente a ele. Diferencie o que o outro fez que foi prejudicial, orientando o cliente a encenar isso na cadeira vazia (por exemplo, pergunte o que o outro disse ou fez especificamente e peça ao cliente que faça isso). Obtenha os detalhes de seus "insultos", "negligências" ou "comportamentos prejudiciais" em relação ao cliente. Encenar o outro significativo não é promover um debate entre o *self* e o outro nas cadeiras, mas despertar emoções. Interprete o outro várias vezes para evocar mais sentimentos. Oriente a pessoa a encenar o que o outro fez e a fornecer detalhes. Lentamente, a memória começa a se abrir. Isso prepara o cenário para a fase de chegada da terapia. Agora, o terapeuta, de acordo com os primeiros passos da orientação ao desenvolvimento emocional, descritos no Capítulo 4, ajudará a pessoa a tomar consciência de suas emoções, a acolhê-las e aceitá-las e a regulá-las quando necessário. O cliente será encorajado a descrever seus sentimentos em palavras e a descobrir quais são seus sentimentos primários.

Depois que o outro tiver retratado suas ações e atitudes negativas, a reação afetiva do cliente a isso torna-se o foco. Peça ao cliente para ir até a cadeira do *self* e perguntar-lhe: "O que acontece no seu interior em resposta à outra cadeira?". Com seu acompanhamento e sua reflexão cuidadosos e sintonizados, surgirão sentimentos relevantes em relação ao outro. Em geral, o cliente começa com raiva rejeitadora (por exemplo, "Você é um idiota"), mas depois passa para a raiva protetiva ou empoderadora (por exemplo, "Estou com raiva de você por me violar. Você disse que me protegeria e traiu essa promessa. Eu estou ressentido com você por isso. Foi a traição que mais doeu").

É importante ajudar o cliente a entrar em contato com seus sentimentos e a colocá-los em contato com o objeto deles (o outro). Assim, é preciso haver: (a) uma tomada de consciência do sentimento e (b) a expressão do sentimento. Se o cliente estiver muito relutante em encarar o outro, não o force a fazê-lo; em vez disso, explore as razões para ele não querer enfrentar o outro. Você pode virar a cadeira ou colocá-la longe no início (aproximação progressiva do contato com o outro), ou pode identificar e explorar os bloqueios ao contato.

Ajude o cliente a definir especificamente a ferida e a identificar o problema. É importante identificar desde o início qual foi exatamente o erro ou a ferida. Quanto mais clara for a definição do erro, melhor (por exemplo, "Diga-lhe o que ele fez que mais doeu"). Chamamos a isso *identificar o impacto idiossincrático da ferida*. Uma questão geral importante, particularmente nas primeiras sessões de trabalho com a cadeira vazia, é o equilíbrio entre acompanhar e liderar. O objetivo é que o equilíbrio da iniciativa seja ponderado a favor do cliente, que deve liderar enquanto você acompanha — ou seja, você não quer ter demasiada iniciativa muito cedo, liderando demais; em vez disso, você quer que o cliente se envolva em um processo experiencial automotivado. Se o cliente assumir uma atitude de expectativa como "Ok, agora trate-me ou diga-me o que fazer", seu objetivo é fazê-lo compreender que a tarefa é coexplorar os problemas. A tarefa inicial é fazer com que o cliente se envolva em um processo experiencial. No entanto, você também não quer que o cliente tome muita iniciativa, geralmente na forma de narrativa externa, o que impede o acesso à experiência interna. Se o cliente tomar toda a iniciativa para se afastar de suas emoções e você ficar desempenhando um papel passivo, terá de trabalhar para recuperar o equilíbrio da iniciativa de modo que a sua presença seja sentida. Se o cliente estiver dirigindo totalmente o processo, é provável que fique estagnado, como aconteceu no passado. A terapia precisa envolver uma verdadeira coconstrução, e ambos os parceiros precisam contribuir para alcançar uma resolução.

Evocação e exploração

Quando o cliente fala sobre uma ferida emocional não resolvida no passado, ele normalmente expressa primeiro uma combinação "fundida" de mágoa e ressentimento e de tristeza e raiva. A indignação ou protesto contra a injustiça do que aconteceu aparece como queixa. Também é possível haver um sentimento de resignação derrotada e desesperança. Os sentimentos do cliente são experienciados no momento atual, mas são expressos na forma de emoções primárias reprimidas ou emoções secundárias e reativas restritas, como desesperança, em vez de expressões plenas e ininterruptas da emoção primária adaptativa. Por exemplo, um cliente pode expressar ressentimento por meio de protesto ("Por que você bateu na minha mãe?"), em vez de uma raiva fundamentada e respeitosa ("Estou ressentido/furioso com você por ter batido na minha mãe"), ou pode falar sobre o que aconteceu com um desejo desesperado de que o passado seja desfeito, em vez de expressar plenamente a dor que sente pela confiança inocente e pelo sentimento inquestionável de segurança que agora desaparecerem irremediavelmente do relacionamento como consequência da ferida.

Uma vez que a experiência do cliente com o outro tenha sido suficientemente evocada, o objetivo do diálogo é ir além dessas reações iniciais para diferenciar os sentimentos e significados subjacentes e encorajar a expressão de estados emocionais primários. As emoções primárias são frequentemente experienciadas e expressas de uma forma desordenada e misturada. Por exemplo, a raiva e a tristeza fundidas da queixa surgem frequentemente na forma de perguntas: "Por que você não pôde ser mais...?", "Por que você...?", "Só quero saber por quê". A queixa deve ser sempre diferenciada em seus componentes mais fundamentais de raiva e tristeza, que precisam ser experienciados, simbolizados e expressos separadamente. As emoções secundárias típicas de desesperança, resignação, depressão e ansiedade expressas no trabalho com a cadeira vazia são muitas vezes manifestadas de uma maneira externa e em tom de culpa. O terapeuta as reconhece e ajuda o cliente a trabalhar essas emoções secundárias para encorajar a expressão direta da emoção primária — por exemplo, "Estou ressentido com você" ou "Senti sua falta por perto" em vez de "Você foi um bastardo" ou "Por que você me negligenciou?".

É preciso guiar as pessoas para que consigam tolerar suas emoções dolorosas. É importante ajudar os clientes a aceitar e a permanecer com suas emoções em vez de se apressar muito para mudar. Também é importante não estabelecer a expectativa de sentimentos positivos em relação ao outro muito cedo na terapia (se é que isso deve acontecer), visto que você pode erroneamente fomentar a ideia de que a emoção com afetos negativos não tem lugar na experiência da pessoa que perdoa. Um princípio da TFE é: "Você não pode sair de um lugar até que tenha chegado a ele". Permanecer com uma emoção envolve aproximar-se dela, ser capaz de focar a atenção nela, experienciá-la em vez de evitá-la e ter a capacidade de tolerá-la. A tolerância também pode ocorrer por meio do processo de obter a perspectiva de um observador sobre uma emoção que se está sentindo no momento, como se estivesse a uma pequena distância da emoção para ter com ela o que pode ser comparado a uma metarrelação (é necessária uma mudança na alocação da atenção). A pessoa precisa ter a emoção, em vez de a emoção ter a pessoa. Isso ajuda a criar uma distância de trabalho da emoção e permite que a pessoa a simbolize em vez de ser dominada por ela. É útil observar que a preocupação é, muitas vezes, uma maneira de evitar a emoção, e é ajudada pela aceitação da emoção subjacente.

A tarefa de casa pode consistir em destacar as descobertas já feitas durante a sessão (por exemplo, "Tome consciência desse sentimento de raiva sempre que o reconhecer ou durante a semana" ou "Tome consciência de como a sua raiva se transforma em tristeza"). De forma mais geral, você pode pedir ao cliente que anote como experienciou suas emoções durante a semana e o que fez para se impedir de sentir emoções. Peça a ele que mantenha um diário do que está sentindo em relação ao outro e do que aconteceu na sessão para afetar isso; se um cliente estiver muito desligado dos sentimentos, peça--lhe para manter um diário de emoções durante a semana ou para escrever uma vez por dia pelo menos três emoções que sentiu naquele dia, ou para usar a folha da orientação ao desenvolvimento emocional de tomada de consciência emocional do Exercício 7 do Apêndice.

No início de outras sessões, verifique em que ponto o cliente está e como foi a semana. Em seguida, pergunte-lhe como se sentiu após o diálogo da cadeira vazia na última sessão. Agora é uma questão de julgamento clínico se deve ou não usar outro diálogo. Se não introduzir um diálogo em uma sessão, então utilize um diálogo de cadeira na sessão seguinte. As sessões sem diálogos de cadeira irão aprofundar a exploração da ferida e do contexto e também buscarão possíveis ligações do passado com a ferida atual. Se a ferida estiver associada a um relacionamento recente, como com um cônjuge, isso reflete algum relacionamento anterior? A ferida está associada ao relacionamento com os pais, a um casamento anterior ou a uma perda passada? Essa exploração de ligações com o passado faz parte de uma coleta geral de informações sobre o contexto narrativo que ocorrerá na primeira metade da terapia. O diálogo com um cônjuge ou chefe agressor frequentemente reverte para o diálogo com os pais ou outra figura de vinculação. Ouça com atenção e, se surgir uma cena do passado, guie o cliente para a cena e dirija-o para o que for mais saliente. Durante a visualização guiada, quando você pede a um cliente para voltar à cena original (reentrada imaginária), ele pode voltar com o sentimento e o significado atuais ("Estou com raiva") ou pode entrar em contato com o que era então ("Estou com medo ou sozinho"). Você pode perguntar ao cliente: "O que você quer dizer?" ou "Como foi para você ser o garotinho? O que você sente como o garotinho?" e, finalmente, "Do que você precisa?".

Quando um cliente está representando o papel do outro na cadeira vazia, para ter uma noção do impacto do outro no *self*, pergunte: "Qual foi a mensagem que lhe transmitiu? O que o seu rosto ou voz lhe disseram?". Uma preocupação excessiva com o conteúdo da narrativa do cliente afasta o terapeuta do tom afetivo. Mantenha-se sintonizado com o tom emocional que é evidente no discurso. Ouça a música. Verifique com o cliente para determinar se ele está "sentindo" o que está dizendo. Pergunte ao cliente: "Ao dizer isso, o que você sente?".

Se a intensidade do afeto/da experiência diminuir na cadeira do *self*, o cliente deve assumir brevemente o papel do outro para reestimular o afeto. Passe algum tempo representando o outro negativo, destacando o que é negativo para que fique mais claro qual é o insulto/ferida/ofensa. Descubra a natureza ou a qualidade do "Você me traiu" — a maneira particular. O que mais doeu pode não ter sido o que foi dito, mas como foi dito. Assim, se o cliente descreve o outro como alguém desdenhoso ou indiferente, pergunte-lhe: "Qual é o significado central do que o outro fez com você que tanto o aborreceu?". Atinja a metamensagem transmitida pelo outro. Use o outro como estimulador de afetos, e não como debatedor! Além disso, pode ser suficiente apenas perguntar ao cliente na cadeira do *self* como é que o outro se parece agora (ou seja, sua expressão facial, sua postura corporal) a fim de reevocar a emoção. Pergunte: "Como está o rosto dele agora? O que ele diria sobre isso?". Preste atenção ao que parece mais vívido para o cliente no momento presente e acompanhe e intensifique isso.

Em geral, perguntas do tipo "por que" não aprofundam a experiência. As perguntas do tipo "como" e "o que" são melhores. Analise a forma como a pessoa está se expressando e, em seguida, transforme o processo em conteúdo. O que importa é a maneira de expressão, não o conteúdo. Assim, pergunte: "Enquanto você faz isso, como o diz?" ou "O que você está expressando? Qual é a sua maneira de fazê-lo?". Preste atenção à linguagem corporal. A maneira como a pessoa transmite a mensagem passa a ser a mensagem — por exemplo, se o estilo e a maneira do cliente forem de desprezo, então oriente-o a dizer ao outro: "Sinto desprezo por você". Transforme o processo em conteúdo. Uma vantagem de usar o diálogo da cadeira é que ele acrescenta as dimensões expressivas e traz à tona o "como": tímido ou hostil. Acompanhe o processo emocional, não o conteúdo. Observe as expressões não verbais presentes e introduza-as no diálogo (por exemplo, se a mão do cliente se erguer como um escudo, isso pode ser um sinal corporal de que talvez haja necessidade de proteger-se do outro).

As intervenções devem suscitar uma postura no tempo presente. Não faça perguntas no passado; traga o cliente para o presente para evocar o sentimento agora. Relacione o conteúdo/a história com o sentimento no momento, concentrando-se neste último (por exemplo, "Como está se sentindo agora enquanto conta esta história?", "O que está acontecendo no seu corpo?"); em seguida, oriente o cliente a expressar isso ao outro. É verdade que todas as emoções estão inseridas em uma história importante, e todas as histórias importantes são baseadas em emoções significativas. As pessoas estão mais acostumadas a contar e a ouvir a história; queremos privilegiar a emoção em detrimento da história.

Ao trabalhar com a ferida, valide a legitimidade do sentimento de ter sido injustiçado com intervenções como: "Diga-lhe: 'Eu fui injustiçado... Você violou meus limites'". Valide a raiva e intensifique as emoções dizendo: "Não há problema em sentir raiva". No crescendo da raiva, pergunte: "Do que você precisava?" ou "Há algo que você quer do outro para acabar com isso?". É importante perceber se as declarações do cliente, como "Eu preciso" ou "Eu mereço", estão suficientemente fundamentadas em perda sincera, raiva fortalecida ou sentimentos de legitimidade. Se não estiverem, promova a raiva fortalecida ou o pesar sincero.

Peça aos clientes para estarem onde estão, não onde não estão. Se o cliente não quiser contar ao outro sobre a sua experiência com o afeto associado à ferida, ele deve ser encorajado a expressar a sua falta de vontade de contar: "Não quero contar a você". No entanto, ao trabalhar o "deixar ir embora" de uma necessidade não satisfeita, é necessário intensificar a sensação de perda. Por exemplo, a um cliente que tem dificuldade em aceitar que o outro "não estava lá" para ele e que é incapaz de desistir de esperar pelo que nunca acontecerá, diga: "Conte a ela o que morreu naquela noite para você... Conte a ela sobre a dor de enfrentar o fato de que ela nunca estará disponível... Diga-lhe como é difícil desistir do desejo".

Ajude o cliente a distinguir as emoções: "Qual é o sentimento mais importante neste exato momento? O que está mais vívido para você? O que é mais intenso?". Forneça aos clientes uma frase para ajudar a identificar e expressar o que é sentido: "Você consegue dizer 'Eu desprezo você' ou 'Tenho saudades de você?'". Trate isso como uma experiência — ou seja, diga: "Tente isso e veja o que acontece... Se encaixa? Como é a sensação?". Tente captar o ponto em que o cliente se encontra com uma palavra de intensidade correta, como "ressentido", "zangado", "furioso", "com ódio". Diga ao cliente: "Fale para ele: 'Estou zangado por sua causa'. Diga-lhe o que você odeia. Diga-lhe o que você ressente". Diga ao cliente: "Coloque palavras nas lágrimas, diga que isso realmente dói, que sente falta de ter um pai que se preocupe". Para promover a distinção entre as experiências, você pode usar uma frase de contraste. Por exemplo, diga ao cliente para tentar falar "Eu te amo" e depois "Eu te odeio", ou para dizer "Eu não vou" em vez de "Eu não posso". Em seguida, pergunte ao cliente: "Como cada uma delas faz você se sentir?". Para lidar com os sentimentos de culpa associados a uma expressão de raiva ou ódio em relação a um dos pais, algumas vezes é útil dividir o pai ou a mãe em "bom pai", "boa mãe" e "mau pai", "má mãe", expressando o negativo para o mau pai ou a má mãe com o conhecimento de que isso não é tudo o que existe. Você também pode combinar frases sobre sentimentos para promover a integração (por exemplo, "Diga uma coisa que você ressente e uma coisa que aprecia naquilo que você ressente").

Diferenciando formas de raiva e de tristeza

Ao ajudar as pessoas a tomar consciência e a acolher suas emoções, a descrever seus sentimentos em palavras e a descobrir seus sentimentos primários, é importante acessar a raiva e a tristeza primárias. Por isso, é importante distinguir entre emoções secundárias e primárias.

A *raiva primária*, ou raiva em resposta à violação, é essencial; ela deve ser validada, e a sua expressão, encorajada. Essa raiva pode ter sido rejeitada porque não era seguro expressá-la no relacionamento original. Por não conseguirem acessar a raiva primária, as pessoas perdem o acesso a recursos saudáveis que podem promover um comportamento adaptativo. Assim, expressar raiva e enfrentar o outro — dizendo, por exemplo, "Estou com raiva de você por ter me magoado daquela maneira, você estava fora de si e eu não merecia ser tratado daquele jeito" — é fortalecedor e curativo. Em contrapartida, a raiva secundária tem uma qualidade mais tempestuosa e destrutiva, e serve para afastar o outro ou obscurecer a expressão de emoções mais vulneráveis. Não é fortalecedora, e a sua expressão não traz alívio nem promove o trabalho por meio da experiência. Muitas vezes, a raiva pode ser uma *raiva secundária*. Essa raiva mascara a impotência central, a desesperança ou o desamparo: "Qual é o sentido de falar?". A raiva impotente é uma experiência difícil: é uma raiva que não tem para onde ir. É frequente haver muita frustração com a raiva que não tem impacto. O terapeuta pode refletir sobre como é ruim sentir toda essa raiva e perceber que ela não pode ter impacto. Quando a questão de como superar a raiva surge para alguém que está preso a uma raiva que não tem impacto (por exemplo, "Não quero sentir essa raiva. Como faço para parar?"), um novo ponto importante foi alcançado: o cliente percebe que essa raiva é inútil e potencialmente destrutiva para o *self*. Mantenha essa questão viva e pondere sobre ela em conjunto com o cliente. É importante deixar de lado o desejo de retribuição e lamentar a perda da esperança por justiça. Algumas vezes, a raiva que um cliente expressa é de qualidade instrumental: por exemplo, "Eu mereço, pois sempre fui uma boa menina. Portanto, me dá isso!". Isso geralmente está ligado a uma baixa autoestima. A raiva instrumental é como a de uma criança mimada, em oposição à raiva primária adaptativa, que faz parte do processo de luto mais profundo, envolvendo tanto a tristeza de perder algo importante quanto a raiva pelas necessidades ou objetivos frustrados (por exemplo, "Estou com raiva porque você não é o pai que eu queria que fosse").

A *tristeza primária* ou luto pela perda é essencial e deve ser validada, e a sua expressão, encorajada. Essa tristeza pode ter sido rejeitada porque, no passado, não havia ninguém para confortar a pessoa ou ela tinha medo de ser fraca. Ao não conseguir acessar a tristeza primária, a pessoa perde a capacidade de deixar ir embora e de seguir em frente. Por exemplo, expressar tristeza e luto pela perda dizendo "Senti falta do seu amor, de passarmos um tempo juntos e de me sentir querido" ajuda a pessoa a lamentar e a se sentir legítima na sua necessidade de ligação. Em contrapartida, a tristeza secundária tem uma qualidade de desesperança e de desamparo, e serve para obscurecer ou proteger da experiência das emoções mais vulneráveis de abandono solitário e, finalmente, tristeza e desejo. Ela não é curativa, e a sua expressão não traz alívio nem promove o trabalho por meio da experiência. A tristeza que tem uma qualidade instrumental é uma tristeza do tipo "coitado de mim" ou uma expressão de lágrimas para evocar apoio. A qualidade instrumental da tristeza — por exemplo, "Por que isso sempre acontece comigo?" ou "Eu simplesmente não aguento mais isso" — muitas vezes está ligada a uma baixa autoestima. A tristeza instrumental é como a de uma criança dependente, em oposição à tristeza adaptativa primária, que faz parte do processo de luto mais profundo que envolve a tristeza de perder algo importante.

Se a raiva e a tristeza estiverem presentes, certifique-se de que, uma vez diferenciadas, sejam mantidas separadas e distintas tanto quanto possível. Em geral, ocorrem juntas porque o sujeito pensa: "Estou com raiva por não ter conseguido o que queria e estou triste pelo que não estou conseguindo". Como já vimos, a fusão da raiva e da tristeza deixa a pessoa presa em uma mágoa impotente que se expressa na forma de queixa. No trabalho com feridas emocionais decorrentes de relacionamentos abusivos, a raiva precisa ser expressa ao outro que comete abuso. No entanto, com frequência, é melhor não expressar tristeza a esse outro. Cada emoção precisa encontrar seu objeto apropriado e, portanto, a tristeza pode precisar ser expressa ao terapeuta ou a alguém na vida da pessoa, como um outro protetor, e não ao outro abusivo.

Em casos de abuso, as combinações de medo e vergonha desadaptativos precisam ser acessadas, validadas e reprocessadas até o ponto em que o cliente seja capaz de acessar posteriormente a raiva e a tristeza adaptativas primárias (Greenberg, 2011). Em experiências de abandono severo, as emoções dolorosas cruciais geralmente são o medo e a tristeza desadaptativos que vêm da ferida ao apego. É nesse ponto que o terapeuta ajuda o cliente a avaliar se a emoção primária subjacente à ferida é uma resposta adaptativa ou desadaptativa (Passo 5 da orientação). O medo da proximidade ou a vergonha da inadequação constituem uma resposta adaptativa a ameaças atuais reais ou um resíduo de experiências passadas não resolvidas que agora é desadaptativo? A raiva da pessoa é uma raiva desadaptativa ou uma raiva adaptativa e fortalecedora? A tristeza é um luto adaptativo ou um antigo sentimento de abandono solitário que já não é mais uma resposta ao presente? Se a emoção for considerada desadaptativa, então a voz negativa associada à emoção desadaptativa é revelada (Passo 6). São identificadas crenças como "Eu não valho nada" ou "O mundo é um lugar perigoso", desenvolvidas a partir de aprendizagens passadas.

Uma vez que as emoções tenham sido diferenciadas, e as interrupções, dissolvidas, surge a ativação emocional, que é uma condição prévia necessária para a resolução da ferida. Descobriu-se que a ativação emocional é um precursor importante do próximo passo em direção à resolução, uma mudança na visão que se tem do outro. Sem ativação, esse passo é muito menos provável (Greenberg & Malcolm, 2002). Ao trabalhar com emoções nesse estágio, o terapeuta precisa saber que, uma vez que as emoções primárias são plena e livremente expressas, elas se movem rapidamente. A raiva e a tristeza tendem a seguir uma à outra em sequência e estão relacionadas circularmente em espirais decrescentes. Por fim, quando a tristeza primária é totalmente expressa, a raiva primária adaptativa emerge rapidamente, e ocorre a criação de limites. Por outro lado, a expressão plena da raiva adaptativa permite que o cliente reconheça a dor das perdas e da traição e lamente plenamente o que perdeu.

Trabalho com a interrupção do *self*

Esse aspecto da terapia envolve intervenções em marcadores de interrupção do cliente, como constrição emocional, resignação ou desesperança. Essas intervenções têm como objetivo transformar o processo passivo e automático de interrupção em um processo ativo. Essa fase, que claramente não é independente do trabalho evocativo e com frequência o precede, visa a aumentar a tomada de consciência do cliente sobre a forma como ele se interrompe e, em seguida, desfazer esses processos de interrupção. A interrupção do *self* consiste essencialmente em dar a si próprio a seguinte instrução: "Não sinta, você não precisa". A interrupção envolve processos fisiológicos, musculares, emocionais e cognitivos complexos que inibem a experiência e a expressão.

No diálogo das duas cadeiras, o cliente é incentivado a encenar como impede a si mesmo de sentir, a verbalizar as injunções específicas usadas ou a exagerar as constrições musculares envolvidas na interrupção (Greenberg, Rice & Elliott, 1993; Greenberg & Watson, 2006). Finalmente, isso provoca uma resposta do aspecto suprimido, muitas vezes uma rebelião contra a supressão; o *self* que experiencia desafia as injunções, os pensamentos restritivos ou os bloqueios musculares, e a emoção suprimida irrompe através das constrições. Isso desfaz o bloqueio.

Os bloqueios variam desde dissociar e sufocar as lágrimas até desviar do assunto. Ajudar as pessoas a tomar consciência primeiro de que estão bloqueando e, em seguida, de como estão bloqueando as ajuda a se tornarem conscientes de sua ação no processo de bloquear as emoções. Isso, no longo prazo, as ajuda a permitir que a experiência emocional seja evitada. Ao trabalhar com a interrupção, o terapeuta não pode saber o *que* está sendo suprimido, mas apenas que algo está, de fato, sendo suprimido. Assim, o trabalho com a autointerrupção precisa ser abordado "de fora para dentro". Essa tarefa requer três passos essenciais:

1. Chamar a atenção do cliente para o fato de que ele está interrompendo/suprimindo (isto é, observar que o cliente desvia o olhar sempre que menciona certas situações, muda de assunto ou sorri).
2. Transformar o passivo em ativo e o automático em deliberado, indagando e atribuindo agência pessoal ao cliente (por exemplo, "Como é que você se interrompe?"). Essa é uma tarefa de tomada de consciência que pode ser usada para elaborar a experiência consciente e especificar quais são os interruptores (por exemplo, "O que você diz a si mesmo?", "O que você faz com os músculos?" ou "Como você faria isso comigo?").
3. Por fim, o que está sendo suprimido torna-se evidente tanto para o cliente quanto para o terapeuta.

Exemplos de intervenções padrão para acessar bloqueios são: "Como você faz para se sentir desamparado?" ou "Como você se impede de se sentir zangado ou triste?". Se uma cliente estiver interrompendo a raiva ou as lágrimas, peça para ela trocar de cadeira: "Faça com que ela pare agora. Como você faz isso? Impeça-a de ficar com raiva" ou "Como você reprime as lágrimas dela? Faça isso agora". A resignação e o desalento frequentemente são o resultado de esmagar e suprimir a excitação emocional. A pergunta "Para quê?" frequentemente capta esse sentimento. "Eu não me importo" muitas vezes é uma expressão de resignação cínica diante de questões inacabadas. Um cliente pode dizer: "Ele nunca me deu o que eu queria, então qual é a utilidade de sentir ou de precisar disso?". O trabalho com o diálogo das duas cadeiras para interrupção é mostrado a seguir:

Cliente (C): Estou com tanta raiva dele (refere-se ao pai, que está na cadeira vazia).

Terapeuta (T): Diga a ele.

C: Eu não poderia fazer isso. Guardo tudo dentro de mim.

T: Venha até aqui e impeça-o de ficar com raiva.

C: Quem sou eu aqui?

T: Seja uma parte de si mesmo que o impede de sentir raiva.

C: Bem, meu pai parece tão superior, tão poderoso que eu simplesmente me retiro.

T: Como você mesmo, recue. Como você faz isso? O que diz essa voz dentro de você?

C: Bem, "Você não tem legitimidade", "Não fique com raiva", "Sinto medo", "Não está tudo bem, é perigoso".

T: Deixe-o assustado. O que você diz?

C: Cuidado. Você não vai conseguir falar.

T: Faça com que ele não seja capaz de falar.

C: Bem, você é estúpido. Você não tem o que é preciso. Além disso, ficará muito emotivo e vai chorar ou vai prejudicar o relacionamento. Por isso, retire-se.

T: Sim, diga isso a ele novamente.

C: Retire-se, afaste-se, desapareça.

T: Mude de lugar. O que você tem a dizer sobre isso?

C: Mas eu sinto que tenho um ponto de vista válido. E sinto-me muito zangado.

T: (Redirecionando para o pai) Coloque seu pai lá e diga-lhe: "Estou com raiva de você...".

Como mostra esse exemplo, depois de trabalhar com uma autointerrupção, uma vez que o cliente chega a um ponto em que se sente mais merecedor e diz "Eu mereço, não fiz nada de errado", o terapeuta redireciona os sentimentos e as necessidades recém-acessados para o outro.

Empoderamento e deixar ir embora

Os terapeutas agora trabalham para ajudar o cliente a acessar a necessidade afetiva na dor emocional central e respostas emocionais adaptativas alternativas, e a construir uma nova narrativa para desafiar (Passos 7, 8 e 9). Esse processo final envolve acessar emoções primárias adaptativas e desadaptativas anteriormente não expressas, mobilizar e promover o direito a necessidades não satisfeitas e apoiar mudanças na forma como o cliente vê o agressor. A mudança no modo como o cliente vê o outro é facilitada pela excitação emocional no *self*, bem como pela mobilização e pela noção de ter direito a necessidades anteriormente não atendidas. A elaboração da visão de mundo do outro ao encená-lo ajuda na empatia em relação ao agressor, e o terapeuta auxilia o cliente a entender melhor ou a responsabilizar o outro.

Foi constatado que a expressão das emoções (pelo menos em um nível moderado de excitação) e a mobilização de necessidades não atendidas facilitam o autoapaziguamento (Greenberg & Malcolm, 2002). A mudança no outro pode ocorrer em uma de duas dimensões principais: uma mudança de um outro negligente para um outro mais afetuoso, ou uma mudança de um outro como figura poderosa para um outro fraco e patético. Este último é frequentemente o caso em um contexto de abuso, em que o cliente declara: "Agora sou adulto e vejo que tipo de pessoa doente você realmente era". Aqui, sentir o outro como uma pessoa menos poderosa é empoderador para o cliente. Uma vez que a pessoa muda, você facilita a elaboração e a consolidação pedindo-lhe, como o outro, para "contar mais sobre como era a vida para você". Isso ajuda o cliente a se colocar mais na pele do outro.

Evocar emoção envolve não apenas expressar a emoção, mas também expressar e validar as necessidades interpessoais básicas não atendidas de vinculação, separação ou validação. Essas são necessidades que nunca foram expressas no relacionamento original, porque as pessoas sentiam que não tinham o direito de fazê-lo, ou que suas necessidades não seriam satisfeitas. Para que a terapia seja produtiva, as necessidades devem ser expressas como pertencentes ao *self* e provenientes dele, e com um senso de direito, e não como protestos sobre privações ou como acusações ao outro. Assim, a pessoa está afirmando que merece ter a sua necessidade satisfeita, em vez de expressar uma carência desesperada. Esse passo é crucial para ajudá-la a estabelecer o seu senso de *self* como agente, como alguém separado do outro e que existe por direito próprio. A autoafirmação e a autoassertividade são uma parte importante da resolução.

Nessa fase, o terapeuta incentiva a expressão de emoções e necessidades. Além disso, ajuda o cliente a simbolizar e a afirmar limites — dizer não à intrusão, por exemplo, ou reafirmar seus direitos. O terapeuta está ciente de que, em experiências anteriores, a pessoa muitas vezes achava necessário negar suas necessidades básicas e, como resultado, não atendia nem expressava automaticamente essas necessidades. Por isso, o terapeuta ouve as necessidades que surgem e, quando isso acontece, rapidamente as valida e encoraja o cliente a expressá-las; uma exploração minuciosa dos sentimentos é normalmente seguida de uma declaração das necessidades relacionadas.

Em situações nas quais a necessidade não pode ou não será atendida pelo outro, o cliente ainda deve reconhecer o seu direito de ter tido as suas necessidades satisfeitas por ele no passado. Isso permite, muitas vezes, o importante processo de abrir mão da necessidade não atendida. Nesse ponto do diálogo, o terapeuta apoia e promove o abandono das esperanças e expectativas não concretizadas. Ele ajuda o cliente a explorar se as expectativas não cumpridas podem ser atendidas pelo outro e, se não, pode auxiliar o cliente a explorar os efeitos de se apegar às expectativas. O terapeuta pode considerar pedir ao cliente que expresse ao outro significativo: "Não vou deixar você ir" ou "Não vou deixar de ter a esperança de que você vai mudar". Deixar ir embora frequentemente produz outro ciclo de trabalho de luto, em que o cliente trabalha o luto da perda da possibilidade de ter a necessidade satisfeita pela figura de vinculação. Essa é muitas vezes a experiência mais pungente e dolorosa do processo. Por exemplo, quando a pessoa consegue lamentar o pai ou a mãe que nunca teve, então torna-se capaz de deixar ir embora e seguir em frente.

Se o cliente não consegue se desapegar das necessidades não atendidas e, por exemplo, continua precisando do amor de um dos pais, você pode perguntar, de forma não crítica e empática: "Você ainda vai precisar disso quando tiver 65 anos?". Isso confronta a tendência ao grude excessivo. Colocar a pessoa na cadeira do outro acentua a empatia e o processo de deixar ir embora, e é nessa cadeira que muitas vezes a mudança ocorre. Quando você desloca a pessoa para assumir o papel de pai ou de mãe, pode testar se há um apaziguamento em relação ao outro dizendo: "Venha cá. O que você tem a dizer sobre a necessidade dela?". Mas não exagere dizendo "Venha cá. Você consegue sentir compaixão por ela?", visto que você pode obter conformidade. A empatia pelo outro pode ser facilitada ao encená-lo como alguém que transmite simpatia ou empatia, ou ao encenar o *self* como alguém que tem empatia pelo outro.

Se o outro não abrandar e o cliente disser algo como "Queria que ela sentisse pena, mas ela nunca faria isso, ela nunca entenderia", você pode dizer: "Como deve ter sido triste para você que ela seja tão incapaz de responder, que você tenha recebido tão pouco". Isso ajuda a obter mais sentimentos para reprocessar e proporciona alívio por meio da empatia do terapeuta. Descobri que, quando as pessoas têm dificuldade em deixar de tentar fazer com que o outro satisfaça a sua necessidade não atendida, é frequentemente necessário um luto mais profundo para promover o desprendimento. Nesse caso, a pessoa tem que lamentar a perda da figura de vinculação primária para se libertar. Apegar-se ao outro negativo fornece segurança, visto que é tudo o que se tem e é o que se entende por amor. Se o deixamos ir, parece que o nosso *self* vai se despedaçar. Esse medo desesperado de aniquilação deve ser reconhecido como tal, e todas as coisas que o cliente faz para evitar essa ansiedade também devem ser trazidas à tona. Articular e considerar esse anseio (por exemplo, "Se a mamãe não estiver lá, então vou morrer!") pode dar mais significado à experiência do que apenas se

sentir desesperado, como pode ter acontecido no passado. Nessa altura, você pode encorajar o cliente a fazer alguma reorganização cognitiva e trabalhar na regulação afetiva, especialmente no autoapaziguamento. Para isso, você pode fazer com que o cliente considere esta questão: "Do que eu preciso para sobreviver?". Finalmente, concretizar a perda pode tornar o luto menos avassalador: "Diga adeus às coisas de que você vai sentir falta" ou "O que essas coisas fazem por você?". Isso é complementado com "Como você pode integrar o positivo e levá-lo com você?" ou "Como você pode fazer isso por si mesmo?". Ao abrir mão das necessidades interpessoais não satisfeitas, o que foi perdido ou falhou deve ser reconhecido, lamentado e abandonado. Deixar ir embora é desistir da esperança de que você vai conseguir o que quer. É também desistir de tentar mudar o passado. Pode surgir uma sensação de alívio.

Perdão

Como muitos teóricos da emoção observaram, a chave para perdoar é desenvolver alguma forma de empatia pelo outro (McCullough, Pargament e & Thoresen, 2000). Isso envolve ver o mundo do ponto de vista do outro e ter alguma compaixão ou compreensão dessa visão. Uma mudança na visão que se tem do outro ou uma nova experiência do outro representam uma parte muito importante do processo de mudança. Para sentir empatia pelo outro, é necessário vê-lo como alguém mais complexo (uma mudança); por exemplo, ver o agressor como alguém motivado por algo mais do que a pura intenção de ferir ajuda a encará-lo de uma nova maneira. O terapeuta pode tentar estimular a compreensão em vez do perdão em si, e ela pode levar ao perdão. O perdão também é promovido pela tomada de consciência tanto de que o *self* pode fazer algo errado ("Poderia ser eu no lugar dele") quanto de que ele se beneficia com o perdão. Talvez a pessoa mude sua visão dos benefícios de guardar rancor ou sua percepção do outro como alguém "totalmente mal" e desenvolva uma visão mais complexa. Você pode promover a consciência existencial do cliente ao considerar: "Como é ter feito algo errado na minha vida e ter sido perdoado por isso?".

Em nosso estudo sobre perdão (Greenberg, Warwar e & Malcolm, 2008), descobrimos que um processo-chave no perdão, mais do que ser empático com o outro, é a capacidade do cliente de imaginar o outro como alguém empático e compassivo com a sua dor, e como alguém dotado da capacidade de se preocupar com ele e, assim, sentir remorso e pedir desculpas. Esse processo pode ser facilitado perguntando à pessoa no papel do outro: "Você percebe a dor [do *self*]?" e "O que você sente ou quer dizer sobre isso?". Se o agressor demonstrar empatia ou remorso, então promova sua expressão para o *self*. Em seguida, peça ao *self* que responda à empatia do agressor perguntando "Como é a sensação de ouvir isso?" e, então, "O que você sente em relação ao agressor?". A resolução da ofensa ocorre, então, pela responsabilização do outro ou por meio de empatia ou compreensão, e de um sentimento mais afetivo em relação ao outro. O perdão ocorrerá com a empatia imaginada do outro pela dor causada e com a empatia pelo outro, com o cliente colocando-se emocionalmente no lugar dele.

Quando uma questão inacabada é resolvida, deixa de haver um sentimento negativo quando se retorna à situação ou pensa nela — não há nenhuma sensação corporal ruim. Esse sentimento de aceitação também pode afetar outros relacionamentos, ou a resolução pode se generalizar para eles. Um experimento (na sessão ou fora dela) seria tentar verificar se algum sentimento permanece quando o cliente imagina ver a pessoa/o alvo em uma situação futura. Ao perdoar e ao abrir mão das necessidades interpessoais anteriormente não atendidas, aquele que perdoa liberta-se das armadilhas de (a) tentar fazer com que o ofensor compreenda a magnitude do dano causado e (b) tentar fazer com que o ofensor assuma a responsabilidade.

O estado ideal de perdão seria caracterizado pela ausência de animosidade e pela renúncia ao desejo de vingança e restituição. Entretanto, na terapia, é concebível que o ressentimento, que tanto o terapeuta quanto o cliente podem perceber como algo expresso e abandonado, possa ressurgir mais tarde. É de se esperar que isso aconteça com mais frequência em situações em que o indivíduo está trabalhando com as questões não resolvidas de um relacionamento de longa data, e não em situações nas quais um único trauma precipitou uma crise de perdão. O aparecimento e o ressurgimento do ressentimento e da animosidade podem ser sintomáticos de uma falha em perdoar, mas podem indicar que outras transgressões também precisam ser perdoadas.

O autoapaziguamento também pode ser usado quando o perdão não ocorre. Nesse tipo de processo de transformação imaginária (Greenberg, 2011), o terapeuta pode dizer: "Feche os olhos e lembre-se da experiência de estar na situação. Se possível, obtenha uma imagem concreta.

Entre nela. Seja a sua criança nesta cena. Por favor, diga-me o que está acontecendo. O que você vê, cheira e ouve nessa situação? O que está passando pela sua cabeça?". Passado algum tempo, o terapeuta pede ao cliente para mudar de perspectiva e diz: "Agora, gostaria que você visse a cena como um adulto. O que você vê, sente e pensa? Você vê a expressão no rosto da criança? O que você quer fazer? Faça. Como pode intervir? Tente agora na imaginação". Mudando de perspectiva novamente, o terapeuta pede ao cliente para se tornar a criança: "O que você sente e pensa como criança? O que você precisa do adulto? Peça o que você precisa ou deseja. O que o adulto faz? É suficiente? Do que mais você precisa? Peça. Há mais alguém que gostaria que viesse ajudar? Receba o cuidado e a proteção oferecidos". Essa intervenção conclui com o terapeuta dizendo: "Verifique como se sente agora. O que tudo isso significa sobre você e sobre o que precisava? Volte ao presente, para você mesmo como adulto agora. Como se sente? Você vai dizer adeus à criança por enquanto?".

Conclusão

A resolução das feridas emocionais, independentemente de como é feita, tem a ver, em última análise, com a mudança da memória de esquemas emocionais. As emoções são frequentemente inseridas em contextos relacionais. Elas conectam o *self* ao outro na memória. Assim, por exemplo, a pessoa tem recordações de sentimentos de vergonha diante de um pai desdenhoso, de raiva perante um outro intrusivo, de medo diante de um outro abusivo. Portanto, acessar visões dos outros ajuda a evocar emoções, e acessar visões alternativas dos outros e mobilizar novas respostas a eles ajuda a mudar as memórias emocionais.

Os acontecimentos pessoalmente relevantes são armazenados na memória em seus endereços emocionais. Assim, uma decepção atual está ligada a outras decepções, um sentimento de vergonha a outras perdas de prestígio. Desse modo, as experiências emocionais atuais são sempre multifacetadas, evocando instâncias anteriores das mesmas experiências emocionais ou de outras semelhantes. Precisamos ajudar as pessoas a viver uma nova experiência durante a sessão e a transformar suas memórias emocionais. Acessar uma nova emoção é uma das melhores maneiras de mudar uma antiga memória emocional. Uma vez evocada uma memória emocional anteriormente inacessível, a nova experiência emocional é integrada a ela, e, quando a memória se reconsolida, a nova emoção se funde com a antiga memória e a transforma.

As novas memórias emocionais, independentemente de como sejam formadas, ajudam a mudar as narrativas. Nenhuma história importante é significativa sem emoção, e nenhuma emoção ocorre fora do contexto de uma história. As histórias que as pessoas contam para dar sentido à sua experiência e para construir as suas identidades são, em grau significativo, dependentes da variedade de memórias emocionais que elas têm à sua disposição. Ao mudar suas memórias, ou a acessibilidade de diferentes memórias, as pessoas mudam a história de sua vida e sua identidade.

PARTE IV

Inteligência emocional em contextos específicos

13

Orientação para o desenvolvimento emocional para casais

Aqueles que têm mais poder de nos magoar são os que amamos.
— **Francis Beaumont**

O amor imaturo diz: "Eu te amo porque preciso de ti".
O amor maduro diz: "Preciso de ti porque te amo".
— **Erich Fromm**

Este capítulo foi escrito de uma perspectiva psicoeducativa para casais. A perspectiva apresentada pode ser utilizada por terapeutas para psicoeducar casais e pode ser vista como uma introdução para terapeutas sobre como trabalhar com esse público. O capítulo fornece uma perspectiva teórica do papel das emoções na função e na disfunção dos casais, bem como breves orientações sobre como trabalhar com o conflito em um casal. Uma discussão mais detalhada sobre como trabalhar com casais pode ser encontrada em Greenberg e Goldman (2008).

Bob e Marie são um jovem casal. Quando se veem no final do dia, sentem-se bem. Quando Marie ri das piadas de Bob, uma sensação agradável percorre todo o corpo dele, e, se ela não ri, ele fica um pouco desanimado e sente vontade de afundar, só um pouquinho, no chão. Quando se abraçam, ambos se sentem aquecidos e seguros, como bebês nos braços de suas mães. Quando Bob e Marie estão com raiva, ambos se sentem ameaçados e experienciam todo tipo de sensações desagradáveis em seu corpo.

Os relacionamentos entre as pessoas constituem uma fonte de experiência emocional. Quando duas pessoas se conectam, é como o encontro de duas substâncias químicas: ocorrem todos os tipos de reações. Embora não tenham consciência disso, os parceiros íntimos produzem pequenos jatos de neurotransmissores um no outro, os quais enviam mensagens que percorrem o corpo de cada um. O afeto está associado ao prazer, e o olhar ou toque de um ente querido lança endorfinas que seguem um percurso complexo pelo corpo. Essa é uma jornada especialmente prazerosa, visto que as endorfinas são opiáceos naturais que eliminam a dor e produzem prazer. Outras substâncias químicas ativadas por diferentes sinais percorrem o corpo dos parceiros para fazê-los sentir e agir de forma diferente. Um relacionamento é um casamento de substâncias químicas e sítios receptores. É um processo altamente fisiológico. O parceiro afeta a frequência cardíaca, a respiração, a transpiração e o bem-estar físico. O afeto, em sua base, é de natureza neuroquímica e fisiológica. Os sentimentos e os pensamentos conscientes vêm depois. A dança afetiva está continuamente em progresso, tanto dentro quanto fora de nossa consciência.

As emoções são fundamentalmente relacionais. Conectam as pessoas umas às outras. Uma vez conscientes, as emoções dão às pessoas informações sobre o estado de seus vínculos íntimos, dizendo-lhes se eles estão em boas condições, se foram perturbados ou se necessitam de manutenção. As pessoas ficam calmas e sentem-se bem quando tudo está indo bem entre elas e seus parceiros íntimos. Mas ficam perturbadas e aborrecidas quando nem tudo está bem. As emoções têm grande importância na vida cotidiana dos relacionamentos. Os terapeutas podem ajudar as pessoas a melhorar seus relacionamentos orientando-as para que possam tomar consciência de seus sentimentos e necessidades relacionados ao apego e à intimidade, bem como para que sejam capazes de comunicá-los de forma não exigente (Greenberg & Johnson, 1988).

Nos relacionamentos, os parceiros procuram ter certos sentimentos que os façam se sentir bem e não ter aqueles que os façam se sentir mal. Sentimentos diferentes também proporcionam diferentes tipos de experiência positiva; por exemplo, a sensação boa do toque difere da sensação boa do interesse ou da brincadeira, assim como o medo do fracasso difere da ansiedade da separação. A vida emocional é construída a partir desses blocos de construção, e buscamos ter certas emoções porque os objetivos contidos nelas — aproximar-se, afastar-se, rechaçar, fugir, abraçar ou procurar — nos ajudaram a sobreviver (Greenberg & Goldman, 2008).

Os três sistemas motivacionais de apego, identidade e atração/apreciação, que refletem as principais preocupações das pessoas nos relacionamentos, são brevemente delineados e desenvolvidos a seguir. Como já mencionei, as necessidades são construídas ao longo da vida a partir das emoções e do impulso para regular os afetos e criar significado. No entanto, parece ser possível discernir alguns sistemas gerais de motivação que operam nos relacionamentos íntimos. Mas a variação humana é infinita e, portanto, em última análise, a terapia sempre envolve ouvir as pessoas e o que elas sentem e precisam de forma única.

As emoções relacionadas ao apego e à identidade são a base dos relacionamentos

As pessoas foram preparadas pela evolução para experienciar sentimentos agradáveis quando estão perto de cuidadores e sentimentos desagradáveis quando são separadas involuntariamente deles. Basicamente, as pessoas sentem alegria quando estão com entes queridos e medo e ansiedade quando o vínculo é rompido. Os seres humanos precisam dos outros para se sentirem seguros e felizes. A vinculação e a intimidade saudáveis dos adultos envolvem disponibilidade emocional e capacidade de resposta, segurança e calor, e levam à produção de substâncias neuroquímicas como a ocitocina. Os parceiros sentem-se seguros quando têm a proximidade de que precisam. A necessidade do parceiro só se torna doentia quando a pessoa não consegue tolerar a separação e fica furiosa ou deprimida com a perda, a separação ou a distância.

As principais frases de apego que capturam o tipo de capacidade de resposta necessária nesse domínio são as seguintes:

- Você está presente quando eu preciso de você?
- Você pode me dar o que eu preciso?
- Você entende o que eu sinto e preciso? Você é acessível para mim?

As principais emoções vulneráveis subjacentes às ameaças à vinculação são o medo de não conseguir sobreviver sozinho e a tristeza pela perda do conforto proporcionado pela pessoa amada. As principais emoções de *conexão* subjacentes à separação são a tristeza e, possivelmente, a raiva assertiva. O padrão de interação que surge quando as necessidades de vinculação não são satisfeitas é o seguinte: o parceiro A sente-se triste e abandonado e procura mais contato, frequentemente na forma de culpa, enquanto o parceiro B sente-se inadequado ou com medo e se distancia ou se fecha. O perseguidor (parceiro A) começa frequentemente a tentar mudar o parceiro retraído (parceiro B), e isso pode se tornar coercivo. Outra motivação fundamental é ter a sua identidade validada. As pessoas também foram preparadas pela evolução para terem sentimentos agradáveis quando são reconhecidas e valorizadas pelos cuidadores. Assim, a forma como alguém é visto pelo parceiro também desempenha um papel importante nos relacionamentos de casais. A identidade e os sentimentos de vergonha e autoestima representam um ingrediente central na forma como os casais se sentem. Os parceiros sentem-se dignos (têm orgulho) quando são reconhecidos e validados por seus parceiros. Mas eles experienciam sentimentos desagradáveis de vergonha ou impotência quando são ignorados ou controlados. Os desafios à identidade constituem uma preocupação fundamental nos casais, o que pode levar a disputas por poder e controle.

A identidade saudável envolve a autoestima, a agência e o fortalecimento do *self*, e leva à produção de substâncias neuroquímicas como a serotonina e a testosterona. Essa necessidade torna-se doentia se as ameaças à identidade conduzem a um domínio coercivo e se a raiva ou o desprezo surgem para proteger a posição aos olhos do *self* e do outro.

As frases centrais relacionadas à identidade que capturam o tipo de capacidade de resposta necessária nesse domínio são as seguintes:

- Você me vê, me reconhece e me valida?
- Você consegue me aceitar como eu sou?
- Você apoia minhas aspirações?
- Você me respeita e valoriza, tanto a mim quanto ao meu papel?

As emoções primárias vulneráveis subjacentes às ameaças à identidade são a vergonha de ser diminuído ou invalidado, o medo da ameaça à posição ou ao controle e a ansiedade em relação à impotência ou à perda de controle. A emoção primária assertiva subjacente à submissão da identidade é a raiva fortalecida em violações de limites. As afirmações de poder ou de controle podem ser respostas agressivas a desafios (por exemplo, raiva ou desprezo para proteger a posição aos olhos de si mesmo e do outro), por isso surge frequentemente um padrão interacional de domínio e submissão. No entanto, os seres humanos podem competir por recursos/reconhecimento de várias maneiras que não envolvem agressão. Eles podem afirmar o seu poder tentando ser atraentes para os outros e podem competir por *status*, reconhecimento e posição social, sendo vistos como parceiros desejáveis. Podem estimular na mente dos outros o afeto positivo, e não o medo e/ou a submissão (como acontece com a agressão).

Há um terceiro ingrediente importante nos relacionamentos amorosos, ao qual podemos dar o nome amplo de "atração/simpatia/paixão romântica". A ternura, a simpatia e a apreciação do outro parecem representar outro aspecto importante, porém distinto, do sistema de apego. Buscamos e desejamos nossos parceiros devido à excitação, ao interesse e à alegria que eles nos proporcionam pelo que são. Os feromônios parecem até mesmo orientar a atração. O sistema de afeição/simpatia nos seres humanos pode ser visto como um sistema de recompensa que envolve a dopamina, que está associada ao desejo e à adição. Assim, os relacionamentos íntimos são prazerosos para os participantes e são ativamente procurados. No entanto, as pessoas podem se tornar adictas em amor. Podem sentir raiva pelo abandono. A paixão é expressa em frases como: "Eu poderia morrer por você". A luxúria, que parece estar associada a um desejo/necessidade biológica e à testosterona, também atua em algumas formas de desejo.

Uma nota final sobre as necessidades: na nossa visão, os problemas surgem do apego adulto, da identidade e das necessidades afetivas não atendidas, e não da expressão de necessidades neuróticas infantis. Para resolver conflitos, os parceiros precisam ser capazes de revelar o seu *self* essencial e de serem aceitos como são — de serem vistos e conhecidos. No conflito de casais, não é a necessidade que constitui o problema: é o medo de sua expressão ou a forma como se lida com sua frustração. Tentar coercivamente fazer com que o parceiro mude para satisfazer suas necessidades é um dos maiores problemas, enquanto perdoar o outro por ser diferente e ter compaixão por ele é a solução, auxiliada pela revelação do *self* ao outro.

Emoções em casais

Os casais geralmente sabem que suas emoções governam seus relacionamentos. Sabem que elas afetam o que fazem um com o outro e para o outro. No entanto, apesar de saberem intuitivamente a importância de suas emoções, eles geralmente não sabem muito sobre como lidar com as experiências emocionais em seus relacionamentos. Simplesmente não foram ensinados a lidar com suas emoções. Tudo o que lhes foi ensinado é que suas emoções negativas de raiva ou de dor são problemáticas e devem ser evitadas a todo custo, enquanto os sentimentos amorosos geralmente são bons. Aprenderam também com a experiência da vida que, algumas vezes, podem expressar seus sentimentos e ser correspondidos, mas que, em geral, seus sentimentos são ignorados, desconsiderados ou até mesmo ridicularizados pelos outros. Portanto, as pessoas geralmente concluem que o melhor é guardar seus sentimentos, controlá-los ou ignorá-los até que desapareçam ou mudem com o tempo.

Bob e Marie tiveram o seu primeiro filho. Bob sente-se abandonado e solitário agora que Marie está tão ocupada tentando cumprir seus novos papéis de mãe e fonte de renda. Ele tem dificuldade em aceitar que não está se sentindo amado e, em vez de discutir seu sentimento de ser negligenciado, começa a criticar a maneira como Marie faz as coisas e torna-se mais autoritário. Começam as críticas e brigas.

Muitas vezes, é difícil para casais como Bob e Marie lidar com seus sentimentos mais negativos, porque não sabem como gerenciar bem suas emoções. Não sabem o que fazer quando se sentem solitários, zangados e magoados. Não sabem o que fazer quando se sentem inadequados ou quando não se sentem amados ou se sentem indignos de ser amados. Não sabem o que podem esperar de seus parceiros ou se o que estão sentindo é maduro ou infantil e inaceitável. Os terapeutas precisam ajudar os casais a aprender que a intimidade envolve compartilhar sentimentos feridos, que as emoções problemáticas e conflitantes são comuns nos relacionamentos amorosos e que, algumas vezes, é inevitável odiar a pessoa amada. Os casais também precisam aprender que, além de se sentirem atraídos por seus parceiros, às vezes eles também podem se sentir repelidos, ressentidos e agradecidos, e que essa gama de sentimentos é normal. Os terapeutas precisam ajudar os casais a lidar com as muitas e variadas emoções que surgem em seus relacionamentos. Precisam ajudar as pessoas a identificar quais sentimentos são problemáticos e precisam ser trabalhados e quais são saudáveis e devem ser expressos. Agora, aplico parte do que discuti até o momento sobre emoções ao treinamento de casais para a utilização de suas emoções com inteligência.

As emoções dizem às pessoas quando algo está errado

As emoções identificam problemas para as pessoas resolverem. Assim, quando Bob começa a se sentir zangado porque Marie não está disponível, ou quando Marie sente medo de que Bob fique zangado ou a desaprove, seus sentimentos são alarmes automáticos que avisam: "Isto é importante; algo está errado aqui. Minha necessidade de atenção ou de apoio não está sendo satisfeita". Os casais precisam aprender que essa forma de *feedback* emocional ocorre o tempo todo e lhes diz como estão se comportando e como está indo o seu relacionamento. O terapeuta precisa ajudá-los a prestar atenção a esse *feedback*. Se uma pessoa sente medo, tristeza ou raiva de seu cônjuge, ela está recebendo informações de que algo está errado. Se não prestar atenção ao que sente e ao que precisa, o relacionamento com o cônjuge irá se deteriorar. As emoções dizem às pessoas que o que está acontecendo é relevante para o seu bem-estar e que uma necessidade delas não está sendo satisfeita. Então, as pessoas devem começar a fazer algo a respeito. A resolução de situações difíceis torna-se mais fácil se o casal aprender a lidar efetivamente com suas emoções, como mostra a vinheta a seguir.

Bob e Marie tornam-se conscientes de que algo está errado, visto que aprenderam a prestar atenção às suas emoções. Conseguem reconhecer o que sentem. Bob está zangado por se sentir ignorado e excluído. Marie tem medo da desaprovação dele e sente-se sobrecarregada. Agora estão no momento de tomar consciência de seus sentimentos para iniciar um diálogo sem culpa sobre o que sentem e o que precisam obter um do outro. Em vez de acusarem, julgarem ou tentarem mudar um ao outro, eles conseguem falar com o mínimo de culpa, ouvir sem se defender e responder com aceitação e carinho da melhor maneira possível. Sendo humanos, eles não são necessariamente perfeitos, mas no fundo sua intenção de resolver em vez de culpar, discutir em vez de derrotar e argumentar até empatar em vez de vencer é evidente para ambos. Isso os ajuda a ouvir e a responder um ao outro.

As emoções comunicam

Nos últimos dias, Marie tem estado muito ocupada no trabalho e nas tarefas domésticas. Está cansada e irritada, mas não tem tempo nem energia para falar sobre isso. Na verdade, há algum tempo ela quase não dedica nenhuma atenção a Bob. O que Marie precisa é que Bob seja sensível ao que ela está sentindo. Bob está consciente de que algo está acontecendo. Percebe que a voz de Marie algumas vezes está irritada e que, às vezes, ela não olha diretamente para ele quando fala, como se estivesse distraída. Esses sinais emocionais lhe dizem que ela está estressada e não quer que ele lhe faça nenhuma exigência. A leitura desses sinais emocionais pode poupá-los de muitas dificuldades no relacionamento.

As emoções desempenham um papel importante na comunicação. Constituem os principais sinais de comunicação nos relacionamentos íntimos e, de fato, são os principais sinais desde a infância. Na infância, as emoções enviam mensagens que regulam o comportamento dos cuidadores. Os gritos levam os cuidadores a correr, enquanto os arrulhos os deixam felizes. Na idade adulta, as emoções continuam sendo a principal forma de comunicação, regulando as respostas dos outros. As emoções indicam aos outros, especialmente aos parceiros íntimos, até que ponto estão atendendo às necessidades e expectativas relacionais. Sinalizam também a um parceiro os estados e as intenções do outro. Por conseguinte, os casais precisam ler cuidadosamente os sinais emocionais um do outro.

Tem havido muita confusão na literatura sobre a melhor forma de expressar as emoções em casais (Greenberg & Johnson, 1988; Johnson & Greenberg, 1994). Alguns autores argumentam que as pessoas sempre devem expressar seus sentimentos, enquanto outros alertam que os sentimentos são perturbadores e não devem ser expressos. Alguns profissionais promovem uma responsabilidade radical, em que cada pessoa precisa assumir que é autora de seus próprios sentimentos, não sendo tolerada nenhuma declaração como "Você me fez sentir...". A responsabilidade é da própria pessoa. Outros promovem uma grande empatia e aceitação do outro, e têm sido criticados por recomendar que as pessoas tratem seus parceiros como bebês. O que é realmente necessário para lidar com as emoções na comunicação entre casais é uma integração da cabeça e do coração, da aceitação e da responsabilidade.

A expressão racional e a ação cumprem melhor os seus papéis quando orientadas pelas emoções. Os parceiros não precisam desabafar sua raiva o tempo todo; em vez disso, precisam usá-la para informar um ao outro que se sentem violados e, então, precisam usar a razão para analisar a situação. Com base na integração da razão e da emoção, expressam sua preocupação de maneira racional, dizendo, por exemplo: "Não gosto de ser criticado". Isso só pode ocorrer se a pessoa estiver consciente de suas emoções e sentimentos. Os parceiros precisam ter algum conhecimento sobre como as suas próprias emoções funcionam, sobre o impacto que a sua expressão tem em seus parceiros e sobre o que podem fazer com seus sentimentos desadaptativos. Precisam assumir a responsabilidade pela forma como lidam com seus próprios sentimentos e precisam praticar a aceitação dos sentimentos de seus parceiros.

Marie, por exemplo, sabe que algumas vezes se sente sobrecarregada devido à sua situação de trabalho. Tem consciência de que também sente que Bob está zangado e não a apoia nessas ocasiões. Isso já aconteceu antes, e Marie aprendeu algo sobre suas reações. Costumava sentir muito e não dizer nada. Isso levava a uma cadeia de diálogos internos que a faziam se sentir cada vez mais deprimida e zangada, acabando por explodir. Depois de ver que isso não funcionava, aprendeu que era melhor expressar seus sentimentos muito mais cedo e que precisava expressar apenas determinados tipos de sentimentos, não todos eles. Aprendeu que o que ajudava a resolver as coisas era, em primeiro lugar, falar sobre a sua própria experiência, e não sobre os comportamentos ou motivações de Bob. Em segundo lugar, precisava falar sobre seus sentimentos mais profundos e essenciais, geralmente a mágoa ou a solidão, em vez de depender de seus sentimentos mais defensivos, normalmente a raiva. Em terceiro lugar, aprendeu que, para resolver o problema, precisava ouvir o que Bob estava sentindo. Em quarto lugar, enquanto o ouvia, precisava não se esquecer de seus próprios sentimentos e de seu desejo de que fossem ouvidos. Ela e Bob aprenderam que, para resolver as diferenças, ambos precisavam falar e ouvir de uma maneira muito íntima sobre quem cada um era e quais eram suas necessidades. Precisavam valorizar suas diferenças.

Expressão emocional e criação de intimidade

Criar e manter um relacionamento íntimo e satisfatório é uma tarefa fundamental da vida. A intimidade implica que as pessoas coloquem seus mundos internos de sentimentos, necessidades, desejos, medos, percepções e fantasias em contato com os mundos externos de outras pessoas (seus parceiros), bem como que seus mundos internos sejam aceitos e confirmados por esses outros íntimos. A intimidade surge quando as pessoas contam a seus parceiros seus principais sentimentos e preocupações e sentem que eles são compreendidos. Isso precisa ser um processo recíproco. Todos querem um parceiro que ouça, compreenda, aceite, simpatize, confidencie, perdoe e admita a sua parte. Os terapeutas devem ajudar os casais a tomar consciência e a expressar um ao outro seus sentimentos primários, em vez de suas reações secundárias, defensivas ou de autoproteção. É a revelação de experiências sinceras entre os parceiros que dá uma nova vida ao relacionamento, particularmente quando ele se tornou frio e obsoleto. Ajudar as pessoas a expressar sentimentos de medo e ansiedade relacionados com o apego — até mesmo vergonha, tristeza e raiva — as aproxima ou as mantém próximas.

A intimidade frequentemente envolve a expressão de sentimentos de mágoa, visto que a mágoa assinala em geral aquilo que as pessoas necessitam com mais urgência, mas que se sentem muito envergonhadas para pedir. Com frequência, as pessoas não conseguem pedir pois anteriormente não tiveram apoio suficiente para ajudá-las a sentir que a sua necessidade era legítima. A pessoa também pode não estar segura de que consegue sobreviver ao fato de não ser atendida, ou, devido a mágoas passadas, pode ter jurado que nunca mais se permitiria voltar a precisar ou ser novamente magoada. Assim, muitas vezes, são as relações das pessoas com seus próprios sentimentos, e não com seus parceiros, que as impedem de ter intimidade com os outros. Como um marido pensa que a sua esposa o rejeitará se ele lhe disser o que realmente sente, ele se fecha. Diz a si mesmo que precisa ser forte. Ele frequentemente despreza sua carência. Nem mesmo dá à esposa a oportunidade de responder. Muitas vezes, em situações como essa, a rejeição imaginada é mais fantasia do que realidade. As pessoas realmente não sabem como os outros vão reagir a seus sentimentos, mas têm medo de arriscar descobrir. Para ter intimidade, as pessoas precisam ser capazes de expressar o que está acontecendo em seu íntimo e de ter confiança em si próprias para lidar com a situação se o outro não responder como elas esperam.

Depois de uma troca de palavras particularmente difícil, Marie acusa Bob de ser controlador, de nunca dizer o que ele quer, mas sempre esperar que ela adivinhe. Ela lhe diz que esse é um papel que agora se recusa a desempenhar. Bob admite que tem essa necessidade irracional de estar no controle e, enquanto diz isso, olha para a esposa de forma sedutora e infantil. Esse é um momento de importância crítica. Marie pode perder esse momento por estar muito envolvida em seu próprio processo, em seu ressentimento e sua mágoa, ou pode ver a suavização da expressão de Bob, o seu encanto, e então a barra de aço que está dentro dela pode derreter. Ela pode se sentir terna e retribuir o olhar dele com um olhar de preocupação. Apoiado pelo olhar dela, Bob pode começar a se abrir. Pode dizer com que frequência observa as reações da esposa procurando sinais de rejeição e pode ressaltar o quanto quer falar com ela, mas tem medo de ser rejeitado; por isso, acaba tentando controlar as coisas. Ele pode reconhecer que não se revela porque tem medo de ser magoado. Esse abrandamento de Bob pode ajudar Marie a se sentir mais aberta para falar sobre como ela desistiu de tentar lhe responder por medo de ser criticada por estar cometendo erros. Em vez disso, escolheu se afastar e ficar fora do caminho dele. Agora, ela pode ser capaz de falar sobre sua sensibilidade às críticas e de pedir o reconhecimento e o respeito de Bob como uma condição para dar seu apoio a ele. Os dois podem agora olhar um para o outro. Algo no ar está vivo; algo de novo aconteceu. O relacionamento voltou a ganhar vida. Ainda é necessário trabalhar muito mais, mas surgiu uma nova possibilidade: a intimidade para compartilhar vulnerabilidades.

Medo da intimidade

Uma vez magoadas, muitas pessoas juram nunca mais se colocar em uma posição vulnerável ou precisar dos outros. Assumem uma atitude de autoproteção que é motivada pelo medo da intimidade. As pessoas temem a intimidade emocional principalmente porque têm medo de ser magoadas novamente. Temem a rejeição, o abandono, a invalidação e a perda de controle. O medo da separação é construído biologicamente nos bebês para protegê-los de separações perigosas, e os adultos continuam carregando a mesma programação. Para afastar todos esses medos, a pessoa frequentemente evita se tornar dependente de alguém; ela teme a proximidade. A vergonha também impede a intimidade. Quando as pessoas se sentem indignas de amor, têm medo de se aproximar dos outros e de estragar tudo, de modo que elas se protegem mantendo-se distantes. Temem que, se elas se mostrarem, serão consideradas defeituosas ou deficientes. As duas emoções desadaptativas de medo e de vergonha impedem que as pessoas recebam o amor de que precisam.

Acompanhando os sentimentos desadaptativos que impedem a intimidade, estão as vozes negativas que podem influenciar a visão que se tem das outras pessoas, particularmente das pessoas do sexo oposto. Por exemplo, na cabeça das mulheres, passam muitas vezes afirmações que aprenderam com os pais, com a cultura e a experiência; são vozes que dizem: "Você não pode confiar nos homens; eles não têm sentimentos, são muito dominantes; você precisa construir o ego de um homem". Ao mesmo tempo, essas vozes dizem: "Se você não tiver um homem, você é um fracasso". Na cabeça dos homens, há vozes que dizem: "As mulheres são muito emotivas, muito exigentes e controladoras", e, ao mesmo tempo, "Se você não faz a sua mulher feliz, você é um fracasso". Isso cria um grande conflito nas pessoas que querem, mas que temem a intimidade. A intimidade só pode ocorrer quando as pessoas superam o medo e a vergonha e mudam as crenças negativas que parecem protegê-las, mas que, na realidade, as impedem de alcançar a intimidade.

Como surgem os problemas dos casais

Os principais problemas experienciados pelos casais surgem de conflitos relacionados com as necessidades de conexão ou de intimidade e com as necessidades de separação ou de autonomia, bem como com o esforço para mudar o parceiro de modo a satisfazer essas necessidades. As lutas dessa natureza, quando não resolvidas, levam ao desenvolvimento de certos ciclos interacionais crescentes. O terapeuta precisa trabalhar para identificar esses ciclos e acessar as emoções e necessidades subjacentes relacionadas com o apego para ajudar a modificá-los.

O problema de tentar mudar o parceiro

Com frequência, os problemas surgem inicialmente nos relacionamentos porque as pessoas não dizem o que sentem ou o que precisam, ou porque, quando tentam explicar a seus parceiros o que precisam, estes não as entendem. Trata-se de um problema de comunicação. Muitas vezes, com o passar do tempo, as pessoas podem conseguir comunicar as suas necessidades aos parceiros, porém continua havendo um problema. Agora, não é mais a falta de comunicação ou os mal-entendidos que levam aos problemas. À medida que os relacionamentos se desenvolvem, os cônjuges frequentemente compreendem muito bem o que seus parceiros precisam, mas são simplesmente incapazes ou não querem dar a eles a resposta que procuram. Como os parceiros são diferentes, visto que cada um é uma pessoa única com suas próprias necessidades, não conseguem responder sempre um ao outro da maneira certa e na hora certa. Muitas vezes, um dos parceiros simplesmente não se sente como o outro quer que ele se sinta. Os parceiros nem sempre se sentem disponíveis ou preocupados exatamente quando um deles precisa, nem fazem o que o outro quer de maneira correta. É então que as pessoas geralmente começam a sentir que seu parceiro é frio ou indiferente. É nesse momento que se inicia o conflito. As pessoas começam a tentar mudar seus parceiros e começam a se culpar ou a se afastar em função desses esforços. Um dos parceiros pode acabar gritando "Me dá, me dá. Você é muito fechado, tem medo da intimidade", enquanto o outro pode gritar: "Me deixa em paz — você é muito exigente (ou carente)". É quando começam os verdadeiros problemas. Ciclos como esse surgem frequentemente devido à incapacidade das pessoas de expressar seus sentimentos mais íntimos. Como é que os casais podem resolver esses conflitos? Eles precisam ser capazes de sair do ciclo vicioso de ataque e defesa ou de perseguição e afastamento, bem como de aceitar verdadeiramente a si mesmos e a seus parceiros. Os parceiros precisam mudar suas interações, expressando seus sentimentos primários relacionados ao apego e suas necessidades de proximidade e conforto. Para fazer isso, muitas vezes precisam mudar a si mesmos, e não mudar seus parceiros. O terapeuta precisa estar atento a uma série de problemas que interferem na comunicação aberta dos casais.

O surgimento de ciclos destrutivos

Os ciclos destrutivos resultam de emoções e necessidades primárias não expressas. Eles são mantidos pela expressão de emoções secundárias, como culpa e ressentimento, que mascaram os sentimentos primários, ou por respostas emocionais instrumentais, como mágoa — fazer beicinho ou chorar quando se está zangado como forma de obter o que se quer da outra pessoa. Os ciclos formam-se em torno das preocupações mais sensíveis do parceiro em relação àquilo a que cada um se sente mais vulnerável e de que mais precisa. Um parceiro pode desejar mais proximidade, estar mais ansioso em relação à conexão e precisar de mais segurança; o outro parceiro pode ter mais tendência a se sentir inadequado, a ficar excessivamente preocupado em ser competente, a precisar de mais elogios ou a necessitar de espaço e ser sensível à intrusão. Um dos parceiros pode ter um funcionamento mais ágil, ser mais decidido e mais ativo e tornar-se impaciente se for contido. Os ritmos dos parceiros podem ser diferentes: um deles pode ser mais rápido e o outro mais lento; um deles pode precisar de mais descanso e relaxamento do que o outro. Um deles pode ser ousado e o outro, medroso. Dois parceiros nunca são exatamente iguais. Algumas vezes, as pessoas desempenham papéis diferentes em relacionamentos diferentes: líder em um deles, seguidor em outro; elas podem buscar o parceiro em um relacionamento e se distanciar dele em outro. No entanto, em seus relacionamentos primários, as pessoas acabam por se tornar sensíveis à questão que evoca suas ansiedades mais profundas e suas necessidades não atendidas. Normalmente, os parceiros não são pressionados pela mesma preocupação ou, pelo menos, não o são no mesmo grau. Um deles pode estar preocupado com a proximidade, o outro, com o controle. Isso leva a necessidades incompatíveis e a conflitos. Surgem diferentes tipos de ciclos entre casais.

O ciclo de perseguição e distância

As pessoas nunca estão em perfeita sintonia com seus parceiros em termos de necessidade de proximidade. Normalmente, um dos parceiros quer um pouco mais de proximidade, mais contato, mais conversa, mais toque ou mais tempo. O ciclo mais comum que surge é, portanto, um ciclo de perseguição e distância, em que um dos parceiros está essencialmente perseguindo o outro para obter mais proximidade ou intimidade. Com frequência, a quantidade de culpa e de queixas a que esse paciente pode ter recorrido como forma de obter a proximidade desejada não torna essa necessidade evidente. Embora o outro parceiro queira estar conectado, sente-se sobrecarregado. Sua autonomia e sua identidade ficam ameaçadas, o que pode levá-lo a se sentir inadequado às demandas feitas pelo parceiro que requer mais proximidade.

O ciclo de domínio e submissão

Tendo em vista que a identidade é outra questão importante, o poder é outra preocupação fundamental. No início, pode ser imperceptível quem dita as regras e define as coisas com mais frequência, mas mais tarde isso pode se tornar um grande problema. Um dos parceiros é mais rápido para afirmar as suas necessidades, escolher o filme ou o restaurante. O outro concorda no início, talvez até goste de não ter que pensar sobre o que quer. Mas posteriormente isso pode se transformar em um segundo tipo de ciclo, o ciclo de domínio e submissão, que pode causar muitos problemas. Uma pessoa assume o controle e tem funções em excesso, enquanto a outra desiste e tem a sua função diminuída.

Em um ciclo de domínio e submissão, muitas vezes um dos parceiros tem que estar certo e fazer o que quer. O parceiro dominante pode sentir que provar que está certo é uma questão de sobrevivência. Se for desafiado ou até mesmo questionado, o dominante passa a proteger com empenho a sua posição. O outro parceiro, depois de anos seguindo-o, esqueceu como escolher ou tomar decisões e tem medo de cometer erros ou de se expressar e produzir conflitos.

O ciclo de culpa e afastamento

Os problemas começam quando os sentimentos de uma pessoa não são ouvidos e as necessidades relacionais não são atendidas. Com frequência, no entanto, isso ocorre porque as pessoas sentem que seus próprios sentimentos e necessidades não são aceitáveis e, por isso, não dizem o que sentem e precisam. Quando um dos parceiros é inseguro ou solitário e não se vê no direito de expressar o que sente e precisa, esses sentimentos não são expressos. As pessoas esperam que seus parceiros percebam seus sentimentos e necessidades, e, quando isso não acontece, acabam se sentindo isoladas. Então, a tristeza ou a solidão não expressas e os sentimentos de não ser amado ou de ser negligenciado transformam-se em raiva, e a pessoa começa a criticar ou culpar o outro. Diante das críticas e do desprezo que um dos parceiros expressa, o outro sente-se com medo ou inadequado e afasta-se ou se defende. Agora, o casal está preso em um ciclo que ganha vida própria. Um culpa e o outro se afasta. Quanto mais a pessoa que se retrai se afasta, mais a que persegue culpa o outro; e, quanto mais a pessoa que culpa passa a culpar o outro, mais o outro que se retrai acaba se afastando.

Em geral, a pessoa que culpa o outro se sente solitária ou não ouvida, enquanto a que se afasta sente-se com medo ou inadequada. A pessoa que culpa geralmente sente-se ainda mais abandonada em resposta ao afastamento do parceiro. Na realidade, a pessoa que se afasta está apenas tentando se proteger, enquanto a pessoa que culpa interpreta esse afastamento como uma rejeição. O que o parceiro que reclama ou critica realmente está tentando fazer é ter suas necessidades satisfeitas, porém tudo o que o receptor da culpa sente é criticado. Os retraídos sentem-se inadequados e, então, se protegem. Com frequência, é o seu sentimento inicial de inadequação ou ansiedade que os torna menos disponíveis e que ajuda a evocar os sentimentos de abandono de seus parceiros. Assim, o ciclo se desenvolve. Em um tipo de ciclo, o perseguidor busca a proximidade emocional, mas o faz culpando e criticando, enquanto o retraído se afasta para ter proteção emocional. Em outro tipo de ciclo, a pessoa dominante domina, funciona em excesso, toma todas as decisões e, depois, sente-se sobrecarregada. O parceiro que se sente mais inseguro ou submisso funciona mal e não faz muito, mas acaba se sentindo invisível, como se não existisse no relacionamento.

Bob sente-se solitário e não amado. Ele começa a se sentir solitário quando Marie passa a prestar demasiada atenção à sua carreira, e, embora de início ele tente expressar seus sentimentos, sente que talvez seja dependente demais; por isso, reprime seus sentimentos. Com o tempo, no entanto, começa a se sentir irritado e a criticar Marie. Eventualmente, depois de muitos meses de críticas, Marie começa a se distanciar de Bob. Quando chegava em casa, era criticada por ele e sentia-se inadequada, como se não fosse uma pessoa boa o suficiente. Em vez de compreender os sentimentos de mágoa e de solidão de Bob, o que é muito difícil de fazer quando se está sendo culpabilizado, ela continua tentando se defender, e eles acabam dando início ao ciclo de ataque e defesa. Ela começa então a se distanciar. Sente que não vale a pena falar ou se relacionar, e que a coisa mais segura a fazer é ficar fora do caminho de Bob quando ele está com raiva. A distância e a alienação se instalam. Muitas vezes, o casal não tem consciência da dinâmica do ciclo e de seus sentimentos. Apenas percebem a distância e a alienação. Começam a dizer: "Estamos nos afastando; nossos interesses são diferentes; estamos nos distanciando". Na realidade, eles se fecharam.

Uma vez que o ciclo de culpa e afastamento começa, ele realmente assume o controle. As questões emocionais cruciais permanecem sem solução. A intimidade é impossível porque ambos os parceiros sentem que precisam se proteger de novas decepções. Isso os impede de correr riscos e de revelar seus sentimentos mais íntimos ao outro.

O ciclo de vergonha e raiva

Uma sequência de emoções particularmente importante e difícil em casais é a sequência de vergonha e raiva, na qual uma pessoa se sente principalmente humilhada e, depois, fica com raiva. Essa situação pode ser muito intensa e, por fim, pode levar à violência nos casais. Nesse caso, a raiva da pessoa geralmente é uma resposta à sua incapacidade de lidar com os sentimentos mais nucleares de vergonha e impotência.

Se um dos parceiros sente raiva, ele precisa aprender a acalmar a raiva e a chegar ao fundo dela. Normalmente, trata-se de um sentimento de vergonha, impotência, vulnerabilidade e desamparo, ou de tristeza, solidão ou abandono. Se alguém frequentemente fica muito zangado, precisa não apenas controlar sua raiva, mas também aprender a experienciar e a expressar os sentimentos mais vulneráveis que estão por trás da raiva. Expressar medo, vergonha ou mágoa subjacentes terá um impacto muito diferente no parceiro do que expressar raiva destrutiva. Tomar consciência e entrar em contato com os sentimentos centrais à medida que surgem constitui, então, uma forma fundamental de evitar o desenvolvimento de raiva destrutiva. Assim, as pessoas têm de saber, por exemplo, que, quando estão defensivamente zangadas, precisam expressar o medo que vem antes da raiva. O terapeuta precisa ajudar a pessoa a desenvolver a capacidade de se acalmar e de acalmar seu parceiro. Este é um dos melhores antídotos para a escalada negativa: a capacidade de apaziguar a vulnerabilidade em si mesmo e na outra pessoa.

A fase da desilusão

Por fim, os casais discutem a forma como brigam, e isso se torna o novo argumento. Um deles diz: "Você culpa tanto" ou "Você é tão frio e indiferente". Nesse momento, o casal já entrou na fase de "trocar de parceiro" do relacionamento. Essa fase frequentemente leva vários anos para se desenvolver. No entanto, os esforços de renovação do parceiro muitas vezes não saem como eles esperam. O resultado é mais a deterioração do que a melhoria no lar. Esse é o período de desilusão. No início, o casal pode gastar seus esforços tentando se comunicar, na crença de que, quando cada um dos parceiros souber o que precisa e quer, ambos o conseguirão. Então, a pessoa começa a perceber que seu parceiro sabe bem o que ela quer, que ela tem sido bem-sucedida na sua comunicação; o parceiro é que simplesmente não lhe dá o que ela deseja. É difícil para as pessoas compreenderem as razões de seu parceiro, entenderem que cada um é diferente do outro e tem suas próprias necessidades e lutas que o impedem de ser um fornecedor confiável do que o outro deseja receber. Nessa fase, os parceiros começam a duvidar do amor um pelo outro, e cada um começa a atribuir razões para explicar por que o outro não está lhe dando o que deseja. Normalmente, à medida que os parceiros se sentem cada vez mais privados, não dizem ao outro que estão cansados ou estressados. O parceiro deixa de atribuir o que está errado à situação e vai diretamente para a jugular, ou seja, a personalidade do outro. Uma pessoa pode declarar que o seu parceiro é muito exigente, egoísta, inseguro, frio, tem medo de intimidade, não consegue expressar a sua raiva e assim por diante. Logo, o parceiro precisa mudar a personalidade do outro ou abandonar o relacionamento. Ambas são opções infelizes. É melhor encontrar outro caminho.

Ambos os parceiros geralmente estão bastante magoados a essa altura e, evidentemente, têm sofrido o tempo todo. Como a sua mágoa poderia ter sido expressa de forma mais construtiva? É possível expressar mágoa sem raiva? Alguns autores afirmam que a mágoa é apenas ressentimento não expresso. A pessoa pode se sentir magoada pelo seu parceiro sem ficar zangada com ele? O problema é que a raiva geralmente afasta os parceiros; a mágoa e a tristeza, por outro lado, pedem conforto. Quando um parceiro sente a raiva do outro, ele não é capaz de oferecer um conforto tranquilizador, porque está ocupado preparando uma defesa contra o possível ataque sinalizado por essa raiva. O parceiro magoado ou zangado, enquanto isso, espera ansiosamente que sua mágoa seja aliviada e interpreta a falta de resposta do outro como um insulto adicionado à injúria. Em resposta ao insulto da falta de resposta, fica agora muito zangado. Como os casais saem desse carrossel ou, melhor ainda, não entram nele? O Exercício 25 do Apêndice ajuda os casais a identificar e a mudar seus ciclos. Para isso, eles expressam seus sentimentos subjacentes mais suaves.

Estados emocionais difíceis

Se os parceiros não prestarem atenção às necessidades centrais não atendidas um do outro, ficarão entrincheirados em seu ciclo e começarão um tipo especial de dança — a dança da insanidade do casal. Nessa dança, ambos podem migrar para o que mais tarde será visto como estados "loucos". Posteriormente, afirmarão que o que sentiram e disseram durante esses estados não era verdade — não eram "realmente eles". Esses estados de "não eu" parecem ter uma vontade própria. São estados emocionais desadaptativos. Neles, as pessoas podem começar a gritar umas com as outras, em vez de falar, ou podem se interromper e não se ouvir. É provável que já tenham repetido essas brigas antes e que as tenham resolvido ou compreendido, e também que tenham se perdoado muitas vezes, mas isso acontece de novo. Podem até ver isso acontecendo, mas, uma vez que entram nesses estados emocionais não saudáveis de ameaça, violação ou humilhação, os quais geralmente são baseados em feridas passadas, elas são transformadas em seus outros eus. No homem, um sentimento de desejo pode se tornar físico, e ele pode ansiar por algo de sua parceira, do fundo de seu corpo. A mulher pode sentir uma necessidade desesperada de se proteger da destruição. Tem medo de ser dominada pelo seu parceiro; ela o vê como intrusivamente poderoso e se fecha, tornando-se rígida, sentindo-se gelada e bloqueando qualquer contato. Esses estados extremos geralmente refletem estados emocionais desadaptativos. Com frequência, não são as respostas iniciais e primárias da pessoa a seu parceiro. Em vez disso, resultam de sequências internas e interacionais não saudáveis. Um exemplo dos estados doentios que ocorrem durante uma tempestade emocional desse tipo é fornecido a seguir.

Em determinado ciclo, uma esposa, em resposta às demandas do marido, começa a se sentir sobrecarregada pelas reações dele a ela. Ela ouve a sua voz, vê a expressão familiar de raiva em seu rosto. Não sabe exatamente o que aconteceu, mas apenas sente que isso é perigoso. Algo dentro dela começa a se fechar. Torna-se fria e sente-se atacada e impotente. Ele parece continuar a atacá-la com palavras raivosas, perguntas e acusações. Ela não escuta; só quer que ele pare e vá embora. Mas ele continua exigindo, se intrometendo, e ela quer que ele a deixe em paz. Precisa fugir, afastar-se. Não consegue pensar. Explode e diz algo horrível para fazê-lo parar. Nesse momento, ela o odeia. Então, afasta-se só para tentar fugir, para fazer com que tudo pare.

Um marido quer estar perto de sua esposa, mas ela está distante. Ele reagiu a algo que ela disse e sentiu-se magoado e ignorado. Tinha esperança de estar perto dela e de fazer amor. Sente-se magoado e zangado e a vê como fria e rejeitadora. Tenta dizer-lhe o que está sentindo e fica zangado porque ela não o escuta. Explica que o que ela está fazendo o prejudica muito e a questiona sobre as razões que a levam a ter essa atitude. Sente uma necessidade desesperada de sua suavidade e começa a se sentir intensamente impotente e, em seguida, zangado. Perde todo o contato com ela e sente apenas o muro que ela ergueu. Fica furioso diante desse muro e só consegue pensar em destruí-lo, visto que ele está impedindo-o de obter o que tanto precisa. Vê a sua esposa como alguém que se esconde cruelmente. Ele deseja destruir a barreira. Mal reconhece a explosão dela, já que está muito empenhado em remover a barreira. Sente-se distante e frio.

Como lidar com a mágoa e a raiva: dois elementos importantes no muro do isolamento

Uma vez identificados os ciclos e trazidos à consciência, o terapeuta precisa ajudar os casais a lidar com os sentimentos que os mantêm afastados e com seus estados de loucura. Sem dúvida, uma das principais maneiras pelas quais o casal entra em dificuldades está relacionada com a incapacidade de cada um de lidar com a sua raiva e com a raiva do outro. Como já assinalei, embora a raiva em resposta à violação seja um sentimento saudável que precisa ser expresso, a raiva muitas vezes é uma resposta secundária a um sentimento mais primário de mágoa ou medo de não se sentir amado ou apoiado. Muitas das emoções "mais duras" que os parceiros expressam, como a raiva, o ressentimento e o desprezo, podem muitas vezes ser tentativas agressivas de se protegerem de seus parceiros ou de se protegerem de suas emoções mais dolorosas e "mais suaves" de tristeza, medo e vergonha (Greenberg & Mateu Marques, 1998).

A mágoa e a raiva constituem aspectos normais dos relacionamentos. Como um terapeuta ajuda a pessoa a lidar com esses dois sentimentos indesejáveis para que não se tornem tijolos em um muro de alienação e isolamento? Como um terapeuta a ajuda a lidar com esses sentimentos sem transformá-los no elemento mais venenoso dos relacionamentos: a culpa e o desprezo em que eventualmente se convertem?

O problema da mágoa e da raiva é que elas são muito difíceis de expressar sem envergonhar ou menosprezar a outra pessoa ou sem tornar o próprio sujeito exigente e controlador; contudo, se os parceiros não expressarem essas emoções, começarão a construir um muro. É importante reconhecer que a tristeza geralmente está na base da mágoa, e que a mágoa claramente encontra-se muitas vezes na base da raiva. Uma das dificuldades é separar a raiva da tristeza. Como já discuti em relação às memórias emocionais não resolvidas, as duas frequentemente se fundem em uma bola de mágoa e raiva, que se expressa principalmente como queixa, sentimentos de vitimização e culpa. Para conseguir expressar essas emoções com sucesso, os parceiros precisam, em primeiro lugar, ser capazes de estar claramente zangados e totalmente tristes, com cada emoção não contaminada pela outra.

A raiva de cada parceiro precisa ser expressa com clareza, sem culpa e, se possível, com demonstração de boa intenção. Uma das habilidades que pessoalmente tentei adquirir com algum sucesso é dizer: "Não quero sentir raiva, mas sinto raiva de...". Isso comunica um desejo de harmonia e pode ser reconfortante para o parceiro. As pessoas precisam aprender a assumir a sua raiva. O tom não deve transmitir desprezo ou hostilidade carrancuda e sarcástica. A raiva que quer destruir não funciona. A raiva que afirma e informa o parceiro de um limite ou de uma violação de limite, embora nem sempre seja fácil de receber, é o que é necessário: "Estou com raiva; você não fez o que pedi. Isso me faz sentir que não sou importante para você". É a comunicação não verbal dos parceiros e suas atitudes que realmente contam. Se forem desdenhosos, a sua raiva será destrutiva; se forem respeitosos, não o será.

A raiva, na forma de ressentimento não expresso e afastamento ou isolamento subsequente, é o veneno dos relacionamentos. O isolamento é frequentemente a tentativa de solução da pessoa retraída para resolver o conflito. Não funciona. O contato funciona. A expressão do ressentimento oculto é útil, primeiro, porque retira o retraído de seu esconderijo e, segundo, para surpresa do retraído, porque o perseguidor considera muito mais fácil lidar com a raiva do que com a distância. Parece mais um contato emocional do que um silêncio de pedra ou uma distância fria. O contato é o que o perseguidor deseja, e, assim, a expressão de raiva por parte da pessoa retraída pode estreitar a ligação íntima.

No entanto, o problema com a raiva é que ela pode escalar, ou as interações em torno dela podem aumentar. Quando os parceiros ficam com raiva, a menos que recebam uma resposta compreensiva logo na sequência, tendem a se deixar levar. Há quase um prazer ou alegria na expressão de raiva de algumas pessoas. Todas as emoções são uma combinação de deixar ir e de contenção. Certa vez, testemunhei uma pessoa idosa, que estava perdendo algumas de suas capacidades de regular diferentes aspectos de seu funcionamento, ela passou a ficar zangada em resposta a uma leve provocação. Essa pessoa começou apropriadamente pedindo que a provocação parasse, mas então não conseguiu conter a sua crescente irritação, que explodiu em raiva total. É importante ser capaz de regular a expressão e não deixá-la escapar.

A escalada descontrolada é problemática em casais. Um parceiro fica com raiva, mesmo de uma forma aceitável, enquanto o outro parceiro, sentindo uma violação dos limites, responde com igual raiva. Agora, dois lutadores estão posicionados em um ringue. A sequência geral é a seguinte: assim que um parceiro aumenta o nível de raiva, o outro também o faz, e, em breve, estão desferindo golpes abaixo da cintura. O caráter do cônjuge, a mãe e a pia da cozinha são todos atirados no ringue. Essas brigas geralmente são dolorosas e destrutivas. Algumas vezes, a luta é um precursor da doçura de fazer as pazes, muitas vezes fazendo amor. Uma espécie de intensidade, paixão e proximidade pode surgir na cura de feridas criadas por uma briga, mas brigar para fazer as pazes acaba saindo pela culatra. A briga torna-se tão destrutiva que não há reconciliação. Muitas vezes, um dos parceiros prefere brigar. Para esse parceiro, o contato intenso de raiva parece melhor do que a distância fria e tensa. O problema é que o outro parceiro provavelmente é diferente e considera a briga muito assustadora ou dolorosa. As brigas em si não são o problema; é a incapacidade de resolver a briga que causa a distância e a eventual dissolução do vínculo íntimo. Os piores cenários surgem se há uma escalada muito rápida quando o desprezo e o desafio são expressos — por exemplo, quando a esposa diz ao marido "Lave a louça" e ele responde: "Sim, obrigue-me". Esses são sinais de futuro divórcio (Gottman, Katz & Hooven, 1996).

A solução para a mágoa e a raiva envolve separar a tristeza da raiva, de modo que cada uma apareça em sua forma pura. A raiva deve ser uma afirmação de limites claros, enquanto a tristeza deve ser um chamado de conforto não acompanhado de exigência. A raiva precisa ser uma expressão de limites pessoais, firmes, mas de forma alguma agressiva. A mágoa deve ser vista não como uma resposta inevitável a um ato prejudicial, mas verdadeiramente como a resposta única da pessoa, com base em quem ela realmente é e em seu próprio sentido de perda. Em vez de a mágoa ser vista como algo causado pela outra pessoa, deve ser vista como uma função da própria constituição emocional. Por outro lado, se a pessoa vê o seu parceiro como causador intencional de mágoa e dano, então a raiva é a resposta apropriada.

Autoapaziguamento

Para ajudar as pessoas a lidar com os "estados de loucura" em que entram em uma briga, o terapeuta precisa ajudá-las a aprender a se autoapaziguar. Algumas pessoas podem se sentir incapazes de se autoapaziguar, visto que carecem de estruturas ou processos emocionais internos necessários para relaxar e para se acalmar ou se nutrir. Elas podem não ter recebido o suficiente disso quando crianças e podem não ter construído uma representação interna de pais carinhosos na qual se basear. Quando os relacionamentos são momentaneamente perturbados, essas pessoas sentem-se desesperadas e têm dificuldade em manter o sentimento de segurança gerado pela história vivida do relacionamento. Assim, têm dificuldade em atenuar até mesmo pequenas disrupções e são incapazes de projetar a visão de um futuro seguro para o relacionamento. Dessa maneira, elas experienciam uma enorme ameaça ou um sentimento de violação, como se a distância ou uma leve ruptura significassem o fim do relacionamento. Isso pode soar estranho ou excessivamente extremo, mas ocorre a todos nós em alguns momentos, por mais seguros que nos sintamos.

Pense em uma discussão difícil que tenha tido com um parceiro íntimo. É provável que pelo menos um de vocês tenha entrado em um estado de apego ansioso, o que provavelmente explica por que a situação se transformou em uma briga. Um de vocês perdeu a perspectiva e, de repente, sentiu que, se não resolvesse a situação e não se aproximasse naquele momento, o seu relacionamento ou vocês não sobreviveriam. É provável que seu parceiro tenha sentido uma ameaça à sua identidade, visto que, a menos que fosse ouvido naquele exato momento, você entenderia mal para sempre e ele seria invalidado. Nenhum de vocês pensa necessariamente nisso de forma realista, mas uma parte ansiosa de cada um está agindo dessa forma, em um esforço de vida ou morte para proteger algo. Infelizmente, suas tentativas de proteger procurando apontar, convencer ou culpar tornam-se geralmente o problema. O que é necessário é ser capaz de se acalmar com imagens de segurança e carinho do passado, e com o conhecimento de que os maus momentos do passado tornaram-se novamente bons. É preciso trabalhar com a ansiedade para apaziguá-la, assegurando a si mesmo que "isso também vai passar", como sempre ocorreu antes. Assim, o terapeuta precisa ajudar seus clientes a se autoapaziguar em momentos em que seus parceiros não conseguem responder. As habilidades discutidas no Capítulo 8 para lidar com emoções desadaptativas e regulação emocional são relevantes aqui.

O autoapaziguamento é considerado um complemento ao apaziguamento proporcionado pelo outro, o que é muito importante para interromper a escalada de sentimentos ruins em casais. O autoapaziguamento é uma capacidade adicional necessária associada à regulação geral e saudável do afeto em casais. Tal capacidade torna-se particularmente importante quando os parceiros ficam temporariamente indisponíveis (Greenberg & Goldman, 2008). As dificuldades em casais, que podem ser atribuídas a preocupações centrais de identidade, como o sentido de valor do parceiro, muitas vezes são mais bem tratadas com autoapaziguamento do que com o apaziguamento proporcionado pelo outro. Por exemplo, se a emoção central de uma pessoa é de vergonha e ela sente que "há algo de errado comigo, sou muito fraco, carente, não sou bom o suficiente" ou "apenas sou fundamentalmente defeituoso", o apaziguamento ou a garantia proporcionados pelo parceiro, apesar de serem úteis, não modificarão a sua visão de si mesma e, em última análise, não resolverão o problema. Em outras palavras, experienciar que o parceiro não vai embora se for revelado o sentimento de vergonha pode ser reconfortante e produzir mais segurança no casal, mas não levará à cura da vergonha em si. Por outro lado, mudanças emocionais efetuadas dentro do *self* — como transformar a vergonha acessando sentimentos de orgulho e autoconfiança, que são então testemunhados e apoiados pelo parceiro — podem levar a uma modificação duradoura na visão que a pessoa tem de si própria. Por sua vez, esse tipo de mudança realimenta o relacionamento, uma vez que a pessoa tem uma visão mais positiva de si mesma e é vista de uma nova maneira pelo parceiro.

Considere este exemplo. Um casal estava em terapia há algum tempo, e o ciclo desadaptativo fundamental em que normalmente se envolviam quando em conflito era aquele em que a parceira buscava proximidade e conexão, sentia-se frequentemente rejeitada e, depois, ficava zangada e crítica. Isso levava o parceiro a se sentir repreendido e a se retirar e procurar validação em outro lugar, ou a ficar zangado e mau humorado. Historicamente, sua mãe tinha sido exigente e crítica, exigindo-lhe padrões muito elevados como filho primogênito. Ele, por sua vez, tinha respondido de forma muito positiva, cumprindo as exigências e tornando-se um profissional altamente realizado. No entanto, era também muito autocrítico e questionava continuamente seu valor, sobretudo quando ele e a esposa se envolviam em conflitos. Muito trabalho de reparação do casal tinha sido feito antes dessa sessão, e ambos tinham sido capazes de compartilhar muitos medos e vulnerabilidades subjacentes. No entanto, ele ficava estagnado quando se tratava de autovalidação. O cliente compartilhou uma narrativa na qual falava de si próprio como um menino muito pequeno e mais vulnerável. Descreveu uma memória específica da escola primária, em que se sentia envergonhado por não se defender.

O terapeuta então invoca o "menino pequeno", e o homem que se concentra no sentimento do menino pequeno explora e aceita o seu medo, mas também reconhece com entusiasmo a alegria e o afeto que tem pelo menino internalizado. É capaz de aceitar e de validar a sua própria necessidade de apoio e, assim, de se autoapaziguar, proporcionando autovalidação. Ele agora começa a experienciar a si mesmo de uma nova maneira e sente-se mais autoafirmativo e valioso.

O que os terapeutas precisam fazer para ajudar casais que estão com problemas?

Pesquisas sobre a forma como os casais mudam na terapia indicaram que a maneira mais eficaz de resolver conflitos entre casais, de maneira moderada e mais branda, é expor os sentimentos vulneráveis dos parceiros e suas necessidades de apego e intimidade (Greenberg & Johnson, 1988; Johnson & Greenberg, 1985). A intimidade pode ser criada por meio do compartilhamento de sentimentos sem queixas. Compartilhar sentimentos feridos pode ser o antídoto para relacionamentos acrimoniosos. Não estou sugerindo usar esse método quando a violência está presente ou quando a raiva é muito intensa. No entanto, os parceiros envolvidos em conflitos moderados que revelaram e expressaram suas emoções anteriormente não expressas de tristeza pela perda, medo da ameaça e raiva pela ofensa tiveram um efeito mágico um no outro. Quando os parceiros realmente viram as lágrimas e ouviram o medo ou a raiva um do outro, saíram de seu estado de transe, que consistia em repetir a sua posição vezes sem conta ou em defendê-la. Em vez disso, tornaram-se mais vivos, compassivos, mais suaves e mais interessados e preocupados. Os casais podem ser treinados rapidamente para perceber que, como as emoções formam a base do relacionamento, a expressão de sentimentos genuínos tem um poder incrível de mudar as interações. A vulnerabilidade autêntica desarma e evoca compaixão, enquanto a raiva não manipuladora estabelece um limite e evoca respeito e atenção.

Muitos educadores e terapeutas têm falado sobre ensinar as habilidades de uma boa comunicação, como fazer afirmações do tipo "eu", ter uma atitude de não culpabilizar, ouvir e assim por diante. Eles estão corretos. Todas essas habilidades ajudarão as pessoas a quebrar o ciclo que mantém o conflito. No entanto, a questão é como as pessoas se organizam para adotar essas posturas mais conciliatórias. Elas fazem isso por meio de suas emoções. A compaixão, o carinho, o amor e o interesse das pessoas as organizam para atender e ouvir. O medo e a raiva não expressos as organizam para serem defensivas e muito menos conciliatórias.

Guiando o casal para expressar sentimentos centrais de mágoa

Como os terapeutas ajudam as pessoas a sentir preocupação e carinho de natureza curativa? Como ajudam as pessoas a obter preocupação e carinho de seus parceiros? As respostas são um pouco inesperadas. Não sei como ajudar facilmente as pessoas a se sentirem amorosas, compassivas e compreensivas, mas, conforme indicado anteriormente, descobri algo sobre como ajudar um parceiro a fazer com que o outro experiencie esses sentimentos em relação a ele. Ao compartilhar sentimentos e necessidades relacionados com o apego e a intimidade, os parceiros geralmente abrandam a sua postura um em relação ao outro (Greenberg, Ford, Alden & Johnson, 1993; Greenberg, James & Conry, 1988; Johnson & Greenberg, 1985). Quando as pessoas expressam genuinamente suas necessidades de proximidade ou de identidade de uma maneira que não culpe o outro, seu parceiro passa a ouvir e relaxar. Quando ambos os parceiros se sentem ouvidos e vistos, é muito mais provável que sejam capazes de participar de um envolvimento mais conciliatório, e então ambos começarão a acessar sentimentos mais amorosos.

O melhor que um terapeuta pode fazer é ajudar os parceiros a apresentar seus sentimentos e necessidades da forma mais honesta e aberta possível, de modo que tenham mais probabilidade de ouvir e ver um ao outro. Isso não significa que os parceiros implorem ou se tornem autocomplacentes para tentar ganhar favores; em vez disso, com o apoio do terapeuta e a validação de sua experiência primária, eles se tornam fortes o suficiente para arriscar revelar necessidades de apego e, se essas necessidades não forem atendidas, tornam-se capazes de tolerar atrasos de gratificação. A capacidade de tolerar a falta de resposta envolve a capacidade de lembrar que o parceiro estava disponível no passado e estará novamente disponível no futuro. Essa fé na disponibilidade permite que a pessoa se afaste temporariamente do seu parceiro que não responde no momento e seja capaz de se voltar para si mesma graciosamente, mesmo que não tenha ficado satisfeita. Se, mais tarde, a pessoa for capaz de se voltar para o seu parceiro sem ressentimento, mas com humor, com capacidade de rir de si mesma e com uma aceitação filosófica da inevitabilidade do conflito, isso ajudará a promover a reaproximação. A reconciliação é, em si, uma arte que exige a inteligência emocional da sensibilidade e da empatia pelos próprios estados e por aqueles do parceiro, assim como a habilidade de identificar o momento oportuno.

Nos últimos meses, o trabalho de Bob não está indo bem, e os comentários de Marie de que o irmão comprou um carro lindo fazem com que ele se sinta inadequado. Quando Marie fala do carro do irmão, Bob sente que ela está reclamando que eles não têm dinheiro suficiente, e ele passa a ter um sentimento de vergonha que é difícil de aceitar. Então, surge a raiva, e ele começa a gritar. Bob é simplesmente incapaz de reconhecer e expressar seus sentimentos de desvalorização ou vergonha. Precisa se esforçar para estar mais consciente e para expressar seus sentimentos centrais. Os sentimentos defensivos e manipuladores de raiva e fúria não são úteis. Se forem expressos, criam distância e destroem as ligações. Um terapeuta teria de ajudar Bob a abordar seus sentimentos de vergonha e inadequação e auxiliá-lo a revelar a Marie o que sente quando ela faz esse tipo de comentário.

As pessoas precisam aprender a expressar sua mágoa sem culpar o outro e sem exigir ser confortadas. Precisam ser orientadas para expressar a mágoa, de modo que seus parceiros se sintam livres de ataques e desimpedidos para responder de acordo com os ditames de seus próprios sentimentos. O terapeuta pode conseguir isso ajudando as pessoas a reconhecer que estão magoadas devido à sua própria vulnerabilidade e à sua própria necessidade, e que a outra pessoa não tinha qualquer obrigação de não ter feito o que fez ou de não ter dito o que disse e que foi doloroso.

Digamos, por exemplo, que um marido não prestou atenção enquanto a esposa estava falando sobre algo importante para ela, ou que, em um momento de intimidade para o marido, a esposa mudou de assunto e demonstrou falta de interesse em sexo. Todas essas situações são circunstâncias nas quais as pessoas podem se sentir magoadas ou com raiva. Por exemplo, um parceiro se sentiu magoado por uma rejeição sexual, e isso fazia parte de um padrão no casal. O marido geralmente estava mais interessado em sexo, mas normalmente esperava que a sua esposa fizesse as investidas. Ambos tinham falado sobre esse assunto e concordaram que era um bom sistema para evitar que ele se sentisse rejeitado. No entanto, algumas vezes, ele fazia investidas e, a cada vez, a esposa, embora estivesse disposta a acompanhar, não se mostrava ansiosa, e ele sentia a excitação e a reciprocidade desaparecerem, ficando então magoado ou zangado. Nessa situação, ficava preso. Se ele continuar em silêncio, começará a se dividir em duas partes: uma parte se esconderá e a outra se envolverá com a esposa. Essa não é uma solução satisfatória. Se ele expressar mágoa ou raiva, poderá provocar uma ruptura ainda maior, uma ruptura na ligação do casal. Isso não acontecerá se ele expressar sua raiva de uma maneira não culpabilizante e de coração. Se disser: "Estou achando isso difícil porque estou sentindo de novo a minha mágoa, como se você não me amasse ou não quisesse estar perto de mim, e estou me esforçando para manter contato com você", a sua esposa estará livre para responder como achar melhor. Essa é a chave. Se a esposa se sentir coagida de alguma forma, o marido pode receber uma resposta de reclamação e, mais tarde, acabará sendo o destinatário de mais ressentimento da esposa do que realmente valeu a pena. O Exercício 26 do Apêndice fornece aos casais um guia para discutir de forma construtiva.

Assumindo os sentimentos

Muitas vezes, as pessoas passam a vida sem realmente dizer ao parceiro o que está em seu coração e em sua mente. Parece tão difícil falar dos sentimentos internos. As pessoas têm muito medo de parecerem tolas, de serem rejeitadas ou de não obterem a resposta que desejam. Na terapia conjugal, um dos mitos quase universais que — infelizmente — precisa ser desfeito, ou pelo menos posto de lado, é a fantasia do "aquário": acreditar que um cônjuge deve ser capaz de ver dentro do outro e, portanto, estar ciente de todos os sentimentos e pensamentos que "nadam" por lá. As pessoas partem do pressuposto nocivo de que seus parceiros devem saber o que elas sentem e precisam sem que tenham de esclarecer. Podem acreditar também que, se tiverem de esclarecer, o que lhes será dado não terá o mesmo valor daquilo que é ofertado de maneira espontânea. Há alguma verdade na noção de que um gesto espontâneo nos dá uma prova das intenções do nosso parceiro — mais especificamente, do amor dele. No entanto, exigir constantemente provas de amor não é maneira de manter um relacionamento a longo prazo. Ser capaz de expressar o que se sente e pedir o que se quer e precisa é a melhor forma de garantir a satisfação e um relacionamento mais tranquilo. Quando o que é pedido é dado com boa vontade, isso é prova suficiente de carinho.

Quando os parceiros estão em dificuldades como casal, quando estão presos na raiva, na decepção e na distância, é preciso ajudá-los a se concentrar no que estão realmente sentindo e a tentar expressar esses sentimentos sem culpar o outro. Em geral, a pessoa sente-se triste ou com medo da perda da conexão. Os parceiros precisam ser capazes de ouvir esses sentimentos de uma forma não defensiva em si próprios ou em seus parceiros. Não culpar e não defender está no cerne do restabelecimento da intimidade. Isso significa que cada parceiro deve ser capaz de se concentrar em si mesmo, de falar sobre o "eu" e não sobre "você". Ajudar cada parceiro a se concentrar em si mesmo e dizer como é por dentro ajuda a desfazer a culpa.

Claramente, falar dessa forma, assumindo a mágoa ao dizer "Estou sentindo minha mágoa" em vez de "Você me magoou", é ter uma conversa sobre sentimentos, e as pessoas precisam ser treinadas para serem capazes de fazer isso e se sentirem confortáveis. Considere um jogador de futebol de cem quilos ou uma jovem durona que quer ser independente, ou ainda um executivo de alto nível que está acostumado a dar ordens. Se eles não conseguem aceitar se sentir fracos, magoados e carentes sem ficar zangados, e se não conseguem comunicar isso à sua maneira, então estão condenados a relacionamentos íntimos difíceis e menos satisfatórios. Todo mundo tem necessidades às vezes, como um bebê, e todo mundo às vezes precisa de cuidados. Não há nada de errado nisso. Em suas necessidades de apego, os adultos demandam cuidados tanto quanto uma criança. Isso não é infantil; ser capaz de expressar as próprias necessidades é uma capacidade altamente adulta. É madura, desde que as pessoas consigam integrar a cabeça com o coração e tolerar frustrações se os parceiros não forem capazes responder às suas necessidades de dependência. Os parceiros também precisam aprender a alternar entre cuidar e ser cuidados. Estar vulnerável e necessitado quando o outro está disponível para realmente apaziguar e atender às necessidades de uma forma atenciosa e próxima é maravilhosamente nutritivo e revigorante. Torna-se um problema somente quando ambos os parceiros precisam ser cuidados ao mesmo tempo. Assim como é muito difícil ter dois bebês carentes em casa ao mesmo tempo, é difícil lidar com dois adultos que têm necessidades de dependência. Quando ambos se sentem esgotados e necessitam de cuidados, um deles deve crescer rapidamente; caso contrário, ambos acabam gritando de forma exigente. Os papéis de cuidador e de dependente devem ser flexíveis, e os parceiros devem ser capazes de alterná-los.

Outro elemento importante na resolução de conflitos é que cada pessoa seja clara quanto à necessidade ou ao objetivo que motiva suas interações. Quando o objetivo mais elevado de um parceiro é ficar bem com o outro, e essa pessoa tem um verdadeiro desejo de preservar e melhorar o relacionamento, suas respostas serão tão construtivas quanto possível. Muitos casais dançam a valsa do controle sem fim: "Estou certo; você está errado". Para que os relacionamentos funcionem, os parceiros devem decidir que, na vida, é mais importante ser feliz do que ter razão. Então, começarão a ver que o desacordo é uma questão de ser diferente e não de estar certo ou errado.

Guiando o casal para a valorização entre os parceiros

Outro elemento importante para se dar bem com o outro é sentir e expressar apreço por ele. As pessoas devem ser capazes de expressar seus sentimentos positivos e negativos aos seus parceiros. Embora faça sentido que as pessoas precisem expressar mais sentimentos positivos do que negativos, elas logo esquecem essa regra de ouro em um relacionamento (Gottman, 1997). Alguns casais têm problemas porque os aspectos positivos são considerados tão garantidos que os parceiros acabam por expressar apenas os negativos. Por outro lado, alguns casais sentem que não têm permissão para expressar os sentimentos negativos e os evitam por completo. Nenhuma dessas estratégias é construtiva. Os terapeutas precisam ajudar as pessoas a expressar apreço umas pelas outras e a se envolver em comportamentos de doação que façam com que cada uma se sinta cuidada. Um pouco de positividade ajuda muito as pessoas a manterem boas ligações.

14

Orientação para o desenvolvimento emocional na parentalidade

Eu cresci em uma casa sem amor ou emoção — isso meio que fica grudado em você.
— **Billy Corgan**

Avi é uma criança que só gosta de sorvete de chocolate e não suporta baunilha. Ele tem três anos de idade e está participando de uma festa de aniversário de um amigo pela primeira vez. A festa está terminando, e foi um momento emocionante, mas todos estão cansados e começando a ficar irritados. Então chega o sorvete! É de baunilha. Desapontado, Avi começa a parecer muito infeliz. Dirige-se até o pai e diz: "Quero sorvete de chocolate". O pai responde: "Lamento, Avi, eles só têm sorvete de baunilha".

"Quero chocolate", Avi reclama. Os outros pais olham para o pai dele. Ele fica tenso. Como deve lidar com isso? O pai sabe que não pode conseguir outro sorvete para Avi, mas percebe que seu filho está chateado e que pode oferecer compreensão e conforto a ele.

"Você queria ter sorvete de chocolate." Avi olha para cima e concorda com a cabeça.

"E você está com raiva porque não conseguimos o que você quer."

"Sim."

"Você queria poder ter o de chocolate agora mesmo, e parece injusto que as outras crianças tenham sorvete e você não."

"Sim", Avi diz de forma mais assertiva, mas sem resmungar mais.

"Sinto muito por não podermos conseguir o seu sorvete favorito, e sei que isso é muito frustrante."

"Sim", Avi responde, parecendo muito menos chateado.

"Eu realmente sinto muito."

Avi parece aliviado e, quando seu pai sugere: "Podemos pegar um sorvete de chocolate quando chegarmos em casa", ele fica bastante satisfeito e sai correndo para brincar. Muitos anos depois, o pai descobre que algumas pessoas que têm gostos sensíveis acham a baunilha aversiva.

Esse tipo de compreensão empática dos sentimentos de uma criança é fundamental na orientação ao desenvolvimento emocional da parentalidade. As ações do pai foram muito mais eficazes do que tentar convencer Avi a aceitar o que ele não queria ou dizer que ele era ingrato, que deveria ser mais flexível e comer o que lhe foi oferecido. Se os pais fossem capazes de se colocar no lugar dos filhos e ver o mundo através dos olhos deles, é provável que as crianças se sentissem muito menos isoladas e solitárias. Ignorar os sentimentos das crianças não faz com que esses sentimentos desapareçam; pelo contrário, sentimentos ruins tendem a se dissipar quando as crianças podem falar sobre eles, expressá-los em palavras e se sentir compreendidas e consoladas pelo conforto e pela preocupação dos pais. As crianças então veem seus pais como aliados em sua luta para entender as coisas em seus mundos internos e externos, e passam a buscar mais frequentemente o apoio deles.

Por mais fácil que seja entender o que é empatia, é extremamente difícil praticá-la com os próprios filhos. Falo por experiência. Os pais precisam ser capazes de desacelerar e se livrar das muitas ansiedades que podem impedi-los de sentir empatia. A ansiedade — como o desejo de proteger os filhos das rejeições que sofrem, a preocupação com a ideia de que eles não se tornem "bons", as expectativas de como queremos que sejam, as preocupações autoconscientes sobre os outros que observam e o desejo de criá-los da maneira certa — faz parte de ser pai ou mãe. Se uma filha chega em casa e diz que seus amigos a rejeitaram, é importante parar e responder à sua dor em vez de correr para resolver o problema, dar conselhos ou tentar fazer com que ela seja menos sensível. Esse estilo de relacionamento faz parte da orientação ao desenvolvimento emocional.

O desenvolvimento emocional dos pais envolve ajudá-los a se tornarem orientadores emocionais de seus filhos. Isso inclui orientar os pais para que se tornem conscientes e saibam gerenciar suas próprias emoções, além de ensiná-los a lidar com as emoções dos filhos. Às vezes, o trabalho envolve orientar apenas os pais para ajudar seus filhos a focar e gerenciar suas emoções. Outras vezes, o trabalho com os pais junto com seus filhos é indicado. Nesse último caso, os pais são orientados sobre como responder às emoções dos filhos à medida que elas surgem nas interações reais. Por exemplo, pais que estão tendo problemas com seus filhos podem ser orientados sobre como segurar seus bebês, como ser responsivos vocalmente e como ser mais atentos e recíprocos nos seus olhares.

Este capítulo foi escrito para os pais a fim de ajudá-los a entender a importância da orientação ao desenvolvimento emocional na parentalidade. O orientador parental pode usar a perspectiva apresentada para auxiliar na psicoeducação dos pais. Um guia mais detalhado para pais e terapeutas pode ser encontrado no trabalho de Gottman (1998) sobre desenvolvimento emocional.

Desenvolvimento emocional na parentalidade

John Gottman, um psicólogo que estudou as filosofias das emoções parentais, descobriu que os filhos de pais com uma filosofia de orientação emocional apresentavam um desempenho muito melhor em diversos domínios em comparação com os filhos de pais com uma filosofia de rejeição das emoções (Gottman, 1997). No estudo de Gottman (1997), as atitudes dos pais em relação às emoções e suas interações com seus filhos de cinco anos foram medidas no Tempo 1. Três anos depois, no Tempo 2, as crianças, então com oito anos, foram novamente avaliadas em vários aspectos. Esses indicadores incluíram relações com os colegas avaliadas pelos professores, desempenho acadêmico, relatórios dos pais sobre a necessidade de regulação emocional dos filhos e saúde física das crianças. As crianças com pais que aplicaram a orientação ao desenvolvimento emocional no Tempo 1 tiveram um melhor desempenho acadêmico no Tempo 2. Controlando o QI, verificou-se que suas notas de matemática e leitura foram mais altas. Elas também se davam melhor com os colegas e tinham habilidades sociais mais consistentes, e suas mães relataram que apresentavam menos emoções negativas e mais emoções positivas. Essas crianças tinham níveis mais baixos de estresse em sua vida, conforme medido por hormônios relacionados ao estresse na urina, frequência cardíaca mais baixa em repouso e recuperação mais rápida do estresse. Além disso, foi relatado que tinham menos infecções e resfriados. As conclusões gerais desse estudo foram que os pais cujos filhos estavam se saindo melhor nesses indicadores no Tempo 2 apresentavam características específicas no Tempo 1.

Os pais das crianças bem-sucedidas demonstraram níveis mais altos de consciência emocional tanto de suas próprias emoções quanto das de seus filhos. Tinham uma filosofia de orientação emocional que oferecia aceitação e assistência para lidar com a raiva e a tristeza. Além disso, em vez de serem depreciativos (intrusivos, críticos, sarcásticos) ou simplesmente calorosos (positivos, mas não focados em emoções) em seu comportamento, eles eram não apenas calorosos, mas também mais focados nas emoções e capazes de fornecer direcionamento quando necessário e de elogiar quando o comportamento dos filhos era adequado ao objetivo. Essa estrutura e os elogios eram oferecidos de forma descontraída — por exemplo, estabelecendo simplesmente os objetivos e procedimentos de um jogo a ser jogado e não sobrecarregando as crianças com muita informação. Esses pais esperavam que seus filhos agissem sem pressioná-los, e comentavam sobretudo quando a criança fazia algo certo. Os pais que estavam a um nível baixo nessa dimensão ofereciam pouca estrutura e muita informação às crianças, o que as excitava ou as confundia. Eles faziam comentários sobre os erros cometidos e eram geralmente críticos.

A orientação emocional ajudou as crianças a regular essas emoções e a desenvolver a capacidade de se acalmarem. A mentoria emocional focada nos sentimentos das crianças teve um efeito calmante nelas, o que levou a mudanças nas respostas do sistema nervoso parassimpático, afetando aspectos como a frequência cardíaca e as habilidades de atenção. Um ponto de grande interesse é que as crianças que, aos cinco anos, receberam orientação emocional — ou seja, a capacidade de falar sobre emoções enquanto as sentiam — não eram excessivamente emocionais com seus colegas aos oito anos. Na verdade, foi observado o oposto. Ser apropriadamente "tranquilo" era a norma, e as crianças com boa orientação emocional pareciam ser as mais competentes com seus colegas, pois desenvolveram habilidades para lidar adequadamente com as situações. Provavelmente, elas estavam mais conscientes de suas emoções, conseguiam regular seus sentimentos de frustração com mais facilidade, tanto fisiológica quanto comportamentalmente, e podiam prestar mais atenção aos aspectos relevantes da situação. Também é provável que tenham descoberto como aprender em situações que evocam emoções.

As características dos pais que tiveram um efeito tão poderoso em seus filhos e que definiram a orientação emocional foram as seguintes:

- tomada de consciência de emoções, até mesmo de baixa intensidade, em si mesmos e em seus filhos;
- capacidade de ver as emoções negativas de seus filhos como oportunidades para intimidade ou ensino;
- empatia e validação das emoções de seus filhos;
- oferecimento de ajuda aos filhos para que pudessem verbalizar suas emoções;
- resolução de problemas com seus filhos, estabelecendo limites comportamentais, discutindo metas e oferecendo estratégias para lidar com situações que geram emoções negativas (Gottman, 1997).

Esses pais claramente possuem todos os elementos da inteligência emocional: consciência emocional, empatia e capacidade de pensar e regular as emoções. Observe que a parentalidade com inteligência emocional envolve mais do que calor ou imposição de limites, seja de forma isolada ou em combinação. Ela envolve um estilo de orientação emocional que implica estar atento às emoções e ser capaz de lidar com elas. Os pais precisam se sentir à vontade com suas próprias emoções. Não precisam sempre expressá-las, mas não devem ignorá-las. Um elemento crucial da orientação emocional é ser capaz de falar com as crianças enquanto estão experienciando seus sentimentos e ajudá-las a colocar esses sentimentos em palavras. Isso as ajuda a entender suas emoções e as situações que as evocam. Assim como acontece com os adultos, colocar as emoções em palavras é uma forma de integrar razão e emoção nas crianças e criar novos vínculos entre diferentes partes do cérebro. Isso ajuda a integrar os sentimentos em uma história significativa que explique as coisas. Além disso, ajudar as crianças a fazer a transição de um estado emocional para outro é um aspecto importante da orientação. Nesse processo, são construídas pontes entre diferentes estados emocionais, incentivando a flexibilidade para transitar entre eles. Uma criança que chora é primeiro acalmada e, em seguida, os pais lhe oferecem um estímulo novo e empolgante, como uma careta engraçada, um som divertido ou uma experiência, como ser rapidamente levantada no ar com o som de um motor. Isso ajuda a criança a fazer a transição para um novo estado emocional. Experiências repetidas desse tipo ajudam-na a desenvolver sua própria capacidade de se apaziguar e mudar de estado emocional.

Uma atitude parental de rejeição das emoções, por outro lado, vê a tristeza e a raiva das crianças como potencialmente prejudiciais para elas. Esses pais acreditam que precisam mudar essas experiências emocionalmente disruptivas o mais rápido possível e que a criança precisa entender que essas emoções negativas não são importantes e logo desaparecerão se ela simplesmente as superar. Não é que esses pais sejam necessariamente insensíveis às emoções, mas sua abordagem à tristeza, por exemplo, é ignorá-la ou negá-la tanto quanto possível e tentar apaziguar a raiva ou puni-la. Eles dizem coisas como "Ver meu filho triste me deixa desconfortável" ou "A tristeza precisa ser controlada" (Gottman, 1997). Esses não são pais para quem a emoção é um complemento bem-vindo à vida. Em vez disso, acreditam que "não é certo" ter sentimentos, que os sentimentos precisam ser minimizados e evitados, e que sentimentos negativos são perigosos e até "coisas do diabo". Alguns pais minimizam a tristeza em si mesmos — "Qual é a utilidade de estar triste?" — e em seus filhos — "Que motivos uma criança tem para ficar triste?".

Os pais têm uma oportunidade tremenda de influenciar a inteligência emocional de seus filhos. Com as respostas dos pais às suas emoções, os bebês aprendem que as emoções têm um sentido de direção e que suas necessidades podem ser atendidas. Aprendem que é possível passar de um sentimento a outro, em vez de serem dominados por suas emoções. Em particular, aprendem que é possível passar da angústia, da raiva e do medo para sentimentos de calma, satisfação e alegria.

Começam assim a construir as pontes que serão tão importantes na vida para ajudá-los a fazer a transição do desconforto para a calma. Bebês com pais não responsivos aprendem que, quando estão sofrendo e choram, experienciam apenas mais angústia. Nunca tiveram um guia que os conduzisse de um estado a outro, que os guiasse da angústia para o conforto; portanto, não aprendem a se autoapaziguar. Em vez disso, um sentimento ruim é um buraco negro que os devora.

Os terapeutas devem recomendar aos pais que comecem muito cedo a ensinar habilidades de inteligência emocional a seus filhos e continuem esse ensino durante toda a infância. As habilidades nas quais os pais precisam ser treinados incluem abrir canais de comunicação emocional com seus filhos desde a infância, de modo que possam ajudá-los a desenvolver um "vocabulário emocional" cedo a partir do qual possam crescer. Os pais devem aprender a encorajar os filhos a falar sobre como se sentem em relação aos acontecimentos de sua vida; precisam também ouvir como seus filhos se sentem sem julgar. Os pais devem reconhecer as emoções menos intensas de seus filhos, não apenas as mais intensas. Se uma criança parece hesitante ou nervosa em relação à audição do coral que ocorrerá amanhã, é melhor falar com ela sobre isso hoje do que esperar que ela fique paralisada de medo no dia seguinte. Oferecer atividades e brinquedos que ajudem as crianças a explorar e expressar seus sentimentos também é muito útil para desenvolver um vocabulário emocional. Para desenvolver a inteligência emocional de seus filhos, os pais devem escolher brinquedos e jogos que ajudem as crianças a reconhecer seus sentimentos, identificar suas emoções, comunicar como se sentem e ouvir o que as outras pessoas dizem sobre seus sentimentos.

Pais e seus bebês

As emoções são fundamentais na forma como pais e filhos se relacionam. Por meio da expressão emocional, pais e filhos aprendem sobre os desejos, as intenções e os pontos de vista uns dos outros. As emoções das crianças sinalizam o que está funcionando ou não em seus relacionamentos muito antes de elas poderem falar. Estar atento às emoções das crianças desde o nascimento é, portanto, uma das tarefas mais centrais da parentalidade. Os bebês são instáveis e facilmente excitáveis. Incapazes de controlar suas próprias reações, são propensos a frustrações súbitas, aborrecimento e fadiga. Eles dependem dos adultos para interpretar seus sinais emocionais.

No início, prestar atenção às emoções das crianças é natural para muitos pais. No nascimento e nos primeiros anos de vida do filho, os pais ouvem e observam atentamente cada nuance de expressão, tentando entender esse pequeno ser maravilhoso e todos os desejos de sua majestade. O bebê chora e os pais correm para confortá-lo. O bebê sorri e eles ficam radiantes. Em geral, os pais humanos estão incrivelmente sintonizados com seus bebês, muito mais do que os de qualquer outra espécie. Os bebês humanos nascem muito mais indefesos do que outros mamíferos: precisam de quem cuide deles. As crianças são totalmente dependentes dos pais para sua sobrevivência. Os pais estão tão sintonizados que não só se encantam com cada arrulho e gorgolejo, mas também vão verificar à noite, no silêncio, se seus filhos estão respirando. No outro extremo da parentalidade, estão os pais que não apenas não estão sintonizados com seus bebês, mas também ficam perplexos com esses pequenos "pacotes" de emoções. Não conseguem entender por que os bebês não vêm com manuais de instruções. Esses pais precisam de uma orientação mais explícita no reconhecimento das emoções, na compreensão do que elas significam e de como reagir. Nesses casos, a orientação para pais e bebês é altamente indicado (Stern, 1995). Van den Boom (1994) descobriu que uma intervenção de orientação de três meses para bebês irritáveis de seis meses e suas mães, projetada para melhorar a sensibilidade materna e a capacidade de resposta, melhorou a qualidade da interação mãe-bebê e a exploração e o apego do bebê. Ao final dos três meses de orientação, as mães eram mais responsivas, estimulantes, visualmente atentas e controlavam melhor o comportamento de seus bebês. Os bebês obtiveram pontuações mais altas em sociabilidade, capacidade de autoapaziguamento e exploração, além de chorarem menos. Aos 12 meses, os bebês que tinham recebido a intervenção demonstraram apego mais seguro do que aqueles que não a haviam recebido.

Os bebês humanos são muito mais dependentes do que os de outras espécies e também possuem uma plasticidade neural muito maior. Por estarem tão preparados para aprender, o que lhes acontece nos primeiros anos de vida, particularmente na sua experiência emocional, os molda de maneira profunda. A vida familiar proporciona aos bebês suas primeiras lições emocionais. É nessa escola íntima que as crianças aprenderão quem são com base na forma como são tratadas. Aprenderão como os outros reagem a seus sentimentos e, a partir daí, começarão a desenvolver atitudes em relação a suas próprias emoções e aprenderão a lidar com elas. Isso não significa que os bebês venham ao mundo como "tábulas rasas" a serem escritas pela experiência. Eles têm seus próprios temperamentos, capacidades e tendências emocionais. Os bebês são, sem dúvida, agentes ativos que promovem o seu próprio desenvolvimento, mas que precisam de muita assistência de seus cuidadores para encontrar o seu caminho. Uma vez que o encontram, eles realmente se lançam ao mundo.

Por mais incrível que pareça, o cérebro desses pequenos seres dependentes contém as sementes de muitas de suas futuras capacidades para dominar o mundo ao seu redor. Essas sementes estão apenas esperando por uma oportunidade de se desenvolver. Os bebês nascem com muitas capacidades emocionais que lhes fornecem tudo o que precisam para sobreviver em uma ligação estreita com o cuidador, o vínculo emocional mais próximo que experimentarão. De especial importância são as capacidades de conexão proporcionadas por um sistema emocional inato. A forma como se responde a essas emoções estabelece a base para o desenvolvimento emocional futuro.

Um bebê que é amamentado e cujas necessidades são atendidas com atenção amorosa e afeição absorve o olhar amoroso e os braços receptivos de sua mãe juntamente com o leite e volta a dormir satisfeito. Esse bebê aprende que as pessoas podem ser confiáveis para perceber suas necessidades e ajudar e que seus próprios esforços para satisfazer suas necessidades terão sucesso. Uma criança que encontra os braços tensos de uma mãe irritada e sobrecarregada, que olha vagamente para frente esperando que a amamentação termine, aprende outra lição. Ao ficar tensa em resposta à tensão da mãe, essa criança aprende que ninguém realmente se preocupa, que não se pode contar com as pessoas para ajudar e que seus esforços para satisfazer suas necessidades não serão satisfatórios (Stern, 1985). Descobriu-se que mães deprimidas passam menos tempo olhando, tocando e conversando com seus bebês; mostram pouco ou nenhum afeto positivo e frequentemente falham em responder aos sinais de seus filhos. Os bebês, por sua vez, mostram níveis de atividade anormais e menos afeto positivo. Parece que, devido à exposição frequente às respostas desadaptativas de suas mães, esses bebês desenvolvem um estilo de interação disfuncional (Field, 1995). Um estilo parental que seja responsivo e sensível aos sinais da criança resulta em bebês com alta competência social e cognitiva.

Legerstee e Varghese (2001) estudaram o papel do espelhamento afetivo ou da capacidade de resposta empática das mães no desenvolvimento de lactentes de 2 a 3 meses de idade. As mães eram classificadas com um alto nível de espelhamento afetivo se exibissem os seguintes comportamentos: ser mais atentas, mantendo, juntando-se ou seguindo o foco de atenção de seu bebê, comentando, por exemplo, "Você está olhando para suas meias? São meias bonitas, não são?"; ser calorosas e sensíveis em suas respostas aos sinais afetivos do bebê, incluindo prontidão e adequação das reações, aceitação do interesse do bebê, quantidade de afeto físico, afeto positivo e tom de voz; e ser socialmente responsivas, imitando os sorrisos e as vocalizações do bebê e modulando o afeto negativo. Observe a semelhança entre essas dimensões e as da empatia recomendadas para o desenvolvimento emocional empático. Bebês de mães que respondiam dessa maneira mostraram-se mais responsivos, refletindo o afeto da mãe e sorrindo, arrulhando e olhando mais para suas mães do que os bebês de mães classificadas com baixo espelhamento afetivo. Esses bebês exibiram mais comportamentos sociais, compartilharam estados afetivos com mais frequência com suas mães e distinguiram entre interações ao vivo com suas mães e reproduções em vídeo delas. Eles interagiram mais com suas mães reais do que com um vídeo delas, enquanto os bebês de mães com baixo espelhamento afetivo não fizeram essa distinção.

Os bebês entram no mundo com um sistema emocional altamente responsivo em nível interpessoal, pronto para funcionar. Logo após o nascimento, respondem positivamente a configurações faciais. Máscaras com formato de rosto logo evocam sorrisos. As crianças pequenas reagem com medo a sombras ameaçadoras e até desviam o olhar de objetos que se aproximam rapidamente. Essa última reação foi demonstrada em um experimento que simulava um míssil que se aproximava rapidamente com um ponto em expansão em uma tela de TV (Sroufe, 1996). O ponto crescia rapidamente até preencher a tela onde o olhar do bebê estava fixado. Os bebês desviavam automaticamente a cabeça e os olhos para proteger seu rosto do aparente "míssil" que se aproximava em alta velocidade.

Os bebês também começam a aprender muito cedo em seu desenvolvimento. Quando chegam à idade "avançada" de cerca de quatro dias, já conseguem discriminar e mostrar preferência por uma almofada saturada com leite de sua própria mãe em detrimento de uma saturada com leite de uma estranha. Logo, distinguem entre objetos animados e inanimados, mostrando maior interesse e preferência por seres vivos. Estímulos novos, até mesmo novas sequências de luzes piscando, atraem mais a sua atenção do que as mesmas coisas repetidas continuamente. As primeiras semanas e meses são muito movimentados, não só para os cuidadores, mas também para os bebês, enquanto seus cérebros crescem e se desenvolvem, e mais conexões neuronais diferenciadas estabelecem um conjunto de caminhos de grande importância. As trilhas menos percorridas murcharão e simplesmente desaparecerão, enquanto as mais praticadas se tornarão vias bem construídas para o futuro.

Aprender ajuda o cérebro a crescer. As crianças que praticam regularmente violino ou piano desde cedo, por exemplo, entre 4 e 10 anos, apresentam muito mais conexões neuronais desenvolvidas nas áreas do cérebro relacionadas com a música. Isso inclui áreas muito mais diferenciadas relacionadas com a coordenação dos dedos e dos olhos. Os cérebros dos maestros são, portanto, moldados pela prática precoce, de uma maneira e em uma velocidade que nunca mais serão observadas novamente. Os futuros gênios musicais estão sendo formados pela prática na infância, logo após deixarem o berço, e áreas dos cérebros jovens de jogadores de futebol e de beisebol estão sendo desenvolvidas nos parques infantis. Enquanto chutam e batem em bolas ou em qualquer coisa que se assemelhe a elas, o cérebro cria novos elos de conexão que governam a coordenação motora.

As crianças são, portanto, ativas; são seres em formação desde o primeiro dia.

A forma como os pais respondem às suas comunicações primárias — as emoções — é de grande importância para o bem-estar infantil. A tomada de consciência das emoções das crianças é praticamente uma capacidade natural, em particular se alguém teve uma boa educação quando criança ou se teve outros relacionamentos saudáveis. As crianças também parecem ser seres emocionais altamente talentosos. No entanto, tragicamente, esse talento muitas vezes se deteriora à medida que elas se desenvolvem. Conforme os bebês crescem e desenvolvem a linguagem, os pais geralmente prestam cada vez menos atenção a seus sentimentos e, em meio às preocupações e estresses da vida, muitas vezes esperam que os filhos falem por si mesmos. Quando chegam à adolescência, os filhos não querem mais que os pais saibam o que estão sentindo e, muitas vezes, os pais perdem o interesse. É nas pequenas trocas emocionais cotidianas, bem como nas grandes, que são formados os moldes. Com muita frequência, os pais enviam mensagens como "Estou ocupado com algo importante — não me incomode". Por que os pais deixam de prestar atenção aos sentimentos dos filhos à medida que eles crescem?

Uma razão importante é a própria filosofia de gerenciamento das emoções dos pais (Gottman, 1997). Na medida em que os pais sentem que suas próprias emoções e as dos outros precisam ser suprimidas, controladas e evitadas, deixam de prestar atenção às emoções de seus filhos. Os pais acreditam que seus filhos precisam aprender as lições de controle emocional e os méritos de não serem mais bebês. A idade adulta, nessa perspectiva, envolve o controle das emoções — na pior das hipóteses, por meio de castigos físicos, e, na melhor, por meio do controle racional das emoções. A visão dos benefícios do controle emocional é recompensada por sua aparente validade. Os pais geralmente não querem que seus filhos sejam chorões ou fracos. A popularidade não anda de mãos dadas com a capacidade emocional, seja na infância ou na idade adulta. Ser forte é uma qualidade muito admirada e muito desejada. No entanto, como já argumentei, a verdadeira força e inteligência emocional em longo prazo resultam da integração entre razão e emoção, e não do controle sobre as emoções.

Os próprios sentimentos e pensamentos dos pais em relação às suas emoções é que exercem maior influência na forma como lidam com os sentimentos dos filhos. Os pais criam os filhos de acordo com a sua própria imagem. Pesquisas mostraram que formas estereotipadas de lidar com as emoções relacionadas com o gênero, por exemplo, são influenciadas pelo modo como os pais contam histórias a seus filhos (Chance & Fiese, 1999). As mães tendem a contar histórias com temas de decepção e tristeza. Os pais, em geral, são menos propensos a usar temas emocionais em suas histórias. As mães exibem mais propensão a contar histórias de tristeza às filhas do que aos filhos e também demonstram maior expressividade em relação às filhas, o que pode explicar a maior sociabilidade das meninas e a sua tendência mais forte a sorrir em interações sociais (Magai & McFadden, 1995). A maneira como os pais contam histórias e expressam emoções para os filhos parece ser uma via importante para transmitir informações relacionadas com o gênero sobre as emoções e sua expressão.

Foi também constatado que as mães influenciam as expressões emocionais de seus bebês ao longo do tempo. Magai e McFadden (1995) resumiram seu estudo longitudinal sobre o desenvolvimento expressivo de bebês e mães durante um período de cinco anos. Descobriram que as mães se engajavam em comportamentos que poderiam ser entendidos como tentativas de moderar as expressões emocionais de seus bebês. As mães restringiam suas respostas a sinais sociais mais positivos, como interesse e alegria, e, ao longo dos anos, aumentaram suas respostas de correspondência a essas emoções nos bebês, ao mesmo tempo que diminuíram suas respostas de correspondência às expressões de dor deles. Os bebês que receberam maior frequência de modelagem materna de alegria e interesse mostraram maiores ganhos nessas emoções entre 2,5 e 7,5 meses de idade.

Assim, os pais devem aprender a ver as emoções de seus filhos como oportunidades íntimas para se conectar com eles, para se aproximar e validar suas experiências. Esse é o primeiro passo para ajudar as crianças a aprender sobre o gerenciamento inteligente das emoções. Os pais não devem invalidar e ignorar as emoções de seus filhos, tratá-las como intrusões indesejáveis ou disrupções a serem eliminadas ou controladas.

A seguir, abordarei a orientação ao desenvolvimento emocional de pais sobre como lidar com as emoções de seus filhos que, mais tarde, acabam por preocupá-los tanto.

Como lidar com a tristeza das crianças

O clamor por amor comove o coração de todos. As necessidades de amor e de cuidados afetuosos dos bebês levam praticamente todas as pessoas a oferecer esses cuidados. Os bebês que não recebem amor e cuidados afetuosos não conseguem se desenvolver e tornam-se tristes e deprimidos. A solidão e a impotência são os instigadores da tristeza de pessoas de todas as idades e, quando prolongadas, produzem depressão. A perda de amigos e de estima, as decepções, a incapacidade de alcançar objetivos e a perda do primeiro amor e de amores posteriores produzem tristeza nas crianças. Não se sentir amado e ter pouca autonomia ou uma sensação de impotência leva ao desespero na adolescência.

Como os pais podem orientar seus filhos sobre a tristeza da vida, sem a qual ninguém pode amadurecer? Os pais moldam as emoções dos filhos pela maneira como respondem a essas emoções, pela linguagem que utilizam para descrever os sentimentos, pelas emoções específicas que eles próprios demonstram e por responderem a algumas emoções em detrimento de outras. A conversa sobre sentimentos é muito importante no desenvolvimento das crianças. Em um estudo (Sroufe, 1996), quanto mais as mães conversavam com seus filhos de três anos sobre seus estados emocionais, mais habilidosas as crianças se tornavam aos seis anos para julgar emoções exibidas por adultos desconhecidos. Veja o seguinte exemplo de interação sobre sentimentos entre uma mãe e o seu filho de dois anos, Dennis:

Dennis (D): Come meus cereais. Come meus cereais. (Chorando)

Mãe (M): Chorando? Estamos tendo uma verdadeira luta, não estamos, Dennis? Só mais uma colherada agora. E, ah, meu Deus, o que você faz? Você cospe tudo.

D: Chorando! (Finge que está chorando)
M: Dennis está chorando. Não quer cereais. A mamãe queria que ele comesse mais um. Dennis está triste. Chorando.
D: Dennis triste. Chorando.

Aqui, mãe e filho estão começando a desenvolver uma experiência compartilhada, na qual estão aprendendo a se entender melhor. Ninguém sabe realmente por que Dennis estava chorando a princípio, mas sua mãe está tentando entender, e Dennis está aprendendo o que sua mãe pensa sobre o motivo de seu choro. Juntos, eles estão construindo uma visão compartilhada do que está acontecendo. A mãe é uma mentora, uma espécie de orientadora emocional, que aqui está simplesmente ajudando Dennis a colocar palavras nos sentimentos e a ligá-los à situação. Mais tarde, à medida que Dennis se desenvolve, sua mãe fará mais orientação, ajudando-o com formas apropriadas de expressão e ação. Aos três anos, quando as crianças veem outra chorando ou magoada, reagem com preocupação e podem até correr para chamar a mãe da criança. Mesmo antes disso, elas já compreendem as causas dos sentimentos e os antecedentes comuns da tristeza, dizendo coisas como "Mamãe triste; o que é que o papai fez?" ou "Eu choro. A moça me pega no colo e me abraça". Os pais precisam ser orientados para se envolver nessas conversas sobre sentimentos.

Os pais podem lidar com sucesso com a tristeza de seus filhos seguindo os passos propostos a seguir. Esses passos podem ser ensinados em um grupo psicoeducacional e oferecidos aos pais como um guia:

1. Seja consciente até mesmo da tristeza de baixa intensidade em você e em seu filho. É necessário prestar atenção aos sinais não verbais ou verbais leves de decepção, solidão, impotência ou desistência, e não apenas ao choro e outras formas mais ruidosas de angústia.
2. Encare a tristeza de seu filho como uma oportunidade para intimidade ou aprendizado. A intimidade muitas vezes envolve compartilhar sentimentos dolorosos. Não há nada tão precioso quanto compartilhar o sentimento de dor de seu filho; essa é uma oportunidade real de se aproximar. Ser capaz de ajudar a aliviar a tristeza, como um bônus, trará alívio e lhe proporcionará muita satisfação e gratidão. Não tenha medo da tristeza do seu filho; se você tiver, apenas ensinará seu filho a temer a tristeza. Não evite a tristeza; se o fizer, seu filho também aprenderá a evitá-la. No entanto, à medida que as crianças crescem e chegam à adolescência, começam a se separar dos pais e a formar suas próprias identidades. Tornar-se autônomo passa a ser o objetivo mais importante. Agora, você precisa ajustar seu estilo para se adaptar ao humor do seu filho. A tristeza do adolescente só pode ser discutida ou compartilhada se houver convite. Não perca essa oportunidade. Se seu filho mostrar que está triste, isso já é um convite suficiente. Você pode dizer que ficaria triste se aquilo tivesse acontecido com você. Seu mentoreamento deve continuar à medida que seu filho cresce, mas, quando ele estiver com mais idade, não diga que ele está triste até que ele mesmo o faça. Aproximar-se demais de um sentimento associado à fraqueza, como a tristeza, quando o adolescente está lidando com questões de competência e força e ainda não

está pronto para lidar com esses sentimentos, é potencialmente desastroso. Aproximar-se demais fará com que o adolescente se retraia e pode ferir o seu orgulho, em vez de promover a abertura que você busca.

3. Valide a tristeza do seu filho. Isso é crucial. Já é doloroso o suficiente estar triste; ter essa tristeza invalidada com frases como "Não seja chorão" ou "Não há razão para ficar triste" gera vergonha. A validação envolve dizer algo como "É triste ou decepcionante quando X não dá certo". Encontre maneiras de realmente entender a validade da tristeza do seu filho.

4. Ajude seu filho a verbalizar as emoções que ele sente. Como indica o exemplo anterior de Dennis e da conversa sobre sentimentos com sua mãe, falar sobre sentimentos desde uma tenra idade é uma maneira importante de ajudar seu filho a desenvolver consciência de suas próprias emoções, assim como empatia pelos sentimentos dos outros. Ambos são aspectos cruciais da inteligência emocional. É importante perceber a tristeza e a decepção desde cedo, colocá-las em palavras e abordá-las. Isso evita que a tristeza se transforme em retraimento. No entanto, com as crianças, é importante distinguir desde cedo entre tristeza primária, secundária e instrumental. A maioria das crianças aprende rapidamente que, às vezes, a tristeza as faz conseguir o que querem. Assim, tentam utilizá-la para atingir seus objetivos. Validar a tristeza que é expressa deliberadamente no rosto de uma criança para que ela consiga o que quer é validar a coisa errada. Em vez de responder a uma expressão instrumental de tristeza com "Mikey está triste", seria melhor dizer "Mikey quer um doce", e algum tipo de orientação pode ser útil — por exemplo, dizer "Você não precisa ficar triste para conseguir um doce".

5. Por fim, resolva os problemas com o seu filho. Estabeleça limites de comportamento, quando necessário, e discuta as necessidades e os objetivos envolvidos na tristeza e as estratégias para lidar com situações que geram esse sentimento. Depois que a tristeza for validada, propor soluções de forma não impositiva pode ser útil. Quando Amanda fica triste porque os blocos com que estava cuidadosamente erguendo sua própria torre caíram, ela chora. A mamãe diz: "É tão decepcionante quando os blocos caem que você só quer chorar. A mamãe também fica triste quando não dá certo" (Amanda ainda está chorando). "Você não quer que os blocos caiam. Quando estamos tristes porque os blocos caem, choramos um pouco e depois enxugamos as lágrimas. Pronto". (Amanda para de chorar e começa a olhar para os blocos.) "Agora, vamos ver onde estão aqueles blocos bobos que caíram. Vamos ver se, desta vez, conseguimos colocar o maior deles embaixo." Em vez de ignorar a tristeza de Amanda e começar a construir os blocos imediatamente, a mãe reconhece o choro como uma oportunidade de proximidade e de aprendizado e treina Amanda para lidar com a tristeza. Observe a forma de condução de um estado para outro que está ocorrendo.

Como lidar com a raiva das crianças

As crianças pequenas estão entre as pessoas mais irritadas do mundo. São pequenas e indefesas — suas habilidades para dominar o mundo estão apenas começando a se desenvolver. Muito do que fazem, fazem mal. Isso gera muita frustração. Se os adultos ficam exasperados com elas, o seu sentimento de fracasso sem esperança só aumenta. A raiva das crianças é explosiva — depois de uma breve explosão, elas voltam ao normal com uma rapidez desconcertante. Crianças entre 1 e 2 anos de idade podem ser bastante ferozes juntas em um cercadinho. Podem morder, arranhar, bater, puxar o cabelo e roubar os brinquedos umas das outras.

Mesmo nessas idades precoces, as crianças expressam diferentes tipos de raiva: raiva de impotência, ficando apenas paradas e gritando quando um brinquedo fica preso atrás do sofá; raiva mais direcionada para um objetivo, puxando o brinquedo com raiva para soltá-lo; e raiva de retaliação contra a criança que roubou o brinquedo. À medida que as crianças crescem, sua raiva retaliatória também aumenta. A maioria dos pais fica chocada quando vê o filho destruir um brinquedo em um acesso de raiva. Esse comportamento inaceitável é frequentemente seguido de um sermão ou castigo severo. A hostilidade da criança deve ser controlada. O que acontece, no entanto, é que ela se torna oculta. É notável que, em uma cultura em que se enfatiza a importância de aprender a soletrar, começando com o ABC e progredindo para um vocabulário adulto, as pessoas não vejam como é importante aprender as lições emocionais passo a passo até que alguém seja emocionalmente eloquente. Aprender matemática requer primeiro diferenciar entre 1 e 2, depois aprender a contar até 10, e assim por diante. Aprender a regular as emoções é, de maneira semelhante, um processo de aprendizado complexo; não se pode aprender tudo de uma vez. No aprendizado da regulação da expressão emocional, uma resposta emocional global, como a raiva, precisa ser diferenciada pela experiência em uma variedade de respostas sutis e apropriadas. Primeiro, é necessário estar consciente da própria raiva; em seguida, nomeá-la; e, em pequenos passos, aprender o que fazer para alcançar seu objetivo. Só então as crianças serão capazes de diferenciar a sua raiva de modo a satisfazer o pré-requisito de Aristóteles de estar zangado com a pessoa certa, na medida certa, no momento certo, pelo motivo certo e da maneira certa. Na América do Norte, a raiva e a agressividade nos adolescentes tornaram-se um problema que não tem uma solução fácil. A prevenção é o que proponho aqui. O orientador emocional desde cedo proporcionará a ligação e a integração de habilidades de tolerância e regulação emocional que ajudarão a prevenir explosões na adolescência. Os pais precisam se conectar com os filhos para lidar com o vazio, a dor, o isolamento e a falta de esperança que tantos deles sentem.

As crianças raivosas que não recebem orientação emocional nem algum tipo de treinamento explícito ou mentoria tornam-se adultos raivosos. A menos que os pais possam se sentar pacientemente com a raiva dos filhos, assimilá-la, tolerá-la, ter empatia com ela e validá-la, e, em seguida — no ritmo adequado à criança —, começar a colocar palavras nela e a orientá-la de maneira construtiva, ela não terá oportunidade de se desenvolver e crescer. Somente com esse tipo de atenção é que a raiva se converterá em formas de expressão mais diferenciadas e socialmente adequadas. A raiva retaliatória das crianças atinge seu pico nos primeiros anos de escola e, depois, diminui até quase desaparecer na maioria dos adolescentes. Os adolescentes tendem a se ressentir e a ser oposicionistas, e ficam com raiva daqueles que lhes impõem limites. Ficam especialmente irritados com os irmãos, e ficam com raiva quando se sentem muito confinados, quando mentem para eles ou quando são constrangidos.

Muitos pais lidam com a raiva de seus filhos reprimindo-a, em vez de ajudá-los a entendê-la e utilizá-la na resolução de problemas. As crianças vêm ao mundo com temperamentos diferentes e variam em seus graus de irritabilidade e raiva. Os bebês irritadiços podem se tornar adultos felizes, mas os bebês que começam a vida com mau humor não serão tão facilmente apaziguados e podem crescer como crianças raivosas, particularmente se tiverem pais muito controladores ou ansiosamente inseguros.

As seguintes orientações podem ser dadas aos pais para ajudá-los a lidar com a raiva de seus filhos:

1. Tome consciência da raiva que está em você e em seu filho. Você precisa prestar atenção não apenas aos acessos de raiva do seu filho, mas também à sua irritabilidade e ao seu ressentimento.
2. Encare a raiva do seu filho como uma oportunidade para se aproximar mais do que está acontecendo com ele e para ensiná-lo. Reconheça esse episódio de raiva como uma oportunidade em que pode ajudar o seu filho a aprender a lidar com essa emoção. Não reprima a raiva — ela não é um produto tóxico a ser enterrado. Além disso, não se deixe dominar por um acesso de raiva e ceder para se livrar dele. Encare-o como uma oportunidade de aprendizado para o seu filho e de ensino para você, e não como um desastre.
3. Valide a raiva do seu filho. Para validar a raiva, em vez de vê-la como uma erupção vulcânica que precisa ser contida, você precisa estar confortável com a sua própria raiva e a expressão dela. Lembre-se: a raiva está dizendo "Estou ofendido". Descubra qual foi a ofensa que seu filho sofreu e identifique suas razões para estar com raiva. Entender como a experiência do seu filho faz sentido é uma das partes mais importantes da validação. Transmita essa compreensão, mesmo que seja necessário estabelecer um limite, por exemplo: "Sei que você está com raiva (ou aborrecido) porque seu irmão pegou o brinquedo. Sei que você o quer, mas eu quero que você deixe ele brincar agora. É a vez dele". Também é útil ter empatia com a raiva do seu filho contra você. É útil dizer "Eu entendo que você fique com raiva de mim por limitar seu horário de ver TV". Isso mantém a conexão e valida a raiva da criança.
4. Ajude seu filho a verbalizar a raiva dele. Geralmente, isso é feito primeiro oferecendo palavras; entretanto, à medida que a criança cresce e torna-se capaz de nomear os sentimentos, pergunte primeiro: "Você está com raiva?". Depois indague: "O que você está sentindo?".

5. Resolva problemas com seu filho, estabeleça limites de comportamento quando necessário e discuta objetivos e estratégias para lidar com situações que geram raiva.

Como lidar com os medos das crianças

O medo da separação é o medo mais básico de muitas crianças e transforma-se em ansiedade por falta de segurança. A maioria dos bebês demonstra medo de altura, de cair e de barulhos repentinos. Muitos medos crescem com a imaginação. Por volta dos oito meses de idade, começa o medo da separação. Nessa fase, as capacidades cognitivas dos bebês desenvolvem-se o suficiente para que reconheçam pessoas e objetos familiares. A separação dos cuidadores familiares produz consequências imaginárias muito assustadoras para serem previstas, e o aparecimento de estranhos apresenta uma visão aterrorizante.

Muitos medos são aprendidos. As crianças frequentemente temem o que seus pais temem, ou aprendem a lição do medo e começam a temer outras coisas. Estudos demonstraram uma correlação entre o número de medos apresentados pelas crianças e o de suas mães (Magai & McFadden, 1995). Quando os próprios pais são ansiosos ao lidar com outras pessoas, as crianças interpretam isso como medo de estranhos. Se os adultos são altamente ansiosos em relação à saúde ou ao risco de ferimentos dos filhos, as crianças imaginam consequências terríveis. Medo do escuro, medo da água e medo de vacas ou de cães são outros medos comuns na infância. Por outro lado, muitos medos surgem por conta própria e tendem a desaparecer à medida que a criança cresce.

Os castigos severos ou duros produzem medo, assim como o temperamento explosivo dos pais. As crianças que vêm de lares onde havia violência ou disputas conjugais ou familiares intensas tendem a andar sobre "cascas de ovo" durante a sua vida. Trata-se de uma habilidade de sobrevivência aprendida na família para evitar precipitar a ira inexplicável que pode se abater a qualquer momento. O resultado direto de situações familiares assustadoras ou desagradáveis é a maior carga de ansiedade nas crianças. Dominação, falta de respeito, críticas constantes, expectativas muito altas e a necessidade de tomar partido nas disputas entre os pais produzem um sentido de *self* enfraquecido e ansiedade. Crescer em um ambiente de hostilidade reprimida entre os pais é altamente confuso e provoca ansiedade em muitas crianças, que sentem o perigo, mas não conseguem identificar a sua fonte. Elas apenas se sentem ansiosas.

Uma criação superprotetora também gera temor nas crianças, que acreditam precisar de proteção e não estar bem equipadas para sobreviver sozinhas. As crianças criadas em um ambiente acolhedor, no qual seus medos são percebidos, são ajudadas e encorajadas a colocar seus sentimentos em palavras e no qual são tomadas medidas para lidar com esses medos, terão níveis mais baixos de medo. Ninguém pode ser imunizado contra todo tipo de medo, mas as crianças que crescem em um ambiente de orientação emocional seguro têm menor probabilidade de sofrer de ansiedade profunda mais tarde na vida.

Medos de inadequação, que nenhum de nós supera completamente, começam na infância, à medida que as crianças tornam-se mais autônomas e têm que enfrentar o mundo sozinhas. Esses medos são mais intensos em adolescentes, que têm maior necessidade de pertencer ou de se integrar. Eles temem ser criticados, zombados ou ridicularizados. Formam imagens ideais que muitas vezes têm dificuldade em alcançar. O excesso de confiança, sem dúvida, não leva a uma adaptação ideal; certa dose de insegurança é saudável.

Uma criança vem correndo durante a noite, com medo do escuro em seu quarto. Os ruídos lá fora a assustam e ela imagina todo tipo de monstros, seja no armário ou debaixo da cama. Desde que esses medos não sejam crônicos e muito avassaladores, o que poderia sinalizar a existência de problemas subjacentes, como os pais devem lidar com o medo da criança? Os seguintes passos ajudarão:

1. Tenha consciência até mesmo dos medos de baixa intensidade em si próprio e em seus filhos. A questão aqui é ser realista. Se prestar atenção excessiva aos medos — seus próprios medos ou de seus filhos —, você acabará gerando ansiedade excessiva, porém, se ignorar os medos dos filhos, eles não desaparecerão. Frases como "Seja um menino ou menina grande" em resposta ao medo apenas produzirão vergonha. Perceba se seu filho está com medo quando você o coloca para dormir, se ele pede urgentemente por água ou se sai apressadamente do quarto com alguma desculpa.
2. Encare o medo de seu filho como uma oportunidade de intimidade ou aprendizado. Em vez de simplesmente acalmar seu filho ou minimizar o medo dele com frases como "Não há nada com que se preocupar", leve o medo a sério. Reconheça que é necessário algo mais. Tente fornecer o que é necessário, sem exagerar.
3. Valide o medo de seu filho. Por algum motivo, talvez porque os adultos têm tanto medo de seus próprios medos, eles tendem a humilhar as crianças por estarem com medo. Mesmo com as melhores intenções, seja por acharem a criança engraçada ou por se lembrarem de seus próprios medos, os adultos muitas vezes se divertem com os medos infantis, riem deles e dizem coisas como "Não seja bobo". Isso é extremamente humilhante. Os medos e as ansiedades das crianças são válidos, não bobos. Uma vez que o medo da criança tenha sido validado, pelo menos ela não se sentirá mais sozinha com um medo que ninguém entende. Talvez o medo da criança seja a emoção com a qual os adultos mais precisam ter empatia, pois estar ligado a um adulto seguro ajuda a acalmar os medos infantis. Nada é pior do que ser ridicularizado pelos próprios medos. Ainda me lembro de quando fiz um piquenique com minha família durante um feriado e fiquei com medo das vacas que se aproximaram do local onde estávamos. Esforcei-me para não mostrar meu medo. Ninguém mais parecia ter medo, e eu queria ser um menino grande, mas o medo me dominou. Embora minha mãe geralmente fosse protetora, ela foi influenciada pelo contexto dos familiares, em particular por um deles que adotou a abordagem "Não o mime, ele precisa crescer" e zombou dizendo "Não seja frouxo", e então me deixaram sofrer sozinho. Eu me senti muito sozinho

com meu medo obviamente irracional. Nem mesmo as outras crianças estavam com medo, e a minha mãe não me ofereceu nenhuma proteção. Corri de volta para o carro e, humilhado, comi meu cachorro-quente na segurança do banco de trás. Ainda me lembro da sensação horrível no estômago e das lágrimas de vergonha e raiva que contive contra meu parente. Isso não me ajudou a lidar com o meu medo. Superei-o em outras ocasiões, quando minha mãe, sem constrangimento e sem ser influenciada pelos familiares, me ajudou a me aproximar das vacas, me assegurou de que, apesar de seu tamanho, elas eram inofensivas, e me mostrou como alimentá-las com grama e até tocá-las. A capacidade de fazer essas coisas foi emocionante e me senti orgulhoso de mim mesmo, percebendo também o orgulho da minha mãe.

4. Ajude seu filho a verbalizar o medo. A resposta está em nomear o medo, seja formulando perguntas como "Do que você tem medo?" ou, se você e seu filho não souberem, aproveitando a oportunidade para explorar isso em conjunto. Faça comentários ou conjecturas úteis, como "Entendo que você está com medo das vacas" ou "Você está com medo do escuro e dos ruídos lá fora?".

5. Resolva problemas com seu filho, estabeleça limites de comportamento e discuta necessidades, objetivos e estratégias para lidar com situações que geram medo. Quando uma criança tem medo do escuro, dormir no quarto dos pais não é uma boa solução, mesmo que a criança o deseje e que isso resolva o problema imediato. Uma resposta clara — "Não, isso não é uma boa ideia; a mamãe e o papai precisam dormir em suas camas e você na sua" — estabelece o limite. As soluções podem envolver luzes noturnas, verificar debaixo da cama e investigar as fontes de ruído para tranquilizar a criança de que, na realidade, não há perigo. Tranquilizar também é importante para ajudar a criança a relaxar. Enfrentar os medos em pequenos passos é a abordagem correta, mas isso deve ser sempre feito em um contexto de validação e compreensão.

Como lidar com a vergonha das crianças

A vergonha é uma das experiências mais dolorosas da infância. As crianças precisam se orgulhar de seu pequeno "eu" para se sentirem grandes. Ser depreciado quando se é tão pequeno é algo muito desvalorizante. As crianças precisam ser o orgulho aos olhos dos pais. Seu entusiasmo precisa ser visto e validado; caso contrário, encolhem-se de vergonha, com o rosto corado, querendo desaparecer no chão. Para elas, esse é um destino pior do que a morte, que deve ser evitado a todo custo, especialmente à medida que a criança cresce e entra na adolescência. O constrangimento desenvolve-se com a idade. Quando a criança reconhece a si própria como uma pessoa separada e pode se avaliar do ponto de vista de outra pessoa, a capacidade de sentir constrangimento já existe. Se um dos pais ignora o orgulho de uma criança, ela sentirá vergonha. O apoio e a validação são os antídotos para a vergonha. Se um dos pais envergonha uma criança, deve corrigir isso imediatamente, reafirmando a importância da criança para ele. O protótipo das experiências de vergonha mais intensas para uma criança é a perda do controle da bexiga ou do intestino, sujando-se em público. Essa é a pior forma de humilhação. Tranquilizar a criança de que ela não é defeituosa por ter cometido um erro ou pela sua incapacidade de controlar essa situação coloca o acidente em um contexto temporário e o elimina como uma falha básica do *self*.

Os passos seguintes podem ajudar os pais a lidar com a vergonha dos seus filhos:

1. Torne-se consciente até mesmo da vergonha ou do constrangimento de baixa intensidade em você e em seus filhos. Nomeie esse sentimento. Valide a criança e ajude-a a reconhecer que os erros são aceitáveis; não diminua o valor da criança aos seus olhos ou aos dos outros.
2. Encare a vergonha de seu filho como uma oportunidade de intimidade ou de aprendizado. Ensine-lhe que todas as pessoas cometem erros e que isso não faz dele uma pessoa inaceitável.
3. Valide a vergonha de seu filho. Reconheça e normalize a experiência da criança. "É horrível pensar que os outros vão provocar você", "Você não é o único a quem isso aconteceu" e "Eu me lembro de quando..." são frases que ajudam.
4. Ajude seu filho a verbalizar a vergonha que ele sente. Dê um nome a esse sentimento de querer se encolher até desaparecer e se esconder dos olhos (e, no caso da perda de controle intestinal, do nariz) dos outros.
5. Resolva problemas com seu filho. Estabeleça limites de comportamento e discuta objetivos e estratégias para lidar com situações que geram vergonha. Converse com seu filho sobre como uma situação desse tipo poderia ter sido evitada. Ensine à criança que dizer a um dos pais que está dirigindo para casa que precisa ir ao banheiro é melhor do que tentar se segurar até chegar em casa. Diga à criança que entende que pode ser difícil pedir, mas que essa é a melhor forma de agir.

Como lidar com as próprias emoções enquanto pai ou mãe

Se alguém tivesse me explicado a profundidade das emoções que eu sentiria na paternidade, especialmente das mais difíceis, eu teria pensado que essa pessoa tinha muita propensão ao exagero. Claro que esperava sentir amor, alegria, felicidade, empolgação, preocupação e frustração, mas não esperava ser levado aos meus limites mais extremos. Além dos sentimentos que eu previa, senti um extremo desamparo, além de raiva, orgulho, medo, ansiedade e preocupação maiores do que jamais tinha sentido. Senti também tristeza, uma tristeza mais profunda e comovente do que poderia ter imaginado: tristeza pelas dores dos meus filhos que eu não podia curar; pelas decepções e fracassos que eu não podia evitar; e pela partida deles, que eu não podia impedir, nem desejava. Precisei de toda a inteligência emocional que tinha para lidar com a tarefa mais desafiadora da vida: ser pai.

Uma das partes mais notáveis dessa jornada emocional foi o tanto que precisei confrontar meus próprios sentimentos e crescer emocionalmente. Meus filhos foram um espelho para minhas próprias emoções, e um enorme desafio foi manter claro o que eles realmente sentiam, sem confundir suas emoções com o que eu sentia. Ser pai me fez perceber muitas coisas sobre mim mesmo. Algumas vezes — espero que com frequência —, eu conseguia vê-los, ouvi-los e entender o que sentiam, mas, em outras ocasiões, meus próprios sentimentos tornavam-se tão intensos que obscureciam a separação entre nós. Se estavam tristes, eu ficava triste. Eu me identificava demais com a tristeza deles e era dominado pela minha própria tristeza. Em outras ocasiões, eu imaginava que estavam sofrendo quando, na verdade, não estavam, e sentia minha própria dor através deles. Isso não é uma insanidade estranha. Todos os pais fazem isso. O silêncio que cerca a experiência emocional de criar filhos precisa ser rompido. A questão não é se todos os pais, em certo grau, projetam seus sentimentos nos filhos e se envolvem tanto que perdem seus limites. Nessas situações, a dor da criança é a dor do pai, a perda da criança é a perda do pai, a vitória da criança é a vitória do pai. Em vez disso, a questão é se os pais conseguem distinguir fantasia de realidade. Podem os pais reconhecer e identificar o que estão sentindo em vez de acreditar no que imaginam — que seus sentimentos são realmente os de seus filhos? Mesmo quando os sentimentos dos pais e dos filhos são os mesmos, para o adulto, ouvir e responder a uma criança como pai ou mãe é muito diferente de ser dominado por seus próprios sentimentos não resolvidos desencadeados pelas emoções ou circunstâncias dos filhos.

Outra área de dificuldade definitiva é a reação exagerada dos pais aos seus filhos: sentir-se ameaçados pela raiva deles, defensivos diante de suas críticas, magoados pelas separações e rejeitados pelo seu desinteresse pode evocar respostas desadaptativas nos pais. Isso prejudicará sua capacidade de serem mentores ou orientadores emocionais. Pais que frequentemente sentem raiva, tristeza ou medo na experiência de sua parentalidade experienciam essas emoções de forma muito intensa, têm dificuldade em se acalmar e perdem o controle. Os terapeutas precisam trabalhar com esses pais para ajudá-los a lidar com esses estados desadaptativos. Os sentimentos de raiva geralmente são os mais difíceis de serem enfrentados pelos pais. Eles precisam reconhecer a sua raiva, mas aprender a regulá-la para não explodirem e depois se sentirem culpados. Se isso acontecer, no entanto, um pedido de desculpas é sempre bem recebido pelas crianças, que precisam do amor dos pais e podem ter muita facilidade em perdoar. É importante que os pais consigam expressar raiva quando estão zangados com os filhos, mas eles podem precisar de ajuda para fazê-lo de forma construtiva. Isso significa comunicar a raiva com declarações em primeira pessoa e não condenar ou criticar a criança — dizendo, por exemplo, "Eu estou zangado" em vez de "Você é ruim". Os pais precisam ser capazes de falar de forma sensata sobre a sua raiva, revelando-a como uma informação a ser tratada, e não um ataque. Durante suas expressões de raiva, precisam continuar comunicando seu carinho e respeito pelos filhos, deixando claro que o que as crianças fazem importa para eles. Algumas vezes, seria muito melhor se os pais vissem seus filhos como veem os outros adultos — como seres sensíveis, com sentimentos — e aplicassem a eles as mesmas regras de interação. Por alguma razão, os pais tendem a perder de vista o fato de que seus filhos possuem sentimentos e, mesmo com as melhores intenções em relação a eles, tentam ensiná-los ou controlá-los e acabam reclamando e discutindo. É muito fácil, como pai ou mãe, esquecer que as crianças também são pessoas reais. Isso acontece, em parte, porque as crianças ainda não falam de uma maneira que os pais possam entender, de modo que eles perdem de vista o mundo interior de seus filhos. Os pais devem lembrar que seus filhos sentem — o tempo todo.

As crianças são simultaneamente as que mais perdoam e as que mais condenam seus pais. Um bebê não guarda rancor pela negligência parental, e as crianças toleram os momentos de raiva e de impaciência dos pais como poucas outras pessoas o fariam. Mas, se não houver um amor duradouro e, especialmente, se não for desenvolvido um entendimento mútuo, esse precioso laço contamina-se com raiva, mágoa e recriminação. Por mais que as crianças cresçam com uma aparente independência, elas, assim como os pais, sempre permanecerão seres interdependentes. As pessoas sempre precisam e se beneficiam de conexões humanas de algum tipo. Os laços familiares são os mais fortes de todos os vínculos emocionais. Portanto, os pais precisam prestar atenção especial a seus filhos e aprender a ser bons orientadores emocionais.

15

Orientação para o desenvolvimento emocional na liderança

A competência emocional é a qualidade pessoal mais importante que cada um de nós deve desenvolver e acessar para experienciar uma transformação.
— **Dave Lennick, American Express Financial Advisers**

A diferença essencial entre emoção e razão é que a emoção leva à ação, enquanto a razão leva a conclusões.
— **Donald Calne**

Os líderes emocionalmente competentes obtêm melhores resultados (Goleman, 1995). Por exemplo, dois líderes, A e C, têm que fazer demissões. Ambos sentem temor por ter que informar isso à equipe, bem como uma mistura complexa de culpa e ansiedade por ter que prejudicar pessoas. Ambos receiam a raiva dos funcionários e a ansiedade quanto ao futuro da empresa. O líder A lida com tudo isso de maneira prática e racional, acreditando que deve fornecer os "fatos concretos", e faz um discurso ao grupo no qual expõe o número de pessoas que terão que ser demitidas. Ele enfatiza a inevitabilidade dessa situação e, em seguida, retorna ao seu escritório.

A líder C concentra-se primeiro no que sente, depois discrimina os diferentes componentes de seus sentimentos e aborda cada um deles. Ela reúne a equipe e começa dizendo que lamenta ter chegado a esse ponto; embora explique que as demissões são inevitáveis e indique um número de pessoas a serem demitidas, diz que se sente muito mal por isso (abordando a sua culpa) e que tentou de tudo para evitar demissões, o que, compreensivelmente, aumenta a ansiedade de todos. Promete informar a todos (abordando as ansiedades dos outros) assim que souber quem será afetado. Diz que entende que as pessoas sentirão raiva dela e que teme essa raiva, mas que o futuro da empresa está em jogo e isso a assusta ainda mais (abordando seus medos). Explica que, portanto, precisa fazer isso para salvar a empresa e acrescenta: "Agora é o momento de todos se apoiarem o máximo possível".

Em outro exemplo, Jean, uma gerente recentemente promovida que vinha reclamando do desempenho de sua equipe, com a ajuda de um orientador, consegue reconhecer suas próprias preocupações com o fracasso e a rejeição, bem como os sentimentos de apreensão de sua equipe em relação ao projeto atual. Agora, consegue perceber como esses sentimentos contribuíram para evitar mutuamente algumas questões cruciais do negócio. Jean percebe a intensidade de sua voz interna crítica em relação ao comportamento da equipe. Ela reconhece que a equipe tem sido coesa, cooperativa e aberta, mas prevê que, se a situação atual continuar, ela ficará cada vez mais irritada e defensiva, e que é provável que a equipe se torne cada vez mais irritada, defensiva e desconfiada de suas habilidades de liderança. Com essa nova perspectiva, ela começa a planejar ativamente como poderá gerenciar tanto suas próprias emoções quanto as da equipe para aumentar a probabilidade de um bom resultado.

A líder C e Jean, nos exemplos fornecidos, demonstram habilidades de inteligência emocional. Neste capítulo, explico como a inteligência emocional pode ser aplicada no ambiente de trabalho. Este capítulo foi escrito para líderes organizacionais, com o objetivo de ajudá-los a lidar com suas próprias emoções e com as dos outros. Ele apresenta a estrutura que ajudará os líderes a aprimorar sua própria inteligência emocional e a criar ambientes de trabalho favoráveis às emoções. Os orientadores executivos podem usar a perspectiva fornecida aqui, em conjunto com os outros capítulos deste livro, para treinar gerentes a se tornarem mais inteligentes emocionalmente, bem como para providenciar grupos de psicoeducação para líderes aprenderem a lidar com suas próprias emoções e as dos outros. Para incorporar essas habilidades, um trabalho experiencial em grupo e um treinamento de orientação individual são necessários, além da psicoeducação.

O manual resumido apresentado a seguir foi desenvolvido com a ajuda de uma bolsa da Fundação Breuninger, com contribuições de Helga Breuninger e Almuth Schellshop, da fundação, e de Alberta Pos, da Universidade de York. O programa foi conduzido com sucesso e avaliado por um grupo de mulheres líderes alemãs, que forneceram um *feedback* útil sobre o programa e seu impacto. O que se revelou muito útil foi analisar situações reais de trabalho em grupos com um treinador através da lente do modelo apresentado a seguir e por meio do questionário de vinhetas de emoções apresentado no Quadro 15.1.

Liderança focada nas emoções

Com o reconhecimento da importância das emoções no local de trabalho como fonte primária de informação e motivação, os líderes precisam se concentrar mais nas emoções e aprender a lidar com as emoções de seus funcionários e clientes. Além disso, como a inteligência emocional demonstrou desempenhar um pa-

QUADRO 15.1 Perguntas sobre vinhetas de emoções

Os participantes recebem uma folha e analisam os desafios e conflitos profissionais diários em um questionário estruturado. A seguir, estão as perguntas, um exemplo de resposta e as respostas escritas do orientador.

1. **Breve descrição da situação (cerca de quatro frases)**
   Tínhamos muito o que fazer na loja, pois precisávamos guardar toda a mercadoria da véspera. A minha principal vendedora, Dianna, que é a responsável pela loja e a primeira a responder, e que deveria ser a primeira a atender os clientes, começou a esvaziar a máquina de lavar louças como sua primeira ação pela manhã. Entraram dois clientes, e eu fui a primeira a atendê-los, depois veio outra vendedora, e Dianna foi a última a chegar, porque também atendeu o telefone. Em seguida, recebeu um cliente e o atendeu bem até o final da compra.

2. **Como me senti nessa situação? (Emoção adaptativa primária, emoção secundária, emoção primária desadaptativa)**
   O que senti no meu corpo? (Reações fisiológicas)
   Qual foi meu primeiro impulso comportamental/tendência à ação?
   O que pensei? (Cognições)
   Depois das vendas, eu estava com raiva e agitada, como um animal enjaulado. Andava nervosamente de um lado para o outro, querendo "extravasar" minha raiva, desabafá-la. Perguntava-me por que Dianna não tinha as prioridades certas (arrumar a loja, estar na loja, e não na área administrativa). Será que ela estava "fugindo" porque não queria trabalhar hoje ou porque não estava se sentindo bem? Por que ela não estava fazendo o que sempre peço ("Por favor, esteja na loja")?

3. **Persegui algum objetivo? Qual foi o objetivo que alcancei? Como atingi o objetivo? (Escala de 0 a 10)**
   Queria lhe dizer novamente que a sua primeira prioridade deveria ser sempre a loja. Queria deixar isso claro, mas não fui bem-sucedida (1 de 10).

4. **Como eu reagi?**
   Eu lhe disse em tom severo que não tinha gostado da situação. Reforcei que já tinha lhe dito isso (cem vezes) e que ela deveria tentar, por um dia, ficar apenas na loja e em nenhum outro lugar. Ela respondeu que nunca sabe o que fazer, que pensa que está sempre fazendo tudo errado, que sou injusta, e começou logo a chorar. Em seguida, saiu, tomou um comprimido para se acalmar (o namorado morreu há um ano e a sua madrasta acabou de lhe dizer que está com câncer) e me disse que não gostaria de falar sobre o assunto naquele momento, talvez mais tarde, mas que não queria chorar na frente dos clientes. Fiquei ainda mais irritada e respondi que estava cansada de ser sempre legal.
   Resposta escrita do orientador: Pelo que ouvi, a sua dificuldade é lidar com o fato de estar mais zangada do que seria útil para lidar com a situação de forma profissional. Assim, é difícil regular a sua raiva para que tenha a intensidade adequada no momento certo. Compreendo que essa situação seja frustrante e tenha feito você se sentir impotente para conseguir que Dianna responda ou mude.

5. **O que mudou na situação para mim? E para as outras pessoas presentes?**
   Eu estava com raiva porque ela diz que não sou clara sobre o que quero, mas sempre digo que ela deve ficar na loja. Eu sou clara! O dia foi arruinado em termos de nosso relacionamento e não voltamos a falar sobre o assunto.

6. **Fiquei satisfeita com a forma como agi e com o resultado?**
   Não estou satisfeita com o resultado. Exagerei o tom de voz severo porque estou irritada com as prioridades erradas dela há algum tempo.
   Resposta escrita do orientador treinador: Sim, a dificuldade é que se trata de um conflito contínuo que não é resolvido. Sua raiva, de certa forma, é primária e mostra que você se sente injustiçada e que seus objetivos estão sendo bloqueados, e você quer superar esse bloqueio e atingir seu objetivo. Porém, a intensidade da raiva é uma resposta secundária ao sentimento de impotência e bloqueio. Assim, a emoção indica claramente que há um problema a ser resolvido, mas explodir não está funcionando.

7. **Se eu pudesse ter um desejo concedido, como teria sido a situação para mim e para as outras pessoas presentes?**
   Gostaria de ter usado esse acontecimento como exemplo das prioridades erradas dela. No entanto, já conversei tantas vezes com ela sobre seu método de trabalho que, na verdade, não sei como lidar com isso. Ela vende muito bem, mas delega as outras tarefas para as outras pessoas. Por isso, não esperam que ela ajude; em vez disso, esperam que eu faça o trabalho. Desde que ela teve esses problemas familiares, todos querem poupá-la, e ela "se aproveita" disso. Não consegue fazer nada sozinha e precisa de ajuda para tudo.

8. **Eu estava assumindo um papel de liderança? Se sim, o que era exigido de mim como líder nessa situação?**
   Sim, mas eu estava agindo de maneira muito autoritária. Eu não estava calma nem reflexiva, nem estava sendo profissional. Entretanto, depois, ela foi a "chefe" e me disse que não queria falar mais sobre o assunto. Também fiquei irritada com essa frase.
   Resposta escrita do orientador: Sim, posso imaginar como isso alimentou ainda mais a sua raiva, mas provavelmente reflete a frustração impotente que você sente.

9. **Fiquei satisfeita com a forma como agi e com o resultado?**
   Não, não fiquei e ainda não estou satisfeita com a situação. A situação ainda está "em aberto" e não foi finalizada nem resolvida. Gostaria de mudá-la um pouco, mas não sei como, já que Dianna não segue minhas instruções.
   Resposta escrita do orientador: Você faz avaliações anuais de desempenho em que dá *feedback* aos funcionários? Parece que uma reunião pode ser útil, uma reunião distante temporalmente da situação imediata na qual você possa dar um *feedback* sem raiva. A questão emocional para você, no entanto, é lidar com esses sentimentos subjacentes de impotência que levam à raiva reativa intensa, que é secundária.

10. **Tive a oportunidade de praticar nessa situação?**
    Não consegui praticar nada nessa situação. Não vejo nada que tenha sido "correto".
    Análise do orientador com base no modelo CHEGAR A, apresentado adiante:
    Você estava CONSCIENTE: da raiva, sim, mas não do sentimento subjacente de impotência.
    REGULAR: a raiva está sub-regulada. É necessário ser capaz de respirar e de se acalmar primeiro. Tomar consciência dos sentimentos subjacentes também ajudaria a regulá-la.
    REFLETIR: não no momento.
    AGIR DE MANEIRA INFORMADA: a sua raiva a informou sobre a necessidade de estabelecer limites, mas de maneira muito intensa.
    VALIDAR: não.
    AVALIAR: sim, o que não funcionou.
    TRANSFORMAR: não. Possivelmente, isso precisa ser trabalhado, talvez com a ajuda de um orientador, para lidar com os momentos em que você se sente impotente ou bloqueada.
    Padrão emocional
    Raiva secundária que encobre a impotência e, portanto, está um pouco desregulada e não leva a uma ação eficaz.

pel importante no trabalho e na liderança, é fundamental que os líderes saibam lidar efetivamente com suas próprias emoções.

É frequente surgirem sentimentos indesejados e desagradáveis no local de trabalho. Eles precisam ser ouvidos para que a informação que fornecem seja considerada e, em seguida, devem ser transformados de modo que não permaneçam como grandes obstáculos à colaboração e à resolução de problemas. A função de um líder não é, primordialmente, deixar as pessoas felizes na organização, porém os funcionários serão mais motivados e criativos se os líderes validarem seus sentimentos e suas necessidades mais centrais. Em geral, as pessoas nas organizações querem sentir emoções agradáveis (por exemplo, orgulho, alegria), pois elas facilitam o funcionamento efetivo no local de trabalho. Procuram também evitar emoções negativas (por exemplo, vergonha, medo). No entanto, algumas vezes, as pessoas procuram ter emoções desagradáveis, como a ansiedade que facilita o desempenho futuro ou a raiva que as mobiliza para corrigir erros cometidos contra elas ou contra a sua organização. A liderança focada nas emoções envolve líderes que têm as seguintes características:

1. Estão conscientes de suas próprias emoções e, especialmente, de suas emoções vulneráveis (por exemplo, medo, vergonha), que atrapalham a boa tomada de decisões e o desenvolvimento. Essa competência inclui reconhecer o impacto que as emoções têm na visão do *self*, dos outros e do mundo.
2. São capazes de usar suas próprias emoções para facilitar o pensamento, o planejamento e a resposta aos outros de maneira apropriada dentro do quadro de valores da organização.
3. Têm consciência de que nem todas as emoções são respostas primárias ou iniciais das pessoas. Algumas emoções são secundárias e obscurecem o sentimento mais fundamental da pessoa, como quando a raiva encobre a mágoa primária. Além disso, estão conscientes de que algumas emoções primárias são respostas adaptativas, enquanto outras são desadaptativas, como quando o medo diante de uma ameaça real é adaptativo, porém o medo em situações inofensivas ou de um perigo imaginário não o é.
4. Estão conscientes de que uma das motivações humanas centrais é a regulação das emoções. Assim, um líder focado nas emoções trabalha para ajudar as pessoas a regular suas emoções e reconhece que muito do que as pessoas fazem ou deixam de fazer é motivado pela tentativa de experienciar os sentimentos que desejam e de evitar os que não querem.

A seguir, apresentamos o modelo que desenvolvemos e testamos para promover a habilidade emocional, a fim de ajudar a aprimorar a competência emocional dos líderes. O modelo é representado pelo acrônimo ARRIVE AT PEACE (em português, CHEGAR À PAZ). Ele consiste em sete habilidades emocionais — *intrapessoais* e *autofocadas* — necessárias a um bom líder focado nas emoções. São as seguintes:

- Tomada de consciência (*Awareness*)
- Regulação (*Regulation*)
- Reflexão (*Reflection*)
- Ação informada (*Informed action*)

- Validação (*Validation*)
- Avaliação (*Evaluation*)
- E (*And*)
- Transformação (*Transformation*)

Essas habilidades *intrapessoais* são descritas a seguir e podem ser lembradas pelo acrônimo ARRIVE AT.

Além dessas habilidades intrapessoais essenciais, existem outras habilidades *interpessoais* e *focadas no outro* necessárias para ser um bom comunicador e gestor de relacionamentos. Essas habilidades interpessoais são as seguintes:

- Presença (*Presence*)
- Empatia (*Empathy*)
- E (*And*)
- Compaixão (*Compassion*)
- Comunicação efetiva (*Effective communication*)

Essas habilidades interpessoais são representadas pelo acrônimo PEACE (em português, PAZ). Assim, chegamos ao acrônimo final: ARRIVE AT PEACE. A seguir, fornecemos um exemplo que demonstra algumas dessas habilidades, destacando a habilidade que está sendo utilizada em cada momento.

Jennifer é a diretora executiva de uma empresa de publicidade. Sua decisão de modificar a estrutura organizacional da empresa é desafiada em uma reunião por um diretor de divisão, Gary, que, exasperado, sugere que se demitirá se a direção sugerida por Jennifer for seguida. A diretora executiva sente o corpo tenso, o estômago apertado e a respiração cada vez mais curta. Ela classifica essa situação como "Estou me sentindo tensa" (consciência) e, em seguida, a diferencia: "Estou com raiva por ser desafiada na frente dos outros". Jennifer acalma a sua raiva respirando e prestando atenção às sensações do seu corpo, em vez de deixar a raiva alimentar pensamentos raivosos (regulação). Em seguida, compreende o seu sentimento da seguinte maneira: "Esta é a minha reação ao fato de me sentir ameaçada e de ter que lidar com um conflito indesejado" (reflexão). Ela compreende que a ameaça é seu medo de que o projeto falhe e sente-se traída por seu chefe de divisão por desafiá-la na frente dos outros. Ela também precisa discernir se esse sentimento de traição se encaixa na situação ou se é o resultado de algum assunto por resolver de seu passado (avaliação), que precisaria ser trabalhado (transformação). A consciência, a regulação e a reflexão sobre seu sentimento a ajudam a começar a se concentrar no que deve estar acontecendo com seu chefe de divisão, e ela percebe a ameaça dele por trás do desacordo (empatia). Respirando novamente, ela responde à ameaça dele dizendo que parece haver necessidade de uma consulta adicional e, depois de tratar os outros itens da agenda, encerra a reunião. Em seguida, organiza uma reunião individual com Gary (informada pela tendência à ação) e diz: "Percebo que essa orientação que ofereci de alguma forma é perturbadora de uma maneira que não havia previsto. Você pode me ajudar a entender como você vê isso e o que o preocupa tanto?" (compaixão e comunicação eficaz). O que se evidencia é que Gary sente que a nova estrutura organizacional diminuiria o seu poder e o seu papel na empresa, e Jennifer consegue tranquilizá-lo a esse respeito, tanto verbal quanto estruturalmente.

Se a diretora executiva tivesse reagido na reunião de forma irada, ambas as partes teriam endurecido suas posições, e teria surgido um grande conflito como resultado de a ameaça de ambos ser expressa na forma de raiva. Em vez disso, ao tentar compreender a reação do chefe de divisão, Jennifer descobriu que ele via o plano como uma forma de marginalizá-lo, e, depois de conseguir lidar com suas ansiedades, os dois trabalharam em conjunto para chegar a um plano que não ameaçasse a sua posição.

As habilidades do modelo CHEGAR À PAZ são descritas a seguir, e um conjunto de perguntas-chave para facilitar o desenvolvimento dessas habilidades é fornecido no Quadro 15.2.

Tomada de consciência

Os líderes precisam ter consciência primária das partes envolvidas — tanto de suas próprias emoções quanto das emoções dos outros. No dia a dia, os líderes vivem reagindo aos acontecimentos. A maneira como reagem está impregnada de sentimentos que têm sobre si mesmos, sobre os outros e sobre o mundo. Normalmente, eles não prestam atenção às complexidades de seu mundo interno quando estão reagindo a acontecimentos externos. Em vez disso, tendem a reagir sem um senso de autoria, ou até mesmo de familiaridade, com o que experienciam dentro de si e que os leva a responder de determinadas maneiras. No entanto, todos nós temos pontos de observação a partir dos quais podemos ganhar perspectiva sobre como e por que respondemos da maneira como fazemos. Os líderes precisam trabalhar para se tornar conscientes do que estão sentindo e nomear esses sentimentos. Sem palavras, não podem refletir sobre o que ocorreu ou o que poderia ocorrer. Sem rótulos diferentes para cada estado mental, é difícil para eles refletir e considerar como querem reagir a futuros episódios emocionais. Por exemplo, apenas se um jovem diretor executivo prestar atenção à sensação que experimenta no fundo do estômago sempre que surge uma reunião importante, e encontrar palavras para descrever essa sensação, poderá saber se se trata de raiva, excitação ou ansiedade. Só quando souber o que está sentindo é que poderá trabalhar para encontrar formas eficazes de lidar com o que esse sentimento está lhe dizendo. Identificar os sentimentos primários de uma pessoa é o primeiro passo no processo de resolução de problemas. As emoções definem o problema, pois nos indicam quando as coisas não estão indo do jeito que gostaríamos.

Regulação

Os líderes precisam regular as emoções. A regulação emocional é a capacidade de influenciar as emoções que sentimos, o momento em que elas se manifestam e o modo como as experienciamos. Parte do desenvolvimento das habilidades para lidar com as emoções consiste em aceitar sem julgamento e em manter a consciência na emoção atual. Isso envolve ter emoções em um nível de ansiedade que facilite a obtenção do objetivo dessas emoções. Embora seja extremamente importante não evitar ou ignorar as emoções, visto que elas nos fornecem informações importantes sobre o nosso bem-estar, não é necessariamente bom agir sempre de acordo com as nossas emoções. Mas é importante aprender a regular os sentimentos desagradáveis para que possam ser tolerados e aceitos. O que quer que uma pessoa sinta, já está presente, e ela não pode simplesmente desligar suas emoções. Também é

QUADRO 15.2 Perguntas-chaves para CHEGAR À PAZ

Tomar consciência das emoções das partes envolvidas — suas próprias e as dos outros.
- Qual foi minha reação emocional/a reação emocional deles?
- Como eu me sinto/eles ou elas se sentem?
- Como estou me sentindo/ eles estão se sentindo agora?
- Esta é a minha emoção primária/a emoção primária deles?
- Qual é a minha necessidade/objetivo/preocupação?
- O que provavelmente estarei/estarão sentindo quando eu/eles apresentarem isso amanhã?
- Como acho que a equipe pode estar se sentindo?

Regular as emoções. Verificar a respiração e respirar profundamente.
- Observar e descrever as sensações.
- Relaxar os músculos, contraindo-os e soltando-os.
- Acalmar-se sentindo compaixão por si próprio.

Refletir para entender as *causas*, as *consequências* e a provável *progressão das emoções*, bem como a *influência* das emoções sobre os pensamentos, as decisões e os comportamentos.
- Tenho alguma pista sobre por que estou/estão sentindo isso?
- Já me senti assim antes?
- O que despertou essa reação desta vez?
- Como eu gostaria que eles se sentissem durante a reunião? No início? No meio? No fim?
- O que pode ter acontecido com ele para provocar esse sentimento?
- Como minhas emoções/as emoções deles estão influenciando os pensamentos sobre esse assunto? Trata-se de uma influência útil ou inútil?
- Minha/sua ansiedade está levando a um excesso de cautela? Minha/sua alegria está levando a uma maior criatividade? Minha/sua raiva está levando à culpa? Minha/sua excitação está levando a uma maior tolerância ao risco? Minha/sua vergonha está levando a um afastamento? Meu/seu desgosto está levando à rejeição de oportunidades?
- Como as emoções podem estar afetando a atitude da equipe?

Agir de maneira informada. Utilizar as emoções para passar à ação.
- Que ação minha/sua emoção está sugerindo?
- Quais são minhas/suas necessidades/objetivos/preocupações?
- Usar a raiva para motivar o enfrentamento de desafios.
- Usar o medo para criar estratégias de proteção.
- Usar a tristeza para lamentar e superar as perdas.
- Usar a vergonha para se afastar e procurar apoio.
- Usar a repulsa para rejeitar.
- Usar a excitação para estimular o engajamento.
- Usar a alegria para celebrar o sucesso.

Validar as próprias emoções. Aceitar a validade dos meus sentimentos como respostas compreensíveis.
- Aceitar as próprias emoções e avaliá-las como compreensíveis.
- Compreender e afirmar por que estou sentindo o que sinto.
- Identificar o que faz sentido no contexto dos meus sentimentos.

(Continua)

QUADRO 15.2 Perguntas-chaves para CHEGAR À PAZ *(Continuação)*

Avaliar a eficácia das decisões, da gestão e das ações informadas pelas emoções, e avaliar se é possível confiar na resposta emocional como adaptativa ou se ela precisa de transformação.
- Qual foi o impacto da minha ação?
- Acertei?
- O que estou/estão sentindo em relação a isso agora?
- Posso confiar na minha reação emocional como adaptativa ou ela está mais baseada em feridas passadas?

Transformar envolve mudar as emoções desadaptativas.
- Posso confiar nessa emoção e contar com ela?
- Preciso ser modificado por essa emoção ou preciso modificá-la?
- Essa emoção está mais relacionada com outro momento ou lugar da minha vida?

Ter presença, empatia e compaixão. Estar no momento e ouvir os sentimentos dos outros com preocupação pelo seu bem-estar e interesses.
Presença: estar no momento.
- Estou imerso no momento?
- Estou aberto e receptivo?

Empatia: estar em sintonia com os sentimentos dos outros.
- O que o outro está sentindo?
- O que está implícito no que está dizendo?

Compaixão: preocupar-se com o outro.
- O que é mais doloroso para o outro?
- O que posso fazer para aliviar o sentimento doloroso do outro?

Comunicar-se com eficácia. Planejar como comunicar para alcançar os objetivos das emoções.
- Qual é o objetivo de minhas emoções?
- Qual é a melhor maneira de alcançar esse objetivo?
- Como quero que eu mesmo e os outros nos sintamos?
- O que posso fazer para alcançar esse resultado? Regular, planejar, revelar ou não?
- Como posso ajudar a criar um estado de humor positivo em mim e nos outros?
- Que estratégias posso usar para criar excitação de modo a motivar o envolvimento, um estado de espírito calmo para ajudar a promover concentração antes de uma reunião e uma atmosfera receptiva e aberta?
- Se estiver com raiva, como me comunico para superar obstáculos/limites?
- Se sentir vergonha (me sentir desrespeitado), como me comunico para recuperar minha posição?
- Se estiver triste, como me comunico para obter conforto/conexão?
- Se tiver medo, como me comunico para eliminar a ameaça?

importante notar que os sentimentos não são fatos. Sentimentos negativos vão e vêm, seguem uma sequência natural e não perduram para sempre.

Reflexão

Refletir sobre as emoções nos ajuda a entender as *causas*, as *consequências* e a provável *progressão* delas, bem como a *influência* das emoções nos pensamentos e nas decisões. A *reflexão* refere-se à capacidade de dar sentido à experiência emocional simbolizada. As emoções proporcionam respostas rápidas orientadas para a sobrevivência. São respostas imediatas. A reflexão, no entanto, permite a deliberação, desacelera a resposta imediata e ajuda a considerar as consequências da ação de forma mais completa. A reflexão é uma habilidade importante que ajuda as pessoas a: (a) desenvolver narrativas para explicar sua experiência e dar sentido ao que estão sentindo; e (b) refletir sobre as consequências da ação desencadeada pela emoção. Outra habilidade é (c) estar consciente do impacto das emoções próprias e alheias nas decisões. E uma reflexão mais profunda inclui (d) compreender como os acontecimentos produziram certas emoções e ser capaz de integrar essa consciência na avaliação de como se interpretam os acontecimentos atuais.

Por exemplo, uma líder ouviu recentemente que um concorrente, que ela tinha rejeitado como pretendente no passado, está competindo com ela em uma licitação e tem falado mal da confiabilidade de sua empresa e de seu produto. Ela se sente (a) com raiva por ter sido injustiçada, até com fúria e desejo de eliminá-lo; (b) com medo de perder um cliente importante e de prejudicar a sua empresa; e (c) envergonhada por ter tido um relacionamento com esse tipo de pessoa. Essas emoções a motivam a diferentes ações. A raiva a mobiliza para agir e revidar. O medo a leva a se preocupar ou a se engajar em um planejamento adaptativo. A vergonha a faz querer se afastar. Ela precisa entender todas essas emoções, compreender seus gatilhos e assimilar como estão afetando suas possíveis decisões de (a) confrontar o concorrente, (b) produzir um documento de resposta ou (c) conversar com outros diretores da empresa e contar como está sendo injustamente criticada. Além disso, ela precisa refletir sobre as consequências de cada uma dessas ações.

Ação informada

A emoção nos proporciona a prontidão para agir. Os líderes precisam ser informados pela tendência da emoção à ação e têm de usar a forma como a emoção molda nossos corpos para serem levados à ação. A tendência à ação na emoção não é uma ação completa. Em vez disso, é uma tendência a agir de determinada maneira. Assim, o medo nos organiza para a fuga, enquanto a raiva nos faz avançar e proteger os limites. Mas precisamos, então, dar sentido ao sinal das emoções. O valor dos sinais emocionais depende da forma como são utilizados. Logo, os líderes precisam prestar atenção às tendências corporais que os levam a agir e têm de ser capazes de utilizar isso tanto como informação quanto como a energia que promove a ação. Conforme assinalado na citação no início do capítulo, a emoção nos conduz à ação, enquanto a razão leva apenas a conclusões. Sem a tendência para a ação na emoção, não agiríamos.

Validação

É preciso validar as próprias emoções, aceitando a validade dos sentimentos como respostas compreensíveis. Validar significa aceitar a emoção como válida — não avaliá-la como ruim, mas permitir que ela exista. Aceitar a emoção não significa que se deva gostar dela, nem que se tenha de aceitar tudo que diz respeito a ela. Aceitar a emoção significa mudar para ser quem se é, e não quem não se é. Isso permite que a emoção esteja presente (porque não podemos mudá-la). A validação e a aceitação das emoções também ajudam a acalmar o sistema e a mudar efetivamente a emoção. A aceitação, portanto, é o primeiro passo para modificar o sentimento. Paradoxalmente, a aceitação é uma forma de mudança.

Avaliação

Os líderes devem avaliar se as suas reações emocionais a uma situação são confiáveis e se podem ser seguidas, ou se não estão fornecendo boas informações e inclinações e precisam ser transformadas em vez de seguidas. Os líderes têm de identificar quais das suas reações emocionais são desadaptativas. As emoções desadaptativas são os sentimentos que impedem uma pessoa de ser tão eficaz quanto poderia ser. Em geral, essas emoções vêm de uma história de aprendizagem negativa, ou seja, de dificuldades passadas, perdas ou outros acontecimentos dolorosos. Provavelmente, as duas emoções desadaptativas mais frequentes na liderança são o medo e a vergonha. Elas raramente são discutidas ou focadas em cursos de liderança, mas estão no centro de muitas das decisões ruins que os líderes tomam e podem prejudicar o funcionamento da equipe ou da organização. O medo do fracasso ou da perda de controle e a vergonha de estar errado, ou de se sentir inadequado ou incompetente, fazem com que os executivos se escondam, paralisem, se fechem, se protejam e se envolvam em muitas outras ações menos que ideais. O medo e a tristeza associados a ser desprezado ou ficar sozinho, bem como o sentimento de insegurança em relação ao risco e à autonomia, também influenciam as decisões.

Os líderes também precisam avaliar a eficácia de suas decisões, sua gestão e suas ações informadas pelas emoções. As decisões devem ser avaliadas em termos de certos elementos, como os aspectos positivos e negativos da ação, os riscos dos efeitos a curto e a longo prazo de ideias alternativas ao que foi sugerido e a relevância dos dados em relação à decisão.

Transformação

Por fim, os líderes precisam trabalhar na transformação de suas próprias emoções desadaptativas. A transformação ocorre por meio da capacidade de acessar e de mudar uma emoção central desadaptativa. As experiências emocionais são frequentemente confusas e multifacetadas. Trabalhar com essas experiências emocionais desadaptativas é uma parte importante do processo de transformação. Em geral, elas decorrem de dois grandes problemas: autocrítica e assuntos por resolver vinculados a relacionamentos de apego. Um dos principais processos de mudança da terapia focada nas emoções (TFE) na transformação é modificar uma emoção com outra emoção — com base na ideia de que a melhor maneira de mudar uma emoção é com uma emoção oposta e possivelmente mais forte.

Por exemplo, a líder de uma grande empresa de vendas assumiu a liderança de seu pai dominador, que permitiu isso apenas porque teve um ataque cardíaco e precisou se afastar. Apesar de não interferir diretamente, ele continua presente em segundo plano, e a sua filha é sensível às possíveis críticas que ele possa fazer às suas habilidades. Ela se preocupa e defende frequentemente suas decisões contra as críticas dele em sua própria mente. Esse drama interno consome boa parte de sua energia emocional e não tem nenhuma utilidade. Ela reconhece que, embora se sinta confiante em suas decisões, tem um medo desadaptativo de desaprovação ou crítica que precisa trabalhar para mudar. Colocando o pai em uma cadeira vazia, entrando em contato com seus sentimentos de medo e fraqueza em relação à poderosa presença dele e acessando a sua necessidade de ser respeitada e valorizada, ela começa a sentir uma raiva empoderada em relação à presença controladora dele e passa a se afirmar, em vez de sentir medo. Isso leva a uma mudança na sua experiência; ela passa a ver a si mesma como alguém mais poderoso e a ver seu pai como alguém mais frágil e pronto para deixar o controle.

Agora, passando para as habilidades específicas do modelo PAZ, descreveremos o papel da presença, da empatia e da compaixão. A presença envolve estar presente no momento; a empatia, ver o mundo na perspectiva do outro; e a compaixão, agir de forma atenciosa para tentar mudar o sofrimento das pessoas. A comunicação eficaz implica unir-se às pessoas para obter colaboração e cooperação, de modo a alcançar objetivos e decidir se é apropriado assumir o risco de se revelar e de ser aberto e vulnerável para ser autêntico.

Presença

Embora muito tenha sido escrito sobre as habilidades de comunicação, sugerimos que os líderes devem se concentrar menos no que *fazer* e mais em como *ser* com os outros e como obter o melhor de seus funcionários. Uma liderança bem-sucedida depende tanto da "forma de ser" do líder em uma situação quanto daquilo que ele faz. A presença, que envolve a capacidade e a experiência de estar plenamente presente no momento com o outro, sem julgamentos ou expectativas, facilita a confiança e a comunicação, permitindo que o outro se sinta seguro, se abra para explorar questões e se expresse de forma autêntica. Estar presente também orienta o líder a ouvir de maneira profunda, tanto verbal quanto não verbalmente, o mundo emocional da outra pessoa e a responder de um lugar intuitivo. Tal lugar emerge de sua compreensão do outro com uma atitude não impositiva combinada com a sua experiência. Isso leva ao surgimento de novas visões e à criação de novas possibilidades (Scharmer, 2009).

Um exemplo de presença envolve uma mulher que recentemente assumiu o cargo de diretora executiva de uma indústria na qual ocasionalmente ocorriam acidentes na área de produção, tendo que lidar com um operário que sofreu uma grave lesão e perdeu um membro. A atitude geral dos colegas de trabalho do homem ferido era uma espécie de postura de independência masculina, de "resistir" por meio do silêncio e da negação. A nova diretora executiva sabia, no entanto, que todos estavam sofrendo. Ela mudou a cultura da organização, em primeiro lugar, aproximando-se do operário e de sua família com empatia e compaixão; em segundo lugar, ao reconhecer publicamente a perda; e, em terceiro lugar, ao realizar uma reunião com toda a equipe, na qual expressou o quanto se sentia triste e mal pelo que tinha acontecido. Ela captou empaticamente o que muitos sentiam e tocou todos ao realizar uma reunião em que houve um momento de silêncio para refletir sobre a perda e o sacrifício. Nessa reunião, a diretora também destacou a importância contínua das precauções de segurança e, finalmente, o valor do trabalho dos funcionários. Esse foi um processo focado nas emoções que consistiu em nomear os sentimentos, expressá-los, demonstrar empatia por eles e refletir para lhes dar sentido e criar significado.

Empatia

A empatia é, sem dúvida, uma importante habilidade de liderança. Ela permite que alguém se sintonize com o que outra pessoa está sentindo ou pensando. A empatia nos permite entender as intenções dos outros e até prever o seu comportamento. As pessoas que conseguem ver o mundo do ponto de vista dos outros e experienciar algumas de suas respostas emocionais são mais propensas a trabalhar com os outros de forma colaborativa. A empatia precisa ser acompanhada de respeito e consideração positiva; caso contrário, pode ser utilizada de maneira manipuladora e interesseira.

Para entender os sentimentos dos outros, não é necessário compreender os fatos da situação da pessoa que está se abrindo. É necessário prestar atenção às emoções imediatas do presente e às emoções passadas que a pessoa relata. Muito já foi escrito sobre empatia, de modo que sugerimos leituras adicionais sobre esse tema (Elliott, Watson, Goldman & Greenberg, 2003; Greenberg & Elliott, 1997).

Compaixão

Em comparação com a empatia, a compaixão pode ser vista como um nível mais profundo de participação no sofrimento de outra pessoa. A compaixão pode envolver empatia, mas sugere uma conexão mais plena com a pessoa que sofre. Em acréscimo à empatia, ela envolve a necessidade de responder ao sofrimento de alguém. A compaixão organizacional é o processo pelo qual os membros percebem, sentem e respondem coletivamente à dor dentro da organização.

A compaixão ocorre ao perceber a dor de outra pessoa, experienciar uma reação emocional a essa dor e agir em resposta a ela. Atos de compaixão podem ser encontrados em todos os níveis de uma organização — há desde líderes que atenuam e transformam a dor de seus funcionários até trabalhadores de escritório que ouvem e respondem com empatia aos problemas de seus colegas. A compaixão nas organizações faz com que as pessoas se sintam vistas e conhecidas; também as ajuda a se sentirem menos sozinhas. A compaixão altera a "conexão sentida" entre as pessoas no trabalho e está associada a uma série de atitudes, comportamentos e sentimentos positivos nas organizações.

Tendo em vista a quantidade de tempo que as pessoas passam no trabalho, não é de surpreender que as organizações estejam repletas de dor e sofrimento. As pessoas frequentemente carregam consigo para o trabalho o sofrimento de sua vida pessoal. Considere, por exemplo, um trabalhador que tem um parente diagnosticado com câncer, uma mãe solteira que deve deixar o filho doente sob os cuidados de outra pessoa ou alguém que enfrenta o fracasso de um relacionamento pessoal. Essas pessoas estão lidando com fatores que afetam a forma como se sentem no trabalho. Do mesmo modo, uma série de fatores relacionados ao trabalho, como interações hostis com colegas, um chefe abusivo ou a necessidade de lidar com clientes excessivamente exigentes, podem levar as pessoas a sentir dor. Sentimentos dolorosos também podem resultar de ações organizacionais, como uma fusão que gera graves conflitos, mudanças mal geridas ou reestruturações e cortes indiscriminados. Atos hostis ou antiéticos de outras organizações podem contribuir ainda mais para a dor sentida pelos funcionários de uma organização. Por exemplo, grandes empresas podem levar concorrentes menores ou com menos recursos à falência, causando dor e sofrimento a muitos dos que estão do lado perdedor da concorrência. Por fim, a dor emocional decorre de calamidades inevitáveis, sejam ambientais, políticas ou econômicas (choques sentidos quando a economia vacila e o sustento das pessoas é afetado). Independentemente de as organizações causarem ou não diretamente dor e sofrimento, são locais que abrigam o sofrimento emocional e a angústia que surgem de todos os aspectos da vida dos membros.

Comunicação eficaz

A comunicação precisa ser orientada para atingir objetivos. Como todos sabemos, a comunicação das emoções em situações de conflito pode piorar as coisas, especialmente quando as emoções são desreguladas, desadaptativas ou secundárias. Quando uma pessoa se envolve em explosões emocionais, os outros são forçados a lidar com o comportamento dela, e não com o problema em questão. A raiva é particularmente difícil de gerenciar no nível interpessoal. Como disse Aristóteles, a inteligência emocional envolve ser capaz de ficar com raiva da maneira certa, na hora certa, da pessoa certa e pelo motivo certo. O que se sente nem sempre deve ser expresso à outra pessoa. Em vez disso, a comunicação das emoções na liderança deve ser feita de forma estratégica.

A comunicação é uma habilidade complexa. Precisa ser informada pelas emoções, mas não envolve simplesmente revelar tudo o que se sente. Líderes emocionalmente competentes são informados pelas suas emoções, mas se comunicam de forma criteriosa, dependendo da situação. Cada emoção tem um objetivo. O objetivo da raiva é superar obstáculos ou estabelecer limites; o medo visa a evitar o perigo; a vergonha busca manter o lugar do sujeito no grupo; e a tristeza tem a meta de reconectar ou recuperar o que foi perdido. As emoções estabelecem as metas, mas é necessário pensar e planejar como alcançá-las. Assim, em vez de uma ação imediata, ao tomar consciência do que se sente, é necessário definir uma estratégia de ação para atingir o objetivo emocionalmente informado. É necessário um planejamento tático para obter bons resultados. A melhor expressão pode ser a ausência de expressão. No entanto, a tomada de consciência das emoções é crucial e, se o valor que rege a filosofia organizacional de uma pessoa é a colaboração, então as emoções devem ser usadas para promover esse valor.

A dificuldade de comunicar quando estamos em uma posição de poder (como líder) tem a ver com o fato de que existe um conflito entre poder e abertura. Um líder precisa liderar, mas, ao mesmo tempo, deve fazê-lo com a compreensão de que a colaboração constitui a melhor maneira de obter o comprometimento das pessoas com o objetivo organizacional, e de que todas as pessoas na organização estão procurando ter as emoções que desejam e evitar as que não querem. Para se comunicar de forma eficaz, é necessário estar consciente de suas emoções e regular a intensidade de sua reação. Em seguida, deve-se planejar a melhor maneira de atingir o objetivo das emoções e revelar seus sentimentos, se isso for taticamente indicado.

Em resumo, o modelo de competência emocional na liderança envolve a capacidade dos líderes de seguir o CHEGAR À PAZ. Esse modelo precisa ser aplicado de forma adequada à estrutura de valores organizacionais em que o líder está inserido. Claramente, esse modelo de inteligência emocional é mais adequado a organizações em que a colaboração e a preocupação com o bem-estar dos outros constituem metas importantes. Se a organização prioriza o poder e a realização como objetivos principais, isso influenciará a forma como as emoções são comunicadas. O aspecto intrapessoal do modelo (os passos do CHEGAR A) permanece o mesmo em todas as organizações, independentemente da cultura, visto que o seu objetivo é ajudar o líder a se orientar. O aspecto interpessoal — como lidar com os outros e comunicar as suas emoções — deve variar conforme o contexto. Por exemplo, um sargento do Exército que valoriza e exige obediência não expressará a seus soldados seus sentimentos de tristeza pela perda de seu animal de estimação ou de vergonha por ter perdido uma competição.

O papel dos valores no tratamento das emoções na liderança é discutido com mais detalhes na próxima seção para contextualizar o modelo que acaba de ser descrito.

Alinhamento com os valores organizacionais

Os valores transcendem ações e situações específicas e são metas abstratas que servem de padrões e critérios para julgar as ações. Ao lidar com emoções em contextos organizacionais, é essencial considerar o papel dos valores, particularmente no que se refere aos aspectos interpessoais da liderança emocionalmente competente, como empatia e comunicação. Os valores podem ser categorizados em duas dimensões ortogonais de autoaprimoramento (melhorar a própria posição) *versus* autotranscendência (preocupar-se com aspectos que estão além de si próprio, como o bem-estar dos outros e da organização). A maneira como as emoções são gerenciadas em uma organização é muito influenciada pela cultura e pelos valores organizacionais. Os valores estão intrinsecamente ligados à emoção e referem-se aos objetivos desejados e carregados de afetividade que as pessoas se esforçam para atingir.

Como já dissemos, os líderes focados nas emoções precisam entender tanto seus próprios valores quanto os organizacionais, além de esclarecer os objetivos que regem a organização. O gerenciamento das emoções deve sempre ser considerado dentro da estrutura de valores e objetivos da organização. Por conseguinte, os líderes deverão definir o cenário de valores e suas interações com o cenário emocional, e poderão utilizar a clarificação de valores nas suas organizações como uma abordagem inicial para trabalhar com as emoções e fornecer a motivação necessária para esse trabalho.

Schwartz (1992) estabeleceu empiricamente 10 valores básicos e amplos, distintos em termos motivacionais, que podem ser derivados de três tipos de necessidades universais da condição humana: necessidades do organismo biológico, necessidades de interação social coordenada e necessidades de sobrevivência e bem-estar do grupo. Os 10 valores básicos são os seguintes:

1. Autodireção: criatividade, liberdade, independência, curiosidade, escolha dos próprios objetivos.
2. Estimulação: desejo de se envolver em desafios criativos, intelectuais e físicos; uma vida variada e excitante.
3. Hedonismo: satisfação, prazer e gratificação sensual para si próprio.
4. Realização: sucesso pessoal por meio da demonstração de competência de acordo com padrões sociais, capacidade, ambição, influência, inteligência e autorrespeito.
5. Poder: *status* social e prestígio, controle ou domínio sobre pessoas e recursos, autoridade, domínio.
6. Segurança: segurança, harmonia e estabilidade da sociedade, dos relacionamentos e de si próprio; segurança familiar, estabilidade da ordem social, reciprocidade de favores, saúde, sentimento de pertencimento.
7. Conformidade: contenção de ações, inclinações e impulsos passíveis de perturbar ou de prejudicar os outros e violar as expectativas ou normas sociais; obediência e respeito pelo seu povo, pelos mais velhos e pelos costumes.
8. Tradição: respeito pela tradição, comprometimento e aceitação dos costumes e ideias que a cultura ou religião tradicionais proporcionam.
9. Benevolência: preservação e melhoria do bem-estar das pessoas com que temos contato frequente, ajuda, honestidade, perdão, lealdade, responsabilidade, amizade, boa vontade, bondade, caridade e verdade. Ter um senso de propriedade de seus atos em relação aos outros ou em nome dos outros.
10. Universalismo: compreensão, apreciação, tolerância, proteção do bem-estar de todas as pessoas e da natureza, abertura de espírito, sabedoria, justiça social, igualdade, paz mundial, um mundo de beleza, unidade com a natureza, proteção do ambiente, harmonia interior, perspectiva holística que promove a unidade com os outros. A paz e a confiança são valorizadas.

As diferentes emoções serão vistas de forma diversa nos quatro contextos de valores organizacionais ou pessoais centrais — estimulação e autodireção, realização e poder, segurança e conformidade, e benevolência e universalismo. A raiva, por exemplo, será vista de forma mais positiva no contexto dos valores de realização e poder do que no contexto de benevolência e universalismo, no qual a compaixão será mais valorizada. As emoções de excitação e alegria serão mais apreciadas no contexto de estimulação e autodireção do que no contexto dos valores de segurança e conformidade, em que a calma será mais valorizada.

O elemento crucial em uma abordagem focada nas emoções para a liderança é o reconhecimento de que, no século XXI, as metas organizacionais que envolvem a compaixão pelos outros e a valorização da interdependência e da criatividade serão fundamentais para o sucesso dos negócios. Portanto, os líderes focados nas emoções precisam reconhecer que os seres humanos são interdependentes e que tanto necessitam quanto dependem uns dos outros, além de valorizar uma abordagem colaborativa e compassiva, em vez de competitiva e agressiva, nas relações humanas. Além disso, precisam reconhecer a importância da necessidade de estímulo e de auto-orientação das pessoas, em vez de conformidade ou controle, de modo a maximizar o envolvimento, a criatividade e a produtividade.

Assim, os líderes precisam identificar, a partir da lista anteriormente fornecida, os valores fundamentais que orientam tanto a si mesmos quanto às suas organizações, visto que as relações humanas e o gerenciamento das emoções serão sempre influenciados pelos valores predominantes da organização. O gerenciamento emocional que promove os valores da organização será visto de forma positiva.

Adequação à situação

Além de se adequar aos valores organizacionais, o estilo de liderança deve se ajustar à situação específica. O contexto situacional pode ser categorizado pelo grau de instrução e apoio necessários. O cruzamento dessas duas dimensões de alta e baixa instrução com alto e baixo apoio resulta nos seguintes quatro tipos de comportamentos de liderança, que são mostrados na Figura 15.1:

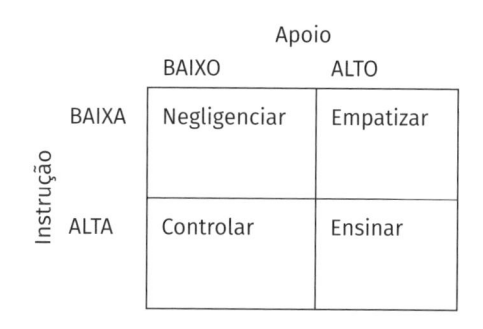

		Apoio BAIXO	Apoio ALTO
Instrução	BAIXA	Negligenciar	Empatizar
	ALTA	Controlar	Ensinar

FIGURA 15.1 Liderança baseada no contexto situacional.

- *Empatizar* é apropriado quando a situação exige alto apoio e baixa instrução.
- *Ensinar* é apropriado quando a situação exige alta instrução e alto apoio.
- *Controlar* é apropriado quando a situação exige alta instrução e baixo apoio.
- *Negligenciar* é apropriado quando a situação exige baixo apoio e baixa instrução.

Cada situação envolverá diferentes habilidades focadas nas emoções e tenderá a produzir emoções diversas. O tipo de estilo de liderança afetará tanto as emoções específicas que os funcionários e os líderes provavelmente sentirão quanto as que serão expressas, evitadas ou ocultadas. Portanto, os líderes precisarão decidir quais habilidades focadas nas emoções são aplicáveis a cada situação. As habilidades intrapessoais são aplicáveis a diferentes culturas de valores organizacionais. Da mesma forma, no estilo de liderança, as habilidades de CHEGAR A são apropriadas para todas as situações e estilos, porém as habilidades interpessoais de PAZ dependem do quadrante de estilo em que se encontram. As habilidades interpessoais focadas nas emoções são mais aplicáveis quando a situação exige alto apoio e baixa instrução. Nessa situação, a compaixão e o incentivo à autodireção promoverão os melhores resultados.

Conclusão

Em geral, os líderes devem ajudar seus funcionários a sentirem emoções agradáveis que indiquem que suas necessidades, metas e preocupações estão sendo atendidas. Essas emoções agradáveis ajudam a ampliar e a desenvolver as capacidades dos funcionários (que se tornam mais criativos e mais comprometidos com a organização, pensam mais e são mais saudáveis). Os líderes também precisam evitar que os funcionários sintam muitas emoções desagradáveis (como raiva, vergonha e medo, por exemplo, que levam a todos os tipos de comportamentos defensivos que não são bons para o ambiente de trabalho nem para a produtividade da organização, e que, em geral, impedem a colaboração).

Os líderes precisam prestar atenção à forma como os funcionários se sentem, e não apenas ao que fazem, e devem ser capazes de conversar com as pessoas sobre como elas se sentem, particularmente em relação aos sentimentos negativos. Além disso, os líderes devem reconhecer que muito do que as pessoas expressam ou demonstram pode não ser o seu sentimento mais profundo, e sim uma reação defensiva a esse sentimento, e eles devem responder à emoção mais primária das pessoas, e não às suas reações secundárias, visto que essas últimas levam a ciclos negativos de interação entre as pessoas. Por fim, os líderes precisam ser compassivos e empáticos em relação às emoções e necessidades primárias das pessoas.

O modelo CHEGAR À PAZ que desenvolvemos foi concebido para ajudar os líderes a se tornarem eficazes focados nas emoções. A expressão das emoções precisa ser vista e aplicada de forma apropriada ao quadro de valores da organização em que o líder atua. Claramente, nosso modelo de competência emocional é mais adequado para organizações nas quais a colaboração e a preocupação com o bem-estar e os interesses dos outros são metas importantes. Como vimos no aspecto intrapessoal do modelo, os passos do CHEGAR A são aplicáveis independentemente dos valores e da cultura da organização, visto que ajudam o líder a se orientar. No entanto, os aspectos interpessoais das estratégias de comunicação e gerenciamento das emoções precisam diferir de acordo com o contexto.

Epílogo

Qualquer emoção, se for sincera, é involuntária.
— *Mark Twain*

As pessoas são emocionais por uma razão. As emoções fazem parte da inteligência humana. A divisão entre o emocional e o racional e entre nosso interior e nosso exterior precisa ser curada em um novo passo evolutivo cultural, no qual a integração entre cabeça e coração seja facilitada nas escolas, nas instituições e, mais importante, em casa, o lugar onde são aprendidas as principais lições emocionais. Assim, as pessoas precisam aprender a lidar com suas emoções, que constituem um dos seus recursos mais preciosos. As pessoas se esforçam ao máximo para protegê-las; logo, as emoções devem ser muito preciosas.

A vida psicológica começa para todos nós com o afeto. Todos os seres humanos experienciam o mundo por meio dos sentimentos e são motivados pelo desejo por certos sentimentos. À medida que nos desenvolvemos, nossas emoções permanecem sob o controle de uma parte do cérebro, e falar sobre nossas emoções cai sob a jurisdição de outra parte. Como adultos, estamos constantemente no processo de tentar compreender nossas emoções. Como as pessoas estão mais conscientes da parte verbal e mais racional de seus cérebros, muitas vezes assumem que todas as partes de sua mente deveriam ser acessíveis à razão e à argumentação. Isso não é verdade. Grande parte de nosso cérebro não responde a comandos racionais. Não podemos dirigir nossas vidas emocionais pela razão. Os estados de humor e as emoções fazem parte da condição humana; eles não podem ser evitados. No entanto, os estados de humor e as emoções mudam, desde que trabalhemos com eles de maneira harmoniosa e tenhamos inteligência emocional.

A lista a seguir resume tudo o que eu disse neste livro sobre o desenvolvimento da inteligência emocional. As pessoas precisam desenvolver:

- maior consciência de suas emoções;
- maior empatia pelos próprios sentimentos e pelos sentimentos dos outros;

- maior capacidade de dar sentido às suas emoções, simbolizando-as em sua consciência e refletindo sobre elas;
- a capacidade de tolerar emoções dolorosas;
- melhor regulação emocional;
- a capacidade de conectar os estados emocionais uns aos outros e de integrá-los para mudar uma emoção com outra emoção.

As pessoas se beneficiam da tomada de consciência de suas próprias emoções e da habilidade de reconhecer emoções nos outros. Estarem cientes do que estão sentindo as ajuda a se orientarem em seus mundos e a funcionarem de maneira integrada dentro de si mesmas. Se as pessoas não sabem o que sentem, tornam-se divididas. Sentir-se triste ou ameaçado moverá a sensação corporal em determinada direção, enquanto a mente correrá para outra. Sem a tomada de consciência de suas emoções, as pessoas ficam dilaceradas e acabam se sentindo inexplicavelmente desgastadas. Estar ciente dos sentimentos enquanto eles acontecem é o *sine qua non* de uma orientação saudável para a vida. Quando as pessoas ignoram, reprimem ou se assustam com suas emoções, tornam-se divididas em si mesmas.

Antes de redigir a primeira edição deste livro, experienciei novamente, como se fosse pela primeira vez, a importância dos processos emocionais sobre os quais escrevi: o processo de ter emoções e regulá-las. Encontrei-me dramaticamente envolvido no processo de interromper minhas próprias lágrimas. Isso ocorreu na inauguração da lápide de minha mãe. Eu tinha viajado 32 mil quilômetros para esse evento, que ocorreu na África do Sul, e, ao lado do túmulo, controlei minhas lágrimas automaticamente. Senti-as brotar dentro de mim. Contrariando meu melhor julgamento, contraí a garganta e fixei minha concentração em uma tentativa deliberada de controlá-las. Lutei contra o choro em público, uma luta especialmente difícil para mim porque era responsável por ler uma oração e, portanto, estava no centro das atenções. Só após a cerimônia, quando recebi o consolo de minha sobrinha e senti seus braços ao meu redor, é que pude soluçar aquelas lágrimas que eu tinha vindo de tão longe para chorar. Isso foi bom para mim, assim como é para todos nós. A emoção adiada, suprimida por um motivo ou outro, se expressa quando percebemos que é seguro senti-la. Isso me lembrou de como os outros podem ser importantes ao nos proporcionar a segurança para experienciar o que sentimos. Agora mesmo, enquanto escrevia essas linhas, as lágrimas vieram à tona, e elas foram boas. Disseram-me que eu ainda estava de luto, que eu estava vivo, que eu me importava e me sentia sensível. Lavaram-me como um bálsamo calmante, pungente e reconfortante.

Bem, como o destino quis, agora, pouco antes de trabalhar nesta segunda edição, perdi minha esposa em um acidente. Escrevi em meu discurso memorial que a morte é uma ladra e a roubou de mim enquanto atravessava a rua, no meio de um passo, no meio de um sentimento, no meio de um pensamento. Encontrei consolo e orientação nas palavras de Mary Oliver:

> Para viver neste mundo,
> você deve ser capaz
> de fazer três coisas:
> amar o que é mortal;
> segurá-lo contra os seus ossos, sabendo que sua própria vida depende disso;
> e, quando chegar a hora, deixá-lo ir.

Com a ajuda do meu luto, eu a deixei ir. Agora, ao imaginá-la, meu amor supera minha tristeza, demonstrando-me novamente como a emoção muda a emoção. Lembro-me de uma citação de Rilke (1934, p. 17), que disse sobre a tristeza:

> [...] estes são os momentos em que algo novo entrou em nós, algo desconhecido: nossos sentimentos ficam mudos em uma tímida perplexidade, tudo em nós se recolhe, um silêncio surge, e o novo, que ninguém conhece, está no meio disso e permanece em silêncio.

Esse tipo de tristeza dá sentido à vida e nos deixa em um estado único, ao mesmo tempo revigorados e cansados pela intensidade de tudo. Sentir, sem dúvida, exige energia e usa nossos recursos. Depois de experienciar emoções, precisamos de tempo para nos recuperar e reabastecer. Percebo que, conforme envelheço, sinto mais o escoamento da energia produzido pelas minhas emoções.

Tendo acreditado profundamente, no início da minha vida adulta, na importância de tentar levar uma vida racional e superar tanto o sentimentalismo quanto os horrores da existência, procurei desenvolver uma abordagem filosófica. Isso resultou na adoção de uma postura desapegada, defendendo o ponto de vista de que a dor, o sofrimento e a perda são inevitáveis, de modo que não há propósito em se angustiar com eles. O controle, ou a imunidade à dor, era realmente meu objetivo. Com a sabedoria da idade e da experiência de vida, cheguei a ver o erro dessa visão; passei a ver que a qualidade de vida melhora quando desisto de tentar controlar minhas reações e reconheço a natureza do meu processo. Passei a entender que meu processo emocional precisava ser permitido, e não controlado, e assim cresci para aceitar o lado emocional da minha natureza e para respeitar a mente no meu coração. Em vez de rejeitar a importância da racionalidade, atribuí-lhe um papel diferente: o de dar sentido aos meus sentimentos e me ajudar a refletir sobre eles para criar significado. A construção de narrativas pessoais é crucial para o senso de identidade de uma pessoa. Organizamos nossa realidade construindo histórias que dizem quem somos. Nenhuma história é significativa sem emoção, e nenhuma emoção existe sem uma história que forneça seu contexto. Assim, integramos cabeça e coração ao escrever quem somos.

Validar a existência da emocionalidade das pessoas por meio da terapia e da orientação é crucial para ajudá-las a alcançar uma vida mais satisfatória. As pessoas precisam viver seus momentos emocionais, bem como os momentos emocionais dos outros, e ser capazes de validá-los. É necessário orientar as pessoas para que não fujam de sentimentos difíceis, não se distraiam deles nem tentem se convencer a deixá-los de lado. Infelizmente, os sentimentos não respondem bem à razão. Certos efeitos da emoção são impenetráveis à razão. Dizer a si mesmo que não é racional estar tão ansioso ou deprimido não é muito eficaz. Na terapia, as pessoas não podem ser facilmente curadas apenas pela razão. As conexões dos centros emocionais do cérebro com os centros racionais são muito mais fortes do que as conexões na direção oposta (LeDoux, 1996). Assim, as pessoas são muito mais movidas por suas emoções do que são capazes de mover suas emoções pelo controle racional. Isso é um fato da arquitetura cerebral. Por isso, é mais fácil mudar uma emoção com outra emoção. Mudar o humor com o humor é mais eficaz do que impor a mente sobre o humor. As pessoas precisam viver em harmonia com as emoções que as movem em vez de viver com base em um código de controle racional e automanipulação. A longo prazo, até os "deveres" sensatos da vida, como "deveria me exercitar" ou "deveria comer alimentos mais saudáveis", precisam ser emocionalmente importantes, e não apenas um produto da força de vontade, para ter sucesso.

Embora a capacidade de adiar a ação seja essencialmente humana, estar desconectado da espontaneidade é perigosamente alienante. Ser puramente racional nega o acesso a uma fonte sofisticada de conhecimento emocional, que informa de maneira adaptativa a ação e ajuda na resolução de problemas e na tomada de decisões (Damasio, 1994). O excesso de controle sobre as emoções muitas vezes leva ao oposto — a possibilidade de um colapso no controle racional. O controle emocional geralmente falha quando o estresse se torna grande demais. Além disso, a vida interior da experiência emocional que não é exposta à luz da confirmação humana não cresce e não se diferencia em formas socialmente apropriadas. Abandonadas sozinhas na tenebrosa escuridão, as emoções podem se tornar dolorosamente distorcidas. Isso ocorre quando, por exemplo, a raiva reprimida e não resolvida transforma-se em pensamentos de vingança. O treinamento emocional pode ajudar a trazer os sentimentos para a luz do dia, de modo que possam ser desenvolvidos em expressões socialmente adequadas.

Como argumentei ao longo deste livro, os terapeutas podem ajudar as pessoas a alcançar esse objetivo vendo os clientes como aprendizes a quem ajudam a alcançar suas emoções. Isso pode ser feito auxiliando os clientes a identificar o que estão sentindo no momento em seus corpos. Ao ajudá-los a prestar atenção ao seu sentido interno de complexidade, repleto de significado, eles compreendem seus sentimentos e emoções. O terapeuta também ajuda as pessoas ao orientá-las a usar suas emoções saudáveis como guia para ações adaptativas e para a resolução de problemas. Por fim, o terapeuta também deve ajudar as pessoas a reconhecer e interromper padrões improdutivos de resposta emocional e a deixar para trás emoções que não são produtivas.

Apêndice
Exercícios práticos

Os exercícios a seguir podem ser realizados com os clientes para aumentar a sua inteligência emocional. A maioria dos exercícios pode ser dividida em duas categorias: aqueles que ajudam os clientes a tomar consciência de suas emoções (Fase 1, chegada) e aqueles que os ajudam a lidar com e/ou a transformar suas emoções (Fase 2, partida). Um exercício lida tanto com a chegada quanto com a saída de uma emoção, e exercícios adicionais aplicam-se especificamente a parceiros íntimos.

Exercícios para chegar a uma emoção

Exercício 1: conhecendo as suas emoções

A primeira tarefa para ajudá-lo a aumentar sua consciência sobre suas emoções é manter um registro de emoções. Três vezes ao dia, registre a última emoção que você sentiu e descreva a sua experiência. Considere os seguintes pontos:

1. Que nome você dá à emoção?
   - Se perceber que utiliza apenas alguns termos repetidamente, como "frustrado" e "feliz", procure encontrar mais palavras associadas a emoções.
   - No Capítulo 4, as palavras são classificadas de acordo com a emoção que expressam.
2. Foi uma emoção de início súbito ou um estado de espírito mais duradouro?
   - Quanto tempo durou?
3. Você teve sensações corporais associadas à sua emoção?
   - Tensão do corpo, mandíbula, punho
   - Tremor
   - Sensação de suor ou calor
   - Sensação de frio
   - Coração batendo notoriamente
   - Outras sensações. Quais foram?
4. Surgiram pensamentos na sua mente?
   - Quais foram os pensamentos?
   - Eram sobre o passado, o futuro ou o presente?
5. Você agiu ou teve vontade de fazer ou expressar algo?
   - Aproximar-se ou afastar-se da emoção.
   - Fazer um movimento agressivo em direção à emoção.
   - Fazer uma expressão facial.
6. O que provocou a emoção ou o estado de espírito?
   - Descreva a situação.
   - Foi um acontecimento interno?

7. Que informação sua emoção está lhe fornecendo?
   - Está lhe dizendo algo sobre você?
   - Está lhe dizendo algo sobre um relacionamento?
   - Está falando do seu progresso em relação a um objetivo?

Reflita sobre a sua resposta emocional à sua situação e tente dar sentido ao que está sentindo. Além disso, identifique o que o sentimento está lhe dizendo sobre a decisão a ser tomada.

- Você deve seguir o sentimento?
- Deve ir ao encontro do que está por trás do seu sentimento?
- Deve tentar ampliar a sua visão para mudar o seu sentimento?

Exercício 2: registrando as emoções

Faça um registro das suas emoções no final do dia ou antes de dormir (ver Quadro A.1). Verifique se você experienciou esse sentimento naquele dia.

Exercício 3: experienciando uma emoção adaptativa

Para superar o excesso de controle de modo a acessar a sua emoção, você pode seguir os passos da fase de atendimento, discutidos anteriormente. Esse é o processo mais básico para trabalhar com suas próprias emoções. É simples, mas crucial. Vamos utilizar uma experiência de tristeza na fase de atendimento:

1. Seja muito gentil com o sentimento.
2. Simbolize o sentimento em palavras.
3. Aceite o sentimento completamente.

A seguir, estão algumas dicas para ajudar nesse processo, considerando a tristeza como o sentimento a ser acessado:

- Se, ao entrar no estado de tristeza, você interromper a experiência ou

QUADRO A.1 Registro de emoções

Instruções: reserve alguns minutos todos os dias (de manhã ou no final do dia) para prestar atenção ao que sente, mesmo que seja doloroso. Não julgue o sentimento. Em vez disso, seja compassivo, atencioso, receptivo e interessado pelas suas emoções. Elas contêm informações valiosas sobre suas necessidades e objetivos. Leve esse registro consigo para a próxima sessão de terapia a fim de discuti-lo com o seu terapeuta.

Dia	Sensação corporal e o local onde a sente	Emoção: encontre a palavra que se encaixa melhor	Se não conseguir encontrar uma palavra que se encaixe na emoção, concentre-se na descrição do que sente fisicamente
Exemplo: segunda-feira à noite	Aperto no pescoço	Estresse? Frustração? Ansiedade!	Dor latejante

evitar se aproximar dessa emoção, precisa se conscientizar de como faz isso. Talvez você pense em outra coisa, fique assustado ou diga: "Não consigo lidar com isso". Esteja ciente de que você está fazendo uma interrupção e, então, escolha a via alternativa para atender à sua tristeza. Você precisa se concentrar em sua experiência interna, nas sensações e no que experiencia corporalmente. Quando sua atenção se afasta da sua experiência interna, ou sua concentração diminui, você precisa redirecionar sua atenção, focando para permanecer com a tristeza, para deixá-la vir, e encorajando o sentimento a emergir. Mantenha o foco em sua experiência atual, perguntando e descrevendo como é experienciá-la. Atenda a quaisquer aspectos não verbais atuais de sua expressão de tristeza, especialmente a expressão facial, os lábios trêmulos e as bochechas caídas, bem como a sua postura geral, e convide a experiência a vir mais plenamente.

- Observe os suspiros. Um suspiro é uma expressão de importância fundamental; ele geralmente indica tanto a constrição da tristeza quanto uma sensação de alívio por ter tocado nela. Suspirar novamente ajuda a regular a respiração, possibilitando a entrada de mais ar; isso permite que o sentimento se intensifique, se for isso que ele procura fazer. Associe algumas palavras ao suspiro para ajudar a simbolizar o sentimento por trás dele. A linguagem evocativa e as metáforas — por exemplo, "É como querer gritar, mas ter medo de que ninguém ouça" — ajudam a evocar o sentimento. Memórias de situações nas quais você sentiu essa tristeza podem ser evocadas usando a imaginação para torná-las o mais concretas e vívidas possível. Você pode se imaginar fazendo algo, falando com pessoas. Assim, no luto, pode falar com a pessoa que se foi e dizer o que sente falta ou o que aprendeu com ela. Pode imaginar ser uma criança novamente e estar sozinha em casa, sentindo medo e abandono e chamando por sua mãe, que a deixou só, ou pode reviver a experiência de ser castigado por um pai frio e severo. O objetivo disso é aceitar e expressar seus sentimentos com mais facilidade, deixar as lágrimas virem e ajudá-lo a experienciar o alívio e a liberação da expressão plena e completa. Isso o ajudará a simbolizar o aspecto único da tristeza e seu significado idiossincrático.

- Ao lidar com a tristeza adaptativa — digamos, ao ver um ente querido ferido —, você primeiro precisa reconhecer sua própria tristeza compassiva e ser movido a estender a mão e confortar o outro. Certifique-se de respirar e deixar a tristeza tomar conta de você. Conforte e seja confortado pelo contato físico. Agora o sentimento persiste, porque os sentimentos sempre colorem a situação, e claramente é triste que seu ente querido se sinta derrotado, ferido ou fracassado. Como você deixa a tristeza de lado e segue em frente? Além da habilidade de permitir que a emoção venha à tona, existe a habilidade de não se apegar a ela. É aqui que o que você pensa e diz a si mesmo também é muito importante. Pensamentos tristes e memórias dolorosas nessa fase manterão e prolongarão a tristeza, e poderão produzir aquele tipo de desânimo, o tipo de tristeza que você considera tão

aversivo quando usa essa palavra para descrevê-la.
- Alguém empaticamente sintonizado pode ajudá-lo a simbolizar o significado da experiência e a capturar suas necessidades e objetivos essenciais, mas, exceto nos momentos muito angustiantes da vida, você pode fazer isso sozinho. Por exemplo, na perda, você pode simbolizar a experiência dizendo: "Você significou muito para mim. É difícil enxergar qualquer propósito sem você". Em seguida, você precisa estabelecer uma intenção, necessidade ou objetivo. Assim, pode dizer: "Não quero nunca esquecer você. Pretendo continuar aproveitando o que você me deu". Na dor, você pode simbolizar sua experiência dizendo: "Sinto como se meu coração estivesse partido, como se estivesse sangrando por dentro", e declarar esta necessidade: "Preciso apenas viver dia após dia até me curar".
- Ajuda não permanecer em sua tristeza e envolver-se novamente com outras atividades importantes para você. A tristeza simplesmente voltará em ondas. É importante suspirar e respirar profundamente, porque o suspiro exige que você se lembre por um momento do que se trata a sua tristeza. Não se tensione nem procure não senti-la; em vez disso, deixe-a vir, mas não se apegue a ela — deixe-a ir também. Dar sentido à emoção, conversar com outra pessoa sobre ela, colocá-la em perspectiva e receber apoio e simpatia pelo quão difícil a vida pode ser — tudo isso ajuda. Seguir em frente e envolver-se na vida novamente é o passo crucial. Ir para a cama ou dormir por um tempo pode fazer maravilhas, desde que sirva como um posto de reabastecimento para voltar à estrada. Quando a parada se torna permanente, a sua tristeza claramente começou a alcançar proporções depressivas, e você definitivamente precisa de apoio social para ajudá-lo a se reerguer. E, assim, sua tristeza vem e vai, e você se enriquece com isso, tornando-se mais profundo, mais capaz de apreciar os bons momentos e mais reflexivo sobre a vida em geral; mais triste, porém mais sábio. Quando você fica preso nela, provavelmente está experienciando uma tristeza desadaptativa.
- Para entrar em um estado de sentimento, tão diferente dos estados de pensamento ou ação, você precisa ser capaz de desacelerar. Sentir é um processo lento. Muitas vezes, não pode ser feito quando você está falando rapidamente, concentrando-se no conteúdo ou tentando se comunicar com outras pessoas. Você pode, é claro, desabafar quando está com raiva e sentir o calor em seu corpo, ou pode chorar em desespero e desesperança. No entanto, não pode ao mesmo tempo manter contato com a complexidade do que sente e acessar o que realmente deseja — o que está por trás da sua raiva ou do seu sentimento de desesperança. Nesse processo, você precisa deixar os pensamentos e as imagens passarem e concentrar-se no processo mais lento de sentir até ser afetado e ser capaz de receber as informações envolvidas em seu sentimento.

Exercício 4: lidando com emoções instrumentais

Para se tornar mais consciente de suas emoções instrumentais, pergunte a si mesmo quais são as atitudes que expressa com mais frequência em relação aos outros. Pergunte a si mesmo: "Sinto-me constantemente prejudicado, com raiva e tentando obter desculpas? Reclamo sobre como as coisas são injustas ou difíceis e tento obter ajuda?". Pergunte a si mesmo: "Ganho algo ao expressar esse sentimento? Isso me dá controle, me traz simpatia ou me liberta de responsabilidades que são minhas?". Se a resposta for sim, é provável que isso seja mais um esquema emocional, um estilo de expressão que, no passado, lhe trouxe algum ganho, embora possa parecer sofrimento.

Exercício 5: recebendo a mensagem

1. Pense em uma experiência difícil em sua vida.
2. Concentre-se em como ela se manifestou em seu corpo. Não lute contra ela; apenas aceite que foi isso que sentiu. Respire e acolha a mensagem sobre como foi tão doloroso ou vergonhoso quanto poderia ter sido. Aceite que foi assim que você se sentiu.
3. Receba a mensagem. Dê a si mesmo permissão para reconhecer que foi isso que sentiu e que não precisa fazer mais nada agora além de registrar a mensagem.
4. Se for muito difícil sentir isso, tudo bem. Você não precisa sentir ou reviver a cena; apenas se permita reconhecer a mensagem que está sendo enviada a você pelo seu sistema de emergência sobre o que sentiu naquela situação.
5. Após receber a mensagem, acalme-se da maneira que puder. Converse consigo mesmo. Imagine um lugar seguro para onde possa ir. Respire. Faça algo de bom para si mesmo.

Primeiro, concentre-se em si mesmo e no que está sentindo, e não no que está pensando ou no que os outros fizeram com você.

1. Identifique e dê atenção direta a um estado problemático no qual você permanece muito tempo, frequentemente sem reconhecer o que faz (por exemplo, raiva, mágoa).
2. Permita que a emoção emerja e demonstre interesse por ela. Permita-se senti-la no corpo.
3. Identifique como você se sente em relação à emoção. Você a aceita ou a rejeita?
4. Aceite a emoção de forma acolhedora.
5. Explore como esse estado se parece.
6. Identifique a voz e os pensamentos que acompanham esse estado.
7. Identifique o que, especificamente, desencadeia esse estado.
8. Explore a relação desse estado com qualquer coisa no passado.
9. Identifique o que esse estado está dizendo agora.
10. Identifique a necessidade implicada nesse estado.
11. Aceite e coopere com o estado em vez de tentar controlá-lo.

Exercício 6: focalizando

1. *Abrindo um espaço.* Reserve um momento para estar apenas com você, encontre uma posição confortável e feche os olhos. Respire profundamente e relaxe.
2. *Concentrando-se em uma sensação corporal.* Agora, preste atenção ao que ocorre dentro do seu corpo, naquele lugar onde sente suas emoções, e veja o que está sentindo neste exato momento;

observe as sensações físicas que estão ocorrendo agora.

Nota: se o seu cliente relatar que não sente nada, você pode fazer uma sugestão. Sugira: "Pense em um grande problema que está entre você e se sentir bem consigo mesmo. Ao refletir sobre esse problema, observe a sensação física em seu corpo".

Se houver uma questão específica na qual o cliente deseja se concentrar, sugira que ele observe a sensação física dentro do corpo enquanto se concentra nessa questão.

A sensação ocorre corporalmente, como uma sensação física e somática. Com frequência, é sentida no peito ou na garganta — em algum lugar específico que geralmente fica no centro do corpo. É uma sensação interna, e é importante fazer a distinção entre ela e uma sensação física externa, como músculos tensos ou uma coceira no nariz.

3. *Descrevendo a experiência em palavras.* Agora procure descrever o sentimento ou a qualidade física dessa sensação que está ocorrendo. Onde ela está acontecendo no seu corpo? Coloque sua mão no local e descreva o que está acontecendo.

Descreva as sensações físicas, como aperto, nó, dor, vazio ou peso. Se o cliente descrever algo como "Sinto medo" ou "Sinto raiva", pergunte como esse medo ou raiva se manifesta no corpo dele: "Qual é a qualidade dessa sensação física? Qual é a sensação no corpo que alguém chama de 'medo'? Está tudo bem permanecer com essa sensação agora?".

A seguir, estão algumas perguntas úteis a serem feitas:
- A sensação experienciada tem uma qualidade emocional? Se houver um aperto no peito, é um aperto de medo ou um aperto de animação ou felicidade?
- O que faz a sensação sentida ficar tão... (agitada, quente)?
- Qual é a pior parte disso?

Nota: muitas vezes, no início, há falta de clareza, por isso é importante falar sobre as sensações físicas. A sensação experienciada difere de uma emoção.

É bom obter permissão do cliente para se concentrar na sensação experienciada. Pergunte. Incentive o seu cliente a ser gentil e receptivo em relação a essa sensação. Você pode ajudá-lo a aceitar e se sentir confortável com suas sensações experienciadas, sugerindo que seja atencioso e interessado nelas, mesmo que isso possa ser desconfortável. Sugira que aceite a sensação em seu corpo como uma parte importante de si mesmo e indique que ela está lá porque está lhe informando algo.

4. *Verificando se as palavras correspondem.* Veja se a palavra que descreve a sensação experienciada se encaixa. Se o cliente estiver com dificuldade em descrevê-la, é importante ajudá-lo a articular a sensação, refletindo de forma empática o que você percebe que está ali.

5. *Perguntando e recebendo.* Continue focando internamente no ponto em que a sensação (aperto, dor) está acontecendo no momento; receba quaisquer

imagens, palavras ou pensamentos que venham dela. Seja o que for que venha a você agora, deixe vir — não precisa fazer sentido, apenas compartilhe o que surgir. Receba quaisquer palavras ou imagens que venham da sensação e que mostrem a você do que se trata.

Perguntas úteis a serem feitas são:
- Do que a sensação experienciada precisa? O que ela quer?
- O que faria com que ela se sentisse melhor?
- Como seria se sentir bem em seu corpo?

6. *Levando adiante e encerrando.* Tudo bem se pararmos em um ou dois minutos ou há algo mais que você queira dizer agora?

Nota: ajude o cliente a continuar seu trabalho experiencial na sessão e discuta como ele gostaria de levar adiante seus novos entendimentos. Certifique-se de que o cliente esteja bem onde terminou. Se você precisou terminar antes que algo estivesse concluído, pode pedir a ele que tome nota de onde se encontra e volte para lá quando puder.

Exercício 7: utilizando a Folha de orientação para a tomada de consciência de episódios emocionais

O Quadro A.2 pode ser usado para ajudar as pessoas a começarem a identificar diferentes tipos de emoção. Você pode seguir as instruções na folha para identificar suas emoções primárias em relação a acontecimentos recentes da vida que fizeram com que você sentisse algo.

Exercício 8: identificando sua experiência com diferentes emoções

Descreva a última vez que você sentiu cada uma das seguintes emoções: raiva, tristeza, medo, vergonha e dor. Se possível, descreva esse sentimento a outra pessoa (real ou imaginada) para ajudá-la a entender a situação, a que você reagiu, o que aconteceu em seu corpo, como você se sentiu e o que fez.

Agora, considere cada emoção e responda às seguintes perguntas sobre como você normalmente experiencia essa emoção:

- Quanto tempo dura esse sentimento?
- Quão intensa é essa emoção (em uma escala de 1 a 10, em que 10 representa *muito intensa*)?
- Quanto tempo leva para essa emoção surgir? Você sente raiva, tristeza, medo e vergonha rapidamente?
- Quanto tempo leva para a emoção desaparecer?
- Com que frequência você experiencia essa emoção?
- Essa emoção geralmente é útil ou representa um problema para você?

Exercício 9: lidando com a tristeza primária da perda

É importante permanecer com qualquer emoção até entender o que o sentimento está tentando lhe dizer. Isso se aplica especialmente à tristeza relacionada à perda. Dê a si mesmo permissão para entrar conscientemente na tristeza praticando esse exercício.

QUADRO A.2 Folha de orientação para a tomada de consciência de episódios emocionais

Passo 1	Passo 2	Passo 3	Passo 4	Passo 5
Qual é a sua emoção ou tendência para ação? Ela é mais bem descrita por: • Uma palavra que exprime emoção ou sentimento • Uma tendência para ação	A que você está reagindo? • Um acontecimento • Uma experiência interna • Outra pessoa	Quais são os pensamentos que acompanham a emoção?	Qual é a necessidade, o objetivo ou a preocupação atendida ou não atendida na emoção/situação?	Estabeleça sua emoção primária. • Sua emoção no Passo 1 é primária? Se não for, é secundária ou instrumental? Sua emoção primária deve se encaixar com sua necessidade não atendida. Por exemplo: • Se sua necessidade é estar perto, então a tristeza, e não a raiva, é sua emoção primária. • Se sua necessidade é de não violação, então a raiva, e não a tristeza, é sua emoção primária. • Se sua necessidade é de segurança, então o medo, e não a raiva, é sua emoção primária.

1. Desacelere, concentre-se em seu abdome e respire profundamente. Concentre-se na sua tristeza. Sinta a tristeza. Identifique sua perda.
2. Sinta a dificuldade da perda associada à sua tristeza. Sinta o que isso significa para você. Articule para si aquilo de que você sente falta.
3. O que esse sentimento quer lhe dizer? Sinta e espere. Não analise; apenas permaneça com seu sentimento.
4. Fique com a tristeza até relaxar ou até que as lágrimas venham. Fique com as lágrimas e a tristeza enquanto as informações surgem. Permita que as lágrimas o relaxem.
5a. Diga a si mesmo algo que o faça se sentir melhor. Seja gentil e atencioso. Dê a si mesmo algo específico para se encorajar.

ou

5b. Abra-se para permitir que os outros o ajudem, ou deixe-se ser afetado pelos outros.

ou

5c. Estenda a mão. Peça amor, um abraço ou algum tipo de atenção. Expresse a dificuldade e peça conscientemente ajuda a um amigo, profissional ou alguém capaz e disposto a lhe dar amor e atenção.

ou

5d. Envolva-se em uma rotina ou ritual para ajudar a lidar com a tristeza. Concentre-se no que você ama fazer, algo que não lhe cause estresse, ou pratique um ritual pessoal para ajudar a simbolizar e expressar sua perda.

ou

5e. Lembre-se de um momento de amor, competência, força ou plenitude guardado em sua memória interna. Aprecie esse momento.

– Ao lidar com o luto, você pode se concentrar no pensamento da perda e prolongar o sentimento de tristeza, ou pode se concentrar no sentimento de amor pela pessoa ou situação perdida até que isso produza uma sensação calorosa de amor.
– Você pode se concentrar no sentimento e no reconhecimento do seu próprio amor pela pessoa que se foi, ou no amor dela por você, até que isso produza inspiração para mais vida.
– Você pode se concentrar no desejo de querer o que perdeu até que isso produza o desejo e a vontade de agir.

Exercício 10: explorando a cura do luto

1. Examine sua vida à procura de uma situação de grande perda.
2. Concentre-se na perda. Permita-se visualizar novamente a situação completa. Sinta a perda.
3. Visualize a pessoa ou qualquer aspecto da situação em que havia amor. Sinta esse amor.
4. Experiencie as diferenças entre a perda e o amor: volte ao sentimento de perda e experiencie como a perda é sentida. Em seguida, sinta novamente o amor e experiencie como ele é sentido.
5. Pense em quaisquer presentes que tenha recebido da pessoa em questão. Sinta o amor sempre que quiser. Continue amando e permita-se ser afetado pelo amor.
6. No contexto de seus sentimentos de amor, lembre-se das características

positivas dessa pessoa, baseando-se na sua experiência pessoal.
7. Encontre uma maneira de simbolizar esses aspectos admirados e armazene esses símbolos em sua memória.
8. Sempre que recair na perda, lembre-se de que pode mudar o foco para o amor.

Exercício 11: expressando raiva

Expresse sua raiva sozinho. Isso pode ser feito em um local seguro, como no seu quarto, no carro ou em qualquer lugar onde esteja sozinho. Pense no motivo de sua raiva. Expresse essa raiva. Você pode querer chutar algo ou socar um travesseiro. Faça o que for seguro e adequado. O objetivo é:

1. Descobrir o que sua raiva pode estar escondendo ou como ela está mascarando o que você realmente deseja. Expressar sua raiva sozinho o ajuda a buscar o que você realmente quer.
2. Identificar os gatilhos da sua raiva. Conheça seus próprios padrões de raiva e modos de expressão.
3. Ver, ouvir, sentir ou encontrar algo positivo que possa fazer. Saiba que a raiva é uma luta entre "Eu posso" e "Eu não posso". Você precisa procurar cuidadosamente para encontrar um "Eu posso" que o ajude a sair da luta com uma ação positiva a seu favor. Expresse-se até querer ficar em silêncio e ir para dentro de si ou deixar sua raiva ir embora.

Quando souber o que realmente deseja, em vez de apenas o que desencadeou sua raiva, você pode estar pronto para expressar sua frustração à outra pessoa. Quando identificar algo que possa fazer em relação à sua raiva, você não será mais uma vítima; não dependerá mais das ações da outra pessoa. Agora, você poderá não apenas expressar seus sentimentos, mas também entrar em um processo de negociação.

Exercício 12: expressando raiva para a outra pessoa com intenção de negociar

Certifique-se de que deseja expressar a raiva. Essa pode ou não ser a sua melhor opção. Assim como você não expressa todos os seus pensamentos, não precisa expressar todos os seus sentimentos. Tenha certeza de que deseja negociar com a outra pessoa. Caso contrário, é melhor expressar sua raiva para si mesmo, de forma privada. Ninguém deseja ouvir sua insatisfação, a menos que você esteja disposto a buscar alternativas. Comece sua expressão com uma declaração focada no "eu", e não com uma declaração focada em "você". Uma declaração focada no "eu" demonstra que o sujeito detém a raiva e que a outra pessoa não é a causa dela. Uma declaração focada em "você" só alimenta o conflito, torna a outra pessoa defensiva, mantém a guerra ativa e resulta em discussões e desconexões. Saiba como quer começar. Treine-se para iniciar com "eu". Algumas possibilidades incluem: "Eu sinto muito" ou "Eu não quero explodir com você", "Eu estou com raiva", "Eu estou tendo dificuldades", "Eu sei que não é sua culpa" ou "Eu simplesmente não consigo suportar quando...".

Para expressar seus sentimentos:

- Diga o que você está sentindo.
- Diga o que você viu o outro fazendo.
- Diga o que você quer.
- Diga o que a outra pessoa pode fazer para ajudar.

Expresse o desejo de negociar. Diga: "Eu gostaria de resolver isso", "Eu não quero me sentir com raiva" ou "Eu estou disposto a ouvir o seu lado". Diga algo que indique sua abertura para ouvir e negociar.

Exercício 13: identificando o poder em sua raiva

Em geral, a raiva é sua reação emocional à perda de poder. Trata-se de um sinal para alertá-lo de que você se importa em ser poderoso em determinada situação ou com uma pessoa específica. A raiva mostra exatamente onde estão localizadas as obstruções ao seu poder. Ela identifica onde você se sentiu ou acreditou ser poderoso antes de ser bloqueado.

1. Pergunte a si mesmo em qual atividade estava envolvido quando ficou com raiva.
2. Embora possa se sentir impotente no momento, lembre-se de que foi a interrupção de um objetivo que o deixou frustrado e com raiva. Identifique a atividade em que se sentia poderoso antes de ser interrompido. Pode ser útil completar as seguintes frases: "O que me importa e que foi interrompido foi...", "Eu senti..." ou "Eu queria...". Esse é seu objetivo, necessidade ou preocupação.
3. Identifique o que pode fazer agora para se aproximar do objetivo associado àquilo que você valoriza.

Exercício 14: enfrentando a dor

Certifique-se de que se sente seguro. Identifique um lugar seguro dentro ou fora para onde possa ir caso sinta muita dor e precise se retirar por um tempo. Imagine o evento ou a experiência dolorosa. Respire. Associe palavras à imagem e às sensações corporais. Conecte sua sensação, as imagens e os elementos do evento em uma narrativa coerente. Primeiro, nomeie claramente o que você sentiu com palavras; por exemplo: "Senti-me apavorado" ou "Senti-me fragmentado". Respire. Deixe suas emoções surgirem; sinta-as e expresse-as. Vá para o seu refúgio interno se sentir que precisa. Em seguida, volte ao sentimento. Observe que, apesar das crenças que você possa ter tido sobre ser incapaz de enfrentar sua dor porque ela o destruiria, você ainda está aqui. Sinta seu corpo contra a sua cadeira. Sinta seus pés no chão. Permita-se sentir a dor e entre em contato com sua necessidade. Sinta o alívio que vem com a experiência e a expressão de sua dor. Dê sentido ao que aconteceu de uma nova maneira. O que você aprendeu? O que pode deixar para trás? Crie uma nova narrativa do que aconteceu que seja mais compassiva com você ou com os outros.

Exercícios para deixar para trás uma emoção

Exercício 15: identificando gatilhos e temas de emoções desadaptativas

Identifique um sentimento que você frequentemente se arrepende de ter. Às vezes você fica com raiva e depois deseja não ter ficado? Você se sente triste, desesperado ou humilhado e se arrepende do que diz ou faz? Faça o exercício a seguir e mantenha-o como um diário.

1. Que emoção você sente que preferiria não sentir?

2. Você reconheceu a emoção por conta própria ou outras pessoas lhe contaram?
3. O que aconteceu antes de você sentir essa emoção? Descreva com o máximo de detalhes possível.
4. Quais são as características da situação que levaram a esse sentimento? Se você fosse contar a história do que aconteceu, qual seria o tema? Quais foram os principais envolvidos? Qual foi a situação, o enredo e a conclusão? O tema foi de abandono, dominação, desconsideração, privação ou dependência? Como você descreveria o tema que parece desencadear esse sentimento?
5. Quais são as origens dessa história e os temas dela em sua vida? De onde você está transportando isso? Do que isso lhe lembra?
6. Identifique esse gatilho para si mesmo: "Tenho uma reação emocional da qual me arrependo quando X acontece". Preencha o X com um dos seguintes sentimentos:
   - Sinto-me privado.
   - Estou sendo provocado.
   - Estou me sentindo ignorado ou excluído.
   - Sinto-me criticado.
   - Sinto-me controlado.
   - Sinto-me sem importância.
   - Sinto-me competitivo.
   - Estou sozinho.
   - Outro.
7. Esteja ciente de que essa situação constitui um gatilho para sua raiva, tristeza, medo, vergonha ou outra emoção da qual você se arrepende. Da próxima vez que sentir essa emoção, pergunte a si mesmo: "Estou reagindo a um gatilho?".

Exercício 16: experienciando uma emoção que geralmente o afeta e, depois, saindo dela

Dê a si mesmo pelo menos 20 minutos para praticar este exercício.

1. Escolha uma música que o relaxe. Fique confortável e comece a ouvi-la. É melhor escolher uma música de ritmo lento para ajudá-lo a ter o tempo necessário para entrar em contato com seus sentimentos.
2. Pense na situação que o afeta.
3. Permita-se sentir a primeira reação emocional que vier.
4. Diga: "Essa primeira reação (ou esse primeiro sentimento) me faz sentir...". Coloque o sentimento em palavras.
5. Se pensamentos entrarem em sua mente, concentre a sua consciência em como eles fazem você se sentir.
6. Respire profundamente até o seu estômago. Continue indo mais fundo, permitindo que um sentimento leve a outro até descobrir a informação que parece importante. Você será capaz de sentir quando tiver alcançado uma experiência central e recebido uma mensagem valiosa. Ficará satisfeito por tê-la recebido, pois parecerá profunda e real. Essa forma de conhecimento proporciona uma sensação de satisfação de saber, independentemente de a mensagem ser agradável ou desagradável.
7. Retorne seu foco para o mundo externo. Redirecione sua atenção e seus pensamentos para suas atividades em andamento.

Para se aprofundar em seus estados emocionais, você precisa estar disposto a recusar a interferência que vem da parte de seu cérebro orientada para os pensamentos e a ação. Se quiser permanecer em um sentimento por tempo suficiente para receber a informação que ele lhe traz, precisa se libertar de qualquer necessidade de chegar a conclusões ou de tomar decisões com base nos sentimentos.

Exercício 17: lidando com uma emoção difícil

Em alguns contextos, em vez de simplesmente experienciar uma emoção, é útil estabelecer certa distância objetiva dela. Isso se aplica particularmente a sentimentos avassaladores ou não saudáveis. Você pode fazer isso no exercício a seguir, prestando atenção ao processo em vez de ao conteúdo. Em seguida, pode tentar acessar outra emoção de equilíbrio.

1. Imagine uma situação ou interação pessoal que produza essa emoção difícil. Pode ser uma conversa com um dos pais ou o parceiro que deixe você sentindo emoções difíceis, como raiva, sentimento de inutilidade ou indesejabilidade.
2. À medida que a emoção surge, dirija sua atenção para o processo de sentir. Descreva as sensações. Descreva sua qualidade, intensidade, localização e quaisquer mudanças. Respire.
3. Preste atenção aos sentimentos associados. Descreva o processo mental no qual você está envolvido, seja pensar, lembrar ou criticar. Respire.
4. Concentre-se em sua necessidade emocional dentro dessa emoção dolorosa. Valide sua necessidade: "Sim, preciso de conforto, apoio, validação".
5. Concentre-se em outro sentimento mais suave e positivo que satisfaça essa necessidade, como amor, alegria ou compaixão. Imagine uma situação ou interação pessoal em que você sinta isso. Sinta agora. Permita que esse sentimento o preencha.
6. Converse com o sentimento antigo e difícil a partir de seu espaço nesse sentimento novo e mais saudável. O que você pode dizer ao sentimento ruim que ajudará a transformá-lo em um sentimento melhor? Diga isso.

Exercício 18: utilizando a transformação por meio de imagens

Esse exercício é mais apropriado para casos de maus-tratos e abusos na infância. O trauma não deve ser muito grave e pode ser uma sensação mais geral de ter sido negligenciado, invalidado ou criticado.

1. Reentre na cena.
   Feche os olhos e lembre-se de uma experiência de infância em uma situação que foi traumática. Se nenhuma situação estiver clara, lembre-se de um sentimento central associado à experiência dolorosa. Imagine uma memória concreta. Descreva o que aconteceu. O que você vê, sente e ouve na situação? O que está passando pela sua mente?
2. Veja a cena como um adulto agora.
   O que você vê, sente e pensa? Você vê a expressão no rosto da criança? O que você quer fazer? Faça isso. Como pode intervir? Tente intervir em sua imaginação.
3. Do que a criança precisa?
   Torne-se a criança. O que, como criança, você sente e pensa? O que você precisa de um adulto? Peça o que precisa ou deseja. O que o adulto faz? É suficiente? Do que mais você preci-

sa? Peça isso. Há alguém mais que você gostaria que viesse para ajudar? Receba o cuidado e a proteção oferecidos.
4. Revisão.

Verifique o que você sente agora. O que tudo isso significa para você em relação a si mesmo? O que isso significa sobre o que precisava? Volte ao presente, para si mesmo como adulto agora. Como você se sente? Despeça-se da criança por enquanto.

Exercício 19: sentindo autocompaixão

O objetivo desse exercício é ajudá-lo a redirecionar seus pensamentos e sentimentos para aceitar, apoiar e cuidar de si mesmo.

- Descreva um evento ou situação que ocorreu *hoje* e outro no passado recente que foram angustiantes ou o deixaram aborrecido.
- Agora, escreva uma carta de um parágrafo para si mesmo sobre esses eventos ou situações angustiantes. Você deve escrever essa carta para si mesmo de uma perspectiva atenciosa, oferecendo compaixão a si mesmo em relação a seu sofrimento emocional. Para começar a escrever, tente sentir aquela parte de você que pode ser gentil e compreensiva com os outros. Pense no que diria a um amigo em sua posição ou no que um amigo diria a você nessa mesma situação. Tente compreender seu sofrimento (por exemplo, "Fico triste por saber que você se sente angustiado") e perceba que ele faz sentido. Tente ser bondoso consigo mesmo. Escreva o que vier à sua mente, mas certifique-se de que essa carta lhe ofereça o que pensa que precisa ouvir para se sentir acolhido e reconfortado em relação à sua situação ou ao evento estressante.

Exercício 20: chegando às necessidades e desejos

A chave para o empoderamento é chegar à necessidade ou desejo que está embutido no sentimento e sentir-se com direito a ele. Você deve ser capaz de dizer: "Preciso de amor, conforto, espaço, descanso" ou qualquer outra coisa que o faça se sentir novamente inteiro. Chegar ao "Eu posso" também é muito importante para superar o sentimento de desamparo que rouba sua eficácia.

1. Identifique o que precisa ou deseja e que acha que não pode ter agora. Responda às seguintes declarações:
   - O que eu perdi ou meu objetivo bloqueado foi _____, e o que eu queria era _____.
2. Veja que sentimento surge em decorrência de a necessidade não ter sido atendida.
   - Se for tristeza pela perda, então lamente o que foi perdido.
   - Se for raiva por ter sido roubado, então afirme-se.
3. Pergunte a si mesmo:
   - O que não consigo ter agora é _____.
   - O que posso obter agora ou fazer é _____.
   - Sinta o conflito entre o "Não posso" e o "Posso".
4. Sinta o que você quer ou precisa.
5. Permaneça em seu sentimento de querer até receber novos sentimentos ou pensamentos que possam ajudá-lo a alcançar o que deseja. Espere até que as soluções apareçam. Sua mente

tentará encontrar soluções se você souber quais são seus objetivos e tiver uma definição clara do problema.
6. Sinta o desejo até que ele o mova para a ação.
7. Que ação você realizou? O que aconteceu?

Exercício 21: transformando-se emocionalmente

O Quadro A.3 ajudará as pessoas a lidar com algumas de suas emoções dolorosas. Para que funcione, as pessoas precisarão experienciar todos os sentimentos, não apenas conceitualizá-los. Elas terão que experienciar os novos sentimentos e necessidades, e sua nova voz precisará realmente emergir de forma experiencial. Esse é um processo difícil, e levará tempo para que ocorra uma verdadeira mudança de um sentimento desadaptativo.

Exercício 22: curando a raiva desadaptativa relativa a um evento do passado

Nesse exercício, você terá um diálogo imaginário com uma pessoa significativa de seu passado para trabalhar suas emoções não resolvidas. O objetivo é afirmar-se e responsabilizar a outra pessoa, entender e, possivelmente, perdoar ou seguir em frente.

1. Dê a si mesmo tempo suficiente e sinta-se confortável. Embora a situação que você deseja curar possa ter ocorrido quando era muito jovem, agora você é adulto. Tem um corpo e uma mente diferentes e muito mais conhecimento. Visualize-se agora como um adulto plenamente empoderado, mesmo que esteja prestes a discutir uma situação que ocorreu há muito tempo.
2. Visualize o rosto da outra pessoa e imagine-se frente a frente com ela. Observe o que você sente agora ao fazer contato.
3. Comece a dizer a essa pessoa o que você ressente. Seja específico.
4. Imagine a outra pessoa respondendo ao seu ressentimento.
5. Torne-se você mesmo novamente e identifique o que mais você sentiu. Agora, deixe-se voltar a uma cena anterior. Volte a ser você mesmo quando criança na cena e converse com a outra pessoa. Certifique-se de expressar tanto a tristeza primária sobre o que você perdeu quanto sua raiva primária sobre o que sentiu ser injusto. Expresse qualquer sentimento central que tenha sentido.
6. Diga à outra pessoa o que você precisava ou como queria que ela agisse de forma diferente.
7. Imagine a outra pessoa lhe respondendo. Quando fingir ser essa outra pessoa, em vez de se defender ou continuar com a postura negativa ou prejudicial, ouça o que ela está dizendo e explique como era para você. Quais foram as lutas, dificuldades ou razões que o levaram a ser prejudicial ou negativo?
8. Continue até chegar a uma resolução. Responsabilize a outra pessoa pelas ações dela, deixe isso para trás ou perdoe-a. Permita que ambos ganhem algo um do outro. Quando você conseguir, se sentirá mais autoconfiante, e entenderá e também responsabilizará a outra pessoa pelo que ela fez a você.
9. Volte e visualize a situação recente que causou sua raiva como adulto. Imagine-se respondendo com base no novo diálogo que acabou de experienciar.

QUADRO A.3 Folha de orientação para a transformação das emoções

Passo 1	Passo 2	Passo 3	Passo 4	Passo 5
Qual é o seu sentimento primário desadaptativo em seu corpo? Dê boas-vindas a ele. • Qual é a intensidade dele (1-10)? • Você precisa regular ou criar distância? Se a resposta for sim, como?	Quais são as vozes, pensamentos e crenças destrutivos em sua mente? • Qual é o tom emocional das vozes (geralmente desprezo ou hostilidade)? • De onde vêm?	Qual é a sua necessidade básica, o objetivo ou a preocupação associada à sua emoção adaptativa primária? O que você precisa de si mesmo ou precisou dos outros? Permita isso e reconheça que você merece ou mereceu ter essa necessidade atendida. Deixe sua necessidade se opor à sua crença desadaptativa.	O que mais você está sentindo agora em resposta a ter se sentido com direito à sua necessidade? Identifique uma resposta emocional saudável. • Dê uma voz a ela. • Imagine um sentimento ou uma situação útil na qual você sinta essa emoção. • Entre nesse sentimento ou situação.	Deixe seus sentimentos e necessidades adaptativas em contato com seu estado desadaptativo. • Combata seus pensamentos destrutivos com seus sentimentos e necessidades. • Integre suas forças e recursos.

Exercício 23: lidando com a raiva desadaptativa atual

O propósito desse exercício é ajudá-lo a associar um sentimento atual a outro passado e encontrar autocuidado e autoapoio.

1. Imagine a pessoa de quem você está com raiva e a situação em que ocorreu o incidente.
2. Faça uma mudança: em vez de afirmar "Você é a causa da minha raiva", identifique o que em você está levando à sua raiva. Identifique qual parte dessa situação está desencadeando algo em você ou em sua história emocional. Veja se isso o remete a situações anteriores nas quais se sentiu magoado por não conseguir o que queria.
3. Pergunte "quando" e não "por que". Por exemplo, em vez de perguntar "Por que estou com raiva?", faça a seguinte pergunta: "Quando isso aconteceu antes na minha vida? Isso me lembra de...". Revise seu passado. Pare em qualquer situação que pareça adequada; muitas vezes, as primeiras cenas com seus pais são as mais marcantes. Devido à sua necessidade do amor deles, as primeiras memórias de não conseguir o que queria muitas vezes contêm mais mágoa ou raiva. Qualquer que seja a situação que você escolher, certifique-se de que seja semelhante à situação atual que o deixa irritado.
4. Visualize e sinta novamente a situação anterior. Observe, adentre e seja afetado por ela. Encontre uma maneira de ter empatia por si mesmo. Imagine-se como uma criança sentada à sua frente. Como pode cuidar dessa criança que está sofrendo? Lembre-se de que ela continuará sofrendo até que você sinta empatia por si mesmo.
5. Enquanto estiver sentindo sua dor na situação, procure o que você realmente precisava ou queria na época.
6. Você vai se dar isso agora? Você é capaz de se dar isso agora ou quer continuar insistindo para que a outra pessoa lhe dê? Você pode continuar com raiva da outra pessoa por não ter lhe dado, ou pode decidir dar a si mesmo. Ou você acaba com o desejo de vingança dando a si mesmo o que o outro não foi capaz de lhe dar, ou simplesmente não lhe deu, ou você continua tendo ressentimento e raiva.
7. Se estiver disposto a dar a si mesmo o que a outra pessoa não lhe deu ou não fez por você, pergunte a si mesmo quando, onde e como vai se dar isso nas próximas semanas e meses. Planeje com cuidado e honre todas as promessas que fizer.
8. Visualize-se dando a si mesmo o que precisa.

Quanto mais você perceber que foi sua raiva da outra pessoa que o levou a descobrir algo que estava faltando em sua vida, melhor se sentirá em relação a ela.

Exercício para chegar a uma emoção e para a deixar ir

Exercício 24: colocando em prática todo o processo de orientação ao desenvolvimento emocional

1. Ouça seu corpo.
   Preste atenção às sensações básicas no tronco, no estômago, no peito, nos braços e na garganta, bem como no seu

rosto. Pergunte-se: "Como estão as coisas por dentro? O que estou sentindo no meu corpo?".
2. Permita-se sentir a emoção.
   Acolha o sentimento. Não o avalie negativamente. Aceite-o.
3. Dê um nome ao sentimento.
   Coloque palavras no seu sentimento. Encontre palavras que o ajudem a articular o que está acontecendo dentro de você. Deixe as palavras virem do sentimento o máximo possível.
4. Identifique seu sentimento mais básico. Pergunte-se:
   - É isto que realmente sinto no fundo?
   - Este é meu sentimento mais central?

   Para testar isso, pergunte:
   - Sinto algo mais que vem antes disso?
   - Sinto algo além do que estou mais consciente de sentir?
   - Estou tentando conseguir algo com esse sentimento?

   Se responder "sim" a qualquer uma das últimas três perguntas, o sentimento provavelmente não é um sentimento central. Então, ouça novamente o seu corpo e repita os Passos 1 e 2. Caso contrário, prossiga.
5. Estabeleça se seu sentimento é adaptativo ou desadaptativo. Pergunte-se:
   - Este sentimento é útil? Vai melhorar meu *self* ou meus laços com os outros?
   - Este sentimento é uma resposta a experiências passadas ou está respondendo ao que está acontecendo agora?
   - Existe um padrão recorrente de sentimentos ruins aqui?
   - Este é um sentimento familiar, estagnado?

Se suas respostas a essas perguntas forem "sim", provavelmente trata-se de um sentimento desadaptativo, e você deve prosseguir para o Passo 6. Se as respostas indicarem que é um sentimento novo, fresco e saudável em resposta ao presente, prossiga para o Passo 7.

6. Identifique a voz negativa e os pensamentos destrutivos.
   - Primeiro, reconheça completamente a emoção desadaptativa. Sinta-a e nomeie-a: "Sinto-me despedaçado", "Sinto-me furioso" ou "Sinto-me humilhado". Aceite o sentimento. Acolha-o. Deixe-o entrar.
   - Se o sentimento for intenso e assustador, acalme-se e diga: "Está tudo bem. Sei que você está se sentindo muito envergonhado, muito zangado. Tudo bem. Vou cuidar de você. Você está bem".
   - Ao prestar atenção às sensações, coloque os pensamentos associados ao sentimento ruim em palavras. Alcance suas crenças centrais, como: "Sinto-me indigno"; "Sinto que não consigo sobreviver sozinho. Sinto que vou morrer sem apoio"; ou "Sou inútil, indigno de amor e não sou bom o suficiente". Essas são as vozes negativas e as crenças disfuncionais que ajudam a manter esse estado emocional desadaptativo.
   - Expresse os pensamentos hostis e negativos contra si mesmo dizendo "você". Diga a si mesmo: "Você é inútil"; "Você não pode sobreviver sozinho". Elabore essas críticas e torne-as o mais específicas possível. Essas são as vozes destrutivas que causam tantos problemas.

7. Identifique a necessidade ou o objetivo em seu sentimento doloroso primário. Identifique suas necessidades mais básicas não atendidas ou suas principais preocupações ou objetivos. Articule-os. Por exemplo, se você se sente inseguro e ansioso, precisa de conforto ou apaziguamento; se você se sente triste e solitário, precisa de proximidade; se sente vergonha, precisa de validação. Essas necessidades fornecerão a vontade de sobreviver e a capacidade de crescer. Observe que esse não é um processo intelectual; é um processo emocional. Você deve experienciar uma necessidade sincera e a sensação de ter merecido ter essa necessidade atendida. Identifique essas necessidades: a necessidade não atendida no sentimento desadaptativo ou, se estiver experienciando um sentimento primário adaptativo, a necessidade nesse sentimento. Ambas as necessidades podem ajudá-lo a se remobilizar para a mudança. Experiencie um novo sentimento mais saudável emergir do sentimento de ter merecido que sua necessidade fosse atendida. Por exemplo, você pode sentir a tristeza saudável do luto, que ajuda a aceitar e seguir em frente, ou a compaixão pela ferida de ter uma necessidade não atendida, ou a raiva fortalecida por ter sido tão invalidado ou maltratado.

Para ajudar a identificar sua necessidade, pergunte a si mesmo:

- Do que eu preciso? Deixe a resposta vir do seu estado emocional.
- Qual é meu objetivo aqui?
- O que eu quero mudar ou quero que seja diferente?
- O que eu quero fazer?

Aqui estão algumas diretrizes sobre quais podem ser suas necessidades ou objetivos:

- Se está com raiva, trata-se de proteção contra uma ofensa?
- Se está triste, isso tem a ver com contato e conforto?
- Se está com medo, isso tem a ver com segurança e fuga ou com apaziguamento?
- Se está envergonhado, trata-se de busca de privacidade ou validação?
- Se está sentindo nojo, é para se livrar de algo ruim?
- Se está sentindo dor, precisa de acolhimento e cura?

Agora pergunte o seguinte:

- Como posso ter minha necessidade atendida?
- O que estou disposto a fazer para atendê-la?
- Meus sentimentos e necessidades estão impulsionando alguma ação que entra em conflito com meus valores?
- Quais são as consequências, os custos e os benefícios desse curso de ação?
- Essa ação me ajudará a expressar meu sentimento agora ou devo deixá-la em espera?

Atribua sentido ao que os sentimentos e as necessidades estão lhe dizendo. Esclareça isso perguntando a si mesmo:

- O que nessa situação me faz sentir assim?
- Qual é a questão real?
- Quem é responsável pelo quê?

Se ficar preso no processo anterior, você pode ter atingido um dos problemas básicos que causam esses bloqueios, citados a seguir.

8. Agora, procure sua voz saudável, baseada em sentimentos e necessidades primários adaptativos que podem estar presentes em segundo plano. Identifique seus sentimentos centrais saudáveis em resposta às suas necessidades não atendidas. Descubra o que os sentimentos saudáveis estão lhe dizendo. A seguir, estão alguns exemplos de emoções saudáveis:
   - A raiva lhe diz que você está sendo violado.
   - A tristeza lhe diz que você perdeu algo.
   - O medo lhe diz que você está em perigo.
   - A vergonha lhe diz que você está superexposto.
   - O nojo lhe diz que o que você está experienciando é ruim para você.
   - A dor lhe diz que seu senso de si mesmo está sendo destruído.

Aceite o sentimento e use-o como guia para a ação para a qual ele organizou você:

- Raiva para proteger um limite
- Tristeza para chorar ou se afastar
- Medo para fugir
- Vergonha para se esconder
- Nojo para expulsar
- Dor para não repetir o evento doloroso

Para ajudar ainda mais a articular o que você deseja ou precisa, e o que deseja fazer, pergunte-se o seguinte:

- "Quando sinto o oposto do meu sentimento desadaptativo? Quando me sinto valioso, seguro, competente e mais integrado?" Concentre-se nesse estado de ser. Sinta a emoção desse estado alternativo. Isso também faz parte de você. Então, pergunte novamente: "Do que eu preciso?".
- "O que posso fazer para ajudar a suprir minha necessidade?" Ou simplesmente: "O que posso fazer para me ajudar?". Veja se você consegue se dar o que precisa.
- "A quem mais posso recorrer para obter parte do que preciso?"

Se seu sentimento primário for dor, então enfrente-a, viva-a e aprenda que você sobreviverá a ela. Se estiver sofrendo, responda à necessidade implicada em seu sofrimento. Imagine-se como uma criança experienciando o sentimento desadaptativo. O que você pode dar ou fazer por essa criança?

Exercícios para parceiros íntimos

Exercício 25: identificando e mudando ciclos

1. Identifique seu papel.
   Selecione qual papel você desempenha e qual é atribuído ao seu parceiro.
   - Papéis relacionados com a intimidade

Perseguir	Distanciar
Apegar-se	Afastar-se
Exigir/importunar	Retirar-se
Atacar	Defender
Invadir	Erguer barreiras

   - Papéis relacionados com a identidade

Dominar	Submeter-se
Estar certo	Estar errado
Liderar	Seguir
Superfuncionar	Subfuncionar
Ser prestativo	Estar desamparado

- Identifique quais emoções secundárias, "mais duras", estão associadas a esses papéis.
2. Identifique o sentimento central "mais suave" relacionado com o apego que está por trás da sua posição.
   - Se sentir a necessidade de perseguir seu parceiro, procure sentimentos subjacentes de vulnerabilidade, solidão e tristeza.
   - Se está se afastando por medo, procure sentimentos subjacentes de necessidade de conexão, inadequação ou ressentimento não expresso.
   - Se se sentir dominante, procure sentimentos subjacentes de ansiedade ou insegurança, que possivelmente guiam sua necessidade de controle.
   - Se estiver se sentindo submisso, procure sentimentos subjacentes de medo, raiva e incerteza.
3. Identifique e expresse as necessidades de apego em relação a proximidade, conexão e identidade.
   - Diga: "Sinto-me triste, solitário ou com medo".
   - Diga: "Preciso que minhas necessidades, limites e preferências sejam reconhecidos".
   - Não reclame; em vez disso, expresse seus sentimentos e necessidades centrais.
4. Ouça e aceite os sentimentos e as necessidades de seu parceiro.
   - Tente compreender a experiência de seu parceiro. Coloque-se no lugar dele. Veja as coisas da perspectiva dele.
   - Comunique sua compreensão e apreço pela perspectiva do seu parceiro.

Exercício 26: lutando até um empate

Depois de identificar os ciclos destrutivos em que você e seu parceiro entram, procure determinar os sentimentos centrais que ambos estão experienciando. O objetivo é revelar para seu parceiro seus sentimentos e suas necessidades de apego associadas. Quando entender os sentimentos centrais de seu parceiro, você poderá responder de maneira diferente, e isso mudará a forma como se relacionam. Esse novo entendimento precisa ser mantido e apoiado.

1. Identifique que se trata de uma briga.
   - Muitas vezes, nenhum dos dois percebe que estão brigando.
2. Identifique seu sentimento central.
   - Qual é o sentimento "mais suave" por trás do seu sentimento "mais duro"?
   - Você está se sentindo solitário, abandonado ou ansioso?
   - Você está se sentindo inseguro, inadequado ou com medo?
3. Esclareça suas principais preocupações e metas relacionadas com o apego.
   - Você quer proximidade?
   - Você quer estabelecer um limite?
   Suas metas e intenções serão determinantes importantes de suas ações.
   - Se sua principal preocupação for a harmonia e a preservação do relacionamento, então escaladas de raiva, como ataques ou insultos, serão evitadas.
   - Se sua principal preocupação for reparar a autoestima, então comportamentos que intensificam a raiva serão mais prováveis. Em vez disso, procure identificar sua

vergonha e o que fez você se sentir prejudicado.
4. Expresse diretamente sua emoção e sua preocupação centrais.
   - Diga "Sinto-me ferido ou magoado" ou "Sinto-me com raiva", sinalizando que você está preocupado com sua identidade.
   - Diga "Quero preservar a harmonia", sinalizando uma postura colaborativa e conciliatória.
   - Identifique se esse sentimento está relacionado com sua sensibilidade, sua vulnerabilidade bem conhecida a se sentir abandonado, criticado ou desvalorizado.
   - Assuma o sentimento como seu, em vez de culpar a outra pessoa.
   - Expresse como você se sente: "Estou com medo de perder você", "Sinto que estou falhando com você", "Tenho medo de sua raiva", "Estou com raiva de você se agarrar a mim" ou "Preciso de mais espaço".
5. Identifique sua necessidade básica. O que você realmente precisa ou deseja agora?
   - Comunique isso de maneira não acusatória e sem exigências.
   - Não tente impor suas opiniões a seu parceiro, por mais justificado que você se sinta. Seu parceiro se sente igualmente certo. Tentar provar que ele está errado é inútil. Lute para empatar ou para ambos vencerem.
6. Identifique as barreiras que estão impedindo você de expressar sua necessidade.
   - Perceba o que está impedindo você de ouvir a necessidade de apego não coerciva do seu parceiro.
7. Se seu parceiro não puder responder, pratique o autoapaziguamento.
   - Lembre-se de que o agora não é tudo o que existe. O ontem e o amanhã também existem, e seu parceiro pode responder de maneira diferente em momentos diferentes.

Exercício 27: lidando com estados emocionais difíceis

Uma vez que uma pessoa tenha aprendido a reconhecer os estados emocionais difíceis nos quais entra nos relacionamentos, as seguintes ações podem ser úteis:

1. Procure se sentir confortável com seus estados vulneráveis e trazê-los para seu relacionamento com seu parceiro. Diga ao seu parceiro como você se sente.
2. Evitem desencadear estados difíceis um no outro.
3. Ajude seu parceiro a sair de estados agressivos e de autoproteção.
4. Faça pausas para se acalmar ou mudar de estado.
5. Dê ao seu parceiro tempo e espaço para lidar com seus próprios estados difíceis.

Referências

Alexander, J. F., Holtzworth-Munroe, A., & Jameson, P. B. (1994). The process and outcome of marital and family therapy: Research review and evaluation. In A. E. Bergin & S. L. Garfield (Eds.), *Handbook of psychotherapy and behavior change* (4th ed., pp. 585–630). Oxford, England: Wiley.

American Psychological Association. (Producer). (2007a). *Emotionally focused therapy with couples* [DVD]. Available from http://www.apa.org/pubs/videos/index.aspx.

American Psychological Association. (Producer). (2007b). *Emotion-focused therapy for depression* [DVD]. Available from http://www.apa.org/pubs/videos/index.aspx.

American Psychological Association. (Producer). (2007c). *Emotion-focused therapy over time* [DVD]. Available from http://www.apa.org/pubs/videos/index.aspx.

American Psychological Association. (Producer). (2012a). *Three approaches to psychotherapy with a female client: The next generation* [DVD]. Available from http://www.apa.org/pubs/videos/index.aspx.

American Psychological Association. (Producer). (2012b). *Three approaches to psychotherapy with a male client: The next generation* [DVD]. Available from http://www.apa.org/pubs/videos/index.aspx.

Angus, L. E., & Greenberg, L. S. (2011). *Working with narrative in emotion-focused therapy: Changing stories, healing lives.* Washington, DC: American Psychological Association.

Angus, L. E., & McLeod, J. (Eds.). (2004). *The handbook of narrative and psychotherapy: Practice, theory and research.* London, England: Sage.

Aristotle. (1941). Rhetoric. In R. McKeon (Ed.), *The basic works of Aristotle* (pp. 1325–1454). New York, NY: Random House.

Augustine, Saint. (2006). *Confessions* (2nd ed., F. J. Sheed, Trans.). Indianapolis, IN: Hackett.

Auszra, L., Greenberg, L. S., & Herrmann, I. (2013). Client emotional productivity—Optimal client in-session emotional processing in experiential therapy. *Psychotherapy Research, 23,* 732–746.

Bargh, J. A., & Chartrand, T. L. (1999). The unbearable automaticity of being. *American Psychologist, 54,* 462–479. http://dx.doi.org/10.1037/0003-066X.54.7.462.

Barrett, L. F. (2014). The Conceptual Act Theory: A précis. *Emotion Review, 6,* 292–297.

Barrett, L. F., & Russell, J. A. (Eds.). (2015). *The psychological construction of emotion.* New York, NY: Guilford Press.

Baucom, D. H., Shoham, V., Mueser, K. T., Daiuto, A. D., & Stickle, T. R. (1998). Empirically supported couple and family interventions for marital distress and adult mental health problems. *Journal of Consulting and Clinical Psychology, 66,* 53–88.

Beck, A. (1976). *Cognitive therapies and the emotional disorders.* New York, NY: International Universities Press.

Bohart, A. (1977). Role playing and interpersonal conflict reduction. *Journal of Counseling Psychology, 24,* 15–24. http://dx.doi.org/10.1037/0022-0167.24.1.15.

Bohart, A. C., & Greenberg, L. S. (Eds.). (1997). *Empathy reconsidered: New directions in psychotherapy.* Washington, DC: American Psychological Association. http://dx.doi.org/10.1037/10226-000.

Bolger, E. (1999). Grounded theory analysis of emotional pain. *Psychotherapy Research, 9,* 342–362. http://dx.doi.org/10.1080/10503309912331332801.

Bonanno, G. A., & Keltner, D. (1997). Facial expressions of emotion and the course of conjugal bereavement. *Journal of Abnormal Psychology, 106,* 126–137. http://dx.doi.org/10.1037/0021-843X.106.1.126.

Borkovec, T. (1994). The nature, functions, and origins of worry. In G. Davey & E. Tallis (Eds.), *Worrying: Perspectives on theory, assessment, and treatment* (pp. 131–162). New York, NY: Wiley.

Bowlby, J. (1969). *Attachment.* New York, NY: Basic Books.

Bruner, J. (1986). *Actual minds, possible worlds.* Cambridge, MA: Harvard University Press.

Brunet, A., Orr, S. P., Tremblay, J., Robertson, K., Nader, K., & Pitman, R. K. (2008). Effect of postretrieval propranolol on psychophysiologic responding during subsequent script-driven traumatic imagery in post-traumatic stress disorder. *Journal of Psychiatric Research, 42,* 503–506.

Buber, M. (1958). *I and thou* (2nd ed.). New York, NY: Scribners.

Bushman, B. J., Baumeister, R. F., & Stack, A. D. (1999). Catharsis, aggression, and persuasive influence: Self-fulfilling or self-defeating prophecies? *Journal of Personality and Social Psychology, 76,* 367–376. http://dx.doi.org/10.1037/0022-3514.76.3.367.

Campos, J. J., Frankel, C. B., & Camras, L. (2004). On the nature of emotion regulation. *Child Development, 75,* 377–394.

Carryer, J. R., & Greenberg, L. S. (2010). Optimal levels of emotional arousal in experiential therapy of depression. *Journal of Consulting and Clinical Psychology, 78,* 190–199.

Chance, C., & Fiese, B. H. (1999). Gender-stereotyped lessons about emotions in family narratives. *Narrative Inquiry, 9,* 243–255. http://dx.doi.org/10.1075/ni.9.2.03cha.

Coan, J. A., Schaefer, H. S., & Davidson, R. J. (2006). Lending a hand: Social regulation of the neural response to threat. *Psychological Science, 17,* 1032–1039.

Cozolino, L. (2002). *The neuroscience of psychotherapy: Building and rebuilding the human brain.* New York NY: W. W. Norton.

Cushman, P. (1995). *Constructing the self, constructing America.* Reading, MA: AddisonWesley.

Dahl, H. (1991). The key to understanding change: Emotions as appetitive wishes and beliefs about their fulfillment. In J. Safran & L. Greenberg (Eds.), *Emotion, psychotherapy, and change* (pp. 130–165). New York, NY: Guilford Press.

Damasio, A. (1994). *Descartes' error: Emotion, reason, and the human brain.* New York, NY: Putnam.

Damasio, A. (1999). *The feeling of what happens.* New York, NY: Harcourt Brace.

Darwin, C. (1872). *The expression of emotions in man and animals.* New York, NY: Philosophical Library. http://dx.doi.org/10.1037/10001-000.

Davidson, R. J. (2000). Affective style, mood, and anxiety disorders: An affective neuroscience approach. In R. Davidson (Ed.), *Anxiety, depression, and emotion* (pp. 88–102). Oxford, England: Oxford University Press. http://dx.doi.org/10.1093/acprof:oso/9780195133585.003.0005.

Dolhanty, J., & Greenberg, L. S. (2008). Emotion-focused therapy in the treatment of eating disorders. *European Psychotherapy, 7,* 97–118.

Eisenberger, N. I., Master, S. L., Inagaki, T. K., Taylor, S. E., Shirinyan, D., Lieberman, M. D., & Naliboff, B. (2011). Attachment figures activate a safety signal-related neural region and reduce pain experience. *Proceedings of the National Academy of Sciences, USA, 108,* 11721–11726.

Ekman, P., & Davidson, R. (1994). *The nature of emotion: Fundamental questions.* New York, NY: Oxford University Press.

Ekman, P., & Friesen, W. (1975). *Unmasking the face.* Englewood Cliffs, NJ: Prentice Hall.

Ekman, P., Levenson, R. W., & Friesen, W. V. (1983). Autonomic nervous system activity distinguishes among emotions. *Science, 221,* 1208–1210.

Elliott, R. (2013). Person-centered/experiential psychotherapy for anxiety difficulties: Theory, research and practice. *Person-Centered and Experiential Psychotherapies, 12,* 16–32.

Elliott, R., Greenberg, L. S., & Lietaer, G. (2004). Research on experiential psychotherapy. In M. J. Lambert (Ed.), *Bergin and Garfield's handbook of psychotherapy and behavior change* (pp. 493–539). New York, NY: Wiley.

Elliott, R., Watson, J. C., Goldman, R. N., & Greenberg, L. S. (2003). *Learning emotion-focused therapy: The process-experiential approach to change.* Washington, DC: American Psychological Association.

Ellison, J. A., Greenberg, L. S., Goldman, R. N., & Angus, L. (2009). Maintenance of gains following experiential therapies for depression. *Journal of Consulting and Clinical Psychology, 77,* 103–112.

Ellsworth, P. C. (1994). William James and emotion: Is a century of fame worth a century of misunderstanding? *Psychological Review, 101,* 222–229. http://dx.doi.org/10.1037/0033-295X.101.2.222.

Field, T. (1995). Psychologically depressed parents. In M. Bornstein (Ed.), *Handbook of parenting* (Vol. 4, pp. 85–99). Hillsdale, NJ: Erlbaum.

Flack, W. F., Jr., Laird, J. D., & Cavallaro, L. A. (1999). Emotional expression and feeling in schizophrenia: Effects of specific expressive behaviors on emotional experiences. *Journal of Clinical Psychology, 55,* 1–20. http://dx.doi.org/10.1002/(SICI)1097-4679(199901)55:1<1::AID-JCLP1>3.0.CO;2-K.

Forgas, J. (2000). *Feeling and thinking.* Cambridge, England: Cambridge University Press.

Fosha, D. (2008). Transformation, recognition of self by self, and effective action. In K. J. Schneider (Ed.), *Existential-integrative psychotherapy: Guideposts to the core of practice (290-320). New York, NY: Routledge.

Frankl, V. (1959). *Man's search for meaning*. Boston, MA: Beacon Press.

Fredrickson, B. L. (2001). The role of positive emotions in positive psychology: The broaden-and-build theory of positive emotions. *American Psychologist, 56*, 218-226.

Fredrickson, B. L., Mancuso, R. A., Branigan, C., & Tugade, M. M. (2000). The undoing effect of positive emotions. *Motivation and Emotion, 24*, 237-258.

Frijda, N. H. (1986). *The emotions*. Cambridge, England: Cambridge University Press.

Geller, S. M., & Greenberg, L. S. (2012). *Therapeutic presence: A mindful approach to effective therapy*. Washington, DC: American Psychological Association.

Gendlin, E. T. (1962). *Experiencing and the creation of meaning*. New York, NY: Free Press.

Gendlin, E. T. (1969). Focusing. *Psychotherapy: Theory, Research and Practice, 6*, 4-15.

Gendlin, E. T. (1996). *Focusing-oriented psychotherapy: A manual of the experiential method*. New York, NY: Guilford Press.

Gergen, K. (1985). The social constructionist movement in modern psychology. *American Psychologist, 40*, 266-275. http://dx.doi.org/10.1037/0003-066X.40.3.266.

Gilbert, P. (1992). *Depression: The evolution of powerlessness*. Hove, England: Erlbaum.

Goldman, R. N., & Greenberg, L. S. (2015). *Case formulation in emotion-focused therapy: Co-creating clinical maps for change*. Washington, DC: American Psychological Association.

Goldman, R. N., Greenberg, L. S., & Angus, L. (2006). The effects of adding emotionfocused interventions to the client-centered relationship conditions in the treatment of depression. *Psychotherapy Research, 16*, 536-546.

Goleman, D. (1995). *Emotional intelligence: Why it can matter more than IQ*. New York, NY: Bantam Books.

Gottman, J. (1997). *The heart of parenting: How to raise an emotionally intelligent child*. New York, NY: Simon and Schuster.

Gottman, J. (1998). *Raising an emotionally intelligent child*. New York, NY: Simon and Schuster.

Gottman, J. M., Katz, L. F., & Hooven, C. (1996). Parental meta-emotion philosophy and the emotional life of families: Theoretical models and preliminary data. *Journal of Family Psychology, 10*, 243-268. http://dx.doi.org/10.1037/0893-3200.10.3.243.

Greenberg, L. S. (1979). Resolving splits: The use of the two-chair technique. *Psychotherapy: Theory, Research and Practice, 16*, 310-318.

Greenberg, L. S. (1984). Task analysis of intrapersonal conflict resolution. In L. N. Rice & L. S. Greenberg (Eds.), *Patterns of change: Intensive analysis of psychotherapy process* (pp. 124-149). New York, NY: Guilford Press.

Greenberg, L. S. (2002). *Emotion-focused therapy: Coaching clients to work through their feelings*. Washington, DC: American Psychological Association.

Greenberg, L. S. (2011). *Emotion-focused therapy*. Washington, DC: American Psychological Association.

Greenberg, L. S., & Angus, L. E. (2004). The contributions of emotion processes to narrative change in psychotherapy: A dialectical constructivist approach. In L. E. Angus & J. McLeod (Eds.), *The handbook of narrative and psychotherapy: Practice, theory, and research* (pp. 331–349). London, England: Sage.

Greenberg, L. S., & Auszra, L. (2010). *The basic emotions process in leadership: An overview* (Manual). Toronto, Ontario, Canada: York University.

Greenberg, L. S., Auszra, L., & Herrmann, I. R. (2007). The relationship among emotional productivity, emotional arousal and outcome in experiential therapy of depression. *Psychotherapy Research, 17*, 482–493.

Greenberg, L. S., & Bolger, E. (2001). An emotion-focused approach to the overregulation of emotion and emotional pain. *Journal of Clinical Psychology: In Session, 57*, 197–211.

Greenberg, L. S., & Clarke, K. M. (1979). The differential effects of the two-chair experiment and empathic reflections at a split. *Journal of Counseling Psychology, 26*, 79–85.

Greenberg, L. S., & Elliott, R. (1997). Varieties of empathic responding. In A. Bohart & L. Greenberg (Eds.), *Empathy reconsidered: New directions in psychotherapy* (pp. 167–186). Washington, DC: American Psychological Association. http://dx.doi.org/10.1037/10226-007.

Greenberg, L. S., & Foerster, F. S. (1996). Task analysis exemplified: The process of resolving unfinished business. *Journal of Consulting and Clinical Psychology, 64*, 438–446.

Greenberg, L. S., Ford, C. L., Alden, L. S., & Johnson, S. M. (1993). In-session change in emotionally focused therapy. *Journal of Consulting and Clinical Psychology, 61*, 78–84. http://dx.doi.org/10.1037/0022-006X.61.1.78.

Greenberg, L. S., & Geller, S. M. (2001). Congruence and therapeutic presence. In G. Wyatt (Ed.), *Roger's therapeutic conditions: Evolution, Theory and Practice: Vol. 1. Congruence* (pp. 131–149). Ross-on-Wye, Herefordshire, England: PCCS Books.

Greenberg, L. S., & Goldman, R. (2007). Case formulation in emotion-focused therapy. In T. D. Eells (Ed.), *Handbook of psychotherapy case formulation* (pp. 379–412). New York, NY: Guilford Press.

Greenberg, L. S., & Goldman, R. N. (2008). *Emotion-focused couples therapy: The dynamics of emotion, love, and power*. Washington, DC: American Psychological Association.

Greenberg, L. S., James, P. S., & Conry, R. F. (1988). Perceived change processes in emotionally focused couples therapy. *Journal of Family Psychology, 2*, 5–23. http://dx.doi.org/10.1037/h0080484.

Greenberg, L. S., & Johnson, S. M. (1988). *Emotionally focused therapy for couples*. New York, NY: Guilford Press.

Greenberg, L. S., & Malcolm, W. (2002). Resolving unfinished business: Relating process to outcome. *Journal of Consulting and Clinical Psychology, 70*, 406–416.

Greenberg, L. S., & Mateu Marques, C. (1998). Emotions in couples systems. *Journal of Systemic Therapies, 17*, 93–107.

Greenberg, L. S., & Paivio, S. C. (1997). *Working with emotions in psychotherapy*. New York, NY: Guilford Press.

Greenberg, L. S., & Pascual-Leone, A. (2006). Emotion in psychotherapy: A practicefriendly research review. *Journal of Clinical Psychology, 62*, 611–630.

Greenberg, L. S., & Pascual-Leone, J. (1995). A dialectical constructivist approach to experiential change. In R. A. Neimeyer & M. J. Mahoney (Eds.), *Constructivism in psychotherapy* (pp. 169–191). Washington, DC: American Psychological Association. http://dx.doi.org/10.1037/10170-008.

Greenberg, L. S., & Pascual-Leone, J. (1997). Emotion in the creation of personal meaning. In M. Power & C. Brewin (Eds.), *The transformation of meaning in psychological therapies* (pp. 157–174). Chichester, England: Wiley.

Greenberg, L. S., & Pascual-Leone, J. (2001). A dialectical constructivist view of the creation of personal meaning. *Journal of Constructivist Psychology, 14*, 165–186. http://dx.doi.org/10.1080/10720530151143539.

Greenberg, L. S., Rice, L. N., & Elliott, R. (1993). *Facilitating emotional change: The moment-by-moment process.* New York, NY: Guilford Press.

Greenberg, L. S., & Safran, J. D. (1986). *Emotion in psychotherapy: Affect, cognition and the process of change.* New York, NY: Guilford Press.

Greenberg, L. S., & van Balen, R. (1998). Theory of experience centered therapy. In L. Greenberg, J. Watson, & G. Lietaer (Eds.), *Handbook of experiential psychotherapy: Foundations and differential treatment* (pp. 28–57). New York, NY: Guilford Press.

Greenberg, L. S., Warwar, S. H., & Malcolm, W. M. (2008). Differential effects of emotion-focused therapy and psychoeducation in facilitating forgiveness and letting go of emotional injuries. *Journal of Counseling Psychology, 55*, 185–196.

Greenberg, L. S., Warwar, S. H., & Malcolm, W. M. (2010). Emotion-focused couples therapy and the facilitation of forgiveness. *Journal of Marital and Family Therapy, 36*, 28–42.

Greenberg, L. S., & Watson, J. (1998). Experiential therapy of depression: Differential effects of client-centered relationship conditions and active experiential interventions. *Psychotherapy Research, 8*, 210–224. http://dx.doi.org/10.1080/10503309812331332317.

Greenberg, L. S., & Watson, J. C. (2006). *Emotion-focused therapy for depression.* Washington DC: American Psychological Association.

Griffiths, P. E. (1997). *What emotions really are: The problem of psychological categories.* Chicago, IL: University of Chicago Press.

Gross, J. J. (1999). Emotion and emotion regulation. In L. A. Pervin & O. P. John (Eds.), *Handbook of personality theory and research* (pp. 525–552). New York, NY: Guilford Press.

Gross, J. J. (2002). Emotion regulation: Affective, cognitive and social consequences. *Psychophysiology, 39*, 281–291.

Guidano, V. F. (1991). *The self in process.* New York, NY: Guilford Press.

Guidano, V. F. (1995). Self-observation in constructivist therapy. In R. A. Neimeyer & M. J. Mahoney (Eds.), *Constructivism in psychotherapy* (pp. 155–168). Washington, DC: American Psychological Association.

Haidt, J. (2007). The new synthesis in moral psychology. *Science, 316*, 998–1002.

Harmon-Jones, E., Vaughn-Scott, K., Mohr, S., Sigelman, J., & Harmon-Jones, C. (2004). The effect of manipulated sympathy and anger on left and right frontal cortical activity. *Emotion, 4*, 95–101.

Herrmann, I. R., Greenberg, L. S., & Auszra, L. (in press). Emotion categories and patterns of change in experiential therapy for depression. *Psychotherapy Research*.

Isen, A. (1999). Positive affect. In T. Dagleish & M. Power (Eds.), *Handbook of cognition and emotion* (pp. 520-542). London, England: Wiley.

Izard, C. E. (1991). *The psychology of emotions*. New York, NY: Plenum.

James, W. (1950). *The principles of psychology*. New York, NY: Dover. (Original work published 1890).

Johnson, S. M. (2004). Attachment theory: A guide for healing couple relationships. In W. S. Rholes & J. A. Simpson (Eds.), *Adult attachment: Theory, research and clinical implications* (pp. 367-387). New York, NY: Guilford Press.

Johnson, S. M., & Greenberg, L. S. (1985). Differential effects of experiential and problem-solving interventions in resolving marital conflict. *Journal of Consulting and Clinical Psychology, 53*, 175-184. http://dx.doi.org/10.1037/0022-006X.53.2.175.

Johnson, S. M., & Greenberg, L. S. (1994). *The heart of the matter*. New York, NY: Guilford Press.

Johnson, S. M., Hunsley, J., Greenberg, L., & Schindler, D. (1999). Emotionally focused couples therapy: Status and challenges. *Clinical Psychology: Science and Practice, 6*, 67-79.

Kabat-Zinn, J. (1993). *Full catastrophe living*. New York, NY: Delta.

Kant, I. (1953). *Critique of pure reason* (N. K. Smith, Trans.). London, England: MacMillan.

Kennedy-Moore, E., & Watson, J. C. (1999). *Expressing emotion: Myths, realities, and therapeutic strategies*. New York, NY: Guilford Press.

Kircanski, K., Lieberman, M. D., & Craske, M. G. (2012). Feelings into words: Contributions of language to exposure therapy. *Psychological Science, 23*, 1086-1091.

Klein, M. H., Mathieu-Coughlan, P., & Kiesler, D. J. (1986). The experiencing scales. In L. Greenberg & W. Pinsof (Eds.), *The psychotherapeutic process* (pp. 21-71). New York, NY: Guilford Press.

Kottler, J. (1996). *The language of tears*. San Francisco, CA: Jossey-Bass.

Lane, R. D. (2008). Neural substrates of implicit and explicit emotional processes: A unifying framework for psychosomatic medicine. *Psychosomatic Medicine, 70*, 214-231.

Lane, R. D., Ryan, L., Nadel, L., & Greenberg, L. S. (in press). Memory reconsolidation, emotional arousal and the process of change in psychotherapy: New insights from brain science. *Behavioral and Brain Sciences*.

Lane, R. D., & Schwartz, G. E. (1992). Levels of emotional awareness: Implications for psychotherapeutic integration. *Journal of Psychotherapy Integration, 2*, 1-18.

Lang, P. J. (1994). The varieties of emotional experience: A meditation on JamesLange theory. *Psychological Review, 101*, 211-221.

Lasch, C. (1979). *The culture of narcissism: American life in an age of diminishing expectations*. New York, NY: Warner Books.

Lasch, C. (1984). *The minimal self: Psychic survival in troubled times*. New York, NY: Norton.

LeDoux, J. E. (1993). Emotional networks in the brain. In M. Lewis & J. M. Haviland (Eds.), *Handbook of emotions* (pp. 109-118). New York, NY: Guilford Press.

LeDoux, J. E. (1996). *The emotional brain: The mysterious underpinnings of emotional life.* New York, NY: Simon and Schuster.

LeDoux, J. E. (2012). Rethinking the emotional brain. *Neuron, 73,* 653–676.

Legerstee, M., & Varghese, J. (2001). The role of maternal mirroring on social expectancies in 3-month-old infants. *Child Development, 72,* 1301–1313. http://dx.doi.org/10.1111/1467-8624.00349.

Levine, S. (1989). *A gradual awakening.* New York, NY: Anchor Books.

Lieberman, M. D., Eisenberger, N. I., Crockett, M. J., Tom, S. M., Pfeifer, J. H, & Way, B. M. (2007). Putting feelings into words: Affect labeling disrupts amygdala activity in response to affective stimuli. *Psychological Science, 18,* 421–428.

Lietaer, G. (1993). Authenticity, congruence and transparency. In D. Brazier (Ed.), *Beyond Carl Rogers* (pp. 17–46). London, England: Constable.

Linehan, M. M. (1993). *Cognitive-behavioral treatment of borderline personality disorder.* New York, NY: Guilford Press.

Luborsky, L., & Crits-Christoph, P. (1990). *Understanding transference: The core conflictual relationship theme method.* New York, NY: Basic Books.

Magai, C., & McFadden, S. (1995). *The role of emotions in social and personality development.* New York, NY: Plenum.

Mahoney, M. (1991). *Human change processes.* New York, NY: Basic Books.

Mayer, J. D., & Salovey, P. (1997). What is emotional intelligence? In P. Salovey & D. Sluyter (Eds.), *Emotional development and emotional intelligence* (pp. 3–31). New York, NY: Basic Books.

McCullough, M. E., Pargament, K. I., & Thoresen, C. E. (2000). The psychology of forgiveness: History, conceptual issues, and overview. In M. E. McCullough, K. I. Pargament, & C. E. Thoresen (Eds.), *Forgiveness: Theory, research and practice* (pp. 1–14). New York, NY: Guilford Press.

McKinnon, J. M., & Greenberg, L. S. (2013). Revealing underlying vulnerable emotion in couple therapy: Impact on session and final outcome. *Journal of Family Therapy, 35,* 303–319.

Missirlian, T. M., Toukmanian, S. G., Warwar, S. H., & Greenberg, L. S. (2005). Emotional arousal, client perceptual processing, and the working alliance in experiential psychotherapy for depression. *Journal of Consulting and Clinical Psychology, 37,* 861–871.

Nadel, L., & Moscovitch, M. (1997). Memory consolidation, retrograde amnesia and the hippocampal complex. *Current Opinion in Neurobiology, 7,* 217–227.

Nader, K., Schafe, G. E., & LeDoux, J. E. (2000). The labile nature of consolidation theory. *Nature Reviews Neuroscience, 1,* 216–219.

Neimeyer, R. A., & Mahoney, M. J. (1995). *Constructivism in psychotherapy.* Washington, DC: American Psychological Association.

Oatley, K. (1992). *Best laid schemes: The psychology of emotions.* New York, NY: Cambridge University Press.

O'Brien, K., Timulak, L., McElvaney, J., & Greenberg, L. S. (2012). *Emotion-focused case conceptualization of generalized anxiety disorder: Underlying core emotional pain in clients with generalized anxiety disorder.* Paper presented at the 43rd annual conference of the International Society for Psychotherapy Research, Virginia Beach, VA.

Paivio, S. C., & Greenberg, L. S. (1995). Resolving "unfinished business": Efficacy of experiential therapy using empty-chair dialogue. *Journal of Consulting and Clinical Psychology, 63*, 419–425.

Paivio, S. C., & Greenberg, L. S. (2001). Introduction to special issue on treating emotion regulation problems in psychotherapy. *Journal of Clinical Psychology: In Session, 57*, 153–155.

Paivio, S. C., Hall, I., Holowaty, K., Jellis, J., & Tran, N. (2001). Imaginal confrontation for resolving child abuse issues. *Psychotherapy Research, 11*, 433–453.

Paivio, S. C., & Nieuwenhuis, J. A. (2001). Efficacy of emotion focused therapy for adult survivors of child abuse: A preliminary study. *Journal of Traumatic Stress, 14*, 115–133.

Paivio, S. C., & Pascual-Leone, A. (2010). *Emotion-focused therapy for complex trauma: An integrative approach*. Washington, DC: American Psychological Association.

Pascual-Leone, A. (2009). Dynamic emotional processing in experiential therapy: Two steps forward, one step back. *Journal of Consulting and Clinical Psychology, 77*, 113–126.

Pascual-Leone, A., & Greenberg, L. S. (2007). Emotional processing in experiential therapy: Why "the only way out is through." *Journal of Consulting and Clinical Psychology, 75*, 875–887.

Pascual-Leone, J. (1991). Emotions, development and psychotherapy: A dialectical-constructivist perspective. In J. Safran & L. Greenberg (Eds.), *Emotion, psychotherapy and change* (pp. 302–335). New York, NY: Guilford Press.

Pennebaker, J. W. (1990). *Opening up: The healing power of confiding in others*. New York, NY: Morrow.

Pennebaker, J. W. (1995). Emotion, disclosure, and health: An overview. In J. W. Pennebaker (Ed.), *Emotion, disclosure, and health* (pp. 3–10). Washington, DC: American Psychological Association.

Perls, F. (1969). *Gestalt therapy verbatim*. Lafayette, CA: Real People Press.

Perls, F., Hefferline, R. F., & Goodman, P. (1951). *Gestalt therapy*. New York, NY: Dell. Polanyi, M. (1966). *The tacit dimension*. Garden City, NY: Doubleday.

Polster, I., & Polster, M. (1973). *Gestalt therapy integrated*. San Francisco, CA: Jossey-Bass.

Porges, S. W. (1998). Love: An emergent property of the mammalian autonomic nervous system. *Psychneuroendocrinology, 23*, 837–861.

Porges, S. W. (2011). *The polyvagal theory: Neurophysiological foundations of emotions, attachment, communication, and self-regulation*. New York, NY: Norton.

Pos, A. E., Greenberg, L. S., Goldman, R. N., & Korman, L. M. (2003). Emotional processing during experiential treatment of depression. *Journal of Consulting and Clinical Psychology, 71*, 1007–1016.

Pos, A. E., Greenberg, L. S., & Warwar, S. H. (2009). Testing a model of change in the experiential treatment of depression. *Journal of Consulting and Clinical Psychology, 77*, 1055–1066.

Rennie, D. (2001). *Reflexivity in person-centered counseling*. Manuscript submitted for publication.

Rice, L. N., & Kerr, G. P. (1986). Measures of client and therapist vocal quality. In L. S. Greenberg & W. M. Pinsof (Eds.), *The psychotherapeutic process: A research handbook* (pp. 73–105). New York, NY: Guilford.

Rilke, R. M. (1934). *Letters to a young poet* (M. D. Harter, Trans.). New York, NY: Norton.

Rogers, C. R. (1957). The necessary and sufficient conditions of therapeutic personality change. *Journal of Consulting Psychology, 21*, 95–103.

Rogers, C. R. (1959). A theory of therapy, personality and interpersonal relationships, as developed in the client-centered framework. In S. Koch (Ed.), *Psychology: A study of a science* (Vol. 3, pp. 184–256). New York, NY: McGraw-Hill.

Russell, J. A. (2015). My psychological constructionist perspective, with a focus on conscious affective experience. In L. F. Barrett & J. A. Russell (Eds.), *The psychological construction of emotion* (pp. 183–208). New York, NY: Guilford Press.

Sarbin, T. R. (1986). *Narrative psychology: The storied nature of human conduct*. Westport, CT: Praeger.

Scharmer, C. O. (2009). *Theory U: Leading from the future as it emerges*. San Francisco, CA: Berrett-Koehler.

Scherer, K. R. (1984a). Emotion as a multicomponent process: A model and some cross-cultural data. In P. Shaver (Ed.), *Review of personality and social psychology* (Vol. 5, pp. 37–63). Beverly Hills, CA: Sage.

Scherer, K. R. (1984b). On the nature and function of emotion: A component process approach. In K. R. Scherer & P. Ekman (Eds.), *Approaches to emotion* (pp. 293–317). Hillsdale, NJ: Erlbaum.

Schore, A. N. (2003). *Affect dysregulation and disorders of the self*. New York, NY: Norton.

Schwartz, S. H. (1992). Universals in the content and structure of values: Theoretical advances and empirical tests in 20 countries. In M. P. Zanna (Ed.), *Advances in experimental social psychology* (Vol. 25, pp. 1–65). New York, NY: Academic Press.

Shahar, B. (2014). Emotion-focused therapy for the treatment of social anxiety: An overview of the model and a case description. *Clinical Psychology & Psychotherapy, 21*, 536–547.

Shaver, P., Schwartz, J., Kirson, D., & O'Connor, C. (1987). Emotion knowledge: Further exploration of a prototype approach. *Journal of Personality and Social Psychology, 52*, 1061–1086. http://dx.doi.org/10.1037/0022-3514.52.6.1061.

Sicoli, L., & Greenberg, L. S. (2000, June). *A task analysis of hopelessness events in therapy*. Paper presented at the International Society for Psychotherapy Research, Indian Hills, IL.

Singer, J., & Salovey, P. (1993). *The remembered self*. New York, NY: Free Press.

Soeter, M., & Kindt, M. (2010). Dissociating response systems: Erasing fear from memory. *Neurobiology Learning & Memory, 94*, 30–41.

Spinoza, B. (1967). *Ethics (Part IV)*. New York, NY: Hafner. (Original work published 1677).

Sroufe, L. A. (1996). *Emotional development: The organization of emotional life in the early years*. New York, NY: Cambridge University Press. http://dx.doi.org/10.1017/CBO9780511527661.

Stanton, A. L., Danoff-Burg, S., Cameron, C. L., Bishop, M., Collins, C. A., Kirk, S. B., . . . Twillman, R. (2000). Emotionally expressive coping predicts psychological and physical adjustment to breast cancer. *Journal of Consulting and Clinical Psychology, 68*, 875–882. http://dx.doi.org/10.1037/0022-006X.68.5.875.

Stein, R. (1991). *Psychoanalytic theories of affect*. New York, NY: Praeger.

Stern, D. (1985). *The interpersonal world of the infant*. New York, NY: Basic Books.

Stern, D. (1995). *The motherhood constellation*. New York, NY: Basic Books.

Taylor, C. (1989). *Sources of the self: The making of modern identity*. Cambridge, England: Cambridge University Press.

Thelen, E., & Smith, L. B. (1994). *A dynamic systems approach to the development of cognition and action*. Cambridge, MA: MIT Press.

Titchener, E. B. (1909). *Experimental psychology of the thought-processes*. New York, NY: MacMillan. http://dx.doi.org/10.1037/10877-000.

Tomkins, S. S. (1963). *Affect, imagery, and consciousness: The negative affects* (Vol. 1). New York, NY: Springer.

Tomkins, S. S. (1983). Affect theory. In P. Ekman (Ed.), *Emotion in the human face* (pp. 137–154). New York, NY: Cambridge University Press.

Toukmanian, S. G. (1992). Studying the client's perceptual processes and their outcomes in psychotherapy. In D. L. Rennie & S. G. Toukmanian (Eds.), *Psychotherapy process research: Paradigmatic and narrative approaches* (pp. 77–107). Thousand Oaks, CA: Sage.

Tweed, S. (2013). *Group-based emotion focused therapy (EFT) for women with binge spectrum eating disorders in an outpatient setting: A preliminary comparison* (Unpublished doctoral dissertation). York University, Toronto, Canada.

van den Boom, D. C. (1994). The influence of temperament and mothering on attachment and exploration: An experimental manipulation of sensitive responsiveness among lower-class mothers with irritable infants. *Child Development, 65*, 1457–1477. http://dx.doi.org/10.2307/1131511.

van der Kolk, B. A. (1994). The body keeps the score: Memory and the evolving psychobiology of posttraumatic stress. *Harvard Review of Psychiatry, 1*, 253–265. http://dx.doi.org/10.3109/10673229409017088.

van Gogh, V. (1889, July 6). Letter from Vincent van Gogh to Theo van Gogh. Retrieved from http://www.vggallery.com/letters/to_theo_saintremy.htm.

Vingerhoets, A. (2013). *Why only humans weep. Unravelling the mysteries of tears*. Oxford, England: Oxford University Press.

Warwar, N., & Greenberg, L. (2000, June). *Emotional processing and therapeutic change*. Paper presented at the annual meeting of the International Society for Psychotherapy Research, Indian Hills, IL.

Warwar, S. H. (2005). Relating emotional processing to outcome in experiential psychotherapy of depression. *Dissertation Abstracts International: Section B. The Sciences and Engineering, 66*, 581.

Warwar, S. H., & Greenberg, L. S. (1999). *Client Emotional Arousal Scale—III*. Unpublished manuscript, York University, Toronto, Ontario, Canada.

Watson, J., Gordon, L. B., Stermac, L., Kalogerakos, F., & Steckley, P. (2003). Comparing the effectiveness of process-experiential cognitive-behavioral psychotherapy in the treatment of depression. *Journal of Consulting and Clinical Psychology, 71*, 773–781.

Watson, J. C., & Greenberg, L. S. (1996). Emotion and cognition in experiential therapy: A dialectical-constructivist position. In H. Rosen & K. T. Kuehlwein (Eds.), *Constructing realities: Meaning-making per-*

spectives for psychotherapists (pp. 253–274). San Francisco, CA: Jossey-Bass.

Weiser Cornell, A. (1996). *The power of focusing: A practical guide to emotional selfhealing*. Oakland, CA: New Harbinger.

Weston, J., & Greenberg, L. (2000, June). *Interrupting emotion in psychotherapy*. Paper presented at the annual meeting of the International Society for Psychotherapy Research, Indian Hills, IL.

Whalen, P. J., Rauch, S. L., Etcoff, N. L., Mc-Inerney, S. C., Lee, M. B., & Jenike, M. A. (1998). Masked presentations of emotional facial expressions modulate amygdala activity without explicit knowledge. *Journal of Neuroscience, 18*, 411–418.

Whelton, W., & Greenberg, L. (2000). The self as a singular multiplicity: A process experiential perspective. In C. J. Muran (Ed.), *Self-relations in the psychotherapy process* (pp. 87–106). Washington, DC: American Psychological Association.

Whelton, W., & Greenberg, L. (2005). Emotion in self-criticism. *Personality and Individual Differences, 38*, 1583–1595.

White, R. W. (1959). Motivation reconsidered: The concept of competence. *Psychological Review, 66*, 297–333. http://dx.doi.org/10.1037/h0040934.

Winkielman, P., & Berridge, K. (2004). Unconscious emotion. *Current Directions in Psychological Science, 13*, 120–123.

Wiser, S., & Arnow, B. (2001). Emotional experiencing: To facilitate or regulate? *Journal of Clinical Psychology, 57*, 157–168. http://dx.doi.org/10.1002/1097-4679(200102)57:2<157::AID-JCLP3>3.0.CO;2-8.

Wnuk, S., Greenberg, L., & Dolhanty, J. (in press). Emotion-focused group therapy for women with symptoms of bulimia nervosa. *Eating Disorders: The Journal of Treatment and Prevention*.

Worthington, E. L., Jr., & Wade, N. G. (1999). The psychology of unforgiveness and forgiveness and implications for clinical practice. *Journal of Social and Clinical Psychology, 18*, 385–418.

Wundt, W. (1912). *An introduction to psychology*. London, England: George Allen.

Yerkes, R. M., & Dodson, J. D. (1908). The relation of strength of stimulus to rapidity of habit-formation. *Journal of Comparative Neurology and Psychology, 18*, 459–482.

Young, J. (1990). *Cognitive therapy for personality disorders: A schema-focused approach*. Sarasota, FL: Professional Resources Exchange.

Índice

A

A expressão das emoções no homem e nos animais (Darwin), 36-37
Abandono
    e tristeza não expressa, 230-233
    medo e tristeza desadaptativos decorrentes de, 262-263
    no ciclo de culpa e afastamento, 281-283
Abordagem centrada na pessoa (ACP), 59-60
Abordagem meditativa para regulação emocional, 209-210
Aborrecimento como emoção secundária, 76-77
Abuso
    e assunto por resolver (inacabado), 130-131
    e desejo de distância, 238-239
    medo e vergonha desadaptativos decorrentes de, 262-263
    sexual, emoções desadaptativas relacionadas com, 181
    trabalho com a cadeira vazia no tratamento do, 128-129
Ação informada no modelo ARRIVE AT PEACE (CHEGAR À PAZ), 322-323
Aceitação
    de desamparo e desesperança, 172-174
    de emoções difíceis, 186-188
    de experiência emocional, 95-97
    de mágoa, 244-245
    e capacidade de mudar as emoções, 95-102
    modelo de transformação de sofrimento geral em, 214-216
    no processamento das emoções, 83-84
    validação como, 324-325
Acompanhamento no treinamento emocional, 92
Acordo quanto às metas na TFE, 92
ACP (abordagem centrada na pessoa), 59-60
Afirmação empática, 91, 117-120
Agência
    desenvolvimento de, 196-197
    no processamento emocional, 83-84
Agentes ativos *versus* passivos, 83-84
Agostinho, 35-36
Agressão *versus* raiva, 165-166
Alegria (termo), 97-98
Aliança terapêutica
    e facilitação da expressão emocional, 69-71
    e processamento emocional, 61-62
    e sentimentos de segurança do cliente, 55-58
    feedback do cliente sobre, 233-235
    no trabalho com emoções primárias, 192-193
Allen, Woody, 205-206

Amídala
    e infrarregulação das emoções, 53–55
    no processamento emocional, 38–39
Amor (termo), 96–97
Angus, L. E., 28–29
Angústia
    autoapaziguamento para, 131–134
    expressão emocional como sinal de,
        68–69
    modelo de transformação global da, em
        aceitação, 214–216
Ansiedade
    como emoção central desadaptativa,
        101–102
    como emoção primária adaptativa,
        168–170
    como emoção primária desadaptativa,
        181–182
    desadaptativa, exercícios para lidar
        com, 182
    e situações familiares, 309–310
    medo *versus*, 168–169
    na sequência de emoções, 218–219
    secundária, 156
Aprendizagem
    em bebês, 302–303
    melhoria da, pela emoção, 12–14, 32
    traumática, 73–74
Aristóteles, 55–56, 166–167
Aspectos fisiológicos
    da expressão emocional, 126–127
    das emoções, 94–95
    de autointerrupção, 125–126
    de interrupções, 138–139
    de parceiros em relacionamentos,
        271–272
    do treinamento emocional em crianças,
        297–298
    e rotulagem emocional, 120–121
Atenção
    a indicadores em relacionamentos,
        275–276
    e emoção, 40–42
    mudança da, para emoções
        subdominantes, 199–201
    terapeutas emocionais e aumento da,
        145–146
Atendimento no processamento emocional,
    80–82
Ativação emocional
    exercício para compreensão da,
        337–338
    no processamento emocional, 60–62
Auszra, L., 61–63
Autoapaziguamento
    como intervenção, 92–93
    como intervenção guiada por
        marcadores, 131–134
    construção de, 21–22
    e casais, 287–289
    no tratamento de feridas emocionais,
        267–268
Autocompaixão
    exercício para aumentar a, 349–351
    para sofrimento emocional e angústia,
        131–134
Autocrítica
    e vergonha secundária, 157
    externalização da, 193–194
Autorresiliência, 102–106, 159–160
Avaliação de estímulo e emoção, 39–41
Avaliação no modelo ARRIVE AT PEACE
    (CHEGAR À PAZ), 322–326

B
Beaumont, Francis, 271
Bebês, parentalidade com, 299–304
Bohart, A., 55–56
Bolger, Liz, 171–172
Branigan, C., 57–58
Breuninger, Helga, 316
Brigas em relacionamentos, 286–287
Brown, Brene, 237
Buber, M., 50–51
Bullying, 160–162

Busca experiencial para sentimento, 140–141
Bússola da dor na formulação de caso, 115–117

C

Calne, Donald, 315
Carryer, J. R., 61–62
Casais, 271–293
    autoapaziguamento em, 132–134, 287–289
    ciclos destrutivos em, 280–284
    comunicação por meio de emoções em, 275–278
    e emoções como base para o relacionamento, 272–275
    e tentar mudar o parceiro, 279–281
    em estados emocionais difíceis, 284–286
    emoções como indicadores para, 274–276
    exercícios para uso com, 356–358
    expressão emocional e intimidade em, 277–279
    mágoa e raiva em, 285–287
    medo de intimidade em, 278–280
    na fase de desilusão, 283–285
    raiva secundária em, 154–156
    terapia focada nas emoções para tratamento de, 59–61
    treinamento emocional para, 289–293
Choramingar como tristeza instrumental, 160–161
Choro
    na tristeza instrumental, 160–161
    na tristeza primária adaptativa, 164–166
Ciclo
    de culpa e afastamento, 281–283
    de domínio e submissão, 281–282
    de perseguição e distância, 280–282
    de vergonha e raiva, 282–284
Ciclos destrutivos
    em casais, 280–284
    exercício para lidar com, 356–357
Circuitos
    mielinizados, 56–57
    não mielinizados, 56–57
Clientes
    feedback de, sobre aliança terapêutica, 233–235
    medo dos próprios pais em, 238–240
    terapeutas que expressam emoção em nome do, 204–205
    visão dos, pelos terapeutas, 214–215
Compaixão
    como emoção de cura, 199
    e imaginação positiva, 201–202
    no modelo ARRIVE AT PEACE (CHEGAR À PAZ), 321–323, 327–328
Comportamento não verbal
    no diálogo com a cadeira vazia, 259–260
    verbal *versus*, 82–83
Compreensão empática, 91
Comunicação
    emoções como, com casais, 264–278
    no modelo ARRIVE AT PEACE (CHEGAR À PAZ), 321–323, 327–329
    problemas com, em casais, 279–280
Conceitualização e emoção, 36–38
Conectando emoções em casais, 272–273
Conectividade e regulação emocional, 55–58
Conflito
    atributivo, 123–124
    autoavaliativo, diálogo com as duas cadeiras para uso com, 122–125
    autocrítico, 115–123
    com casais, 356–358
    de decisão, 123–124
    do terapeuta, 124–125
Conflitos
    autointerruptivos, dramatização com duas cadeiras para, 125–127

de ansiedade, 124-125
de depressão, 124-125
e tomada de consciência emocional, 333-334
Congruência
no processamento emocional, 82-83
para terapeutas emocionais, 107-111
Conjecturas empáticas, 91-92
Consciência de atenção plena, 80-81
Contexto social
e emoções instrumentais, 77-79
e expressão emocional, 26-27
e propósito da emoção, 42-44
Controle
de emoções como enfrentamento negativo, 227-228
e compreensão das necessidades, 196-197
emocional, 302-303
em relacionamentos, 293
no comportamento de liderança, 331
raiva instrumental como, 161-162
sobre emoções, 302-303
Corgan, Billy, 295
Corpo
emoções sentidas no, 23-24
ligação entre emoção e, 38-40
Córtex pré-frontal ventrolateral (CPFVL), 54-56
CPFVL (córtex pré-frontal ventrolateral), 54-56
Craske, M. G., 54-55
Crenças destrutivas
apego a emoções desadaptativas, 101-104
no trabalho com emoções primárias, 193-196
Crianças
medo em, 308-311
raiva em, 306-309
tristeza em, 303-307
vergonha em, 311-312
Culpa, vergonha *versus*, 169-170

Cultura e expressão emocional, 37-39

D

Damasio, A., 12-13, 45-46
Darwin, Charles, 36-37
Davidson, R. J., 57-58, 104-105
De Bono, Edward, 89
Debussy, Claude, 67
"Demonstrando" emoções, 77-78
Depressão
de mães, 300-302
e crenças destrutivas, 102-103
processamento emocional no tratamento da, 61-62
terapia focada nas emoções para tratamento da, 59-60
Desamparo
e desesperança, 158
e dor emocional, 172-174
habilidades de enfrentamento necessárias para lidar com, 146-147
Desdobramento evocativo sistemático como intervenção guiada por marcadores, 120-123
Desenvolvimento do cérebro na infância, 301-303
Desesperança
e dor emocional, 172-174
habilidades de enfrentamento necessárias para lidar com, 146-147
secundária, 158-160
Desprendimento
como interrupção, 20-21
de necessidades não atendidas, 129-131
e transformação de sofrimento em aceitação, 214-216
no tratamento de feridas emocionais, 264-265
perdão *versus*, 249-251
Desprezo por si próprio, 193-194
Diálogo entre emoções adaptativas e desadaptativas, 212-213

Diálogo(s) com a cadeira vazia
   como intervenção guiada por
      marcadores, 126–132
   início, 255–257
   na terapia focada nas emoções,
      59–60
   para feridas emocionais, 250–257
Diálogos com as duas cadeiras
   como intervenção guiada por
      marcadores, 122–125
   para desesperança, 159
Diário de emoções, 28–29
   como tarefa de casa, 258–259
   e saúde física, 54–55
   emoções descritas, 140–141
Diferenciação no processamento
   emocional, 84–85
Disraeli, Benjamin, 89
Dor
   adaptativa, acessando 242–246
   base cerebral da dor social e física,
      54–55
   emocional, 171–174
   exercício para enfrentamento da,
      347–348
Dramatização com duas cadeiras
   como intervenção guiada por
      marcadores, 125–127
   interrupções na, 262–264
Dramatização expressiva de emoções
   adaptativas, 201–203
Dualidades de emoções, 51–54

E

Em busca de sentido (Frankl), 49–50
Embaraço secundário, 157–158
Emoção clara, descrição e expressão,
   140–143
Emoção vaga
   descrição e expressão, 142–147
   focalização em, 206–209
Emoção(ões), 35–65. *Ver também títulos*
   específicos, p. ex.: Emoções adaptativas

   alternadas, acesso a, na fase de saída,
      105–107
   assertivas em casais, 273–274
   capacidade de mudar, 2–3
   como base para relacionamentos,
      272–275
   como indicadores para casais, 274–276
   como informação, 186–189
   dar sentido a, 15–17, 32–33
   de afastamento, 103–105
   definição, 35–36
   descrição e expressão, 139–147
   "disso", 78–80
   do "eu", 78–80
   dualidades, 51–54
   e comunicação entre casais, 275–278
   e criar significado, 26–30
   e necessidades, 47–52
   e relacionamentos, 55–58
   em pais, 312–314
   "eu" *versus* "disso", 78–80
   evocação, 264–265
   exercício para identificação, 344
   exercício para lidar com emoções
      difíceis, 348–349, 358
   experienciar *versus* expressar, 189–190
   função da organização saudável da(s),
      86
   funções de avaliação, 86–87
   importância, 4–6
   infrarregulação, 53–56
   justificativas para trabalhar com,
      92–95
   ligação entre corpo e, 38–40
   ligação entre pensamento consciente e,
      39–45
   mudança de, 57–59
   mudança de, com outras emoções,
      206–208
   natureza relacional da(s), 271–272
   não saudáveis. *Ver* Emoções
      desadaptativas
   pesquisa sobre, 53–63

primárias saudáveis. *Ver* Emoções
  primárias adaptativas
processo de mudança com, 60-63
propósito da(s), 11-14, 42-44
relacionada(s) com apego, 272-275
relacionadas com a identidade,
  272-275
saudáveis. *Ver* Emoções adaptativas
sobre outras emoções, 74-75
subdominante(s), 199-201
tolerância a, 257-258
tomada de consciência de, 53-54
transformação da(s), 106-107
transformadoras, 106-107
universalidade da(s), 35-39, 333
valorização da(s), em diferentes
  contextos, 330-331
visão construtivista dialética da(s),
  63-65
vulneráveis em casais, 272-274, 289
Emoção(ões) primária(s) adaptativa(s),
  163-174
  definição, 71-72
  dor emocional como, 171-174
  medo e ansiedade como, 168-170
  raiva como, 165-169
  tristeza como, 163-166
  vergonha como, 169-171
Emoção(ões) primária(s) desadaptativa(s),
  173-183
  definição, 71-74
  medo e ansiedade como, 181-182
  raiva como, 179-181
  tristeza como, 176-180
  vergonha como, 182-183
Emoções adaptativas, 199-219
  acessando necessidades para, 200-201
  acesso a, na fase de saída, 105-107
  discutindo, 204-205
  dramatização expressiva de, 201-203
  e emoções subdominantes, 199-201
  e mudança de estados emocionais,
    205-207
  e regulação emocional, 208-212
  em sequências de emoções, 216-219
  exercício para experienciar, 337-341
  expressão de, em nome do cliente,
    204-205
  focalização para identificar, 206-209
  identificação de, na fase de chegada,
    148-149
  imaginação positiva para ativar,
    200-202
  lembrança de situação passada,
    202-204
  novas narrativas desenvolvidas com,
    219
  trabalho com emoção primária,
    186-191
  transformação de emoções
    desadaptativas com, 211-217
Emoções automáticas
  emoções primárias como, 71-73
  mudança de, 205-207
  regulação de, 104-105
Emoções básicas
  como emoções primárias, 71-73
  como emoções secundárias, 73-75
  complexas *versus*, 78-79
  universalidade das, 35-37
Emoções complexas
  como emoções primárias, 71-73
  como emoções secundárias, 73-75
  imprecisão das, 140-141
  versus básicas, 78-79
Emoções desadaptativas
  avaliação de, 324-325
  como emoções de afastamento,
    103-105
  desenvolvimento de, 14-15
  dos pais, 312-314
  e inteligência emocional, 13-16
  exercício para identificação de,
    347-348
  revelação de, na fase de chegada,
    149-151

trabalho de emoções primárias com, 190–194
transformação de, com emoções adaptativas, 211–217
Emoções instrumentais
  exercício para se tornar consciente das, 340–341
  expressão emocional, 76–79
  na fase de chegada, 151–153
Emoções primárias. *Ver também* Emoção(ões) primária(s) adaptativa(s); Emoção(ões) primária(s) desadaptativa(s)
  acesso a, em sequências de emoções, 217–218
  avaliação de, 100–102
  definição, 71–74
  exercício para revelar, 153–156, 158–160, 162
  na fase de chegada, 146–151
  no trabalho com a cadeira vazia, 128–129
  revelar, em emoções secundárias, 151–152
  revelar, na fase de chegada, 98–100
  versus secundárias, 74–77
Emoções secundárias
  definição, 73–75
  em ciclos destrutivos, 280–281
  mascaramento de emoções primárias desadaptativas com, 174–175
  na fase de chegada, 150–152
  no trabalho com a cadeira vazia, 128–129
  reconhecimento de, em sequências de emoções, 217–218
  versus primárias, 74–77
Emoções subdominantes, 207–208
  e emoções adaptativas, 199–201
  na fase de saída, 105–106
Empatia
  na inteligência emocional, 21–23
  na parentalidade, 295–297
  na relação terapêutica, 91
  na resolução de feridas emocionais, 252–253
  no comportamento de liderança, 331
  no desprendimento, 264–265
  no modelo ARRIVE AT PEACE (CHEGAR À PAZ), 321–323, 326–327
  no perdão, 266–267
  nos relacionamentos, 276–277
Empoderamento no tratamento de feridas emocionais, 264–265
Endorfinas, 271–272
Enfrentamento
  aumentando o, para mitigar a desesperança/o desamparo, 146–147
  da raiva, 154–155
  de emoção desregulada, 210–212
  destrutivo, 70–71
  e dor emocional, 172–173
  na regulação emocional, 20–21
Ensinar, no comportamento de liderança, 331
Entorpecimento emocional, 18–21
Escalada da raiva em relacionamentos, 286–287
Espelhamento e sentido do *self*, 119–120
Esquema do outro ruim, 194–195
Esquema(s)
  do *self* fraco, 194–195
  do *self* ruim, 194–195
  emocionais, 44–47, 63–65
Estabelecimento de limites, 252–253
Estados emocionais. *Ver também* Mudança de estados emocionais
  casais em dificuldades, 284–286
  como feridas centrais, 191–192
  desadaptativos, 284–285
Estados fisiológicos, emoções e, 36–37
Estoicismo, 35–36
Evitação
  como nervosismo, 246–247
  comportamentos de, 208–210
  de dor emocional, 172–173

de emoção como indicador, 69-70
medo e ansiedade secundários, 156
superação da, 137-140
Evocação
de emoções, 264-265
no tratamento de feridas emocionais, 256-261
Excitação emocional
como raiva desadaptativa, 179-181
criação de significado, 233-234
de emoções desadaptativas, 215-216
e regulação emocional, 82-84
e resultado, 79-81
em bebês, 299-300
no trabalho com a cadeira vazia, 128-132
para curar feridas emocionais, 262-263
Exercícios de focalização, 142-144, 341-343
Experiência(s) emocional(ais)
aceitação de, 95-97
como processo não linear, 178-179
e revelação de emoções primárias, 148-149
em esquemas emocionais, 46-47
memórias transformadas por novas experiências emocionais, 213-214
Exploração
de desesperança, 159
de emoções primárias e secundárias, 75-77
empática, 91, 191-192
no tratamento de feridas emocionais, 256-261
para revelar emoções primárias, 147-149
Expressão emocional, 67-87
avaliação da, 85-87
com emoções básicas *versus* complexas, 78-79
com emoções do "eu" *versus* "disso", 78-80
como inteligência emocional, 16-17
como tarefa de processamento cognitivo, 42-43
de raiva, 224-225
e intimidade, 277-279
e mudança terapêutica, 60-61
e processamento emocional, 79-85
e saúde física, 52-54
em nome do cliente, 204-205
em relacionamentos, 276-277
em vinheta, 33
emoções instrumentais, 76-79
emoções primárias, 71-77
emoções secundárias, 73-77
facilitação *versus* infrarregulação, 68-71
física, 202-203
na dramatização expressiva, 201-203
no trabalho com a cadeira vazia, 128-129
no trabalho com emoções primárias, 188-191
propósito da, 228-229
regulação da, 16-22
tipos de, 70-72
verbal, 96-99
Expressões faciais
na dramatização expressiva, 202-203
universalidade das, 36-37

F
Facilitação da expressão emocional, 68-71, 92-93
Falar sobre emoções, 204-205
Fase de chegada, 94-100, 137-162
desesperança secundária na, 158-160
emoção clara na, 140-143
emoção vaga na, 142-147
emoções instrumentais na, 151-153
emoções primárias na, 146-151
emoções secundárias na, 150-152
exercícios para uso na, 337-348, 353-356
medo e ansiedade secundários na, 156

medo e vergonha instrumentais na, 161–162
raiva instrumental na, 160–162
raiva secundária na, 153–156
superação da interrupção na, 137–140
tristeza instrumental na, 160–161
tristeza secundária na, 152–154
vergonha e embaraço secundários na, 157–158
Fase de desilusão, casais em, 283–285
Fase de saída, 99–107, 347–356
Feedback para reconhecer emoções instrumentais, 152–153
Feridas centrais
   emoções primárias desadaptativas como, 72–73
   estados emocionais como, 191–192
   falha em lidar com, 225–226
   identificação de, na fase de chegada, 149–150
Feridas emocionais, 249–268
   diálogo com a cadeira vazia para o tratamento de, 250–257
   e desprendimento, 249–251
   e perdão, 249–251, 266–268
   empoderamento e desprendimento no tratamento de, 264–265
   evocação e exploração no tratamento de, 256–261
   formas de raiva e tristeza devido a, 260–263
   terapia focada nas emoções para o tratamento de, 59–60
   trabalho autointerruptivo com, 262–264
Focalização
   experiencial como intervenção guiada por marcadores, 119–121
   para a identificação de emoções adaptativas, 206–209
Folha de orientação para o desenvolvimento emocional com o foco na transformação das emoções, 352

Folha de treinamento de tomada de consciência de episódios emocionais, 343, 344
Formulação de caso, 115–118
Fragmentação e dor emocional, 171–172
Frankl, Victor, 49–50
Fredrickson, B. L., 57–58
Fromm, Erich, 271
Frost, Robert, 35, 149–150
Futuro
   catastrofização sobre, 124–125
   imaginação do, 24–26

G

Gandhi, Mahatma, 249
Geller, S., 90
Gendlin, E. T., 207–208
Gênero e expressão emocional, 303–304
Gentileza e raiva, 167–169
Geração de emoções com processos automáticos, 63–64
Gibran, Kahlil, 223
Gottman, John, 296–297
Greenberg, L. S., 28–29, 41–42, 60–63, 90, 101–103
Greene, Graham, 237

H

Habilidades de tolerância à angústia, 210–212
Hedônicas, emoções como, 51–53
Hermann, I., 61–63
Homens, emoções secundárias de, 73–74
Hume, David, 115
Humor
   efeito do, 41–42, 335–336
   expressão da emoção com, 205–206

I

Identidade
   construção como processo conjunto, 22–23
   e espelhamento, 119–120
   e narrativa pessoal, 335–336

e narrativas, 29-30
em casais, 272-274
na visão construtivista dialética, 63-65
no ciclo de dominação e submissão, 281-282
Imaginação
    para ativação de emoção adaptativa, 200-202
    positiva, ativação de emoções adaptativas com, 200-202
    trabalho com a cadeira vazia *versus* uso da, 254-255
Impotência, raiva e, 260-262
Informação, emoções como, 51-52, 95-97, 186-189
Infrarregulação
    das emoções, pesquisa sobre, 53-56
    de expressão emocional, 68-71, 92-93
Inteligência, aumento da, pela emoção, 12-13
Inteligência emocional, 11-33
    avaliação da emoção primária na, 101-102
    dando sentido ao presente/passado/futuro, 22-27
    dando sentido às emoções, 15-17
    e criação de significado para as emoções, 26-30
    e emoções desadaptativas, 13-16
    e emoções instrumentais, 77-79
    e emoções primárias, 71-72
    e propósito das emoções, 11-14
    em vinheta, 29-33
    empatia na, 21-23
    expressão de emoções como, 16-17
    regulação das emoções como, 16-22
Interpretações destrutivas
    apego a emoções desadaptativas, 101-104
    no trabalho com emoções primárias, 193-196
Interrupção(ões)
    automáticas, 138-139
    como indicadores, 69-70
    da raiva, 231-232, 232-233
    da tomada de consciência, 19-21
    de necessidades não atendidas, 247
    de processos de construção de significado, 18-20
    desprendimento como, 20-21
    em sequências de emoções, 218-219
    encenação das duas cadeiras para, 125-127
    no trabalho com a cadeira vazia, 128-129
    superação de, 137-140, 246-248
Intervenção(ões) guiada(s) por marcadores, 117-134
    afirmação empática como, 117-120
    autoapaziguamento como, 131-134
    desdobramento evocativo sistemático como, 120-123
    diálogos com a cadeira vazia como, 126-132
    diálogos das duas cadeiras como, 122-125
    dramatização com as duas cadeiras como, 125-127
    focalização experiencial como, 119-121
Intervenções. *Ver também* Intervenção(ões) guiada(s) por marcadores
    e aumento da regulação emocional, 92-93
    formulação de caso como estrutura para, 115-116
    no treinamento emocional, 92-93
    para acesso a interrupções, 263-264
Intimidade
    criando, na terapia de casais, 289
    e expressão emocional, 277-279
    medo de, 278-280
    no ciclo de perseguição e distância, 280-281
    tristeza das crianças como oportunidade para, 305-306

Irritabilidade, raiva e, 167-168
Isen, A., 57-58
Izard, C. E., 35-36

J
James, William, 35-36, 40-41, 201-202
Justificativas guiadas por marcadores para treinamento emocional, 92-95

K
Kabat-Zinn, J., 23-24
Kant, Immanuel, 166-167
Kircanski, K., 54-55

L
LeDoux, J. E., 37-39
Legerstee, M., 301-302
Liderança, 315-332
    e valores organizacionais, 329-331
    estilos de, em situações específicas, 331-332
    focada nas emoções, 319-320
    modelo ARRIVE AT PEACE (CHEGAR À PAZ) para, 319-330
Lieberman, M. D., 54-55
Linehan, Marsha, 210-212
Luto
    como tristeza adaptativa, 163-164, 333-335
    como tristeza desadaptativa, 178-179
    e desprendimento, 264-265
    exercício para cura do, 345-346
    na transformação das emoções, 216-217
    para perdas passadas, 231-232
    raiva e tristeza no, 165-166

M
Mães
    depressão, 300-302
    espelhamento do afeto, 301-302
    expressão emocional dos bebês influenciada por, 303-304
Magai, C., 303-304

Mágoa
    em casais, 285-287
    parceiros expressando, 290-291
Mancuso, R. A., 57-58
Manipulação com emoções instrumentais, 77-78
Marcador(es)
    da mesma velha história, 134
    de história despedaçada, 134
    de história não contada, 134
    de história vazia, 134
    de conflito, 122-123
    de vulnerabilidade, afirmação empática com, 117-120
Mårtensson, Jonatan, 199
McFadden, S., 303-304
McGill, Bryant H., 11
Medo
    ansiedade *versus*, 168-169
    como emoção central desadaptativa, 101-102
    como emoção primária adaptativa, 168-170
    como emoção primária desadaptativa, 174-175, 181-182
    de abandono, 72-73
    de inadequação em crianças, 309-310
    de intimidade, 278-280
    definição, 96-97
    desadaptativo, 72-73, 182
    dos pais, 238-240
    e vergonha, 240-241
    em crianças, 308-311
    instrumental na fase de chegada, 161-162
    primário e desesperança, 159-160
    relacionado ao apego, 174-175
    secundário, 156
    traumático, 72-73
Memória(s)
    criando novas narrativas com, 219
    de emoções, 202-204
    e emoções, 24-25

em esquemas emocionais, 45-46
mudada(s) com experiências emocionais, 58-59
respostas emocionais a, 202-204
transformada(s) por novas experiências emocionais, 213-214
Metáforas, expressando emoções com, 97-98
Metas, resposta do cérebro à tomada de consciência das, 104-105
Missirlain, T. M., 61-62
Modelo ARRIVE AT PEACE (CHEGAR À PAZ), 319-330
Moralidade das necessidades, 50-51
Motivações universais, 48-50
Mudança cognitiva com emoção desadaptativa, 52-53
Mudança de estados emocionais
    ajudando crianças com, 306-307
    e emoções adaptativas, 205-207
    exercício para experienciar, 348-349
    pesquisa sobre, 62-63
Mudança emocional para emoção desadaptativa, 52-53
Mulheres, emoções secundárias de, 73-74

N
Narrativas
    como marcadores para intervenções, 134
    de identidade e pessoais, 335-336
    desenvolvimento de novas, 106-107
    formação de, com emoções adaptativas, 219
    na formulação de caso, 116-117
    na regulação emocional, 28-30
    no desdobramento evocativo sistemático, 121-122
    pensamento consciente e emoção em, 42-43
Necessidade(s). *Ver também* Necessidades não atendidas
    acesso a, em feridas emocionais, 264-265
    acesso a, no trabalho com emoção primária, 195-197
    acesso a, para emoções adaptativas, 200-201
    desenvolvimento de, 47-48
    e emoções, 47-52
    em relacionamentos, 271-274
    exercício para identificação de, 350-351
    expressão de, em relacionamentos, 291-293
    no trabalho com a cadeira vazia, 129-131
    tomada de consciência de, na fase de saída, 103-106
    universal(is), 49-50
Necessidades não atendidas
    em casais, 273-274, 279-280
    expressão de, 247
    na fase de desilusão dos relacionamentos, 283-284
    no trabalho com a cadeira vazia, 129-131, 259-261
Negligência em comportamento de liderança, 331
Neocórtex no processamento emocional, 38-39
Nervosismo como evitação, 246-247
Níveis de processamento perceptivo do cliente, 61-62

O
Oliver, Mary, 334-335
Ono, Yoko, 223

P
Pais
    como treinadores emocionais, 140-142
    emoções dos, 295-296
    treinamento emocional de, 295-296
Paivio, S. C., 101-102

Paixões, emoções como, 16-17
Pânico como emoção desadaptativa, 182
Parentalidade, 295-314
    as próprias emoções na, 312-314
    de bebês, 299-304
    e medos das crianças, 308-311
    e raiva das crianças, 306-309
    e tristeza das crianças, 303-307
    e vergonha das crianças, 311-312
    empatia na, 295-297
    superprotetora, 309-310
    treinamento emocional na, 296-300
Pascual-Leone, A., 62-63
Pascual-Leone, J., 41-42
Passado influenciado por, 23-25
Pennebaker, J. W., 54-55
Pensamento(s) consciente(s)
    como regulação emocional, 19-20
    e emoções secundárias, 74-75
    emoções geradas por, 149-150
    ligação entre emoções e, 39-45
    raiva ativada por, 167-168
Pensamentos automáticos, 74-75
Pensamentos internos
    como crenças destrutivas, 102-103
    e conflitos, 122-124
    e sentimentos, 94-96
Perdão
    desprendimento *versus*, 249-251
    e feridas emocionais, 266-268
Perls, F., 126-127
Perspectiva
    de construção psicológica de emoções, 36-38
    neurocientífica da regulação emocional, 20-22
Pistas
    externas, 78-80, 148-149
    internas, 79-80, 148-150
Pos, Alberta, 316
Presença
    no modelo ARRIVE AT PEACE (CHEGAR À PAZ), 321-323, 325-327
    terapêutica, 90
Presença terapêutica, 90
Processamento
    cognitivo, 60-62
    da via reflexiva alta, 38-39, 52-53
    da via reflexiva baixa, 38-39, 52-53
    esquemático das emoções, 44-47
Processamento emocional
    como processo de mudança, 61-62
    e ativação das emoções, 60-62
    e processamento cognitivo, 60-62
    no treinamento emocional, 92-93
    produtivo e não produtivo, 79-85
    universalidade do, 37-39
Processo de diagnóstico
    na formulação de caso, 115-116
    para avaliação da emoção, 85
Processo de mudança
    assumindo o papel ativo no, 84
    cliente como iniciador do, 192-194
    para crenças negativas, 193-194
    pesquisa sobre, 60-63
    processamento emocional no, 61-62
Processo MENSIT, 116-118
Produtividade emocional do cliente, 80-81
Psicoterapia, 204-205
Pungência na formulação de caso, 115-117

Q

Questões inacabadas (inacabado)
    diálogo com a cadeira vazia para, 126-132, 250-252
    e raiva, 225-226
    resolução de, 266-267

R

Racionalidade e emoção, 334-336
Raiva, 224-230
    acesso à raiva adaptativa, 242-246
    aprender a lidar com a, 154-155
    como defesa *versus* emoção, 154-155
    como emoção central desadaptativa, 101-102

como emoção primária adaptativa,
    165-169
como emoção primária desadaptativa,
    179-181
como raiva desadaptativa, 179-181
definida, 96-97
e assunto por resolver (inacabado),
    225-226
e tristeza, 229-231, 261-262
em casais, 285-287
em crianças, 306-309
em relacionamentos, 282-284
exercícios relacionados com, 167-168,
    345-348
expressão da, 68, 224-225
feridas emocionais e, 260-263
instrumental, 160-162, 261-262
interrupções da, 231-233
não resolvida, 226-230
ocorrência de vergonha com, 154-156
primária, 260-261
propósito da, 224
secundária, 153-156, 260-262
sinais mentais e físicos da, 44-45
trabalho emocional com, 233-235
Raiva adaptativa, acesso à, 242-246
Raiva desadaptativa
    exercício para lidar com, 351-354
    exercícios para identificação de,
        180-181
Razão
    emoções que respondem à, 335-336
    versus emoção, 68
Reação exagerada dos pais, 312-314
Reações problemáticas, desdobramento
    evocativo sistemático para lidar com,
    120-123
Reclamações, diferenciação de, 257-258
Reconciliação de casais, 290
Reconsolidação de memória, 58-59,
    214-215
Reflexão
    e identidade, 43-45

em emoções desadaptativas, 174-175
na avaliação de emoções primárias,
    100-101
na fase de chegada, 141-142
na fonte de crenças destrutivas,
    195-196
na regulação emocional, 22-23, 26-28
na visão dialética construtivista, 64-65
no desdobramento evocativo
    sistemático, 121-122
no modelo ARRIVE AT PEACE
    (CHEGAR À PAZ), 322-323
Registro de emoções, 337-338. *Ver também*
    Diário de emoções
Regulação do afeto, 17-18
Regulação emocional, 16-22
    aprendizagem de, em crianças,
        307-308
    e emoções adaptativas, 208-212
    em crianças, 297-298
    estratégias e técnicas para, 19-20,
        210-212
    exercício para melhorar a, 209-211
    implícita, 21-22
    intervenções para, 92-93
    no modelo ARRIVE AT PEACE
        (CHEGAR À PAZ), 322-324
    no processamento emocional, 82-84
    por pais, 312-314
    visões sobre, 20-22
Relação empática
    como base da TFE, 1-3
    relação terapêutica, 90
Relação terapeuta-cliente, 90-92.
    Ver também Aliança terapêutica
Relacionamentos
    emoções como base para, 272-275
    emoções como indicador de, 31-32
    pesquisa sobre, 55-58
    reguladores embutidos em, 56-57
Responsabilidade pessoal
    como primeiro passo na mudança,
        191-192

no processamento emocional, 83–84
pelas emoções em contextos de
relacionamentos, 276–277, 291–293
Resposta experiencial, 142–143
Respostas afirmativas, 109–111
Respostas assertivas, 196–197
Respostas emocionais
a memórias, 202–204
Geração de, 197
Respostas evocativas, 91
Ressentimento
como resultado de raiva não expressa,
227–229
e feridas emocionais, 251–252
e perdão, 267–268
e raiva, 233–234
em relacionamentos, 286
Revelações por terapeutas emocionais,
109–111
Rilke, Rainer Maria, 137, 334–335
Rotulação
de crenças destrutivas, 102–103
de emoções, 53–56, 141–142, 305–309,
312
na focalização experiencial, 120–121
na regulação emocional, 97–98
por crianças, 305–309, 312

S

São Bartolomeu, 185
Schellshop, Almuth, 316
Schwartz, S. H., 329–330
Segurança
e regulação emocional, 55–58
fornecimento de, por terapeutas
emocionais, 145–146
para ativação de nova emoção
adaptativa, 199–200
para expressão emocional, 334–335
Self
emoções desadaptativas sobre o,
174–175
visão negativa do, 157

Sensação corporal, focalização e mudanças,
207–208
Sensação sentida (*felt sense*)
ausente, focalização experiencial para,
119–121
pouco clara, focalização experiencial
para, 119–121
vaga, focalização experiencial para,
119–121
Sentimentos manipulativos, 77–78
Sequência(s)
de processos emocionais, 41–43
de emoções, emoções adaptativas em,
216–219
emocionais em dois passos, 217–218
emocionais em três passos, 217–219
Significado
criação de, 48–50, 141–142
e excitação emocional, 233–234
e sensações corporais, 143–145
e simbolização, 81–82
e verbalização de emoções, 97–98
emoções como sistema de, 52–53
na visão construtivista dialética,
64–65
Simbolização
e saúde física, 54–55
na regulação emocional, 27–28
no processamento emocional, 81–82
Sinais, emoções como, 11–12, 31–32
Sistema(s)
afetivo e cognitivo, 42–43
cognitivo e sistema afetivo, 42–43
de engajamento social, 56–57
límbico, 38–39
motivacionais em relacionamentos,
271–274
Sofrimento
emocional, autoapaziguamento como
tratamento para, 131–134
global, transformação do, 214–216
Sonhos, emoções reveladas em, 175–176
Spinoza, Baruch, 35–36, 57–58

Stanton, A. L., 54-55
Stern, Daniel, 119-120
Surpresa (termo), 97-98

T

Tarefa de casa, 257-259
TCC (terapia cognitivo-comportamental), 59-60
Teoria polivagal, 56-57
Terapeuta(s) emocional(ais)
    agência facilitada por, 84
    atitude sem julgamento, 190-191
    consciência emocional do, 107-111
    e expressão de emoções em nome do cliente, 204-205
    efeito no processamento emocional, 141-143
    emoção avaliada por, 85-87
    foco do(s), em necessidades saudáveis, 50-52
    liderando e seguindo, 256-257
Terapia. *Ver também tipos específicos de terapia*
    como processo coconstrutivo, 3
    versus treinamento, 5-6
Terapia cognitivo-comportamental (TCC), 59-60
Terapia focada nas emoções (TFE), 1-4
    inteligência emocional aumentada com, 11
    pesquisa sobre, 58-61
    outras terapias *versus*, 3-5
Terapia focada nas emoções para casais (TFE-C), 59-61
Terapia focada nas emoções para trauma, 59-60
TFE. *Ver* Terapia focada nas emoções
TFE-C (terapia focada nas emoções para casais), 59-61
Tolerância da emoção, 257-258
Tomada de consciência
    como primeiro passo na resolução de problemas, 186
    da raiva, 224
    da raiva das crianças, 308-309
    da raiva instrumental, 161-162
    da vergonha das crianças, 312
    das emoções instrumentais, 152-153
    de autointerrupções, 263-264
    de contato ou atenção plena, 80-81
    de interrupções, 138
    de necessidades, 103-104
    de objetivos, 104-105
    dos medos das crianças, 310
    e conflitos, 333-334
    e mudança, 52-53
    e processamento emocional, 61-63
    folha de treinamento de tomada de consciência de episódios emocionais para identificação da, 343, 344
    interrupção da, 19-21
    na fase de chegada, 94-96
    na liderança focada em emoções, 319
    na TFE, 2-3
    no modelo ARRIVE AT PEACE (CHEGAR À PAZ), 320-323
    pesquisa sobre, 53-54
Tomada de consciência de contato, 80-81
Tomás de Aquino, 35-36
Toukmanian, S. G., 61-62
Trabalho com emoção primária, 185-197
    acessar necessidade no, 195-197
    com emoções adaptativas, 186-191
    com emoções desadaptativas, 190-194
    crenças destrutivas e interpretações no, 193-196
Trabalho com emoções
    com raiva, 233-235
    como base da TFE, 1-3
    primárias. *Ver* Trabalho com emoções primárias com tristeza, 233-235
    vergonha no, 240-243
Trabalho de autointerrupção com feridas emocionais, 262-264
Trabalho terapêutico, 92-93

Transformação
　das emoções, exercício para, 350–352
　de emoções, 19–20, 52–54, 106–107, 288
　de emoções desadaptativas com emoções adaptativas, 211–217
　de sofrimento global em aceitação, 214–216
　imaginária, 133–134, 349–350
　no modelo ARRIVE AT PEACE (CHEGAR À PAZ), 321–326
　perdão como, 250–251
Transformação imaginária, 133–134
　autoapaziguamento na, 267–268
　exercício para desenvolver, 349–350
Transparência de terapeutas emocionais, 107–111
Trauma
　autointerrupção após, 125–126
　e dor emocional, 171–172
　e trabalho com a cadeira vazia, 130–131, 253–255
　mudando a emoção com outra emoção após, 213–214
　tratamento bem-sucedido, 171–173
　verbalização no tratamento de, 98–99
Treinamento emocional, 89–113
　de pais, 295–296
　definição, 89
　e consciência emocional do terapeuta, 107–111
　em vinheta, 110–113
　exercício, 353–356
　fase de chegada, 94–100
　fase de saída, 99–107
　justificativas orientadas por marcadores, 92–95
　na parentalidade, 296–300
　para casais, 289–293
　passos de, 93–95
　processamento de emoções no, 92–93
　relação terapeuta-cliente no, 90–92
Treinamento, terapia comparada com, 5–6

Tristeza, 229–235
　acesso à tristeza adaptativa, 242–246
　adaptativa, acesso à, 242–246
　central, 230–231
　como emoção primária adaptativa, 163–166
　como emoção primária desadaptativa, 176–180
　definição, 96–97
　e raiva, 229–231, 261–262
　em crianças, 303–307
　exercícios para expressar, 165–166, 178–180
　feridas emocionais e, 260–263
　instrumental, 160–161, 261–262
　não expressa, 230–233
　primária, 261–262, 343–346
　secundária, 152–154
　sinais mentais e físicos de, 44–45
　trabalho emocional com, 233–235
Tugade, M. M., 57–58
Twain, Mark, 333

U

Universalidade das emoções, 35–39

V

Validação
　como aceitação, 324–325
　da raiva das crianças, 308–309
　da tristeza das crianças, 305–306
　da vergonha das crianças, 312
　de experiências emocionais, 21–23
　dos medos das crianças, 310–311
　no modelo ARRIVE AT PEACE (CHEGAR À PAZ), 322–325
Valores
　básicos, 329–331
　organizacionais, liderança e, 329–331
Valorização entre parceiros, 293
Van den Boom, D. C., 299–301
Van Gogh, Vincent, 163
Varghese, J., 301–302

Vergonha
    como emoção central desadaptativa, 101-102
    como emoção primária adaptativa, 169-171
    como emoção primária desadaptativa, 174-175, 182-183
    desadaptativa, exercícios para lidar com, 183
    em crianças, 311-312
    exercícios para identificação da, 170-171
    instrumental, 161-162
    no trabalho com emoções, 240-243
    ocorrência de raiva com, 154-156
    secundária, 157-158
    tomada de consciência da, 104-106
    versus culpa, 169-170
Violência como resultado da raiva, 154-156
Visão construtivista dialética das emoções, 63-65
Visualização guiada, 258-259
Viver no presente, 23-24

W

Warwar, S. H., 61-62
Whelton, W., 102-103
Winfrey, Oprah, 185